Albert Martin

Personal –
Theorie, Politik,
Gestaltung

Verlag W. Kohlhammer

Die Deutsche Bibliothek – CIP-Einheitsaufnahme

Martin, Albert:
Personal – Theorie, Politik, Gestaltung / Albert Martin.
- Stuttgart ; Berlin ; Köln : Kohlhammer, 2001
  ISBN 3-17-016997-1

Alle Rechte vorbehalten
© 2001 W. Kohlhammer GmbH
Stuttgart Berlin Köln
Verlagsort: Stuttgart
Umschlag: Gestaltungskonzept Peter Horlacher
Gesamtherstellung:
W. Kohlhammer Druckerei GmbH + Co. Stuttgart
Printed in Germany

KAPITEL 1: EINFÜHRUNG 9

1 DIE RATIONALE DIMENSION DER GESTALTUNG DER ARBEIT 12
  a) Wissen, Sollen, Können 12
  b) Das Teil und das Ganze 13

2 DIE POLITISCHE DIMENSION DER GESTALTUNG DER ARBEITSVERHÄLTNISSE 14
  a) Interessen und Ziele 14
  b) Ideologie und Notwendigkeit 16

3 KONZEPTION DES LEHRBUCHS 22

KAPITEL 2: FUNKTIONEN 25

1 AUFGABEN, ZIELE, FUNKTIONEN 25
  a) Aufgaben 25
  b) Ziele 26
  c) Funktionen 27

2 GRUNDFUNKTIONEN 29
  a) Funktionen in nicht-sozialen Systemen 29
  b) Funktionen in sozialen Systemen 30

3 DIE FUNKTIONSFELDER DES PERSONALWESENS 33

4 DIE ALLGEMEINEN FUNKTIONSANFORDERUNGEN 39
  a) Ziele und Funktionsanforderungen 39
  b) Personalwirtschaftliche Funktionsanforderungen 40

5 FUNKTION UND THEORIE 44

6 FUNKTIONENBETRACHTUNG UND GESTALTUNG 49
  a) Die Analyse als Voraussetzung der Gestaltung 50
  b) Ansatzpunkte der Gestaltung 52
  c) Gestaltungsansätze und Funktionsfelder 56

7 DIE DREI DIMENSIONEN DES PERSONALWESENS 57
  a) Die komplexe Wirklichkeit in einem vereinfachenden Schema 57
  b) Die Berücksichtigung unterschiedlicher Systemebenen 58
  c) Die Funktionsanalyse als Methode 59

8 FORMEN FUNKTIONALER ANALYSEN 60
  a) Strukturen und Zustände 61
  b) Die Wirkungsvielfalt einzelner Maßnahmen 63
  c) Soft Systems Methodology (SSM) 65

KAPITEL 3: GESTALTUNG ALS WISSENSCHAFTLICHE PRAXIS 71

1 THEORIE, NORM UND PRAXIS..71

2 FORMEN DES WISSENS..75

3 PRAXIS AUS THEORIE...81
   a) Merkmale wissenschaftlicher Technologie 82
   b) Die Ableitungsproblematik..83
   c) Zusatzannahmen..84
   d) Normen und Tatsachen...86
   e) Theoriegestützte Praxisempfehlungen...88

4 ERKENNTNIS UND HANDLUNG 96

5 DIE BEURTEILUNG VON GESTALTUNGSANSÄTZEN 98
   a) Die Zielorientierung personalwirtschaftlicher Maßnahmen..............98
   b) Die Effizienz personalwirtschaftlicher Maßnahmen........................101
   c) Normative Kriterien..104
   d) Wissenschaftliche Fundierung 108
   e) Voraussetzungen und Grenzen des Instrumenteneinsatzes 111
   f) Zusammenfassung...113

6 FAZIT: DIE ANALYSE PERSONALWIRTSCHAFTLICHER GESTALTUNG...........114

KAPITEL 4: SELEKTION 118

1 EVOLUTION UND SELEKTION 118
   a) Evolution von sozialen Systemen?...119
   b) Evolution der organisationalen Basisprogramme 119
   c) Grenzen der Evolutionsbetrachtung..120
   d) Selektion und Lernen..122
   e) Zusammenfassung..124

2 ÜBERBLICK ÜBER ANSÄTZE DER PERSONALAUSWAHL 125
   a) Theorie 126
   b) Politik...130
   c) Instrumente und Maßnahmen..132

3 THEORIE: SELEKTION ALS ENTSCHEIDUNGSPROZESS................................135
   a) Das Drei-Ebenen-Modell der sozialen Urteilsbildung 137
   b) Die Person des Beurteilers 139
   c) Die Interaktionssituation...141
   d) Der organisationale Entscheidungsprozeß 142

4 POLITIK: PERSONALAUSWAHL ALS STRATEGIE? 146

5 INSTRUMENTE DER PERSONALAUSWAHL 149
  a) Anforderungskriterien 149
  b) Gütekriterien 157
  c) Tests 165
  d) Biographischer Fragebogen 169
  e) Assessment Center 174
  f) Sonstige Auswahlmethoden 181

6 VERTIEFUNG: DAS EINSTELLUNGSINTERVIEW 182
  a) Ziele und Anliegen 182
  b) Vorgehen 183
  c) Varianten 187
  d) Gestaltungsparameter 189
  e) Wirkungshypothesen 191
  f) Anwendungsvoraussetzungen 194
  g) Bewertung 195

KAPITEL 5: AUFGABENGESTALTUNG **200**

1 GESELLSCHAFTLICHE UND BETRIEBLICHE ARBEITSTEILUNG 201

2 DIMENSIONEN DER AUFGABENGESTALTUNG 203

3 ÜBERBLICK ÜBER ANSÄTZE DER ARBEITSGESTALTUNG 208
  a) Theorie 209
  b) Politik 230
  c) Instrumente und Maßnahmen 242

4 THEORIE: BELOHNUNG DURCH DIE TÄTIGKEIT AN SICH? 252
  a) Intrinsische Motivation und extrinsische Belohnung 256
  b) Interne Kontrolle und intrinsische Motivation 259
  c) Nachteile intrinsischer Motivation? 261

5 POLITIK: JOB AUFLÖSUNG 263

6 INSTRUMENTE: TEILAUTONOME ARBEITSGRUPPEN 267
  a) Hauptmerkmale 269
  b) Ziele 270
  c) Varianten 271
  d) Gestaltungsparameter 273
  e) Wirkungshypothesen vom Typ T 275
  f) Wirkungshypothesen von Typ G 279
  g) Anwendungsvoraussetzungen 282
  h) Bewertung 284

KAPITEL 6: ANREIZE **285**

1 ANREIZE, BEITRÄGE UND ORGANISATION *285*
  a) Arbeit als Produktionsfaktor *288*
  b) Das Arbeitsverhältnis als Konfliktverhältnis *290*
  c) Das Arbeitsverhältnis als mehrseitiges Tauschverhältnis *292*
  d) Das Arbeitsverhältnis als Organisationsverhältnis *296*

2 ÜBERBLICK ÜBER ANSÄTZE DER ANREIZGESTALTUNG *297*
  a) Theorie *298*
  b) Politik *305*
  c) Instrumente und Maßnahmen *310*

3 THEORIE: MOTIVATION ALS BASIS DES ARBEITNEHMERVERHALTENS *318*
  a) Das Modell von Katzell/Thompson *319*
  b) Kernaussagen des Modells von Katzell/Thompson *320*
  c) Die praktische Relevanz des Modells von Katzell/Thompson *324*

4 POLITIK: HUMAN RESOURCES MANAGEMENT *326*

5 INSTRUMENTE DER ANREIZGESTALTUNG *328*
  a) Arbeitsbewertung *332*
  b) Leistungsbewertung *337*

6 LOHNFORMEN *340*
  a) Zeitlohn *341*
  b) Akkordlohn *342*
  c) Lohnvergleich *346*
  d) Prämienlohn *348*
  f) Qualifikationslohn *348*
  g) Pensumlöhne *349*
  h) Variable Lohnfindung *350*

7 ZUSAMMENFASSUNG: *352*
  a) Alternativen *352*
  b) Hypothesen *353*
  c) Ganzheitlichkeit *353*
  d) Ansatzpunkte zur Gestaltung von Anreizsystemen *354*
  e) Tätigkeit vs. Fähigkeit *355*
  f) Kurz- vs. langfristige Orientierung *357*
  g) Monetäre vs. nichtmonetäre Anreize *358*
  h) Zentralisierung vs. Dezentralisierung *358*
  i) Gestaltungsprinzipien *358*

LITERATURVERZEICHNIS **361**

Kapitel 1: Einführung

Die Wissenschaft vom „Personalwesen" ist mehrfach belastet. Erstens ist ihr Untersuchungsobjekt – die menschliche (Erwerbs-) Arbeit – Gegenstand täglicher Erfahrung und damit einem wenig disziplinierten Meinungsstreit ausgesetzt. Zweitens sind die Erscheinungsformen der Arbeit Ausdruck gesellschaftlicher Verhältnisse und damit unvermeidlich „politisch". Und drittens ist das betriebliche Personalwesen ein äußerst komplexes Gebilde, das nur schwer durchschaubar, verwickelt und von zahlreichen Kausalfaktoren bestimmt ist. Aus den genannten Gründen ist es nicht verwunderlich, daß sich die „Personalwirtschaftslehre" – oder allgemeiner: die Wissenschaft vom betrieblichen Personalwesen – alles andere als einheitlich präsentiert. Einigkeit besteht allenfalls darüber, daß es sich bei dieser Wissenschaft um eine anwendungsbezogene Disziplin handelt, woraus sich aber zwei nicht gerade leicht miteinander vereinbare Ansprüche ergeben. Die Wissenschaft soll einerseits der „Praxis" dienen, andererseits soll sie – dessen ungeachtet – „Wissenschaft" bleiben. Wie soll das möglich sein? In der „idealen" Wissenschaft herrschen Vernunft und Wahrheitsstreben und zwar losgelöst von irgendwelchen äußeren Beschränkungen, in der „realen" Praxis geht es dagegen um Interessen und die Verwendung möglichst unmittelbar gebrauchsfähiger Konzepte angesichts eines immerwährenden Handlungsdruckes.

Lassen sich beide Sphären überhaupt sinnvoll miteinander in Verbindung bringen? In diesem Buch wird die Auffassung vertreten, daß dies möglich ist, aber nur, wenn keine Seite die andere für ihre Zwecke „vereinnahmt". Diese Position wird nicht von allen geteilt. Nicht selten findet man die Auffassung, Wissenschaft sei unvermeidlich parteiisch und solle sich daher auch zu einer klaren Interessenperspektive bekennen. Aus diesem Blickwinkel ist Wissen ein Instrument, das je nach Bedarf verwendet oder beiseite gelegt werden kann. Damit wird man aber der Natur des Wissens – und der Wissenschaft – nicht gerecht. Die Wissenschaft kann – und soll – sich ihrer Instrumentalisierung auch widersetzen. Gerade von anwendungsorientierten Wissenschaftlern wird verlangt, die Spannung auszuhalten, die sich zwischen dem Verlangen nach unmittelbarer Verwertung und der Notwendigkeit aufbaut, eine kritische Distanz gegenüber den gegebenen Verhältnissen zu wahren. Die geforderte „Leidenschaftslosigkeit" muß allerdings oft mühsam erarbeitet werden, denn niemand sieht die Welt ohne Voreingenommenheit. Allein schon das persönliche Temperament färbt die Weltsicht. Manche Menschen betrachten die Geschehnisse, die sie umgeben, mit einer erstaunlichen Gutgläubigkeit, andere wittern hinter allem was geschieht Tücke oder Enttäuschung. Menschen betrachten die Wirklichkeit je nach Charakter und Anlaß befangen oder aufgeschlossen, interessiert oder gelangweilt, neugierig, verwirrt, ungeduldig, mit Bedacht oder oberflächlich, staunend oder abwehrend. Und wer von seinen Beobachtungen und Einsichten berichtet, der tut dies begeistert, bewegt oder gleichgültig, umständlich, detailversessen, oben hin, empört, entlarvend, manipulativ, oberlehrerhaft oder selbstgefällig. Von einem Wissenschaftler/einer Wissenschaftlerin verlangt man zu Recht die Ausschaltung jeder (emotionalen, intellektuellen, politischen) Voreingenommenheit. Sie/er soll die Welt betrachten, wie sie ist, nichts verheimlichen, nichts hinzufügen, objektiv und der Wahrheitssuche verpflichtet, Rechenschaft darüber geben, was man wirklich weiß und bekennen, was man nicht weiß. Das ist natürlich leicht dahin gesagt und schwer getan. Wissenschaft wird schließlich von (hoffentlich) normalen Menschen betrieben, die ebenso wie alle anderen Menschen auch ihre Vorlieben und Vorurteile mit sich herumtragen und deren Einsichtsvermögen nicht notwendigerweise größer ist. Man muß sich daher auch nicht wundern, daß die Eitelkeit und Fehlbarkeit der menschlichen Natur nicht nur das praktische Leben prägt, sondern auch das Reich der Erkenntnis durchdringt, sich im wissenschaftlichen Schrifttum niederschlägt und in Hörsälen und auf wissenschaftlichen Tagungen und Kongressen lebhaften Ausdruck findet: Empirische Befunde werden aufgebauscht, Theorien über den grünen Klee gelobt, komplexe Sachverhalte über Gebühr simplifiziert, Banalitäten als tiefe Einsichten verkauft usw. Aus diesen Gründen setzt gute Wissenschaft nicht auf „Meister" und „Weise", sondern auf Regeln und Verfahren. Eine Behauptung wird nicht dadurch zu einer Erkenntnis, daß sie von einer Koryphäe geäußert wird, sondern dadurch, daß sie einer kritischen Prüfung standhält. Wissenschaft ist also ganz wesentlich Kritik. Jedenfalls sollte sie es sein, wenn sie den Namen „Wissenschaft" zu Recht tragen will.

Leider fügt sich die Wirklichkeit aber nur sehr bedingt dieser praktischen Einsicht. Es gibt auch innerhalb der vermeintlich objektiven Wissenschaften „Parteien", „Schulen" und sogar „Glaubensgemeinschaften", die sich gegen alle Kritik abschotten. Dies ist zwar bedauerlich, andererseits aber auch verständlich, wenn man sich die eingangs bereits beschriebene komplexe Problemlage vergegenwärtigt, in der sich die Wissenschaft vom betrieblichen Personalwesen befindet. Die Versuchung ist groß, die Komplexität schlichtweg zu ignorieren, zumal auch das „Publikum" einfache Lösungen verlangt. Wissenschaftler neigen jedenfalls nicht selten zu Fluchtbewegungen, die sie dann auch noch mit methodischen Rechtfertigungen kaschieren. Besonders beliebt sind drei Reaktionsmuster, ein naives, ein enges und ein ideologisches. Die *naive Sichtweise* stellt sich die Personallehre als eine Art Instrumentenkasten vor, aus dem man sich nach Belieben bedienen kann. Personalwirtschaftliche Instrumente haben demnach einen eindeutigen Zweck, sie dienen der Erreichung vorgegebener Ziele. Die Ziele selbst werden nicht in Frage gestellt, mögliche Widersprüche in der Zielsetzung sowie unterschiedliche Interessenlagen werden nicht zur Kenntnis genommen. Gestaltet sich die

Anwendung eines Instruments als schwierig, dann wird dies der Qualität des Instruments angelastet. Als Leitbild gilt „best practice", d.h. man übernimmt von anderen Unternehmen diejenigen Instrumente, mit denen diese die besten Erfahrungen gemacht haben. Die Idee ist so bestechend wie unsinnig. Zwar, was spräche dagegen, aus den Erfahrungen anderer lernen zu wollen? Nichts. Aber lernen kann man nur durch eigene Erfahrungen. Die Vorstellung, man könne fremde Praktiken „einfach" oder gar „blind" übernehmen und sie dann ohne weiteres der eigenen Situation anpassen, ist, wie gesagt, zumindest naiv. Sie stammt aus der Produktwelt, in der sich der Verwender nicht notgedrungen mit der Komplexität des Produktes (eines Computers, eines Kraftfahrzeugs) auseinandersetzen muß, um es zweckgerichtet nutzen zu können. Für das Gestaltungshandeln in der komplexen Welt sozialer Beziehungen ist eine derartige Gebrauchshaltung aber in höchstem Maße unangebracht (vgl. Kapitel 3).

Die *enge Sichtweise* löst das Komplexitätsproblem durch Spezialisierung. Der Wissenschaftler/die Wissenschaftlerin beschränkt sich z.B. auf den rein ökonomischen oder den psychologischen, den rechtlichen oder den technischen Aspekt der Arbeitsgestaltung. Ökonomische Analysen blenden dann „zu Recht" die eigensinnige psychologische Natur des Menschen aus, bei der Behandlung von Rechtsfragen muß man sich dann nicht um die ökonomischen Folgen der in Frage stehenden Normierungen kümmern und soziologische Entwürfe dürfen dann – vermeintlich – Schwierigkeiten übersehen, die sich aus den technischen Grenzen der Arbeitsgestaltung ergeben. Die Auflösung des Komplexitätsproblems durch Spezialisierung verbreitet allerdings nicht selten den Charme der Scheinheiligkeit. Einerseits gibt man sich bescheiden, andererseits läßt man den Anspruch durchblicken, der einzig wahre und legitime Experte zu sein, denn wenn man erst einmal die Definitionshoheit gewonnen hat („das ist ein ökonomisches, ein rechtliches ... Problem"), dann braucht man sich um andere Sichtweisen nicht weiter zu kümmern. Das ist nicht nur fatal, sondern auch falsch. Wirtschaft und Gesellschaft, Politik, Recht und Psychologie lassen sich nicht fein säuberlich auseinanderhalten, sie sind vielmehr innig miteinander verwoben. Und mag man bei der Analyse noch eine theoretische Spezialisierung sinnvoll finden, die Gestaltungsaufgabe konfrontiert den Praktiker (und die angewandten Wissenschaftler) mit einer ungeteilten Realität.

Bedeutsamer als die naive und die enge ist – zumindest was die Folgen angeht – die *ideologische Sichtweise*. Ideologie ist der Schein der Wahrheit und damit nicht ohne weiteres zu erkennen. Die wesentlichen Kennzeichen einer Ideologie sind ihr umfassender Erklärungsanspruch (man kann mit ihr alles und jedes erklären), ihre Unbelehrbarkeit (nichts kann eine Ideologie widerlegen) und ihr angeblich unhinterfragbarer moralischer Anspruch (was die Ideologie gut heißt, ist gut). Tatbestände und Einsichten, die der eigenen Anschauung widersprechen, werden entweder gar nicht zur Kenntnis genommen oder aber solange umgedeutet, bis sie sich dem eigenen vorgefaßten Urteil fügen. Wissenschaft besitzt für den Ideologen keinen eigenständigen Wert, sie dient ihm lediglich als Mittel, um die eigene Weltanschauung zur Geltung zu bringen. Nur sehr wenige Wissenschaftler sind allerdings Ideologen in diesem „strategischen" Sinne. Tatsächlich gilt „Ideologie" in der Wissenschaft als Schimpfwort – was allerdings nicht verhindert, daß viele vermeintlich wissenschaftliche Aussagen ideologisch eingefärbt sind. Der Grund hierfür liegt darin, daß auch den Wissenschaftlern selbst der ideologische Hintergrund, der ihre Forschung leitet, häufig verborgen bleibt.

Zusammengefaßt: Wissenschaftliches Denken sollte dem Wahrheitsstreben verpflichtet sein und damit jenseits des Parteienstreits stehen. Dieses Ideal ist allerdings erheblichen Gefährdungen ausgesetzt. Man findet sogar die Auffassung, Erkenntnisse könnten überhaupt nicht wertfrei sein. Jede Beschreibung der Realität erfolge von einem spezifischen Standpunkt aus und unterliege damit unweigerlich der Weltsicht des Betrachters. Werte und Wissen seien insbesondere in den Sozialwissenschaften ununterscheidbar miteinander verbunden. Dann wäre aber auch Wissenschaft nichts anderes als Ideologie. Dieser totale Ideologieverdacht steht allerdings auf schwachen Füßen. Es gibt durchaus die Möglichkeit zu „objektiver Erkenntnis" zu gelangen, und es ist aus diesem Grunde auch möglich, Gestaltungsempfehlungen zu machen, die eine objektive Basis haben. Hierauf wird im folgenden Abschnitt 1 eingegangen. Dessen ungeachtet ist das politische Element ernst zu nehmen, das jeder Personallehre innewohnt. Die Gestaltung von Personal und Arbeit steht im Spannungsfeld unterschiedlicher Interessen und muß sich diesem Tatbestand stellen. Auf die damit verbundenen Fragen wird daher im Abschnitt 2 noch ausführlicher eingegangen.

1 DIE RATIONALE DIMENSION DER GESTALTUNG DER ARBEIT

a) Wissen, Sollen, Können

Die Wissenschaft vom Personalwesen ist eine angewandte Wissenschaft. Eine ihrer Aufgaben besteht daher darin, praxisrelevante Instrumente zu entwickeln und auf ihre Tauglichkeit hin zu überprüfen. Eine nähere Betrachtung des Theorie-Praxis-Verhältnisses (vgl. Kapitel 3) zeigt allerdings, daß sich diese Aufgabe nicht ganz so direkt bearbeiten wie einfach formulieren läßt. Die Entwicklung eines erfolgversprechenden personalwirtschaftlichen Instrumentes (oder allgemeiner: die Entwicklung einer personalbezogenen Gestaltungsmaßnahme) setzt die Kenntnis von grundlegenden Zusammenhängen menschlichen Verhaltens voraus, d.h. sie sollte auf einer soliden theoretischen Basis aufbauen. Gleichzeitig ist zu beachten, daß Gestaltungshandlungen immer innerhalb ganz spezieller Situationen zum Zuge kommen. Die Kenntnis von

Handlungssituationen (also der gegebenen Arbeitsabläufe, der rechtlichen Regelungen, der Eigenheiten der beteiligten Personen usw.) ist für eine wissenschaftlich angeleitete Praxisgestaltung genauso unverzichtbar wie die Berücksichtigung theoretischer Einsichten. Die praktische Kunst besteht gerade darin, theoretische Einsichten in konkrete Handlungsbezüge einzubringen. Anwendungsbezogene Wissenschaft befaßt sich allerdings nicht nur mit in diesem Sinne „technischen" Anwendungsproblemen. Anders als reines ist anwendungsbezogenes Wissen nicht „zweckfrei". Entsprechende Beachtung verdienen daher auch die Zwecke, denen Wissen dienen soll. Merkwürdigerweise findet man aber nicht selten die Auffassung, die Wissenschaft solle sich nicht um die Zwecke kümmern, sondern lediglich die Mittel zu ihrer Verwirklichung beitragen. Als Begründung wird angeführt, Zwecke seien nicht wahrheitsfähig und damit einer wissenschaftlichen Analyse nicht zugänglich. In der Tat kann die Wissenschaft keine Zwecke „begründen", d.h. als allgemein verbindlich „erkennen". Das kann aber sowieso niemand und braucht einen nicht daran zu hindern, die Voraussetzungen des eigenen Handelns (also auch die vermeintlich vorgegebenen Zwecke) „mit Vernunft" zu untersuchen. Über Zwecke läßt sich schließlich, ebenso wie über andere Sachverhalte auch, „vernünftig" diskutieren und sie sind daher auch Gegenstand jeder anwendungsbezogenen Wissenschaft, die diesen Namen verdient. Die Grundfrage ist hierbei nicht, wessen Ziele bei der Entwicklung von Gestaltungsansätzen zur Geltung kommen sollen (dies ist eine politische Frage, s.u.), sondern, welche Ziele überhaupt als wertvoll gelten können und wie eine „bessere Welt" aussehen könnte. Ethische Urteile befassen sich also nicht mit der Frage, „wer recht hat", ihnen geht es vielmehr darum überhaupt erst zu bestimmen, „was recht ist". Diese moralische Frage ist der Wissenschaft nicht fremd, sondern macht ihr eigentliches Wesen aus. Dies wird leicht von denjenigen übersehen, die die jeweils gegebenen Verhältnisse mit der „eigentlichen" Wirklichkeit verwechseln. Die aktuellen (veränderbaren) Gegebenheiten sind für die wissenschaftliche Beschäftigung nur von sekundärer Bedeutung, ihr geht es vielmehr um die grundlegenden Gesetzmäßigkeiten des sozialen Lebens, also um die Erforschung der „Tiefenstrukturen" der Realität, die sehr unterschiedliche „Oberflächenphänomene" hervorbringen können. Forschung ist damit immer auch eine Erkundung des Möglichen, eine Erarbeitung alternativer Realitätsentwürfe. Aus diesem Grund ist einem „echten" Wissenschaftler auch nichts fremder als die Verwendung von Sachzwangargumenten, die nur dazu dienen, Veränderungswünsche im Keim zu ersticken.

b) Das Teil und das Ganze
Mit dem Personalwesen befassen sich sehr unterschiedliche Disziplinen, u.a. die ingenieurmäßig orientierten Arbeitswissenschaften, die Arbeitsmedizin, die Organisations-

psychologie, die psychologische Diagnostik, die betriebswirtschaftliche Organisationsforschung, die Industriesoziologie, die Wirtschaftspädagogik und das Arbeitsrecht. Dies ist kein Zufall. Die menschliche Arbeit ist ein vielschichtiger Gegenstand und entsprechend vielfältig ist der wissenschaftliche Zugang. Was aber für die Analyse gilt, gilt in noch erheblich stärkerem Maße für die Gestaltung. Jede personalwirtschaftliche Maßnahme greift in ein komplexes Wirkungsfeld ein und sollte entsprechend auch möglichst viele der hierdurch ausgelösten Wirkungen berücksichtigen (vgl. Kapitel 2) oder anders ausgedrückt: Gestaltungshandeln sollte aus einer „ganzheitlichen" Perspektive heraus erfolgen. Ganzheitlichkeit meint also zum einen die Berücksichtigung der Wirkungsvielfalt. Ebenso wichtig ist aber auch die Beachtung unterschiedlicher Wirkungsebenen. Eine betriebliche Maßnahme ist beispielsweise aus der Sicht des einzelnen Arbeitnehmers oft ganz anders zu beurteilen, als aus dem Blickwinkel der Gesamtorganisation oder aus dem Blickwinkel der gesellschaftlichen Umwelt. Ein einfaches Beispiel: eine Lohnsteigerung kann den Arbeitseinsatz der Mitarbeiter stimulieren, als Kostenbestandteil entzieht eine Lohnerhöhung der Unternehmung aber auch unvermeidlich finanzielle Ressourcen und als zusätzliche Kaufkraft kann sie den Konsum beleben. Ganzheitlichkeit berücksichtigt die vielfältigen Beziehungen zwischen den verschiedenen Handlungsebenen. Und schließlich ist aus ganzheitlicher Sicht noch ein dritter Aspekt zu beachten, nämlich, daß die von den Gestaltungsmaßnahmen Betroffenen sehr unterschiedliche Interessen haben können. Hierauf wird im folgenden eingegangen.

2 DIE POLITISCHE DIMENSION DER GESTALTUNG DER ARBEITSVERHÄLTNISSE

a) Interessen und Ziele

Ziele und Interessen sind nicht dasselbe. Man kann seine Interessen zielbewußt und zielstrebig verfehlen. Wer beispielsweise maßlos Überstunden macht, nur um sich ein etwas größeres Auto leisten zu können, dabei aber seine Gesundheit ruiniert, handelt wider die eigenen Interessen. Zweifellos sind Interessen wichtiger als Ziele. Setzt man sich ein Ziel, dann ist das ein Versuch, seine Interessen zu definieren. Diese Bestimmungsleistung kann – siehe das soeben angeführte Beispiel – mißlingen. Aber wer entscheidet das? Im Zweifel der Betroffene selbst – z.B. durch nachträgliches Bedauern. Darf sich auch ein Dritter anmaßen, die Interessen eines Menschen besser als dieser selbst zu kennen? Gegenüber Unmündigen ist dies manchmal unausweichlich. Aber sonst ist dieser Anspruch wohl äußerst problematisch. Zwar ist es erlaubt (und unter Umständen geradezu „geboten"), einer Person „ins Gewissen zu reden", wenn diese offenbar ihre Interessen verkennt, aber letztlich muß jedem das Recht belassen bleiben, seine Ziele selbst zu bestimmen. Langer Rede kurzer Sinn: Die personalwirtschaftliche

Gestaltung sollte nicht nur die Ziele, sondern auch und vor allem die Interessen der Betroffenen im Auge haben. Nun ist aber davon auszugehen, daß die Interessen der von einer Gestaltungsmaßnahme Betroffenen nur bedingt miteinander übereinstimmen. Wie kann man dann aber der Forderung nachkommen, alle Interessen gleichermaßen zu „berücksichtigen"? Eben das wäre zu untersuchen und zwar zunächst rein deskriptiv, also im Hinblick darauf, wie in der betrieblichen Wirklichkeit die Vermittlung unterschiedlicher Ziele und Interessen tatsächlich geleistet wird, aber auch im Hinblick darauf, wie diese Praxis zu erklären und zu bewerten ist. Eine angewandte Wissenschaft muß sich also auch mit „politischen" Fragen auseinandersetzen, sie muß klären, welche Interessengegensätze bestehen und wie sie ausgetragen werden. Diese Aufgabe wird leider selten in Angriff genommen. Viele Managementbücher beschränken sich auf die Darstellung – möglichst „moderner" – Managementtechniken, ohne deren politische Dimension herauszustellen. Management-Techniken haben aber nicht nur Licht-, sondern auch Schattenseiten, wie Delbrigde/Turnbull (1992) am Beispiel von derzeit hoch geschätzten Konzepten herausstellen (vgl. Abbildung 1.1).

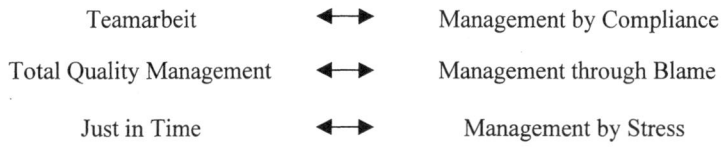

Abb. 1.1: Managementkonzepte und ihre Bezeichnung

Teamarbeit kann demnach die Zusammenarbeit verbessern, sie zwingt die Teammitglieder aber auch unter den informellen Druck der Kollegen. Qualitätsmanagement vermindert nicht nur den Ausschuß, es kann auch zur Bloßstellung von Mitarbeitern führen. Und Just in Time Fertigung bedeutet nicht nur Effizienz, sondern eben auch Arbeitsintensivierung und Streß. Diese Gegenüberstellung zeigt, daß man auch allseits propagierte Management- und Arbeitskonzepte nicht unbedingt loben muß. Sie zeigt aber auch, wie schwierig es ist, diesbezüglich allgemeine Aussagen zu machen, denn – anders als unterstellt – führt Qualitätsmanagement nicht notwendigerweise zu einer Kostenentlastung, und ebensowenig ist Qualitätsmanagement immer Ausdruck eines Management by Blame. Qualitätsmanagement ist damit nicht immer gut für die Kapitalrendite und auch nicht immer gegen „die" Interessen „der" Arbeitnehmer gerichtet. Eine abgewogene Beurteilung schlägt sich daher weder vorbehaltlos auf die eine noch auf die andere Seite. Überhaupt ist die pauschale Gegenüberstellung von Arbeitgeber- und Arbeitnehmerinteressen aus theoretischer Sicht eigentlich unbefriedigend. Dennoch kann sie hilfreich sein und zwar einfach deswegen, weil sie den Blick für mögliche Voreingenommenheiten schärfen kann. In vielen Veröffentlichungen wird nämlich eine Interessenharmonie unterstellt, die höchst zweifelhaft ist. Instrumente und Maßnahmen werden oft als unstrittig „rationale" Lösungen präsentiert, obwohl sie durchaus parteiisch einseitige Interessen bedienen. Da ist es sicher nicht verkehrt, „gegenzuhalten" und die Angelegenheit aus der Perspektive der anderen Arbeitsmarktpartei zu betrachten.

b) Ideologie und Notwendigkeit
Sowohl die Praxis als auch die Wissenschaft sind starken ideologischen Kräften ausgesetzt. Ideologisches Denken ist – wie oben beschrieben – ein verzerrtes, in sich selbst verfangenes Denken. Warum läßt es sich nicht einfach abschütteln? Aus soziologischer Sicht dient Ideologie primär der mentalen Absicherung der herrschenden Verhältnisse. Aus psychologischer Sicht gründet Ideologie vor allem auf „Wishful Thinking", also auf einem Denken, in dem sich die Realität nicht fremden Gesetzen, sondern den eigenen Wünschen fügt. Wunschdenken entsteht aus Unsicherheit und wenn sich starke Affekte Geltung verschaffen. Es ist oft auch einfach die „natürliche" geistige Reaktion, um sich in einer „unerfreulichen" Realität zurechtzufinden. Man stellt sich auf Situationen, die sich nicht verändern lassen, notgedrungen ein. Selbst dem Unglück versucht man einen Sinn abzugewinnen, denn niemand will und kann ständig unglücklich und unzufrieden sein. Denken und Leben müssen zusammenpassen. Darum produziert ein „falsches Leben" sich auch die passenden falschen Rechtfertigungen.

Gibt es hinreichenden Anlaß, unsere Arbeitswelt als besonders ideologieanfällig zu kennzeichnen? Man kann heutzutage sicher nicht von einer „harten" Arbeitswelt sprechen, die einer „tröstenden" Ideologie bedarf. Verglichen mit der Epoche der Industrialisierung und mit den politischen und wirtschaftlichen Krisenzeiten des 20. Jahrhunderts verliefen die letzten fünfzig Jahre in Westeuropa jedenfalls äußerst erfreulich. Das heißt aber nicht, daß alle Bürger gleichermaßen an der Wohlstandsentwicklung teilgenommen und daß sich die Erwerbstätigen alle in sehr positiven Arbeitsverhältnissen befunden hätten. Bedarf an einer ideologischen Abstützung der Verhältnisse hat es also auch in der jüngeren Vergangenheit gegeben. Und dies gilt aller Voraussicht nach auch für die Zukunft. Viele Zeichen deuten beispielsweise auf eine künftig sich verschärfende Polarisierung der Beschäftigung hin, d.h. viele Personen werden weiterhin in „gesicherten" Verhältnissen leben können, eine zunehmend größer werdende Gruppe wird aber auch in „prekären" Beschäftigungs- und in weniger erfreulichen Arbeitsverhältnissen zurechtkommen müssen (vgl. Kapitel 5, Abschnitt 5). Nicht nur die Verlierer, auch die Gewinner dieser Entwicklung werden (miteinander verträgliche?) Erklärungen für ihre Situation einfordern.

Der Prozeß der Gewöhnung, der inneren Akzeptanz und Rechtfertigung auch äußerst ungünstiger und ungerechter Verhältnisse wird nicht immer erzwungen, er kann auch auf sanfte Weise geschehen. Relativ reibungslos geschieht die Anpassung, wenn man in die gegebenen Verhältnisse hineinwächst, wenn man also gar keine anderen oder zumindest keine besseren Verhältnisse kennt und wenn auch die soziale Umwelt die gegebenen Verhältnisse als normal empfindet, wenn diese gewissermaßen die vertraute Lebenswelt ausmachen. Man wird dann also wie von selbst in die Lebensverhältnisse hineingeführt und bekommt dabei ganz nebenbei auch die sie stützenden Ideologien verabreicht. Zur Ideologie unserer Gesellschaft gehört beispielsweise die Auffassung, daß sich Leistung auszahlt. Das ist in doppelter Hinsicht ganz „praktisch". Zum einen stimuliert diese Ideologie die Leistungsbereitschaft und zum anderen entlastet sie die Gesellschaft von ihrer Verantwortung, denn Mißerfolge werden nicht ihr, sondern dem einzelnen (seiner mangelnden Leistungsfähigkeit oder Leistungsbereitschaft) angelastet. Auf betrieblicher Ebene konkretisiert sich die Leistungsideologie in einer weitverbreiteten Aufstiegsillusion. Sie ist mit der meist trügerischen Hoffnung auf eine große Karriere verbunden und vermittelt selbst demjenigen, der nur eine kleine Karriere gemacht hat, die Selbsttäuschung, es zu etwas gebracht zu haben. Ideologische Kontrolle ist die wirkungsvollste und gleichwohl kostengünstigste Form, Menschen zu Handlungen zu veranlassen, die sie nicht „von sich aus" vollbringen würden (zu einem Beispiel gezielter Ideologieproduktion vgl. Kapitel 6, Abschnitt 4).
Wie verhält sich die Wissenschaft zur Ideologie einer Gesellschaft? Auch der Wissenschaft geht es um Bewußtseinsbildung. Von ihrem Anspruch her setzt sie allerdings nicht auf Ideologie, sondern auf Aufklärung, also auch darauf, ideologisches Denken aufzuspüren und zu bekämpfen. Soweit das Ideal, das – mißbraucht – eben wieder Ideologie wird. Man sollte die Möglichkeiten der Wissenschaft nicht überschätzen. Sie ist eine nur schwache Kraft in einem Feld starker Kräfte. Und sie ist als gesellschaftliche Institution diesen Kräften ebenso ausgesetzt wie alle anderen gesellschaftlichen Institutionen. Wissenschaftliche Theorien verkörpern daher nicht selten die ideologischen Grundprämissen, die sie eigentlich hinterfragen sollten. Im folgenden sei auf drei personalwirtschaftlich relevante Beispiele wissenschaftlicher Ideologie näher eingegangen.

Personal als nachrangiges Gestaltungsproblem

In erstaunlicher Bescheidenheit gehen viele Forscher im Bereich der Personalwirtschaftslehre davon aus, daß die Personalpolitik aus der „übergeordneten" Unternehmenspolitik abzuleiten sei. Diese Auffassung wird teleologisch (also vom Zweck her) begründet. Der letztliche Erfolg eines Unternehmens resultiert danach aus der Unternehmenspolitik (oder genauer: der Unternehmensstrategie), und das Personalwesen habe entsprechend seinen Beitrag zur Umsetzung der Unternehmensstrategie zu leisten. Kausal betrachtet geht es also um die Frage, in welcher Weise die Personalpolitik die Unternehmenspolitik unterstützt. Der Fixpunkt ist nach dieser Auffassung der Markt; diejenigen Unternehmen hätten den größten Erfolg, die es verstünden, den Markt am besten zu bedienen. Seit einigen Jahren wird – innerhalb des sogenannten ressourcenorientierten Ansatzes – schlichtweg das Gegenteil propagiert. Der Fixpunkt ist nun nicht mehr der Markt, sondern das handelnde Unternehmen. Danach erringen diejenigen Unternehmen die größten Wettbewerbsvorteile, die ihren strategischen Ausgangspunkt in der Entwicklung der eigenen Kompetenzen sehen. Personalpolitisch bedeutet dies, daß es zunächst darauf ankommt, das eigene Personalpotential zu entwickeln und der Personalpolitik des Unternehmens einen unverwechselbaren Charakter zu geben, der nicht leicht imitiert werden kann (vgl. z.B. Becker/Gerhart 1996). Die oben angeführte Ableitungsbeziehung wird also auf den Kopf gestellt. Die Personalpolitik folgt nicht aus der Unternehmenspolitik, vielmehr ist die Personalpolitik ein eigenständiger Gestaltungsbereich, dem die Unternehmenspolitik zu folgen hätte. Der scheinbar so revolutionäre Ansatz ist aber – näher betrachtet – der alte. Letztlich geht es nämlich auch beim ressourcenorientierten Ansatz um dasselbe wie beim marktorientierten Ansatz, nämlich um die (langfristigen) Unternehmensziele. Beim marktorientierten Ansatz ist der zentrale Ansatzpunkt die Unternehmenspolitik, beim ressourcenorientierten Ansatz die Personalpolitik. Unternehmens- und Personalpolitik sind aber beide nur von sekundärem Belang, sie liefern nur den strategischen Ansatzpunkt in dem Bestreben, eine möglichst hohe Kapitalverzinsung zu erreichen. Die Personalpolitik gewinnt im ressourcenorientierten Ansatz also keine „Eigenständigkeit", sondern bleibt strikt in die unverändert geltende Verwertungslogik eingebunden. Auch das „Personal" ist kein Selbstzweck, es bleibt ein Mittel und die Personalpolitik hat die Aufgabe, dieses Mittel zu optimieren.

Menschliche Arbeit als Produktionsfaktor

Damit wären wir bei einem zweiten Beispiel. In der gängigen Wirtschaftstheorie gilt menschliche Arbeit als „Produktionsfaktor". Das Ziel der Theoretiker besteht darin, möglichst exakt die Beziehungen zwischen dem Faktoreinsatz und dem Faktorertrag zu bestimmen. Die Ergebnisse dieser Bemühungen sind – was den Produktionsfaktor Arbeit angeht – aber meistens sehr unbefriedigend und zwar einfach deswegen, weil der Faktor Arbeit Eigenheiten aufweist, die ihn von anderen Produktionsfaktoren (z.B. Anlagen, Material, Energie) deutlich abheben. Während es beispielsweise oft unproblematisch ist, ein festes Verhältnis zwischen dem Energieverbrauch einer Maschine und ihrer Leistung zu bestimmen, haben sich Versuche, ähnliche Relationen für den Arbeitseinsatz zu ermitteln – bis auf einige triviale Fälle – als unergiebig erwiesen. Der rein technische Umgang mit dem Faktor Arbeit ist unangemessen und zwar – ganz abgesehen von ethischen Erwägungen – schlichtweg eben aus rein technischen Gründen. Arbeit entfaltet eine Eigenlogik, die sich nicht in einfache Formeln einfangen läßt. Warum ist das so, welche Besonderheiten zeichnen die menschliche Arbeit aus? Die folgenden fünf Gründe sprechen gegen die Möglichkeit einer unproblematischen Vereinnahmung menschlicher Arbeitskraft: Erstens läßt sich Arbeit nicht beliebig „transformieren", also z.B. teilen oder addieren. Materielle Stoffe können normalerweise in jede beliebige Portion aufgeteilt werden, bezüglich der Arbeitskraft ist dies wesentlich schwieriger, denn wie ließen sich beispielsweise 1,3 Buchhaltungseinheiten bestimmen? Damit hängt zweitens auch zusammen, daß eine bestimmte „Arbeitskraft" nicht ohne weiteres durch eine andere „Arbeitskraft" ersetzt werden kann. Es mag zwar eine „mittlere Art und Güte" einer (Arbeits-) Leistung geben, was es aber nicht gibt, sind zwei Personen, die sich in ihrem Arbeitsverhalten vollständig gleichen. Dies liegt schlichtweg an der Individualität von Menschen. Und aus dem selben Grund ist Arbeitskraft drittens kein „reiner Stoff", denn jeder Mensch ist sozusagen immer „als Ganzer" präsent und bringt damit auch seine jeweils individuellen Eigenheiten in den Arbeitsprozeß mit ein. Sein Wille, sein Denkvermögen und sein Geschick liegen nicht gebrauchsfertig bereit, und letztlich hängt es immer vom Träger der Arbeitskraft ab, ob und wie er seine Fähigkeiten verwendet. Arbeitskraft kann außerdem viertens nicht jederzeit abgerufen und auch nicht ohne weiteres z.B. für jeden Zweck eingesetzt werden. Vor der beliebigen Verwertung ihrer Arbeitskraft steht der Eigensinn der Person – und ihre Verfügbarkeit. Nicht für alle Aufgaben stehen geeignete und willige Personen zur Verfügung, sie zu erkennen und zu gewinnen erfordert normalerweise einiges an Einsatz. Arbeitskraft kann fünftens nur sehr beschränkt ab- und angeschaltet werden. Ein Buchhalter ist, so er einmal eingestellt ist, gewissermaßen auch angestellt, und zwar unabhängig davon ob er acht Stunden am Tag etwas zu verbuchen hat oder nicht.

Insgesamt scheint Arbeit also ein „schwieriger" Produktionsfaktor zu sein, ein Tatbestand, der schon manchen Planer und Manager mit Unmut erfüllt hat. Tatsächlich wird unsere „Mängelliste" dem Produktionsfaktor Arbeit aber nicht gerecht, denn sie ergibt sich nur dann, wenn man eine sehr einseitige Perspektive einnimmt, d.h. sie gründet auf der interessierten Frage danach, wie sehr der Faktor Arbeit verfügbar und berechenbar ist. Aus diesem Blickwinkel treten fast zwingend „Defizite" in den Blick: Arbeit ist nicht beliebig nutzbar, biegsam und flexibel. Diese Defizite sind aber nur bedingt wirkliche Nachteile. Die Tatsache, daß die Natur der menschlichen Arbeit ihrer Verwertbarkeit Grenzen setzt, sagt eigentlich noch nichts über ihre eigentlichen Qualitäten aus.

Diese lassen sich kaum überschätzen, und zwar einfach deswegen nicht, weil die menschliche Arbeit die einzige Kraft ist, die Güter schafft. Nur Arbeit ist „lebendig", Dinge wie Anlagen, Material, Energie und Geld sind bloße „Sachen" ohne Geist und Sinn, ihr Nutzen entsteht erst im – sinnvollen – menschlichen Gebrauch. Und nur „Sachen" sind „echte" Produktionsfaktoren. Die Anwendung der Faktormetapher auch auf die Arbeit entspringt einer ingenieurtechnischen Vorstellung von der Leistungserstellung, in der Arbeit als farbloses Abstraktum gesehen wird. Aus dieser Sicht ist Arbeit verformbar wie beliebiges Material, nutzbar wie eine Maschine und wertvoll wie ein Wertpapier. Daß dies nicht richtig sein kann, hat selbst Frederick Winslow Taylor erkannt, ein Ingenieur, der als Erfinder der wissenschaftlichen Betriebsführung gilt und dem es primär darum ging, den produktionstechnischen Einsatz der Arbeitskraft zu perfektionieren (vgl. Kapitel 5). Taylor unterschied zwei Sorten von Arbeit, eine höhere und eine niedrigere. Die höhere Form der Arbeit soll sich – so seine Vorstellung – mit der „wissenschaftlichen" Planung der Arbeitsverrichtungen beschäftigen und bis ins Detail optimierte Verfahrensabläufe entwerfen. Der niedrigen Form der Arbeit bliebe dann lediglich die Aufgabe, den Anweisungen der höheren – intelligenteren – Arbeitsgattung gewissenhaft zu folgen. Jede Abweichung von den Vorgaben wäre zu vermeiden, weil sie schlichtweg ineffizient sein müsse. In der Betriebswirtschaftslehre findet sich der Widerhall dieser Auffassung in der Unterscheidung zwischen einfacher, ausführender und dispositiver, planender Arbeit (vgl. Gutenberg 1958). Ein Moment der Überlegung zeigt die Absurdität dieser Vorstellungen. Welcher Mensch will – oder noch fundamentaler: kann – seinen Geist bei der Arbeit abschalten? Die Einheit der Arbeit zu zerreißen, ist im strengen Sinne weder möglich noch im pragmatischen Sinne nützlich. Dabei ist die Aufteilung der Arbeit in planende und ausführende Tätigkeiten natürlich nicht gänzlich abwegig. Nach anstrengender Denkarbeit ist man – wie wohl jeder schon erlebt hat – manchmal richtig froh, wenn man sich einfachen Routinetätigkeiten hingeben kann, die keine allzu großen geistigen Anstrengungen verlangen. Auch kann und soll nicht bestritten werden, daß mit der Spezialisierung auf bestimmte Tätigkeiten oft erhebliche Effizienzsteigerungen möglich werden. Abwegig sind jedoch die Übertreibungen, die die Arbeitswissenschaften aus diesen und ähnlichen simplen Beobachtungen ableiten. Besonders problematisch ist es, nur die Spezialisierungsvorteile der geistigen Arbeitsteilung herauszustellen und die Nachteile zu ignorieren. Außerdem haben viele Studien gezeigt, daß die Aufteilung der Arbeit in denkende und ausführende Stellen in vielen Bereichen nachgerade effizienzmindernd ist. Und aus ethischer Sicht ist anzumerken, daß niemand ernstlich die Verfügungsgewalt über seine Arbeit verlieren will. Die Beobachtungen, die davon berichten, daß Personen an hochspezialisierten Arbeitsplätzen oft ganz zufrieden seien, sind keine Belege für die Harmlosigkeit einer

Politik der Arbeitsverarmung, sie zeigen allenfalls, daß es gelingen kann, der Wirklichkeit Gewalt anzutun, indem man sie z.b. so gestaltet, daß Menschen sich mit einer reduzierten Wirklichkeit abfinden. Aus der Doppelnatur des Menschen, gleichzeitig Zweck und Mittel zu sein, läßt sich jedenfalls nicht rechtfertigen, ihn ganz zum Mittel zu reduzieren. Insgesamt ist jedenfalls festzuhalten, daß die Rede vom Produktionsfaktor Arbeit unangemessen ist.

Sprache als Ausdruck von Grundhaltungen
Die moderne Personalwirtschaftslehre, dies sei ausdrücklich vermerkt, hat den Faktoransatz weitgehend hinter sich gelassen. Die Probleme der menschlichen Arbeit im Betrieb werden inzwischen weit differenzierter als in dieser Forschungstradition behandelt (vgl. u.a. Berthel 2000, Drumm 2000, Gaugler/Weber 1992, Hentze 1995, Klimekki/Gmür 1998, Neuberger/Wimmer 1998, Oechsler 2000, Ridder 1999, Schanz 2000, Scholz 2000). Die forschungsleitende Sichtweise hat sich deswegen aber nur bedingt geändert. Nach wie vor dominiert die Auffassung, die Personalwirtschaftslehre habe die Aufgabe, der Praxis Instrumente zu liefern, die es dieser (der „Praxis": dem Management?) gestattet, über die Mitarbeiter zu disponieren und sie in ihrem Verhalten zu beeinflussen. Kossbiel beispielsweise spricht von zwei personalwirtschaftlichen Grundproblemen: dem Verfügbarkeitsproblem und dem Wirksamkeitsproblem. Gemeint sind damit die Probleme der „Deckung des Bedarfs an Personal" und der „Durchsetzung der Ansprüche einer Organisation an das Personalverhalten" (vgl. Kossbiel 1997, S. 403). Der technokratische Klang dieser Formulierungen ist durchaus erschreckend. Was nachgerade beabsichtigt sein kann, weil er unverblümt deutlich macht, daß Personalfragen nicht freischwebend humanitärer Programmatik überlassen, sondern eng in die Verwertungslogik des Kapitalismus eingebunden sind (vgl. Nienhüser/Baumhus 2001).
Sprachlich unglücklich ist im übrigen auch der Begriff „Personal" selbst, der keine allzu starken und nur bedingt positive Assoziationen hervorruft. „Personal" ist etwas Anonymes, etwas Nachgeordnetes, besitzt keine eigene Identität, es ist ohne Selbstbewußtsein, unterwürfig, wenn auch häufig „schwierig" – eben häufig nicht so „verfügbar", wie man sich das wünscht. Anders ausgedrückt, „Personal" ist eine passive und gleichzeitig widerspenstige Größe: man (?) *hat* Personal und damit seine liebe Not. Sprachlich zumindest nicht gerade glücklich sind denn auch die dem „Personal"-Begriff nachgelagerten Begriffe (die in der personalwirtschaftlichen Literatur als Kapitelüberschriften Verwendung finden) also z.B. Personalführung, Personalentwicklung, Personalbeurteilung, Personaleinsatz, Personalrekrutierung und Personalplanung. Personal muß offenbar geführt, entwickelt, eingesetzt und verplant werden. Wer möchte innerhalb dieser bedrohlichen Sprachszenerie gern Personal sein? Natürlich muß man Begriffe nicht

allzu ernst nehmen. Man kann beispielsweise im Begriff „Personalentwicklung" lediglich einen Fachterminus sehen, der mit den negativen Assoziationen des Alltagssprachgebrauchs nichts zu tun haben muß. Da aber die Sprache der wichtigste Bedeutungsträger ist, kann es einem Wissenschaftler denn doch nicht völlig gleichgültig sein, welche Begriffe er verwendet. Dazu noch ein letztes Beispiel. In der gutgemeinten Absicht, den Faktor Personal aufzuwerten, findet man seit etlichen Jahren in der personalwirtschaftlichen Literatur die Begriffe Humankapital und Humanressourcen. Beide Begriffe, sowohl „Kapital" als auch „Ressourcen" sind in der Ökonomie positiv besetzt, sie bezeichnen etwas von Wert und angewandt auf das Personal bringen sie zum Ausdruck, daß dieses eine größere Wertschätzung verdient, als man ihm gemeinhin zugesteht. Die vermeintliche sprachliche Aufwertung erweist sich aber zwangsläufig als Bumerang und zwar deswegen, weil sie auf Eigenschaften anspielt, die man zwar Sachen zuweisen kann, auf Menschen angewandt aber mindestens befremdlich klingen. Beim Kapital interessiert bekanntlich vor allem die Rendite, woraus sich – angewandt auf das Personal – die Frage ergibt, wer denn die Humankapitalrendite kassieren soll. Und bei Ressourcen fragt man vor allem nach deren Nutzung. Versteht man aber Personal primär als Ressource, dann geht es letztlich denn doch wieder um nichts anderes als um die schon mehrfach angesprochene Frage nach der Verfügbarkeit.

3 KONZEPTION DES LEHRBUCHS

Was folgt aus diesen Überlegungen für die Konzeption des vorliegenden Buches? Zunächst sei festgehalten, daß menschliche Arbeit kein gewöhnlicher Produktionsfaktor ist, dessen Bedeutung sich über die Betrachtung technischer Input-Output-Relationen erschließt. Er ist als „Ressource" vielmehr unlöslich mit dem einzelnen Menschen verbunden, der wiederum als Mitglied einer Organisation nicht als beziehungslose Monade handelt, sondern eng in soziale Bezüge eingebunden ist. Aus diesem Tatbestand ergibt sich unmittelbar die Forderung nach einem „breiten" wissenschaftlichen Zugang, der die Verflechtung technischer, psychologischer und sozialer Dimensionen des Personalwesens in den Blick nimmt. Die praktische Seite des Personalwesens konfrontiert die Wissenschaft außerdem mit ethischen Problemen, denen sie nicht ausweichen sollte. Ethische Probleme ergeben sich schon allein aus dem Tatbestand, daß der Mensch bei der Verwertung seiner Arbeitskraft nicht Selbstzweck, sondern ganz wesentlich Mittel zum Zweck ist. Und schließlich steht das Personalwesen im Schnittpunkt vielfältiger Interessen und ist damit unvermeidlich ein „politisches" Thema – ein Tatbestand, der oft auch auf die wissenschaftliche Theoriebildung abfärbt, die damit in Gefahr gerät, ideologisch mißbraucht zu werden.

Wissenschaft, die nach Erkenntnis strebt, taugt jedoch nicht für den politischen Meinungsstreit, ihr geht es nicht um die Durchsetzung von Interessen, sondern um die Gewinnung objektiven Wissens und um die kritische Reflexion fehlenden Wissens. Aus diesem Grund nimmt die Darstellung von Theorien im vorliegenden Buch breiten Raum ein. Angesichts der Komplexität des Erkenntnisgegenstandes werden sehr verschiedene theoretische Zugänge gesucht, die das Personalwesen aus unterschiedlichen Blickwinkeln betrachten. Auch die Darstellung von Möglichkeiten der praktischen Gestaltung bemüht sich um Vielfalt. Neben einzelnen Instrumenten werden wichtige personalpolitische Ansätze (im Sinne von Strategiemustern) beschrieben. Breiten Raum nimmt außerdem die Beurteilung der personalwirtschaftlichen Praxis ein. Geprüft wird die wissenschaftliche (d.h. empirisch-theoretische) und normative Fundierung von personalwirtschaftlichen Gestaltungsansätzen.

Auch der politische Aspekt wird nicht ausgeklammert. Der direkteste Weg, das Politische des Personalwesens zu akzentuieren, besteht darin, das Personalwesen jeweils aus unterschiedlichen Interessenperspektiven zu betrachten, also gewissermaßen unterschiedliche Personalwirtschaftslehren (aus Sicht der Kapitalgeber oder aus Sicht des Managements, aus Sicht der Arbeitnehmer, des Betriebsrats usw.) zu entwickeln. Im vorliegenden Buch wird dieser Weg nicht beschritten. Statt eines Interessenansatzes wird ein Sozialsystemansatz gewählt. Innerhalb von Systembetrachtungen springt das Politische zwar nicht unmittelbar ins Auge, deswegen wird der politische Charakter der Erwerbsarbeit aber nicht ausgeblendet. Unsere systemtheoretische Betrachtung sieht das Politische im Gegenteil ganz zentral im Funktionsgefüge einer Organisation verankert. Damit wird auch dem Personalwesen der Stellenwert zuerkannt, der ihm gebührt. In systemtheoretischer Betrachtung ist das Personalwesen kein „äußeres" Teilelement einer Organisation, es durchdringt vielmehr das organisatorische Geschehen von innen heraus, es ist in einem gewissen Sinne die Substanz der Organisation. Diese Behauptung gründet in der schlichten Einsicht, daß eine Organisation aus nichts anderem als aus ihren Teilnehmern besteht und sich damit aus nicht mehr aber auch aus nicht weniger als den (auch politischen) Beziehungen ihrer Teilnehmer konstituiert. Jede Form der arbeitsteiligen Zusammenarbeit und damit jedes Personalwesen ist also von vornherein und ganz elementar politisch und die Ausgestaltung der Sozialbeziehungen deswegen eine ganz zentrale Vorbedingung für das Funktionieren und die Stabilität einer Organisation. Der Charakter der Sozialbeziehungen bestimmt den Charakter einer Organisation und deren Funktionsweise und damit auch die Wirksamkeit von Gestaltungsmaßnahmen (vgl. ausführlich Kapitel 2).

Zusammenfassend: das vorliegende Buch behandelt sowohl theoretische als auch praktische Fragen. Ein besonderer Akzent liegt auf der wissenschaftlichen Beurteilung von Gestaltungsansätzen. Aus diesem Grund wird in einem gesonderten Kapitel auf das eigentlich „Wissenschaftliche" einer Lehre vom Personalwesen eingegangen (vgl. Kapitel 3). Anschließend werden inhaltliche Fragen behandelt. Dabei kann es nicht darum gehen, die gesamte Fülle personalwirtschaftlicher Probleme zu präsentieren. Eine wie auch immer „erschöpfende" Darstellung bliebe zwangsläufig oberflächlich und könnte zu den eigentlich interessanten und problematischen Sachverhalten gar nicht vordringen. Behandelt werden also nur ausgewählte Fragen. Andererseits soll aber auch eine einseitige Betrachtung vermieden werden. Aus diesem Grund werden Überblicksdarstellungen mit vertiefenden Erörterungen spezifischer Ansätze kombiniert. Die Kapitel 4 bis 6 befassen sich mit drei Funktionsbereichen des Personalwesens: der Selektion, der Arbeitsgestaltung und der Anreizgestaltung. [Die übrigen drei Kernfunktionsbereiche des Personalwesens – Integration, Sozialisation und Kontrolle – werden in einer gesonderten Publikation behandelt.] Die Darlegungen orientieren sich an einem durchgängigen Schema. Zunächst erfolgt ein kurze Darstellung von „Theorie und Praxis", d.h. von je vier alternativen Theorien und je vier personalwirtschaftlichen Gestaltungsansätzen (also z.B. Theorien der Selektion und Instrumenten der Personalauswahl). Außerdem werden ausgewählte „Strategiemuster" des jeweiligen personalwirtschaftlichen Gestaltungsfeldes betrachtet. Dem schließt sich die ausführlichere (vertiefende) Darstellung einer wichtigen Theorie aus dem jeweiligen Funktionsbereich an. Ähnlich ausführlich wird auch eine ausgewählte personalpolitische Strategie behandelt. Abschließend erfolgt eine vertiefende Darstellung und Bewertung eines wichtigen personalwirtschaftlichen Instruments.

Die Darlegungen in diesem Buch orientieren sich an dem Leitgedanken der Vielfalt. Vielfalt ist bekanntlich nicht ohne Reiz. Das ist aber leider kein hinreichender Grund, sie als Leitprinzip zu wählen. Wichtiger ist der erkenntnistheoretische Vorteil der Vielfalt. Wie immer man Wissenschaft betreiben will, weiterführende Einsichten lassen sich letztlich nur erzielen, wenn man einem theoretischen Pluralismus folgt, und bezüglich der Praxis gilt: gute Praktiker folgen nicht blindlings den jeweiligen Modeströmungen, sie zeichnen sich vielmehr durch ihre Fähigkeit aus, in Alternativen zu denken und zu handeln.

Kapitel 2: Funktionen

Das vorliegende Kapitel befaßt sich mit dem funktionalistischen Ansatz der Sozialtheorie. Dieser Ansatz ist keine „Theorie" im engeren Sinne. Theorien beschreiben allgemeine Gesetzmäßigkeiten. Sie können wahr oder falsch sein. Der funktionalistische Ansatz liefert einen Denkrahmen. Er ist weder wahr noch falsch, er ist eine bestimmte Art und Weise des Nachdenkens und hat insoweit einen „vortheoretischen" Charakter. Seine Stärke liegt in der Analyse komplexer sozialer Systeme. Man kann mit seiner Hilfe soziale Systeme nicht erklären, aber er gibt uns Mittel an die Hand, um das Geschehen in sozialen Systemen gedanklich zu ordnen. Die beschränkte Leistungsfähigkeit der Funktionalbetrachtung liegt gewissermaßen in der Natur der Sache, denn die Komplexität sozialer Systeme macht jeden Versuch einer „Gesamterklärung" von vornherein zunichte. Soziale Systeme lassen sich gewissermaßen nur Schicht um Schicht analysieren. Beim Abtragen dieser „Schichten" hilft die Funktionsbetrachtung. Dies ist ein kaum zu überschätzender Dienst, ohne ihn würde man bei dem Versuch scheitern, die Gesetzmäßigkeiten sozialer Systeme durchschauen zu wollen.

1 AUFGABEN, ZIELE, FUNKTIONEN

In der personalwirtschaftlichen Literatur taucht regelmäßig die Vorstellung auf, das Personalwesen habe bestimmte „Aufgaben". Auch werden der Personalarbeit „Ziele" zugeschrieben. Die Funktionsanalyse spricht dagegen von „Funktionen". Hinter diesen scheinbar sehr ähnlichen Begriffen stehen recht verschiedenartige Vorstellungen über den Stellenwert des Personalwesens.

a) Aufgaben

Unter einer Aufgabe versteht man eine Menge von Regelungen, die für das Verhalten von Organisationsmitgliedern verbindlich sind. Verschiedentlich spricht man nicht nur von Aufgaben, die einzelnen Personen übertragen werden, sondern auch von Aufgaben, die von Stellen oder Instanzen zu erledigen sind. Aufgaben haben einen starken Sachbezug, sie beschreiben „was zu tun ist". Die Aufgaben einer Stelle werden manchmal in sogenannten Stellenbeschreibungen zusammengestellt. So gehört es zu den Aufgaben eines Bauleiters, die Bauabwicklung zu planen und für die Beschaffung von Baumaterial zu sorgen. Zu den Aufgaben der Personalabteilung gehört es, dafür zu sorgen, daß die Lohn- und Gehaltszahlung pünktlich und ohne Fehler abgewickelt wird usw.

b) *Ziele*

Ziele sind wertende Entscheidungsprämissen. Als Prämissen formulieren sie Anforderungen an eine bestimmte Entscheidung oder an eine Klasse von Entscheidungen und sie beschränken damit den Alternativenraum, d.h. sie legen fest, welche konkreten Lösungen nicht in Frage kommen. Als Bewertungen kennzeichnen sie einen Zustand als wünschenswert, sie formulieren den Anspruch, den beschriebenen Zustand herbeizuführen und andere Zustände zu vermeiden. So könnte ein Ziel der Personal*abteilung* darin bestehen, notwendige Entlassungen mit einem Minimum an (sozialen) Folgekosten durchzuführen. Oder es könnte das Ziel des Personal*wesens* sein, möglichst geringe Ausfallzeiten durch das Personal zu gewährleisten. Wie die Beispiele zeigen, ist es durchaus sinnvoll, Ziele sowohl für Stellen (oder für Instanzen: die Personalabteilung) zu formulieren, als auch für einen Aufgabenbereich (das Personalwesen) – also für einen „Funktionsbereich", der nicht eindeutig bestimmten Personen oder Stellen zugeordnet werden kann. Dies ist sinnvoll, denn Personalarbeit wird nicht allein von der Personalabteilung geleistet, sie geschieht selbst dann, wenn es überhaupt keine Personalabteilung gibt, sie wird dann „nebenbei" von verschiedenen Stellen (z.B. den Vorgesetzten) ausgeführt oder – noch schärfer formuliert, Personalarbeit ist unvermeidlich: Personalarbeit findet statt, ob man dies nun will oder nicht, denn Personen werden eingestellt, entlassen, bezahlt, geführt usw., gleichgültig ob es für diese Tätigkeiten spezialisierte Stellen gibt oder nicht. Entsprechend lassen sich nicht nur für die Personalabteilung, sondern ganz allgemein auch für die Personalarbeit oder das Personalwesen Ziele formulieren.

Außerdem sollte man bei der Untersuchung des Verhaltens von Unternehmen (bei der Untersuchung des „Personalverhaltens" von Unternehmen) nicht bei der Analyse der Unternehmensziele stehenbleiben. Das Geschehen in Unternehmen wird nicht nur durch die offiziellen Unternehmensziele bestimmt, es ist ebenso auch geprägt von den persönlichen Zielen, die die Mitglieder des Unternehmens verfolgen. So kann der Personalleiter beispielsweise den Ehrgeiz besitzen, seiner eigenen Abteilung mehr Gewicht im Unternehmen zu geben. Diese Absicht kann mit den Zielen des Unternehmens durchaus in einem konkurrierenden Verhältnis stehen. Der Personalleiter verfolgt zunächst nur seine eigenen Ziele. Er kann dies im Verborgenen oder in aller Offenheit tun. Entschließt er sich zu letzterem, so spricht man davon, daß er Ziele *für* die Unternehmung formuliert, werden sie allgemein übernommen, so spricht man von Zielen *der* Unternehmung (vgl. Kirsch 1971). Unternehmensziele sind also eine Teilmenge der Ziele der Mitglieder des Unternehmens. Woran man nun erkennen kann, welches die tatsächlichen Unternehmensziele sind, ist umstritten. Man könnte die Ziele der Führungskräfte (oder des Eigentümers) mit den Unternehmenszielen gleichsetzen. Das ist aber wenig überzeugend, weil kein soziales System nur aus *einem* Willen heraus agiert. Man könnte die *mehrheitlich* geteilten Ziele der Unternehmensmitglieder betrachten, was aber ebenfalls wenig plausibel ist, weil die bloße Tatsache der „Mehrheit" wenig Aussagekraft besitzt. Am ehesten überzeugt die Betrachtung des tatsächlichen Verhaltens, denn in ihm kommen die Kräfte, die das Unternehmen bewegen, zum Ausdruck. Man kann also (unter gewissen Umständen) aus dem langfristigen Verhalten eines Unternehmens auch auf seine „Ziele" zurückschließen. Sinnvoll ist daneben die Beschreibung des „geronnenen" Verhaltens, also der Grundstrukturen der Unternehmung. Grundstrukturen sind der zentrale Gegenstand der Funktionalbetrachtung.

c) Funktionen

Funktionen und Ziele sind manchmal identisch - aber nicht immer. Eine *Funktion* umfaßt eine Gruppe von Vorgängen, die für den Bestand eines sozialen Systems notwendig sind. Sind diese „Vorgänge" nicht vorhanden, d.h. „fällt die Funktion aus", dann ist ein Weiterbestehen des Systems nicht möglich. So ist es beispielsweise einleuchtend, daß die Mitglieder eines Unternehmens für ihre Tätigkeit angemessen entlohnt werden müssen. Andernfalls würde man kein Personal finden, das bereit ist, für das Unternehmen zu arbeiten. Eine Variante der Funktionsbetrachtung besteht nun darin, nicht nur Funktionen zu identifizieren, die für den *Bestand des Sozialsystems* notwendig sind. Von großem Interesse sind vielmehr auch Aussagen über die *optimale Funktionsausgestaltung*, also Aussagen darüber, wie bestimmte Ziele erreicht werden können. Unternehmen sind beispielsweise an einer möglichst großen Gewinnzielung interessiert und nicht nur an der Konkursvermeidung. Oder, um auf unser Entlohnungsbeispiel zurückzukommen, es ist wünschenswert, nicht nur den Minimallohn zu kennen, der eine einigermaßen ausreichende Arbeitsmotivation hervorruft, wesentlich hilfreicher sind genaue Vorstellungen über die Beziehung zwischen Lohnhöhe und Leistungsentfaltung.

Auf eine wichtige Besonderheit der Funktionsbetrachtung sei besonders hingewiesen. Funktionsanalysen versuchen zunächst auf einem sehr allgemeinen Niveau Grundfunktionen zu identifizieren, d.h. sie betrachten solche Funktionen, die für alle sozialen Systeme gleichermaßen Relevanz besitzen. Daraus ergibt sich auch die Notwendigkeit, die Beschreibung dieser Funktionen auf einer sehr hohen Abstraktionsebene anzusiedeln.

Erst in einem zweiten Schritt werden dann die Funktionsbedingungen betrachtet, die sich aus den Besonderheiten unterschiedlicher sozialer Systeme (Gesellschaften, Organisationen, Wirtschaftsunternehmen) ergeben. In weiteren Analyseschritten lassen sich dann die Funktionsbedingungen ganz spezieller sozialer Systeme (Arbeitsgruppen, Projektteams usw.) konkretisieren.

Konstrukt	Träger von Aufgabe, Ziel, Funktion		
Aufgabe	Person	Stelle	
Ziel	Person	Stelle	System
Funktion		Stelle	System

Abb. 2.1: Aufgabe, Ziel, Funktion

Der Funktionsbegriff ist nur auf soziale Systeme, nicht aber auf Personen anwendbar. Personen können Ziele besitzen, sie besitzen aber keine Funktionen. Dagegen sind die Bausteine von sozialen Systemen wie Stellen, Instanzen, Abteilungen, Institutionen usw. durch ihre Funktion charakterisierbar, d.h. sie erfüllen eine oder mehrere Funktionen für das Gesamtsystem. Aber nicht nur unmittelbar benenn- und greifbare Einrichtungen wie die Personalabteilung haben Funktionen. Viele „funktionsnotwendigen" Aktivitäten sind über das Gesamtsystem verteilt und können nicht eindeutig einem oder mehreren Aktionsträgern zugeordnet werden. Auch diese Aktivitäten können auf ihren Beitrag für das „Funktionsgefüge" des Gesamtsystems hin betrachtet werden. Klassen von derartigen Aktivitäten sind beispielsweise die Personalarbeit oder die Bildungsarbeit oder die Informationsversorgung – alles Aktivitätsgruppen, die nicht vollständig einer alleinverantwortlichen Instanz übertragen werden können. Man kann also sagen, daß Funktionen Eigenschaften von Systemen sind. Genauer müßte man allerdings sagen, daß jeweils „Subsysteme" Funktionen für die nächst höhere Systemebene erfüllen, z.B. die Personalabteilung für die Unternehmung oder die Personalarbeit für die Organisation usw. Wenn diese Subsysteme konkret faßbare Klassen von Personen sind (z.B. die Personalabteilung, die aus der Gesamtheit ihrer Mitglieder besteht oder die Organisationsabteilung), dann spricht man von natürlichen Subsystemen. Sind die Subsysteme aber Klassen von Aktivitäten (also z.B. die Personalarbeit oder die Informationsversorgung), dann spricht man von funktionalen Subsystemen. Die Abbildung 2.1 zeigt eine Gegenüberstellung der Träger von Aufgaben, Zielen und Funktionen. Träger einer Aufgabe sind sowohl bestimmte Personen als auch bestimmte Stellen. Ziele können sowohl Personen als auch Stellen besitzen. Eine Person hat jedoch keine Funktion.

2 GRUNDFUNKTIONEN

Die Funktionalbetrachtung ist ein sehr abstraktes Analyseinstrument mit einem weitreichenden Anspruch. Eines der Anliegen ist – wie erwähnt – die Identifikation von Grundfunktionen, deren Gewährleistung überlebensnotwendig ist. An einigen Beispielen soll illustriert werden, welche Schwierigkeiten bei dem Versuch auftauchen, solche Grundfunktionen zu ermitteln.

a) Funktionen in nicht-sozialen Systemen
Unmittelbar einsichtig ist die Anwendung des Funktionskonzepts bei künstlichen (d.h. von Menschen geschaffenen) Objekten, insbesondere bei Maschinen. In einem Otto-Motor geschieht die Kraftentfaltung durch Verbrennung eines Treibstoffes in einem Kolbenzylinder, die Umwandlung der thermischen in kinetische Energie und deren Übertragung auf eine Antriebswelle. In diesem Prozeß hat ein Aggregat wie der Vergaser einen eindeutigen Stellenwert: ohne Vergaser kein Ottomotor. Die „Funktion" des Vergasers ist die Herstellung des zur Entzündung geeigneten Benzin-Luftgemisches. Auch die anderen Teile des Motors (Kolbenwelle, Nockenwelle usw.) haben eine genau spezifizierbare Funktion. In einem Kraftfahrzeug lassen sich letztlich alle zur Funktionstüchtigkeit notwendigen Teile identifizieren: Lenkung, Antrieb, Antriebsstoff, Fahrgestell, Wasserpumpe usw. Um das Funktionsgefüge Kraftfahrzeug kennen- und verstehen zu lernen, ist es daher oft hilfreich, sich die Funktionen seiner Teile zu vergegenwärtigen. Man wird bei dieser Beschreibung auch Teilbestandteile entdecken, die eigentlich nicht notwendig sind, deren Fehlen also die grundsätzliche Funktionstüchtigkeit nicht beeinträchtigen würde. Im Kraftfahrzeug sind dies z.B. Waschvorrichtungen für die Scheinwerfer, die Heizung usw. Man wird auch entdecken, daß manche Teile völlig unentbehrlich sind (Räder, Lenkung usw.). Diese erfüllen Funktionen, auf die nicht verzichtet werden kann, sofern man überhaupt von einem Kraftfahrzeug sprechen will. Dabei ist es zunächst gleichgültig, mit welchen Mitteln diese Funktionen ausgeführt werden. So kann die Fortbewegung mit Hilfe von Holz-, Gummi- oder Stahlrädern erfolgen, sie kann statt mit Rädern auch mit Raupen erfolgen usw.
Vor allem in der Biologie findet man sehr häufig funktionalistische Betrachtungen. Ein Beispiel ist die Bestimmung von „Wesensmerkmalen" eines Organismus. Diese verdinglichen sich in bestimmten Organen und den Funktionen, die diese ausführen. So findet man in Organismen immer einen Stoffwechsel. Dieser erfolgt durch Aufnahme von Nahrung und deren Umsetzung z.B. (bei Tieren) durch „Verbrennung". Man wird also bei Tieren immer Organe zur Aufnahme von Nahrung und Sauerstoff finden. Verschiedene Bestandteile des menschlichen Körpers sind im Hinblick auf ihre Funktionen

rätselhaft. So kann man offenbar ohne Blinddarm leben, und zwar ohne Beeinträchtigung des Wohlbefindens. Bezüglich mancher Organe ist dies umstritten (z.B. bei Rachenmandeln), man kann aber zumindest festhalten, daß nicht alle Organe *unbedingt* lebensnotwendig sind, denn unter Umständen kann deren Leistung auch von anderen Organen übernommen werden.

Aber nicht nur in den Sozialwissenschaften, in der Technologie und in der Biologie findet sich die Funktionalbetrachtung. In praktisch allen Wissenschaften findet man Funktionalanalysen. Abschließend sei ein Beispiel aus der Psychologie erwähnt. Wenn Psychologen die Bedürfnisse des Menschen untersuchen, dann geht es ihnen auch um die „Funktionstüchtigkeit" ihres Untersuchungsgegenstandes, der menschlichen Psyche, denn wenn die Befriedigung fundamentaler Bedürfnisse nicht gewährleistet ist, dann ist – so eine grundlegende Annahme in der Psychologie – die Integrität der menschlichen Psyche gefährdet. Kurzfristig zeigt sich dies in einer Beeinträchtigung des Wohlbefindens, langfristig in Persönlichkeitsstörungen.

Die angeführten Überlegungen liefern aber nicht nur Anwendungsbeispiele für die Funktionsbetrachtung, in ihnen werden auch Schwierigkeiten der Funktionalbetrachtung, insbesondere ihre inhaltliche Unbestimmtheit, deutlich:

Funktionen lassen sich manchmal nur schwer lokalisieren, weil sie nicht immer von einem und nur einem exakt zu beschreibenden Funktionsteil (Aggregat, Organ, Aktionsträger, Wirkungszusammenhang) ausgefüllt werden, d.h. die Funktion kann von unterschiedlichen „Funktionsträgern" übernommen werden,

- Funktionen lassen sich nicht exakt spezifizieren, weil der Ausfall einer Funktion durch das Wirksamwerden eines anderen Mechanismus – durch ein sogenanntes funktionales Äquivalent – kompensiert werden kann,
- die Abgrenzung des jeweiligen Systems ist unbestimmt, aber von erheblicher Bedeutung: ein Fahrzeug hat dieselben Grundfunktionen wie ein Kraftfahrzeug (allerdings weniger), ein Kraftfahrzeug hat dieselben Grundfunktionen wie ein Motorboot (allerdings mehr) usw.
- je nachdem, unter welchem Blickwinkel man ein Objekt betrachtet, kommt man zu anderen „Funktionszusammenhängen". Wenn man den Menschen beispielsweise als biologisches System betrachtet, hebt man gänzlich andere Aspekte heraus, als wenn man den Menschen als psychologisches System betrachtet.

b) Funktionen in sozialen Systemen

Aus der Alltagserfahrung ist jedem bekannt, daß der Zusammenhalt und damit die Weiterexistenz von sozialen Gruppierungen vielfach gefährdet ist. Dies bedeutet nichts anderes, als daß in sozialen Systemen, ebenso wie in den vorher beschriebenen Beispielen, die Einhaltung bestimmter Funktionsvoraussetzungen nicht immer und von selbst gewährleistet ist. Allerdings wird diese Betrachtungsweise häufig kritisiert. Gegen den Versuch allgemeine „Systembedürfnisse" zu beschreiben wird z.B. häufig eingewandt, daß Systembedürfnisse sehr spezifisch seien, weil in jeder sozialen Gruppierung andere Systembedürfnisse auftauchen. Dieser Einwand kann nicht grundsätzlich widerlegt werden. Man kann ihm nur durch den Nachweis begegnen, daß *ganz bestimmte* Systembedürfnisse tatsächlich in allen sozialen Systemen (oder in den jeweiligen Systemen eines bestimmten Typs) gleichermaßen anzutreffen sind.

Hierzu wollen wir beispielhaft einige soziale Systeme betrachten. Beginnen wollen wir mit Freundschaftsbeziehungen. Gibt es in derartigen Beziehungen allgemeine Funktionen, die sich in allen derartigen Beziehungen finden, und gibt es diese Funktionen auch in anderen sozialen Beziehungen? Tatsächlich kann man ohne Probleme eine ganze Reihe von Anforderungen entdecken, ohne deren Erfüllung jede Freundschaftsbeziehung entzwei ginge. Doch zunächst ein Beispiel für eine nicht notwendige Bedingung. Man hört oft die Behauptung: „Gegensätze ziehen sich an". Für den langfristigen Bestand einer persönlichen Beziehung zwischen zwei Personen ist es aber geradezu kontraproduktiv, wenn die Gegensätze in Gewohnheiten, Interessen, Intelligenz usw. zu groß sind. Gegensätze sind also keine Funktionsbedingung, sondern eher ein Gefährdungspotential. Ein echtes Systembedürfnis ist dagegen die Kompatibilität der Interessenbefriedigung: nur wenn sich die beiden in der Verfolgung ihrer eigenen Ziele nicht im Wege stehen, werden sie es längerfristig miteinander aushalten. Zwei weitere Systembedürfnisse in Freundschaftsbeziehungen sind ein ausgewogenes Anreiz-Beitrags-Gleichgewicht und die Existenz von Mechanismen zur Konflikthandhabung. Strittig sind Merkmale wie Ähnlichkeiten in der Beurteilung von weiteren Freunden, Akzeptanz der sozialen Umwelt, häufige Kommunikation usw. (vgl. zu einem Modell gelingender Interaktion Martin/Drees 1999).

Gibt es auch allgemeine Systemanforderungen für Arbeitsgruppen? Angesichts der Vielfalt unterschiedlicher Gruppenformen (Komitees, Projektteams, Akkordgruppen, Entscheidungsgremien) scheinen Zweifel an der Möglichkeit, Gemeinsamkeiten zu benennen, besonders angebracht. So unterscheiden sich Arbeitsgruppen von Freundschaftsbeziehungen z.B. darin, daß Arbeitsgruppen weiter existieren, selbst wenn ihre Mitglieder wechseln. Das einzelne Gruppenmitglied wird zwar ein angemessenes Anreiz-Beitrags-Gleichgewicht erwarten, für die Gruppe selbst sind diesbezügliche Ungleichgewichte jedoch oft zu verkraften. Trotz dieser Unterschiede gibt es jedoch auch Grundfunktionen, die sowohl in Freundschaftsgruppen als auch in Arbeitsgruppen existieren. Ein Grundmerkmal jeder „Gruppenexistenz" ist z.B. eine ausreichende Attraktivität, d.h. es müssen immer genügend (potentielle) Teilnehmer zur Verfügung stehen.

Eine weitere Grundnotwendigkeit für den Gruppenbestand ist – wie bei Freundschaftsbeziehungen auch – die Existenz von Mechanismen der Konflikthandhabung. Denn wo immer Menschen miteinander arbeiten: Konflikte sind unausweichlich. Ein Konflikt liegt vor, wenn das Verhalten einer Person das Verhalten oder die Verhaltensabsichten einer anderen Person beeinträchtigt. Die daraus resultierenden Probleme müssen gehandhabt werden, ansonsten kommt es zu einer erheblichen Beeinträchtigung der Zusammenarbeit. Außerdem müssen Koordinationsmechanismen vorliegen, die das Verhalten der Gruppenmitglieder aufeinander abstimmen. Solche Mechanismen sind z.B. Vorrangregeln, Normen, Pläne usw., die sich wechselseitig ersetzen oder ergänzen. Welche Koordinationsmechanismen hilfreich sind, hängt allerdings von den gegebenen spezifischen Umständen, z.B. von der Art der Aufgabe, ab. So sind die Koordinationsnotwendigkeiten in einer Expertengruppe andere als in einer Werkstatt oder in einer Produktionsabteilung, in denen vor allem Einzelarbeitsplätze zu finden sind und in der sich die Zusammenhänge der Arbeitsaufgabe auf die Weitergabe eines bearbeiteten Werkstücks beschränkt. Ein Mindestmaß an Kooperation und Koordination ist aber in allen Arbeitsgruppen notwendig. Im Hinblick auf die Grundfunktionen läßt sich dies so ausdrücken: in bestimmten Arbeitsgruppen entstehen Systembedürfnisse, die sich aus der Notwendigkeit intensiver Kooperation (z.B. Forscherteam) ergeben und die in Arbeitsgruppen ohne diese notwendige Kooperation (z.B. am Fließband in einer Montagehalle) nicht gegeben sind. Zusammenfassend soll festgehalten werden: Es scheint durchaus möglich, für Gruppen – welcher Art auch immer – ganz allgemein gültige Grundfunktionen zu entdecken. Daneben ist es sinnvoll, für die verschiedenen Unterarten von Gruppen weitere und jeweils besondere Grundfunktionen zu ermitteln.

Ähnliches gilt für die Organisationsebene. Je ausdifferenzierter soziale Systeme sind, desto mehr muß erstaunen, daß überhaupt „Ordnung existiert", die Systeme also nicht auseinanderbrechen oder zerfallen. Die Schwierigkeiten der Systemintegration werden besonders augenfällig, wenn man an die Schwierigkeiten zwischenstaatlicher Einigkeit denkt. Je komplexer Systeme sind, desto stärker müssen die Bindungskräfte sein, die sie zusammenhalten. Dabei ist zu beachten, daß in noch höherem Ausmaß als in Gruppen der Bestand von Großsystemen (Gesellschaften, Staaten, Organisationen) von der Fluktuation einzelner Mitglieder kaum gefährdet ist. Die notwendigen Bindungskräfte richten sich dementsprechend nicht ausschließlich auf die Mitglieder, sondern auch auf die Subsysteme und deren Zusammenwirken.

Es wurden nun in der Forschung verschiedentlich Versuche unternommen, auch für die Organisationsebene allgemeine Systemprobleme zu finden, deren Nichtbewältigung zu einer Auflösung der Organisation führt. Ein sehr allgemeines Schema wurde von Talcott Parsons entwickelt (vgl. z.B. Parsons 1951). Gedacht war dieses Schema als Hilfsmittel zur Analyse von Gesellschaften, es kann aber leicht auf Organisationen übertragen werden (vgl. z.B. Katz/Kahn 1978 und Quinn/Rohrbaugh 1983). Demnach läßt sich organisationales Geschehen als Versuch verstehen, mit vier Grundproblemen zurechtzukommen: der Anpassung (d.h. der Abstimmung mit der Umwelt), der Zielerreichung (des Unternehmenszwecks), der Integration (der Abstimmung der Subsysteme innerhalb der Organisation) und der Kulturerhaltung. Auf diese Systemanforderungen, d.h. auf eine modifizierte Form der ersten drei Systemanforderungen werde ich bei der Darstellung meines eigenen Ansatzes noch zu sprechen kommen.

Festgehalten werden kann an dieser Stelle jedoch ein wichtiges Ergebnis des Systemdenkens. Es ist eine viel zu enge Betrachtung, soziale Systeme (also Familien, Arbeitsgruppen, Organisationen, Unternehmen usw.) nur unter einem einzelnen Gesichtspunkt – etwa dem der Gewinnerzielung – zu betrachten. Zwar geht auch die Funktionsbetrachtung davon aus, daß wirtschaftliche Ziele für Unternehmen eine zentrale Bedeutung besitzen (Grundfunktion: Zielerreichung), sie betont aber gleichzeitig, daß es zur Sicherung des Überlebens der Unternehmung nicht ausreicht, nur die wirtschaftlichen Ziele zu erreichen. Die mit den anderen Grundfunktionen verknüpften Probleme können ebensowenig vernachlässigt werden.

3 DIE FUNKTIONSFELDER DES PERSONALWESENS

Die Funktionalbetrachtung kann zur Analyse jeder beliebigen Systemebene verwendet werden. Statt von den Grundbedürfnissen von Organisationen auszugehen, ist es möglich, auch bei den funktionalen Subsystemen (also zum Beispiel am Personalwesen, am Informationssystem usw.) anzusetzen. Die beiden wichtigsten Fragen hierbei sind:

- welche Beiträge leistet das Subsystem zur Aufrechterhaltung des Systembestandes und
- aus welchen Teilfunktionen besteht das Subsystem selbst?

Diese beiden Fragen werden in der Literatur leider selten getrennt behandelt. Statt dessen wird z.B. in der Personalwirtschaftslehre pauschal von „den" Aufgaben des Personalwesens gesprochen. Scholz (2000) beschäftigt sich beispielsweise mit neun Managementfeldern, mit denen die Personalarbeit befaßt sei. Die Gründe für die Wahl seiner Systematik werden von Scholz nur angedeutet. Andere Kataloge enthalten neun, zwölf oder auch noch mehr Teilaufgaben in unterschiedlichem Detaillierungsgrad. Häufig genannt werden:

- Personalbedarfsplanung,
- Personalbeschaffung,
- Personal-„Freisetzung",
- Personaleinsatz,
- Personalentwicklung,
- Entlohnung,
- Personalführung,
- Personalinformation,
- Personalkostenplanung und
- Personalcontrolling.

Seltener aufgeführt werden:

- Personalpolitik,
- Gestaltung der Arbeitsbeziehungen,
- Pflege des Betriebsklimas,
- Personalforschung,
- Personalmarketing,
- Arbeitsorganisation.

Letztlich dienen derartige Kataloge über die Aufgaben des Personalwesens vor allem der Befriedigung eines gewissen Ordnungsbedürfnisses, angesichts der großen Zahl personalwirtschaftlicher Gestaltungsansätze ein nachvollziehbares Motiv.

Auch wir wollen eine gewisse Struktur in die Vielfalt personalbezogener Aktivitäten bringen. Anders als die üblichen Schemata setzen wir aber nicht an der Personalarbeit oder gar den Hauptaufgaben der Personalabteilung an (Planung, Auswahl, Entlassung usw.), sondern verfolgen weiterhin eine funktionale Argumentation. Wir stellen also die Frage: welche Grundfunktionen kommen dem Personalbereich einer Organisation zu? Mit dieser Frage setzen wir an Aktivitäten an, die „unvermeidlich" sind, also schlechterdings in jeder Organisation auftreten – d.h. an Aktivitäten, ohne die eine Organisation keinen Bestand hätte. Die Aufgabe der Planung beispielsweise kann man ernst nehmen oder auch nicht. Gleiches gilt für die Personalinformation, Betriebsklimaförderung und Personalführung. Dies ist anders bei den von uns unterschiedenen Grundfunktionen. Diese Grundfunktionen sind, ebenso wie die allgemeinen *Funktionsanforderungen* von Organisationen gewissermaßen in der Natur von Organisationen begründet.

Auf die allgemeinen Funktionsanforderungen gehen wir im nächsten Abschnitt näher ein. Hier sei nur soviel bemerkt, daß es im wesentlichen drei Grundfunktionen (nämlich

Kooperation, Lernen und Leistung) von Organisationen gibt. Organisationen können die sich hieraus ergebenden Funktionsanforderungen nicht abschütteln, weil eine Schlechterfüllung dieser Anforderungen zu ernsten Stabilitätsproblemen und eine Nichterfüllung unweigerlich zur Auflösung der Organisation führt. Die Kooperationsfunktion ergibt sich aus dem Tatbestand, daß Organisationen kooperative Gebilde sind; wenn sich keine Menschen zusammentun, dann gibt es auch keine Organisationen. Um den Bestand von Organisationen zu sichern, muß daher gewährleistet werden, daß die Organisationsteilnehmer zusammenarbeiten wollen und daß sie die Organisation nicht ohne weiteres wieder „verlassen". Organisationen sind aber nicht nur kooperative, sie sind auch zweckorientierte Gebilde. Sie werden gebildet, weil die Organisationsteilnehmer bestimmte Ziele erreichen wollen. Können diese Ziele nicht erreicht werden, dann wird sich die Organisation auflösen. Die Ziele werden durch Leistungsbeiträge der Organisationsteilnehmer verwirklicht. Entsprechend müssen Organisationen dafür sorgen, daß diese Leistungen auch erbracht werden. Die dritte Funktion betrifft die Veränderung von Organisationen. Organisationen sind keine statischen Gebilde. Wären sie starr und unbeweglich und vor allem unveränderlich, dann würden sie sehr schnell wieder verschwinden. In einer bewegten Umwelt muß sich auch eine Organisation bewegen oder anders ausgedrückt: sie muß in der Lage sein zu lernen.

Schwerpunkt	Pull-Funktionen	Push-Funktionen
Leistung	*Anreize*: Organisationen sind zielorientierte Systeme.	*Kontrolle*: Organisationen sind Ordnungssysteme.
Kooperation	*Integration*: Organisationen bestehen aus den Beziehungen ihrer Teilnehmer.	*Sozialisation*: Organisationen bestimmen die Beziehungen ihrer Teilnehmer.
Lernen	*Selektion*: Andere Teilnehmer machen eine andere Organisation.	*Aufgabengestaltung*: Neue Aufgaben bilden eine neue Organisation.

Abb. 2.2: Grundfunktionen des Personalwesens

Zwischen diesen drei Funktionsanforderungen und den Grundfunktionen des Personalwesens gibt es eine gewisse Entsprechung. Jeweils einem personalbezogenen Funktionspaar ist eine organisationale Grundfunktion zugeordnet (vgl. Abbildung 2.2). Allerdings ist diese Zuordnung nicht deterministisch zu verstehen, es handelt sich hier nur um Affinitäten. Prinzipiell trägt jede der Grundfunktionen – mit einer gewissen Akzentsetzung – zu allen Funktionsanforderungen bei.

In jedem Funktionspaar zeigt sich die Doppelnatur von Organisationen. Organisationen sind einerseits „nichts anderes" als die Summe ihrer Teilnehmer, andererseits sind Organisationen eigenständige Gebilde, die unabhängig von ihren Teilnehmern funktionieren. Unsere drei Funktionspaare sind Ausdruck der in dieser Doppelnatur liegenden Widersprüchlichkeit. Als Pull-Faktoren richten sie sich auf die Teilnehmer: sie locken gewissermaßen das individuelle Handeln der Organisationsmitglieder hervor. Als Push-Faktoren bringen sie den überindividuellen Charakter der Organisation zur Geltung: sie begrenzen das „egoistische" oder „ungebundene" Streben der Organisationsteilnehmer.

Besonders deutlich zeigt sich dieser Gegensatz im ersten Funktionspaar. Warum sollte jemand bereit sein, seine Arbeitskraft zur Verfügung zu stellen? Weil er hierfür eine Gegenleistung erhält. Dies ist jedenfalls die klassische ökonomische Sicht der Dinge, die ganz zentral auf Anreizstrukturen abstellt. Betrachtet werden primär monetäre *Anreize*. Daneben finden aber auch geldwerte Leistungen (Karrierechancen, Dienstwagen usw.) und immaterielle Anreize wie Status und interessante Arbeitsaufgaben Beachtung. Die anreizbezogene Betrachtung basiert auf der „freundlichen" und „freiheitsorientierten" Denkhaltung des mündigen und gleichberechtigten Wirtschaftsbürgers. Sie wird der Realität des Arbeitshandelns in Organisationen aber nur bedingt gerecht. Insbesondere in der Soziologie wird daher auch die „dunkle Seite" von Organisationen herausgestellt: Organisationen werden verschiedentlich sogar als „eiserne Käfige" beschrieben, in denen Organisations-„Insassen" mit mehr oder weniger subtilen Mitteln zur Arbeit angehalten und abgerichtet werden. Wie immer man dies im Einzelfall bewerten mag, es ist zweifellos richtig, daß allein mit der Gewährung von Anreizen die Leistungserbringung nur schwerlich gesichert werden kann. Anreize werden z.B. dann ihren Zweck verfehlen, wenn die Arbeitnehmer die angebotenen „Entgelte" zwar „kassieren" können, die versprochene eigene Gegenleistung allerdings nicht unbedingt erbringen oder vorzeigen müssen. Um das mögliche eigensüchtige Verhalten zu verhindern, gibt es in Organisationen zahlreiche Mechanismen zur *Kontrolle* der Leistung.

Der wichtigste Grund für das Kontrollverhalten von Organisationen liegt in dem besonderen Vertragsverhältnis zwischen der Organisation und ihren Mitgliedern. Anders als beim Markttausch beruht ein Beschäftigungsverhältnis auf einem weitgehend unspezifizierten Vertrag, d.h. die exakte Bestimmung der gewünschten Arbeitsleistung nach Art, Güte und Zeit ist meist nicht möglich oder aber sehr kostenaufwendig. Wäre dies anders, dann könnten Arbeitsleistungen auch über den Markt jeweils neu erworben werden. In diesem Fall genügte auch eine reine Anreizpolitik, weil man sich dann ja die gebrauchsfertigen Arbeitsergebnisse einfach einkaufen könnte. Tatsächlich erfordert die Erstellung der meisten (absatz-)marktfähigen Güter aber die ständig neu zu erbringende Koordination unterschiedlichster Handlungen, die nicht über Marktprozesse geleistet werden kann. Daher wird der Koordinationsmechanismus „Markt" durch den Koordinationsmechanismus „Hierarchie" ersetzt. Wirtschaftssubjekte schließen sich zu Wirtschaftsorganisationen zusammen. Die zu erbringenden Arbeitsleistungen werden nicht immer wieder neu ausgehandelt. Die Koordination erfolgt durch Hierarchie, also durch Anordnung und Abforderung der versprochenen Arbeitsleistung. Hierarchie aber impliziert Kontrolle.

Damit kommen wir zum zweiten Funktionspaar, der Komplementarität von Integration und Sozialisation. Die Funktion *Integration* richtet sich auf die Beziehung zwischen der Organisation und ihren Organisationsmitgliedern. Sind die Organisationsmitglieder die „Träger" der Organisation oder sind sie nur „gekaufte" und „disponible" Arbeitskraft? Von der Stellung der Vertragspartner Arbeitgeber und Arbeitnehmer zueinander hängt es im wesentlichen ab, welche Anreize und Kontrollmaße angemessen sind. Wenn die Arbeitnehmer in die Organisation integriert sind (z.B. weil sie sich mit ihrer Organisation identifizieren), dann brauchen sie nicht durch ausgeklügelte Anreizsysteme zu höheren Leistungen angestachelt oder durch strenge Kontrollen zu besonderen Anstrengungen gezwungen zu werden.

Die Integration der Organisationsmitglieder kann im übrigen durch unterschiedliche Maßnahmen erreicht werden. Eine Möglichkeit besteht – wie erwähnt – darin, die Identifikation der Mitarbeiter zu fördern. Man kann aber auch versuchen, die Integration durch eine partnerschaftliche Ausgestaltung kollektiver Verträge zwischen den Mitarbeitern und der Organisation zu regeln. Diese Art der Bindung ist nicht unbedingt weniger wirksam als die Förderung der Identifikation oder als andere Ansatzpunkte zur Stärkung der Integration (etwa die Entwicklung einer gemeinsamen Organisationskultur). Sie kann vielmehr zu einer äußerst produktiven und gegenseitig vorteilhaften Beziehung führen. Doch unabhängig von der Frage, welche Integrationsmechanismen im einzelnen wirksam werden, festzuhalten ist, daß das Arbeitsverhalten nicht allein durch Tausch von Entgelt gegen Anweisungsbefugnis festgelegt wird, sondern Gegenstand eines mehr oder weniger engmaschigen Regelwerks von formellen und informellen („psychologischen") Arbeitsverträgen ist.

Integration ist ganz offensichtlich ein Pull-Faktor: ein integriertes oder „eingebundenes" Organisationsmitglied wird sich gewissermaßen ungezwungen und „spontan" für seine Organisation engagieren und zwar ganz einfach deswegen, weil es keinen großen Unterschied zwischen den eigenen und den Organisations-Interessen macht. Allerdings stellt sich diese Spontaneität nicht von selbst ein, sie ist vielmehr Ergebnis eines oft langwierigen Sozialisationsprozesses. Der Begriff der *Sozialisation* bezieht sich auf das Hineinwachsen in eine Organisation. Jeder Neuling wird mit ihm zunächst fremden und der Organisation eigentümlichen Erwartungen und Werthaltungen, mit Normen und Rollenbeziehungen konfrontiert, auf die er sich einstellen muß. Die Regeln des sozialen Lebens müssen erst erlernt werden, die Mitglieder von Organisationen müssen Verhaltensweisen entwickeln, die sie zu akzeptierten Organisationsmitgliedern machen. Das Sozialisationsgeschehen umgreift aber nicht nur den im engeren Sinne sozialen Erwartungsdruck, sondern auch die Entwicklung von Fähigkeiten zur Bewältigung der Arbeitsaufgaben im Unternehmen. Das heißt, neben der personalen Sozialisation im engeren Sinne geht es uns auch um die *aufgabenbezogene* Sozialisation, also um Fragen der Qualifizierung und der Plazierung im Stellengefüge. Im übrigen wird gerade hieran deutlich, daß sich die Sozialisation nicht allein auf „neue" Organisationsmitglieder richtet. Sozialisation ist ein ständiger (und auch wechselseitiger) Anpassungsprozeß, dem auch altgediente und etablierte Mitarbeiter nicht ausweichen können – ein Tatbestand, der in Zeiten des beschleunigten wirtschaftlichen, gesellschaftlichen und technologischen Wandels kaum besonders betont werden muß.

Damit kommen wir zu unserem letzten Funktionspaar, der *Selektion* und der *Aufgabengestaltung*. Menschen und Aufgaben sind die konstitutiven Elemente einer Organisation. Die Aufgaben, die Organisation der Aufgaben, die Hilfsmittel und Verfahrensregeln zur Erledigung der Aufgaben (oder allgemein ausgedrückt: die verwendeten „Technologien") bilden die sachliche Substanz von Organisationen. Die Menschen in einer Organisation sind dagegen aktive Elemente, sie sind gewissermaßen die Beweger der Materie. Entsprechende Bedeutung kommt der „Ausstattung" der Organisation mit Menschen und Sachen zu. „Human- und Sachkapital" setzen Rahmenbedingungen, die durch Anreize, Kontrolle, Sozialisation und Integration nicht überschritten werden können. Die Selektionsfunktion kann daher in ihrer Bedeutung kaum überschätzt werden, denn sie bestimmt darüber, wer in die Geschicke der Organisation einzugreifen in der Lage ist. Eine nicht minder große Bedeutung kommt der Gestaltung der Aufgaben zu. In ihr materialisiert sich gewissermaßen die Intelligenz der Organisation.

Es mag angesichts der Schwerfälligkeit der Funktionen Selektion und Aufgabengestaltung überraschen, daß sie in Abbildung 2.2 der Funktion Lernen zugeordnet wurden. Selektion und Aufgabengestaltung sind in der Tat nur bedingt geeignete Mittel, um kurzfristige Anpassungsleistungen der Organisation zu erbringen. Um so gewichtiger sind sie jedoch in ihren langfristigen Wirkungen und in ihrer Nachhaltigkeit. Sie determinieren die Fähigkeit von Organisationen, sich selbst zu transformieren. Wenn beispielsweise in einer Organisation nur hochspezialisierte Mitarbeiter beschäftigt werden (z.B. an einer Hochschule nur Teilchenforscher, Veterinärmediziner und postmodern schreibende Soziologen), dann wird die Anpassungsfähigkeit dieser Organisation (in unserem Universitätsbeispiel z.B. bei rückläufigen Studentenzahlen) erheblich eingeschränkt. Ähnliches gilt für die Aufgabengestaltung. Um bei unserem wissenschaftlichen Beispiel zu bleiben: was läßt sich mit einem Teilchenbeschleuniger anfangen außer eben Teilchen zu beschleunigen? Selektion und Aufgabengestaltung sind gerade auch wegen ihres nur schwer revidierbaren Charakters wesentliche Bestimmungsgrößen für die Anpassungsfähigkeit, die Innovationskraft und das Lernpotential der Organisation.

4 DIE ALLGEMEINEN FUNKTIONSANFORDERUNGEN

Wir wollen im folgenden nochmals etwas ausführlicher auf die allgemeinen Funktionsanforderungen eingehen, die bereits im vorangegangenen Abschnitt kurz beschrieben wurden. Zuvor soll jedoch noch einmal das Verhältnis zwischen Zielen und Funktionsanforderungen behandelt werden. In diesem Verhältnis zeigt sich der Unterschied zwischen einer eher unmittelbar praktischen und einer eher erkenntnisorientierten Betrachtungsweise des Personalwesens.

a) Ziele und Funktionsanforderungen

Wie bereits beschrieben, steht hinter den beiden Begriffen „Ziel" und „Funktion" eine unterschiedliche Pragmatik, d.h. eine unterschiedliche Handlungsvorstellung: Ziele werden „angestrebt", Funktionen werden „erfüllt" (oder auch nicht). Ziele implizieren also eine Gestaltungsabsicht (voluntaristische Sicht), Funktionen dagegen beschreiben Prozesse; die Funktionsbetrachtung untersucht, welche Eigenschaften eines sozialen Systems für die Stabilität und das Überleben des sozialen Systems verantwortlich sind (deterministische Sicht).

Die Systemerhaltung ist gewissermaßen das „Minimalniveau" eines intakten Systems. Man kann natürlich auch untersuchen, welche Prozesse dazu beitragen, Zustände zu erreichen, die über das bloße Funktionieren hinausreichen. Die Teilnehmer eines Unternehmens haben üblicherweise nicht nur das Überleben des Unternehmens im Auge, sie streben auch nach einer hohen Verzinsung des eingesetzten Kapitals, nach Wachstum, nach Zufriedenheit usw. Diese Überlegung läßt sich auch wie folgt formulieren: die übliche Funktionsbetrachtung berücksichtigt nur einen bestimmten Zustand, die „Grundfunktion" – nämlich das Überleben von sozialen Systemen; es ist jedoch genauso möglich, Funktionsanalysen anzustellen, die weiter gespannte und andere Zustände betreffen.

Es sei nochmals darauf hingewiesen, daß die Kriterien, die zur Beurteilung der Funktionserfüllung herangezogen werden, nicht diejenigen der Organisationsteilnehmer sein müssen. Es können auch Kriterien sein, die einen außenstehenden Beobachter interessieren. So ließe sich etwa prüfen, ob eine Organisation dem Gemeinwohl dient oder nicht, ob sie funktionsadäquat ist im Hinblick auf Kontinuität, Flexibilität, Innovation usw.

Die Funktionsbetrachtung ist – wie gesagt – nicht voluntaristisch, ihr geht es nicht um die Absichten der Akteure, sie möchte vielmehr das tatsächliche Geschehen erfassen und zwar unabhängig davon, ob es sich dem Willen der Akteure fügt. Aus diesem Grund ist die Funktionsbetrachtung vom Zielbegriff (also von den Absichten der Teilnehmer einer Organisation) zu trennen. Funktionen richten sich also nicht auf bestimmte Ziele, sondern auf bestimmte *Kriterien*, die wir *Funktionsanforderungen* nennen wollen. Die Funktionsanalyse untersucht also, ob das Funktionieren einer Organisation bestimmten Kriterien (Anforderungen) genügt.

b) Personalwirtschaftliche Funktionsanforderungen
Sozialen Systemen wird als Grundfunktion das Streben nach Überleben unterstellt. Dies ist für bewußt geschaffene Sozialsysteme (etwa Unternehmen) auf den ersten Blick unplausibel, da sie ja letztlich Mittel sind, mit denen man bestimmte Zwecke (z.B. eine sichere Geldanlage, eine hohe Gewinnerzielung usw.) erreichen möchte. Es wäre also anzunehmen, daß sich Organisationen auflösen, wenn die mit ihnen verfolgten Ziele erreicht worden sind oder wenn sich die Ziele der Organisationsteilnehmer mit anderen Mitteln besser verwirklichen lassen als durch die Teilnahme an der Organisation. Tatsächlich sind aber in Organisationen starke Kräfte wirksam, die in Richtung auf Systemerhaltung drängen und zwar selbst in Organisationen, die für einen vorgegebenen zeitlich befristeten Zweck errichtet wurden. Oft suchen sich solche Organisationen nach Erledigung des Gründungszweckes neue Aufgabenfelder, in denen sie tätig werden können. Wir finden also selbst in künstlichen Zweckgebilden wie Organisationen starke Tendenzen in Richtung Erhaltung und Verstetigung.

Andererseits sind diese Tendenzen nicht universell. Man kann durchaus beobachten, daß Organisationen aufgegeben werden, weil sie nicht die anvisierten Ziele erreichen (z.B. nicht die erwünschte Rendite erbringen), weil wichtige Teilnehmer der Organisation ihre Ressourcen zurückziehen oder weil das gemeinsame Interesse der Organisationsmitglieder erlahmt. Es zeigt sich hierin recht deutlich, daß Organisationen trotz aller Verselbständigung doch in starkem Ausmaß Zweckgebilde bleiben. Weil dies aber so ist, ist auch zu vermuten, daß Organisationen danach streben, die Zielerreichung zu optimieren, d.h. man kann in Organisationen machtvolle Prozesse beobachten, die dafür sorgen, daß die vorgegebenen (quasi exogenen) Zwecke auch erreicht werden.

Aus dieser Sicht ergibt sich wie von selbst die Frage, zu welchen Teilzielen einer Organisation das „Personalwesen" beiträgt. Diese Frage läßt sich nicht ohne weiteres und eindeutig beantworten. Zwar gibt es einige Ziele, die generell eine große Rolle spielen dürften, dennoch gibt es auch Ausnahmen. Unternehmen streben z.B. nach einer möglichst geringen Kostenbelastung durch den Personaleinsatz, sie versuchen qualifiziertes Stammpersonal an sich zu binden, sie haben ein Interesse an vertrauensvollen Beziehungen zwischen Vorgesetzten und Mitarbeitern usw. Im Einzelfall gibt es jedoch zahlreiche und sehr verschiedenartige Ansprüche, die an die Personalarbeit herangetragen werden. Die Formulierung von allgemeingültigen Zielkatalogen stößt aber nicht nur deswegen an Grenzen, weil die vielen verschiedenen Organisationsteilnehmer jeweils ihre eigenen und z.T. widersprüchlichen Ziele verfolgen. Es gibt auch logische Grenzen einer vollständigen Zielbeschreibung und zwar einfach deswegen, weil Ziele auf sehr unterschiedlichem Abstraktionsniveau und in sehr unterschiedlichem Detaillierungsgrad beschrieben werden können.

In der praktischen Personalarbeit wird versucht, spezifische personalbezogene Ziele zu formulieren um hieraus Aufgaben abzuleiten, die spezialisierten Stellen übertragen werden können. Ein Beispiel wäre die Übertragung der Aufgabe des Wissensmanagements an eine eigens eingerichtete Personalentwicklungsabteilung. Tatsächlich kann eine diesbezügliche Zuweisung der damit verbundenen Aufgaben nur unvollständig gelingen, denn Personalentwicklung (und noch um einiges mehr: das Wissensmanagement) ist eine Aufgabe, die letztlich nicht ausgelagert werden kann. Qualifizierung und Weiterbildung geschehen in erheblichem Maße im täglichen Vollzug der Arbeit und gehören damit gleichermaßen zu den Aufgaben des Vorgesetzten, zum Verantwortungsbereich von Organisatoren (die den Aufgabenzuschnitt festlegen) und der unmittelbar betroffenen Mitarbeiter selbst. Ganz allgemein gilt, daß personalwirtschaftliche Ziele nur durch das Zusammenwirken von vielen unterschiedlichen Akteuren und Aktivitäten erreicht werden.

Lassen sich die vielfältigen Aufgaben und Ziele des Personalwesens angesichts dieser Schwierigkeiten überhaupt in einer einigermaßen sinnvollen Systematik erfassen? Hilfreich ist hierbei wiederum die Funktionsbetrachtung. Diese geht, wie beschrieben, nicht von den Zielen der Personalarbeit aus, sondern von zentralen Kriterien zur Abschätzung der Wirkungszusammenhänge personalbezogener Strukturen und Maßnahmen. Bei einigem Nachdenken stellt sich heraus, daß es im wesentlichen drei (fast logisch-natürliche) Hauptkriterien sind, nach denen sich die personalbezogenen Vorgänge in Organisationen ausrichten.

Leistung

Ein erster Ausgangspunkt zur Ableitung solcher Kriterien ist der Tatbestand, daß Organisationen zweckorientierte soziale Systeme sind. Organisationen verfolgen also Ziele. Es handelt sich hierbei zwar um keine ewigen Ziele, sie können sich also ändern und sie prägen nicht jede einzelne Handlung. Aber die Organisationsziele kanalisieren doch sehr stark die möglichen Verhaltensweisen. Die Organisationsziele werden nicht von allen Organisationsteilnehmern einhellig geteilt, daher sind sie auch Objekt und nicht nur Prämisse des Handelns. Oft sind sie auch nicht klar formuliert, und sie treten nicht deutlich ins Bewußtsein. Trotz dieser Schwierigkeiten einer exakten Beschreibung „der" Ziele oder „des" Hauptzieles einer Organisation ist der Grad an Willkür in der Auslegung der Organisationsziele begrenzt. Man wird kaum eine Organisation finden, in der alle Ziele im Fluß sind und in der die verschiedenartigsten Ziele beliebig und unverbindlich nebeneinander stehen.

Weil Organisationen aber zielorientierte Systeme sind, ergibt sich die allen Organisationen innewohnende Notwendigkeit, das Verhalten der einzelnen Teilnehmer in die gewünschten Bahnen zu lenken. Organisationen nehmen also Einfluß auf die Leistungsbeiträge ihrer Teilnehmer. Die verschiedenen Funktionsbereiche des Personalwesens setzen nun an zentralen Aspekten des Leistungsverhaltens an.

Die *Selektion* ist darauf ausgerichtet solche Mitarbeiter zu gewinnen, die bereit sind, ihre Arbeitskraft in das Arbeitshandeln einzubringen. Man wird also primär solche Mitarbeiter auswählen, die von sich aus ein hohes Leistungsstreben mitbringen. Auch die *Integration* richtet sich auf die Ausbildung einer hohen Arbeitsmotivation: es werden Normen und Werte vermittelt, die unternehmensdienliche Arbeitshaltungen fördern. Die *Anreizgestaltung* soll bewirken, daß das vorhandene Leistungspotential auch tatsächlich in die jeweils aktuell gegebenen Arbeitsvollzüge einfließt. Anreize richten sich auf die Anstrengungen des Mitarbeiters, er soll die ihm möglichen Leistungen auch erbringen. Dagegen orientieren sich *Kontrollprozesse* an der möglichen Vorenthaltung von Leistungen. Sie sollen bewirken, daß das (formell z.B. im Arbeitsvertrag geäußerte) Leistungsversprechen der Organisationsteilnehmer auch eingelöst wird. Dies ist um so einfacher, je stärker die *Integration* des Individuums in die Organisation ist; denn die „Einstellung" des einzelnen Organisationsteilnehmers gegenüber der Organisation trägt erheblich zur Leistungserbringung bei, sie prägt gewissermaßen das Leistungsvertrauen. Je mehr sich ein einzelnes Mitglied als (wichtiges) Teil der Organisation empfindet, je mehr die organisationalen Belange zur eigenen Sache gemacht werden, desto größer ist die Bereitschaft, sich zu engagieren und freiwillig Beiträge zu leisten. Schließlich ist auch der sechste Funktionsbereich stark an der Leistungserbringung orientiert: die Art der *Aufgabengestaltung* kann Leistungsanstrengungen erzwingen, motivieren oder aber die Leistungsentfaltung hemmen.

Kooperation

Der zweite Ausgangspunkt für die Bestimmung von Kriterien zur Beurteilung von Funktionswirkungen ist der Tatbestand, daß Organisationen arbeitsteilige soziale Systeme sind. Selbst wenn eine vollständige Optimierung des Leistungsverhaltens aller einzelnen Organisationsteilnehmer gelänge, dann würden damit die Organisationszwecke noch keinesfalls erreicht. Organisationen bilden sich ja gerade deswegen, weil das Zusammenwirken von vielen unterschiedlichen Teilnehmern zu besseren Ergebnissen führt als der isolierte Austausch von Leistungsbeiträgen einzelner Akteure. Organisationen sind also kooperative Gebilde. Dementsprechend existieren in Organisationen starke Kräfte zur Aufrechterhaltung und Stärkung der Kooperation. Ähnlich wie die Systemanforderung Leistung läßt sich auch die Kooperationssicherung den personalwirtschaftlichen Funktionsbereichen zwanglos zuordnen. Die Zusammenstellung der verschiedenen Teilaspekte findet sich in Abbildung 2.3. Dort wird schließlich noch ein weiteres Kriterium der Funktionserfüllung benannt. Neben Leistung und Kooperation ist nämlich für das Funktionieren von Organisationen drittens ganz entscheidend, inwieweit sie in der Lage sind, sich den Gegebenheiten und Veränderungen ihrer Umwelt anzupassen.

Lernen

Organisationen existieren nicht isoliert sozusagen nur für sich, sie sind vielmehr in ein komplexes Umweltgefüge eingebettet und müssen sich hierauf einrichten. Da die organisationsrelevante Umwelt nur selten immer die gleiche bleibt, besteht außerdem die Notwendigkeit, sich den wechselnden Umweltbedingungen ständig neu anzupassen. Es ist daher nicht verwunderlich, daß sich verschiedene Mechanismen um diese Anpassungsleistung gruppieren.

Bezogen auf die Teilnehmer (das „Personal") einer Organisation geht es bei der dritten hier betrachteten Funktionsanforderung also um die Gestaltung des (organisationalen) Lernens. Das Lernen hat, wie beschrieben, einen doppelten Aspekt. Einmal geht es um die Einstellung auf die jeweils konkret gegebene Aufgabensituation, eine Anpassungsleistung, die oft unterschätzt wird und die, nebenbei bemerkt, oft erhebliche „Sozialisationsleistungen" verlangt. Daneben ist Lernen natürlich auch auf die Erfassung und den Nachvollzug von Veränderungen der Situation gerichtet. Auch dieses dritte Kriterium – das Lernen – erfährt in den unterschiedlichen Funktionsbereichen eine jeweils spezifische Ausprägung (vgl. Abbildung 2.3). Selektion und Sozialisation sind darauf ausgerichtet, die betriebsnotwendigen Qualifikationen bereitzustellen, die Anreizgestaltung soll das Lernverhalten positiv beeinflussen. Kontrollmechanismen unterstützen den Lerntransfer, also die Anwendung des Gelernten im Arbeitsprozeß. Die Arbeitsbedingungen können Lernchancen eröffnen oder aber als Lernbarrieren wirken, und die Integration eines Organisationsteilnehmers entscheidet über seine grundsätzliche Lernbereitschaft.

Abschließend sei darauf hingewiesen, daß die in Abbildung 2.3 angeführten Gestaltungsansätze nur beispielhaften Charakter haben. Auf die vielfältigen Ansatzpunkte der Gestaltung gehen wir im folgenden ein.

Funktion	Integration	Selektion	Sozialisation	Anreizgestaltung	Kontrolle	Aufgabengestaltung
Leistung	Leistungsvertrauen	Leistungsstreben	Arbeitsmotive	Anstrengung	Leistungssicherung	Leistungsbarrieren
Kooperation	Vertrauen	Verträglichkeit	Teamfähigkeit	Teamverhalten	Konfliktregelung	Teamarbeit
Lernen	Lernbereitschaft	Qualifikation	Qualifizierung	Lernverhalten	Lerntransfer	Lernbarrieren

Abb. 2.3: Funktionsbereiche und Funktionsbedingungen

5 FUNKTION UND THEORIE

Von einem strengen wissenschaftstheoretischen Standpunkt aus gesehen, bietet die Funktionsbetrachtung wenige Erkenntnisse. Ihre Aussagen besitzen einen nur geringen Informationsgehalt, d.h. sie sagen wenig darüber aus, wie die Welt wirklich beschaffen ist. Ihre inhaltlichen Aussagen erschöpfen sich in Behauptungen wie der, daß jedes soziale System über Anreizmechanismen verfügt, die die Mitglieder des Systems dazu veranlassen, Beiträge zu erbringen, die den Bestand des sozialen Systems gewährleisten. Dabei bleibt die Funktionsbetrachtung reichlich unbestimmt. Welche Anreizmechanismen (Kontrollmechanismen, Integrationsmechanismen usw.) dazu geeignet sind, die Funktionstüchtigkeit des sozialen Systems sicherzustellen, wird nicht näher ausgeführt. Offen bleibt auch, in welchem Maße die Schlechterfüllung einer Funktion noch tolerabel ist. Im Extremfall kann – nach der Auffassung von Vertretern des funktionalistischen Ansatzes – eine Funktion sogar ausfallen, nämlich dann, wenn das hieraus resultierende Systemdefizit durch andere Funktionen kompensiert wird (vgl. Merton 1967). Auch können sich die Funktionen in ihrer Wirkung widersprechen und gegenseitig aufheben. Ein Beispiel hierfür sind restriktive Kontrollmaßnahmen, die zwar einerseits opportunistisches Verhalten verhindern können, andererseits aber immer auch negative Anreizwirkungen haben. Eine weitere Unschärfe der Funktionsbetrachtung ergibt sich aus der gewählten Betrachtungsebene. Sie richtet sich nämlich auf das Gesamtsystem, macht also keine Aussagen über das Verhalten der einzelnen Teilnehmer des Systems. Aus diesem Grund widerspricht es der funktionalistischen Logik auch nicht, wenn ein konkreter Anreizmechanismus (Integrationsmechanismus usw.) nicht alle Mitglieder in gleicher Weise anspricht, wenn also ein bestehender Anreizmechanismus bestimmte Mitglieder zu einem „positiven", andere Mitglieder dagegen zu einem „negativen" Leistungsverhalten veranlaßt. Entscheidend ist aus dem Blickwinkel der Funktionsbetrachtung lediglich die aggregierte Wirkung.

Spricht angesichts der angeführten Schwächen überhaupt irgend etwas für den Funktionsansatz? Man kann diese Frage nur dann positiv beantworten, wenn man zugesteht, daß es nicht nur auf die Ergebnisse der wissenschaftlichen Forschung, sondern auch auf den Prozeß der Erkenntnisgewinnung ankommt. Inhaltlich wertvoll sind in der Tat ausschließlich „Theorien", also gehaltvolle Aussagensysteme, die sich im wissenschaftlichen, d.h. argumentativen und empirischen Wettbewerb bewähren. Darüber kann auch nicht hinwegtäuschen, daß sich viele Sozialwissenschaftler lieber mit „Ansätzen", „Bezugsrahmen" oder auch „Modellen" abgeben (vgl. hierzu Kapitel 3) und nicht den Mut haben, ihre Forschungsergebnisse in eine theoretisch bündige Form zu bringen. Diese Kritik trifft auch den Funktionsansatz. Andererseits kann geltend gemacht werden, daß mit der Bestimmung des Ziels (gehaltvolle und bewährte Theorien) noch nicht geklärt ist, welcher Weg zu diesem Ziel führt. Diesbezüglich können „Ansätze" eine wichtige „heuristische" Funktion übernehmen, sie liefern einen (kritisierbaren) analytischen Denkrahmen, der einen davor bewahren kann, im weiteren Denken gewissermaßen unbedacht die falsche Richtung einzuschlagen. Diese Fragen können an dieser Stelle nicht ausführlich diskutiert werden. Sicherlich reicht es nicht aus, den richtigen Ansatz zu wählen, um zu tieferen Erkenntnissen zu gelangen. Die Wahl des Denkrahmens ist nur ein Element in einer tragfähigen methodologischen Heuristik (vgl. Martin 1989). Die Stärke des Funktionsansatzes liegt in seiner ganzheitlichen und integrierenden Sichtweise. Forscher (und auch Praktiker) sind sehr stark der Versuchung ausgesetzt, sich in den Details von Einzelfragen zu verlieren und/oder einen wichtigen, aber letztlich eben doch nur speziellen Aspekt eines eigentlich umfassenderen Problems hervorzuheben. Der Funktionsansatz stellt dagegen auf die Gesamtsicht ab. Er verlangt, die wechselseitigen Verflechtungen des organisationalen Geschehens zu berücksichtigen, und er fragt mit Penetranz danach, welche *grundlegenden* Kräfte auf ein soziales System einwirken und seine Stabilität bzw. Instabilität verursachen. Das heißt, die Vertreter des Funktionsansatzes lassen sich nicht mit den kleinen Fragen (z.B.: „Warum ist die Krankheitsquote im letzten Monat gestiegen?") abspeisen, sie bestehen darauf, daß man sich mit den grundlegenden Fragen sozialer Ordnung (z.B.: „Wo liegen die Grenzen einer strikt am monetären Austausch orientierten Unternehmenskultur?") beschäftigen muß. Damit stellen sie sich gegen die Einseitigkeiten, denen spezialisierte Forscher, aber auch ganze Disziplinen leicht erliegen, denn die real existierenden Probleme sind nachgerade durch ihre Ignoranz gegenüber wissenschaftlichen Grenzziehungen gekennzeichnet. Selten ist ein konkretes Problem ausschließlich ein reines Anreizproblem oder ein reines Kontrollproblem. Es hierauf zu reduzieren, macht Lösungsansätze von vornherein fragwürdig. Oder ein anderes Beispiel: von der Annahme auszugehen, Unternehmen strebten letztlich immer nur nach dem einen, nämlich nach der Gewinnmaximierung, wird der Wirklichkeit nicht gerecht. Die von uns herausgestellten Funktionsanforderungen rücken daher auch die durch ökonomische Partialanalysen verzerrten Verhältnisse in das richtige Licht. Die Funktionsbetrachtung stellt heraus, daß sich die Leistungsfunktion nicht auf monetäre Größen reduzieren läßt, und sie bringt mit der Berücksichtigung der Kooperations- und der Lernfunktion Grunddimensionen des „Sozialen" und des „Menschlichen" zur Geltung, die man aus der Betrachtung von sozialen Systemen nicht ausblenden sollte, weil man sonst wesentliche Zusammenhänge aus dem Blick verliert.

Zusammengefaßt: die Funktionalanalyse liefert zunächst nur einen formalen Denkrahmen, dessen Wert sich erst erweist, wenn er mit inhaltlichen theoretischen Überlegungen gefüllt wird. Von Interesse ist also nicht nur die Frage, ob in einem sozialen System evtl. die Anreizfunktion defizitär ist, das eigentliche Interesse verdient die Frage, welche Anreizmechanismen in einer gegebenen Situation wirksam sind und ob die Wirksamkeit dieser Mechanismen die Erfüllung der Anreizfunktion beeinträchtigt. Zur Beantwortung dieser Frage kommt man nicht umhin, sich mit theoretischen Einsichten auseinanderzusetzen. Ein einfaches Beispiel aus dem Funktionsbereich „Integration" soll diese Überlegung illustrieren.

Die empirische Forschung plagt sich schon seit Jahrzehnten mit der Frage ab, ob es sich auszahlt, die Mitarbeiter bei der Entscheidungsfindung des Vorgesetzten zu beteiligen. Unterstellt wird dabei die folgende einfache Kausalitätsbeziehung:

Partizipation ⟶ Leistung

Die vorliegenden empirischen Studien liefern kein eindeutiges Bild. Es gibt viele Studien, die einen positiven (statistischen) Zusammenhang zwischen den beiden Größen belegen. Es gibt aber auch viele Studien, die keinen Zusammenhang nachweisen konnten. Um diesen Tatbestand zu erklären, widmet man sich am besten der Frage, welche

Verhaltensmechanismen denn einen positiven Zusammenhang hervorbringen könnten. Die nächste Abbildung zeigt beispielhaft zwei Argumentationslinien. Die erste Argumentationslinie läßt sich in drei Worten zusammenfassen: Partizipation heißt Information. Wenn Entscheidungen gemeinsam getroffen werden, dann werden Informationen ausgetauscht. Dies führt normalerweise dazu, daß die Beteiligten das in Frage stehende Problem besser verstehen. Der Austausch von Informationen verbessert aber nicht nur das Problemverständnis, sondern auch die Lösungssuche.

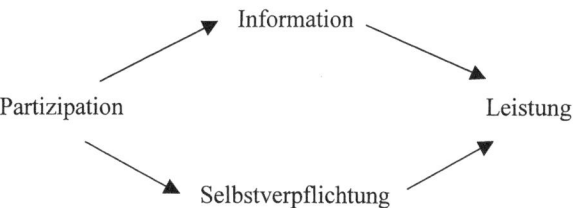

In einem partizipativen Prozeß können neue Ideen eingebracht, die Schwächen von vorhandenen Lösungsvorschlägen diskutiert, und es kann ein aufeinander abgestimmtes Verhalten vereinbart werden. Die zweite Argumentationslinie hebt heraus, daß Menschen, die an einer Entscheidung beteiligt sind, sich auch in stärkerem Maße für die Umsetzung der Entscheidung einsetzen, als Menschen, die bei der Festlegung ihrer Aufgaben nicht mitreden dürfen. Dies ist deswegen einleuchtend, weil es jemandem, der „öffentlich" einem Beschluß zugestimmt hat, schwer fallen dürfte, sich hiervon wieder zu distanzieren. Hat man sich zu einer Sache bekannt, dann macht man sie zu der eigenen. Man kann sie nicht ohne weiteres wieder aufgeben, denn in diesem Fall setzt man sich der Gefahr aus, als wankelmütig und unzuverlässig zu gelten.
Beide Argumente sind also plausibel: sowohl die Informations- als auch die Selbstverpflichtungswirkung der Partizipation lassen ein gesteigertes Engagement und damit auch eine höhere Leistung erwarten. Nun konnten aber – wie oben erwähnt wurde – häufig überhaupt keine Leistungswirkungen durch Partizipation nachgewiesen werden. Wie ist das zu erklären? Spätestens an dieser Stelle ist es sinnvoll, theoretische Überlegungen ins Spiel zu bringen. Wir wollen im folgenden nur den Verpflichtungsmechanismus betrachten. Der fehlende Zusammenhang zwischen Partizipation und Leistung könnte darauf zurückzuführen sein, daß der beschriebene Mechanismus nicht in jeder Situation zum Zuge kommt. Er wird gewissermaßen nicht immer „ausgelöst". Um dies verstehen zu können, empfiehlt sich die Konsultation von Theorien, die sich mit dem Phänomen der Selbstverpflichtung befassen, also auch der Frage nachgehen, unter welchen Umständen es überhaupt zu einer Selbstverpflichtung kommt. Es könnte ja

sein, daß Partizipation nicht immer auch mit einer höheren Selbstverpflichtung verbunden ist und hierüber sollte eine gute Theorie etwas sagen können. Allerdings ist die Bezugnahme auf eine Theorie nicht ganz ohne Probleme, denn es gibt sehr unterschiedliche Theorien, die nicht immer miteinander harmonieren. Welche Theorie sollte man also zu Rate ziehen? Auf diese interessante Frage wollen wir hier nicht näher eingehen, sondern uns einfach einer Einsicht der Theorie der kognitiven Dissonanz (vgl. Festinger 1957, Irle 1975) zuwenden. Diese stellt unter anderem die Bedeutsamkeit des Selbstbildes heraus. Verträgt sich die eingegangene Verpflichtung nicht mit dem Bild, das man von sich selbst hat, dann wird man dem vereinbarten Verhaltenskurs nur zögerlich folgen und ihn bei der nächstbesten Gelegenheit auch wieder verlassen. Partizipation läuft also dann ins Leere, wenn die Akteure mit dem verfolgten Handlungszweck nichts anfangen können, wenn er ihnen „fremd" ist. Wenn sich ein gutmeinender Fußballtrainer nach einem zerfahrenen Spiel partizipativ mit seinen zerknirschten, aber letztlich unverbesserlich egomanischen Kämpen darauf einigt, daß alle im nächsten Spiel weniger eigensinnig und nur noch mannschaftsdienlich spielen werden, dann ist der Mißerfolg dieser Maßnahme mit Händen zu greifen. Leider ist im wahren Leben nicht immer so klar wie in unserem Beispiel zu erkennen, ob schwerwiegende Diskrepanzen zwischen Vereinbarungen und Selbstbild vorliegen. Wäre alles von vornherein klar, dann bräuchte man natürlich auch keine tiefgründigen analytischen Überlegungen anzustellen. Wir wollen damit unseren kleinen wissenschaftstheoretischen Exkurs abbrechen und festhalten, daß nur inhaltliche theoretische Einsichten eine Hilfe sind, wenn es darum geht, eine Situation zu durchschauen und zu analysieren. Die Funktionalbetrachtung liefert diesbezüglich keine Beiträge. Sie fordert lediglich dazu auf, nach Anreiz-, Integrations-, Kontrollmechanismen usw. zu fahnden und sie bei der Situationsanalyse gleichermaßen zu berücksichtigen. Auf diesen Punkt sei mit einem letzten Beispiel nochmals ausdrücklich hingewiesen. In Abbildung 2.4 ist eine Situationskonstellation angeführt, die sich für zwei Kollegen ganz unterschiedlich darstellt. Danach kommt Person B mit Zielvereinbarungen gut zurecht. Sowohl die Kontrollwirkungen als auch die Anreizwirkungen, die durch Zielvereinbarungen augelöst werden, schlagen sich in einer höheren Leistung nieder. Für Person A stellt sich die Situation ganz anders dar. Die Anreizwirkung ist nicht nur gering, sie ist sogar negativ. Möglicherweise empfindet Person A die Festlegung auf bestimmte Leistungsziele als Beeinträchtigung seiner Verhaltensfreiheit, woraus eine Verweigerungshaltung entsteht.
Auch die Kontrollwirkung verpufft bei Person A. Auf die möglichen Ursachen hierfür müßte eine Situationsanalyse natürlich näher eingehen. Liegen beispielsweise wenig operationale Ziele vor, dann kann sich Person A leicht „herausreden", wenn sie von ihrem Vorgesetzten auf ihre mangelnde Leistung angesprochen werden sollte. In diesem

Fall kann sich die Kontrollfunktion von Zielvereinbarungen natürlich leicht verflüchtigen.

Elemente der Arbeitssituation	Wirkung auf die Leistung von	
	Person A	Person B
Einsatz des Instrumentes „Zielvereinbarungsgespräche": Anreizwirkung	negativ	positiv
Einsatz des Instrumentes „Zielvereinbarungsgespräche": Kontrollwirkung	negativ	positiv
Maßnahmen zur Befristung von Arbeitsverträgen: Anreizwirkung	positiv	negativ
Maßnahmen zur Befristung von Arbeitsverträgen: Integrationswirkung	negativ	negativ

Abb. 2.4: Beispiel einer Situationskonstellation mit
unterschiedlichen Funktionsbeziehungen

Eine sorgfältige Situationsanalyse berücksichtigt alle Funktionsbereiche. Beispielhaft ist in Abbildung 2.4 neben der Anreiz- und Kontrollfunktion noch die Integrationsfunktion aufgeführt. Im übrigen soll unser Beispiel nicht nur zeigen, daß unterschiedliche Personen auf dieselben Maßnahmen unterschiedlich reagieren können, sondern auch, daß ein und dieselbe Person auf ein bestimmtes Maßnahmenset nicht in einheitlicher und eindeutiger Weise reagieren muß, und zwar deswegen nicht, weil eine konkrete Maßnahme immer funktionsübergreifende Wirkungen hat, also z.B. die Anreizwirkung verstärken, die Kontrollwirkung aber abschwächen kann. Der Vollständigkeit halber sei abschließend noch darauf hingewiesen, daß unser Beispiel nur den Leistungsaspekt herausstellt. Eine sorgfältige Situationsanalyse sollte aber auch die Kooperations- und Lernwirkungen berücksichtigen.

6 FUNKTIONENBETRACHTUNG UND GESTALTUNG

Der funktionale Ansatz betrachtet Zusammenhänge ganz unabhängig von irgendwelchen Gestaltungsabsichten. Man kann die Betrachtungsweise aber ohne weiteres auch umkehren. Aus Funktionsanforderungen werden dann Gestaltungskriterien. Gestaltungskriterien dienen dazu, die Qualität praktischer Gestaltungsbemühungen zu beurteilen. Gemäß der von uns beschriebenen Funktionsanforderungen wäre also zu prüfen, ob konkrete Gestaltungsmaßnahmen dazu beitragen die Leistung, die Kooperation und das Lernen zu verbessern. Im vorliegenden Abschnitt sollen die wichtigsten Gestaltungsansätze beschrieben werden. Zunächst wird jedoch auf die Bedeutung der Analyse für die Gestaltung eingegangen, und es wird diskutiert, ob es möglich ist, personalwirtschaftliche Analysen nach dem Vorbild betriebswirtschaftlicher Kennzahlensysteme zu standardisieren.

a) Die Analyse als Voraussetzung der Gestaltung
Die Funktionserfüllung ist Ausdruck einer guten Praxis (vgl. hierzu genauer Kapitel 3). Es liegt daher nahe, die wichtigsten Funktionszusammenhänge zu analysieren und sie als Grundlage für ein Informations- und Steuerungssystem zu benutzen. Hierzu wäre es notwendig, sich auf konkrete Indikatoren festzulegen. Außerdem wäre es sinnvoll, eine regelmäßige Datenerhebung durchzuführen, um den Zustand des Systems „Personalwesen" zu bestimmen (vgl. zu einem solchen Vorgehen Martin 1993). Idealerweise liefert ein derartiges Diagnosesystem Anhaltspunkte für die praktische Gestaltung. Überschreitet beispielsweise ein Indikatorwert im Funktionsbereich „Kontrolle" ein bestimmtes Ausmaß (steigen beispielsweise die Unfallzahlen über den branchenüblichen Wert), dann wird damit ein Handlungsbedarf signalisiert. Es scheint in diesem Fall naheliegend, die vorhandenen Kontrollinstrumente (Sicherheitsvorschriften, Einweisung in die Arbeitssicherheit, Schutzmaßnahmen) auf ihre Eignung zu prüfen und eventuell zu verbessern, entsprechend der Maxime, Kontrollprobleme durch Kontrollmaßnahmen zu beheben. In unserem Unfallbeispiel empfiehlt sich z.B. eine schärfere Überwachung bei der Einhaltung der Unfallverhütungsvorschriften. Ein derartiges Vorgehen kann allerdings auch sehr kurzsichtig sein, denn Probleme können aus sehr unterschiedlichen Quellen gespeist werden, sie entstehen also unter Umständen in anderen Funktionsbereichen als in denen, in denen sie sich zeigen. Das vermeintliche Kontrollproblem zu hoher Unfallgefährdung könnte z.B. auch ein Selektionsproblem (Beschäftigung zu wenig qualifizierter Mitarbeiter) oder ein Aufgabengestaltungsproblem (die Arbeit stellt zu hohe Anforderungen an die Konzentration der Mitarbeiter) sein.

Der Blick auf einen einzelnen Indikator genügt also nicht, um sich ein klares Bild von einer Problemsituation zu verschaffen. Dies weiß man in allen Bereichen der Diagnostik (sei es in Bereichen der Medizin, der Technik, der Psychologie usw.). Erst in der Gesamtbetrachtung von vielen wichtigen Indikatoren ergibt sich ein einigermaßen brauchbarer Anhaltspunkt für die Ursachenanalyse. Doch auch von der gleichzeitigen Beachtung vieler Indikatoren sollte man sich nicht allzu viel versprechen, denn auch die gewissenhafteste Inspektion eines ausgeklügelten Indikatorensystems garantiert keine gute Diagnose. Sie liefert allenfalls Anhaltspunkte für eine tiefergehende Analyse, in der weitergehende Informationen gesammelt werden müssen. Indikatorensysteme sind von Natur aus „starr" und verführen zu einer schematischen Handhabung. Trotz der angeführten Schwierigkeiten kann die Einführung eines personalwirtschaftlichen Indikatorensystems durchaus sinnvoll sein. Wenn es die notwendige inhaltliche Substanz besitzt, verhilft es zu einem wertvollen Gesamtüberblick über das personalwirtschaftliche Gestaltungsfeld, und es kann bei intelligenter Nutzung zu einer wesentlichen Verbesserung der Personalarbeit beitragen. Es ist auch sinnvoll, die Indikatoren nach Funktionsbereichen zu ordnen, weil ein solches Schema ein recht prägnantes Bild über die personalwirtschaftliche Handlungssituation geben kann. Für die Konstruktion eines wissenschaftlich wirklich fundierten Indikatorensystems dürfte die Zeit jedoch noch nicht reif sein, der Kenntnisstand der Sozialwissenschaften erlaubt diesbezüglich allenfalls erste Annäherungen. Darüber können auch die vielfältigen Vorschläge zur Implementierung eines sogenannten Personalcontrollings nicht hinwegtäuschen. Die diesbezüglichen Konzepte beruhen auf einer äußerst dürftigen theoretischen Basis.

In jedem Fall ist die Vorstellung verfehlt, das Personalwesen ließe sich mittels eines Systems von Kennzahlen *steuern*. Kennzahlensysteme liefern allenfalls grobe Anhaltspunkte für Problembereiche, die einer näheren Analyse bedürfen. Als Metapher einer oberflächlichen Steuerungsideologie gilt die Pilotenkanzel. In ihr werden dem Flugkapitän alle notwendigen Informationen durch ein automatisiertes Diagnosesystem bereitgestellt. Der Flugzeugführer kann die Auswirkungen steuernder Eingriffe unmittelbar aus den Instrumentenanzeigen ablesen und so problemlos durch die Unbilden und Turbulenzen wechselnder Wetterlagen navigieren. Gegen die Brauchbarkeit dieser Vorstellung spricht sehr viel, so z.B. allein schon der Tatbestand, daß sich die Reaktionen auf personalwirtschaftliche Maßnahmen erst im Laufe der Zeit herauskristallisieren. Personalwirtschaftliche Probleme sind letztlich menschliche Probleme, und sie besitzen damit alle Eigenschaften, die mit der menschlichen Natur und dem sozialen Zusammenleben verbunden sind:

- Personalwirtschaftliche Probleme sind untereinander in vielfältiger Weise vernetzt.
- Kennzahlen beschreiben nur Symptome, welche Ursachen diese Symptome hervorbringen ist für den Bereich des Personalwesens weitgehend ungeklärt.
- Personalwirtschaftliche Probleme entstehen aus speziellen Problemlagen, deren Eigenheiten man erst erkennt, wenn man sich intensiv auf die gegebene Problemlage einläßt.

- Personalwirtschaftliche Probleme haben (aufgrund der zum Zuge kommenden gegensätzlichen Interessen) oft eine starke politische Dimension, die eine objektive Problembeschreibung erschwert.

Diese und weitere Gründe machen die Analyse personalwirtschaftlicher Probleme (und damit die Personalforschung insgesamt) zu einem schwierigen Unterfangen. Doch dies ist ein Thema, das eine gesonderte Behandlung verdient (vgl. Martin 1994).

b) Ansatzpunkte der Gestaltung
Eine zentrale Aufgabe wissenschaftlicher Forschung besteht darin, Veränderungen des personalwirtschaftlichen Funktionsfeldes zu beschreiben, zu erklären und zu prognostizieren. Auch Praktiker sind an Beschreibung, Erklärung und Prognose interessiert. Während aber Wissenschaftler möglichst allgemeine Aussagen machen wollen, geht es Praktikern um spezifische Informationen, nämlich um eine Einschätzung ihrer jeweils eigenen Unternehmenssituation. Aus diesen unterschiedlichen Akzentsetzungen entstehen Verständigungsschwierigkeiten, obwohl sich beide Perspektiven eigentlich ergänzen. Denn hat man keine klare Vorstellung von den (allgemeinen) Kräften, die auf das personalwirtschaftliche Funktionsfeld einwirken können, dann wird man auch die Erfolgsaussichten von (konkreten) Gestaltungsbemühungen nicht richtig einschätzen können. Welchen Sinn hat es beispielsweise, das Führungssystem „Management by Objectives" einzuführen, wenn die allgemeinen Voraussetzungen für das Funktionieren dieses Führungssystems (z.B. eine dialogische Führungskultur, Erfahrungen im Umgang mit Zielkonflikten) nicht gegeben sind?
Die Bezeichnungen für die verschiedenen Formen, Ansatzpunkte und Hilfsmittel der Praxisgestaltung sind sehr vielfältig. Sie umfassen Begriffe wie Methode, Verfahren, Technik, Strategie, Konzeption, Plan, Modell usw. Es sei hier keine einheitliche Sprachregelung vorgeschlagen, und zwar einfach deswegen nicht, weil die Verwendungsweisen der genannten und anderer Begriffe im Alltag und in der Literatur so vielfältig sind, daß der Versuch, eine einheitliche Definition zu gewinnen, sich nur mit sich selbst beschäftigen kann. Beispielsweise betrachten viele Autoren das sogenannte Assessment Center als *Instrument*, andere Autoren sprechen dagegen von einem Assessment Center *Verfahren*. Eine ähnliche begriffliche Gleichgültigkeit kommt z.B. in dem Tatbestand zum Ausdruck, daß manche Autoren vom „methodischen Instrumentarium" der Anforderungsanalyse sprechen, also nicht klar zwischen einem Instrument und einer Methode unterscheiden oder auch darin, daß viele Autoren Führungs*modelle* und Führungs*prinzipien* gleichsetzen. Für unsere Zwecke ist es ausreichend, vier Klassen von Gestaltungsmöglichkeiten zu unterscheiden. Neben der bereits erwähnten Strukturgestaltung

sind dies die Personalpolitik, die personalwirtschaftlichen Maßnahmen und die personalwirtschaftlichen Instrumente.

Strukturgestaltung

Wie oben ausgeführt, sollte sich praktisches Handeln an der jeweiligen Situationskonstellation und an den in der Situation wirksamen Prozessen ausrichten. Man kann aber auch „außen" ansetzen, also versuchen, die Situation selbst (die Rahmenbedingungen des Handelns, die „Verhaltensarena" oder eben: die gegebene Handlungs-Struktur) zu verändern. Dies ist oft das wirksamste, aber gleichzeitig auch das mühsamste Mittel, um Veränderungen herbeizuführen. Doch was versteht man unter einer „Struktur"? Was ist das gemeinsame von Personalstrukturen, Organisationsstrukturen, Entscheidungsstrukturen, Arbeitsstrukturen usw.?

Ein wichtiger Aspekt einer Struktur ist ihre *Dauerhaftigkeit*. Strukturen verändern sich unter natürlichen Bedingungen nur sehr langsam. Die natürliche Trägheit von Strukturen wird offenkundig, wenn versucht wird, Strukturveränderungen zu beschleunigen. Es ist kein Zufall oder Ausdruck des Unvermögens der Akteure, daß Revolutionen selten gelingen. Selbst so relativ bescheidene Veränderungen wie die „Ausdünnung" der Leitungsebenen (zur Durchsetzung von „Lean Management") führen überall zu erheblichen Verunsicherungen, zu „Gerangel" um Aufgaben und Zuständigkeiten, zu Verweigerung und passivem Widerstand. Dies ist wenig verwunderlich, weil Strukturen ein *breites Wirkungsfeld* besitzen, also mit sehr vielen Aspekten der Organisation verwoben sind und Veränderungen daher eine umgreifende Neujustierung der gegebenen Verhältnisse notwendig machen. Strukturveränderungen erfordern daher besondere Sorgfalt in der Vorbereitung der Veränderungsschritte, Realismus in der Einschätzung der eigenen Steuerungsmöglichkeiten, Gewissenhaftigkeit in der Abschätzung der Auswirkungen der eingeleiteten Maßnahmen und eine ständige Prozeßbegleitung, um evtl. fehllaufende und prinzipiell nicht vorhersehbare Entwicklungen auffangen zu können.

Ein weiteres Merkmal von Strukturen ist ihr *Prämissencharakter*. Strukturen werden nicht unentwegt in Frage gestellt, sie werden als selbstverständliche Verhaltensvoraussetzungen akzeptiert. Im Bewußtsein der Akteure sind sie gar nicht präsent, und sie gewinnen gerade hieraus ihre verhaltenslenkende Kraft. Die untergründige Wirksamkeit von Strukturen wird z.B. erst dann sichtbar, wenn Vertreter unterschiedlicher Kulturen aufeinandertreffen. Aber sie ist auch jedem Neuling vertraut, der sich erst in die „fremden" Verhältnisse eines neuen Arbeitsumfeldes einfinden muß und für seine Anpassungsschwierigkeiten kein Verständnis bei seinen Kollegen findet.

Strukturen sind *verschachtelte Gebilde*, d.h. Strukturen bestehen aus sich wechselseitig stützenden Substrukturen. Daher ist eine Strukturbetrachtung immer „relativ". So kann man z.B. die Beziehungen zwischen einem Vorgesetzten und seinen Mitarbeitern „für sich" oder als Bestandteil der Führungsstruktur der Organisation betrachten. Führungs- und Organisationsstrukturen sind wiederum Bestandteile gesellschaftlicher Strukturen usw. Gerade auch am Beispiel der Führungsstruktur zeigt sich der enge wechselseitige Bezug von gesellschaftlichen und organisationalen Strukturen. So sind Hierarchiestrukturen in Frankreich wesentlich stärker ausgeprägt als in Deutschland und – ein weiteres Beispiel – die fachliche Ausbildung ist in England weniger wichtig für das Erklimmen von höheren Positionen als in Deutschland. Diese Strukturunterschiede im Beschäftigungssystem haben eine Entsprechung auch im Bildungssystem. So kommt in Deutschland der formalen Berufsausbildung eine weit größere Bedeutung zu als in den beiden anderen genannten Ländern.

Ein weiteres Merkmal von Strukturen ist ihre *Persistenz*. Man kann sich ihnen nicht entziehen, sie wirken nachhaltig und mit hartnäckiger Kraft. Ein Beispiel ist die Umstellung der Führungsstrukturen der Unternehmen in den neuen Bundesländern. Sie folgte nicht idealistischen Vorstellungen oder der Programmatik eines dritten Weges, sondern fügte sich den im Westen herrschenden kapitalistischen Verwertungszwängen.

Strukturen bilden den *Rahmen* von Prozessen, sie sind der Hintergrund, das „Gelände", innerhalb dessen sich die Akteure bewegen. Strukturen kanalisieren Verhaltensweisen, sie regulieren Interaktionen, lenken sie in vorgegebene Bahnen oder zumindest in bestimmte Verhaltenskorridore, die einen umgrenzten Gestaltungsspielraum lassen. Beispielsweise schreibt ein Führungssystem, das den Prinzipien des Management by Objectives folgt, den Führungskräften kein bestimmtes Verhaltensmuster vor, es engt aber ihre Verhaltensspielräume dennoch ein, weil es sie zwingt, dem Denkmuster zielorientierter Unternehmensführung zu folgen.

Personalwirtschaftliche Instrumente

In der personalwirtschaftlichen Literatur wird der Aspekt der Strukturgestaltung nur sehr selten thematisiert. Meistens kreist die praktische Diskussion um die Wirksamkeit von personalwirtschaftlichen Instrumenten. Präsentiert werden z.B. Varianten von Beurteilungssystemen, Erfahrungen mit bestimmten Personalauswahlverfahren oder mit Förderprogrammen für bestimmte Mitarbeitergruppen usw. Eine gewissenhafte *Prüfung* der wissenschaftlichen Fundierung – aber auch der praktischen Ergiebigkeit dieser Instrumente – findet leider nur sehr selten statt. Es dominieren pauschale Einschätzungen über die Wirksamkeit im jeweiligen Anwendungsfeld und sehr globale Hinweise auf praktische Erfahrungen.

Instrumente werden oft isoliert – also „für sich" – beurteilt. Man betrachtet z.B. ihre Zweckeignung. Ein Beispiel für eine derartige Beurteilung findet man in Untersuchungen über die Wirksamkeit von Führungsleitlinien. Häufig stellt man fest, daß die Führungsleitlinien lediglich Leerformeln sind, die für das tatsächliche Handeln keine Bedeutung haben. Ein weiteres Beurteilungskriterium von Instrumenten ist die Art und Weise ihres Einsatzes. Zu einem psychologischen Test gehören beispielsweise nicht nur die schriftlich fixierten Aufgaben und das dazugehörige Auswertungsschema, sondern auch die richtige Handhabung dieser Materialien, die angemessene „Belehrung" der Testpersonen, die Einhaltung der vorgesehenen Bearbeitungszeit, die Sicherstellung eines störungsfreien Arbeitsklimas usw. Zu beurteilen ist also neben der Ausgestaltung des Instrumentes auch die Instrumentenverwendung, denn diese ist oft wesentlich wichtiger als die konkrete Ausgestaltung des Instrumentes selbst.

Instrumente werden bei einzelnen Maßnahmen „eingesetzt". Meist kommen im Zuge einer Maßnahme bzw. im Rahmen einzelner Programme mehrere unterschiedliche Instrumente zum Einsatz (bei der Personalauswahl z.B. Tests, Arbeitsproben usw.). Ein- und dasselbe Instrument kann unter Umständen für sehr unterschiedliche Zwecke, Maßnahmen und Entscheidungen eingesetzt werden (z.B. das Assessment Center Verfahren für die Personalauswahl und die Personalentwicklung). Entsprechend sind Instrumente von personalwirtschaftlichen Maßnahmen abzugrenzen.

Personalbezogene Maßnahmen

Beispiele für personalbezogene Maßnahmen sind Entlassungsaktionen, die Einrichtung einer Stabsstelle „Personalentwicklung" oder die Entwicklung und Implementierung von personalwirtschaftlichen Instrumenten. Unter die Kategorie der personalwirtschaftlichen Maßnahmen zählen auch „Programme", „Richtlinien" und „Regeln", die immer gleichzeitig mehrere Maßnahmen umfassen. Ein Beispiel für ein Maßnahmenbündel (oder ein umfangreiches quasi immer ähnlich ablaufendes „Programm") ist die Prozedur der Anwerbung und Auswahl von Auszubildenden. Ebenso wie bei Instrumenten und deren Verwendung ist auch bei den Maßnahmen die Art der Durchführung von erheblicher Bedeutung für den Gestaltungserfolg.

Personalpolitik

Mit der Durchführung von Einzelmaßnahmen und mit Hilfe des Instrumenteneinsatzes sollen ganz bestimmte Zwecke erreicht werden. Daneben ist für die praktische Gestaltung aber auch von Belang, inwiefern nicht einzelne Maßnahmen, sondern inwiefern die Vielzahl von scheinbar oft wenig verknüpften Aktivitäten dazu beiträgt, der Personalarbeit eine Richtung zu geben. Entsprechende Fragen werden meist unter dem Stichwort „Personalpolitik" diskutiert (vgl. ausführlich Kapitel 4, Abschnitt 2b).

c) Gestaltungsansätze und Funktionsfelder

Abschließend seien die Gestaltungsansätze den sechs Funktionsfeldern gegenübergestellt. Dies kann ebenfalls nur beispielhaft geschehen (vgl. Abbildung 2.5). Im Funktionsbereich „Integration" sind als Strukturmerkmal „Beteiligungsmodelle" aufgeführt. Damit sind unterschiedliche Formen der Kapital- und Gewinnbeteiligung gemeint. Es ist leicht nachzuvollziehen, daß sich eine besondere Form der Bindung an das Unternehmen entwickelt, wenn die Mitarbeiter gleichzeitig Miteigentümer des Unternehmens sind – unter der Nebenbedingung, daß ihre Einflußmöglichkeiten auf die Unternehmenspolitik nicht allzu gering sind. Auswirkungen auf die Integration der Mitarbeiter gehen sicher auch von der Beschäftigungspolitik aus: eine auf kontinuierliche Beschäftigung gerichtete Politik schafft andere Arbeitsvoraussetzungen als eine Hire and Fire Politik. Die Beschäftigungspolitik zeigt sich auch auf der Instrumentenebene. Hierzu gehört beispielsweise die Ausgestaltung des Arbeitsvertrages (z.B. die Befristung). Man denke nur daran, wie ein Sozialplan, der anläßlich der Schließung eines Betriebsteiles entwickelt wird, von den verbleibenden Mitarbeitern wahrgenommen und interpretiert wird. Weitere Beispiele sind in Abbildung 2.5 auch für die anderen Funktionsbereiche genannt.

Praktischer Ansatz	Integration	Selektion	Sozialisation	Anreizgestaltung	Kontrolle	Aufgabengestaltung
Maßnahmen	Sozialplan	Anfrage beim Arbeitsamt	Bestimmung eines Paten	Prämienausschüttung	Einführung von Leitsätzen	Job Enlargement
Instrumente	Vertragsgestaltung	Psychologischer Test	Einführungsprogramm	Förderkreis	Leistungsbeurteilung	Projektarbeit
Politik	Beschäftigungspolitik	Personalmarketing	Sozialisierungsstrategie	Förderrichtlinien	Führungsprinzipien	Humanisierung
Struktur	Beteiligungsmodelle	Mitsprache Betriebsrat	Unternehmenskultur	Karrieresystem	Bürokratische Kontrolle	Fließbandarbeit

Abb. 2.5: Beispiele von Gestaltungsansätzen

7 DIE DREI DIMENSIONEN DES PERSONALWESENS

Die bisherigen Überlegungen seien im folgenden nochmals kurz zusammengefaßt. Außerdem wird nochmals auf die Grenzen der Funktionsbetrachtung hingewiesen.

a) Die komplexe Wirklichkeit in einem vereinfachenden Schema

Die bisherigen Ausführungen skizzieren ein recht komplexes Bild des Personalwesens. Andererseits folgt die Darstellung nur drei verschiedenen Grundgedanken. Zum ersten wird erläutert, warum das Personalwesen erhebliche Bedeutung für die Organisation besitzt und daß es verschiedenen Grundfunktionen gerecht werden muß. Zum zweiten werden die grundlegenden Zwecke von Organisationen benannt, auf die hin sich die Grundfunktionen ausrichten. Und zum dritten werden Gestaltungsansätze unterschiedlicher Komplexität und Reichweite unterschieden. Zusammengefaßt ergibt sich das in Abbildung 2.6 wiedergegebene Bild. Es sollte nicht schematisch interpretiert werden und keinem Schubladendenken Vorschub leisten. So kann ein bestimmtes Instrument wie z.B. das Zielvereinbarungsgespräch oft mehreren Funktionsbereichen zugeordnet werden. Auch lassen sich die Wirkungen der Instrumente oft nicht klar voneinander isolieren. Die Anreizwirkung des Zielvereinbarungsgespräches kann z.B. mit seiner Kontrollwirkung kollidieren. Eine strikt mechanistische Betrachtung der angeführten Beziehungen würde dem Grundansatz funktionalistischer Überlegungen völlig widersprechen. Der Funktionsansatz liefert eine gedankliche Struktur, die dazu beitragen kann, sich der vielschichtigen Problematik personalwirtschaftlicher Praxis verantwortungsbewußt zuzuwenden. Sie gründet außerdem auf einem Mißtrauen gegenüber einfachen Hausrezepten, die wohlfeil und in jeder Saison etwas verändert als Wundermittel im Umgang mit dem schwierigen „Faktor Arbeit" angepriesen werden.

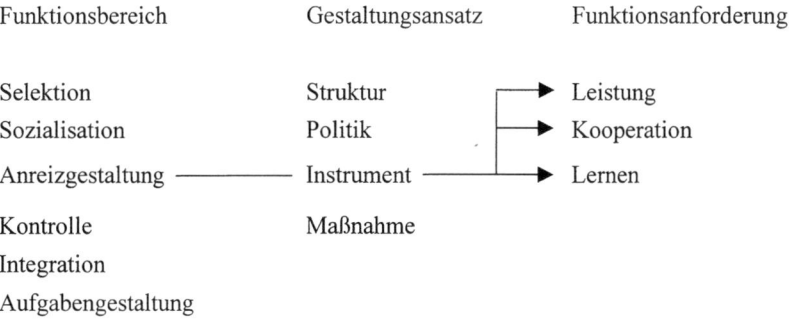

Abb. 2.6: Die drei Dimensionen des Personalwesens

b) Die Berücksichtigung unterschiedlicher Systemebenen

In unserer bisherigen Argumentation wurden ausschließlich Fragen angesprochen, die sich auf das Individuum bezogen. Die Funktionsanalyse hat jedoch einen umfassenderen Blick und stellt heraus, daß sich das „Personal" oder der „Faktor Arbeit" nicht in die Summe der einzelnen Arbeitnehmer auflösen läßt. Ebenso wichtig wie die Eigenschaften der einzelnen Personen sind die Beziehungen zwischen diesen Personen.

Die einfachsten Beziehungsstrukturen bestehen zwischen Paaren von Individuen (Dyaden). Sie werden mit jedem weiter hinzukommenden Individuum zunehmend komplexer. Die Vielfalt der hieraus resultierenden Beziehungskonstellationen läßt sich analytisch eigentlich kaum noch abbilden. Um dennoch zu allgemeinen Aussagen zu kommen, betrachtet man daher häufig etwas pauschal unterschiedliche Gruppenstrukturen. Diese Vereinfachung läßt sich aber auch inhaltlich begründen, weil Gruppen oft als „geschlossene Handlungseinheiten" auftreten und daher auch als solche besondere Aufmerksamkeit verdienen. Als nächsthöhere Systemebene wird schließlich meist das Gesamtsystem „Organisation" betrachtet.

Die personalwirtschaftliche Literatur beschäftigt sich bislang fast ausschließlich mit dem Individuum. Dies gilt selbst dann noch, wenn explizit Gruppenprobleme behandelt werden. Auch dann bleibt der Bezugspunkt der Gestaltungsempfehlungen meistens das Individuum. Untersucht wird beispielsweise bei der Betrachtung der Teamarbeit nicht die gruppeninterne Beziehungsstruktur, sondern die „Teamfähigkeit" der einzelnen Gruppenmitglieder; bei der Gestaltung von gruppenbezogenen Entgeltsystemen wird nicht untersucht, wie sich diese auf die Zusammenarbeit zwischen Gruppen auswirken werden, gefragt wird allenfalls danach, ob sich die einzelnen Gruppenmitglieder gerecht entlohnt fühlen usw.

Eine schlüssige Funktionsanalyse muß aber die vielfältigen Wechselwirkungen zwischen den unterschiedlichen Systemebenen (Individuum, Gruppe, Organisation, Gesellschaft) berücksichtigen. Und eine praktische Gestaltungslehre darf sich nicht ausschließlich auf das einzelne Individuum konzentrieren. Sie würde damit nicht nur wichtige Realitätsbereiche ausblenden, sie würde auch von falschen Vorstellungen über die Wirksamkeit der vorgeschlagenen Maßnahmen ausgehen. Das individuelle Verhalten kann nur verstanden werden, wenn es in seinem sozialen Kontext betrachtet wird. Der besondere Fleiß eines Mitarbeiters gründet beispielsweise häufig nicht in seinem besonderen Leistungswillen, sondern schlichtweg in der Konkurrenz mit seinen Kollegen. Wird der fleißige Kollege nun versetzt, dann ist unter diesen Umständen nicht sicher, ob er auch innerhalb der neuen sozialen Gegebenheiten sehr fleißig sein wird.

Gestaltungsmaßnahmen erfordern eine Analyse der gesamten Handlungssituation, sie müssen daher auch die Einflüsse unterschiedlicher Systemebenen einbeziehen. Wenn also beispielsweise ein neues Entlohnungssystem auf Gruppenbasis eingeführt werden soll, dann ist u.a. zu berücksichtigen:

- wie das einzelne Gruppenmitglied das neue Entgeltsystem wahrnimmt,
- welche Qualität die kollegialen Beziehungen innerhalb der Gruppe haben und ob sie sich durch das neue System verändern werden,
- wie sich das Entlohnungssystem auf das Verhalten der Gruppe gegenüber anderen Gruppen auswirken wird,
- ob sich die Rolle des Vorgesetzten in der Gruppe durch das neue System verändert,
- ob das neue System die Lohnstruktur im Unternehmen oder in der Abteilung verändert.

Im übrigen gelten für alle sozialen Subsysteme (und auch für die Organisation insgesamt) dieselben personalwirtschaftlichen Funktionen. Auch Gruppen müssen integriert werden, auch Abteilungen werden kontrolliert, auch Organisationen unterliegen der Selektion usw. Bei der Einbeziehung unterschiedlicher Systemebenen empfiehlt sich allerdings verschiedentlich eine leicht veränderte Terminologie. So ist beispielsweise „Sozialisation" ein Begriff, der sich auf Personen bezieht, Gruppen oder Organisationen unterliegen keinen Sozialisationsprozessen, in diesem Fall spricht man besser von „Assimilation". Wir können auf die damit verbundenen z.T. hoch interessanten Fragen leider nicht näher eingehen, sie sollen im Zuge unserer weiteren Ausführungen aber auch nicht völlig vergessen werden.

c) Die Funktionsanalyse als Methode

Die Funktionsanalyse ist weder eine Theorie noch ein Instrument, mit der oder mit dem *unmittelbar* praktische Zwecke verwirklicht werden können. Sie ist vielmehr eine sehr allgemeine Methode, die dazu beitragen kann, reale Zusammenhänge zu erkennen. Die Funktionsanalyse liefert aber – wie bereits ausgeführt wurde – keine inhaltlichen Erkenntnisse. Sie stellt nur einen Denkrahmen für die Erstellung fundierter Analysen zur Verfügung. Die Frage danach, wie die Realität beschaffen ist, kann – wie oben beschrieben wurde – nur mit Hilfe substantieller Theorien beantwortet werden. Wenn man wissen will, welche Wirkungen beispielsweise vom Führungsverhalten eines Vorgesetzten ausgehen, dann muß man sich mit Fragen der Wahrnehmung, der Motivation und der zwischenmenschlichen Interaktion auseinandersetzen. Hierauf werden wir im nächsten Kapitel näher eingehen. Obwohl selbst keine Theorie, ist die Funktionsanalyse dennoch von erheblicher theoretischer und praktischer Relevanz. Sie formuliert nämlich

Anforderungen, die bei jeder guten Analyse zu beachten sind. Die wesentlichen Überlegungen seien nochmals herausgestellt:

- Personalwirtschaftliches Handeln ist durch Wirkungsvielfalt gekennzeichnet. In Theorie und Praxis sind daher umfassende Wirkungsanalysen zu fordern.
- Das Handeln in einem Funktionsbereich hat immer auch Auswirkungen auf andere Funktionsbereiche.
- Der Erfolg einer Maßnahme hängt oft davon ab, ob sie durch Maßnahmen in anderen Funktionsbereichen flankiert wird.
- Das Geschehen auf einer Systemebene hat immer auch Auswirkungen auf andere Systemebenen. Ebenso gilt, daß sich ein Handlungserfolg auf einer bestimmten Systemebene nur einstellt, wenn er durch Vorgänge auf den anderen Systemebenen abgestützt wird.
- Die gleiche Verschachtelung gilt für die Gestaltungsansätze. Ob der Einsatz eines konkreten Instrumentes gelingt, hängt z.B. wesentlich davon ab, ob er von der Personalpolitik getragen wird und in welche Struktur er eingebettet ist.
- Jede praktische Gestaltungsmaßnahme folgt einem bestimmten theoretischen Verständnis, jedem praktischen Tun liegt eine Wirkungshypothese zugrunde. Eine aufgeklärte Praxis bemüht sich darum, sich über die Wirksamkeit der von ihr unterstellten Hypothesen Rechenschaft zu geben.
- Je nachdem welcher Aspekt eines Systems betrachtet wird, entsteht ein anderes Modell der Wirklichkeit: eine Arbeitsgruppe beispielsweise ist nicht nur ein System von Arbeitsverrichtungen, es ist gleichermaßen ein Statussystem, ein Rollensystem und ein Kommunikationssystem.

8 FORMEN FUNKTIONALER ANALYSEN

Ihre Stärke entfaltet die Funktionsanalyse vor allem bei diagnostischen und analytischen Aufgaben. Damit gewinnt sie auch eine erhebliche praktische Relevanz. Abschließend sei auf drei ausgewählte Ansatzpunkte für diese Gestaltungsfunktion eingegangen:

- Strukturanalyse: die Funktionsanalyse liefert einen Analyserahmen zur Beurteilung des Gesamtsystems.
- Nebenwirkungsanalyse: die Anwendung der Funktionsanalyse führt zu einer größeren Sensibilität gegenüber unerwünschten Nebenwirkungen der praktischen Gestaltung.

- Systemanalyse: die Grundgedanken der Funktionsanalysen liefern eine analytische Basis für die Entwicklung konkreter Problemlösungs-Methoden.

a) Strukturen und Zustände

Es gibt verschiedene Varianten der Funktionsanalyse. Für Johan Galtung ist sie primär ein Mittel, um Zusammenhänge zwischen Strukturen und deren Beitrag zur Funktionserfüllung von Systemen darzustellen (vgl. Galtung 1978). Auf Merkmale von Strukturen sind wir bereits oben eingegangen. Auf eine klare Definition haben wir allerdings verzichtet. Dies hat seinen guten Grund, denn ebensowenig wie für den Funktionsbegriff gibt es auch keinen einheitlichen und völlig überzeugenden Strukturbegriff. In der Literatur begnügt man sich meist mit sehr formalen Definitionen, etwa der, eine Struktur sei eine Menge von Relationen, die die Elemente eines Systems miteinander verbinden. Relationen sind logische und empirische Beziehungen zwischen zwei oder mehreren Dingen, Prozessen usw. Da es unendlich viele Relationen gibt (Beispiele: größer sein, zwischen stehen, Vater sein, einschließen, konkurrieren) und mindestens ebensoviele Objekte, kann man nur lakonisch festhalten, daß die Klasse möglicher Strukturen sehr mächtig ist.

Letztlich gehen Praxis und Forschung bei der Bestimmung der Organisationsstruktur sehr pragmatisch vor:

- man betrachtet „prominente" Merkmale von Organisationen, also Merkmale, die sich leicht dingfest machen lassen (z.B. die Hierarchiestruktur) und die sich auf den „Aufbau" der Organisation beziehen, also Beziehungen zwischen den Teilen der Organisation beschreiben oder
- man untersucht Merkmale, die von einer gewissen Beständigkeit sind (z.B. die Technologie) oder
- man untersucht Eigenschaften, von denen erwartet werden kann, daß sie für eine Vielzahl von Verhaltensunterschieden der Organisation und ihrer Mitglieder verantwortlich sind (z.B. die Unternehmenskultur).

Empirische Studien gibt es vor allem zu den Organisationsstrukturmerkmalen Spezialisierung, Regulierung und zu verschiedenen Hierarchieformen. Als Organisationsstrukturen gelten jedoch auch Kommunikationsformen, der Professionalisierungsgrad (eigentlich eine „Personalstruktur"), das Ausmaß von Gleichheit, Ideologieprägung, die Homogenität von Wertstrukturen usw. Jedenfalls existiert keine Einigkeit über die „wesentlichen" Organisationsstrukturen, was angesichts der vielfältigen Fragen, die sich im Zusammenhang mit der Analyse von Strukturen stellen, auch kaum verwundert.

Zur Untersuchung personalwirtschaftlicher Fragen kann an die Bereiche angeknüpft werden, die im letzten Abschnitt genannt wurden. Die „Anreizfunktion" läßt sich beispielsweise von einer „Anreizstruktur" erfüllen. Anreiz*strukturen* zu betrachten ist sinnvoll, weil oft nicht so sehr der einzelne Anreiz interessiert, als vielmehr das Anreizmuster, das sich aus der Kombination unterschiedlicher Anreize, ihrer zeitlichen Verteilung, ihrer Intensität, den Bedingungen ihrer Gewährung usw. ergibt. Man könnte nun fragen, ob die in einem Unternehmen vorliegende Anreizstruktur ihren Zweck erfüllt, also z.B. zu Leistungssteigerungen beiträgt. „Leistung" ist allerdings ein recht unspezifischer Begriff. Man muß ihn operationalisieren z.B. als quantitatives Arbeitsergebnis, als Arbeitssorgfalt, als Produktinnovation, als Kundenfreundlichkeit usw. Es stellt sich schnell heraus, daß diese verschiedenen Teilzwecke auch durch andere Strukturdimensionen mit beeinflußt werden. So kann z.B. kreatives Arbeitsverhalten trotz hoher Anreizgewährung durch starre Anweisungsbefugnisse vereitelt werden. Analytisch ergeben sich so drei Arten von Funktionszusammenhängen (modifiziert nach Galtung 1978):

- die Beziehung zwischen verschiedenen Strukturen,
- die Beziehung zwischen Strukturen und wünschenswerten Ergebnissen/Zuständen,
- die Beziehung zwischen den wünschenswerten Ergebnissen/Zuständen.

Die in einem konkreten Fall vorliegenden Beziehungen werden in einer Struktur-Funktions-Matrix dargestellt. Ihr Aufbau sei an einem Beispiel erläutert (vgl. Abbildung 2.7). Die Struktur-Funktions-Matrix ist ein Diagnoseraster zur Untersuchung von Einzelfällen. Es geht in unserem Beispiel also um die Betrachtung eines ganz konkreten Unternehmens. Betrachtet werden drei Strukturgrößen: die Beteiligungsrechte der Arbeitnehmer, die Art der Arbeitsorganisation und das Anreizsystem. Daneben werden vier Ergebnisgrößen betrachtet: die Zufriedenheit der Arbeitnehmer, das Ausmaß, in dem es gelingt, die auftretenden Arbeitskonflikte friedlich zu regeln, der Umfang der tatsächlichen Partizipation der Arbeitnehmer an der Willensbildung im Unternehmen und die Stabilität der Arbeitnehmer-Arbeitgeber-Beziehungen. In unserem Beispiel herrscht zwischen diesen vier Ergebnisvariablen (Betrachtungsebene 3) nicht nur Harmonie, sondern sie verstärken sich auch wechselseitig (dargestellt durch das Plus-Zeichen): Konfliktregulierung erhöht die Zufriedenheit, Partizipation die Stabilität usw. Die Betrachtungsebene 2 betrifft den Einfluß der Systemstrukturen auf die gewünschten Wirkungen. Die gegebene (z.B. eine weitgehend demokratische) Mitwirkungsregelung möge Zufriedenheit, Konfliktbegrenzung und Partizipation positiv, die Stabilität aber negativ beeinflussen. Die Arbeitsorganisation möge für die Stabilität z.B. förderlich sein usw. Man sieht, daß die Wirkungsrichtungen nicht notwendigerweise übereinstimmen müssen.

Strukturen und Ergebnisse		1	2	3	4	5	6	7
Beteiligungsrechte	1	+	+	-	+	+	+	-
Arbeitsorganisation	2	+	+	+	-	∅	∅	+
Anreizsystem	3	-	+	+	+	-	+	-
Zufriedenheit	4				+	+	+	+
Konfliktregelung	5				+	+	+	+
Partizipation	6				+	+	+	+
Stabilität	7				+	+	+	+

Abb. 2.7: Funktionalbetrachtung auf der Organisationsebene

Aus praktischer Sicht wird man versuchen, die Strukturen so zu gestalten, daß sie alle in die gleiche (gewünschte) Richtung wirken. Man wird hierbei allerdings rasch an Grenzen stoßen, insbesondere, weil – wie beschrieben – auch die Beziehungen zwischen den Strukturen zu berücksichtigen sind. So mag ein bestimmtes Anreizsystem ausschließlich positive Eigenschaften besitzen, unter Umständen ist es aber nur mit einer Arbeitsorganisation kompatibel, die auch erhebliche negative Wirkungen impliziert.

Wie man sieht, liefert die Funktionsanalyse keine unmittelbar umsetzbaren Lösungen. Sie ist lediglich als Heuristik zu verstehen, sie zwingt den Gestalter zum Nachdenken über seine Ziele und über *mögliche* Wirkungszusammenhänge. Im jeweils gegebenen Einzelfall ist aber konkret zu überlegen, welche Gestaltungsalternativen für das betrachtete Unternehmen zur Verfügung stehen, wie sie zueinander passen und welche Auswirkungen sie auf die gewünschten Ergebnisse haben dürften.

b) Die Wirkungsvielfalt einzelner Maßnahmen

Wenn die Erfolgsaussichten personalwirtschaftlichen Handelns beurteilt werden sollen, dann muß die Funktionsbetrachtung – wie gesagt – mit inhaltlichen Theorien über mögliche Wirkungsbeziehungen angereichert werden. Aber auch die rein formale Betrachtung *möglicher* Wirkungsbeziehungen kann schon sehr ergiebig sein. Und zwar deswegen, weil sie dazu zwingt, sich über die Vielfalt der Wirkungsbeziehungen Klarheit zu verschaffen. Leider werden praktische Wirkungsanalysen meist nur sehr ausschnitthaft vorgenommen. Es dominiert *ein* Zweck und alternative Maßnahmen werden fast ausschließlich daraufhin untersucht, inwiefern sie diesen offenkundigen Zweck bedienen.

So werden zur Beurteilung von Verfahren der Personalauswahl meist nur sehr wenige Beurteilungskriterien herangezogen: Die Personalauswahl soll eine Differenzierung zwischen geeigneten und ungeeigneten Bewerbern gewährleisten. Daneben soll das Auswahlverfahren praktikabel und nicht allzu aufwendig sein. Verschiedentlich wird der Einsatz des Auswahlverfahrens auch unter Investitionsgesichtspunkten gesehen, d.h. es werden weitere ökonomische Parameter neben der Eignung der Kandidaten berücksichtigt. Beispiele hierfür sind die durchschnittliche Verweildauer der Kandidaten im Betrieb, Einarbeitungskosten, steuerliche Überlegungen usw. Diese Größen sollen helfen, den Nettonutzen eines Auswahlverfahrens (z.B. eines Assessment Centers) im Vergleich mit alternativen Auswahlverfahren (z.B. Verzicht auf das Assessment Center Verfahren, Intensivierung des Auswahlgesprächs) abzuschätzen. In dieser Betrachtung wird also nicht nur ein einzelner Zweck (Auswahl geeigneter Kandidaten) berücksichtigt, es werden durchaus mehrere Zwecke (ökonomische Größen wie „Nutzungsdauer" der ausgewählten Bewerber, Kostenbelastungen) gleichzeitig berücksichtigt. Dennoch bleibt die gewählte Sichtweise sehr eng, denn die angeführten ökonomischen Kriterien lenken den Blick auf ein einzelnes Handlungsfeld. Die Wirkungen des Einsatzes von personalwirtschaftlichen Instrumenten (hier: Personalauswahl) auf andere Handlungsfelder (z.B. Führungsprobleme, Aufstiegmöglichkeiten) sind aber u.U. wesentlich bedeutsamer als die unmittelbar kostenwirksamen Folgen.

Abbildung 2.8 gibt eine Übersicht über die Wirkungsvielfalt von personalwirtschaftlichen Maßnahmen. Im „ungünstigsten" Fall hat eine Maßnahme unbeabsichtigte, indirekte, zeitverzögerte Wirkungen in einem ganz anderen als dem Handlungssystem. Diese Wirkungen werden dann aber nur sehr selten der eigentlich ursächlichen Handlung zugeschrieben. Meist sind entsprechende Zusammenhänge auch nur sehr schwer nachzuvollziehen. Die Funktionsanalyse ist von dem Imperativ getragen, sich über entsprechende Wirkungen und Wirkungsketten kundig zu machen.

Zur Veranschaulichung sei ein Beispiel betrachtet. In einem Teilbetrieb eines mittelständischen Unternehmens werden Maßnahmen ergriffen, die zu einer Aussonderung leistungsschwächerer älterer Arbeitnehmer führen. Die unmittelbar beabsichtigte Wirkung im Handlungssystem besteht darin, daß nur leistungsfähige (und kostengünstige) Arbeitskräfte beschäftigt sind. Auch in einem anderen als dem betrachteten Handlungssystem führt dies vielleicht zu Wirkungen: die Produktivitätserhöhung mag Gewinnsteigerungen des Gesamtunternehmens und Bonuszahlungen für die Leiter des Zweigbetriebes nach sich ziehen. Als nicht beabsichtigter (gleichwohl willkommener) Nebeneffekt werden sich bei Bekanntwerden der in unserem Beispiel genannten personalpolitischen Leitlinie ausschließlich leistungsfähige Arbeitskräfte um Stellen bewerben, was die Auswahlkosten senkt. Es dürften sich allerdings auch (zeitverzögerte) negative Wirkungen ergeben, weil sich die Mitarbeiter der Kurzfristorientierung des Unternehmens anpassen und ihren Goodwill gegenüber den Unternehmen zurücknehmen werden, was dazu führen dürfte, daß das betriebliche Engagement sinkt und die Konfliktbereitschaft steigt. Dies kann zu einer Stärkung gewerkschaftlicher Kräfte führen oder aber zu der Neigung, das Unternehmen bei passender Gelegenheit („rechtzeitig") zu verlassen.

Praktische Handlungen haben immer viele Wirkungen. Die Handlungsrationalität steigt, wenn man sich über diese Wirkungen im klaren ist und sie z.B. mit flankierenden Maßnahmen unterstützen kann.

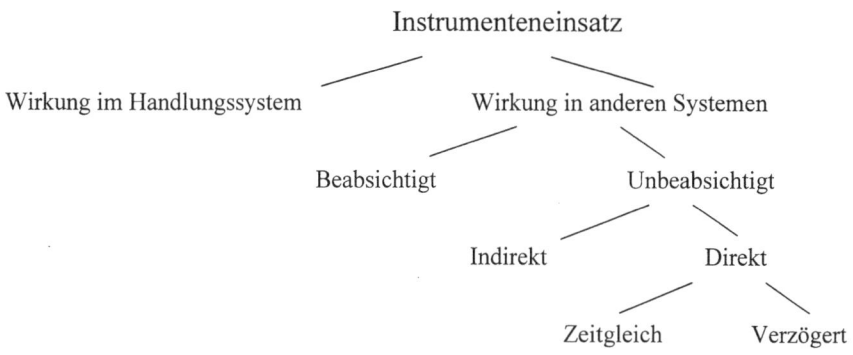

Abb. 2.8: Handlungen und Handlungsfolgen

c) Soft Systems Methodology (SSM)

Funktionsanalysen und das sogenannte „Systemdenken" haben zur Entwicklung einer ganzen Reihe von konkreten Methoden zur Unterstützung der Planung und zur Veränderung von sozialen Systemen geführt. Im vorliegenden Abschnitt soll eine ausgewählte Methode kurz vorgestellt werden, die in ganz besonderem Maße dazu geeignet ist, die Gestaltung des Personalwesens zu unterstützen.

Im „Idealfall" lassen sich die funktionalen Beziehungen zwischen den Bestandteilen eines Systems quantifizieren. Die Gestaltung eines Systems kann dann „ingenieurmäßig" erfolgen. Der Ingenieur findet neue bzw. verbesserte Wege zur Lösung einer vorher relativ exakt spezifizierten Aufgabe. Mit „Spezifizierung" ist dabei die detaillierte Beschreibung von Erfordernissen gemeint. So sind z.B. beim Brückenbau die Tragfähigkeit, die Kapazität, die Durchschnittsbelastung, die Kosten und evtl. auch ästhetische Merkmale festzulegen. Die Ingenieurleistung wird entsprechend gemessen am Materialverbrauch, am Instandhaltungsaufwand, an der Eleganz usw. Dieses Vorgehen ist in sich schlüssig. In einem technischen System (also z.B. in einem Flugzeug) läßt sich das Zusammenwirken der einzelnen Bestandteile vollständig spezifizieren, in einzelnen Stufen erproben und schließlich „justieren". Versucht man bei der Gestaltung sozialer Systeme dem technischen Vorbild zu folgen, so spricht man von „System Engineering". Beim System Engineering kommen naturgemäß quantitative Methoden (Operations Research Verfahren) zum Einsatz. Angesichts des Erkenntnisstandes der Sozialwissenschaften und aufgrund verschiedener Besonderheiten sozialer Systeme (Reaktivität, Offenheit, Multifunktionalität usw.) sind die Möglichkeiten dieser „Reißbrett-Technologie" allerdings sehr begrenzt. Ihre Anwendung produziert allenfalls Scheinpräzision.

Peter Checkland stellt dem System Engineering („Hard System Methodology"- HSM) daher eine dem Betrachtungsgegenstand angemessenere „Soft System Methodology" (SSM) gegenüber (vgl. Checkland 1989). Die HSM geht davon aus, reale Probleme ließen sich klar und eindeutig aufbereiten, sie ließen sich also in Ziel-Mittel-Relationen zerlegen. Die SSM anerkennt demgegenüber, daß die Zielstruktur, an der sich die Systemgestaltung auszurichten hat, oft sehr unklar ist und außerdem eindeutige Ziel-Mittel-Relationen meist nicht gegeben sind. Angenommen, ein Textilunternehmen sei gezwungen, sich auf einen neuen Technologieschub einzustellen: worin besteht dann ganz genau das Problem? Der Finanz- und der Marketingchef können die Situation sehr unterschiedlich definieren. Einigkeit dürfte darin bestehen, daß die Überlebensfähigkeit des Unternehmens gesichert werden müsse, doch schon bezüglich dieses Minimal-Konsenses stellt sich eine durchaus strittige Frage: welches System soll überleben, das alte Unternehmen mit der herkömmlichen, vielleicht notdürftig modernisierten Technologie, ein Unternehmen mit einer völlig neuen Technologie, aber einer riskanten Finanzausstattung, das System in der Vorstellung des Marketing- oder des Finanzchefs? Um solchen Schwierigkeiten bei der Systemgestaltung gerecht zu werden, empfiehlt die SSM ein realistisches Wirklichkeitsbild. Insbesondere müssen die folgenden Tatbestände beachtet werden:

- „Management" ist nicht die Tätigkeit von Managern, sondern eine bestimmte Koordinationsleistung. Auch eine Gruppe von Anarchisten wird „gemanagt". Managementprobleme können nie abschließend gelöst werden, weil die Realität in ständiger Veränderung begriffen ist.
- Bewertungen und Wahrnehmungen sind nicht einheitlich, es gibt also immer Streitpunkte zwischen den Akteuren in sozialen Systemen. Notwendig ist jedoch ein ge-

meinsamer Bereich von Verständnis und Interessen. Dieser ist ständig neu zu erarbeiten.
- Handlungssysteme unterscheiden sich von zufälligen Konstellationen (z.B. von einer Handvoll Murmeln), denn sie sind nur als „Ganzheit" zu begreifen, es gibt innerhalb des Systems zahlreiche Rückkopplungen und „Emergenzen", d.h. die Interaktion unterschiedlicher Systemelemente bewirkt neue Realitäten, die nicht aus den additiven Wirkungen des Handelns der einzelnen Systemelemente erklärt werden können.
- Die Sinngebung für ein soziales System prägt die Systemgestaltung. So kann ein Gefängnis kaum „neutral" definiert werden, [es sei denn, man begnügt sich mit einer sehr leeren Definition (z.B. Aufbewahrungssystem von Kriminellen für eine bestimmte Zeit)], denn der Gefängnisalltag unterscheidet sich wesentlich, je nachdem welche Philosophie im Gefängnis herrscht. Ein Gefängnis kann als Bestrafungssystem verstanden werden, als Institution der Rehabilitierung, als Schutzwall für die Gesellschaft oder (etwas zynisch) als Anstalt zur Aus- und Weiterbildung von Kriminalität.
- Es gibt keine real eindeutige Umsetzung einer reinen Konzeptionalisierung, daher ist ein ständiger Vergleich von Konzeption und Realität notwendig.
- Die Mehrdeutigkeit der Systemgestaltung macht einen partizipativen Entwicklungsprozeß notwendig.

Diese Grundgedanken sind bei der Konzipierung und Implementierung eines Systems umzusetzen. Die SSM empfiehlt nun ein strukturiertes Vorgehen zur Erarbeitung einer tragfähigen „Systemlösung". Im wesentlichen werden die folgenden Schritte empfohlen:
(1) Zunächst muß das Problem (vorläufig) definiert werden. Hierzu sind die wichtigsten Elemente des Systems, die „Hardware" (z.B. Ausstattungsgegenstände) und die „Software" (z.B. Geschäftsabläufe) zu erfassen.
(2) Anschließend wird die Grunddefinition (root definition) formuliert. Sie legt fest, welche Hauptfunktionen das zu gestaltende System erfüllen soll. Um eine möglichst reichhaltige und präzise Definition zu erhalten, werden alle wichtigen Systemelemente mit Hilfe der sogenannten CATWOE-Analyse erfaßt. Die Abbildung 2.9 zeigt ein personalwirtschaftliches Beispiel. Ausgangspunkt ist – wie gesagt – die Grunddefinition – hier für ein betriebliches Vorschlagswesen. Bezüglich allen genannten Elementen (Customers, Actors usw.) sind unterschiedliche Ausgestaltungsmöglichkeiten zu prüfen. Die CATWOE-Analyse zwingt dazu, sich diesbezüglich festzulegen. So ist z.B. eine wichtige Frage, wer die Nutznießer des betrieblichen Vorschlagswesens sein sollen (die

Mitarbeiter oder die Abteilung Arbeitsvorbereitung oder die Meister oder wer sonst?), von welcher Weltanschauung das Vorschlagswesen getragen ist usw.

Zentral ist der Transformationsprozeß T: unerwünschte Zustände sollen in die gewünschten Systemzustände überführt werden. So soll das Vorschlagswesen dazu führen, daß Arbeitsabläufe reibungsloser vollzogen werden können, daß aus vagen Veränderungswünschen konkrete Verbesserungen werden, daß aus indifferenten Arbeitnehmern engagierte Arbeitnehmer werden usw. Die schließlich gefundene Lösung soll eben dies gewährleisten: sie soll aus dem bisherigen Zustand (indifferente Arbeitnehmer) zu dem neuen Zustand (engagierte Mitarbeiter) führen. Das neue System muß sich an diesen Anforderungen messen lassen.

	Root Definition:		
	\multicolumn{3}{c}{In der Aufgabengestaltung stecken viele Rationalisierungsmöglichkeiten, die von den Mitarbeitern erkannt und erarbeitet werden können.}	
C	Customer	Wer profitiert von dem System?	Mitarbeiter, Vorgesetzte, Stabsstelle Arbeitsorganisation.
A	Actors	Wer trägt das System?	Alle Mitarbeiter.
T	Transformation	Welche Veränderung soll erreicht werden?	Die Arbeitsabläufe sollen reibungsloser und kostengünstiger erfolgen.
W	Weltanschauung	Welche Philosophie soll die Systemgestaltung bestimmen?	Die Mitarbeiter kennen die Arbeitsabläufe am besten.
O	Owner	Wer trägt die Verantwortung für das Funktionieren des Systems?	Die Produktionsleitung.
E	Environment	Welche Umweltbedingungen nehmen Einfluß auf das System?	Maschinelle Grundausstattung, Produktionsprogramm.

Abb. 2.9: Bestandteile der Systemanalyse, Beispiel Betriebliches Vorschlagswesen

(3) Die nächste Phase im Rahmen der SSM ist unmittelbar hierauf bezogen. Sie ist die Konzipierungsphase, in der verschiedene – miteinander konkurrierende – Modellvorstellungen entwickelt werden. Diese beschreiben die Anordnung von Tätigkeiten, die die gewünschte Transformation bewirken sollen. Im Zentrum steht die Frage: Welche Tätigkeiten sind für das System „Betriebliches Vorschlagswesen" grundlegend, wie sind die wechselseitigen Beziehungen zwischen diesen Tätigkeiten? In Frage kommen beispielsweise die folgenden Aktivitäten:

- die Mitarbeiter müssen Verbesserungsvorschläge machen,
- die Verbesserungsvorschläge müssen gesammelt werden,
- die Verbesserungsvorschläge müssen bewertet werden,
- die Mitarbeiter müssen für gute Verbesserungsvorschläge belohnt werden,
- die Verbesserungsvorschläge sind bekanntzugeben,
- für das Vorschlagswesen muß geworben werden.

In welcher Beziehung stehen diese Aktivitäten zueinander, werden die Aktivitäten angemessen ausgeführt, wer ist für die Aktivitäten verantwortlich? Diese und weitere Fragen dienen dazu, das System „Vorschlagswesen" umfassend zu beschreiben. Dabei ist zu beachten, daß die einzelnen Tätigkeiten (z.B. „Sammeln") selbst wieder in kleinere Tätigkeitskomplexe unterteilt werden müssen. D.h. jede der im Modell beschriebenen Aktivitäten kann wiederum Gegenstand einer „Root Definition" sein und damit zu einem Modell einer anderen Systemebene werden. Dies gilt auch für die andere Blickrichtung. Das beschriebene Modell ist nur eine Ausdifferenzierung einer Aktivität eines Systems höherer Ordnung. So läßt sich das Vorschlagswesen als ein Element der Anpassungsstruktur auffassen und diese ist – wie beschrieben – ein Teilsystem zur Sicherung des Überlebens.

Es lassen sich leicht Aktivitätsmodelle mit mehr als 200 Aktivitäten formulieren. Diese sind jedoch nicht handhabbar, so daß eine Beschränkung auf zentrale Aspekte notwendig ist. Ein Mittel, das zu der notwendigen gedanklichen Disziplinierung beitragen kann, ist die strikte Orientierung an den Elementen der Grunddefinition. Außerdem hilft es, das Modell schichtweise aufzubauen, also Systeme höherer und niederer Ordnung zu betrachten, Steuer- und Ausführungssysteme zu unterscheiden usw.

(4) Abschließend erfolgt ein Vergleich zwischen Modell und Wirklichkeit. Normalerweise muß das Modell überarbeitet werden. Schließlich werden Maßnahmen zur Implementierung des Systems abgeleitet und durchgeführt. Das Funktionieren des Systems ist regelmäßig zu beobachten und der Prozeß der Systementwicklung ist gegebenenfalls neu zu durchlaufen. Die Phase der „Systempflege" ist ebenso wichtig wie alle anderen

Phasen. Sie wird in den Unternehmen meistens vernachlässigt, einmal installierte Lösungen werden sich selbst überlassen – eine Praxis, die dem Systemdenken völlig widerspricht.

Wie deutlich geworden sein sollte, ist die SSM keine programmierbare Methode mit Lösungsgarantie. Ihre Verwendung dürfte die praktische Gestaltung jedoch wesentlich voranbringen, sie veranlaßt ein systematisches Vorgehen, zwingt zu einem gründlichen Durchdenken der Konzeptgestaltung und verhindert allzu oberflächliche Lösungen.

Kapitel 3: Gestaltung als wissenschaftliche Praxis

Es gibt eine gute und eine schlechte Praxis. Und viel dazwischen. Welche Rolle spielt die Wissenschaft für die Praxisgestaltung? Der Wissenschaft geht es nur sehr vermittelt um eine Verbesserung der Praxis. Ihr primäres Ziel ist die Erkenntnis. Sie soll erforschen, was geschieht und warum es geschieht. Sie soll also unser Verständnis von den Zusammenhängen der Welt verbessern. Natürlich dienen wissenschaftliche Erkenntnisse auch der Praxis. Sie gestatten z.B. ein Urteil darüber, was möglich und was nicht möglich ist, und sie geben uns geistige Mittel an die Hand, neue Handlungsmöglichkeiten zu erproben. Doch es gibt nur selten einen direkten Weg vom Wissen zum Handeln. Dieser Tatbestand ist eigentlich auch jedermann aus seiner Alltagserfahrung vertraut, weshalb es eigentlich verwundern muß, weshalb der Ruf nach einer *unmittelbar praktischen* Wissenschaft ein so breites Echo findet.

1   THEORIE, NORM UND PRAXIS

Hochfliegende Hoffnungen führen immer zu Enttäuschungen. Dies gilt auch für das sogenannte Theorie-Praxis-Verhältnis. Wer erwartet, die Theorie liefere die bessere Praxis, muß seine Vorstellungen korrigieren. Denn Theoretiker und Praktiker stehen vor unterschiedlichen Aufgaben. Praktiker wollen die Wirklichkeit gestalten, im besten Fall wollen sie die Praxis verbessern. Theoretiker befassen sich nicht mit der Verbesserung der Praxis. Es geht Ihnen vielmehr um eine Verbesserung der Erkenntnis. Und in diesen unterschiedlichen Zielsetzungen stecken denn auch schwer zu vermittelnde Komplikationen: die Beziehung zwischen Erkennen und Handeln – und damit auch zwischen Theorie und Praxis – ist alles andere als geradlinig und eindimensional und darum „folgt" aus guter Theorie nicht notwendigerweise auch gute Praxis. Wenn einer Theorie vorgeworfen wird, sie sei unpraktisch, dann ist dies schon deswegen unsinnig, weil Theorien von Natur aus unpraktisch sind.

Die Mißverständnisse zwischen Theoretikern und Praktikern beruhen häufig schlicht auf einer Verwechslung, der man zwar leicht erliegt, die aber eben darum auch vermieden werden sollte: der Verwechslung von Theorie und Norm (oder Ideal oder Gebot). Das „Ideal und das Leben" lassen sich als Gegensätze begreifen, nicht jedoch „Theorie und Praxis". Das Verhältnis zwischen Theorie und Praxis ist zwar – wie gesagt – nicht unkompliziert, es ist jedoch kein gegensätzliches. Der vermeintliche „Unterschied" zwischen Theorie und Praxis zielt häufig auf den Widerstand, die die (schwierigen) Verhältnisse einem (praktischen) Ideal entgegensetzen. Man denke nur an die zahllosen

Witze von Untertanen, die sich mit der Herrschaftsvernunft arrangieren müssen. Ein Beispiel aus inzwischen etwas älteren Tagen:

Warum sind viele DDR-Bürger so außer Atem ? Weil es seit 30 Jahren bergauf geht.

„Ideale" und „normative" Vorstellungen sind häufig Ergebnisse ideologischer Spekulation oder weltanschaulichen Wunschdenkens. Sie beziehen ihre Kraft aus dem Bedürfnis nach Sicherheit und Klarheit, aber auch aus Interessen und Dummheit. Auch die Wissenschaft ist nicht gegen die Anfechtung gefeit, ihr Wissen als letzte Weisheit zu verkaufen. Ein vielgescholtenes aber gleichwohl schönes Beispiel liefert die neoklassische Gleichgewichtstheorie. Nicht wenige Ökonomen erliegen der Versuchung, die innerhalb dieser Theorietradition entwickelten abstrakten Modellwelten mit der Realität zu verwechseln. Die modelltheoretischen Überlegungen werden dann nicht mehr als analytische Hilfsmittel begriffen, sondern mit der Wirklichkeit gleichgesetzt. Statt Marktverhalten empirisch zu untersuchen, werden ausgewählte Marktmechanismen als wirksam unterstellt und die Institution des „freien" Marktes als Allheilmittel gepriesen. In extrem verkürzter Weise leiten nicht wenige Ökonomen daraus die Forderung nach Deregulierung aller wirtschaftlich relevanten Lebensbereiche ab: Arbeitsschutzbestimmungen werden als schädlich, Verwaltungsvorschriften als bürokraktisch und die Gewerbeaufsicht als überflüssig angesehen. Staatliche Leistungen sollen privat angeboten werden und Rechte sollen frei handelbar sein. Recht wird danach, was sich auf dem Markt durchsetzt. Unterschlagen wird in entsprechenden Diskussionen, daß auch der Markt eine Institution, also auf eine wirksame soziale Verankerung angewiesen ist. Anders ausgedrückt: der Markt kann nur dann in dem unterstellten Sinne funktionieren, wenn bestimmte strukturelle Voraussetzungen gegeben sind und hierzu gehören eben auch Kontroll- und Schutzbestimmungen und die Gewährleistung ihrer faktischen Absicherung. Was der Ökonom eigentlich untersuchen müßte – die Funktionsweise von Märkten – wird schlicht vorausgesetzt.

Viele schöne Beispiele für nicht „theoretische", sondern „idealistische" oder „normative" Entwürfe liefern auch die zahlreichen wohlfeilen Managementkonzepte, die in immer neuer Aufmachung alles vom „Ein-Minuten-Manager" bis zum „Business Reengineering" anpreisen. Während Kritiker unreflektierte mikroökonomische Weltentwürfe eher schelten, werden die von Unternehmensberatern und geltungsbedürftigen Harvard-Professoren offenbarten Erfolgsgeheimnisse eher (und zurecht) belächelt. Ebenso wie Modelltheoretiker „simplifizieren" sie die Welt. Im Unterschied zu diesen spekulieren sie allerdings mit der Naivität der Adressaten ihrer Botschaften. Modelltheoretiker haben einen anderen Grund für ihren Hang zur Vereinfachung, sie wollen

Zusammenhänge so präzise wie möglich beschreiben und dies gelingt eben häufig nur durch eine gewaltsame Beschränkung der Geltungsbedingungen. Untrügliche Anzeichen für theoretisch nicht fundierte Praxisweisheiten sind Borniertheit und Besserwisserei. Ein Theoretiker bleibt bescheiden, weil er die Grenzen seiner Erkenntnis kennt. Fremd ist ihm daher z.B. auch die verbissene Losung, daß nicht sein kann, was nicht sein darf. Es ist kein Zufall, daß insbesondere in der marxistischen Literatur das sogenannte „Theorie-Praxis-Verhältnis" einen breiten Raum einnimmt. Wenn Probleme auftauchen, die mit der „Theorie" nicht übereinstimmen, dann wird nicht die „Theorie" (die eigentlich eine Programmatik ist) in Frage gestellt, man macht für die Schwierigkeiten dann eher den Interpreten der Theorie verantwortlich. Zweifler werden belehrt, daß sie die „Theorie" offenbar nicht richtig verstünden oder falsch anwendeten.

Der oft bemühte Gegensatz zwischen Theorie und Praxis richtet sich also tatsächlich nicht auf Probleme in der Vermittlung von Wissenschaft und Lebenswelt, sondern auf das Verhältnis zwischen einem praktischen Ideal und der wirklichen Praxis (vgl. auch die Gegenüberstellung von Ideal und Praxis bei Wimmer/Neuberger 1998). Es geht also um die Problematik der Verwirklichung von Idealen oder normativen Vorstellungen. Unter „Theorie" verstehen viele Menschen schlicht „Gebote". Dies macht verständlich, warum Theorie oft als unattraktiv und grau gilt: „Das aber ist einfach eine Verwechslung von Theorien, welche Tatsachen erklären und voraussagen sollen, und Normen, die Tatsachen beeinflussen sollen, z.B. Verhalten standardisieren sollen. Eines der Unglücke für die Diskussion zwischen Wissenschaft und Praxis ist es, daß manche Vertreter „normativer" Wissenschaften oder von Kunstlehren ... ihre präskriptiven Sätze und Aussagen als Theorien verstehen und damit der Praxis chronisch Nahrung zur Ablehnung von Theorie und Wissenschaft geben, immer dann, wenn ihre Präskriptionen nicht in Deskriptionen übertragen werden können." (Irle 1971, S. 104)

Theorien liefern für konkrete praktische Probleme zwar eine *Hilfestellung* (und zwar insoweit es ihnen gelingt, die Bewegungskräfte des Geschehens richtig zu beschreiben), sie sollten jedoch nicht mit Ratschlägen, Verhaltensrezepten oder Handlungsanweisungen verwechselt werden. Anderslautende Erwartungen beruhen auf einem im wahrsten Sinne des Wortes „unrealistischen" Anspruch. Theorien sind aber nicht nur hinsichtlich ihrer praktischen Verwertbarkeit, sie sind auch bezüglich ihrer Erkenntnisleistungen beschränkt. Keine Theorie kann die Welt in ihrer ganzen Fülle wiedergeben. Um es akzentuiert auszudrücken: selbst wenn es in naher Zukunft gelänge, die „Weltformel" über die Beziehung der vier fundamentalen Naturkräfte zu finden, dann hat man damit nicht automatisch die Mittel an der Hand, die ganze Welt zu erklären. Im Gegenteil, eine derartige Formel kann unmittelbar nur sehr wenige Phänomene erklären: spezielle Ereignisse, die dazu hin nur im Labor erzeugt und beobachtet werden können. Und praktische Gestaltungsvorschläge lassen sich aus der Weltformel schon gar nicht ableiten.

Theorien betrachten immer nur ausgewählte Aspekte der Realität. Und sie werden auch nur für ganz bestimmte Erklärungszwecke entwickelt. Zwar kann sich herausstellen, daß gute Theorien auch für Fragestellungen nutzbringend verwendet werden können, für die sie ursprünglich gar nicht entwickelt wurden. Sie erhalten damit eine größere „Reichweite", aber sie bleiben nichtsdestotrotz in ihrem Erklärungspotential auf spezielle Fragen beschränkt. Sie heben bestimmte Aspekte aus dem „Realitätsstrom" heraus, so daß vor dem Hintergrund des Geschehens eine bestimmte Figur ausgemacht werden kann. Andere Theorien stellen andere Vorgänge heraus. Man kann Theorien mit Landkarten vergleichen, die es bekanntlich in sehr unterschiedlicher Form gibt (als Landschafts-, Klima-, Wege-, Wirtschaftskarten usw.). Allerdings hat dieses Bild auch seine Grenzen. Es gibt Theorien, die auf andere Theorien zurückgeführt werden können. Theorien haben eine unterschiedliche „Tiefe". Tiefe Theorien dringen hinter die Oberfläche der Erscheinungen, sie sagen gewissermaßen „was die Welt im Innersten zusammenhält". Tiefe Theorien sind durch eine große Integrationskraft gekennzeichnet. Sie zeigen, in welcher Weise unterschiedliche Theorien zusammenhängen. Sie dienen ganz generell einem größeren Verständnis. Sie verbessern das „Hintergrundwissen", das bei der Betrachtung spezieller Fragen wertvolle Dienste leistet.

Anders ist dies auch kaum vorstellbar, denn wie sollte man auch die komplexe Erfahrungswirklichkeit in einem einzigen „Zugriff" erfassen können? Keine Theorie liefert eine „vollständige" Beschreibung der Realität. Theorien sind notwendigerweise selektiv.

Doch was uns hier besonders interessiert: eine Theorie ist kein Gestaltungskonzept. Theorien zielen vielmehr auf möglichst wahre *Aussagen* über bestimmte Aspekte der Wirklichkeit. Sie können damit auch die sogenannte „Praxis" zum Gegenstand haben, aber sie machen dann Aussagen „über" und nicht „für" die Praxis. Da Theorien keine Praxis*empfehlungen* sind, gibt es auch keine Diskrepanz zwischen Theorie und Praxis. Es ist allenfalls denkbar, daß Theorien die Wirklichkeit nicht richtig beschreiben. Darin zeigt sich dann eine Diskrepanz zwischen „Theorie und Realität". Diese Problematik (der Unterschied zwischen Theorie und Realität) bezieht sich auf die Beschreibung der Welt. Die Kluft zwischen Ideal bzw. Norm und Praxis bezieht sich dagegen auf die Gestaltung der Welt.

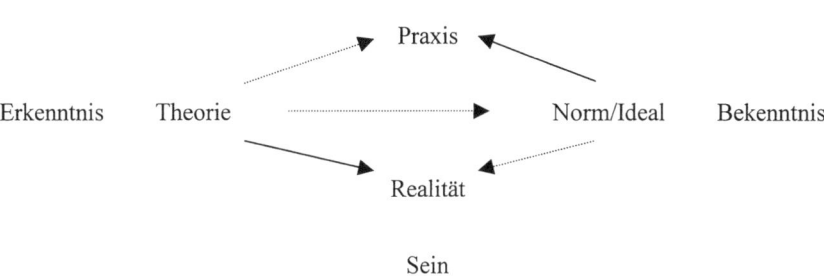

Abb. 3.1: Theorie, Norm und Praxis

Abbildung 3.1 gibt unsere Überlegungen nochmals schematisch wieder. Ideale Vorstellungen richten sich auf die richtige (nicht: die tatsächliche) Praxis, sie lassen keinen Zweifel über die richtige Art und Weise des Handelns. Sie haben aber ein gestörtes Verhältnis zur Realität. Ideale bzw. Normen haben viele Quellen, auch theoretische, das Verhältnis zwischen Theorie und Praxis ist aber „gebrochen" (in unserem Schaubild: „gestrichelt"). Das liegt nicht im mangelnden Willen von Theoretikern, sondern hat seinen Grund in der „Natur der Realität" und in der Natur der Erkenntnis. Die Realität ist äußerst vielschichtig. Theorien erklären aber nur den Zusammenhang zwischen *ausgewählten* Aspekten der Realität. Sie für alles zu nehmen, ist verkehrt. Das bedeutet nun aber nicht, daß Theorien uninteressant sind. Im Gegenteil. (Gute) Theorien liefern in verdichteter Form die besten Erkenntnisse, die uns zur Verfügung stehen. Ohne Theorien gibt es auch kein Verständnis von der Realität. Sie haben aber keinen *unmittelbaren* Handlungsbezug. Sie sind – soweit sie echte Erkenntnisse darstellen – dessen ungeachtet, von hohem praktischen Wert. Hierauf gehen wir in den nächsten Abschnitten etwas ausführlicher ein.

2 FORMEN DES WISSENS

Es gibt unterschiedliche Formen des (wissenschaftlichen) Wissens. Das höchste Glück eines Wissenschaftlers ist die Entdeckung eines allgemeingültigen „Gesetzes". Allerdings tun sich sonderlich die Nicht-Naturwissenschaften diesbezüglich eher schwer. Es gibt (vielleicht deswegen) sogar die Auffassung, es gebe jenseits der Naturwissenschaften überhaupt keine Gesetze. So sei menschliches Verhalten letztlich (z.B. aufgrund der Willensfreiheit) „unberechenbar". Die Schwierigkeiten, allgemeingültige Aussagen zu finden, potenzierten sich noch, wenn des darum geht „kollektives" Verhalten, also Verhalten von Sozialsystemen, vorherzusehen. Dieser Auffassung muß man aber nicht zustimmen, denn die Sozialwissenschaften haben durchaus grundlegende „gesetzesartige" Zusammenhänge entdeckt. Die verbreitete Skepsis beruht nicht zuletzt auch auf einer bestimmten Vorstellung über die Natur von Gesetzesaussagen. Nicht selten versteht man darunter strikt deterministische Behauptungen etwa im Stil des ehernen Gesetzes der Oligarchie: „Wer Organisation sagt, der sagt mit Notwendigkeit auch Herrschaft." (vgl. Michels 1911) Diese Aussage suggeriert eine Ausnahmslosigkeit, die zweifellos nicht gegeben ist. Die angeführte Aussage verliert zwar an Präzision, aber deswegen nicht an Wert, wenn man sie abschwächt und z.B. als Wahrscheinlichkeitsaussage formuliert. Viele Gesetzesaussagen in den Sozialwissenschaften haben den Charakter von Wahrscheinlichkeitsaussagen. Es gibt aber auch deterministische Gesetzesaussagen. In Abbildung 3.2 sind die wichtigsten Formen wissenschaftlicher Aussagen aufgeführt. Um Fehlinterpretationen vorzubeugen: diese Aussagen sind nicht alle wahr, sie sollen lediglich die unterschiedlichen Formen von Aussagen illustrieren.

Der Kern von *Theorien* besteht aus allgemeinen Gesetzesaussagen. So gehört beispielsweise zur Theorie der kognitiven Dissonanz die Aussage, daß kognitive Dissonanzen emotionale Spannungen hervorrufen (vgl. Frey/Gaska 1993). In ausformulierten Theorien findet man neben den Gesetzesbehauptungen mathematische und semantische Regeln, faktische Annahmen und eine Reihe von Hilfshypothesen (vgl. z.B. Martin 1994, S. 18 ff.). Theorien werden selten vollständig ausformuliert. Häufig werden nur die Grundgedanken oder zentrale Gleichungen angeführt. Welche Aussagen nun konkret zu einer Theorie gehören und welches ihre Natur ist, läßt sich daher oft nicht ohne weiteres erkennen. Außerdem kann man den Aussagegehalt einer Theorie nur verstehen, wenn man sich mit dem ihm zugrunde liegenden Problem beschäftigt hat. Entsprechend gehört zu einer Theorie normalerweise auch etliches an sogenanntem „Hintergrundwissen". Theorien und damit die darin enthaltenen *Gesetzesaussagen* befassen sich mit unterschiedlichen „Seinsschichten". Es gibt Gesetzesaussagen und Theorien, die sich mit ganz fundamentalen Tiefendimensionen der Wirklichkeit befassen und damit als Fundamentalgesetze bzw. Grundlagentheorien gelten können. Ein Beispiel aus der Physik sind die elektrodynamischen Gesetze, die in den Maxwellschen Gleichungen abgebildet werden. Andere Theorien sind auf einer Ebene angesiedelt, die den beobachtbaren Phänomenen näher liegen. In unserem Beispielfall der Elektrizitätslehre wären hier etwa die Ohmschen Gesetze zu nennen. In Abbildung 3.2 sind zwei psychologische Theorien angeführt, auf die wir in nachfolgenden Kapiteln noch näher eingehen werden. Wie bereits erwähnt gibt es sowohl deterministische als auch probabilistische Aussagen (Wahrscheinlichkeitsaussagen). Eine deterministische Aussage verbietet jede Ausnahme: „Immer wenn Ereignis A vorliegt, dann liegt auch Ereignis B vor." Eine Wahrscheinlichkeitsaussage weist bestimmten Ereignissen eine bestimmte Wahrscheinlichkeit zu. Man sollte die in der Wahrscheinlichkeitsaussage spezifizierte Wahrscheinlichkeit eines realen Ereignisses nicht mit der Wahrscheinlichkeit der Aussage verwechseln. Wahrscheinlichkeitsaussagen sind wahr oder falsch, sie sind nicht wahrscheinlich oder unwahrscheinlich. Zwar vertreten nicht wenige Wissenschaftler die Auffassung, der erste Teil des Wortes „Wahrscheinlichkeitsaussage" spezifiziere den zweiten Teil des Wortes, die Wahrscheinlichkeit drücke also Grad des Überzeugtseins von der Aussage (oder den Grad der Bewährung der Aussage) aus. Diese Auffassung ist allerdings nicht überzeugend (vgl. ausführlich Martin 1989). Wenn – wie in unserem Beispiel in Abbildung 3.2 – behauptet wird, daß Kinder aus höheren Schichten eine größere Chance besitzen, als Erwachsene selbst wieder höheren Schichten anzugehören, dann geht es nicht um den Grad der Glaubwürdigkeit dieser Aussage, sondern darum, ob die angegebene Chancenverbesserung tatsächlich eintritt. Eine besondere Bedeutung besitzen *Kausalgesetze*. Kausale Gesetzesaussagen beschreiben einen Wirkungsmechanismus. Sie behaupten also nicht nur, daß zwei oder mehr Ereignisse miteinander korrespondieren, sie spezifizieren vielmehr eine Wirkungskraft und eine Wirkungsrichtung. Dies ist anders bei Aussagen über *empirische Effekte*, in denen zwar ebenfalls eine Wirkungsrichtung angegeben, der Wirkungsmechanismus aber nicht spezifiziert wird. Es bleibt also offen, worauf die eingetretene Wirkung zurückzuführen ist. Bei *empirischen Verallgemeinerungen* fehlt darüber hinaus der Wirkungsaspekt. Empirische Verallgemeinerungen beschreiben Regelmäßigkeiten des Geschehens, deren theoretische Durchdringung noch aussteht. Die schwächste Form von Zusammenhangsaussagen sind statistische *Signifikanzaussagen*. Sie sind in der empirischen Forschung sehr verbreitet. Geprüft wird in aller Regel die „Nullhypothese", die i.w. besagt, daß zwischen zwei Größen *kein* Zusammenhang besteht. Geprüft wird, ob der in der empirischen Studie beobachtete Zusammenhang allein durch den Zufall erklärt werden kann. Wird diese Frage verneint, dann wird die Alternativhypothese („es besteht ein Zusammenhang") angenommen. Diese Hypothese hat einen äußerst geringen Informationsgehalt. Letztlich ist es nur eine Frage der Stichprobengröße, ob man einen statistischen Zusammenhang nachweisen kann, denn letztlich hängt auf dieser Welt alles mit allem zusammen. Die Wissenschaft strebt in ihrer theoretischen Forschung nach wahren Aussagen über die Realität. Entsprechende Bedeutung besitzen empirische Studien, die versuchen, wichtige Zusammenhänge der Realität zu erfassen.

Wissenschaftliche Aussagen	Beispiel	Beispielhafte Aussage
Grundlagentheorie	Wert-Erwartungs-Theorie	Alternativen mit einer hohen Nutzenerwartung werden eher gewählt als Alternativen mit einer geringen Nutzenerwartung.
Theorie mittlerer Reichweite	Attributionstheorie	Fundamentaler Attributionsfehler: Mißerfolge schreibt der Handelnde der Situation, ein Beobachter dagegen dem Handelnden zu.
Deterministische Gesetzesaussage	Ehernes Lohngesetz	Das Lohnniveau entspricht den Kosten der Reproduktion.
Probabilistische Gesetzesaussage	Elitenkreislauf	Die Wahrscheinlichkeit, eine Spitzenposition zu erreichen ist für Kinder aus Elitehaushalten 50% höher als für andere Kinder.
Kausalgesetz	Problemdruck	Wachsender Problemdruck senkt die Zufriedenheit.
Empirischer Effekt	Greshamsches Gesetz	Gutes Geld verdrängt schlechtes Geld.
Empirische Verallgemeinerung	Gresham's Law of Planning	Operationale Probleme werden eher bearbeitet als nicht-operationale Probleme.
Signifikanzaussage	Arbeitszufriedenheit	Die Korrelation zwischen Alter und Arbeitszufriedenheit ist statistisch signifikant.
Singuläre Aussage über Klassen von Ereignissen	Streikhäufigkeit (best. Ort und Zeit)	Im Jahr 1995 fielen in Deutschland streikbedingt 8 Arbeitstage pro 1.000 abhängig Beschäftigten aus, in Frankreich dagegen 308.
Singuläre Aussage über ein konkretes Ereignis	Meßergebnis eines Leistungstests	Karl Klar hat im Fair-Aufmerksamkeitstest einen Wert von 228 Punkten erreicht.
Theoretischer „Ansatz"	Transaktionskostenansatz	Wissensintensive Unternehmen betreiben eher eine integrierende als eine ausbeutende Personalpolitik.
Theoretischer „Bezugsrahmen"	Fortschrittsfähige Organisation	Organisationen sind fortschrittsfähig, wenn sie handlungsfähig, lernfähig und empfänglich für die Bedürfnisse ihrer Mitglieder sind.
Idealmodell	Cournotsches Marktmodell	Das Gewinnmaximum liegt bei derjenigen Preis-Mengen-Kombination, in dem die Grenzkosten dem Grenzpreis entsprechen.
Erklärungsmodell	Erklärung der Personalpolitik	Im Unternehmen X findet man viele prekäre Arbeitsverhältnisse, weil die Nachfrage auf dem Absatzmarkt sehr starken Schwankungen unterliegt und der Betriebsrat sehr schwach ist.

Abb. 3.2: Formen wissenschaftlicher Aussagen

Die theoretische und die empirische Forschung sollten normalerweise eng miteinander verbunden sein. Dies ist aber leider oft nicht der Fall und damit ein Musterbeispiel für eine *wissenschaftliche* Norm-Praxis-Diskrepanz – was wir hier aber nicht weiter thematisieren wollen. Doch unabhängig von ihrer theoretischen Einbettung: empirische Aussagen geben Auskunft über Zusammenhänge der Realität, die bei der praktischen Gestaltung beachtet werden sollten. Wenn sich beispielsweise herausstellt, daß erfolgreiche Außendienst-Mitarbeiter sehr häufig über ein hohes Autonomiestreben verfügen, dann liegt es nahe, das Autonomiebedürfnis von Stellenbewerbern bei der Personalauswahl zu berücksichtigen. Aber ebenso wie theoretische Aussagen sind auch empirische Aussagen in ihrer unmittelbaren Gestaltungsrelevanz begrenzt. Die empirische Sozialforschung erbringt keine „deterministischen" Aussagen, also Aussagen, die immer und überall gelten. In aller Regel gelten die gefundenen Zusammenhänge nur „im Durchschnitt", sie zeigen Verhaltenstendenzen auf, die in einer konkreten Handlungssituation leicht von anderen Verhaltenstendenzen konterkariert werden können (s.u.). Außerdem haben wir es bei empirischen Aussagen normalerweise mit „konditionalen" Aussagen zu tun, also mit Aussagen, die nur unter bestimmten Bedingungen, bei bestimmten Personen, in einer bestimmten Zeit usw. gelten. Trotz dieser Einschränkungen empfiehlt es sich, bei der konkreten Gestaltung empirische Einsichten nicht zu ignorieren. Sie liefern Hintergrundinformationen und Leitlinien für die Gestaltung, sie können die Informationsbeschaffung und -bewertung vor Ort aber nicht ersetzen.

Die empirische Forschung beschäftigt sich daher nicht nur mit Zusammenhangsanalysen. Oft interessiert einfach auch, „was konkret der Fall ist." Es geht einem eben nicht nur um „überzeitliche" Phänomene sondern auch um Vorgänge und Tatbestände in einem gegebenen Raum-Zeit-Gebiet, um gut belegte *singuläre Aussagen*, also um „Fakten". Tatsächlich gibt es aber keine Fakten in Reinform, sie sind immer theoretisch durchtränkt. Deutlich wird dies beispielsweise in der Diskussion über den Nutzen von Kennzahlen. Eine einzelne Kennzahl spricht niemals für sich. Ein Beispiel aus dem Hochschulmanagement: was bedeutet eine hohe durchschnittliche Studiendauer? Ist sie ein Ausdruck schlechter Lehre? Sind dann geringe Studiendauerzeiten Ausdruck „guter" Lehre oder nur Ausdruck geringer Prüfungsanforderungen? Um die konkrete Studiendauer in einem Studiengang angemessen beurteilen zu können, muß man relevante Ursachen für das Zustandekommen der Kennzahl identifizieren (Studienverhalten, Prüfungsorganisation, Berufstätigkeit der Studenten usw.) – oder anders ausgedrückt, man muß „theoretische" Überlegungen anstellen. Befürworter von konkreten und operationalen Kennzahlen entgegnen auf diesen Einwand, natürlich besage eine einzelne Kennzahl an sich wenig, man müsse sie vielmehr im Zusammenhang mit anderen Kennzahlen betrachten. Dann aber lieferten Kennzahlen auch wertvolle Informationen. Dem ist insofern zuzustimmen, als dann eben die Theorie im Kennzahlensystem steckt. Es kommt also auf die theoretische Fundierung des Kennzahlensystems an. Anders ausgedrückt: die unmittelbare Anschauung, empirische Erhebungen, konkrete Meßwerte erbringen nicht notwendigerweise Fakten, zunächst liefern sie lediglich Daten, die erst im Lichte weiterführender „theoretischer" Überlegungen einen Sinn erhalten.

Es ist also äußerst wünschenswert, in seinem Denken und Handeln auf gute und bewährte Theorien zurückgreifen zu können. Es ist aber keine einfache Aufgabe, derartige Theorien zu entwickeln. Manche Wissenschaftler bezweifeln auch, wie oben bereits angesprochen, generell die Möglichkeit sozialwissenschaftlicher Theoriebildung. Sie beschäftigen sich daher auch mit Theorievarianten, die einem anderen als dem naturwissenschaftlichen Vorbild folgen. Letztlich können sie aber – da sie ja ebenfalls Aussagen über die Wirklichkeit machen wollen – die „naturwissenschaftlichen" Vorstellungen von guter Theorie nicht völlig abschütteln. Nur der Zugang zur Realität ist anders. Im einen Fall (in der „Gemeinde der Modellbauer") konstruiert man eine vereinfachte, ideale Modellwelt und verwendet diese als Schablone zur Interpretation des realen Geschehens. Bei diesem Vorgehen wird die Welt gewissermaßen nachträglich in das Denken eingebracht. Im anderen Fall (bei den Verfechtern einer Bezugsrahmenforschung) begnügt man sich mit einer Beschreibung konkreter empirischer Phänomene und ordnet diese nach einer – immer vorläufigen – möglichst intelligenten Systematik. Bei diesem Vorgehen zählt die Welt nicht so wie sie ist, sie ist lediglich Anlaß eines möglichst intelligenten Raisonnements.

Idealmodelle sind formal saubere und mathematisch elegante Aussagensysteme, die mit möglichst wenigen Annahmen auskommen sollen. Spezifisch sozialwissenschaftlich ist dies nicht, auch in den Naturwissenschaften findet man Idealmodelle (z.B. in der „Theorie" der idealen Gase). Der Unterschied liegt in der Bedeutung der in den Modellen steckenden Wirkungsvermutungen. Der naturwissenschaftlichen Modellbildung liegen Naturgesetze zugrunde, das Modell dient der gedanklichen Simulation idealer Situationsbedingungen. Man fragt also beispielsweise, welche Wirkungen die Naturgesetze unter bestimmten, konstant gehaltenen („idealen") Bedingungen hervorrufen. In den Modellen der Sozialwissenschaften liegt die „Idealität" nicht primär in den Annahmen über eine bestimmte, von anderen Einflüssen bereinigten Situation, sondern in den Verhaltensannahmen selbst. Man versucht schon gar nicht, fundamentale Verhaltensgesetze zu finden, sondern postuliert die Wirksamkeit schlichter und nicht selten völlig unrealistischer Verhaltensannahmen.

Die *Bezugsrahmenforschung* hat relativ bescheidene Ansprüche. Sie öffnet sich der Komplexität der Realität, begnügt sich mit der Entwicklung eines Vokabulars zu einer möglichst reichhaltigen Beschreibung, formuliert allenfalls Tendenzaussagen und zeichnet sich generell durch eine hohe Bereitschaft aus, Wissen aus den unterschiedlichsten Wissensbereichen zu integrieren. Es geht der Bezugsrahmenforschung vor allem um eine sprachliche Bewältigung auch komplexer Sachverhalte.

Gewissermaßen im embryonalen Zustand befinden sich dagegen theoretische *Ansätze*. Sie nähern sich der oben beschriebenen Theorievorstellung an. Sie zielen auf eine möglichst geschlossene, in sich stimmige, wahre und umfassende Erklärungsleistung. Da ihre Konstrukte oft aber noch unbestimmt bleiben, eignen sie sich eher dazu, das empirische Geschehen zu „deuten", als es zu erklären. Eine gewisse Problematik vieler theoretischer Ansätze liegt auch in der Unbestimmtheit ihres Geltungsbereiches. Sie gewinnen leicht einen imperialen Charakter, versuchen also auch disparate Vorgänge unter einen Hut zu bringen. Der „ökonomische" Ansatz wird beispielsweise ebenso zur Erklärung des Geschehens auf Finanzmärkten verwendet, wie für die Erklärung des Arbeitgeberverhaltens und die Erklärung von Eheverhältnissen.

Schließlich sind in Abbildung 3.2 noch *Erklärungsmodelle* aufgeführt. Letztlich setzt jede Erklärung die Formulierung eines Modells voraus. In einem Erklärungsmodell sind die theoretischen Aussagen enthalten, die in der Erklärung Verwendung finden sollen. Diese theoretischen Aussagen können durchaus aus unterschiedlichen Theorien abgeleitet werden. Schließlich geht es bei der Erklärung oft um komplexe Sachverhalte, die in der Regel mehrere Ursachen haben. Ein Beispiel ist die Erklärung der Personalpolitik eines Unternehmens. Die konkrete Personalpolitik eines Unternehmens wird sowohl von ökonomischen Überlegungen bestimmt, als auch Ergebnis von Entscheidungs- und Machtprozessen sein. Entsprechend wird man bei der Erklärung sowohl ökonomische als auch Macht- und Entscheidungstheorien heranziehen. In einem Erklärungsmodell findet man aber nicht nur theoretische oder aus Theorien abgeleitete Aussagen, sondern auch viele Hilfsannahmen. So muß in unserem Beispiel bei der Erklärung der Personalpolitik überlegt werden, in welcher Weise macht- und entscheidungstheoretische Aussagen zusammenhängen. Außerdem müssen die gegebenen Randbedingungen bestimmt werden, d.h. es muß untersucht werden, welche konkreten situativen Gegebenheiten vorliegen und anhand welcher Indikatoren ihr Vorliegen bestimmt werden soll. In der Regel können nicht alle zu einer vollständigen Erklärung notwendigen Informationen tatsächlich erfaßt werden. Aus diesem Grunde begnügt man sich in der Wissenschaft nicht selten mit sogenannten „Erklärungsskizzen". Erwähnt sei abschließend, daß Erklärungsmodelle sowohl für ganz konkrete Fälle (z.B. die Personalpolitik der Firma X) als auch für Klassen von Fällen (das Zustandekommen einer mitarbeiterfreundlichen Personalpolitik) formuliert werden können.

3 PRAXIS AUS THEORIE

Es hat sich eingebürgert, zwischen Grundlagenwissenschaft, angewandter Wissenschaft und Technologie zu differenzieren. Die Grundlagenwissenschaft beschäftigt sich mit der

Erforschung von Gesetzmäßigkeiten in der Natur oder im Verhalten von Menschen, und zwar unabhängig von irgendwelchen Bewertungsgesichtspunkten. Die angewandte Wissenschaft orientiert sich in ihren Untersuchungen dagegen an praktischen Problemen. Es ist allerdings zu beachten, daß es auch in angewandten Wissenschaften primär um Aussagen und nicht um konkrete Gestaltungen geht. In den Worten von Louis Pasteur: „Es gibt keine angewandte Wissenschaft; es gibt nur Wissenschaft und ihre Anwendung." (Zitiert nach Krohn/Weyer 1990, S. 353) Ein Beispiel kann dies verdeutlichen. Lerntheoretiker beschäftigen sich mit grundlegenden Prozessen beim Erwerb von Verhaltensweisen. Sie erforschen damit die allgemeine Verhaltensebene. Im Bereich der angewandten Forschung geht es dagegen um spezifische Problemfelder wie um das Lernen in Gruppen, das Lernen am Arbeitsplatz, computergestütztes Lernen usw. Auch hier werden grundsätzlich prüfbare Aussagen formuliert, die nach den üblichen Standards der Wissenschaft zu beurteilen sind. Während sich die Grundlagenwissenschaften und die angewandten Wissenschaften mit Aussagen beschäftigen, geht es bei den technologischen Wissenschaften um die Gestaltung von Artefakten, d.h. um künstlich und willentlich erzeugte Objekte, Einrichtungen, Verfahren usw. Die Konstruktion dieser praktischen Gestaltungsmaßnahmen ist dabei zweckorientiert, so wie dies ja auch für die Gestaltung von personalwirtschaftlichen Maßnahmen und Instrumenten gilt. Als wissenschaftliche Disziplin versuchen die technologischen (oder auch die sozialtechnologischen) Wissenschaften Entwicklungsprinzipien, Prüfverfahren und auch konkrete Artefakte zu entwerfen. Letzteres geschieht meist in Form der Entwicklung von Prototypen (s.u.). Die endgültige praktische Gestaltung und der Einsatz der entworfenen Instrumente erfolgt meist nicht mehr im Wissenschaftsbereich.

a) Merkmale wissenschaftlicher Technologie

Es läßt sich jedoch festhalten, daß nicht alles, was sich mit praktischer Gestaltung beschäftigt, also als Gestaltungslehre gelten kann, auch eine *wissenschaftlich begründete* Technologie darstellt. Insbesondere ist auch die organisatorische Verankerung im Wissenschaftssystem kein Garantiezeichen für eine gute wissenschaftliche Begründung. Eine technologische *Wissenschaft* zeichnet sich durch die folgenden vier Merkmale aus: Fundierung, Offenheit, Systematik, wissenschaftliche Methodik. Die *Offenheit* gegenüber neuen Ideen, gegenüber konkurrierenden Ansätzen und Einsichten aus anderen Wissensgebieten soll die geistige Abschottung verhindern und Lernfähigkeit ermöglichen. Ein Beispiel für eine Pseudotechnologie ist die Psychoanalyse, dessen Gruppierungen vielfach den Charakter von Glaubensgemeinschaften aufweisen, sich oft auf dogmatische Lehrsätze berufen und praktisch nicht weiterentwickelt werden. Das Merkmal der *Fundierung* fordert die enge Einbindung in die Erkenntnisse der Grundlagenwissenschaften. Heilmethoden, die beispielsweise keine Stütze im Wissen über biologische Abläufe haben, sind daher sehr skeptisch zu beurteilen. Ähnliches gilt auch für den sozialwissenschaftlichen Bereich: das Ignorieren von psychologischen und physiologischen Erkenntnissen bei der Gestaltung von Arbeitsplätzen kann den wissenschaftlich geschulten Praktiker daher nicht befriedigen. Schließlich sind *Systematik* und wissenschaftliche *Methodik* zu fordern. Die Systematik soll die Nachvollziehbarkeit und damit die Objektivität gewährleisten. Die wissenschaftliche Methodik folgt im wesentlichen den folgenden Schritten: Einer eingehenden Konzeptionalisierungs- und Entwurfsphase folgt die Konstruktion eines sogenannten Prototyps (z.B. eines Fragebogens, einer Lernmethode usw.). Das so entwickelte Instrument wird einem strengen und kontrollierten Test unterworfen. Dem schließt sich ein intensives Bewertungsverfahren an, das auf mögliche Verbesserungen des Instruments abzielt. Schließlich wird in aller Regel eine Modifikation des entworfenen Instruments notwendig sein. Angesichts dieser Anforderungen sind viele der in den Unternehmen verwendeten personalwirtschaftlichen Instrumente sehr kritisch zu bewerten.

b) Die Ableitungsproblematik

Vielfach herrscht die Vorstellung, der Prüfstein einer Theorie sei die Praxis. Tatsächlich ist dies eine sehr naive Vorstellung. Theorien sind primär formuliert, um die Welt besser zu verstehen. Sie bedienen sich abstrakter Konzepte, enthalten allgemeine Gesetzesaussagen, beschreiben ihre Anwendungsvoraussetzungen und Beziehungen zu anderen Theorien. Eine unmittelbare Ableitung aus theoretischen Erkenntnissen für die praktische Verwertung ist daher nicht möglich. Diese Ableitung ist vielmehr relativ komplex. Dabei scheint es sich bei dieser Ableitung aus logischer Sicht um ein eher triviales Problem zu handeln, weil die Ableitung technologischer aus theoretischen Aussagen lediglich eine „tautologische" Transformation der theoretischen Aussage erforderlich macht. Damit ist gemeint, daß lediglich eine logische Umformung der theoretischen Aussage notwendig ist. Dadurch wird der „Gehalt" der Aussage in keiner Weise verändert, es wird lediglich die praktische Bedeutung der theoretischen Einsicht stärker herausgestellt. Aus der Aussage „Positive Verstärkungen bewirken eine Erhöhung der Auftrittswahrscheinlichkeit des verstärkten Verhaltens" läßt sich die technologische Regel ableiten: „Sollen Arbeitnehmer ein bestimmtes Verhalten zeigen, so ist es positiv zu verstärken." Offenbar ist die technologische Ableitung also kein *offensichtliches* logisches Problem. Bei näherer Betrachtung zeigen sich jedoch zwei Schwierigkeiten. Erstens ist es notwendig, bei der Ableitung von praktischen Aussagen Zusatzannahmen zu machen und zweitens muß die theoretische Komponente der wissenschaftlichen

Aussage in der praktischen Verwendung durch eine normative Komponente ergänzt werden.

c) Zusatzannahmen

Um zu zeigen, daß technologische Aussagen Zusatzannahmen erforderlich machen, wollen wir an unser bereits genanntes Beispiel über die Wirkung positiver Verstärkung anknüpfen. Damit überhaupt ein Handlungsbezug entstehen kann, muß festgelegt werden, was eine positive Verstärkung ist. So könnte z.B. postuliert werden: „Prämienzahlungen wirken als positive Verstärker" oder „Lob wirkt als positiver Verstärker". Möglicherweise gibt es hierfür wissenschaftliche Belege. Möglicherweise sind die genannten Aussagen aber nur plausible Annahmen. Möglicherweise sind diese Annahmen auch gültig, es kann jedoch auch sein, daß sie nur unter typischen Bedingungen gelten und daher u.U. ungültig sind. Die folgende Aussage ist also logisch aus unseren allgemeinen Gesetzesaussagen ableitbar, aber nur unter Hilfe von Zusatzannahmen:

Allgemeine Gesetzesaussage: Positive Verstärkung → Fleiß
Zusatzannahme: Lob ist eine positive Verstärkung
Spezifizierte Gesetzesaussage: Lob → Fleiß

Als abhängige Variable ist in unserem Beispiel eine bestimmte Verhaltensweise (Fleiß) herausgegriffen worden. Wenn ich den „Fleiß" meiner Mitarbeiter fördern will, so fordert unsere technologische Regel, die Mitarbeiter immer dann zu verstärken (sie z.B. zu loben), wenn sie Fleiß zeigen. Ich muß also in der Lage sein, fleißiges Arbeiten von weniger fleißigem Arbeiten zu unterscheiden. Dies mag mehr oder weniger einfach sein, u.U. kann ich hierbei jedoch gravierende Fehler machen. Wenn ein Mitarbeiter nicht unentwegt sichtbare Resultate vorlegt, so mag er dennoch fleißiger mit einer Problemlösung beschäftigt sein als ein Mitarbeiter, dessen Tun sich in geschickt plaziertem Aktionismus erschöpft, der also nur den Anschein fleißigen Verhaltens erweckt. Wir haben es in der praktischen Gestaltung also auch mit dem Problem der Identifikation bestimmter Verhaltensweisen zu tun (allgemeiner handelt es sich hierbei um ein Meßproblem). Auch hierbei ist es notwendig, mit Zusatzannahmen zu arbeiten.

Unser Beispiel ist zwar sehr vereinfacht, es zeigt jedoch ein Grundproblem der Ableitung technologischer Aussagen aus theoretischen Aussagen: Zusatzannahmen sind unvermeidlich. Ursachen hierfür liegen u. a. darin, daß Theorien oft mit Idealisierungen arbeiten, die Konstrukte abstrakt formuliert sind, Theorien nicht unter praktischen Gesichtspunkten formuliert wurden und oft unvollständig sind (vgl. Nienhüser 1989). Dies gilt um so mehr, wenn es nicht um einfache Handlungsregeln geht, sondern um komplexere technologische Aussagensysteme wie Anwendungsmodelle oder Handlungsskizzen, auf die wir weiter unten noch etwas näher eingehen werden (vgl. Martin 1994). Ein wesentlicher Grund dafür, warum sich aus wissenschaftlichen Aussagen nicht unmittelbar Praxisempfehlungen ergeben, liegt in dem Tatbestand begründet, daß Theorien ihrer Natur gemäß mit abstrakten Kategorien arbeiten. Sie verwenden Begriffe wie „Commitment" oder „Gerechtigkeitsempfinden", die in ihrer konkreten Bedeutung variieren. Eine Theorie bricht ihre Argumentation gewissermaßen an einer abstrakten Stelle ab. Man betrachte z.B. die folgende theoretische Aussage: „Die Wahrnehmung von Ungerechtigkeiten bei der Lohnfindung führt zur Leistungszurückhaltung." Gesetzt den Fall, diese Aussage sei wahr, ergibt sich hieraus unmittelbar und für jede denkbare Situation eine klare Handlungsanweisung? Nein, denn diese Aussage läßt offen, in welcher Weise dafür gesorgt werden kann, daß die Arbeitnehmer ihre Entlohnung nicht als ungerecht empfinden. Und wie dies zu bewerkstelligen ist, das hängt ganz entscheidend davon ab, wie Ungerechtigkeitsgefühle entstehen. Das Gerechtigkeitsempfinden eines Vertriebsmitarbeiters mag beispielsweise von anderen Größen abhängen als das Gerechtigkeitsempfinden eines Buchhalters. Die wissenschaftliche Aussage läßt insbesondere auch offen, was *in einer konkreten Situation* zu Ungerechtigkeitsempfindungen führt, sie sagt lediglich, daß diese Empfindungen sich negativ auf die Leistung auswirken. Wie – wiederum ganz konkret in einer bestimmten Situation, zu einer bestimmten Zeit und im Hinblick auf ganz bestimmte Personen – zu gewährleisten ist, daß keine Ungerechtigkeitsgefühle aufkommen, sagt die Theorie nicht. Zwar liefern theoretische Aussagen auch hierzu Hinweise, sie bleiben aber auch hierbei immer abstrakt. Als Beispiel sei die Aussage betrachtet: „Die Nichtberücksichtigung von Qualifikationsunterschieden führt zur Wahrnehmung von Ungerechtigkeit". In welcher Weise Qualifikationsunterschiede konkret zu berücksichtigen sind, bleibt wiederum offen. Die „richtige" Antwort hängt von vielen situativen Gegebenheiten ab, die in einer allgemeinen Theorie nicht berücksichtigt werden können, man denke nur an die Art der Tätigkeit, die Wertvorstellungen, das Betriebsklima usw. Die Aufgabe, die Praxis zu gestalten, bleibt also dem Praktiker überlassen. Dies bedeutet nicht, daß theoretische Einsichten keine Relevanz für die Praxisgestaltung hätten, es bedeutet lediglich, daß aus „abstrakten" theoretischen Aussagen *nicht unmittelbar* „konkrete" Handlungsanweisungen „abgeleitet" werden können. Theorien sagen oft nur, welche Fehler man machen kann, die kreative Aufgabe der Gestaltung verbleibt aber (erfreulicherweise) beim handelnden Menschen. Theorien sollten – wie oben ausführlich beschrieben – nicht mit Handlungsprogrammen verwechselt werden, sie können in ihrer Eigenschaft als Erkenntnismittel lediglich als Problemlösungshilfen Verwendung finden. Aus diesem Grund sollte man die Erwartungen an die theoretische Hilfe nicht zu hoch schrauben, man sollte sie aber auch nicht mißachten, denn schließlich enthalten Theorien das „kondensierte" Wissen über die Wirklichkeit.

d) *Normen und Tatsachen*

Theorien beschäftigen sich mit Tatsachen, der Praktiker will die Tatsachen aber nicht hinnehmen, ihm geht es vielmehr darum, neue Tatsachen zu schaffen, d.h. er möchte die Welt nach seinen Vorstellungen gestalten. Daher enthält jede praktische Aussage eine normative Komponente. Welche praktische Bedeutung hat beispielsweise die Einsicht, daß Personen, die unter hohem Streß stehen, leichter Fehler machen? Rein logisch folgt daraus lediglich, daß man die Fehlerhäufigkeit dadurch reduzieren kann, daß man den Streß vermindert. Daraus folgt aber noch nicht, daß man dies auch wollen soll. Man könnte ja die Fehlerhäufigkeit in Kauf nehmen oder man könnte versuchen, die Fehlerhäufigkeit auf anderem Wege – also ohne Streßreduzierung – zu vermindern. Zu einer praktischen Handlungsempfehlung wird die *Möglichkeit*, die die theoretische Aussage beschreibt, erst dann, wenn man sie mit einem Imperativ versieht, also eine normative Auszeichnung („Streßreduktion ist wünschenswert") vornimmt.

An unserem Beispiel läßt sich eine weitere logische Komplikation veranschaulichen. Einerseits scheint die praktisch gewendete Aussage „Wenn der Streß vermindert wird, dann vermindert sich auch die Fehlerhäufigkeit" von einer kaum zu überbietenden Klarheit zu sein. Was aber täuscht. Denn die Aussage „Vermindere den Streß" ist ein Musterbeispiel für Mehrdeutigkeit. Warum? Weil sich Streß auf sehr unterschiedliche Weise vermindern läßt. Die eine Möglichkeit, die sich gemäß der von uns gewählten Formulierung schon rein sprachlich aufdrängt ist die, die Handlungssituation zu verbessern, also den objektiven Streß zu reduzieren. Die andere Möglichkeit, die durch unsere Formulierung etwas verdeckt ist, die aber dessen ungeachtet die Praxis viel mehr inspiriert hat, besteht darin, den Streß dadurch zu vermindern, daß man nur „streßresistente" Personen beschäftigt. Wahrscheinlich können der Aussage „Vermindere den Streß" viele Menschen ohne Vorbehalt zustimmen, problematisch wird es erst, wenn die konkrete Handlungsebene ins Spiel kommt. Erst dann wird die Aussage normativ geschlossen, d.h. erst dann wird deutlich, welche Werte und Ziele denn nun zu bedienen sind. In unserem ersten Fall – der Veränderung der Arbeitsbedingungen – werden die Kosten vom Arbeitgeber getragen, im zweiten Fall – beim Einsatz streßresistenter Personen – haben die Arbeitnehmer das Nachsehen, die gegen Streß weniger immun sind.

Ich möchte noch zwei weitere Komplikationen ansprechen, die das Verhältnis von Theorie (als wertfreie Aussage darüber, was der Fall ist) und Praxisempfehlung (als normative Aussage darüber, was geschehen soll) verwirrt. Zum einen findet man nicht selten eine normative Voreingenommenheit (mehr oder weniger verdeckt) schon in der

Konstruktion mancher Theorien. Ein schönes – d.h. ein nicht nachahmenswertes – Beispiel hierfür liefert die Transaktionskostentheorie. Die Kernaussage dieser Theorie besteht in der Behauptung, Unternehmen strebten – neben der Gewinnmaximierung – vor allem nach einer Minimierung der Transaktionskosten. Vor die Wahl gestellt, bestimmte Leistungen in Eigenregie selbst zu erstellen oder diese extern auf dem Markt einzukaufen, wird sich ein Unternehmen für die Alternative entscheiden, die die geringeren Transaktionskosten verursacht. Damit spezifiziert die Transaktionskostentheorie nichts weiter als eine prüfbare empirische Hypothese, eine normative Voreingenommenheit ist also nicht zu entdecken. Wendet man die Theorie allerdings auf die Beziehung zwischen Arbeitgebern und ihren Arbeitnehmern an, dann ändert sich das Bild. Auch in dieser Beziehung geht es um die Minimierung der Transaktionskosten. Ein Arbeitgeber wird die Vertragsform präferieren, die ihm (!) die geringsten Transaktionskosten verursacht. Wenn also ein externer Reinigungsdienst die Putzarbeit günstiger erledigt als die bislang festgestellte Putzkolonne, dann wird es zu einem Outsourcing dieser Leistung kommen. Soweit, so gut. Was ließe sich gegen die offenbare ökonomische Vernunft sagen? Die Transaktionskostentheorie jedenfalls verstummt an dieser Stelle. Was sie verschweigt, ist, daß auch die Arbeitnehmer an geringen Transaktionskosten interessiert sind. Es geht dabei aber um deren (!) Transaktionskosten. Geringe Transaktionskosten entstünden der Putzkolonne dann, wenn ihnen der Arbeitgeber eine lebenslängliche Beschäftigungsgarantie zusicherte. Davor wird sich der Arbeitgeber aber hüten. Aber nicht deswegen, weil der Arbeitgeber die höhere ökonomische Vernunft gepachtet hat, sondern weil er daran kein Interesse hat. Die Voreingenommenheit der Transaktionskostentheorie besteht nun darin, daß sie den Interessengegensatz zwischen Arbeitgebern und Arbeitnehmern ignoriert. Sie marginalisiert die Bedeutung von Machtbeziehungen. Dies wäre ihr prinzipiell nicht vorzuwerfen, denn Theorien befassen sich immer nur mit ausgewählten Variablen. Im vorliegenden Fall die Machtfrage beiseite zu schieben, grenzt aber nicht nur an Blindheit, sondern auch an Ideologie, weil sie ökonomischen Gesichtspunkten einen Platz einräumt, die ihnen nicht zukommt. Entgegen dem Diktum von Williamson – dem Hauptvertreter der Transaktionskostentheorie – wonach „...there is less to power than meets the eye ..." gilt wohl eher mit Hofstede, daß „... there is more to power than meets the eye ... for those who do not have it." (beide Zitate nach Hofstede 1996, S. 534). Ökonomie und Macht lassen sich nicht trennen. Die Auffassung, sich bei der Analyse der Realität – also z.B. auch bei der Betrachtung der Beziehungen zwischen Arbeitgebern und Arbeitnehmern – auf die reinen Gesetze der Ökonomie beschränken zu können, beruht jedenfalls auf einem Irrglauben. In seinem praktischen Bezug gerät ein derartiger Ansatz jedenfalls in Gefahr einer Parteinahme für die Interessen der Mächtigen ohne diese Vereinseitigung überhaupt wahrzunehmen.

Schließlich soll eine letzte Komplikation im Verhältnis Theorie-Praxis angesprochen werden: die Auswahl von Fragestellungen. Banalerweise sieht man nur dort etwas, wohin man auch blickt. Und die Bereitschaft, in eine bestimmte Richtung zu blicken (oder auch: wegzusehen) hängt nicht selten am Verwertungsinteresse. So ist es kein Zufall, daß es zahllose Studien zu Fluktuation und Absentismus gibt – also zu unerwünschten Verhaltensweisen, die aus Sicht des Unternehmens „abgestellt" werden sollten – Studien zu Managementintrigen, zu Korruption und Steuerhinterziehung dagegen Mangelware sind.

Zusammengefaßt: jede praktische Aussage besteht aus einem normativen und aus einem deskriptiven Teil. Diese Trennung wird in der konkreten sprachlichen Formulierung zwar häufig verwischt, sie läßt sich aber nicht aufheben. Und es ist auch immer sinnvoll, bei *beiden* Komponenten – also sowohl bei der deskriptiven als auch bei der normativen – genau hinzuschauen, welche Qualität ihnen zukommt. Praktische Forschung sollte gleichermaßen wissenschaftlichen als auch moralischen Standards genügen. Man kann nicht das eine durch das andere ersetzen, d.h. es gibt keine Kompensation schlechter Absichten durch gute Theorie und umgekehrt.

e) Theoriegestützte Praxisempfehlungen

In Abbildung 3.3 sind die wichtigsten Formen theoriegestützter Praxisempfehlungen angeführt. Zu beachten ist, daß es sich bei den angeführten Konzepten – mit Ausnahme des „Prototyps" – um *Aussagen* handelt. Am unmittelbarsten mit theoretischen Aussagen verbunden ist die nomopragmatische Aussage. In unseren bisherigen Ausführungen haben wir schon etliche Beispiele für nomopragmatische Aussagen gegeben. Eine *nomopragmatische Aussage* ist eine Gesetzesaussage, die so umformuliert wurde, daß ihr Anwendungsbezug deutlich wird (vgl. Bunge 1967b, S. 125). Angenommen, eine gute Stimmung beeinträchtige die Bereitschaft zum konsequenten und kritischen Denken (vgl. zu entsprechenden empirischen Hinweisen Isen/Shalker 1982), dann ließe sich die folgende nomopragmatische Aussage formulieren: „Um kritisches Denken aufrechtzuerhalten, kann eine Dämpfung der Stimmung helfen". Aus einer „Wenn-Dann-Aussage" wird eine „Um-zu-Aussage". Wie oben beschrieben gelangt man von einer Gesetzesaussage nur dann zu einer nomopragmatischen Aussage, wenn der deskriptive Teil der Gesetzesaussage mit einem normativen Teil versehen wird. Insoweit ist die Transformation nicht gehaltneutral. Der „Gehalt" einer nomopragmatischen Aussage hängt natürlich wesentlich an der Striktheit der zugrundeliegenden Gesetzesaussage. In unserem Beispielsfall geht es lediglich um die Vermeidung der negativen Wirkung einer allzu guten Stimmung, nichts gesagt wird darüber, wie sich konsequentes und kritisches Denken sicherstellen läßt. Außerdem gibt eine nomopragmatische Aussage nur bedingt eine ganz konkrete Handlungsempfehlung. Dies schon deswegen nicht, weil – wie weiter oben bereits beschrieben – in ihr dieselben abstrakten Begriffe wie die theoretische Aussage Verwendung finden. Wie diese Begriffe im Einzelfall zu spezifizieren sind, ist im wesentlichen abhängig von den jeweiligen situativen Gegebenheiten. So wird man die Stimmung in einer Vorstandssitzung eines Karnevalclubs mit anderen Mitteln beeinflussen müssen als die Stimmung einer sich beratenden Gruppe von Pfadfindern. Hier setzen dann *technische Regeln* an. Sie sagen, wie sich bestimmte wünschenswerte Zustände „operativ", d.h. unmittelbar handlungsbezogen erreichen lassen. Wie soll – um in unserem Beispiel zu bleiben – der Leiter unserer Pfadfindergruppe sicherstellen, daß die Gruppenmitglieder mit dem notwendigen Ernst an der Lagebesprechung teilnehmen? Er wird seinen privaten technischen Regeln folgen und z.B. Albernheiten von einzelnen Gruppenmitgliedern scharf rügen. Das ist natürlich keine wissenschaftlich begründete Regel. Hierzu ist sie zu „speziell". Wissenschaftler haben kein Interesse an situationsspezifischen Aussagen. Schließlich gibt es unzählige Einzelsituationen und es käme einer sinnlosen Sisyphusarbeit gleich, für sämtliche denkbaren Situationen die „richtige" Verhaltensanweisung finden zu wollen. Interesse haben Wissenschaftler an allgemeinen Eigenschaften, mit deren Hilfe sich spezifische Situationen sinnvoll beschreiben lassen. Um wieder bei unserem Beispiel zu bleiben: Man kann die Rüge als Ausdruck autoritären Verhaltens sehen (was sie nicht immer sein muß!) und damit an einen hinlänglich allgemeinen Begriff anknüpfen, der wissenschaftliches Interesse gefunden hat. Allerdings: ob ein konkretes Verhalten (im Beispiel die Rüge) wirklich als autoritäres Verhalten gelten kann, läßt sich nicht allgemein festlegen, sondern ist abhängig von der jeweiligen Situation, von der Beziehung zwischen den Beteiligten, von der Absicht des Rügenden, vom Selbstverständnis des Gerügten usw. Wenn beispielsweise ein Soldat von einem Vorgesetzten ohne erkenntlichen Grund und aus reiner Schikane durch die Rüge vor seinen Kameraden bloßgestellt wird, dann wird man sinnvollerweise von autoritärem Verhalten sprechen, wenn man in einem wichtigen Fußballspiel von einem Mannschaftskameraden eine ernste Rüge wegen der eigenen Unachtsamkeit erhält, dann wird man dieses Verhalten aber nur bedingt als autoritär bezeichnen wollen. Wie auch immer: „autoritäres Verhalten" ist ein allgemeiner wissenschaftlicher Begriff und es gibt daher auch etliche Studien, die sich mit den Wirkungen autoritären Verhaltens beschäftigen. So wurde u.a. festgestellt, daß autoritäre Persönlichkeiten gut mit einem autoritären Führungsverhalten ihres Vorgesetzten zurechtkommen, nicht-autoritäre Persönlichkeiten dagegen nicht.

Wissenschaftliche Aussagen	Beispiel	Beispielhafte Aussage
Nomopragmatische Aussage	Gruppen-Organisations-Dilemma	Zur Vermeidung von Ressortegoismus empfiehlt sich die Etablierung von überlappenden Mitgliedschaften.
Technische Regel	Organisatorische Verankerung von Kooperation	Überlappende Mitgliedschaften sind erreichbar durch die Bildung von Task Force Gruppen.
Theoriegestützte Maxime	Grundgesetz der Organisationsentwicklung	Die (von einer organisationalen Maßnahme) Betroffenen sind zu Beteiligten zu machen.
Handlungsskizze	Entwickeln eines „Verstärkerplans"	Um die Leistung von Arbeitnehmerverhalten zu steigern, sind zunächst die Anreizbedingungen der gegebenen Arbeitssituation zu bestimmen.
Anwendungsmodell	Führungsmodell von Vroom und Yetton	Bei der Entscheidung für ein konkretes Führungsverhalten ist die vorliegende Situation mit Hilfe von sieben Regeln zu analysieren.
Blaupause	Pläne und Konzepte	Das Führungskonzept der Linking Pins nach Rensis Likert unterstützt die organisationale Integration von Arbeitsprozessen.
Konzeptueller Bezugsrahmen	Soziotechnischer Ansatz	Die Effizienz eines Arbeitssystems hängt von der simultanen Berücksichtigung technischer und sozialer Erfordernisse ab.
Prototyp	Pilotprojekte	Die Gestaltung der Gruppenfertigung bei Volvo kann mit bestimmten Modifikationen auch auf deutsche Automobilfirmen übertragen werden.

Abb. 3.3: Wissenschaftliche Praxisansätze

Mit der Eigenschaft „Autoritarismus" läßt sich aber die konkrete Gruppensituation beschreiben. Allerdings ist das nur ein Merkmal von vielen: es gibt eine ganze Reihe weiterer Gruppenmerkmale, die für unsere Frage interessant sein könnten: Leistungsdruck, Gruppenkohäsion, Komplexität der Aufgabe usw. (welche Eigenschaften hat die betrachtete Pfadfindergruppe?), und es lassen sich – wie gesagt – auch allgemeine Erkenntnisse über die Wirksamkeit eines bestimmten Führungsverhaltens in unterschiedlichen Situationen (also z.B. in Gruppen mit oder ohne autoritäre Persönlichkeiten) gewinnen. Die Natur dieser Erkenntnisse bleibt aber „abstrakt", denn sie werden mit Hilfe von abstrakten Begriffen (z.B. Autoritarismus) beschrieben und die Beziehung zwischen diesen abstrakten Begriffen und ganz konkreten Verhaltensweisen bleibt unscharf.

Technische Regeln sind „operativ", denn sie setzen an Handlungsmöglichkeiten an. *Maximen* dagegen richten sich auf Prinzipien, die bei Handlungen berücksichtigt werden sollten. Das Besondere an einer theoriegestützten Maxime ist nun, daß sie ihre Begründung nicht aus der Lebenserfahrung, der Tradition, der schöngeistigen Literatur usw., sondern aus wissenschaftlichen Erkenntnissen – idealerweise aus streng geprüften und bewährten wissenschaftlichen Theorien – bezieht. Ein Beispiel für eine sehr allgemeine theoriegestützte Maxime ist die These, daß es sinnlos ist, ein Perpetuum Mobile bauen zu wollen. Diese Maxime ergibt sich aus der Einsicht, daß ein physikalisches System nicht mehr Energie liefern kann, als in ihm steckt. Ein sozialwissenschaftliches Beispiel auf einem ähnlich hohen Abstraktionsniveau ist die These, daß es sinnlos ist, eine konfliktfreie Gesellschaft verwirklichen zu wollen. Diese Maxime ergibt sich aus der Einsicht, daß gesellschaftliche Arbeitsteilung notwendigerweise mit Konflikten verbunden ist. Ein etwas konkreteres Niveau haben Maximen wie „Ein Anreizsystem sollte leistungsgerecht sein" oder „Die Entwicklung einer Beziehung verlangt die Investition von Vertrauen". Es gibt eine Fülle bereichsspezifischer Maximen aus allen Bereichen des täglichen Lebens und der Wissenschaften. In der Personalwirtschaftslehre beispielsweise finden sich Maximen in Form von Führungsprinzipien oder in Leitlinien der Organisationsgestaltung. Schöne Beispiele für theoriegestützte Maximen liefern die Regeln der empirischen Sozialforschung. Diese Regeln sollen dazu beitragen, daß „methodische" Fehler vermieden werden. Tatsächlich sind methodische Fehler immer in der Mißachtung „theoretischer" Einsichten begründet. So wird beispielsweise empfohlen, in einem Fragebogen zur Erfassung von Einstellungen nicht nur positiv konnotierte Items zu verwenden, sondern diese mit negativ konnotierten Items abzuwechseln. Diese Vorgehensweise soll der „natürlichen" Neigung entgegenwirken, einer vom Gesprächspartner geäußerten Meinung lieber zuzustimmen als ihr zu widersprechen. Durch eine Mischung der Items kann sich diese Neigung nicht entfalten und die Äußerung der wahren Einstellung des Befragten wird dann auch nicht von dieser Antworttendenz gestört. Der Mischungsregel liegt also eine bestimmte theoretische Aussage zugrunde. Wenn diese nicht zutrifft (wenn also gar keine Antworttendenz vorliegt), dann verliert auch die Regel ihren Wert. Das bedeutet aber, daß es keine von Theorie abgetrennte Methodik gibt. Jede theoriegestützte Maxime enthält (wie jeder andere wissenschaftliche Praxisansatz auch) sowohl einen kognitiven als auch einen normativen Teil. Der normative Teil bringt den Willen des Anwenders zum Ausdruck: die empirische Sozialforschung will zuverlässige Daten, die Führungskraft will fleißige Mitarbeiter usw. Für den kognitiven Teil ist die Theorie verantwortlich, denn diese sagt „was der Fall ist", welche Gesetzmäßigkeiten zu beachten sind.

Leider ist bei vielen Maximen nicht immer ganz klar, auf welchen theoretischen Überlegungen sie letztlich beruhen. Unsere Beispielsmaxime in Abbildung 3.3 ist daher auch eher ein Glaubensartikel und nicht wirklich eine theoretisch gestützte Maxime. Und zwar einfach deswegen nicht, weil es eine klare theoretische Begründung für die unterstellte Wirksamkeit der Partizipation nicht gibt. Die empirischen Belege für die unterstellte Partizipationshypothese sind ebenfalls alles andere als eindeutig (vgl. Locke u.a. 1997). Nicht jede Maxime, die daher den Anspruch auf theoretische Geltung stellt, kann diesen Anspruch auch tatsächlich einlösen. Sie ist dann allenfalls ein weltanschauliches Postulat bzw. – in unserem Beispielfall – Ausdruck eines Berufsethos (vgl. zu dieser Thematik Mayrhofer 1998).

In der Wissenschaft sind „vollständige" Erklärungen eines empirischen Phänomens selten. Wissenschaftler begnügen sich normalerweise mit einer Erklärung „im Prinzip". Dies hat seinen Grund in dem Tatbestand, daß eine Ausformulierung sämtlicher Annahmen, die genaue Spezifizierung aller Ableitungsschritte und die lückenlose Beschreibung sämtlicher situativer Besonderheiten erstens unmöglich und zweitens intellektuell unergiebig wäre. Man begnügt sich mit *Erklärungsskizzen*. Ähnlich wird man in der praktischen Wendung theoretischer Einsichten keine stringente „Ableitung" erwarten dürfen: man muß und kann sich mit „Handlungsskizzen" (Martin 1994, S. 55) begnügen. Handlungsskizzen sind ebensowenig wie Erklärungsskizzen Ansammlungen von beliebigen Aussagen. Gute Skizzen sind keine Strichmuster, sondern liefern ein Bild, das die Wirklichkeit zumindest in ihren Umrissen widerspiegelt. Entsprechend sorgfältig sind Erklärungs- und auch Handlungsskizzen zu konstruieren. Leider liefert die einschlägige Literatur diesbezüglich keine guten Beispiele. Die Darstellung konkreter Praxisanwendungen ist meist sehr vage, die theoretische Begründung der empfohlenen Maßnahmen bleibt – so sie überhaupt geliefert wird – beliebig, die eigentlich interessanten „kniffligen" Details werden nicht näher beleuchtet. Gute Beispiele für Handlungsskizzen liefern Untersuchungen, die im Bereich der sogenannten „Organizational Behaviour Modification" Forschung angesiedelt sind. Diese zielen darauf ab, jeweils ganz spezifische Verhaltensweisen von Arbeitnehmern einzuüben. Sogenannte Verstärkerpläne sorgen dafür, daß „erwünschtes" Verhalten (z.B. Freundlichkeit gegenüber Kunden, Pünktlichkeit usw.) belohnt, unerwünschtes Verhalten dagegen bestraft wird (vgl. Luthans/Kreitner 1985). Die Entwicklung von Belohnungs- und Bestrafungsmustern folgt dabei lerntheoretischen Einsichten. Die Einzelmaßnahmen werden situationsgerecht konzipiert und für eine Feinsteuerung auch „nachjustiert". Die Planung und Durchführung der Maßnahmen folgen klaren Regeln, deren Einhaltung streng kontrolliert wird und die jederzeit nachvollzogen werden können. „Praktisch" sind die Gestaltungskonzepte des Organizational Behaviour Modification Ansatzes recht erfolgreich. Fragwürdig ist allerdings die ethische Seite (siehe hierzu unten) dieser Forschungstradition. Verhaltensveränderungen werden durch mechanische „Konditionierung" bewirkt, Vernunft und Einsicht der Betroffenen werden ausgeblendet oder gar als Störfaktoren betrachtet.

Handlungsskizzen sind nun aber keinesfalls auf die beschriebene Vorgehensweise festgelegt. Schließlich können bei der personalwirtschaftlichen Gestaltung ja auch Theorien zur Anwendung kommen, die der menschlichen Natur besser entsprechen als Theorien, die stupide auf Lohn und Strafe setzen – also z.B. Theorien, die sich mit dem menschlichen Denken befassen. Und auch bei diesbezüglichen Anwendungen empfiehlt sich der Entwurf von Handlungsskizzen, weil nur hierdurch Klarheit über die handlungsleitende Argumentation und deren theoretische Basis geschaffen werden kann.

Handlungsskizzen folgen einer ganzheitlichen Vorstellung. Es geht darum, ein konkretes Problem in seiner Vielschichtigkeit und von mehreren Seiten gleichzeitig anzugehen. Dies unterscheidet sie von *Anwendungsmodellen*. Anwendungsmodelle sind wesentlich „ärmer". Sie arbeiten mit wenigen ausgewählten Variablen und können damit auch wesentlich präziser sein. Als Beispiel für ein Anwendungsmodell nennt Abbildung 3.3 das Führungsmodell nach Vroom/Yetton (vgl. Vroom/Jago 1988). Dieses verlangt vom Vorgesetzten eine Situationsanalyse anhand von sieben Merkmalen. Auf der Grundlage dieser Situationsanalyse und mit Hilfe einer Reihe von plausiblen Verhaltensregeln wird das optimale Führungsverhalten bestimmt. Notwendigerweise argumentiert dieses Modell, wie alle anderen Anwendungsmodelle auch, sehr „schablonenhaft". Was außerhalb der betrachtenden Variablen liegt, bleibt im strikten Sinne unbeachtet, es hat in der Modellwelt keine Bedeutung, auch dann nicht, wenn es in der „richtigen" Welt noch so bedeutsam sein mag. Immerhin zeichnen sich Anwendungsmodelle durch intellektuelle Redlichkeit aus: sie lassen den Verwender nicht im unklaren darüber, welche Handlungslogik sie bei ihren Empfehlungen unterstellen. Und sie müssen – ungeachtet ihres schematischen Charakters – auch nicht schablonenhaft befolgt werden. Man kann und sollte sie nicht als starre Verhaltensprogramme, sondern primär als Hilfsmittel begreifen, die das Nachdenken über angemessene Gestaltungsstrategien unterstützen können.

Dies ist schon anders bei *Blaupausen*. Diese werden ganz gezielt als Grundlage für eine „maßstabsgetreue" Umsetzung entworfen. Blaupausen sind gewissermaßen die Baupläne von Gestaltungsmaßnahmen. Allerdings gibt es innerhalb der Sozialwissenschaften so gut wie keine allgemeinen und gleichzeitig detailgenauen Vorgaben. Sozialwissenschaftliche Blaupausen sind eher Umrißzeichnungen, sie beschränken sich gewissermaßen auf die Wiedergabe tragender Pfeiler, ohne Fragen der „Verankerung", der „Statik", der „Materialbeschaffenheit" usw. überhaupt zu thematisieren. Dennoch behaupten sie, daß die von ihnen entworfenen „Gebäude" stabil sind und ihren Zweck erfüllen. In Abbildung 3.3 ist als Beispiel für eine Blaupause das Konzept der Linking-Pins (Likert 1972) angeführt. Häufig wird dieses Konzept auch als Linking-Pin-*Modell* bezeichnet. Tatsächlich handelt es sich bei seinem Entwurf aber nicht um ein „Modell", sondern eben um eine Blaupause. Das Likert-Konzept entwirft eine ineinander verschachtelte Organisationsstruktur, in der jede Gruppe mit mehreren anderen (auch hierarchisch höherstehenden) Gruppen durch personelle Doppelmitgliedschaften verbunden ist. Dadurch soll vor allem ein besserer Informationsfluß erreicht werden und ganz allgemein soll die Flexibilität der Organisation verbessert werden. Was genau allerdings für die von Likert vorgeschlagene Form der organisationalen Verknüpfung spricht, bleibt offen. Bei der „theoretischen" Begründung für sein Konzept stützt sich Likert zwar auf mehr oder weniger überzeugende empirische Studien, auf exemplarische Veranschaulichungen und auf Plausibilitätsüberlegungen, es bleibt aber einigermaßen dunkel, welche theoretischen Überlegungen beim Entwurf seiner Blaupause Pate standen – ein Befund, der die sozialwissenschaftliche Konzeptentwicklung ganz allgemein kennzeichnet.

Womit wir beim nächsten Gestaltungskonzept, dem *konzeptionellen Bezugsrahmen*, wären. Der konzeptionelle Bezugsrahmen ist das Pendant zum theoretischen Bezugsrahmen, der im vorigen Abschnitt beschrieben wurde, und er dominiert die anwendungsbezogene Perspektive. Ein konzeptioneller Bezugsrahmen hat ebenso wie ein theoretischer Bezugsrahmen nur relativ bescheidene Ziele. Die Entwicklung eines konzeptionellen Bezugsrahmens ist oft von dem durchaus aufrichtigen Bemühen getragen, möglichst alle wichtigen Aspekte einer Handlungssituation zu erfassen. Es werden umfangreiche Listen von Situationsfaktoren erstellt. Einflußgrößen werden gruppiert und in eine vorläufige Ordnung gebracht, Handlungsmöglichkeiten benannt, Verfahrensregeln empfohlen, und es wird auf technische Hilfsmittel verwiesen. Konzeptionelle Bezugsrahmen hinterlassen einen etwas faden Eindruck. Einerseits vermeiden sie die geschmackliche Beliebigkeit von Rezeptbüchern, andererseits ist aber auch ihre theoretische Verankerung nur äußerst lose. Sie sind also weder Fisch noch Fleisch, sie taumeln gewissermaßen in intellektueller und gestalterischer Unentschlossenheit.

Abschließend sei auf ein Gestaltungskonzept hingewiesen, das in der Technik eine große Rolle spielt, das aber in gleicher Weise auch im Bereich des Sozialen zu finden ist: den *Prototyp*. Der Prototyp ist – anders als die anderen in Abbildung 3.3 angeführten Gestaltungskonzepte – kein Aussagengefüge, sondern eine konkrete Materialisierung des konstruktiven Geistes. In die Entwicklung eines Prototyps sollen die neuesten Erkenntnisse und hochentwickelte Ingenieurkunst eingehen. Ein Prototyp ist der Beweis für die Machbarkeit einer technischen Vision. An einem Prototypen kann man studieren, was notwendig ist, damit er funktionsfähig ist – und vor allem – man kann damit experimentieren und ihn weiter vervollkommnen. Damit liefert ein Prototyp auch ein Beispiel, an dem sich alternative Gestaltungsentwürfe messen können. Obwohl primär ein technisches Konzept, gibt es Prototypen auch im Bereich des Sozialen und der Arbeitswelt. So können die Fließbänder in Chicagos Schlachthäusern als Vorbilder für die Fließfertigung zunächst bei Ford und anschließend auch in der übrigen Industrie gelten. Und ganz ähnlich entstanden alternative Formen der Arbeitsorganisation zunächst als Prototypen. So wurde in der schwedischen Automobilindustrie Anfang der 70er Jahre mit unterschiedlichen Formen der Gruppenarbeit experimentiert. Besonders bekannt wurden die Arbeitsgruppen, denen die Aufgabe übertragen wurde, ein Fahrzeug komplett in eigener Verantwortung zu montieren. Obwohl sich herausstellte, daß dies eine durchaus profitable Art der Arbeitsorganisation sein kann, wurde sie in anderen Ländern nur sehr zögerlich kopiert und auch kaum wesentlich weiterentwickelt.

Um Mißverständnissen vorzubeugen sei nochmals darauf hingewiesen, daß die real vorzufindenden personalwirtschaftlichen Praxiskonzepte nur sehr bedingt auf wissenschaftlichen Grundlagen beruhen. Man sollte sich von diesbezüglichen Geltungsansprüchen nicht täuschen lassen. Die Tatsache, daß beispielsweise die Entwicklung von Führungskonzepten häufig mit empirischen Studien einhergeht, besagt noch wenig. Zu prüfen wäre erst noch die methodische Qualität der Studien, in welchem Umfang die untersuchten Hypothesen tatsächlich bestätigt wurden und in welcher Weise die Hypothesen mit den letztlich interessierenden Handlungskonzepten korrespondieren. Nun muß man aber kein methodischer Purist sein, und Praxisinstrumente müssen auch nicht mit wissenschaftlichen „Weihen" versehen oder überhaupt „wissenschaftlich" entwickelt werden. Wissenschaftliches Denken ist zunächst einmal ganz schlicht ein Hilfsmittel, das dazu beitragen kann, die Stärken, Schwächen und Grenzen eines Handlungskonzepts zu erkennen. Als solches sollte man es nicht unterschätzen, denn ohne kritisches und konsequentes Denken gibt es kein eigenverantwortliches Handeln. Hierauf wollen wir im folgenden Abschnitt eingehen.

4 ERKENNTNIS UND HANDLUNG

Warum sollte man sich als praktisch tätiger Mensch ausgerechnet mit der Wissenschaft und ihren Lehren abgeben? Die Antwort auf diese Frage fällt nicht ganz leicht. Einerseits verspricht die Wissenschaft tiefere Einsichten in die Welt, als sie dem Alltagsverständnis üblicherweise zur Verfügung steht, andererseits war und ist die Wissenschaft nicht immer der Hort der Wahrheit und Klarheit. So wird man sich nur mit gemischten Gefühlen daran erinnern, daß noch im „aufgeklärten" 19. Jahrhundert an deutschen Universitäten Lehrstühle für Mesmerismus besetzt wurden – also eine Lehre etabliert war, die magnetischen Kräften dubiose Wirkungen auf Seele und Gesundheit der Menschen zuschrieb. Dieses Beispiel mag primär kauzig scheinen, was seine Eignung als Demonstrationsobjekt nicht mindert: Wissenschaft scheint jedenfalls kein strenges und rationales Unterfangen zu sein. So mag es noch amüsant sein, wenn sich Wissenschaftler mit Alkoholismusgenen, Graphologie oder Neurolinguistischer Programmierung beschäftigt haben oder auch noch beschäftigen – keinerlei Humor, auch kein schwarzer, will sich einstellen, wenn man an die politische Prostitution denkt, derer sich Wissenschaftler in den finsteren Zeiten des 20. Jahrhunderts schuldig gemacht haben. Was zeigt: Wissenschaft ist Menschenwerk und damit mit Skepsis zu betrachten. Dennoch oder gerade deswegen: „Wissenschaft als Institution" ist etwas anderes als „Wissenschaft als Kultur". Mancher Wissenschaftler wird sich als politischer Berater gerne etwas von der Reputation leihen, die man der Wissenschaft (den Universitäten, Akademien und Forschungsinstituten) gibt. Man sollte aber mißtrauisch sein. Ebenso wenig wie ein Glaubenssatz deswegen besser ist, wenn er von einem Kirchenfürsten verkündet wird, ist eine Lehre deswegen besser, weil sie von einem Wissenschaftler (einem Wissenschaftsverband, einem Wissenschaftskongreß, von fünf oder sieben Weisen) geäußert wird. Die Wissenschaft ist nicht von Universitäten oder sonstigen wissenschaftlichen Einrichtungen gepachtet - diese haben nur die besondere Aufgabe, Wissenschaft zu betreiben, und sie kommen dieser Aufgabe nur mehr oder weniger gut nach. Anders ausgedrückt: Wissenschaft ist nicht an bestimmte Organisationen gebunden, sie ist eine Geisteshaltung.

Wissenschaft strebt nach Wahrheit, ihr geht es nicht um Belehrung, sondern um Verständnis. Ihre Regeln fordern die Skepsis, die manche Wissenschaftler gern gegenüber den eigenen „Einsichten" ausblenden. Wissenschaftliche Erkenntnis steht grundsätzlich im Irrtumsvorbehalt, besser noch im Irrtumsverdacht. Wissenschaftliche Arbeit steht daher unter kritischer Beobachtung. Der Wissenschaftler muß seine Forschungsmethoden offenlegen und die von ihm ermittelten Ergebnisse müssen sich replizieren lassen. Wissenschaft zielt auf den Wettbewerb der besseren Ideen, nur solche Theorien werden

„überleben", die die „gnadenlose" Auslese durch Konkurrenz und Kritik überstehen. Wir wollen dieses Thema nicht vertiefen, immerhin aber zugeben, daß diese Vorstellung etwas idealisiert ist. Auch der akademische Wettbewerb ist nur eine Lehrbuchvorstellung. Es gibt wissenschaftliche Kartelle, die die reine Erkenntnisgewinnung hintertreiben, die Institutionen der Wissenschaft dienen nicht nur der Wissensmehrung, sondern auch anderen Zwecken (z.B. der Gewinnung von Status und Ansehen), die ihren eigentlichen Zweck wiederum beschädigen können, und die Marktsignale (die wissenschaftlichen Ergebnisse) sind oft alles andere als eindeutig.

Doch all dem zum Trotz, man kommt nicht um die Tatsache herum, daß der Kern jeden Wissens theoretisches Wissen ist. Also sollte man auch versuchen, sich dieses Wissen nutzbar zu machen und dieses Wissen zu vermehren und zu verbessern. In Abbildung 3.4 sind einige wichtige Argumente zusammengestellt, die zeigen, daß es sich lohnt, sich mit Theorien auseinander zu setzen. Als Kondensat des vorhandenen Wissens können uns Theorien dabei helfen, die Welt besser zu verstehen. Theorien sagen uns, was der Fall ist und was nicht. Sie zeigen, wie empirische Zusammenhänge entstehen, und sie beschäftigen sich mit den Mechanismen, die den Dingen eine Ordnung geben. Hierauf sind wir in Abschnitt 3.2 näher eingegangen. Theorien haben aber auch eine praktische Seite. Sie zeigen, warum bestimmte Praktiken nicht funktionieren können, sie zeigen aber auch – positiv gewendet – Ansatzpunkte für erfolgversprechende praktische Maßnahmen auf und schließlich liefern sie auch Standards zur Beurteilung der Praxis. Praktisch – wenn auch nicht im unmittelbaren Verwertungssinne – sind Theorien aber auch, weil sie uns ermöglichen, einen Sinn in unserem Handeln zu entdecken. Theorien liefern „Orientierungswissen", d.h. sie liefern die Grundlage für ein realistisches Weltbild. So geht man in den westlichen Ländern bei Schmerzen zum Arzt und nicht zum Geistheiler, weil man Schmerzen als sinnliches und nicht als übersinnliches Phänomen begreift oder – um ein personalwirtschaftliches Beispiel zu nennen – die meisten Unternehmen verzichten heutzutage bei der Personalauswahl auf graphologische Gutachten und setzen stattdessen ihr Vertrauen stärker in eine umfängliche, systematische und methodengestützte Informationsgewinnung. Nicht zu unterschätzen ist auch die ideologiekritische Seite von Theorien. Auf wissenschaftlichem Boden können sich Glücksverheißungen, Scheinargumente und charismatische Führer nicht entfalten. Man mag dies bedauern und an das Grau der Theorie erinnert sein, das das bunte Leben aus der Wirklichkeit herauszwingt. Tatsächlich ist wissenschaftliches Denken „nüchternes" Denken – aber eben deswegen auch bei allen Angelegenheiten gefragt, die einen nüchternen Verstand verlangen. Hierzu gehört auch der letzte der Punkte, die in Abbildung 3.4 aufgeführt sind: die Verständigung mit Personen, die andere Interessen besitzen, die anders denken und empfinden. Verständigung setzt voraus, daß man

Referenzpunkte schafft, die jeder einnehmen kann, also einen Bereich gemeinsamer Erfahrungsbildung. Und welche Verständigungsbasis wäre besser als das Bemühen um objektive Erkenntnis?

Erklärung
Theorien „verbieten" Denkbares.
Theorien beschreiben Zusammenhänge.
Theorien beschreiben Mechanismen.
Praktische Verwertung
Theorien zeigen, warum bestimmte Praktiken nicht funktionieren.
Theorien zeigen Ansatzpunkte für Gestaltungsmaßnahmen.
Theorien liefern Maßstäbe zur Beurteilung der Praxis.
Sinnfindung
Theorien liefern Orientierungswissen.
Theorien ermöglichen Ideologiekritik.
Theorien strukturieren den sozialen Diskurs.

Abb. 3.4: Der Nutzen einer Auseinandersetzung mit Theorien

5 DIE BEURTEILUNG VON GESTALTUNGSANSÄTZEN

Abschließend wollen wir auf die wichtigsten Kriterien zur Beurteilung von Gestaltungsansätzen eingehen. Hierzu muß der Blick nochmals erweitert werden. Um der menschlichen Praxis gerecht zu werden, genügt es nicht, sich auf wissenschaftliche Erkenntnisse zu beziehen. In gleichem Maße relevant sind Fragen der „richtigen" Lebensführung, also Fragen nach einem sinnvollen und ethisch gerechtfertigten Wollen.

a) Die Zielorientierung personalwirtschaftlicher Maßnahmen
Welche Ziele verfolgt die Personalwirtschaftslehre? Nach Drumm soll die Personalwirtschaftslehre Gestaltungsbeiträge zum Einsatz von Personal in Unternehmen leisten. Ihr Gegenstand seien demzufolge Aussagen über Bedingungen und Alternativen des Einsatzes von Personal (vgl. Drumm 2000, S. 12 f.). Der Begriff „Einsatz" von Personal ist wohl eher breit zu verstehen, es geht nicht nur um Fragen des Personaleinsatzes im Sinne der Zuweisung von Personen zu Aufgaben, sondern allgemeiner auch um die Frage der Personalauswahl, der Aus- und Weiterbildung, der Führung usw.

Um die Problemstellung der Personalwirtschaftslehre näher zu kennzeichnen, wählt Drumm eine formale Schreibweise. Unternehmen verfolgen verschiedene Ziele, die sie durch den Einsatz verschiedener Instrumente anstreben. Die Zielerreichung hängt nun einerseits von der Ausgestaltung der Instrumente selbst ab, aber auch von verschiedenen Rahmenbedingungen: den gegebenen Ressourcen, der Umweltsituation und der gegebenen Organisationsstruktur.

$$Z_w, Z_u, Z_i = F(ap, r, | S_s, O_k)$$

wobei

Z_w Wirtschaftliche Ziele

Z_u Soziale Ziele

Z_i Individuelle Ziele

ap   Personalwirtschaftliche Maßnahmen

S_s Umweltsituation

O_k Organisationsstruktur

r   Ressourcen

Ein Beispiel soll diese Perspektive verdeutlichen. Ein bestimmtes Unternehmen möchte ein neues Verfahren zur Auswahl von Hochschulabsolventen einführen. So steht u.a. zur Debatte, ob ein Assessment Center Verfahren eingesetzt werden sollte. Um diese Frage zu entscheiden, müssen die *Unternehmensziele* spezifiziert werden. So könnte z.B. beabsichtigt sein, durch die Verwendung von AC-Verfahren dafür zu sorgen, daß nur solche Kandidaten ausgewählt werden, die weit überdurchschnittliche Qualifikationen besitzen. Ein anderes Ziel könnte darin bestehen, solche Kandidaten auszuwählen, die das Unternehmen nicht allzu rasch wieder verlassen. Außerdem könnte angestrebt werden, dem Kandidaten das Gefühl einer gerechten Auswahl zu vermitteln. Die genannten und weitere Ziele lassen sich zwar kaum alle gleichermaßen verwirklichen, sie liefern aber immerhin Maßstäbe für die Beurteilung des Instruments.

Die Wirksamkeit eines Instrumentes entfaltet sich nun vor dem Hintergrund der Einsatzbedingungen. Zunächst sind die vorhandenen *Ressourcen* zu bedenken. Ist es z.B. nicht möglich, eine Beurteilerschulung durchzuführen (wenig Know how, keine Zeit usw.), so können AC-Verfahren überhaupt nicht sinnvoll eingesetzt werden. Ressourcenprobleme ergeben sich auch bei beschränkter Mittellage:

- das personalwirtschaftliche Budget kann nicht beliebig erweitert werden,
- die Durchführung einer personalwirtschaftlichen Maßnahme konkurriert mit anderen wünschenswerten Aktivitäten,

- die aus betrieblicher Sicht anzustrebende „Ideallösung" (z.B. das Engagement eines renommierten Personalberaters und die aufwendige Evaluierung des Instruments) kann schlicht zu kostenintensiv sein usw.

Neben den Ressourcen spielt die *Umweltsituation* eine wichtige Rolle für die Effizienz von personalwirtschaftlichen Maßnahmen. „Umweltsituation" ist ein vielschichtiger Begriff, daher ist er in der obigen Terminologie auch als *Vektor* S_s ausgewiesen, d.h. es sind in der Regel vielfältige und zum Teil ganz unterschiedliche Situationsaspekte zu beachten. Für unser Beispiel relevant sind z.B. die Arbeitsmarktsituation und die Ausbildungssituation an den Hochschulen. Schließlich ist als „interne" Bedingung die gegebene *Organisationsstruktur* zu beachten. Drumm führt nicht weiter aus, was er hierunter verstehen will. Es ist wohl von einem weiten Begriffsverständnis auszugehen, denn wichtig für die Zielerreichung mit Hilfe eines personalwirtschaftlichen Instrumentes sind gleichermaßen die Aufgaben des Unternehmens, die Personalpolitik, der Führungsstil, die industriellen Beziehungen usw. Für das AC-Verfahren wäre etwa die Akzeptanz dieses Verfahrens bei den Vorgesetzten zu nennen und auch die Art der Einführung der ausgewählten Kandidaten in das Unternehmen dürfte wichtig sein.

Schließlich sei besonders darauf hingewiesen, daß die Rede von *einem* bestimmten personalwirtschaftlichen Instrument sehr vereinfacht ist. Es gibt nicht *das* AC-Verfahren, sondern vielfältige Varianten. Außerdem ist oft nicht ein isoliertes Instrument oder eine bestimmte Maßnahme von Interesse, sondern der Wirkungsverbund mehrerer Maßnahmen oder ein bestimmtes Muster von Einzelmaßnahmen.

Die formale Darstellung zeigt, daß die Beurteilung von personalwirtschaftlichen Maßnahmen und Instrumenten eine recht komplexe Angelegenheit sein kann. Dabei sind inhaltliche Fragen noch gar nicht angesprochen worden. So wäre zu untersuchen, von welchen Eigenschaften eines personalwirtschaftlichen Instrumentes es abhängt, ob es „akzeptiert" wird oder nicht, zu welcher Personalpolitik es „paßt", welcher Grad von Partizipation „notwendig" ist usw.

Um eine gewisse Ordnung in die Vielfalt dieser Fragen zu bringen, seien im folgenden die wichtigsten Problembereiche praktischer Gestaltungsmaßnahmen betrachtet. Einen Überblick gibt Abbildung 3.5. Eine erste Gruppe von Fragen richtet sich auf die „Effizienz", die Wirksamkeit und Ökonomie des Handelns. Eine zweite Gruppe von Fragen thematisiert die normative Komponente von Gestaltungshandlungen (s.o.): Praktisches Handeln verändert die Welt und man sollte sich Rechenschaft darüber geben, ob man sie mit seinen Handlungen wirklich verbessert. Und schließlich ist drittens und abschließend nochmals zu fragen, in welchem Umfang praktisches Handeln in (wissenschaftliche) Erkenntnis gründet.

Formale Rationalität	Materiale Rationalität	Wissensbasis
Zweckeignung	Zielbewertung	Theoretische Fundierung
Realisierbarkeit	Mittelbewertung	Theoretischer Pluralismus
Ökonomie	Kontrollierbarkeit	Empirische Prüfung
Neben- und Spätfolgen	Reversibilität	Diskurs

Abb. 3.5: Kriterien zur Beurteilung von Gestaltungsansätzen

b) Die Effizienz personalwirtschaftlicher Maßnahmen

In einer ersten Annäherung läßt sich sagen, Entscheidungen, Handlungen oder Maßnahmen sind dann effizient, wenn die damit anvisierten Ziele erreicht werden. Ähnlich läßt sich für Instrumente, Verfahren, Institutionen usw. sagen, sie seien effizient, wenn sie eine große Zweckeignung besitzen.

Zweck-Mittel-Beziehung (Zweckeignung)

Die Eignung einer praktischen Handlung für den vorgegebenen Zweck ist das Beurteilungskriterium, das am unmittelbarsten ins Auge springt. Normalerweise verfolgt man mit seinem Handeln oft mehrere Ziele gleichzeitig. Da sich diese nicht gleichzeitig maximieren lassen, wird man im praktischen Leben um Kompromisse nicht herumkommen. Die Frage nach der Zweckeignung ist empirisch nicht immer einfach zu beantworten. So versucht man beispielsweise bei der Entwicklung eines psychologischen Testverfahrens, die Prognosevalidität zu bestimmen. Korrelationen zwischen „Testergebnis" (z.B. Abschneiden im AC) und Prognosekriterium (z.B. Karriereerfolg) gelten als Beleg der praktischen Wirksamkeit des „Tests" oder allgemeiner des Instrumenteneinsatzes. Wie dieses Beispiel zeigt, ist für die Beurteilung der Zweck-Mittel-Beziehung die Auswahl der Indikatoren nicht unerheblich. Soll mit dem AC z.B. das *Leistungspotential* bestimmt werden, so ist der *Karriereerfolg* nur bedingt ein gültiger Indikator. Außerdem muß stets geprüft werden, ob tatsächlich der Instrumenteneinsatz für den gewünschten Erfolg verantwortlich gemacht werden kann oder ob nicht andere Umstände von maßgeblicherem Einfluß sind. Im AC- Beispiel könnte z.B. die schlichte Tatsache, erfolgreich abgeschnitten zu haben, dazu führen, bessere Bewährungschancen zu erhalten. Dies trägt natürlich zu einem größeren Karriereerfolg bei. Wir hätten es in diesem Fall also mit einer typischen sich selbst erfüllenden Diagnose zu tun. In Validierungsstudien dürfen die Ergebnisse des AC also nicht bekannt gegeben werden – weder den Vorgesetzten noch den Kandidaten. Es ist im übrigen von einer rein empirischen Bestimmung der Zweck-Mittel-Beziehung abzuraten; daneben sollte stets eine theoretisch gut fundierte Begründung der Zweck-Mittel-Beziehung gesucht werden. Dies verhindert, daß man mehr oder weniger zufällig zustande gekommenen Scheinkorrelationen aufsitzt. So mag man hier und da bestimmte Zusammenhänge zwischen der Handschrift und ausgewählten Verhaltensweisen „entdecken". Die dazu gelieferten Begründungen haben aber – wenn überhaupt – einen eher mythischen Charakter.

Ökonomiepostulat
Während es bei der Betrachtung von Zweck-Mittel-Beziehungen um die rein faktische Wirksamkeit geht, kommen durch das Ökonomiepostulat zusätzliche Gesichtspunkte ins Spiel. So kann ein gegebener Zweck normalerweise durch unterschiedliche Mittel erreicht werden. Das Ökonomiepostulat fordert nun, für den vorgegebenen Zweck den geringstmöglichen Mitteleinsatz zu suchen. In der komplementären Formulierung soll mit den gegebenen Mitteln die maximal mögliche Zielerfüllung angestrebt werden. Dies impliziert zum einen das Prinzip der Sparsamkeit (also das Vermeiden von Mittelverschwendung) und zum anderen die Aufforderung, nach Mitteln zu suchen, die eine gleiche Zweckeignung besitzen, aber weniger aufwendig sind. So könnte argumentiert werden, daß ein gut strukturiertes Bewerberauswahlgespräch zum gleichen Erfolg wie das AC-Verfahren führen kann. Ökonomische Erwägungen machen es außerdem notwendig, sich auf einen Bewertungsmaßstab festzulegen. In der allgemeinsten Formulierung geht es bei der Erfüllung des Ökonomiepostulats immer um Nutzen-Kosten-Überlegungen. Wie die diesbezüglichen Diskussionen zeigen, greift eine rein an monetären Größen orientierte Betrachtung oft zu kurz. Dies bedeutet nicht, daß Versuche zu einer monetären Abschätzung von Nutzen und Kosten nicht unternommen werden sollten. Diese können vielmehr durchaus wertvolle Einsichten vermitteln und zwingen dazu, sich über Nutzen- und Kostenarten Klarheit zu verschaffen. Neben unmittelbaren sind mittelbare, neben kurzfristigen langfristige Kosten-Nutzen-Relationen zu bedenken. Ein wichtiger Problembereich ist die Zurechenbarkeit von Nutzen und Kosten auf die personalwirtschaftliche Gestaltungsmaßnahme. Auf der Kostenseite macht es z.B. einen Unterschied, ob ich nur die Einrichtungskosten betrachte (z.B. die Kosten der Entwicklung eines AC) oder auch dessen „Betriebskosten" und die Kosten der „Pflege" des Instruments. Ich komme u.U. zu unterschiedlichen Schlüssen, je nachdem, ob ich die absoluten Beträge betrachte oder ob ich die Kosten umlege, z.B. auf die Zahl der durch das Instrument erfaßten Arbeitnehmer, auf die Verwendungshäufigkeit usw. Schließlich sind die monetären Größen stets vor dem Gesamthintergrund der beabsichtigten Wirkungen zu betrachten. Ein Vorwurf, der einer stärker quantitativen und „lei-

stungsorientierten" Beurteilung der Personalarbeit gemacht wird, ist die der Fixierung auf das Rechenbare, wodurch schwer quantifizierbare aber u.U. ganz zentrale Überlegungen ausgeblendet würden. Demzufolge sollten auch Nutzen und Kosten im psychologischen Bereich beachtet werden, z.B. hinsichtlich der Auswirkungen des Instrumenteneinsatzes auf die Arbeitsqualität, die Qualität der Zusammenarbeit und auch auf die Förderung von Vertrauen, Loyalität und Kritikfähigkeit.

Realisierbarkeit

Ein scheinbar triviales Effizienzkriterium ist das der Realisierbarkeit. Es ist nur sinnvoll, ein Instrument einzusetzen, wenn der damit bewirkte Zweck erreicht werden kann und es macht wenig Sinn, Instrumente entwickeln zu wollen, die nicht funktionieren bzw. nicht eingesetzt werden können. In der Praxis ist die Realisierbarkeit allerdings oft nicht klar abzuschätzen. Auch ist zu beachten, daß wir mit dem Kriterium der Realisierbarkeit nicht nur die prinzipielle Realisierbarkeit ansprechen. Von großem Interesse ist insbesondere auch, ob (z.B. aufgrund geringer Akzeptanz oder aufgrund bestimmter Machtkonstellationen) das Instrument die in ihm steckenden Möglichkeiten nicht *entfalten* kann.

Die Realisierbarkeit ist im übrigen oft strittig, weil man sich nicht auf eine gemeinsame theoretische Basis einigen kann. So wird verschiedentlich ganz grundsätzlich in Frage gestellt, daß es möglich sei, allgemeine Persönlichkeitseigenschaften zu ermitteln. Es ist dann natürlich sinnlos, psychometrische Tests zu entwickeln, um sie bei der Personalauswahl einzusetzen. Ähnlich wäre es sinnlos, ein Arbeitsbewertungsverfahren zu entwickeln, wenn man bezweifelt, daß es objektive Kriterien zur Ermittlung von Arbeitsbelastungen gibt.

Situationsadäquanz

Das Kriterium der Situationsadäquanz findet sich in dem Sprichwort, man solle nicht mit Kanonen auf Spatzen schießen. Allgemeiner meint Situationsadäquanz, daß Maßnahmen in unterschiedlichen Situationen unterschiedliche Wirkungen besitzen können. So mag es generell sinnvoll sein, den Qualitätszirkelgedanken auch auf den Angestelltenbereich zu übertragen. Wenn sich der Erfolg der Arbeit jedoch vor allem auf individualistische Kreativität gründet, so dürfte es geradezu kontraproduktiv sein, die ausgeprägten Individualisten in solche Gruppenaktivitäten einzubinden.

Nebenwirkungen und Folgeprobleme

Zielbezogenes Handeln ruft oft Wirkungen hervor, die nicht beabsichtigt sind. Effizienz läßt sich nicht losgelöst von dieser Möglichkeit beurteilen. So mag es mit Hilfe von AC-Verfahren durchaus gelingen, für die unternehmensinterne Auswahl geeignete Führungsnachwuchskräfte zu identifizieren. Insoweit ist das AC-Verfahren effizient. Allerdings kann es passieren, daß der Einsatz des AC-Verfahrens eine kategorische Auslese bewirkt: Die „Durchgefallenen" verlieren die Chance aufzusteigen, sie sind abgestempelt, erhalten keine weitere Förderung und auch keine herausfordernden Aufgaben, in denen sie sich bewähren können. Das AC selektiert in diesem Fall nicht nur exzellenten Führungsnachwuchs, es ist dann auch ein Mittel, Engagement und Optimismus zu zerstören. Ähnlich lassen sich für fast alle personalwirtschaftlichen Instrumente unerwünschte oder zumindest unerfreuliche Nebenwirkungen ausmachen. Prinzipiell bieten sich die folgenden Möglichkeiten, damit umzugehen. Am naheliegendsten ist es, nach einer Ausgestaltung des Instruments (des Instrumenteneinsatzes) zu suchen, die die Wahrscheinlichkeit des Auftretens von Nebenwirkungen senkt. Eine zweite Möglichkeit besteht darin, das Eintreten der Nebenwirkungen durch Einsatz „flankierender" Maßnahmen zu verhindern oder zumindest abzumildern. Als drittes bleibt die Möglichkeit, an den bereits eingetretenen Nebenwirkungen anzusetzen, diese zu beseitigen, sie abzuschwächen oder zu „kompensieren". Ähnlich ist zu verfahren mit Folgewirkungen, also Wirkungen, die nicht unmittelbar, sondern zeitlich verzögert auftreten. Sie sind um so aufmerksamer zu beachten, als sie oft schwerer und u.U. sehr spät entdeckt werden.

c) Normative Kriterien

Zur Beurteilung des Lebens reicht es nicht aus, nur die Effektivität von Handlungen zu betrachten. Ähnliches gilt für die Beurteilung der betrieblichen Praxis: Betriebliche Maßnahmen können nicht ausschließlich vor dem Hintergrund ihrer Effizienz beurteilt werden. Sie stellen, wie jedes Handeln, Eingriffe in den Lebensablauf dar und sollten daher auch vor dem Hintergrund der Wertvorstellungen beurteilt werden, die einem „wirklich wichtig" sind. Eine fundierte normative Beurteilung erweist sich allerdings als wesentlich schwieriger als eine reine Effizienzbeurteilung. Deswegen muß sie aber nicht beliebig oder willkürlich sein. Schwierig ist die normative Beurteilung deswegen, weil es ihr nicht um Seinsfragen geht (also um Fragen, die durch empirische Forschung beantwortet werden können), sondern um Sollensfragen, die keine Verankerung in der objektiven Realität besitzen. Die Frage nach der Möglichkeit, zu allgemeingültigen Sollenssätzen vordringen zu können, ist durchaus strittig. Hierauf wollen wir nicht näher eingehen. Bedeutsam für unsere Zwecke ist lediglich, daß in der ethischen Diskussion trotz aller Unterschiede im Prinzipiellen ein breiter Konsens über die Verbindlichkeit einer Reihe von Sollensprinzipien besteht, die wir im folgenden betrachten wollen.

Zielbewertung

Gesinnungsethisch ist die Absicht – das Ziel des Handelns – die zentrale Kategorie zur Beurteilung des Handelns. Unsittliche Ziele sollen nicht gefördert werden, woraus folgt, daß auch Instrumente, die diese Ziele fördern, nicht entwickelt werden sollen. Pointiert formuliert: „Die Technologie des Bösen ist böse" (Mario Bunge). So ist es unsittlich, ausgeklügelte Waffensysteme zu erforschen (Beispiel: Biologische Kriegsführung), schlichtweg deswegen, weil solche Waffen niemals dem Selbstschutz dienen können. Ebenso sind sozialtechnologische Bemühungen verwerflich, die auf die Diskriminierung, Ausbeutung oder Entmachtung von bestimmten Gesellschaftsschichten, Ausländern, Kindern usw. führen. Die Zielbewertung von Maßnahmen soll insbesondere dazu beitragen, die vielschichtigen und z.T. auch widersprüchlichen Ziele der Betroffenen herauszustellen und vor diesem Hintergrund die Gestaltung des Instruments zu veranlassen. Es soll nicht geleugnet werden, daß hieraus leicht „verwässerte" Lösungen entstehen können, weil sich die verschiedenen Anspruchsgruppen eventuell nur auf den kleinsten gemeinsamen Nenner einigen können oder wollen. Wie groß dieser Nenner sein kann, hängt nicht zuletzt auch an der kreativen Phantasie, die in die Problemlösung einfließt. Die Berücksichtigung unterschiedlicher Ziele ist also auch eine intellektuelle Herausforderung. Ebenso wichtig (und der konkreten Zielbewertung vorgelagert) ist aber auch die Beurteilung der politischen Prozesse, die dafür verantwortlich sind, welche Ziele überhaupt die Chance erhalten, in die Entwicklung konkreter Lösungen einzufließen.

Mittelbewertung

Selbst wenn ein Ziel gerecht und richtig und allgemein anerkannt ist, so folgt daraus nicht, daß die Mittel zur Erreichung des Zweckes dieselbe Qualität besitzen. Der Zweck heiligt keine Mittel. Der Einsatz des Mittels kann schädliche Effekte besitzen, die ebenso wie die Zwecksetzung selbst zu beachten sind. Was soll man z.B. von einer Forschung halten, die ganz gezielt einen Fluß radioaktiv verseucht, um herauszufinden, wie sich die radioaktive Belastung auf die Anwohner auswirkt? So geschehen 1963 am Columbia River. Der Zweck des Realexperimentes bestand darin, neue Meßmethoden zum Nachweis von niedrigstrahligen Nukleiden zu gewinnen (vgl. Krohn/Weyer 1990, S. 364). Oder, um ein Beispiel aus dem Personalwesen zu nehmen: Etliche Unternehmen verfolgen eine „harte" Bewährungsstrategie in den ersten Monaten der Beschäftigung: die Mitarbeiter müssen beweisen, daß sie hohen Arbeitsbelastungen gewachsen sind, daß sie bereit sind, ihr Privatleben zurückzustellen usw. Dies kann in der Tat dazu beitragen, die wirklich leistungstüchtigen Mitarbeiter zu erkennen. Die genannte Personalstrategie hat jedoch auch negative Folgen, zumindest für die weniger leistungstüchtigen Mitarbeiter, die mit Entlassung rechnen müssen. Aber auch die „Gewinner" profitieren nur bedingt, schließlich müssen sie den immensen Leistungsdruck verkraften. Und auch für das Unternehmen ist die genannte Selektionsstrategie nicht uneingeschränkt vorteilhaft, weil sie Anpasserverhalten fördert und Querdenker ausgrenzt. Negative Wirkungen einer Maßnahme sollten nicht unterschlagen werden, sondern müssen in der Bewertung personalwirtschaftlicher Maßnahmen berücksichtigt werden.

Risikoakzentuierung
Bezüglich der Ableitung von technologischen Aussagen wurde bereits herausgestellt, daß kritische Argumente besonders zu gewichten seien. Diese Regel dient vor allem methodologischen Zwecken, d.h. hierdurch sollen schlechte oder wenig tragfähige Lösungen ausgesondert werden. Im normativen Zusammenhang geht es dagegen um die Frage, wie groß das Risiko für nie auszuschließende Schäden beim Einsatz der Technologie ist. Selbst bei geringem Risiko kann es sich empfehlen, die Technologie nicht anzuwenden, nämlich dann, wenn ein Schadensfall erhebliche Konsequenzen besitzt. Die Diskussion über die Errichtung und den Betrieb von Atomkraftwerken liefert hierfür reichhaltiges Anschauungsmaterial. Die Akzentuierung des Risikos bedeutet nun, daß systematisch nach möglichen Gefahrenquellen gesucht wird. Dies ist sinnvoll, weil die Versuchung groß ist, negative Konsequenzen herunterzuspielen, wenn die positiven Konsequenzen der Technologie besonders verlockend erscheinen. Außerdem liegt es in der Natur vieler Risiken, daß sie nicht besonders ins Auge springen, vor allem dann, wenn sie keinen konkreten Adressaten haben. Beispiele für derartige Gefährdungspotentiale im Personalwesen liegen vor allem in der Veränderung der Chancengleichheit, der Verletzung der Privatheit, und in der Beeinträchtigung des Selbstwertgefühls durch den Einsatz personalwirtschaftlicher Instrumente.

Reversibilität
Schäden, die „nicht mehr gut zu machen" sind, sollten natürlich in besonderer Weise vermieden werden. Es ist daher zu prüfen, inwieweit geplante Maßnahmen notfalls wieder zurückgenommen werden können. Daneben ist zu fragen, ob die Durchführung von Maßnahmen einen sogenannten Sperrklinkeneffekt bewirkt oder ob sich selbst verstärkende Prozesse ausgelöst werden, wodurch sich das Schadensausmaß zu immer neuen Höhen aufschaukelt. Zu prüfen ist also u.a. ob eine personalwirtschaftliche Maßnahme dazu beiträgt, daß sich Konfliktfronten verhärten, Konflikte ausufern oder Vertrauensverluste entstehen.

Kontrollierbarkeit

Eng mit dem vorangenannten Kriterium verbunden ist das Kriterium der Kontrollierbarkeit. Es geht hierbei um die Frage danach, ob es möglich ist, unerwünschte Entwicklungen zu analysieren, einzudämmen und zu stoppen. Es ist nicht immer einfach, dies abzuschätzen, zumal das Argument der Kontrollierbarkeit oft in konfliktären Auseinandersetzungen als Argument verwendet wird und sich daher nicht immer klar ausmachen läßt, ob es lediglich zu taktischen Zwecken verwendet wird. Ein Beispiel für ein nur schwer kontrollierbares personalwirtschaftliches Instrument ist das Streßinterview bei der Personalauswahl, u.a. deswegen, weil die Reaktionen des Kandidaten in der Belastungssituation nur schwer vorhersehbar sind. Von Interesse ist, welche Einflußgrößen die Kontrollierbarkeit beeinträchtigen können. Eine wichtige Determinante ist zweifellos der Sachverstand der Anwender, wozu nicht zuletzt die Erfahrung mit einem Instrument gehört. Dies verweist auf die Bedeutsamkeit eines weiteren Merkmals der Instrumentenverwendung: die Erprobung.

Erprobung

Es scheint angebracht, ein Instrument vor seinem Einsatz zu erproben. Dies gilt um so mehr, je weitreichender der Eingriff ist, der durch den Instrumenteneinsatz erfolgt, je mehr Personen davon betroffen sind und je weniger gesichertes Wissen über mögliche Folgen existiert.

Partizipation

Schließlich ist die Partizipation der von der Maßnahme Betroffenen zu fordern. Wenn also beispielsweise Führungsgrundsätze eingeführt werden sollten, dann sollten insbesondere auch die Führungskräfte an diesem Einführungsprozeß beteiligt werden (aber auch die von der Führung betroffenen Mitarbeiter) oder, um ein anderes Beispiel zu nennen: die Entwicklung eines Personalbeurteilungssystems sollte mit den Beurteilern, aber auch mit den Beurteilten erfolgen. Auf die jeweils angemessene Form der Partizipation kann an dieser Stelle nicht näher eingegangen werden. Die Forderung nach Partizipation dürfte jedenfalls unstrittig sein, wenn es um die Entwicklung von *Instrumenten* geht. Bezüglich von *Einzelmaßnahmen* ist eine pauschale Bewertung nicht möglich (Beispiel: Entlassung). Oft empfiehlt sich hier eher eine institutionalisierte Form der Partizipation, die am Regelsystem und nicht am Einzelfall ansetzt.

Zusammenfassung

Die genannten normativen Beurteilungskriterien sollten nicht als unverbindliche und idealistische Gedankenspielerei zur Seite gelegt werden. Sicherlich gibt es Umstände, die die Bedeutung der Kriterien, bzw. genauer: die ausgiebige Auseinandersetzung mit der Frage, inwieweit das jeweilige Instrument/die jeweilige Maßnahme das jeweilige Kriterium erfüllt, relativieren. So ist es beispielsweise wenig ergiebig, bei jeder personalwirtschaftlichen Maßnahme eine umfängliche Partizipation einzufordern. So kann auf Partizipation dann verzichtet werden, wenn durch die Maßnahme keine gravierenden Folgen entstehen, wenn es sich um eine Einzelmaßnahme handelt, die keine großen Auswirkungen hat, wenn die Entscheidung leicht revidiert werden kann usw.

d) Wissenschaftliche Fundierung

Die abendländische Rationalität ist von der Vorstellung beseelt, daß sich die Lebenspraxis von den Einsichten der Wissenschaft leiten lassen sollte. Daher gilt Wissenschaftlichkeit auch als besonderes Gütezeichen. Wir sind im Abschnitt 3 auf einige wichtige Probleme im Verhältnis von Theorie und Praxis eingegangen. Hierbei stellte sich heraus, daß die wissenschaftliche Fundierung praktischer Gestaltung nur bedingt und annäherungsweise gelingen kann. Im folgenden werden einige Kriterien angesprochen, die für eine mehr oder weniger gut begründete wissenschaftliche Fundierung sprechen.

Qualität der theoretischen Argumentation

Je besser die Theorie ist, die einer Gestaltungsmaßnahme zugrundeliegt, desto größer ist die Wahrscheinlichkeit ihrer Wirksamkeit (Effizienzthese). So dürften Personalauswahlverfahren, die Erkenntnisse der Persönlichkeitstheorie berücksichtigen, effizienter sein als solche, die sich auf das Alltagsverständnis gründen. Ein anderes Beispiel: Die Zusammensetzung von Arbeitsgruppen sollte sich nicht ausschließlich an den Qualifikationen der potentiellen Gruppenmitglieder orientieren, sondern auch gruppendynamische Einsichten beachten. Danach sind die „richtigen" Einstellungen und bestimmte Persönlichkeitsstrukturen von höchster Bedeutung für ein Gelingen der Gruppenarbeit. Die verhaltenswissenschaftlichen Grundlagen sind allerdings nicht alle von gleichem Wert. So ist eine Anreizpolitik, die sich auf die schematische Maslow-Pyramide gründet, weniger wirkungsvoll als die Anwendung lerntheoretischer Einsichten, wie sie etwa im Rahmen des sogenannten Organizational-Behaviour-Modification-Ansatzes propagiert werden (s.o.). Die Qualität einer Theorie hängt im übrigen – wie in Abbildung 3.5 angeführt – von ihrer empirischen Bewährung ab. Außerdem sollte man sich nicht auf Theorien stützen, die in einer intellektuellen Monokultur entstanden sind. Gute Theorien entstehen nur in einem Klima des theoretischen Pluralismus.

Transparenz

Ein Grundproblem im Verhältnis von Theorie und Praxis ergibt sich aus den Schwierigkeiten einer eindeutigen Ableitung praktischer aus theoretischen Aussagen (vgl. Abschnitt 3). Diese Schwierigkeiten sollte man nun nicht vertuschen, sondern im Gegenteil transparent machen. Dies gebietet nicht nur die intellektuelle Redlichkeit, sondern auch die praktische Vernunft, denn wie wollte man sein zukünftiges Handeln verbessern, wenn man die eigenen argumentativen Schwachpunkte nicht sehen will? Man sollte sich Klarheit darüber verschaffen, an welchen Stellen man durch Vermutungen Wissen ersetzt, an welchen Stellen eine logische Begründungslücke existiert und an welcher Stelle man die eigenen Interessen zur Geltung bringt und andere Interessen vernachlässigt. Wichtige Kriterien zur Beurteilung der praktischen Gestaltung sind daher die Durchsichtigkeit der Argumentation und die Klarheit über die verwendeten Annahmen und – damit verbunden – die Begründung dafür, was für die gesetzten Annahmen spricht.

Diskursive Begründung

Sicherlich ist die Einfachheit und Klarheit technologischer Ableitungen äußerst wünschenswert. Auch ist es sinnvoll, wissenschaftliche Belege für die Güte der Zusatzannahmen zu fordern. Besonders in den Sozialwissenschaften ist die stringente logische Durchdringung der Ableitungsketten allerdings oft nicht möglich. Dies liegt an der unpräzisen Theorieformulierung, an der verwickelten logischen Struktur der Aussagen (es handelt sich meist um empirische Verallgemeinerungen oder um vage statistische Regelmäßigkeiten), an den Schwierigkeiten der Messung, d.h. der Feststellung, ob ein bestimmter Sachverhalt nun vorliegt oder nicht. Diese Schwierigkeiten entbinden nun allerdings nicht von der Verpflichtung, sich über die Begründung für die Auswahl einer bestimmten Gestaltungsalternative Rechenschaft zu geben. Wenn dies auch nicht unbedingt im strikten logischen Nachweis der Stimmigkeit von Ableitungen und im empirischen Nachweis der Gültigkeit der Prämissen erfolgen kann, so ist dennoch eine Begründung bzw. Verteidigung der Gestaltungsempfehlungen möglich. Das Begründungsverfahren ist dann allerdings nicht mehr ausschließlich logischer Natur, vielmehr sollen die Stimmigkeit und Erfolgsträchtigkeit im Rahmen eines „Diskurses" erfolgen, in dem wichtige Schwachstellen der Argumentation identifiziert und in ihrer Bedeutsamkeit eingeschätzt werden. Eine solche „kommunikative" Urteilsfindung muß allerdings bestimmten Regeln folgen, die insbesondere verhindern sollen, daß sich ideologische Vorstellungen durchsetzen, daß statt der Wahrheitsfindung die Interessendurchsetzung, daß statt Offenheit ein Klima der Abschottung gegen Kritik entsteht. Für

unsere Fragestellung ergibt sich hieraus vor allem die Forderung nach einer „kommunikativen" Gestaltung
- des Prozesses der Entwicklung von Instrumenten und
- des Entscheidungsprozesses, der zur Verabschiedung personalwirtschaftlicher Maßnahmen führt.

Die Regeln einer solchen kommunikativen Gestaltung sind gleichzeitig Kriterien zur Beurteilung des Ergebnisses (des Instrumentes; der personalwirtschaftlichen Maßnahme). So sind z.B. Vorbehalte gegenüber Instrumenten angebracht, die schlichtweg von anderen Unternehmen übernommen werden, weil sie sich dort „bewährt" haben, wenn sich die Einschätzung der Bewährung lediglich auf unsystematische Erfahrungen stützt. Zugegebenermaßen ist eine solche Übernahme aber immer noch besser als der Einsatz eines Instruments, das anderweitig schon zu größeren Problemen geführt hat.

In der diskursiven Begründung von Gestaltungsmaßnahmen zählen jedenfalls vor allem Argumente. Nun ist zu beachten, daß gute Argumente nicht notwendigerweise und selbstverständlich zur Geltung kommen. Es ist also zu überlegen, wie dafür zu sorgen ist, daß gute Argumente in die Diskussion eingebracht werden können, daß sie von allen Seiten beleuchtet werden, nicht unterdrückt werden und sich auch durchsetzen können. Es ist also zu fragen, welche Bedingungen eine rationale Argumentation fördern. Einige dieser Bedingungen seien aufgezählt:

- Zwangsfreiheit,
- Gleichberechtigung,
- Zeit,
- Sachverstand,
- doppelte Begutachtung,
- Betroffenheit,
- Kontrolle der Einhaltung von Argumentationsregeln.

Das letzte Kriterium verzahnt die genannten *äußeren Bedingungen* mit inhaltlichen Aspekten der Argumentation. Welche Einzelargumente sollen zugelassen werden, welche *Argumentationsregeln* sollen die Auseinandersetzung lenken und welche Argumentationsregeln sind zu beachten? Auch hierzu sei eine Auswahl der Merkmale guter Argumentation genannt:

- Fundierung der Argumentation in bewährten Aussagen,
- prinzipielle Prüfbarkeit der Argumente,
- Nachvollziehbarkeit der Aussagen,

- Zulassung auch von komplexen Argumenten,
- Zulassung jedes Arguments,
- Zulassung jedes Gegenarguments,
- besondere Gewichtung kritischer Argumente,
- Herausstellen impliziter Annahmen.

Viele der genannten Beurteilungskriterien mögen sehr idealtypisch erscheinen und ihre Verwirklichung bzw. Berücksichtigung in der Praxis auf große Schwierigkeiten stoßen. So scheint es wenig angebracht, z.B. bei Entlassungen immer eine diskursive Verständigung herbeiführen zu wollen. Hierzu läßt sich anmerken, daß die beschriebenen Verfahrensregeln nicht so zu verstehen sind, daß für jede neue Einzelentscheidung immer wieder ein umständliches Entscheidungsfindungsverfahren notwendig wird. Wichtig ist, daß sich die Einzelentscheidung in einem durch den Diskurs verabschiedeten Regelrahmen bewegt. Die Veränderung dieses Rahmens muß allerdings wieder diskursiv möglich sein. So wird man dem Vorgesetzten nicht das Recht absprechen wollen, bestimmte personalbezogene Entscheidungen autonom zu fällen. Es dürfte allerdings selbstverständlich sein, daß sich die Vorgesetzten nicht im Raum freier Willkür bewegen, sondern regelgebunden sind. Andererseits können genau diese Regeln auch einen großen Gestaltungsspielraum eröffnen. Ähnlich ist bei der Entwicklung von Instrumenten vorzugehen. Die Entwicklung eines Instrumentes (z.B. von Mitarbeiterbefragungen) kann einer Projektgruppe übertragen werden, die in freier Verantwortung dieses Instrument entwickelt. Aus diskursiver Sicht ist allerdings zu fordern, daß die Ergebnisse und Überlegungen dieser Gruppe den Betroffenen bzw. Vertretern der Betroffenen bekannt gemacht werden und diesen das Recht eingeräumt wird, im Zweifelsfall Einspruch und Verbesserungsvorschläge zur Geltung zu bringen.

e) *Voraussetzungen und Grenzen des Instrumenteneinsatzes*

Die Beachtung der bisher genannten Kriterien soll gewährleisten, daß die verwendeten Instrumente und die ergriffenen Maßnahmen gut fundiert sind. Sie sind gewissermaßen Garanten für qualitativ hochwertige Lösungen. Leider ist es nicht immer möglich und sinnvoll, die beste Lösung anzustreben. Die Entwicklung eines Instruments bzw. die Übernahme eines bereits vorhandenen Instruments muß sich auch an den Einsatzvoraussetzungen orientieren. Ähnliches gilt für die Entscheidungsfindung, die sich auch am Durchsetzungsprozeß orientieren muß. Die Eingabevoraussetzungen definieren gewissermaßen weitere Anforderungen, und zwar in gleicher Weise für „technische" und „sozialtechnische" Gestaltungsmaßnahmen. So ist es beispielsweise wenig sinnvoll, modernste Werkzeugmaschinen einzusetzen, wenn sie niemand bedienen kann. Ebensowenig sinnvoll ist die Einrichtung von Qualitätszirkeln, wenn die Mitarbeiter hierfür kein Interesse entwickeln wollen.

Ressourcenprobleme

Der Einsatz von Instrumenten erfordert Know-how, Zeit und genügend Sachmittel. Das Vorhandensein dieser Ressourcen ist gewissermaßen Bestandteil des Instruments. Sind die Ressourcen nicht in ausreichendem Maße vorhanden, so müssen eventuell Modifikationen an den Instrumenten vorgenommen werden. Es ist dann natürlich zu prüfen, ob sich hieraus Veränderungen im Hinblick auf die bislang diskutierten Kriterien (Effizienz, theoretische Fundierung, normative Bewertung) ergeben.

Steuerungsprobleme

Während Ressourcen gewissermaßen die Strukturkomponente ausmachen, betreffen Steuerungsprobleme die Prozeßkomponente. Know-how muß nicht nur vorhanden sein, es muß auch zur rechten Zeit am rechten Ort verfügbar sein. Gleiches gilt für Sachmittel. Ein wesentliches Element der Steuerung ist damit die Ressource „Zeit". Daneben sind nicht zuletzt Managementfähigkeiten gefordert, wobei instrumentenspezifische Besonderheiten zu bedenken sind. Die Einrichtung teilautonomer Arbeitsgruppen stellt andere Ansprüche an das Management als ein betriebliches Vorschlagswesen.

Störpotentiale

Viele Instrumente taugen nur für den Normalgebrauch. Außergewöhnliche Ereignisse oder Dauerbeanspruchung können ihre Wirksamkeit gefährden. Es ist daher zu prüfen, wie robust die Instrumente sind, ob gravierende Störpotentiale vorhanden sind und ob diese im Zweifelsfall abgeschirmt werden können. Als Beispiel aus dem personalwirtschaftlichen Bereich sei auf die Verfahren der Leistungsbeurteilung verwiesen. Diese unterscheiden sich erheblich, was ihre Anfälligkeit für Beurteilungsfehler angeht, sie sind auch nicht unempfindlich im Hinblick auf die Situationsbedingungen (Führungsstil, Organisationsklima), in denen sie eingesetzt werden.

Soziale Einbettung

Eine wichtige Teilklasse situativer Besonderheiten ist die soziale Einbettung des Instrumentengebrauchs. Dies gilt schon bezüglich ihrer Funktionstüchtigkeit (Abschnitt b), denn wenn auf soziale Prozesse keine Rücksicht genommen wird, dann versagt jede Sozialtechnologie. Ein wichtiges Element der sozialen Einbettung eines Instrumentes ist seine Akzeptanz. Dies bedeutet nicht, daß der Instrumenteneinsatz nicht zu effizienten Resultaten führen kann, wenn die Akzeptanz bei den Betroffenen fehlt. Beispielsweise kann die Durchsetzung harter Leistungskontrollen durchaus zu Leistungssteigerungen führen. Allerdings ist bei fehlender Akzeptanz damit zu rechnen, daß negative Wirkungen auftreten werden – nicht notwendigerweise in unmittelbar betroffenen, dann aber in einem anderen Handlungsfeld. Eng verbunden mit dem Akzeptanzphänomen ist die Frage nach der Macht, die dem Verwender eines Instruments zur Verfügung steht. In vielen Unternehmen werden beispielsweise Personalbeurteilungen nur sehr zögerlich und unvollständig durchgeführt. Das Personalbeurteilungssystem kann dann (insbesondere wegen der fehlenden Machtausstattung der Personalabteilung) seine potentielle Wirkungsweise nicht entfalten. Zu beachten ist, daß Machteinsatz und Akzeptanz nicht notwendigerweise komplementär sind. Es gibt Machteinsatz, der fehlende Akzeptanz kompensiert, ebenso wie Machteinsatz, der Akzeptanz restlos beseitigt. Zur sozialen Einbettung von personalwirtschaftlichen Instrumenten gehören schließlich Fragen wie die, ob sich das Instrument in die gegebenen sozialen Prozesse einfügt oder ob sie hiermit kollidieren. Beispielsweise paßt ein Prämiensystem für Verbesserungsvorschläge nicht in ein Unternehmen, in dem die Kreativität der Mitarbeiter eine selbstverständliche Anforderung ist.

f) Zusammenfassung

Die in Abbildung 3.5 angeführten Kriterien liefern eine „Prüfliste", die bei der Bewertung der praktischen Arbeit herangezogen werden sollte. Das Gewicht der verschiedenen Kriterien wird sicherlich nicht immer gleich sein können, keines der Kriterien ist jedoch unwichtig. Alle beanspruchen Gültigkeit. Allerdings können sie inhaltlich je nach Problemstellung ein unterschiedliches Gewicht annehmen. In unseren Beispielen sind wir vor allem auf den Instrumenteneinsatz eingegangen. Daneben wurde verschiedentlich auch die Entscheidungsfindung – also die Ableitung von Maßnahmen – behandelt. Nicht eingegangen wurde auf die Gestaltung personalwirtschaftlicher Institutionen und Strukturen. Die Entwicklung und Einrichtung von Institutionen bringt in der Regel sehr vielfältige und kaum noch überschaubare Konsequenzen mit sich. Ein entsprechender Gestaltungsansatz muß entsprechend umfassend als „Organisationsentwicklung" angelegt sein. Auf die damit verbundenen vielgültigen und vielschichtigen Probleme sei an dieser Stelle nur verwiesen. Dies gilt auch für ihre Bewertung, die in besonderem Maße kritisch zu sein hat.

6 FAZIT: DIE ANALYSE PERSONALWIRTSCHAFTLICHER GESTALTUNG

Abschließend soll ein Fazit gezogen werden. Was ist bei der Beurteilung von hypothetischen und/oder real vorfindlichen Gestaltungsansätzen zu beachten? Zunächst ist festzuhalten, daß ein Gestaltungsansatz nicht dadurch „gut" wird, daß er in der Praxis angewendet wird und auch nicht dadurch, daß man ihm das Etikett „wissenschaftlich" anheftet. Es kommt vielmehr ganz entscheidend darauf an, wie Erkennen und Handeln miteinander „vermittelt" werden. Bei der Beurteilung eines Instruments ist zu beachten, welche allgemeinen Einsichten bei der Konstruktion und bei der Anwendung des Instrumentes zur Anwendung kommen, ob und wie der Einsatz des Instruments geprüft wurde, welche Voraussetzungen gegeben sein müssen, damit die Anwendung eines Instruments überhaupt Sinn macht, welche „Störpotentiale" die Wirksamkeit eines Instruments untergraben, in welchem Gesamtzusammenhang der Instrumenteneinsatz steht und wessen Interessen von ihm tangiert werden.

Erfolgreiche Gestaltung gründet immer auf einem Denken in Alternativen. Es gibt nicht die eine und die einzig richtige Praxis. Praxisgestaltung ist ein Konstruktions- und Umsetzungsprozeß. Bei der Gestaltung der sozialen Wirklichkeit sind daher Phantasie und Realitätssinn gleichermaßen gefordert. Phantasie ist gleichermaßen notwendig bei der Erfindung eines neuen Instruments als auch bei seinem situationsadäquaten Einsatz. Die Vorstellung, ein gegebenes Instrument ließe sich ohne weiteres und „schablonenhaft" umsetzen, führt unausweichlich zum Mißerfolg. Jede konkrete Situation enthält ihre eigenen Herausforderungen, die Beachtung verdienen. Praktisches Handeln muß die jeweils gegebenen wirtschaftlichen und sozialen Bedingungen beachten, es muß berücksichtigen, welche Personen und Institutionen von den Maßnahmen betroffen sind, in welchen Traditionen das organisationale Handeln steht, welche Erfahrungen die Organisationsmitglieder mitbringen usw. Daher ist neben Phantasie auch Realitätssinn gefragt, also die Fähigkeit und nicht minder die Bereitschaft, Gegebenes und neu Geschaffenes einer kritischen Prüfung zu unterziehen und gegebenenfalls neuen Einsichten und veränderten Bedingungen anzupassen.

In Abbildung 3.6 findet sich ein allgemeines Prüfschema für den Instrumenteneinsatz, das die angeführten Überlegungen berücksichtigt. Danach ist zunächst zu klären, welche Aufgabe mit dem Einsatz eines Instrumentes überhaupt erfüllt werden soll. Die Haupt- und Nebenziele sind zu bestimmen und es ist zu prüfen, welche „verborgenen" Bestimmungsgründe seinen Einsatz motivieren. Personalbeurteilungssysteme beispielsweise sollen den Entwicklungsstand eines Mitarbeiters dokumentieren. Im Blickpunkt stehen Informationen über die Einsatzmöglichkeiten des Mitarbeiters und über einen evtl. Weiterbildungsbedarf. Beurteilungssysteme eignen sich daneben aber auch als Führungsmittel, und sie können darüber hinaus auch zur Entgeltfindung eingesetzt werden. Ein konkretes Personalbeurteilungssystem ist nun daraufhin zu untersuchen, ob die damit verbundenen Ziele überhaupt erreicht werden und ob „hinter" seinem Einsatz nicht auch irgendwelche Nebenzwecke stecken.

- Welchem Hauptzweck dient das Instrument?
- Welche weiteren Ziele sind beim Einsatz zu beachten?
- Aus welchen Teilelementen besteht das Instrument?
- Welche Varianten gibt es?
- Welches sind die wichtigsten Gestaltungsparameter?
- Welche Wirkungshypothesen unterstellt der Instrumentengebrauch?
- Welches sind die wichtigsten Anwendungsvoraussetzungen?
- Wie ist das Instrument zu bewerten?

Abb. 3.6: Fragestellungen zur Analyse personalwirtschaftlicher Gestaltungsmaßnahmen

So dient die Personalbeurteilung manchem Vorgesetzten vor allem als Disziplinierungsinstrument – eine Aufgabe, für die gerade dieses Instrument denkbar ungeeignet ist. Nicht selten fehlt einem Personalbeurteilungssystem auch jedes „Leben", d.h. Beurteilungen werden zwar routinemäßig durchgeführt, verschwinden dann aber in den Schubladen und bleiben ohne Konsequenzen. Dennoch können auch hinter diesem scheinbar funktionslosen Geschehen verborgene Motivationen stecken. Selbst leere Rituale haben ihren Zweck, denn sie sind dazu geeignet, die bestehende Ordnung und die damit verbundenen hierarchischen Strukturen zu bestätigen. Wie sinnvoll der Einsatz von Personalbeurteilungssystemen aus dieser Sicht im einzelnen jeweils ist, sei allerdings dahingestellt.

Zur Charakterisierung eines Instruments gehört nicht nur die Klärung der mit seinem Einsatz verbundenen Ziele, sondern natürlich auch die inhaltliche Beschreibung der „Teilelemente", aus denen es sich zusammensetzt. Um bei unserem Beispiel zu bleiben: zu einer Personalbeurteilung gehören in jedem Fall die Beschreibung der Aufgaben der Mitarbeiter und die Erläuterung der verwendeten Beurteilungskategorien. Damit ist das Beurteilungs*system* aber noch nicht hinreichend beschrieben. Wesentliche Bestandteile eines solchen *Systems* sind beispielsweise auch die Beurteilerschulung und der Feedbackprozeß nach erfolgter Beurteilung.

Von jedem Instrument gibt es unterschiedliche Varianten. Eine Leistungsbeurteilung folgt beispielsweise einer anderen Logik als eine Potentialbeurteilung. Auch ist zu bedenken, daß es oft mehr oder weniger enge Verwandtschaften zwischen personalwirtschaftlichen Instrumenten gibt, und es ist zu prüfen, ob es möglich ist, sie substitutiv einzusetzen. So läßt sich eine Leistungsbeurteilung beispielsweise auch durch Zielvereinbarungen ersetzen. In beiden Fällen geht es um die Verhaltenssteuerung. Im ersten Fall erfolgt die Beurteilung primär über die Kommunikation, im zweiten Fall wesentlich unmittelbarer über den Zielerreichungsgrad und über die damit verknüpften monetären Konsequenzen.

Von besonderem analytischen Interesse sind die Gestaltungsparameter eines Instruments. Damit sind diejenigen Eigenschaften gemeint, auf die der Gestalter Einfluß nehmen kann, um seine Zwecke zu erreichen. Ein wichtiges Gestaltungselement der Personalbeurteilung ist der *Inhalt der Beurteilungskategorien*. In der Praxis findet man häufig „Persönlichkeitsbeurteilungen", die darauf zielen, bestimmte allgemeine Eigenschaften wie Zuverlässigkeit, Fleiß oder Ausdauer zu erfassen. Dieser Ansatz hat deutliche Grenzen. „Fleiß" beispielsweise ist ein „subjektiver" Begriff, der je nach alltagssprachlichem Kontext sehr unterschiedlich verwendet wird. Der richtige Gebrauch von wissenschaftlichen Kategorien (z.B. der Persönlichkeitspsychologie) dagegen setzt Wissen voraus, über das nur wenige Beurteiler verfügen. Außerdem wird das konkrete Arbeitsverhalten nur sehr bedingt durch allgemeine Persönlichkeitseigenschaften bestimmt. Statt die Persönlichkeit eines Mitarbeiters erfassen zu wollen, empfiehlt sich daher eher eine Verhaltensbeurteilung. Diese Beurteilung läßt der Willkür weniger Raum und ist daher auch weniger strittig. Außerdem bietet die Verhaltensbeurteilung die Möglichkeit, konkrete Ansatzpunkte für eine Veränderung unerwünschter Verhaltensweisen zu gewinnen.

Ein anderes Gestaltungselement von Beurteilungsverfahren richtet sich auf den *Kreis der Beurteiler*. Das Standardverfahren überläßt dem Vorgesetzten die Beurteilung. Andere Verfahren – wie das „360 Grad Feedback" – beziehen neben dem Vorgesetzten auch die Kollegen und evtl. sogar die Kunden mit ein. Daneben wird auch der Beurteilte zu einer Selbstbeurteilung aufgefordert. Als weiteres Gestaltungselement von Personalbeurteilungen sei der Grad der *Standardisierung* erwähnt. Es gibt sogenannte „freie" Beurteilungen, die es dem Beurteiler überlassen, welche Beurteilungskategorien er verwendet, es gibt Verfahren, die das Antwortformat vorgeben, Verfahren, die eine Rangreihe (welcher Mitarbeiter ist der „beste", welcher der „zweitbeste" usw.) verlangen und Scoring-Verfahren, also Verfahren, die die Vergabe von Punktwerten vorsehen. Es sei nochmals wiederholt: es gibt nicht das generell „beste" Verfahren. So ist beispielsweise das „freie" Verfahren nur selten zu empfehlen, es gibt aber durchaus Anwendungssituationen, in denen es bessere Dienste leistet als hochstrukturierte und standardisierte Verfahren. Man sollte sich jedenfalls über die Angemessenheit des ausgewählten Verfahrens (über die Festlegung auf eine bestimmte Gestaltungsalternative) Rechenschaft geben, denn es versteht sich eigentlich von selbst, daß gerade eine *wissenschaftliche* Betriebspraxis auf gute Gründe für Handeln setzt. Ob bewußt oder unbewußt, beim Einsatz eines Instrumentes folgt man immer einer Wirkungsvermutung: man entscheidet sich für eine Alternative, weil sie einem zweckdienlicher erscheint als eine andere Alternative. Daraus folgt zweierlei. Erstens sollte man sich über seine Wirkungshypothesen Klarheit verschaffen. Und zweitens sollte man sich über die Begründung dieser Wirkungshypothesen Rechenschaft geben. Insbesondere ist zu prüfen, ob die vermuteten Wirkungen auch *in der jeweils konkreten Situation* eintreten werden. So verspricht man sich vom 360 Grad Feedback, daß es einen gemeinsamen Lernprozeß in Gang setzt. Es ist aber fraglich, ob dieses Vorhaben in hoch-bürokratischen Organisationen – die sich primär auf unpersönliche Koordinationsmechanismen stützen – gelingen kann. Mit dieser Überlegung ist ein wichtiger Aspekt in der Beurteilung von personalwirtschaftlichen Instrumenten angesprochen: die Prüfung der Anwendungsvoraussetzungen. Denn ob ein Instrument die Dienste leistet, die man sich von seinem Einsatz verspricht, hängt nicht zuletzt auch von der Anwendungssituation, also von den jeweils gegebenen konkreten Handlungsbedingungen ab.

Eine weitere wichtige Erfolgsvoraussetzung liegt in der professionellen Handhabung des Instruments (wie bereits erwähnt, gehört z.B. zu einem Personalbeurteilungssystem immer auch eine entsprechende Schulung). Und schließlich hängt die Effizienz eines Instruments auch davon ab, in welcher Weise sein Einsatz durch zusätzliche Maßnahmen abgestützt wird. So ist es beispielsweise sinnlos, eine Personalbeurteilung einführen zu wollen, wenn mächtige Bereichsleiter diesem Instrument mit Skepsis gegenüberstehen. In diesem Fall muß der Einführung des Instruments eine erfolgreiche Überzeugungsarbeit vorangehen. Und schließlich sollte der Instrumenteneinsatz zur jeweiligen Personalpolitik passen. So macht es beispielsweise wenig Sinn eine enge Verhaltensbeurteilung vorzunehmen, wenn man „eigentlich" die Eigenständigkeit der Mitarbeiter fördern will. Die letzte, aber nicht die unwichtigste Frage bemüht die Beurteilungskriterien, die im Abschnitt 5 beschrieben wurden. Personalwirtschaftliche Maßnahmen rücken dem Menschen unmittelbar auf den Leib. Es ist daher nicht nur legitim, sondern auch geboten, zu fragen, wie stark sie in Persönlichkeitsrechte eingreifen und welche unmittelbaren und welche weniger offenkundigen Wirkungen sie entfalten. Um beim Beispiel des 360 Grad Feedback zu bleiben: es ist doch sehr die Frage, ob die beabsichtigte Rundum-Durchleuchtung eines Mitarbeiters ethisch gerechtfertigt werden kann oder ob – um den gesellschaftlichen Kontext nicht zu vergessen – dieses Instrument überhaupt und ganz allgemein als wirkliche kulturelle Errungenschaft gelten kann.

Kapitel 4: Selektion

Selektion ist ein fundamentaler und umgreifender Vorgang, der die Geschicke von Organisationen nachhaltig beeinflußt. Das vorliegende Buch behandelt nur einen sehr speziellen Aspekt der Selektion, nämlich die gezielte Auswahl neuer Mitarbeiter. Um den Stellenwert der hierbei auftretenden Fragen angemessen würdigen zu können, ist es daher angebracht, zunächst einige Überlegungen zur allgemeinen Selektionsproblematik anzustellen.

1 EVOLUTION UND SELEKTION

Selektion ist eine mächtige Kraft. Selektionsvorgänge sind beispielsweise dafür verantwortlich, welche Entwicklungspfade die biologischen Lebensformen eingeschlagen haben und welche ihnen in Zukunft offen stehen. Wären beispielsweise Dinosaurier und Neandertaler nicht ausgestorben oder hätten sich bestimmte Organismen, die an den Verzweigungsstellen der Artenentwicklung standen, nicht behauptet: die heutige Natur hätte ein anderes Gesicht. Die Gesetzmäßigkeiten der biologischen Evolution sind oft erstaunlich und faszinierend. Nur auf den zweiten Blick einleuchtend ist z.B., daß die von der Selektion direkt Betroffenen nicht die eigentlichen Objekte der Selektion sind. Unmittelbar ausgesondert werden zwar die einzelnen Individuen einer Spezies - denn diese überleben oder sterben - doch für die Evolution entscheidend ist nicht das individuelle Schicksal, sondern das Überleben der Informationen, die in den Genen stecken. Das Individuum ist lediglich „Träger" dieser Erbinformationen, und als Einzelwesen gewissermaßen uninteressant. Es sind also einzig die Gene, deren Überleben zur Debatte steht. Bemerkenswert ist außerdem, daß die biologische Evolution erheblich lernbehindert ist. Gleichgültig, welche Erfahrungen ein Individuum in seinem Leben macht, weitergeben kann es nur das Erbgut, das es in sich trägt und auf das es keinen Einfluß hat. Um so erstaunlicher ist daher, daß die biologische Selektion – obwohl sie ein völlig „blinder" Prozeß ist, also ein Vorgang, den niemand steuert und hinter dem kein höherer Zweck steht – sehr stabile „Lösungen" hervorbringt. Man denke nur an die Funktionstüchtigkeit, die die menschlichen Sinnesorgane im Zuge der Evolution entwickelt haben. Wir wollen uns aber nicht in einer Darstellung der Evolutionstheorie verlieren (vgl. z.B. Wuketits 1995), sondern eigentlich nur darauf hinweisen, wie verführerisch es ist, das biologische Evolutionsmodell auch auf soziale Systeme, also auch auf Unternehmen, zu übertragen.

a) Evolution von sozialen Systemen?

Überträgt man die Erkenntnisse der Biologie unmittelbar auf soziale Systeme, dann ginge es bei der sozialen Evolution ebenfalls nicht um einzelne Organisationen, sondern um bestimmte Organisationspopulationen. Der Selektion ausgesetzt sind in dieser Betrachtung also, ebensowenig wie im biologischen Fall, einzelne Akteure – in diesem Falle Organisationen – sondern deren „genetische Programme". Mit Organisationen, die sich als nicht überlebensfähig erweisen, gehen auch deren Reproduktionsprogramme unter, also der informations- und steuertechnische Kern, der das organisationsspezifische Pendant des genetischen Codes biologischer Organismen ist. Am besten stellt man sich unter derartigen Reproduktionsprogrammen die Institutionen und Praktiken von Organisationen vor. Allerdings sind nur die wirklich „tief" verankerten Steuerungsmechanismen relevant; Mechanismen, die für die vielfältigen „Oberflächenphänomene" verantwortlich sind, die sich beobachten lassen. Zu diesen Oberflächenphänomenen zählen z.B. die vielfältigen Regeln und situationsspezifischen Handlungsprogramme der Organisation. Es sind also nicht so sehr einzelne Praktiken (Einsatz von bestimmten Managementmethoden, Controllingsystemen usw.) dafür verantwortlich, ob sich Organisationen in ihrem sozialen Milieu (also auf den Märkten, im lokalen Umfeld usw.) behaupten, die entscheidende Bedeutung kommt vielmehr den in die Organisation eingebauten Basisprogrammen zu (genaueres bei Behrends 2001).

b) Evolution der organisationalen Basisprogramme

In diesem Bild spielen die Menschen (ebenso wie im Modell der biologischen Evolution) nur eine marginale Rolle – obwohl sie ja nach der üblichen Vorstellung die Hauptakteure sind und auch „eigentlich" die Organisation ausmachen. Im Evolutionsmodell sind sie lediglich die Agenten der Reproduktionsprogramme. Entscheidend ist danach nicht, ob eine Organisation fähige und motivierte Mitglieder hat, vielmehr kommt es darauf an, ob es der Organisation gelingt, fähige und motivierte Mitglieder an sich zu binden, also Organisationsteilnehmer, die in der Lage sind, die Handlungsprogramme der Organisation auszuführen. Maßgeblich beispielsweise für die Auswahl neuer Organisationsmitglieder sind daher auch nicht die Überlegungen der Menschen, die die Auswahlentscheidungen „vordergründig" treffen, sondern die der Organisation eigenen Selektionsmechanismen, die „untergründig" das Handeln der Auswählenden lenken. Das Evolutionsmodell ist also alles in allem sehr akteursfern.

Dennoch weist es dem menschlichen Handeln eine gewisse Bedeutung zu: Menschen sorgen für „Variation", ihr Handeln bereichert das Verhaltensrepertoire einer Organisation. Es sorgt dafür, daß Programme aus anderen Organisationen importiert werden und dafür, daß bei der Programmausführung „Fehler" auftreten, die sich zu alternativen

Verhaltensweisen verfestigen können. Damit sorgt menschliches Verhalten auch für eine gewisse Veränderung der Basisprogramme der Organisation (ihrer „Gene"). Ob diese Veränderungen von Dauer sind, ist aber wiederum nicht vom menschlichen Handeln abhängig, sondern davon, ob sich die Organisationen mit der veränderten „Genausstattung" angesichts der gegebenen Umweltkräfte (z.B. politische Anforderungen, Wettbewerb usw.) bewähren oder ob Organisationspopulationen mit dem neuartigen Genpool aussterben.

Wie man aus dieser Darstellung leicht erkennt, sind der evolutionstheoretischen Betrachtung von Organisationen (vgl. ausführlicher z.B. Aldrich 1999) enge Grenzen gesetzt. So ist z.B. weder bekannt, wie die Mechanismen der Variation und Selektion im Bereich sozialer Systeme genau funktionieren, noch ist es angebracht, Organisationen als Gebilde zu betrachten, die hilflos dem Wirken des Zufalls ausgesetzt sind. Organisationen sind nicht zuletzt Ergebnisse des menschlichen Gestaltungswillens, ihre Veränderung und Verbesserung ist also nicht völlig dem Prozeß der natürlichen Auslese ausgeliefert. Dennoch sollte man die Wirksamkeit „blinder" Selektionsprozesse auch im Bereich des sozialen Lebens nicht unterschätzen. Man denke nur an das Entstehen und Vergehen von Moden und Mythen der Organisation, also an z.T. sehr flüchtige Erscheinungen, die aber gerade hieraus ihre Funktion beziehen: als Experimente von Organisationen, als Probehandeln, das sich zwar oft als nicht dauerhaft erweist – aber vielleicht „den Versuch wert ist", weil es sich unter Umständen doch als stabil erweisen könnte. Schließlich eine letzte Überlegung: Moden und Mythen verschwinden nicht deswegen – wie die evolutionstheoretische Argumentation vermuten läßt –, weil Organisationen untergehen, sondern weil sie durch andere Praktiken verdrängt werden.

c) Grenzen der Evolutionsbetrachtung

Um diese Selektionsprozesse zu erklären, reicht die skizzierte evolutionstheoretische Argumentation nicht aus: Wissen und Können wird eben nicht nur vererbt, sondern auch erworben. Nun ließe sich einwenden, daß diese Kritik den evolutionstheoretischen Ansatz gar nicht trifft, weil sich evolutionstheoretische Betrachtungen mit kurzfristigen Veränderungen gar nicht befassen, sondern nur auf langfristige Entwicklungen richten. Wie immer dem sei, es gibt alternative Theorien, die jenseits der Evolutionsbetrachtung geeignet sind, langfristige Veränderungen zu erklären. Abbildung 4.1 zeigt das Muster der Ausbreitung einer personalwirtschaftlichen Innovation (vgl. die empirische Studie von Martin 1989). Während im Jahr 1970 noch relativ wenige Unternehmen Verfahren der Personalbeurteilung eingeführt haben, steigt der Anteil der Unternehmen, die dieses Instrument verwenden, in der Folgezeit kontinuierlich an, um schließlich einen Sättigungspunkt zu erreichen (ein ähnliches Verlaufsmuster findet man im übrigen auch für die Verbreitung von Assessment Center Verfahren (vgl. Martin 1989).

Wie kommt es, daß immer mehr Unternehmen personalwirtschaftliche Innovationen nutzen? Werden sie dazu gezwungen, erfolgreiche personalwirtschaftliche Instrumente einzusetzen, weil sie sonst Wettbewerbsnachteile erleiden würden? Man kann diesbezüglich geteilter Meinung sein – immerhin liefert diese Überlegung eine unkomplizierte Erklärung für die Ausbreitung von organisationalen Praktiken – man braucht also auch für die Erklärung von stabilen organisationalen Phänomenen keine evolutionstheoretische Begründung zu bemühen.

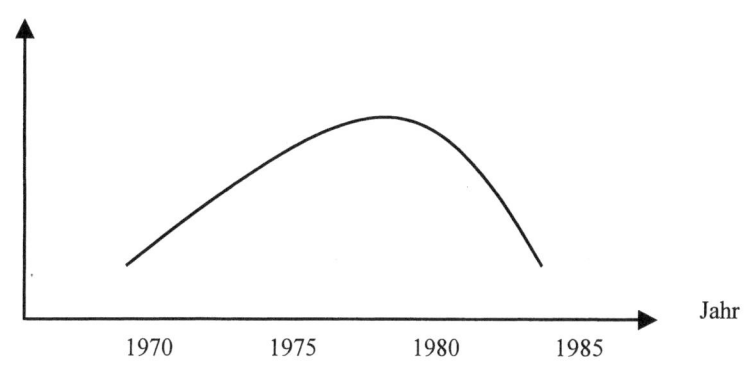

Abb. 4.1: Die Verbreitung personalwirtschaftlicher Instrumente im Zeitablauf - Beispiel: Zeitpunkt der Einführung von Personalbeurteilungssystemen

Allerdings kann man nun wiederum die Frage stellen, ob ein „Oberflächenphänomen" wie der Einsatz ganz spezieller personalwirtschaftlicher Instrumente überhaupt Gegenstand evolutionstheoretischer Betrachtungen sein kann, denn letztlich bezieht sich die Evolution – wie beschrieben – nur auf wirklich grundlegende Entwicklungen und damit auch auf „tiefer" liegende Realitätsschichten, also auf die „Basisprogramme" der Organisation, wozu flüchtige personalwirtschaftliche Praktiken nicht gehören dürften. Und in der Tat, betrachtet man wirklich grundlegende Strukturen, dann gewinnt auch eine soziale Evolutionstheorie wieder Sinn, denn man wird wohl nicht ernsthaft leugnen wollen, daß sich das Personalmanagement eines Betriebes im Lauf der Zeit erheblich verändert, d.h. es entwickelt in unterschiedlichen Zeitläufen ein sehr unterschiedliches

Gesicht. Man vergleiche nur die personalwirtschaftlichen Praktiken in ein und demselben Betrieb in unterschiedlichen Epochen, beispielsweise in den Jahren 1850, 1900, 1950 und 2000. Zwar gibt es in unterschiedlichen Epochen keine völlige Homogenität, d.h. unterschiedliche Unternehmen werden sich in ihrem Personalmanagement z.T. erheblich unterscheiden, allerdings erweisen sich die zwischenbetrieblichen Unterschiede in einer Epoche verglichen mit den historischen Unterschieden als doch recht unbedeutend. Das kommt nicht von ungefähr, und man kann davon ausgehen, daß die Kräfte, die in einer bestimmten Epoche wirksam sind, Kräfte einer Aussonderung, d.h. Selektion, bestimmter organisationaler Praktiken entfalten und damit zu einer Vereinheitlichung auch des Personalmanagements beitragen.

d) Selektion und Lernen

Dennoch, die beschriebene Selektionswirkung ist doch sehr global und für überschaubare Zeiträume offenbar wenig relevant. Wie ist es mit Selektionskräften auch im „lokalen" Umfeld? Im organisationstheoretischen Konzept von Karl Weick wird ihnen große Bedeutung beigemessen (vgl. z.B. Weick 1985, zur Anwendung auf Fragen des Personalwesens vgl. Klimecki/Gmür 1998). Damit sich Praktiken in einer Organisation dauerhaft etablieren können, müssen sie einen Evolutionspfad durchlaufen, der aus den Phasen Variation, Selektion und Stabilisierung besteht (vgl. Abbildung 4.2).

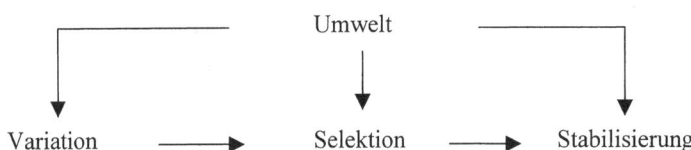

Abb. 4.2: Phasen im Evolutionsgeschehen

Die Wirkungsweise dieser Phasen ist maßgeblich davon bestimmt, in welcher „ökologischen" Umwelt die Organisation agiert. Manche Handlungssituationen fördern, andere behindern beispielsweise die Variation: die Suche nach und Versuche mit neuen organisationalen Praktiken. In einer „abgeschlossenen" Welt beispielsweise sind Organisationen keinen externen Einflüssen und damit keinem Veränderungsdruck ausgesetzt. Entsprechend selten werden Verhaltensvariationen induziert. Ähnliches gilt für die anderen Evolutionsphasen: bestimmte Umweltkonstellationen verhindern, andere unterstützen die Stabilisierung neuer Verhaltensweisen. Mit Hilfe dieser Überlegungen läßt sich recht gut erklären, warum z.B. Assessment Center Verfahren in vielen Unternehmen relativ spät übernommen wurden. Ein Hauptgrund liegt bereits in der ersten Phase ("der Variation"), die auf die Existenz bestimmter Wahrnehmungsmuster rekurriert. Insbesondere in deutschen Unternehmen ist beispielsweise die Vorstellung verbreitet, daß eine Managementkarriere primär auf exzellenten Fachkenntnissen beruhen sollte. Wenn ein Unternehmen aber bei der Anwerbung von Führungsnachwuchs primär an „Fachleuten" interessiert ist, wenn für Vorgesetztenstellen nur „Experten" vorgesehen sind, dann macht es wenig Sinn, sich mit Assessment Center Verfahren abzugeben, denn diese richten sich nicht auf Fachkenntnisse, sondern vor allem auf Sozialkompetenzen. Wenn es also mit den herkömmlichen Verfahren gelingt, gute Experten zu gewinnen, dann wird man auch nicht dazu gedrängt, nach anderen Verfahren der Personalauswahl Ausschau zu halten. Ein derartiges Verhalten ist aber nur möglich in bestimmten Umwelten. Solange beispielsweise die Mitarbeiter von Banken als „Bankbeamte" auftreten können, solange genügt es auch, den Expertenstatus der Mitarbeiter zu betonen. In dem Maße aber, indem die Beratungsleistung gegenüber dem Kunden ein ernstzunehmender Wettbewerbsfaktor wird, in dem Maße werden Banken gezwungen, sich nach Alternativen für die Personalgewinnung umzusehen. Es kommt zu einer Variation der gängigen Auswahlpraxis und – unter anderem – zu einem vermehrten Einsatz von Assessment Center Verfahren. Doch selbst wenn sich ein Unternehmen entschlossen hat, Assessment Center Verfahren für die Personalauswahl einzusetzen, ist nicht gewährleistet, daß es dauerhaft und mit Nachdruck zur Anwendung kommt. Dies zeigt sich z.B. darin, daß verschiedene Unternehmen, die bereits mit Assessment Center Verfahren „experimentiert" haben, sich dazu entschließen, es wieder aufzugeben. In diesen Fällen liegen offenbar ungünstige Bedingungen vor, die neue Auswahlpraxis kann sich also nicht „stabilisieren". Welche Bedingungen im Einzelfall als „günstig" oder als „ungünstig" zu gelten haben, läßt der Evolutionsansatz weitestgehend offen, dies wäre gewissermaßen eine empirische Frage.

Zusammenfassend läßt sich festhalten, daß das Weicksche Schema durchaus brauchbar ist, denn es sagt, an welcher Stelle Determinanten, die für die Etablierung von organisationalen Praktiken verantwortlich sind, ansetzen. Andererseits kann man bezweifeln, ob es notwendig ist, sich hierbei auf das biologische Evolutionsmodell zu beziehen, denn das Weicksche Modell kann auch einfach als Beschreibung organisationalen Lernens gelten. Die Weickschen Phasen sind dann nichts anderes als Bestandteile eines Lernzyklus (vgl. hierzu March 1990). Lernen heißt ja nichts anderes als die Übernahme neuer Praktiken und ist damit auch immer Selektion: wenn man neue Verhaltensweisen praktiziert, dann schließt man die alten und potentiell andere Verhaltensweisen aus.

Gegenstand der Selektion sind aber nicht nur neuartige Praktiken, sondern eben auch die oben angeführten Wahrnehmungsmuster, die präferierten Problemlösungsstile, Werte und Normen, die technische Ausstattung sowie organisationale Arrangements und – nicht zu vergessen – schließlich auch Personen, also die Organisationsmitglieder bzw. Organisationsteilnehmer, wozu neben den „Mitarbeitern" auch Kunden, Lieferanten, Geldgeber und z.B. auch die Eigentümer zählen.

Wenn man diese Liste möglicher Selektionsobjekte betrachtet, dann drängt sich die Frage auf: welche Kraft könnte eigentlich bedeutsamer sein als die Selektion? Was nicht vorhanden ist, hat auch keine Wirkung: Wenn in einer Organisation innovative Ideen systematisch ausselektiert werden, dann kommt es zu keiner Erneuerung, wenn in einer Organisation eine bestimmte Werthaltung (z.B. Eigeninitiative) nicht existiert, dann kann sie auch nicht zur Geltung kommen, wenn in bestimmten Organisationen (z.B. in Behörden) bestimmte Personengruppen (z.B. Diplom-Kaufleute) nicht beschäftigt werden, dann kann auch deren spezielles Know-How nicht genutzt werden usw. Natürlich hat Selektion nicht nur eine „negative" Seite, sie sondert nicht nur, sie wählt auch aus. Wenn in einem Entscheidungsgremium nur Lehrer (Pfarrer, Buchhändler, Unternehmer usw.) sitzen, welche Gesichtspunkte sollten hierbei zur Geltung kommen, wenn nicht die der Lehrer (Pfarrer, Buchhändler, Unternehmer usw.). Etwas ironisch sei abschließend auf eine Beobachtung der Entscheidungsforschung verwiesen: nicht diejenigen Personen gewinnen großen Einfluß in Organisationen, die sich durch besondere Begabungen, sondern diejenigen, die sich durch ständige Präsenz auszeichnen (vgl. March/Olsen 1976).

e) Zusammenfassung

Die bisherigen Ausführungen sollten deutlich machen, daß für das betriebliche Personalwesen eine ganze Reihe sehr verschiedenartiger Selektionsprozesse relevant ist. Im folgenden kann hierauf nicht im einzelnen eingegangen werden. Es erfolgt vielmehr eine Konzentration auf einen ausgewählten - deswegen aber nicht weniger wichtigen - Aspekt der personalwirtschaftlichen Selektion: auf die bewußte Auswahl von einzelnen Bewerbern um einen Arbeitsplatz. Es geht also um gezielte, wenn man so will um „rationale" Entscheidungen. Da man das konkrete Auswahlgeschehen aber nicht richtig verstehen kann, wenn man nur die unmittelbare Auswahlentscheidung betrachtet, sollen auch die Entscheidungsstrukturen betrachtet werden, in die die einzelnen Auswahlentscheidungen eingebettet sind und zwar einfach deswegen, weil Entscheidungsstrukturen den Verlauf konkreter Einzelentscheidungen festlegen und damit gewissermaßen generalisierte Vorentscheidungen darstellen. Nicht betrachtet werden allerdings die Selektionsprozesse, die dafür verantwortlich sind, daß sich bestimmte Entscheidungsstrukturen etablieren – und zwar einfach deswegen, weil wir nicht alle interessanten Fragen behandeln können.

Wir betrachten also potentielle Arbeitnehmer. Damit ist eine weitere Einschränkung verbunden. Wir betrachten nicht die Selektionsprozesse, denen soziale Einheiten (Kollegenbeziehungen, Gruppen, Abteilungen, Gruppierungen bei der Arbeitnehmervertretung usw.) im Unternehmen unterworfen sind – Prozesse, die „eigentlich" höchste Aufmerksamkeit verdienen und zwar deswegen, weil das individuelle Arbeitnehmerverhalten immer sozial vermitteltes Handeln ist. Man denke nur an die oberste Führungsebene eines Unternehmens: auch die Zusammensetzung der sogenannten Top-Teams ergibt sich nicht zufällig, sondern unterliegt bestimmten Selektionseinflüssen. Wir blenden also die kollektive Ebene aus, obwohl sie äußerst wichtig ist. Die Frage, wie es kommt, daß sich bestimmte Gruppenkonstellationen herausbilden, hat dasselbe Gewicht wie die Frage, welche Bedingungen gegeben sein müssen, damit sich eine produktive Zusammenarbeit ergibt (um die zuletzt genannte Frage geht es in Kapitel 6). Und schließlich sei nochmals betont, daß wir es, wie im gesamten Personalwesen so auch bei der Selektion von Mitarbeitern immer mit ganzen Menschen zu tun haben (vgl. Kapitel 1). Es geht also bei der Personalauswahl nicht um die Selektion von bestimmten Qualifikationen oder Motivationen, wie manche personalwirtschaftlichen Publikationen suggerieren. Gerade im Bereich der Selektion zeigt sich die Unteilbarkeit der Persönlichkeit. Wie ließen sich die Qualifikation und die Motivation, die man sich von einem neuen Mitarbeiter verspricht, denn auch von seiner übrigen Person lösen? Ein Mitarbeiter ist immer als ganze Person präsent und diese nimmt mit allen ihren Eigenheiten Einfluß auf das betriebliche Geschehen. Es ist also nur vernünftig, wenn Unternehmen bei der Personalauswahl nicht allein auf die Qualifikationen der Mitarbeiter achten.

Wie in Kapitel 1 beschrieben wurde, soll in diesem Buch einerseits ein gewisser Überblick über „das" Personalwesen gegeben werden, andererseits aber auch eine vertiefende Behandlung einzelner Fragen erfolgen. In Abbildung 4.3 sind die Themen des vorliegenden Kapitels aufgeführt.

2 ÜBERBLICK ÜBER ANSÄTZE DER PERSONALAUSWAHL

Wie im Kapitel 1 ausgeführt wurde, kann es in diesem Buch nicht darum gehen, die gesamte Breite personalwirtschaftlicher Themen zu behandeln, sondern nur darum, ausgewählte Fragen vertiefend zu behandeln. Andererseits soll aber auch eine einseitige Betrachtung vermieden werden. Aus diesem Grund werde ich auf alternative Sichtweisen und Zugänge zum Personalwesen eingehen und anschließend spezifische Ansätze näher behandeln. Beginnen will ich mit dem ersten Punkt, also dem Überblick (vgl. Abb. 4.3).

Theorie	Politik	Instrument	Maßnahme
Wahrnehmungsfehler	Int. Beschaffung	Bedarfsplanung	Mediaplanung
Entscheidungsdefekte	Windolf-Typen	Arbeitsmarktforschung	Einstellungsaktion
ASA-Modell	Karriereketten	Stellenanzeige	Massenentlassung
Signalling-Theorie	Chancengleichheit	Auswahlinstrumente	Förderprogramm

Abb. 4.3: Theorien, Politikmuster und Gestaltungsansätze im Bereich der Selektion

a) Theorie

Hinter jeder Theorie steht eine Frage, auf die die Theorie eine Antwort geben soll. Theoretische Probleme sind Erklärungsprobleme, es geht um das Verständnis eines empirischen Phänomens, also darum, was sich hinter einem empirischen Vorgang „verbirgt", was ihn verursacht und wie er sich weiterentwickeln wird. Welche Fragen stehen hinter den in Abbildung 4.3 angeführten theoretischen Ansätzen? Die beiden in der Abbildung zuerst genannten Bereiche theoretischer Bemühungen versuchen, „Störquellen" ausfindig zu machen, die eine unvoreingenommene Urteilsbildung beeinträchtigen können. Es gibt Störungen, die bereits die Wahrnehmung und Störungen, die die eigentliche Urteilsfindung beeinträchtigen. So erhalten beispielsweise äußerlich attraktive Personen eine stärkere Beachtung. Auch neigt man dazu, Personen, die ähnliche Einstellungen wie man selbst besitzt, positiver zu beurteilen als Personen, die andere Auffassungen haben. Wahrnehmungs- und Entscheidungsdefekte beeinträchtigen natürlich die Personalauswahl, weshalb sie auch näher behandelt werden sollen. Zuvor sei kurz auf die beiden anderen in Abb. 4.3 genannten thematischen Ansätze eingegangen.

Das ASA-Modell

Dieser letztgenannte Effekt verdichtet sich zu einem organisationalen Verhaltensmuster, das im sogenannten ASA-Modell beschrieben wird. Die zentrale Aussage dieses Modells (vgl. Schneider 1987) ist, daß soziale Systeme (und damit auch Organisationen bzw. Unternehmen) immer homogener werden. Der Grund liegt darin, daß sich deren Mitglieder im Laufe der Zeit immer mehr ähneln. Sie werden sich aber nicht deswegen ähnlicher, weil sie sich aneinander angleichen (also z.B. ihre Einstellungen und Werthaltungen ändern), sondern weil sie sich die Personen aussuchen, mit denen sie zusammenarbeiten wollen. Wichtig sind also Selektions- und Selbstselektionsprozesse. Im einzelnen sind hierfür drei Mechanismen verantwortlich: Attraction (A), Selection (S) und Attrition (A). Der erste Mechanismus (Attraction) ist im Verhalten der potentiellen Organisationsteilnehmer verankert: nicht alle Berufe/Tätigkeiten/Organisationen sind für alle Personen gleichermaßen attraktiv. Es entsteht eine erhebliche Vorselektion.

Menschen suchen nach Berufen, Tätigkeiten und Organisationen, die es ihnen ermöglichen, ihre Fähigkeiten anzuwenden, ihre Werthaltungen auszudrücken und Rollen zu übernehmen, die ihnen angemessen erscheinen. So werden beispielsweise Menschen, die eher „kreativ" veranlagt sind, nur sehr bedingt danach streben, ihr Leben in Behörden zuzubringen. Von J.L. Holland (1985) stammt eine empirisch gestützte Typologie über verschiedene Berufsorientierungen. Er unterscheidet zwischen einem künstlerischen, sozialen, konventionellen, realistischen, unternehmerischen und einem eher forschungsorientierten Typ. Diese Typen zeichnen sich nicht nur durch spezifische Fähigkeiten und Werthaltungen, sondern auch durch bestimmte Problemlösungsstile und Interessen aus. Ein konventioneller Typ legt beispielsweise Wert auf Ordnung und Systematik und hat diesbezüglich auch seine Stärken. Die Auseinandersetzung mit vertrackten zwischenmenschlichen Problemen wird er eher vermeiden, er beschäftigt sich vielmehr gern mit klar strukturierten Vorgängen, mit Fakten und mit Organisation, eignet sich also für Tätigkeiten des Verwaltungshandelns, für Archivierung, Auftragsbearbeitung oder Buchhaltung. Zweifellos enthält diese Beschreibung eine erhebliche Stilisierung. Tatsächlich sind Menschen nicht derart grob geschnitzt und einseitig ausgerichtet. E.T.A Hoffmann beispielsweise war Jurist und „tagsüber" mit trockenem Aktenstudium befaßt, seine Erzählungen gehören dessen ungeachtet zu dem Phantasievollsten, was die deutsche Literatur hervorgebracht hat. Andererseits lehrt auch die Alltagserfahrung, daß Personen gewisse Grundcharakteristika besitzen, die sie nicht einfach abschütteln können und die ihr Verhalten prägen. Es ist kaum zu erwarten, daß sich eine Person, die zum konventionellen Typus gehört, als Unternehmensberater betätigen will. In großen und bürokratischen Organisationen findet sie jedoch sicher ihren Platz.

Der zweite Mechanismus (Selection) setzt an den bereits in der Organisation befindlichen Mitgliedern an. Diese werden nicht alle Personen gleichermaßen akzeptieren. In größeren Organisationen wird die Auswahl von „Gatekeepern" übernommen. Dies sind u.a. Mitglieder der Personalabteilung, ganz sicherlich aber die Vorgesetzten. Welche Personen werden sie auswählen? Sicherlich niemanden, der Probleme machen wird, der Vorstellungen widerspricht, die man selbst liebgewonnen hat.

Der dritte Mechanismus (Attrition oder „Abstoßung") schließlich ergibt sich aus der unmittelbaren Erfahrung der Beteiligten. Menschen bilden sich nicht nur eine bessere Meinung über Personen, die ihnen ähnlich sind, sie kommen auch besser mit ihnen aus, als mit Menschen, die „anders" sind, also andere Vorlieben, Meinungen, Sitten und Lebensstile haben. Ähnlichkeit vermittelt Sicherheit, das Gefühl, auf der richtigen Seite zu sein. Andersartigkeit dagegen ist oft eine Ursache für Irritation, sie erschwert das gegenseitige Verständnis, sie ist nicht selten Anlaß für Konflikte, und sie beeinträchtigt ganz allgemein die Zusammenarbeit. Die Folgen sind leicht absehbar. Bei Differenzen, Unverträglichkeiten, Reibereien und Konflikten wird sich die Mehrheit der Gleichartigen durchsetzen, neue Organisationsmitglieder, die sich nicht einfügen, werden als Fremdkörper empfunden, abgelehnt und schließlich „abgestoßen". Andersdenkende werden allerdings nur selten unverblümt zum Verlassen der Organisation gezwungen. Mißerfolge und die fehlende soziale Unterstützung werden sie allerdings demotivieren und ihnen den Mut und die Kraft zur Veränderung der herrschenden Auffassungen nehmen. Sie werden sich schließlich nach einem anderen Arbeitgeber umsehen und die Organisation verlassen. Der Grund für das Scheitern nicht-konformer Organisationsmitglieder liegt also nicht nur in dem möglicherweise rauhen zwischenmenschlichen Klima, er liegt mindestens ebenso sehr in der Rigidität organisationaler Tatsachen. Das Faktische entfaltet eine normative Kraft, gegen die man sich nur schwer behaupten, der man sich oft nur fügen kann. Man muß also nicht moralisch argumentieren, um zu verstehen, warum sich Menschen lieber anpassen, als sich auflehnen: wer etwas verändern will, ist von vornherein im Nachteil, denn organisationale Gebilde sind keine Zufallsprodukte, die so oder eben auch anders sein könnten, sie sind vielmehr Ausdruck der herrschenden Verhältnisse, also nicht zuletzt der gegebenen Machtbeziehungen und damit natürlich nicht beliebig veränderbar. Doch nicht nur Machtinteressen erschweren wünschenswerte Veränderungen, sondern schlichtweg auch die Tatsache, daß eine Organisation ein Gefüge vielfach aufeinander abgestimmter und miteinander verschachtelter Verhaltensweisen ist. Ändert man Organisationen, dann greift man ein in „bewährte" Formen der Zusammenarbeit, man gefährdet soziale Bindungen und das Selbstverständnis der Positionsinhaber. Es ist daher wenig verwunderlich, daß der Versuch, Organisationen zu verändern, oft große Kraftanstrengungen verlangt (und formell sogenannte Organisationsentwicklungsmaßnahmen eingeleitet werden müssen) und daß diese nur selten wirklich erfolgreich sind. In einem Wort: es ist für den einzelnen leichter, eine Organisation zu verlassen, als sie zu verändern. Und von daher ist es auch nicht verwunderlich, daß Personen mit „fremdem" Gedankengut die Organisation früher oder später verlassen und damit auch dem Prozeß der Homogenisierung nichts entgegenstellen, sondern ihn nur noch unterstützen.

Die Signalling-Theorie
Die Signalling- (oder auch Screening-) Theorie stammt aus der mikroökonomischen Diskussion (vgl. z.B. Bee 1994) und sie argumentiert der dortigen Theorietradition entsprechend auf einem relativ hohen Aggregationsniveau. Ihr geht es also nicht um konkrete Aktivitäten, die Arbeitgeber und Arbeitnehmer bei der Personalauswahl ausführen, sondern um deren grundsätzliche Strategien. Aus Sicht des Arbeitgebers sollte

ein Arbeitnehmer ein großes Humankapital mitbringen, denn nur dieses gewährleistet eine hohe Produktivität. Nun ist es aber nicht gerade einfach, das Humankapital von Stellenbewerbern abzuschätzen. Zumindest ist dies ein oft kostenintensiver Vorgang. Arbeitgeber haben daher ein Interesse an möglichst einfachen Indikatoren, die die Qualifikation des Bewerbers abbilden. Ein derartiger Indikator ist der Bildungsabschluß und zwar deswegen, weil das Bildungssystem als Filter gelten kann, der Personen nach ihren natürlichen Begabungen sortiert. Ein Arbeitgeber kann also darauf vertrauen, daß Personen mit einem hohen Bildungsabschluß auch ein hohes Potential mitbringen. Aus Sicht des Bewerbers erhält der Bildungsabschluß daher eine große Bedeutung, er kommuniziert dem Arbeitgeber ein wichtiges „Marktsignal" (daher: „signalling-theory") über seine Qualifikation. Es ist so betrachtet nur rational, daß viele Personen einen Hochschulabschluß anstreben, selbst wenn sie an den Inhalten des Studiums nur ein beschränktes Interesse haben. Was sie anstreben ist oft primär der Abschluß, der als Mindestvoraussetzung für bestimmte (und zunehmend für mehr) Positionen gilt.

Ein empirisches Indiz dafür, daß Unternehmen den Bildungsabschluß tatsächlich als wichtiges Signal verstehen, findet man in den stets neu bestätigten Ergebnissen aus Umfragen bei Personalleitern über relevante Auswahlkriterien für Hochschulabsolventen: der Examensnote wird immer ein sehr hohes Gewicht beigemessen (vgl. z.B. Staufenbiel 1998). Andererseits wird von vielen Personalleitern eine „Inflationierung" der guten Examensnoten beklagt. Wenn aber die Examensnoten ihre Marktsignalfunktion verlieren, müssen sie durch andere Indikatoren ersetzt werden. Tatsächlich achten die Unternehmen vermehrt auf Faktoren wie zielorientiertes Studium, Auslandsaufenthalte, Engagement in studiumsbegleitenden Projekten, Übernahme von Leitungsfunktionen in Arbeitsgruppen, Initiativen usw. Dahinter steht die Auffassung, daß Personen, die sich diesbezüglich auszeichnen, ein hohes Maß an Eigeninitiative und Motivation besitzen. Die Akademikerforschung weist allerdings darauf hin, daß derartige Aktivitäten tatsächlich nur als sekundäre Indikatoren gelten. Wesentlich bedeutsamer sei ein nachgerade klassisches Selektionskriterium, das immer schon wichtig war und auch in Zukunft seine Bedeutung beibehalten werde: die soziale Herkunft (vgl. Bartscher 1994). Warum ist dieses Kriterium so wichtig? Nun, weil es – ganz im Sinne der Signalling-Theorie – als Indikator für Führungspotential gilt. Bei der Auswahl des Führungsnachwuchses zählen nur bedingt überragende Fähigkeiten, mindestens ebenso wichtig ist die Bereitschaft, sich für die Interessen des Arbeitgebers einzusetzen und zwar einfach deswegen, weil von Führungskräften gefordert wird, daß sie die Politik des Unternehmens tragen und verkörpern. Hochschulabsolventen, die aus den gehobenen Mittelschichten stammen, haben deswegen gute Chancen, in den Kreis der Führungsnachwuchskräfte aufgenommen zu werden, denn ihre Sozialisation bürgt dafür, daß sie den richtigen „Habitus" mitbringen, die „richtige" Einstellung und die „richtigen" Werthaltungen, also ein Muster von Verhaltensweisen und Auffassungen, das Einsatzfreude, Loyalität und Identifikation verspricht.

Realistisch betrachtet orientieren sich Arbeitgeber aber nicht an einem einzelnen Indikator, sie verarbeiten vielmehr einen Mix von Signalen, d.h. sie nehmen ein „screening" vor (daher auch „screening-theory"), das sich neben den genannten Größen z.B. auch am Alter, am Geschlecht und an der Nationalität orientiert. Zweifellos besitzen die Überlegungen der Signalling-Theorie erhebliche Relevanz. Andererseits beschreibt sie aber nur Durchschnittseffekte. Nicht beantwortet wird die Frage, welche Prozesse im einzelnen die konkrete Auswahl bestimmen. Hierauf geht der Abschnitt 3 ein.

b) Politik

Der Begriff „Politik" hat zwei Hauptbedeutungen. In einem ersten Begriffsverständnis meint er die („politische") Auseinandersetzung zwischen unterschiedlichen Interessenträgern. Beispiele, in denen Politik in diesem Sinne zum Ausdruck kommt, sind Lohnverhandlungen, der Abschluß von Betriebsvereinbarungen, wilde Streiks, Lobbyismus oder auch die Einflußnahme von Unternehmensvertretern auf kommunale Entscheidungen. In einem zweiten Begriffsverständnis meint „Politik" nicht mehr und nicht weniger als die grundsätzliche Ausrichtung des eigenen Verhaltens. Politik manifestiert sich in Leitlinien, Maximen, Handlungsgrundsätzen und dergleichen mehr. Eine Staatsregierung verfolgt eine bestimmte Außenpolitik (z.B. die europäische Integration) oder eine bestimmte Finanzpolitik (z.B. eine Konsolidierungspolitik). Ein Unternehmen verfolgt eine bestimmte Unternehmenspolitik (z.B. den Ausbau der Grundlagenforschung) oder eine bestimmte Personalpolitik (z.B. die Flexibilisierung der Arbeitszeiten).

Wir wollen Politik im folgenden nur in dem beschriebenen zweiten Sinne verstehen. Dabei ist allerdings noch eine weitere Spezifizierung vorzunehmen. Zum einen stellen wir nicht auf die Interessenverfolgung ab, obwohl diese von vielen als das eigentlich „Politische" angesehen wird. So versteht beispielsweise Jeffrey Pfeffer (1992) unter Politik schlichtweg den Einsatz von Macht. In unserem Verständnis ist dies eine zu enge Betrachtung, die Mittel der Politikgestaltung sind in unserer Begriffsfassung sekundär. Zum zweiten unterstellen wir nicht, daß nur derjenige eine Politik verfolgt, der seine Ziele klar spezifiziert und diese mit Kalkül und Berechnung verwirklicht. Ein derartig bewußtes, gezieltes Verhalten wollen wir vielmehr als Strategie bezeichnen. Politik ist sich seiner Sache nicht notwendigerweise bewußt. Oft erkennt man die tatsächlich verfolgte Politik – jenseits der offiziell proklamierten Ziele – erst im Gesamtzusammenhang der – nicht selten widerspruchsvollen – Einzelmaßnahmen bzw. erst im Nachhinein. Zusammengefaßt: unser Politikbegriff ist sehr umfassend, er bezeichnet gewissermaßen das Muster, das sich aus dem vielschichtigen Verhalten der Organisation und den oft uneinheitlichen Absichten der Akteure in den Organisationen herausbildet. Die Begriffe Politik, Macht und Strategie sind in diesem Sprachgebrauch nur bedingt aufeinander bezogen: es gibt ein politisches Verhalten, in dem der Machtaspekt und auch die strategische Absicht zurücktritt. Ein Beispiel ist die gewissermaßen naturwüchsig aus dem Alimentationsprinzip hervorgegangene Sozialleistungspolitik des Staates gegenüber seinen Beamten. Es ist allerdings ebenso möglich, daß Politik, Macht und Strategie unlöslich miteinander verkettet sind. Ein Beispiel für diesen Fall liefert der Versuch vieler Transportunternehmen, ihre Fahrer in die (Schein-) Selbständigkeit zu drängen.

In Abbildung 4.3 sind vier Beispiele für eine Selektions-Politik angeführt. Von Windolf (1983) stammt eine empirisch gestützte Typologie unterschiedlicher Formen der Gewinnung von neuen Mitarbeitern. Dieses Beispiel zeigt sehr schön, was es heißt, daß Personalpolitik ein Handlungsmuster ist, daß Personalpolitik nicht notwendigerweise einen durchdachten Mitteleinsatz zur Folge hat und daß sich, dessen ungeachtet, gut erklären läßt, wie sie zustande kommt. Hierauf werde ich im Abschnitt 4 näher eingehen. Die anderen Beispiele heben jeweils einen anderen Aspekt der Politik heraus.

Die Politik der internen „Rekrutierung" beispielsweise wird durchaus von vielen Unternehmen ausdrücklich proklamiert und dann auch – bis auf Ausnahmefälle – praktiziert. Wenn die Mitarbeiter wissen, daß sie in ihrem Unternehmen die Chance erhalten, sich weiterzuqualifizieren und besser dotierte Stellen zu erhalten, so kann dies zweifellos die Lernbereitschaft der Mitarbeiter stärken, ihre Identifikation und ihre Leistungsbereitschaft erhöhen. Damit diese erhofften Wirkungen eintreten, müssen allerdings bestimmte Voraussetzungen gegeben sein. Wenn beispielsweise nur wenige Aufstiegsstellen vorhanden sind („Beförderungsstau"), wenn die Auswahlkriterien für Karriereentscheidungen undeutlich oder ungerecht sind, wenn die Führungsstellen unattraktiv sind (z.B. weil sie zwar viele Pflichten, aber wenig Anerkennung mit sich bringen), wenn das Unternehmen im Vergleich mit anderen Unternehmen schlecht dasteht usw., dann wird auch eine strikt interne Rekrutierung nur bedingt wirkungsvoll sein.

Während hinter der Politik der internen Rekrutierung häufig ein deutlich erkennbares Motiv steht, fällt es oft schwer, die Gründe für das Entstehen von „Strukturen", z.B. von Karriereketten zu erkennen. Unternehmen unterscheiden sich in den Karrieremöglichkeiten, die sie bieten. Ausdruck findet dies – wie oben bereits erwähnt – in der Zahl der überhaupt verfügbaren Aufstiegspositionen. Allerdings ist dies nur ein ausgewählter Aspekt des Karrieresystems einer Organisation. Ein anderes Merkmal ist die Vernetztheit unterschiedlicher Karrierepfade. Damit ist gemeint, in welchem Maße es möglich ist, einen einmal eingeschlagenen Karrierepfad zu verlassen und auf einen anderen Karrierepfad überzugehen. Unterschiede gibt es auch bezüglich der „Länge" der Karrierepfade. Für bestimmte Tätigkeitsgruppen ist der Karrierepfad sehr kurz. So findet man beispielsweise in der Textilindustrie häufig die Situation, daß eine Näherin maximal zur Vorarbeiterin aufsteigen kann, während ihr Meisterpositionen oft versperrt sind. Weitere Merkmale von Karriereketten sind die Schnelligkeit, in der sie durchlaufen werden können, die Möglichkeit, bestimmte Karrierestufen zu überspringen und die Frage, ob ein Karriereschritt an bestimmte formale Bildungsvoraussetzungen gebunden ist. Wie aber kommt es, daß eine Organisation sehr viele unterschiedliche, kurze, aber nur nach langer Betriebszugehörigkeit begehbare und undurchlässige Karrierepfade anbietet, während in einer anderen Organisation z.B. eher lange und durchlässige Karrierepfade anzutreffen sind? Diese Frage läßt sich nicht immer leicht beantworten. Oft sind Zufälligkeiten dafür verantwortlich, die im Zuge des Wachstums einer Organisation bestimmte Karrieremöglichkeiten beschneiden, andere dafür neu eröffnen. Dessen ungeachtet gibt es Versuche, die ökonomischen Bewegungskräfte, die hinter der Herausbildung von Karrierewegen stecken, zu identifizieren (vgl. z.B. Osterman 1984). Und unbeschadet der Komplexität dieser Frage ist es sinnvoll, über die Zweckmäßigkeit unterschiedlicher Karrierekonzeptionen und über Alternativen nachzudenken. Angesichts der Akademisierung der Wirtschaft, des Bemühens um Verschlankung von Organisationen und des Abbaus von Hierarchieebenen ist dies auch ein wichtiges Thema. Die vorhandenen Vorschläge richten sich primär auf den Versuch, neben den üblichen Managementkarrieren gleichrangige Fach- und Projektkarrieren anzubieten (vgl. z.B. Domsch/Siemers 1994).

Als letztes Beispiel für eine Personalpolitik ist in Abbildung 4.3 die Politik der „Chancengleichheit" angeführt. Damit ist gemeint, daß Unternehmen sich darin unterscheiden, ob sie allen Arbeitnehmern, unabhängig von Herkunft, politischer Auffassung, Geschlecht oder sonstigen persönlichen Merkmalen, die gleichen Möglichkeiten bieten, beschäftigt und gefördert zu werden. Offenbar wird keine Organisation gerne zugeben, diesbezüglich diskriminierend zu handeln. Tatsächlich wird aber nicht selten gegen das Postulat der Chancengleichheit verstoßen.

c) Instrumente und Maßnahmen

In Abbildung 4.3 sind neben Theorien und Politikmustern einige ausgewählte Instrumente und Maßnahmen aufgeführt, die sich auf die Auswahl von Mitarbeitern richten. In Abschnitt 5 werden die in der Praxis am häufigsten verwendeten Instrumente behandelt. Selektive Wirkungen gehen aber nicht nur von diesen Auswahlinstrumenten im engeren Sinne aus, sondern auch von den Maßnahmen, die im „Vorfeld" des unmittelbaren persönlichen Kontaktes eingesetzt werden. Beispielsweise wird bei der Personalbedarfsplanung festgelegt, welches Stellenkontingent zur Erledigung einer bestimmten Aufgabe zur Verfügung stehen sollte – womit implizit auch festgelegt wird, mit welcher Intensität die einzelnen Arbeitnehmer arbeiten sollen und welche Qualifikationen sie mitbringen müssen, damit sie den Arbeitsanforderungen auch gerecht werden können. In der Regel gehen Bedarfsplanungen von einer gegebenen Technologie aus. Personalplanung ist dann aber eine „nachgelagerte" Planung, weil bereits die Auswahl der Technologie darüber entscheidet, welche Mitarbeitergruppen überhaupt für ein Beschäftigungsverhältnis in Frage kommen. Konkrete Planungen setzen beispielsweise an Leistungsgrößen an, die an einem Arbeitsplatz erbracht werden können (sogenannte „Kennziffernmethode"). Diese Leistungsgrößen variieren nun aber mit der Art der eingesetzten Technologie und der gegebenen Arbeitsorganisation. Unterschiedliche Technologien verlangen unterschiedliche Fähigkeiten, sie bedingen eine bestimmte Arbeitsumgebung und damit auch bestimmte Belastungsfaktoren, sie ermöglichen oder erzwingen ein bestimmtes Arbeitsvolumen usw. (vgl. Kapitel 6). Wenn beispielsweise die Montage eines Aggregates im Rahmen der Fließfertigung erfolgt, dann werden weniger qualifizierte Mitarbeiter gebraucht als dann, wenn die Fertigung von teilautonomen Arbeitsgruppen übernommen wird. Dies bedeutet aber, daß nicht erst bei der Personalplanung darüber entschieden wird, welche potentiellen Mitarbeiter für das Unternehmen in Frage kommen, diese Entscheidung wird schon wesentlich früher bei der Gestaltung der Arbeitsstrukturen getroffen.

Bedeutsam für die Selektion sind jedoch nicht nur die Arbeitsplatzanforderungen, sondern auch die den Entscheidungsträgern zur Verfügung stehenden Informationen. Entsprechend selektive Wirkung geht daher z.B. auch von der Arbeitsmarktforschung aus. Unternehmen, die sich ein klares Bild über den für sie relevanten Arbeitsmarkt machen (z.B. über die üblichen Gehaltsstrukturen, die in bestimmten Ausbildungsgängen vermittelten Qualifikationen, über das eigene Arbeitgeberimage und das ihrer Konkurrenten usw.), können auch gezielter und erfolgversprechender nach Personal suchen. Wüßten z.B. mehr Firmen, daß ein Bwl-Student mit dem Schwerpunktfach „Personal" in Lüneburg auch das Fach „Arbeitsrecht" beherrscht, dann würden sich auch mehr Unternehmen an den Hochschulkontaktmessen der Universität beteiligen und könnten entsprechend gute Absolventen gewinnen.

Schließlich ist in Abbildung 4.3 noch auf ein Instrument hingewiesen, das für die Personalbeschaffung nach wie vor die größte Bedeutung hat: die Stellenanzeige. Wie zu jedem anderen personalwirtschaftlichen Instrument findet man in der Literatur auch bezüglich der Stellenanzeige zahlreiche Hinweise für eine „optimale" Gestaltung. Hierbei ist jedoch zu beachten, daß sich die konkrete Gestaltung immer auch danach auszurichten hat, welche Personengruppen angesprochen werden sollen, welcher Zweck mit der Anzeige verfolgt wird (ob z.B. eine gezielte oder eine unspezifische Ansprache erfolgen soll), in welchem Medium die Anzeige erscheint, welches Arbeitgeberimage der Inserent hat und durch welche ergänzenden Maßnahmen der Erfolg des Inserats abgestützt werden kann. Die Gestaltungsregeln selbst reichen von Vorschlägen über die graphische Gestaltung bis zu der Häufigkeit und Plazierung der Anzeige, den Zeitpunkt, die inhaltliche Aussage, die Informationen, die über die Firma gegeben werden usw. Hierauf wollen wir aber nicht näher eingehen. Erwähnt sei lediglich noch, daß es eine ganze Reihe weiterer personalwirtschaftlicher Instrumente gibt, die für die Personalauswahl von Belang sind. Sie reichen von Verfahren zur Beurteilung der Ergiebigkeit von Beschaffungswegen, über Public-Relations-Instrumente bis zur Ausgestaltung der Probezeit.

Im „täglichen Geschäft" des Personalwesens wird eine Fülle von Entscheidungen getroffen und mit Hilfe von konkreten Maßnahmen umgesetzt. In Abbildung 4.3 sind einige ausgewählte Maßnahmenkomplexe von weitreichender Bedeutung angeführt. Hierauf soll aber im einzelnen nicht näher eingegangen werden. Es sei an dieser Stelle lediglich nochmals herausgestellt (vgl. Kapitel 3), daß man bei der Durchführung einer Maßnahme immer mit der ganzen Fülle der Realität konfrontiert wird und daß damit – wenn es sich nicht um banale und durch die Routinen des Alltags abgesicherte Angelegenheiten handelt – normalerweise komplexe Überlegungen angestellt werden müssen. So sind beispielsweise bei größeren Entlassungsaktionen gleichermaßen rechtliche Aspekte und unternehmenspolitische Fragen von Belang: es ist zu prüfen, welche Maßnahmen mit welchen Kosteneffekten verbunden sind, ob durch die Entlassungen die Leistungsfähigkeit des Unternehmens beeinträchtigt wird, weil sich z.B. viele Leistungsträger dazu entschließen, den Betrieb zu verlassen; es ist zu klären, wie die fälligen Sozialleistungen finanziert werden können, ob die Aktion die Arbeitsbeziehungen beschädigt, inwieweit die Entlassungen bei den verbleibenden Mitarbeitern Ängste weckt und das Vertrauen beeinträchtigt. Je weitreichender eine Maßnahme ist, je mehr Personen von ihr betroffen sind, je vielschichtiger die von ihr ausgelösten Wirkungen sind, desto weniger sollte man sie Spezialisten überlassen, weil die Gefahr besteht, daß sie die Komplexität eines Problems nur im Rahmen ihrer eigenen Denkwelt begreifen.

3 THEORIE: SELEKTION ALS ENTSCHEIDUNGSPROZESS

Wenn man einen neuen Mitarbeiter auswählt, dann trifft man eine Entscheidung: mit der Auswahl entscheidet man sich für einen der Bewerber und damit gegen andere Bewerber bzw. dagegen, überhaupt niemanden einzustellen. Einer Entscheidung liegt ein Urteil zugrunde, ein Willensakt, der aber – idealerweise – nicht willkürlich ist, sondern auf fundierten Informationen und auf einer Klärung der eigenen Ziele beruht. Wie kommen Entscheidungen zustande? Mit dieser Frage beschäftigt sich die Entscheidungstheorie. Es gibt zwei grundlegend unterschiedliche Varianten der Entscheidungstheorie: die Normative und die Deskriptive Entscheidungstheorie (präziser müßte man von der Klasse der deskriptiven Entscheidungstheorien und der Klasse der normativen Entscheidungsmodelle sprechen, denn es gibt diesbezüglich sehr verschiedene Exemplare). Gemeinsam sind beiden Varianten die grundlegenden Begriffe. Unterschiedlich sind sie in ihrem Ziel. Der Normativen Entscheidungstheorie geht es um „rationale", also vernünftige Entscheidungen. Sie untersucht die Bedingungen, unter denen es möglich ist, eindeutige Entscheidungen zu treffen, und sie entwickelt Modelle, die in der Lage sein sollen, typische Entscheidungssituationen abzubilden. Dies ist eine durchaus anspruchsvolle Aufgabe, da die Voraussetzungen, unter denen Entscheidungen zu treffen sind, oft sehr verwickelt sein können.

Die deskriptive Entscheidungsforschung vermeidet bewußt den direkten Weg, den die Normative Entscheidungstheorie vorsieht, um zu Gestaltungsvorschlägen zu gelangen. Voraussetzung für gehaltvolle Gestaltungsvorschläge – so die Auffassung von empirisch arbeitenden, also „deskriptiven" oder wirklichkeitsbeschreibenden Entscheidungsforschern – sind Erkenntnisse über das tatsächliche Entscheidungsverhalten von einzelnen Personen, von Gruppen und von Organisationen. Erst wenn man weiß, welche Kräfte das Entscheidungsverhalten lenken – so die Annahme –, kann man sinnvolle Vorschläge zu ihrer Verbesserung entwickeln. Wir gehen im folgenden ausschließlich auf die deskriptive Entscheidungsforschung ein und präsentieren einige ausgewählte Ergebnisse, die für das Auswahlgeschehen von Belang sind.

Die Grundüberlegungen der Entscheidungstheorie sind sehr einfach und einleuchtend. Sie gehen von der Vorstellung aus, daß sich Personen an den Konsequenzen ihres Handelns orientieren. Die möglichen Verhaltensweisen eines Akteurs werden als Alternativen bezeichnet. Auf unseren Problembereich übertragen heißt dies: Wenn ein Arbeitgeber die Wahl zwischen einer Handlungsalternative A (z.B. die Beschäftigung eines gerade frisch examinierten Diplomkaufmanns) und einer Handlungsalternative B (z.B. die Beschäftigung eines Industriekaufmannes mit 8-jähriger Berufserfahrung) hat, dann – so die Vorstellung – wird er die bessere Alternative wählen. Welche Alternative ist aber besser? Die Alternative mit den besseren Konsequenzen. Bei der Beschäftigung unseres Diplomkaufmannes kann der Arbeitgeber vielleicht darauf hoffen, daß dieser aktuelle EDV-Kenntnisse mitbringt, die der Unternehmer nutzbringend einsetzen kann. Bei dem Praktiker wird er vielleicht auf dessen Erfahrungen bauen, die sich beispielsweise in Verkaufsgesprächen verwerten lassen. Ob die genannten Konsequenzen tatsächlich eintreten werden – dies ist abhängig von der gegebenen Situation, also (in unserem Beispiel) u.a. von den Aufgaben, die auf den Bewerber warten. Wenn der neue Mitarbeiter beispielsweise sämtliche finanztechnischen Geschäftsprozesse des Unternehmens datentechnisch modellieren soll, dann reichen seine EDV-Kenntnisse unter Umständen nicht aus, sie müßten dann mit Hilfe von Weiterbildungsmaßnahmen erweitert werden. Diese Maßnahmen dürften aber einiges an Kosten verursachen. Der Arbeitgeber sollte diese – und andere – Konsequenzen seiner Auswahl berücksichtigen, wobei allerdings oft unklar bleiben muß, ob die erwarteten Konsequenzen auch tatsächlich eintreten werden (ist der Kandidat bereit, sich neues Wissen anzueignen, ist er dazu in der Lage, hat er überhaupt ausreichend Zeit dazu?). Doch selbst wenn man sich darauf verlassen kann, daß die in Erwägung gezogenen Konsequenzen eintreten (daß entsprechende Weiterbildungsmaßnahmen angeboten werden, daß sie ein bestimmtes Kostenniveau nicht übersteigen, daß der Kandidat über gute Grundkenntnisse verfügt usw.), liegt noch nicht auf der Hand, welche Alternative zu wählen ist. Angenommen, ein dritter Kandidat C habe große Erfahrungen in der Modellierung von Geschäftsprozessen, erwarte aber ein deutlich höheres Gehalt als Kandidat A, sei allerdings sehr eng auf datentechnische Aufgaben festgelegt, komme also nur beschränkt für kaufmännische Tätigkeiten in Frage. Für welchen Kandidat soll sich der Arbeitgeber entscheiden? Die Schwäche der einen Alternative ist oft die Stärke der anderen Alternative und umgekehrt. Bei der Festlegung auf eine Handlungsalternative muß sich der Entscheider daher fragen, was ihm wirklich wichtig ist. Diese Frage kann nur er selbst beantworten: er muß sich über seine Präferenzen Klarheit verschaffen und er sollte sich hierbei möglichst nicht in Widersprüche verwickeln. Die deskriptive Entscheidungsforschung untersucht nun, wie sich Akteure (Individuen, Gruppen, Organisationen) bezüglich der in Abbildung 4.4 genannten Grundkonzepte verhalten, welche Alternativen sie überhaupt berücksichtigen, warum sie manche Konsequenzen unterschätzen, wie sie die Situation einschätzen oder ganz generell – wie sie entscheidungsrelevante Informationen gewinnen und verarbeiten.

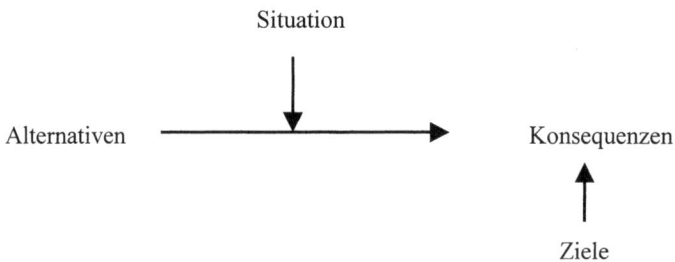

Abb. 4.4: Die Grundkonzepte der Entscheidungstheorie

a) Das Drei-Ebenen-Modell der sozialen Urteilsbildung
Ein erstes Beispiel für derartige Untersuchungen findet sich in Abbildung 4.5. Sie skizziert das Drei-Ebenen-Modell der sozialen Urteilsbildung (vgl. Brandstätter 1983, Schuler 1996). Wenn zwei Personen eine dritte Person beurteilen sollen, dann kommen sie häufig nicht zum gleichen Ergebnis. Dies liegt schon allein darin begründet, daß sie die Person in unterschiedlichen Situationen erleben, in denen diese dann auch ein unterschiedliches Verhalten zeigt. Wenn die beobachtete Person beispielsweise weiß, daß sie beurteilt wird, dann wird sie sich normalerweise mehr anstrengen als wenn sie sich unbeobachtet glaubt. Prüfungsangst blockiert andererseits das Denkvermögen, der Umgang mit vertrauten Problemen ist anders als der Umgang mit neuartigen Problemen, in einer entspannten Atmosphäre verhält man sich anders als in einer von latenter Feindseligkeit beladenen Situation. Wichtig ist auch das soziale Umfeld, also z.B. die Anwesenheit von Autoritätspersonen, Freunden oder Konkurrenten und die eigene Verfassung (Stimmungslage, „Tagesform", Sorgen). Insgesamt ist angesichts der vielen situativen Einflußgrößen auf das Verhalten Skepsis bezüglich schneller Urteile geboten. Ob die beobachteten konkreten Verhaltensweisen die natürlichen Verhaltenstendenzen der Person repräsentieren oder gar als Ausdruck von dessen Persönlichkeit gelten können, wäre jeweils genau zu prüfen.
In Abbildung 4.5 sind zwei Einflußgrößen, die auf der Verhaltensebene wirksam sind, besonders herausgestellt: dies ist zum einen die Aufgabe, mit der sich die beobachtete Person beschäftigt – wobei zu beachten ist, daß Beobachter und Beobachteter durchaus ein unterschiedliches Verständnis von der vorliegenden Aufgabe haben können. Glaubt ein Kandidat im Assessment Center beispielsweise, es ginge in einer bestimmten Übung darum, Durchsetzungsvermögen zu zeigen, während es dem Beobachter um die Qualität der Argumente geht, dann sind Mißverständnisse vorprogrammiert, Aussagen über die Argumentationsfähigkeit des Kandidaten also möglicherweise völlig unangebracht. Eine weitere wichtige Variable ist die Ablenkung: Personen, die sich der vorliegenden

Aufgabe nicht konzentriert widmen können, weil ihre Aufmerksamkeit durch andere Probleme gefesselt wird, können bei der Beurteilung ihrer Aufgabenkompetenz auch nur bedingt gut abschneiden – selbst wenn sie diesbezüglich überdurchschnittliche Fähigkeiten besitzen.

Ebene der Urteilsbildung	Frage	Einflußgrößen
Verhaltensebene	Welches Verhalten wird überhaupt gezeigt?	Aufgabe Ablenkung
Eindrucksebene	Welche Beobachtungskategorien werden verwendet?	Gedächtnis Sympathie
Urteilsebene	Welche Schlüsse werden aus den Beobachtungen gezogen?	Sprachverständnis Interessen

Abb. 4.5: Das Drei-Ebenen-Modell der sozialen Urteilsbildung

Auf der Eindrucksebene geht es um die Frage, mit welcher „Brille" der Beobachter auf das Geschehen blickt. Wenn jemand z.B. an sich selbst sehr hohe Leistungsansprüche stellt, dann neigt er dazu, auch die Leistung anderer strenger zu beurteilen. Vorinformationen, Vorurteile, Stereotype, Rollen- und Normvorstellungen prägen die Wahrnehmung. Eine besonders wichtige Einflußgröße ist die „implizite Persönlichkeitstheorie" des Beobachters. Jeder Mensch hat – bewußt oder unbewußt – bestimmte Vorstellungen darüber, welchen Gesetzmäßigkeiten menschliches Verhalten gehorcht. Ein Teilbereich dieser Vorstellungen richtet sich darauf, welche Arten von Persönlichkeiten es gibt, welche Merkmale diese Persönlichkeitstypen auszeichnen und wie sich diese im Verhalten niederschlagen. Wenn der Beobachter beispielsweise glaubt, daß unzuverlässige Personen häufig Terminprobleme haben, dann besteht die Gefahr, daß er Personen, die immer pünktlich sind, auch für zuverlässig hält. Dieses Urteil ist aber faktisch oft falsch, es enthält darüber hinaus auch noch einen logischen Fehler (den Fehler der Induktion ersten Grades, vgl. Martin 1994, S. 38).

In Abbildung 4.5 sind zwei weitere Einflußfaktoren aufgeführt, die sich auf die Eindrucksbildung beziehen. Dies ist zum einen die Sympathie, die man gegenüber der anderen Person hegt, bzw. die Sympathie, die diese Person weckt. Hierauf gehe ich später nochmals ein. Und zum zweiten wird die Gedächtnisleistung herausgestellt. Beurteilungssituationen sind normalerweise sehr komplex, d.h. auf den Beobachter strömen zahlreiche, sehr verschiedenartige und wenig strukturierte Informationen ein. Es ist daher wenig verwunderlich, daß der Beobachter vieles einfach vergißt. Dies wäre nicht weiter bemerkenswert, hätten Menschen nicht die Neigung, sich dann doch an Dinge zu „erinnern", selbst wenn die Informationen hierüber – objektiv gesehen – „untergegangen" sind. Die Ursache für dieses Phänomen liegt in einer gewissen Intoleranz gegenüber Unsicherheit und in dem darin begründeten Bestreben, sich auch dann ein stimmiges Bild zu machen, wenn eigentlich nur flüchtige Eindrücke vorhanden sind. In der Erinnerung werden die vorhandenen Leerstellen gewissermaßen rekonstruiert. Es drängen sich die Informationen in den Vordergrund, die zu dem vorhandenen Gesamteindruck passen. Selbst wenn man sich nicht mehr genau auf ein Detail besinnen kann, gewinnen vage Anmutungen durch dieses Hinzu-Erinnern eine unerwartete Prägnanz, so daß es einem plötzlich so vorkommt, als habe man sie tatsächlich beobachtet. Ein gutes Gedächtnis kann dazu beitragen, diesen fatalen Hang zur frei erfundenen Ergänzung und damit zur Schönfärberei oder Schwarzmalerei zu bremsen.

Auf der Urteilsebene schließlich geht es darum, wie die vorhandenen Informationen zu einem abschließenden Urteil verdichtet werden. Das Urteil hat oft auch unmittelbare Konsequenzen für den Beurteiler, weswegen seine Urteilskraft nicht ungetrübt ist, sondern von seinen eigenen Interessen beeinflußt wird. Aus diesem Grund setzt man ja auch bei Sportwettkämpfen möglichst unparteiische Schiedsrichter und Aufseher ein. Auch bei der Personalauswahlentscheidung kommen vielfältige Interessen ins Spiel. Um nur zwei Beispiele zu nennen: will der Auswählende keinen Fehler machen, dann wird er besonders kritisch sein, möchten die Mitarbeiter keinen Rivalen mit überdurchschnittlichen Fähigkeiten, dann werden sie leistungsfähige Bewerber „madig machen". Aber nicht nur die eigene Interessenlage beeinflußt die Urteilsfindung, sondern auch die Fähigkeit, seine Eindrücke in angemessener Weise zu artikulieren. Wenn man beispielsweise sagt, eine Person sei „unsicher", dann kann dieses sehr verschiedenes bedeuten: meint man, die Person habe ein geringes Selbstbewußtsein, sie habe ein schwankendes Urteil, sie sei unvorbereitet, befangen oder schwer einzuschätzen?

Im folgenden sollen ausgewählte „Störgrößen" behandelt werden, also Faktoren, die eine gute Entscheidungsfindung beeinträchtigen. Diese Faktoren können in der Person des Urteilenden begründet sein, sie können sich aus der Interaktion zwischen dem Urteilenden und dem Beurteilten ergeben und sie können in organisationalen Abläufen verankert sein.

b) Die Person des Beurteilers

Wie unterscheiden sich „gute" von „schlechten" Beurteilern? In einer Studie von Graves und Karren (1992) wurde diese Frage näher untersucht. 29 Personen, die tagtäglich Einstellungsinterviews in einem Unternehmen der Finanzdienstleistungsbranche durchführten, erhielten die Aufgabe, auf der Grundlage einer (fingierten schriftlich fixierten)

Beschreibung von Bewerbern (es ging um eine Stelle als Kundenberater) eine Auswahl zu treffen. Erhoben wurde u.a., welche Kriterien die Interviewer benutzten und welches Gewicht sie ihnen beimaßen. Die Einteilung in „gute" und „weniger gute" Interviewer erfolgte aufgrund des Urteils von Führungskräften, die bereits Erfahrungen mit den Leistungen der Interviewer gemacht hatten. Ob damit deren Leistung treffend beschrieben wurde, kann man allerdings bezweifeln. Auch am sonstigen methodischen Vorgehen ließe sich leicht Kritik üben. Schließlich war die vorgegebene Aufgabe recht künstlich. Alle Interviewer erhielten nur sehr wenige Informationen, und sie konnten nicht selbständig weitere Informationen einholen. Dennoch erscheinen die Ergebnisse der Studie recht plausibel und sie decken sich im übrigen mit Erkenntnissen, die in anderen Anwendungsfeldern der Entscheidungsforschung gewonnen wurden:

- Gute Beurteiler benutzen andere Auswahlkriterien als schlechte Beurteiler, und sie gewichten die Kriterien unterschiedlich.
- Die Komplexität der von den Beurteilern verwendeten kognitiven Entscheidungsmodelle (also der Vorstellungen darüber, welche Gesichtspunkte in der gegebenen Beurteilungssituation zu beachten sind) ist sehr unterschiedlich.
- Beurteiler, die ihre eigene Urteilsfindung durchschauen, entscheiden besser als intuitive Beurteiler.
- „Erfahrung" als solche verbessert die Entscheidung nicht, wichtiger ist das verwendete kognitive Entscheidungsmodell.
- Die Erwartungen der Beurteiler (seine „Prototypen") lenken die Informationssuche, Problem-Analyse und Urteils-Synthese.

Angesichts dieser Ergebnisse: Kann man tatsächlich sagen, es gebe eine allgemeine Urteilsfähigkeit, also so etwas wie „Menschenkenntnis", die der eine besitzt, die dem andern aber abgeht? Bei der positiven Beantwortung dieser Frage empfiehlt sich jedenfalls Zurückhaltung. Zum einen, weil der Begriff „Menschenkenntnis" sehr vage und global ist, und zum andern, weil für die Güte einer Beurteilung nicht allein die Fähigkeiten des Beurteilers verantwortlich sind. In eine konkrete Beurteilung fließt eine ganze Reihe von Faktoren ein, die der Beurteiler nur bedingt beeinflussen kann. Zu nennen wären beispielsweise die dem Urteilenden bereits vor der Begegnung zur Verfügung stehenden Informationen oder auch die Offenheit der beurteilten Person. Andererseits wäre es aber auch töricht zu behaupten, Menschen unterschieden sich in ihrem Urteilsvermögen nicht. So sind beispielsweise Personen mit einem hohen Selbstbewußtsein bessere Beurteiler, denn sie können es sich psychologisch eher leisten, ein objektives Urteil über andere Personen zu fällen, können also beispielsweise leichter akzeptieren, daß eine andere Person größere Fähigkeiten als sie selbst besitzt. Hilfreich ist beispielsweise auch „kognitive Komplexität", sie ist mit einem hohen Differenzierungsvermögen und damit mit einer prägnanteren Urteilsbildung verbunden. Schließlich und nicht zuletzt unterscheiden sich Menschen auch in ihren sozialen Fähigkeiten. Soziale Fähigkeiten fußen nicht zuletzt auch im Beobachtungsvermögen.

c) Die Interaktionssituation

Der Prozeß der Beurteilung einer anderen Person gleicht (glücklicherweise!) nur selten einer klinischen Analyse. Das „Objekt" der Beurteilung hält nicht still, es nimmt aktiv Einfluß auf die Beurteilung. Die beobachtete Person betreibt „Impression Management", sie versucht also, einen günstigen Eindruck zu machen und zwar, nebenbei bemerkt, nicht auf andere, sondern auch auf sich selbst (vgl. zum Impression Management insbesondere Schlenker 1980). Allerdings haben es weder der Beobachtende noch der Beobachtete in der Hand, wer welchen Eindruck erhält bzw. macht, vielmehr entwickelt die Beobachtungssituation oft eine kaum vorhersehbare Eigendynamik. Hierauf gehe ich im Abschnitt 6 näher ein. Doch unabhängig von diesen „selbstreferentiellen" Vorgängen: auch die äußeren Interaktionsbedingungen prägen das Geschehen und sie lassen sich von den beteiligten Personen nicht beeinflussen, ja ihre Wirksamkeit ist ihnen in der konkreten Situation oft gar nicht bewußt. In Abbildung 4.6 sind Faktoren aufgeführt, die das Verhalten und damit die Beobachtung der Akteure in einem Einstellungsinterview maßgeblich beeinflussen.

Abb. 4.6: Einflußgrößen im Einstellungsinterview

In einem Einstellungsinterview hat es im wesentlichen der Interviewer in der Hand, ob ein kaltes oder warmes Gesprächsklima entsteht. In einem kalten Klima verhält sich der Bewerber aber ganz anders als in einem warmen Klima. Ein kaltes Klima vermindert die mögliche „Offenheit", es ist aus diesem Grunde wenig verwunderlich, daß weniger selbstbewußte Personen in einem kalten Klima noch schlechter als sonst abschneiden, denn sie erhalten hier nur sehr eingeschränkt die Chance, ihre Stärken zu zeigen (vgl. genauer Abschnitt 6).

Doch nicht nur die Offenheit im Verhalten ist wichtig. Auch die anderen der in Abbildung 4.6 genannten Verhaltensvariablen bestimmen maßgeblich die Urteilsbildung. Wenn im Gespräch sehr viele Informationen gewonnen werden, dann beruht das schließlich gebildete Urteil auf einem breiten Fundament. Wenn das Gespräch fair und offen geführt wird, dann entstehen keine falschen Erwartungen und das Taktieren hat seine Grenzen. Ein ausgewogenes Gespräch läßt Stärken und Schwächen des Bewerbers gleichermaßen zum Vorschein kommen und eine einzelne Schwäche gewinnt kein überdimensionales Gewicht. Welche Zusammenhänge zwischen den in Abbildung 4.6 genannten Variablen bestehen, dürfte unmittelbar auf der Hand liegen, weshalb hierauf auch nicht vertiefend eingegangen werden soll. Herausgestellt sei lediglich die große Bedeutung, die der Sympathie zukommt. Einer Person, die man sympathisch findet, verzeiht man manchen Fehler, man sucht geradezu nach weiteren positiven Eigenschaften, die die Sympathie rechtfertigen und man geht ganz pauschal davon aus, daß eine Person, die sympathisch ist, auch große Fähigkeiten besitzt. Ein durchgängiges Ergebnis einschlägiger Studien bestätigt jedenfalls, daß die rein äußerliche Attraktivität genügt, um überdurchschnittliche Beurteilungen hervorzurufen (vgl. Dipboye 1994).

d) Der organisationale Entscheidungsprozeß

Aber nicht nur im Urteilsprozeß des einzelnen Entscheiders und nicht allein im Interaktionsgeschehen zwischen Bewerber und Interviewer liegen maßgebliche Ursachen für eine mehr oder weniger gute Entscheidung. Ebenso große Bedeutung haben die organisationalen Rahmenbedingungen. In Abbildung 4.7 sind wichtige Einflußgrößen aufgeführt. Als Qualitätsmerkmal gilt beispielsweise nicht ohne Grund die Strukturiertheit des Vorgehens. Damit ist kein bürokratisches, nach Schema F ablaufendes Vorgehen gemeint, sondern ein Vorgehen, das den Regeln guter Entscheidungsfindung entspricht. Hierzu gehört u.a. die Betrachtung mehrerer Kandidaten, die Berücksichtigung von mehreren Entscheidungskriterien, die systematische Informationssammlung und die Einbeziehung von mehreren Beurteilern.

Entscheidend für die Qualität der Entscheidung ist daneben, wie sorgfältig und gekonnt die bei der Auswahlentscheidung anfallenden Aktivitäten durchgeführt werden. Zu diesen Aktivitäten gehören alle Teilschritte, die in Abbildung 4.8 aufgeführt sind, also auch die Einzelschritte, die der unmittelbaren Auswahl vor- und nachgelagert sind. Im engeren Sinne gehört dazu natürlich primär die Handhabung der einzelnen Instrumente der Personalauswahl (vgl. Abschnitt 5).

| Einflußgrößen | ⟶ | Entscheidungsprozeß |

Professionalisierung des Personalwesens
Qualitative und quantitative Ressourcen   Qualität der Einzelaktivitäten
Kooperation der Entscheider
Machtpolitische Prozesse   Strukturiertheit des Vorgehens
Institutionalisierung des Personalwesens

Abb.4.7: Organisationale Bestimmungsgrößen der Personalauswahl

Abbildung 4.7 zeigt zwei unmittelbar auf das Personalwesen gerichtete Qualitätsdeterminanten: die Professionalisierung und die Institutionalisierung des Personalwesens. Mit Professionalisierung ist gemeint, ob die Personen, die für die Abwicklung der Personalauswahl verantwortlich sind, einschlägige Qualifikationen besitzen, ob sie also in einem systematischen Sinne geschult sind, ob sie bestimmten, bewährten Regeln folgen und an einer Weiterentwicklung der eingesetzten Verfahren arbeiten. Die Institutionalisierung des Personalwesens gründet weniger in der Qualifikation der Mitarbeiter im Personalwesen (die Professionalisierung ist normaler- aber nicht notwendigerweise eine Vorbedingung der Institutionalisierung), als vielmehr in der organisationalen Verankerung des Personalwesens. Dort, wo die Entscheidungsträger des Personalwesens in die üblichen Geschäftsprozesse – insbesondere auch in die Unternehmensführung – mit einbezogen werden, wo es als selbstverständlich gilt, bei Personalproblemen den Rat der Personalverantwortlichen einzuholen, wo der Personalarbeit ganz generell große Aufmerksamkeit gewidmet wird, dort ist das Personalwesen auch „institutionalisiert". Es dürfte unmittelbar einleuchten, daß Institutionalisierung und Professionalisierung die Qualität des Auswahlprozesses verbessern, denn sie gewährleisten die Beachtung professioneller Standards und deren Akzeptanz und fördern damit Sorgfalt, Umsicht und Entscheidungskompetenz. Allerdings ist damit die Qualität der Personalauswahl nicht gesichert. Auch ein „Profi" braucht beispielsweise Ressourcen – wobei es natürlich wie so oft nicht nur auf die Menge, sondern auch auf die Verwendung der Ressourcen ankommt. Außerdem sollten die an der Personalauswahl Beteiligten gut kooperieren. Wenn sich Betriebsrat, Manager, Mitarbeiter und das Personal aus der Personalabteilung nicht gut verstehen, wenn sie ausschließlich Partialinteressen verfolgen oder wenn beispielsweise die Mitarbeiter der Personalabteilung untereinander zerstritten sind, dann entstehen Prozeßverluste, die normalerweise zu Lasten der Entscheidungsfindung gehen.

Schließlich sollte man nicht vergessen, daß Organisationen nicht nur Zweck- sondern immer auch Herrschaftsgebilde sind. Aus diesem Grund kann man viele Vorgänge nur verstehen, wenn man berücksichtigt, daß eine Entscheidung nicht nur auf Effizienz gerichtet, sondern immer auch von Machtüberlegungen durchsetzt ist. So wird man bei der Besetzung des Top-Managements der Personalabteilung kaum ein Mitspracherecht einräumen. Auch viele Karriereentscheidungen basieren nicht auf der Logik einer professionellen Karrierepolitik, sondern auf den Interessenkalkülen der beteiligten Manager. Und auch die Besetzung von Stellen in den unteren Hierarchierängen ist nicht frei von Mikropolitik. Welches Interesse sollte ein Vorgesetzter haben, einen Mitarbeiter zu beschäftigen, der zwar außerordentliche Fähigkeiten besitzt, der damit aber die eigene Kompetenz in Frage stellt? Oder: warum sollte ich dafür stimmen, einen Kollegen einzustellen, von dem zu erwarten ist, daß er in meinem Fachgebiet – also in meinem „Revier" – tätig sein wird? Oder ganz niedrig: ist es nicht einfach angenehm, mehr Mitarbeiter zu haben als ein Kollege – auch wenn dieser sie notwendiger braucht?

Abschließend ist darauf hinzuweisen, daß nicht nur die Organisation eine Auswahl trifft. Auch der (potentielle) Mitarbeiter hat zumindest die prinzipielle Möglichkeit, seinen Arbeitgeber auszuwählen, also auch ein Angebot auszuschlagen. Auch dieser Entscheidungsprozeß ist vielen Gefährdungen ausgesetzt. So neigen beispielsweise viele Menschen dazu, bei zunehmendem Problemdruck (also z.B. bei drohender Arbeitslosigkeit, bei anhaltendem Mißerfolg in den eigenen Bewerbungen), das erstbeste Angebot anzunehmen. Außerdem entscheiden sich die Mitarbeiter oft auf der Basis einer äußerst dünnen Informationsdecke. Dies ist ihnen selbst allerdings nur bedingt anzulasten. Das große Machtgefälle zwischen dem Unternehmen und dem Bewerber führt fast automatisch zu einer großen Informationsasymmetrie. Während sich das Unternehmen sehr ausführlich über die Person des Bewerbers informieren kann, stehen dem Mitarbeiter nur sehr begrenzte Informationsmöglichkeiten über das Unternehmen, die anvisierte Tätigkeit, das Arbeitsumfeld, die Kollegen usw. zur Verfügung. Dazu kommt, daß das Angewiesensein auf eine Arbeitsstelle nicht eben dazu beiträgt, genau zu prüfen, ob man für die angebotene Position tatsächlich geeignet ist. Oft entscheidet man sich auch aufgrund der Versprechen (z.B. über die Entwicklungsmöglichkeiten im Unternehmen) und aufgrund handfester Kriterien (z.B. aufgrund des Gehalts, der hierarchischen Stellung) und nicht so sehr auf der Grundlage der für die tägliche Arbeit viel bedeutsameren „qualitativen" Merkmale der Arbeit, also anhand der Aufgaben, Anforderungen und sozialen Beziehungen. Doch nicht nur für den Betroffenen, auch für das Unternehmen empfiehlt sich die Betrachtung des Bewerbungsprozesses und der damit implizierten Entscheidungen. In Abbildung 4.8 findet sich ein Überblick über Teilentscheidungen im Gesamtprozeß der Personalauswahl aus Unternehmersicht, in Abbildung 4.9 sind „kritische" Schwellen bei der Stellenbesetzung aus Sicht eines Bewerbers angeführt (in Anlehnung an Simon 1995). Wenn das Unternehmen attraktiven Bewerbern nicht bekannt ist, wenn es ein schlechtes Image hat, wenn es zur „falschen" Zeit Mitarbeiter sucht, dann ist die letztlich resultierende Entscheidung nicht so gut, wie sie sein könnte.

Vorphase	Public Relations
	Personalplanung
Bedarfsbestimung	Bedarfsmeldung
	Anforderungsbestimmung
Kontaktphase	Mediaplanung
	Stellenausschreibung
Auswahlphase	Vorauswahl
	Endauswahl
Einsatzphase	Probezeit
	Personalbeurteilung

Abb. 4.8: Teilaktivitäten bei der Personalauswahl

Um den in Abbildung 4.9 genannten Herausforderungen gerecht zu werden, empfehlen sich u.a. Methoden der gezielten Ansprache, der Mediaplanung, Maßnahmen zum Aufbau eines stimmigen Erscheinungsbildes – alles interessante personalwirtschaftliche Aufgaben, auf die wir hier aber nicht weiter eingehen.

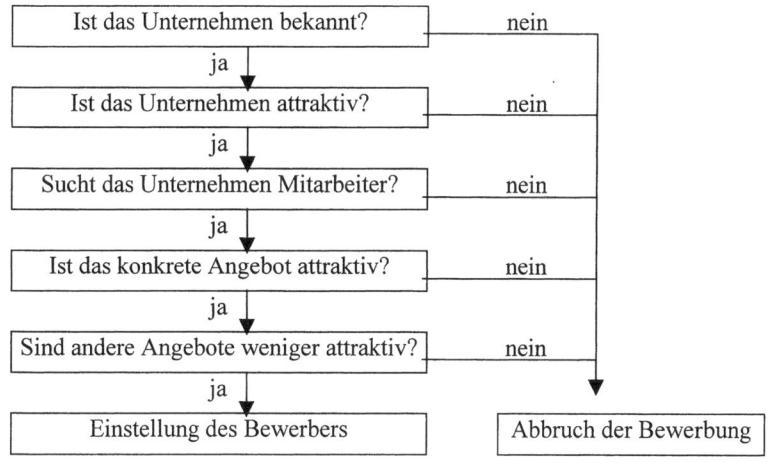

Abb. 4.9: Der Entscheidungsprozeß des Bewerbers aus Sicht des Unternehmens

4 POLITIK: PERSONALAUSWAHL ALS STRATEGIE?

Welche Strategie wählen Unternehmen, um neue Mitarbeiter zu gewinnen? Windolf (1983) identifizierte in einer empirischen Studie (untersucht wurden vor allem mittelständische Unternehmen in Deutschland und England) fünf charakteristische Muster. Sie sind in Abbildung 4.10 wiedergegeben. Danach unterscheiden sich die Unternehmen vor allem im Hinblick darauf:
- welche Bedeutung einer präzisen Beschreibung der Tätigkeit und der in dieser Tätigkeit geforderten Fähigkeiten beigemessen wird,
- welche „Kanäle" der Personalbeschaffung genutzt werden,
- welche Rolle also z.B. das Arbeitsamt spielt, ob neue Mitarbeiter über Empfehlungen der bisherigen Mitarbeiter gewonnen werden,
- welche Bedeutung der Zeitungsanzeige zukommt usw.,
- welchen Umfang der Auswahlprozeß annimmt.

Die Status-Quo-Strategie beispielsweise nutzt nur sehr beschränkt externe Beschaffungskanäle. Neue Mitarbeiter kommen i.w. aus dem Bekanntenkreis der schon im Betrieb vorhandenen Mitarbeiter. Auch sonst ist das Engagement in der Personalauswahl eher verhalten. Präzise Anforderungskriterien werden nicht angelegt, bei der Personalauswahl im engeren Sinne verzichtet man auf den Einsatz anspruchsvoller Instrumente, der Auswahlprozeß ist wenig strukturiert und die endgültige Auswahl erfolgt i.w. aufgrund des persönlichen Eindrucks.

Politik/ Strategie	Primäres Ziel	Hauptmerkmale der Selektionsstrategie			
Status-Quo-Strategie	Interne Strukturerhaltung	Beschränkung auf soziale Netze	Keine präzisen Anforderungen	Weniger Auswahlinstrumente	
Durchwursteln	Ad hoc Versorgung	Rekrutierung über das Arbeitsamt	Probezeit ist entscheidend	Keine Auswahlfilter	
Flexible Strategie	Stärkung der Marktmacht		Gegebenenfalls Anpassung des Standorts	Hilfe durch Zentrale	
Autonome Strategie	Auswahl von Idealkandidaten	Adäquate Rekrutierungswege	Präzise Anforderungen		
Innovative Strategie	Gewinnung neuer Kompetenzen	Viele Rekrutierungskanäle	Probezeit entscheidend	Aufwendige Auswahl	

Abb. 4.10: Strategien der Personalgewinnung

Ganz anders ist das Vorgehen im Rahmen der Innovativen Strategie, die durch ein umgreifendes und professionelles Vorgehen gekennzeichnet ist. Man findet sie vor allem in großen Unternehmen bei der Auswahl von Führungsnachwuchskräften. Im Rahmen der jeweiligen Einstellaktionen melden sich nicht selten mehr als tausend Bewerber. Die Unternehmen beschränken ihre Auswahl bewußt nicht auf ganz bestimmte Studienabschlüsse, definieren allerdings hohe Auslesekriterien: überdurchschnittliche Noten, ein geringes Alter, außeruniversitäres Engagement während des Studiums, Auslandsaufenthalte, einen stetigen aber auch einen außergewöhnlichen Lebenslauf. Zu Bewerbungsgesprächen eingeladen werden bis zu 40% der Bewerber. Sie müssen ein mehrstufiges Auswahlverfahren durchlaufen (Tests, Assessment Center, Bewerbergespräche), so daß letztlich nur etwa 10% der Bewerber ein Angebot erhalten. Damit ist der Auswahlprozeß allerdings noch nicht abgeschlossen. Die Auslese setzt sich während der Probezeit (bzw. innerhalb der oft zeitlich befristeten Vertragszeit) fort. Unter Umständen fallen so nochmals 50% durch. Zwar wird dieses Vorgehen von vielen Aspiranten als recht „hart" empfunden, gleichwohl ist es sehr attraktiv, denn diejenigen, die schließlich eine dauerhafte Stelle erhalten, können mit einer intensiven innerbetrieblichen Förderung (bei gleichbleibend hohen Anforderungen) rechnen. Die Autonome Strategie unterscheidet sich von der Innovativen Strategie vor allem durch die Festlegung auf ein Anforderungsprofil. Dies kann relativ ausdifferenziert, aber auch sehr „grob" ausfallen. Windolf nennt als Beispiel ein Unternehmen, das für einfache Montagetätigkeiten jüngere Frauen mit Industrieerfahrungen sucht, die aus einem stabilen sozialen Umfeld stammen und deren Eignung durch einen Geschicklichkeitstest festgestellt wird. Man versucht in Unternehmen mit einer Autonomen Strategie nicht unbedingt den besten, jedenfalls aber den passenden Mitarbeiter zu finden. Das Anforderungsprofil legt die Selektionskriterien eindeutig fest. Wenn ein Unternehmen beispielsweise einen Maschinenbau-Ingenieur mit FH-Abschluß sucht, dann wird es auch keinen Kandidaten einstellen, der einen anderen Ingenieur-Abschluß hat und auch keinen, der von der Universität kommt. Spiegelbildlich anders verhalten sich Unternehmen mit einer Strategie des Durchwurstelns. Bei dieser Strategie existieren keine klaren Anforderungskriterien, eine Personalauswahl im eigentlichen Sinne findet nicht statt, die Einstellung erfolgt gewissermaßen nach Augenschein, das entscheidende Selektionskriterium ist die Erfahrung mit dem neuen Mitarbeiter während der Probezeit. Wenig erstaunlich ist, daß die Personalfluktuation in derartigen Unternehmen sehr hoch ist. Schließlich gibt es noch die Flexible Strategie. Man findet sie in manchen Zweigwerken großer Konzerne. Die Teilbetriebe haben zwar kein ausgebautes Personalwesen, können aber gegebenenfalls die Experten im Konzern in Anspruch nehmen. Besonderes Merkmal der Flexiblen Strategie ist die hohe Anpassungsfähigkeit in bezug auf den Arbeitsmarkt (daher die Bezeichnung): falls es nicht gelingt, in der Region geeignete Arbeitnehmer zu den gewünschten Bedingungen zu erhalten, wird schlichtweg auch eine Standortverlagerung in Erwägung gezogen.

Welche Überlegungen stehen hinter den verschiedenen Selektionsstrategien? Steckt hinter diesen Strategien überhaupt ein bewußtes Kalkül, sind es also tatsächlich „Strategien" und nicht einfach „Verhaltensmuster"? Diesbezüglich kann man unterschiedlicher Meinung sein. Hinter der Innovativen Strategie läßt sich noch am ehesten ein bewußter Gestaltungswille erkennen: die Auswahl der „Besten" soll für ständige Erneuerung der oft international tätigen Managerkaste sorgen – eine Absicht, die die Bezeichnung „innovativ" durchaus verdient. Im Zuge der Status Quo Strategie wird dagegen nichts bewegt, die vorhandenen Strukturen werden vielmehr „reproduziert", ein Verhalten, das nur bedingt als strategisch gelten kann. Ähnliches gilt für die Ad hoc Strategie des Durchwurstelns, die kaum etwas Langfristiges und schon gar nichts Strategisches enthält. Dennoch mag auch dieses Verhalten eine gewisse Rationalität besitzen und zwar insoweit, als es die natürliche Anwort auf die gegebene Situation des Unternehmens sein mag. Zumindest kann man zu dieser Auffassung gelangen, wenn man die Einflußgrößen betrachtet, die dafür verantwortlich sind, welche Strategie (oder „Politik") ein Unternehmen verfolgt. Windolf stellt zwei Determinanten heraus: die (relative) Macht des Arbeitgebers auf dem Arbeitsmarkt und die vorhandene Organisationsintelligenz. Demnach wird man die Strategie des Durchwurstelns vor allem in den Unternehmen finden, in denen die Organisationsintelligenz gering ist – in denen also keine professionelle Personalarbeit betrieben wird oder allgemeiner: in den Unternehmen, die auch sonst ein wenig entwickeltes betriebswirtschaftliches Instrumentarium einsetzen und die allenfalls als Grenzanbieter auf dem Arbeitsmarkt auftreten, die also Arbeitnehmern ein nur wenig attraktives Angebot machen können.

Wäre es unter diesen Umständen sinnvoll, eine Innovative Strategie zu verfolgen? Dies kann bezweifelt werden. Insofern liegt dem nichtstrategischen Verhalten der Unternehmen mit einer „Strategie" des Durchwurstelns durchaus eine gewisse Logik zugrunde. Dies gilt auch für die anderen Strategien. Die Innovative Strategie und die Autonomiestrategie findet man häufig in großen Unternehmen, die auf dem Arbeitsmarkt eine dominierende Rolle einnehmen und auch eine große Organisationsintelligenz aufweisen. Die Status Quo Strategie schließlich kann nur funktionieren, wenn das Unternehmen auf dem *regionalen* Arbeitsmarkt eine gewisse Bedeutung besitzt. Andernfalls wäre es kaum möglich, daß sich die neuen Mitarbeiter durch die alten anwerben ließen. Eine hohe Organisationsintelligenz ist in diesem Fall allerdings nicht notwendig. Zumindest was den personalwirtschaftlichen Bereich angeht, können die Schwächen im

Methodischen durch die Funktionsfähigkeit der sozialen Beziehungen kompensiert werden.

5 INSTRUMENTE DER PERSONALAUSWAHL

Die Instrumente der Personalauswahl sind Instrumente der Informationsbeschaffung. Sie sind also keine Entscheidungsmethoden, ihr Einsatz reicht nicht hin, eine Entscheidung zu begründen. Instrumente der Personalauswahl sollen die systematische Erfassung von Informationen über die Bewerber anleiten, sie erlauben aber kein Urteil darüber, welcher der Bewerber schließlich eingestellt werden soll. Diese Entscheidung verlangt eine Würdigung der gewonnenen Informationen und auf dieser Basis eine Prognose über das zu erwartende Arbeitsverhalten der Bewerber. Nicht zuletzt verlangt die Personalauswahl aber auch eine Klärung der eigenen Präferenzen, denn nur im Ausnahmefall findet sich der „ideale" Mitarbeiter, weshalb erst noch zu klären ist, welche Fähigkeiten und Eigenschaften eines Bewerbers besondere Beachtung verdienen. Um überhaupt zu einer Entscheidung gelangen zu können, sind die Beurteilungskriterien also zu gewichten. In den Abschnitten 5c bis 5e werden drei wichtige Auswahlmethoden vorgestellt. Erläutert werden die Merkmale dieser Methoden, ihre Vor- und Nachteile und die ihrer Verwendung zugrundeliegende Logik. Im folgenden Abschnitt 6 wird die wohl wichtigste Auswahlmethode (das Einstellungsinterview) ausführlicher diskutiert. Zuvor wird jedoch auf die Anforderungskriterien eingegangen, denen ein Kandidat entsprechen soll. Sie bilden die Grundlage aller Auswahlmethoden und verdienen daher auch besondere Aufmerksamkeit (Abschnitt 5a). Außerdem ist zu klären, wie man die Auswahlmethoden beurteilen kann (Abschnitt b): nicht nur die Kandidaten selbst, sondern auch die Methoden, mit denen man sich ihnen nähert, haben Stärken und Schwächen.

a) Anforderungskriterien
Welche Informationen über einen Bewerber sind von Interesse? Informationen, die eine Prognose darüber erlauben, ob der Bewerber die Aufgaben, für die er vorgesehen ist, auch zufriedenstellend erfüllen wird. Alle Auswahlüberlegungen nehmen daher ihren Ausgang in der Aufgabenbeschreibung. Der direkte Weg einer gut begründeten Personalauswahl bestünde demnach darin, alle anfallenden Aufgaben aufzulisten und zu prüfen, ob der Kandidat in der Lage ist, diese Aufgaben auch zu erledigen. Tatsächlich ist dieser Weg aber normalerweise nicht begehbar:
(1) Wäre es möglich, alle Aufgaben, die auf das Organisationsmitglied zukommen, im vorhinein und präzise zu beschreiben, dann wäre es wenig sinnvoll, das Organisations-

mitglied überhaupt einzustellen. Leistungen, die exakt angebbar sind, kauft man besser ein. Der Vorteil eines Arbeitsvertrages besteht eben gerade darin, daß er offen läßt, welche konkreten Aufgaben auf den Arbeitnehmer zukommen. Lassen sich die gewünschten Leistungen genau spezifizieren, dann ist es ökonomisch effizienter, sie bei Bedarf auf dem Markt abzurufen, denn der (funktionierende) Markt bietet prinzipiell die kostengünstigsten Lösungen und zwar deswegen, weil sich – so jedenfalls die Theorie – die Anbieter der Leistungen so lange in ihrem Preisverlangen unterbieten werden, bis das kostengünstigste Angebot übrigbleibt.

(2) Die Spezifizierung der Aufgaben ist auch deswegen schwierig, weil diese sich im Lauf der Zeit ändern. Wird man bei jeder Änderung den für diese Aufgabe eingesetzten Mitarbeiter entlassen und einen neuen einstellen? Ein derartiges Verhalten leuchtet kaum ein. Normalerweise erwartet man, daß sich die Mitarbeiter den neuen Herausforderungen anpassen.

(3) Selbst wenn man es wollte, es ist aus prinzipiellen Gründen unmöglich, sämtliche Aufgaben eines Arbeitnehmers (seien es nun die gegenwärtigen oder die zukünftigen) aufzulisten. Denn wie soll man es anfangen, eine Aufgabe eindeutig zu beschreiben? Ein Verkäufer soll beispielsweise für Umsatz sorgen. Ist damit die Aufgabe hinreichend beschrieben? Wohl kaum, denn je nach Geschäftsfeld stellen sich unterschiedliche Teilaufgaben. Manchmal ist es sinnvoll, möglichst hohe Preise zu erzielen, in anderen Fällen geht es um die Sicherung langfristiger Beziehungen, in wieder anderen um die Neukundengewinnung usw. Und bezüglich dieser Teilaufgaben: läßt sich allgemein sagen, wie man neue Kunden gewinnt? Nein, denn das kommt sicher auf das Produkt an, den Kundentypus, die regionalen Besonderheiten, die Geschäftsusancen und vieles andere mehr. Das heißt aber auch, daß die Aufgabe der Kundengewinnung je nach den vorliegenden Besonderheiten aus wieder anderen Teilaufgaben besteht. Ist es sinnvoll, diese genau zu spezifizieren und dann zu prüfen, ob der Bewerber diese Aufgaben beherrscht? Dieses Vorgehen liefert deswegen keine Lösung, weil es möglich ist, jede Aufgabe in immer neue Teilaufgaben zu zerlegen – und zwar nach sehr unterschiedlichen Gesichtspunkten und nach unterschiedlichen Zwecksetzungen: soll man noch die Formulare berücksichtigen, die ein Verkäufer benutzen soll, soll man die Zusammenarbeit mit dem Innendienst herausstellen, soll man den Arbeitsrhythmus festlegen, den Gebrauch von Hilfsmitteln usw. usf.? Doch unabhängig von diesen inhaltlichen Entscheidungen, die bei der Aufgabenbeschreibung notwendig werden (und die sich, so das Argument, nicht allgemein und eindeutig fixieren lassen), es gibt noch ein grundsätzliches Argument gegen die Idee einer vollständigen Aufgabenzerlegung: es gibt kein eindeutiges Kriterium dafür, an welcher Stelle, auf welcher Analyseebene man die Aufgabenzerlegung abbrechen sollte. Manche Organisationforscher glauben zwar, es

ließen sich im Zuge der „analytischen Arbeitszerlegung" kleinste Teilaufgaben identifizieren, die sich anschließend wiederum zu bestimmten Gesamtaufgaben zusammensetzen ließen. Dies ist aber eine Illusion. Zumindest ist es eine Illusion zu glauben, es gebe hierfür ein eindeutig bestes Verfahren. Je nach Betrachtungswinkel, je nach den benutzten Zerlegungskriterien beispielsweise kommt man zu unterschiedlichen Lösungen.

(4) Und schließlich: Aufgaben lassen sich nicht von den Bedingungen ihrer Erledigung trennen. Man übernimmt als Arbeitnehmer nicht nur eine Tätigkeit, sondern man arbeitet auch in einer Arbeitsumgebung, man muß mit anderen Kollegen, Vorgesetzten, Kunden zusammenarbeiten, man muß die vorhandene Technik benutzen usw. Alle diese und weitere Arbeitsbedingungen müßten eigentlich in die Aufgabenbeschreibung aufgenommen werden, denn mit allen diesen Bedingungen muß der Mitarbeiter ja zurechtkommen.

Langer Rede kurzer Sinn: Die Idee, die Eignung einer Person zu ermitteln, indem man sämtliche Teilaufgaben auflistet und prüft, ob diese Person diese Aufgaben beherrscht, läßt sich nicht realistisch umsetzen. Dessen ungeachtet wird in Auswahlentscheidungen durchaus auch danach gefragt, ob jemand einzelne konkrete Aufgaben beherrscht (z.B. ein Wechselformular ausfüllen kann). Man wird jedoch nicht prüfen können, ob er mit allen an seinem Arbeitsplatz je auf ihn zukommenden Aufgaben zurechtkommt. Aus diesem Grund wird sie in der Praxis auch nur bedingt weiter verfolgt, man behilft sich vielmehr mit der Formulierung von „Anforderungen". Anforderungen legen fest, was ein Mitarbeiter mitbringen muß. Zwar steht auch hinter dem Konzept der Anforderung letztlich immer eine mehr oder weniger vage Vorstellung von der Aufgabe, man befreit sich durch die Anforderungsformulierung jedoch von dem Zwang, die Aufgabe genau spezifizieren zu müssen. Wenn beispielsweise von einem Mitarbeiter „Verkaufstüchtigkeit" gefordert wird, dann geht man davon aus, daß er alle Eigenschaften mitbringt, die einen guten Verkäufer ausmachen, d.h. es wird unterstellt, daß er zumindest prinzipiell die Fähigkeit besitzt, die damit verbundenen Aufgaben zu meistern. Wenn einzelne Tätigkeiten (aufgrund neuer Kundengruppen, Vertriebswege usw.) neu für ihn sein sollten, so erwartet man von einem Mitarbeiter mit Verkaufstüchtigkeit, daß er lernt, auch mit diesen ungewohnten Tätigkeiten zurechtzukommen. Anforderungen definieren also persönliche Voraussetzungen, die jemand erfüllen muß, damit er die vorgesehenen Aufgaben erledigen kann. Besondere Betonung liegt auf dem Wort „persönlich". Mit dem Begriff der Stellenanforderungen meint man nämlich in der Regel Eigenschaften und Fähigkeiten der Menschen, die die Stelle besetzen sollen und nicht etwa Eigenschaften der Hilfsmittel, der Arbeitsumgebung oder der Arbeitsorganisation, obwohl natürlich auch an diese Faktoren Anforderungen zu stellen sind. Mangelnde Fähigkeiten können beispielsweise durch eine entsprechende Technikgestaltung ausgeglichen werden. Nicht selten ist es sinnvoll, die Anforderungen an die Arbeitsgestaltung zu erhöhen, um damit die Anforderungen an die Mitarbeiter zu vermindern. Dies ist besonders dann ein Thema, wenn an einem Arbeitsplatz besondere Arbeitsbelastungen auftreten (z.B. bei „Überkopfarbeit"), die durch einfache technische Arrangements reduziert werden können. Aber auch für Tätigkeiten, die ein hohes Gefährdungspotential aufweisen (z.B. die Tätigkeit eines Piloten, die Kontrolltätigkeit in Kernkraftwerken) empfiehlt sich die Implementierung von Sicherheitssystemen, die menschlichen „Schwächen" wie Ermüdung, Ablenkung oder Überforderung entgegenwirken. Die Frage, ob das richtige Verhältnis in den Anforderungen an den Menschen oder an die Arbeitsgestaltung gewahrt wurde, tritt immer dann ins Blickfeld, wenn anläßlich eines Unfalles dem „menschlichen Versagen" die Schuld gegeben wird. Zusammengefaßt: Anforderungen werden definiert, um die Aufgabenerfüllung sicherzustellen. Die Anforderungen richten sich an den Menschen und dessen Eigenarten.

Aufgabe ⟶ Anforderung ⟵ Mensch

Anforderungen sind also so zu formulieren, daß sie mit menschlichen Eigenschaften korrespondieren. Dies ist allerdings leichter gesagt als getan. Wie wir gesehen haben, ist es alles andere als selbstverständlich, welche Anforderungen sich aus einer Aufgabe „ableiten". Mindestens ebenso problematisch ist die Beziehung zwischen den menschlichen Eigenarten und möglichen Anforderungen. Um unser schon einmal verwendetes Beispiel nochmals zu gebrauchen: ist „Verkaufstüchtigkeit" wirklich ein Merkmal, das man vernünftigerweise einem Menschen zuschreiben kann? Wenn man danach fragt, welche Eigenschaften ein Basketballspieler haben soll, ist es dann sinnvoll zu sagen, er soll „basketballtüchtig" sein? Die Kurzschlüssigkeit eines solchen Vorgehens dürfte unmittelbar einleuchten. Tatsächlich findet es sich aber in vielen Anforderungsbeschreibungen. Hinlänglich mißbraucht ist beispielsweise der Begriff „Teamfähigkeit". Es ist sicher zu begrüßen, wenn eine Arbeitsgruppe als „Team" handelt, einfältig dagegen zu glauben, dies sei möglich, wenn nur die Mitglieder „teamfähig" sind. Teamfähigkeit ist keine Eigenschaft, die einzelnen Personen zukommt. Der Rückschluß von einer wünschenswerten Gruppen-Eigenschaft auf individuelle Fähigkeit ist schon aus logischen Gründen unsinnig. Gruppen sind z.B. auch mehr oder weniger kohäsiv, gibt es deswegen so etwas wie eine „Kohäsionsfähigkeit" der Gruppenmitglieder? Teamfähigkeit ist keine Eigenschaft von Individuen.

Tatsächlich aber gibt es Eigenschaften von Menschen, die das Funktionieren von Teams erleichtern oder erschweren. Wahrscheinlich zielt man mit der Forderung nach Teamfähigkeit ja auch auf solche Eigenschaften, also z.B. auf Kommunikationsfähigkeit und

Empathie. Paradoxerweise stehen manche dieser Eigenschaften aber einem „glatten" Funktionieren von Teams eher im Wege. Zur Empathie gehört beispielsweise auch „Authentizität", also das Bekenntnis zur eigenen Person, zu den eigenen Werthaltungen und zur Vermittlung von Glaubwürdigkeit, alles Eigenschaften, die nicht so recht zum Wunsch nach Anpassungsbereitschaft passen, der im Glauben an die Teamfähigkeit häufig mitschwingt.

Festgehalten sei, daß viele Anforderungskategorien nicht die Informationen definieren, die man bräuchte – oder sogar völlig uninformativ sind. Auch beschreiben sie häufig nicht originäre menschliche Eigenschaften oder Fähigkeiten, sondern wünschenswerte Verhaltens*ergebnisse*. Den damit verbundenen Problemen versucht man zwar mit einem sprachlichen Trick auszuweichen (man formt vordergründig plausibel klingende Begriffe wie Teamfähigkeit oder Konfliktfähigkeit usw.), tatsächlich rekurriert man dabei aber – wie gesagt – auf Fähigkeiten, die es in dieser Form gar nicht gibt. Häufig müssen auch Platitüden als Anforderungskategorien herhalten. Da ist dann z.B. von „Zielorientierung", „Effizienz" oder „Professionalität" die Rede. Am einfachsten macht man es sich beim Gebrauch völlig offener Begriffe. Ein sehr schönes Beispiel hierfür ist der Ruf nach „Persönlichkeit". Jeder kann darunter verstehen, was er will. Oft steckt hinter der Forderung nach Persönlichkeit der Wunsch nach einer „starken" Persönlichkeit, was die Sache aber nicht besser macht. Man kann mit dem Wort „Persönlichkeit" allerdings auch sinnvolle Bedeutungen verknüpfen (z.B. emotionale Reife, Erfahrung, Charakterstärke usw.), dann sollte man dies aber auch sagen. In der Psychologie dient der Ausdruck „Persönlichkeit" jedenfalls nicht zur Beschreibung von Eigenschaften, die Psychologie untersucht die Persönlichkeit (jeder Mensch besitzt eine Persönlichkeit) und *deren* Eigenschaften. Eine weitere Gruppe unbrauchbarer Anforderungskategorien schließlich fußt auf Kategorien, die psychologisch obsolet sind. Hierzu gehören Merkmale wie Durchsetzungsfähigkeit, Ausstrahlung, Dynamik oder Entschlußkraft.

Bei der Betrachtung der gängigen Anforderungskataloge fällt schließlich auf, daß sie fast alle einseitig positiv formuliert sind: Man wünscht sich Mitarbeiter, die analytisch denken können, selbstsicher sind, Eigenmotivation mitbringen usw. Möglichst sollte der Bewerber alle diese Eigenschaften gleichzeitig und in maximaler Ausprägung besitzen. Dabei gibt es ja durchaus zuviel des Guten. Eine Person, die nur weitblickend ist, verliert vielleicht das Gefühl fürs Detail, eine Person, die sehr flexibel ist, läßt es vielleicht an Beständigkeit fehlen usw. Dieser Problematik wurde auch tatsächlich schon in einem großen Unternehmen nachgegangen. Wie kann man sie angehen? Es gibt mindestens drei Möglichkeiten. Entweder verlangt man von den Bewerbern, daß sie die gegensätzlichen Tendenzen in ihrer Person „ausgleichen", also versuchen, gleichzeitig kreativ und analytisch zu sein oder man verlangt, daß sie jeweils situationsgerecht handeln, also in einer bestimmten Problemlage z.B. ihr Mitgefühl abschalten und „hart" bleiben. Oder man ist bereit, einen Kompromiß einzugehen und wird versuchen, mit den unvermeidlichen „Schwächen" der Person zu leben, also in Kauf nehmen, daß eine sehr selbstsichere Person oft unfähig ist, das eigene Handeln in Frage zu stellen.

In Abbildung 4.11 sind beispielhaft einige allgemeine Anforderungskategorien zusammengestellt, also Eigenschaften, die es den Menschen ermöglichen, ihre Aufgaben zu erledigen. Wie man sieht, sind auch in diesem Katalog solche Eigenschaften aufgeführt, von denen man eigentlich nicht genug haben kann. Außerdem sind es Eigenschaften, die ganz allgemein hilfreich sind. Im Einzelfall können aber auch – dies sei ausdrücklich vermerkt – ganz andere Qualitäten Bedeutung erlangen. Die angeführten Merkmale haben immerhin den Vorteil, daß sie jeweils eine theoretische Fundierung besitzen, daß sie empirisch untersucht wurden und daß häufig auch konkrete Verfahren existieren, mit denen man sie erfassen kann.

Hintergrund-Faktoren	Inhaltbezogene Kompetenz	Motivationale Orientierung
Ausbildung	Fachliche Kompetenz	Leistungsmotivation
Berufserfahrung	Methodische Kompetenz	Freude am Denken
Führungserfahrung	Konzeptionelle Kompetenz	Sozialbewußtsein
Soziale Kompetenz	Personale Kompetenz	Emotionale Kompetenz
Kommunikation	Zuverlässigkeit	Emotionale Reife
Empathie	Intellekt	Initiative
Koordination	Flexibilität	Belastbarkeit

Abb. 4.11: Anforderungsarten

Ich kann an dieser Stelle nicht auf alle in Abbildung 4.11 genannten Eigenschaften eingehen. Einige kurze Anmerkungen mögen genügen. Die Übersicht soll u.a. deutlich machen, daß für die Aufgabenerledigung nicht nur unmittelbar auf den Aufgabeninhalt bezogene Faktoren wichtig sind, gleiche Bedeutung haben auch Eigenschaften, die sich auf den Umgang mit anderen Personen und auf den Umgang mit sich selbst richten. Bei den auf den Arbeitsinhalt bezogenen Kompetenzen geht es primär um das spezifische Fachwissen bzw. genauer um das Fachkönnen, also z.B. bei einem Verkäufer nicht nur um Kenntnisse im Vertragsrecht, sondern auch um Erfahrungen in der Abwicklung der jeweiligen Geschäfte. Gleichermaßen wichtig sind jedoch auch konzeptionelle Fähigkeiten (also z.B. die Fähigkeit, neuartige Verfahren zu entwerfen und die daraus abzuleitenden Maßnahmen zu planen) und Fähigkeiten im Umgang mit Methoden, Techniken und Instrumenten.

Bei den *motivationalen Orientierungen* wird häufig die Leistungsmotivation herausgehoben. Die Leistungsmotivation bezieht sich auf einen ausgewählten Motivationskomplex. Dieser kreist ganz generell um das Thema Leistung, hat also zunächst keinen spezifischen Inhalt, wenngleich sich natürlich keine Person in allen Lebensbereichen gleichermaßen um besondere Leistungen bemüht. Das Leistungsmotiv umfaßt den Wunsch, etwas möglichst gut oder besser (als bisher, als andere) zu machen. Dem Leistungsmotivierten geht es um die Einlösung von Leistungsansprüchen, die für ihn persönlich – unabhängig von anderen Anreizen – verbindlich sind. Wichtig ist in dieser Beschreibung das Wort „unabhängig". Leistungsorientierte Personen streben nach Leistung um der Leistung willen, sie wollen „vortrefflich" sein, nicht weil sie dafür belohnt werden, sondern deswegen, weil die Leistung „als solche" einen hohen Selbstwert besitzt. Es gibt eine sehr umfangreiche Forschung zur Leistungsmotivation und zu den Bedingungen ihres Entstehens. Hierauf kann hier aber leider nicht näher eingegangen werden, ebensowenig wie auf die beiden anderen der in Abbildung 4.11 angeführten Motivkomplexe: die Freude am Denken (eine Eigenschaft, die man manchen Berufsgruppen besonders wünscht, nicht weil sie dort besonders verbreitet wäre, sondern weil sie dort besonders gebraucht wird) und das Selbstbewußtsein, das deswegen hier angeführt ist, weil es die Voraussetzung für eine hohe Eigenmotivation ist.

Es gibt daneben eine ganze Reihe von weiteren relativ dauerhaften und personentypischen Motivationen, z.B. auch soziale Motive, die im Bereich der sozialen Kompetenzen eine große Rolle spielen. Abbildung 4.11 nennt drei Grundfähigkeiten der sozialen Kompetenz (vgl. zu dem dahinterstehenden theoretischen Modell Martin/Drees 1999), die – so zumindest die Ergebnisse einer empirischen Erhebung – in der Arbeitswelt oft schmerzlich vermißt werden (vgl. Martin/Purwin 1999). Jede dieser Fähigkeiten hat eine kognitive, eine motivationale, eine emotionale und eine verhaltensbezogene Komponente. Dies zeigt, daß auch die in Abbildung 4.11 vorgenommene Unterteilung in personale, motivationale und emotionale Kompetenzen nur eine Schwerpunktsetzung zum Ausdruck bringen kann, d.h. menschliche Eigenschaften lassen sich kaum auseinanderdividieren, sondern sind immer mehr oder weniger eng aufeinander bezogen. Die emotionale Dimension der Empathie gründet z.B. in der persönlichen Anteilnahme an anderen Personen, also in der „Einfühlung", in der Fähigkeit, mit- und nachempfinden zu können, was in anderen Menschen vorgeht. Das kognitive Pendant hierzu ist die Fähigkeit zum Perspektivenwechsel, die Fähigkeit, die Welt, ein bestimmtes Problem, auch die eigene Person aus den Augen des andern wahrzunehmen. Die motivationale Komponente gibt der Empathie Stabilität, ohne ein allgemeines Interesse an anderen Personen kann man kaum empathisch sein, wenn man schnell die Geduld verliert, wenn man die Komplikationen, die andere Menschen verbreiten und hervorrufen, nicht ertragen kann, dann haben auch die besten kognitiven Fähigkeiten ihre Grenzen. Und schließlich muß sich Empathie auch im Auftreten, also im eigenen Verhalten niederschlagen. Wer unglaubwürdig wirkt, wer nicht zu seiner Person steht, wer nur etwas vorspiegelt und nichts ist, der wird von anderen Menschen nicht akzeptiert und kann auch keine Empathie entwickeln.

Die *kognitiven Fähigkeiten* als Teil der personalen Fähigkeiten stehen traditionell im Zentrum der Aufmerksamkeit von Institutionen wie Schule und Erziehung. Sie gelten als Rüstzeug für die berufliche Bewährung. Es gibt z.B. eine mittlerweile kaum noch überschaubare Literatur zum Thema Intelligenz. Auch gibt es zahlreiche Versuche, die Intelligenz zu messen, aber mindestens ebensoviele Versuche, die Fragwürdigkeit von Intelligenztests nachzuweisen. In den letzten Jahren hat eine andere kognitive Fähigkeit Aufmerksamkeit gefunden, die sogenannte kognitive Komplexität. Während es bei der Intelligenz i.w. um rasches Begreifen und abstraktes Denken geht, richtet sich die kognitive Komplexität auf die Erfassung von Zusammenhängen. Kognitive Komplexität meint die Fähigkeit in komplexen Situationen angemessen und innovativ zu handeln. Die kognitive Komplexität umfaßt die Fähigkeit, Situationen differenziert wahrzunehmen, differenziert und gleichermaßen integriert zu denken. Empirische Studien zeigen, daß eine überdurchschnittlich intelligente Person nicht unbedingt überdurchschnittlich komplex denken kann und umgekehrt. In realen Handlungssituationen ist jedenfalls die kognitive Komplexität oft hilfreicher als die – im Vergleich hierzu – eher blasse Intelligenz. Personale Kompetenz umfaßt allerdings nicht nur den Intellekt. Abbildung 4.11 zeigt beispielhaft zwei weitere im beruflichen Alltag kaum weniger wichtige Eigenschaften.

Aufgeführt sind auch drei *emotionale Kompetenzen*. Sie haben alle gleichermaßen etwas mit der „Stabilität" der Persönlichkeit zu tun. Welchen Wert hat eine hohe geistige Leistungsfähigkeit, wenn sie den Belastungen des beruflichen Alltags nicht standhält, wie sollte man sich engagiert mit der Arbeitsaufgabe auseinandersetzen können, wenn das Denken immer nur um die eigene Befindlichkeit kreist oder wenn man auf die sich stellenden Probleme immer gleich mit gesteigerter Emotionalität reagiert?

In Abbildung 4.11 sind neben den angeführten „psychologischen" Variablen noch eine Reihe von Hintergrundvariablen angeführt, die gewissermaßen als grobe Indikatoren etwa im Sinne der Signalling-Theorie (vgl. Abschnitt 3b) gelten können. Bestimmte Bildungsabschlüsse, Erfahrungen mit der Tätigkeit usw. werden oft als Mindestvoraussetzungen definiert, die erfüllt sein müssen, damit man überhaupt näher in Augenschein genommen wird.

Zum Abschluß sei nochmals auf ein terminologisches Problem verwiesen. Anforderungskriterien sind nicht identisch mit den tatsächlich verwendeten Auswahlkriterien.

Im Normalfall werden sie zwar berücksichtigt, anderweitige Überlegungen können ihre Bedeutung aber auch wieder relativieren. Wenn beispielsweise ein hoher Zeitdruck besteht, wenn also eine Stelle schnell besetzt werden muß, dann wird man auf die Einhaltung aller Anforderungen nur bedingt achten. Oft gibt es auch keine schriftlich fixierten Stellenanforderungen und auch die Vorgesetzten sind oft nicht in der Lage (oder auch nur bereit) – im übrigen sehr zum Leidwesen der Mitarbeiter im Personalwesen – die notwendigen Anforderungen klar zu spezifizieren. Und schließlich gibt es eine Reihe von weiteren Entscheidungskriterien, die sich – anders als die Anforderungskriterien - nicht unmittelbar auf die Aufgabe beziehen. Man denke nur an die Gehaltsvorstellungen des Bewerbers, an den persönlichen Eindruck des Vorgesetzten oder auch an die sozialen Beziehungen außerhalb des Unternehmens.

b) Gütekriterien

Welche Qualität besitzen die verschiedenen Verfahren zur Personalauswahl? Die Auseinandersetzung mit der Frage, wie sich die Eigenschaften von Menschen messen lassen, hat zur Entwicklung verschiedener Gütekriterien geführt, also zu Kriterien, anhand derer man die Güte psychologischer „Tests" beurteilen kann. Unter einem Test versteht man in einem weiten Sinne jede Form der (standardisierten) Erfassung psychischer Eigenschaften. Die Gütekriterien liefern also Qualitätsstandards für die Beurteilung von Erhebungsverfahren (im übrigen nicht nur von Erhebungsverfahren im psychologischen, sondern auch von entsprechenden Methoden im soziologischen und ökonomischen Bereich). Dabei ist allerdings zu beachten, daß die Gütekriterien aus einer wissenschaftlichen Blickrichtung heraus entwickelt wurden. Gegenstand der Betrachtung sind Meßergebnisse, Daten, die der Prüfung wissenschaftlicher Theorien dienen. Aus dieser Sicht gewinnt das Ziel einer möglichst wahrheitsgetreuen Abbildung der betrachteten Variablen die oberste Priorität. Andere Qualitätsstandards (Benutzerfreundlichkeit, Verständlichkeit, Akzeptanz usw.) treten in ihrer Bedeutung zurück. Natürlich muß auch die Informationsgewinnung in praktischer Absicht darauf achten, die Wirklichkeit möglichst klar zu erfassen. Man wird hierbei jedoch in mancher Hinsicht leichter zu Kompromissen bereit sein als in der Wissenschaft. Wenn man beispielsweise die Ehrlichkeit eines Bewerbers abschätzen will, dann wird man sich mit einem Verfahren zufriedengeben, mit dem man feststellen kann, ob man sich auf das, was die betrachtete Person sagt, „normalerweise" verlassen kann, ob sie also den üblichen Vorstellungen von einer ehrlichen Person entspricht. Aufwendige Untersuchungen z.B. mit Hilfe von Persönlichkeitstests oder Lügendetektoren wird man nicht vornehmen wollen, selbst wenn diese tiefergehende Einsichten liefern sollten. Wenig sinnvoll ist oft auch eine genauere Differenzierung (ist es wichtig zu wissen, daß Person A einen

Intelligenzquotienten von IQ=112, Person B dagegen einen Intelligenzquotienen von IQ=119 besitzt?), man wird normalerweise zufrieden sein, wenn ein Mitarbeiter bestimmte Mindestanforderungen erfüllt, was man meistens relativ leicht abschätzen kann. In Abbildung 4.12 sind die wichtigsten Gütekriterien und die ihnen zugrundeliegenden Überlegungen dargestellt (vgl. auch Martin 1994, S. 164 ff.).

Kriterium	Fragestellung	Negativ-Beispiele
Validität	Kommt ein Test zu „gültigen" Werten, d.h. mißt er, was er zu messen vorgibt?	Ein Beobachtungsverfahren, das angeblich die soziale Intelligenz, tatsächlich aber nur Sprachgewandtheit erfaßt.
Reliabilität	Sind die Werte zuverlässig, liefert das Meßverfahren genaue Ergebnisse?	Ein Persönlichkeitstest, dessen wiederholte Anwendung nach vier Wochen zu anderen Ergebnissen führt.
Objektivität	Kommen unterschiedliche Anwender des Verfahrens zum selben Ergebnis?	Der Rorschach-Test (Tintenklecks-Test). Graphologische Gutachten.
Normierung	Wie gut schneidet jemand im Vergleich zu andern Personen ab?	Nur etwa 2,3% Personen in der Bevölkerung haben einen Intelligenzquotienten IQ > 130.
Wirtschaftlichkeit	Gibt es Verfahren, die vergleichbare Informationen kostengünstiger ermitteln?	Die Konzentrationsfähigkeit kann sowohl durch aufwendige apparative Verfahren als auch durch „Papier und Bleistift Tests" ermittelt werden.
Nützlichkeit	Welchen Nutzen stiftet, welchen Schaden verursacht die Informationsgewinnung?	Gesinnungstests. Einstellungsinterviews, die das Privatleben ausforschen.

Abbildung 4.12: Gütekriterien

Wie kann man nun aber feststellen, ob ein bestimmtes Verfahren die Gütekriterien erfüllt? Zur Beantwortung dieser Frage wurde eine Reihe unterschiedlicher empirischer Methoden vorgeschlagen. Hierzu wurden die Gütekriterien weiter ausdifferenziert.
Bezüglich der *Validität* unterscheidet man die inhaltliche, die kriterienbezogene und die konstruktbezogene Validität. Den einfachsten Fall bezeichnet die *inhaltliche oder Au-*

genschein-Validität. Ein Beispiel für ein Verfahren mit einer hohen inhaltlichen Validität ist ein Diktat, mit dem man leicht feststellen kann, ob jemand hinreichend Rechtschreibkenntnisse besitzt. Soweit das Diktat nicht völlig einseitig verzerrt ist, also ungewöhnliche Fremdworte oder aber nur sehr einfache Worte benutzt oder aber z.B. sämtliche Zweifelsfälle der Rechtschreibung aufarbeitet, braucht man keine umfangreichen Studien anzustellen, um die Validität des Diktats zu sichern. Weitere Beispiele für inhaltlich valide Test liefern computergestützte Szenarien, die seit einigen Jahren zunehmend auch bei der Personalauswahl Verwendung finden. Die Kandidaten werden hier vor die Aufgabe gestellt, komplexe Probleme zu lösen, die durch ein Simulationsprogramm abgebildet werden (z.B. die Steuerung einer Textilfabrik). Die Darstellung auf der „Bildschirmoberfläche" macht einen sehr realistischen Eindruck und sie vermittelt damit auch den Eindruck einer hohen inhaltlichen Validität. Welche Fähigkeiten aber bei der Bearbeitung dieser Szenarien tatsächlich angesprochen werden, ist allerdings noch nicht hinreichend erforscht (vgl. Müller/Funke 1995).

Die gebräuchlichste Form der Validitätsbestimmung orientiert sich am Konzept der *kriterienbezogenen Validität*. Wenn ein Meßinstrument beispielsweise die „Leistungsmotivation" messen soll, dann muß es in der Lage sein, hoch leistungsorientierte Personen von wenig leistungsorientierten Personen zu unterscheiden. Wenn ich diese Einteilung in hoch und gering leistungsorientierte Personen nun auch unabhängig von dem verwendeten Leistungsmotivationstest vornehmen kann (z.B. durch Betrachtung der von der Person im Betriebsalltag erbrachten Leistungen), dann habe ich damit ein Kriterium, an dem ich die Güte des Tests feststellen kann (daher „kriterienbezogene" Validität). Ich sollte immer dann hohe Werte in dem Leistungsmotivationstest erhalten, wenn auch die Kriteriumswerte hoch sind und niedrige Testwerte, wenn die Kriteriumswerte niedrig sind. Dieser Tatbestand läßt sich leicht durch die Berechnung eines Korrelationskoeffizienten feststellen.

Welche Kriterien kommen in unserem Beispiel des Leistungsmotivationstests nun aber in Frage? Darüber kann man geteilter Meinung sein, weshalb sich auch im konkreten Fall immer auch die Validität anzweifeln läßt. Man könnte beispielsweise die Leistung eines Kandidaten durch dessen Vorgesetzten beurteilen lassen. Eine hohe Korrelation zwischen Beurteilungs- und Testwerten wäre dann also gleichbedeutend mit einer hohen Validität. Allerdings bezieht sich die Validität nur auf das gewählte Kriterium. Taugt die Beurteilung durch Vorgesetzte aber als Kriterium? Dagegen erheben sich gewichtige Vorbehalte. Erstens haben die Mitarbeiter nicht alle denselben Vorgesetzten, die Urteile sind daher auch kaum vergleichbar. Außerdem ist fraglich, ob die Vorgesetzten die Leistung wirklich „objektiv" beurteilen können, ob also nicht sehr viele persönlich gefärbte Anmutungen in ihr Urteil einfließen. Außerdem dürfte sich die Arbeitssituation der Mitarbeiter unterscheiden. So erhalten manche Personen überhaupt keine Gelegenheit, Leistung zu zeigen und andere nur in Bereichen, die nicht ihren Fähigkeiten entsprechen. Dann verliert aber der Vorgesetzte auch die Grundlage für eine angemessene Beurteilung. Angesichts der Mängel subjektiver Validitätskriterien bemüht man sich in Validierungsstudien auch um die Verwendung von „harten Fakten". In unserem Motivationsbeispiel z.B. könnte man den Karriereerfolg zum Maßstab machen: Personen mit hohen Werten im Leistungsmotivationstest sollten schneller und besser Karriere machen als Personen, die in diesem Test schlecht abschneiden. Allerdings ist eine hohe Korrelation zwischen Testwert und Karriereerfolg unwahrscheinlich, denn ein derartig komplexer Sachverhalt wie Karriere wird kaum von einem einzelnen Faktor – also z.B. der Leistungsmotivation – bestimmt, weshalb aus theoretischer Sicht eher eine geringe Korrelation zwischen Leistungsmotivation und Karriere zu erwarten wäre. Schließlich bleibt als Möglichkeit, die Testwerte mit Werten aus anderen Tests zu vergleichen. Hohe Korrelationen zeigen immerhin, daß beide Tests dasselbe messen. Unklar bleibt im Falle von Korrelationen unterschiedlicher Tests, was eigentlich gemessen wird (ein ewiger Streitpunkt bei der Intelligenzmessung, in der verschiedene Tests meist zu ähnlichen Ergebnissen kommen).

Wie auch immer, mit einer rein empirischen Betrachtung kommt man oft nicht weiter, weshalb die *Konstruktvalidität* besondere Aufmerksamkeit verdient. Die Konstruktvalidität richtet sich auf die theoretische Begründung der Messung. Wenn beispielsweise ein Fragebogen zur Messung der „Leistungsmotivation" Teilfragen („Items") verwendet, die sich eher auf die „Freude am Denken" als auf die Leistung beziehen, dann sollte man mit der Interpretation der Ergebnisse vorsichtig sein. Zur konkreten Beurteilung der Validität eines Meßverfahrens wird man wieder die Korrelation der Meßergebnisse mit anderen Variablen heranziehen. Die Art dieser Variablen (Verhaltensbeschreibungen, Außenkriterien, andere Tests, die dasselbe oder ein anderes Konstrukt messen) ist nicht von Belang, wichtig ist, daß die Korrelationen theoretisch begründet werden können. Denkbar ist, daß theoretische Überlegungen hohe, niedrige, keine oder negative Korrelationen voraussagen. Dementsprechend unterscheidet man konvergente und diskriminatorische Validität. So sollte ein Test zur Ermittlung der kognitiven Komplexität hoch korrelieren mit der nachgewiesenen Fähigkeit, komplexe Probleme zu lösen, ein Test zur Ermittlung einer „offenen" Persönlichkeit sollte negativ korrelieren mit der Neigung, in Vorurteilen und Stereotypen zu denken.

Der Rückbezug empirischer Meßverfahren auf theoretische Konzepte ist eine ganz zentrale Forderung der analytischen Wissenschaftstheorie. Dessen ungeachtet gibt es in der Psychologie eine lange Tradition, primär auf die Empirie zu setzen und deren theoretische Begründung zurückzustellen. Es wäre daher verwunderlich, wenn sich derartige

Ansätze nicht auch in der psychologischen Meßtheorie finden würden. Im Abschnitt über den biographischen Fragebogen werden wir ein schönes Beispiel für ein rein „empiristisches", also „theoriefreies" Vorgehen finden. Die damit angeschnittenen Fragen berühren natürlich ganz generell auch die Beziehung zwischen kriterienbezogener und konstruktbezogener Validität. Welchen Sinn haben Meßkonzepte, die zwar empirisch stabil sein mögen, deren theoretische Deutung jedoch offen bleibt? Nicht nur biographische Fragebögen, sondern auch Fragebögen zur Erfassung der Persönlichkeit arbeiten oft mit Items, die in keinerlei erkennbaren Zusammenhang mit den anvisierten Eigenschaften stehen. Es ist in diesen Fällen durchaus beabsichtigt, den Probanden darüber im Dunkeln zu lassen, was man eigentlich von ihm (genauer: über ihn) wissen will, kann er doch auf diese Weise kein geschöntes Bild von sich entwerfen. Und falls er unehrlich antwortet, kann man das leicht erkennen. Doch worauf es im gegebenen Kontext ankommt: welche Validität kann ein Verfahren haben, wenn völlig unklar bleibt, warum die erfaßten Items das unterstellte Persönlichkeitsmerkmal abbilden? In dieser Unklarheit bleibt – schlimm genug – oft nicht nur der Proband, der den konkreten Fragebogen ausfüllen soll, sondern auch der Wissenschaftler, der den Fragebogen entworfen hat.

Doch nicht nur die Frage, was gemessen wird, sondern auch, wie gut etwas gemessen wird, entscheidet über den Wert eines Meßverfahrens. Die letztgenannte Frage ist Gegenstand der *Reliabilitätsbestimmung*. Hierbei geht es um Meßgenauigkeit und Zuverlässigkeit. Wenn ein Testverfahren, das heute angewandt wird, einem Probanden einen hohen Testwert bescheinigt, derselbe Test aber, vier Wochen später nochmals angewandt, zu einem gegenteiligen Ergebnis kommt, dann ist er offensichtlich nicht besonders zuverlässig. Dies gilt zumindest dann, wenn es um die Messung eines stabilen Merkmals (also z.B. um eine Persönlichkeitseigenschaft) geht.

Eine Möglichkeit, die Reliabilität zu bestimmen, besteht also naheliegenderweise darin, nach einer bestimmten Zeit den Test zu wiederholen. Diese Testwiederholung geschieht normalerweise nicht mit den gleichen Testaufgaben, weil z.B. Erinnerungseffekte das Ergebnis der zweiten Messung verfälschen könnten. Es genügt, wenn die Aufgaben aus demselben Itempool stammen, was mit Hilfe statistischer Verfahren leicht geprüft werden kann. Ein anderes Verfahren zur Prüfung der Reliabilität besteht in der gleichzeitigen Verwendung eines Paralleltests, also eines Tests, der parallel zum betrachteten Test entwickelt wurde und der dasselbe Merkmal messen soll. Es werden wie bei der Testwiederholung zwei Meßwertreihen ermittelt, allerdings nicht zu unterschiedlichen Zeitpunkten, sondern eben zum gleichen Zeitpunkt. Eine hohe Korrelation zeigt (zumindest), daß die Wertermittlung „stabil" ist.

Validität und Reliabilität sind die beiden wissenschaftlichen Hauptkriterien zur Beurteilung von Meßverfahren. Die übrigen in Abbildung 4.12 genannten Gütekriterien verstehen sich zwar weitgehend von selbst, werden aber dennoch nicht selten ignoriert. Nachgerade eine Mißhandlung erleidet beispielsweise die *Objektivität* durch die Verwendung wissenschaftlich völlig ungesicherter sogenannter „projektiver" Verfahren, die für sich in Anspruch nehmen, tiefe Einblicke in die Persönlichkeit zu liefern. Der Proband erhält in derartigen Tests mehrdeutiges Stimulusmaterial (Tintenkleckse, Bilder, Geschichten usw.) und wird aufgefordert, dieses zu beschreiben, Assoziationen herzustellen, Kommentare abzugeben und dergleichen mehr. Dies ist das Material, aus dem sich dann der Beobachter seinen Reim macht.

Das nächste Gütekriterium, die Normierung, erlaubt eine Einordnung der „Leistungen" eines Kandidaten. Als Normgrundlage dient die Population vergleichbarer Personen. Intelligenztests beispielsweise werden so konstruiert, daß die Werteverteilung einer Normalverteilung mit dem Durchschnittswert $\mu=100$ und der Standardabweichung $\sigma=15$ entspricht. Daraus läßt sich dann leicht ablesen, welche relative Stellung eine bestimmte Person auf dieser Skala einnimmt. Jemand, der den Wert $IQ_i=100$ erreicht liegt genau in der Mitte, d.h. 50% der Mitglieder der Population erzielen einen höheren, ebenso viele einen geringeren Wert. Einen Intelligenzquotienten von mehr als einer Standardabweichung über dem Mittelwert (IQ > 115) erreichen dagegen nur ca. 16% der Mitglieder einer Population (da die Fähigkeit zur Lösung bestimmter Aufgaben sich mit dem Alter verändert, erfolgt die Normierung der Intelligenz jeweils getrennt für unterschiedliche Altersgruppen).

Im übrigen liegt für die wenigsten der in der Personalauswahl verwendeten Verfahren eine Normierung vor. Die Notwendigkeit einer Normierung ist aber auch nur selten gegeben. Zwar ist es denkbar, daß eine konkrete Bewerbergruppe eine nichtrepräsentative Auswahl aus der Population darstellt (also sich z.B. nur „unterdurchschnittliche" Kandidaten bewerben – um dies zu erkennen, wäre eine Normierung der Testwerte hilfreich), diese Gefahr ist allerdings – schon bei geringen Bewerberzahlen – gering, und sie hat auch kaum praktische Relevanz, weil man schließlich nicht die Person auswählt, die die Bewerbergruppe am ehesten repräsentiert, sondern diejenige, die „am besten" oder zumindest „befriedigend" abschneidet.

Die beiden übrigen der in Abbildung 4.12 genannten Gütekriterien sind das Pendant der schon in Kapitel 2 behandelten allgemeinen Beurteilungskriterien der formalen und materialen Rationalität. Die Bedeutsamkeit der Wirtschaftlichkeit braucht nicht besonders hervorgehoben werden. Unter Umständen kann man mit gut durchgeführten Bewerbergesprächen bessere Resultate erzielen als mit einem lieblos durchgeführten

Assessment Center, z.B. mit einem „Rumpf-Assessment", das den Kandidaten die Chance einer umfassenden Präsentation nimmt.

Schließlich aber ist der eigentliche Dreh- und Angelpunkt der Instrumentenentwicklung deren Nützlichkeit. Diese wird von den Beteiligten allerdings nicht immer einheitlich bewertet. Ein Streßinterview mag dem Verwender überzeugend erscheinen, dem Bewerber aber nur bedingt einleuchten. Bei manchen Instrumenten ist allerdings die Akzeptanz durch den Betroffenen unabdingbar, wenn die erhobenen Daten überhaupt einen Wert haben sollen. Dies gilt insbesondere für Persönlichkeitstests. Der Versuch, die „Geheimnisse" der Persönlichkeit aufzudecken, ist nicht nur ethisch fragwürdig, sondern ohne Mitwirkung der Betroffenen auch kaum ertragreich.

Generell steht der mögliche Informationsgewinn nicht immer im richtigen Verhältnis zum betriebenen Informationsbeschaffungsaufwand. Leider läßt sich der Informationswert der Auswahlpraxis aber nicht immer leicht einschätzen, noch schwieriger ist es, die langfristigen Folgen einer bestimmten Auswahlpraxis vorauszusehen. Ein großer Aufwand in der Personalauswahl beispielsweise muß nicht Ausdruck einer rationalen Personalpolitik sein. Nicht selten begegnet man einer ausufernden Beurteilungs- und Prüfungsmentalität, an der vor allem interessiert, daß an ihr einiges zu verdienen ist. Aber auch was die rein technische Seite angeht, sind Zweifel an der Zweckmäßigkeit der gängigen Auswahlpraxis oft angebracht. So erbringen beispielsweise Assessment Center Verfahren immer weniger die Informationen, für die sie eigentlich konzipiert sind: die Personen zu finden, die sich für die in Frage stehenden Stellen eignen. Dies sieht man schon daran, daß die heutigen Assessment Center Verfahren von einer ihrer wesentlichen Prämissen abgekommen sind, nämlich die im Assessment Center verwendeten Aufgaben und Übungen auf die Stellenanforderungen hin auszurichten. Statt dessen versucht man immer mehr, ein Gesamtbild der Persönlichkeit zu gewinnen, ganz unabhängig davon, wie wichtig dies für die konkrete Stellenbesetzung sein mag. Angesichts der Assessment Center Praxis drängt sich außerdem die Frage auf, welchem Zweck das Assessment Center Verfahren nun eigentlich wirklich dient. Kritiker der Assessment Center Praxis vermuten jedenfalls, daß es nicht so sehr darum geht, die Mitarbeiter auszuwählen, die dem Unternehmen am ehesten zu wünschen sind, als vielmehr solche Mitarbeiter, die die größte Anpassungsbereitschaft mitbringen.

Zusammengefaßt: weshalb ist es sinnvoll, die Gütekriterien zu beachten? Wie der Name sagt, können sie – im positiven Fall – als Gütesiegel gelten. Auf Verfahren, die bezüglich der methodischen Standards gut abschneiden, kann man sich normalerweise verlassen. Geprüfte Standardverfahren haben den Vorzug, daß man sie „kaufen" kann und sich nicht selbst auf den mühevollen Weg zur Konstruktion eigener Verfahren begeben muß. Für den letztgenannten Fall liefern die Gütekriterien einen Beurteilungsmaßstab und eine Aufforderung, sich an den Regeln der Methodenlehre zur Entwicklung von Skalen und Meßverfahren zu orientieren. Schließlich sei noch darauf hingewiesen, daß zu einem guten Instrument ganz zentral auch der richtige Umgang mit dem Instrument gehört. Selbst der am besten geprüfte Test ist unbrauchbar, wenn er falsch eingesetzt wird. Daher sind z.B. nicht nur die Formulare, die Auswertungsschablonen und die sonstige „Hardware" eines Tests von Interesse, integraler Bestandteil eines Tests sind vielmehr auch die Anweisungen zur sachgerechten Durchführung der Datenerhebung. Abbildung 4.13 gibt eine Übersicht über Studien zur Ermittlung der Validität der wichtigsten Verfahren der Personalauswahl (entnommen aus Hossiep 1996). Wie man sieht, kommen die verschiedenen Untersuchungen (es handelt sich um Meta-Analysen, also Studien, die jeweils die Ergebnisse mehrerer Studien zusammenfassen) zu durchaus unterschiedlichen Ergebnissen. Die letztgenannte Studie beispielsweise bescheinigt dem Assessment Center Verfahren, dem sonst oft die besten Noten gegeben werden, durchaus bescheidene Werte. Im übrigen korrespondieren Validität und Verbreitung der Verfahren nur bedingt. So wird beispielsweise bei der Auswahl von Führungskräften der biographische Fragebogen nur in 15% der deutschen Unternehmen verwendet (während er z.B. in Frankreich in 40% der Unternehmen eingesetzt wird). Selten verwendet werden auch Tests (Intelligenztests in 2% der Unternehmen). Selbst das strukturierte Interview in der Personalabteilung ist nicht die Regel (55%). Graphologische Gutachten haben in Deutschland kaum eine nennenswerte Bedeutung (7%), während ihr Einsatz in Frankreich eine feste Tradition besitzt (89%) (vgl. zu diesen Zahlen ebenfalls Hossiep 1996).

Studie vgl. zu den Quellen Sarges 1996	1	2	3	4	5	6
Bewerbungsunterlagen	0,14			0,26	0,18	
Biographischer Fragebogen	0,35			0,37	0,37	
Einstellungsinterview	0,19			0,18	0,14	0,40-0,45
Persönlichkeitstest		0,20	0,15		0,15	0,20-0,25
Allgemeine Intelligenz	0,35	0,22	0,25	0,45	0,45	0,30-0,50
Assessment Center		0,50	0,41		0,37	0,14-0,25

Abb. 4.13: Validätskoeffizienten verschiedener Instrumente der Personalauswahl im Lichte von Metaanalysen

c) Tests

Unter einem „Test" versteht man ein standardisiertes Verfahren zur Erfassung von Personenmerkmalen. Der Begriff Test ist also sehr umfassend und richtet sich nicht etwa – wie die alltagssprachliche Wortbedeutung vermuten läßt – nur auf die Erfassung von Leistungsgrößen (Intelligenz, Sprachkenntnisse, mathematisches Denken usw.). Als Test bezeichnet man auch Verfahren zur Erfassung von Persönlichkeitseigenschaften (z.B. Extraversion, Dominanzverhalten), Interessen (z.B. Berufs-, Konsum- und Lebensinteressen), motivationalen Orientierungen (z.B. Kooperationsbereitschaft, Machtbedürfnisse), Werthaltungen (z.B. Materialismus, Religiosität), Einstellungen (z.B. gegenüber Ausländern, zur Arbeit) und Meinungen (z.B. über bestimmte Personen, Ereignisse, Institutionen).

Mit den Regeln der Testkonstruktion und mit der Güte der Testverfahren (vgl. den vorangegangenen Abschnitt) beschäftigt sich die sogenannte Testtheorie. Ergebnis der Testentwicklung sind geprüfte Verfahren. Ihr Einsatz liefert Meßwerte auf eindeutig definierten Skalen. Hierauf kann an dieser Stelle nicht näher eingegangen werden. Herausgestellt sei lediglich, daß die Testentwicklung oft sehr aufwendig ist und einigen Sachverstand erfordert. Sie umfaßt u.a. die Ermittlung sinnvoller „Items" (Teilaufgaben, Teilfragen), die empirische Erfassung des Testverhaltens, eine sorgfältige Itemanalyse, die schließliche Auswahl der geeigneten Items, die Skalendefinition und deren Normierung sowie die Prüfung ihrer Güte. Im Zuge der Testkonstruktion sind zahlreiche theoretische und empirische Vorarbeiten zu leisten. Insbesondere ist auch die prognostische Qualität der schließlich ausgearbeiteten Skala zu bestimmen. Abbildung 4.14 gibt einen Überblick über die wichtigsten Testarten und nennt jeweils auch ein Beispiel.

Testart	Beispiel
Funktionstest	Schreibmaschinen-Test
Eignungstest	Technisch-naturwissenschaftliches Verständnis
Intelligenztest	Intelligenz-Struktur-Test
Begabungstest	Mediziner-Test
Neigungstest	Berufs-Interessen-Test
Persönlichkeitstest	16 PF

Abb. 4.14: Testarten

Funktionstests sollen feststellen, inwieweit eine Person bestimmte Verrichtungen sachgemäß ausführen kann. Hierbei geht es also i.w. um konkrete „Fertigkeiten" und nicht um „Fähigkeiten". Allerdings gibt es zwischen diesen Begriffen keine eindeutige Abgrenzung. So gibt es z.B. einen Test zur Prüfung der Handgeschicklichkeit (die „Drahtbiegeprobe"), einen Funktionstest, der eher eine „Fähigkeit" prüft, eine Fähigkeit, die für viele unterschiedliche Fertigkeiten relevant ist. Eignungstests richten sich auf eine Klasse oder auch eine Gruppe von Fähigkeiten. Geprüft wird z.B. die Eignung zu einem bestimmten Beruf oder auch zu einer besonderen Tätigkeit. Begabungstests lassen sich davon nur bedingt abgrenzen, obgleich ihre Perspektive breiter als die von Eignungstests ist, und sich derartige Tests einerseits mehr auf die Anlagen und andererseits auf ein breiteres Spektrum an Teilfähigkeiten richten, als dies Eignungstests tun. Intelligenztests seien wegen ihrer allgemeinen Bedeutung besonders erwähnt. Soweit sie in Unternehmen angewendet werden, richten sie sich normalerweise an Berufsanfänger (vgl. Martin 1989).

Intelligenztests sind Testbatterien, sie bestehen also aus einer Vielzahl von Aufgaben, die unterschiedliche Aspekte der Intelligenz erfassen sollen. Beispiele hierfür sind Gedächtnis, Konzentration, Sprachverständnis, räumliches Vorstellungsvermögen, Rechenfertigkeit und logisches Denken. Neigungstests setzen an den Interessen der Probanden an. Es geht hierbei also nicht primär um Fähigkeiten, sondern um Vorlieben und Bedürfnisse, dabei geht es aber um eine realistische Einschätzung der Person, man fragt in Interessentests daher nicht so sehr nach Wünschen als nach dem tatsächlichen Verhalten, das die Neigungen widerspiegelt. Persönlichkeitstests schließlich versuchen, Grundmerkmale der jeweiligen Persönlichkeit zu erfassen. Der 16 PF von Cattell (1973) unterscheidet 16 zentrale Persönlichkeitsfaktoren. Beispiele hierfür sind Ich-Stärke, Dominanzverhalten und soziale Ängstlichkeit, aber auch Faktoren, die seltener im Zentrum der Aufmerksamkeit stehen wie „Grobschlächtigkeit" bzw. „Feinfühligkeit" und „Ausdrucksfreude". In neuerer Zeit hat das sogenannte Fünf-Faktoren-Modell der Persönlichkeit besondere Beachtung gefunden (vgl. z.B. Digman 1990). Es unterscheidet die Faktoren Offenheit, Neurotizismus, Extraversion, Angenehmes Wesen und Zuverlässigkeit, alles Verhaltenskonstrukte, die ein hohes Abstraktions- und Aggregationsniveau aufweisen, dessen ungeachtet aber einen großen Anteil an Verhaltensunterschieden erklären können. So korreliert Zuverlässigkeit beispielsweise recht hoch mit Variablen wie Anstrengung, Arbeitsleistung, Disziplin, Berufsstatus und sogar mit den Leistungen im Studium.

Verschiedene Studien zeigen, daß die Prädiktorqualität von Fähigkeitstests nicht steigt, wenn sie sich auf berufsspezifische Fähigkeiten beziehen. Jedenfalls „verschwindet" der Einfluß der spezifischen Fähigkeiten, wenn man die Wirksamkeit von allgemeinen

Fähigkeiten berücksichtigt. Anders ausgedrückt: wer hohe allgemeine Fähigkeiten mitbringt, der hat Erfolg, auch unabhängig von seinen berufsspezifischen Fähigkeiten. Insbesondere fällt es ihm leicht, sich auch die notwendigen berufsspezifischen Fähigkeiten anzueignen (vgl. Abbildung 4.15). Wer beispielsweise hohe Kommunikationsfähigkeiten besitzt, wird auch einen überdurchschnittlichen Erfolg in Verkaufstätigkeiten haben – er wird sich das notwendige Verhandlungsgeschick aneignen. Letzteres alleine allerdings wird den Verkaufserfolg kaum fördern (vgl. Hunter 1986).

Abb. 4.15: Generelle und spezifische Fähigkeiten und ihre Bedeutung für den Berufserfolg

Anders ist dies bei Persönlichkeitseigenschaften. Hier ist es besser, auf die jeweils von der Situation geforderten Eigenschaften Wert zu legen, also z.B. dann auf den Ordnungssinn zu achten, wenn er im Beruf auch gebraucht wird. Nach einer metaanalytischen Studie von Tett/Jackson/Rothstein (1992) erreicht die durchschnittliche Korrelation zwischen Persönlichkeitseigenschaften und Leistungsgrößen einen Wert von $r \approx 0,24$ (vgl. auch Tett u.a. 1999). Dieser Wert verbessert sich erheblich, wenn die in Frage stehende Persönlichkeitseigenschaft aus einer Arbeitsanalyse der konkreten Stellen gewonnen wurde und wenn die Persönlichkeitseigenschaft auf einem theoretischen Fundament beruht.

Der Wert von Tests für Zwecke der Personalauswahl ist durchaus strittig. Zwar finden sich immer wieder Studien, die zeigen, daß Tests geeignet sind, den beruflichen Erfolg zu prognostizieren. Angesichts der vielfältigen methodischen Probleme derartiger Studien, finden die Ergebnisse jedoch nicht immer Anerkennung. Je länger beispielsweise die betrachteten Zeiträume sind, desto weniger brauchbar sind die Prognosen. Markant zeigt sich dies an dem Mediziner-Test (dessen Bestehen lange Jahre Voraussetzung für das Medizinstudium war), zwar korrelierten die Ergebnisse des Tests mit dem Studienerfolg, woraus sich aber nur bedingt etwas über die Eignung für den Beruf des Arztes ableiten läßt. Die Hauptprobleme bei der Konstruktion von Tests liegen in der Bestimmung geeigneter Validitätskriterien, in der Messung des Kriteriums, in der sogenannten Stichprobenmortalität (also im Ausfall von Teilnehmern an der Validierungsstudie, wenn längere Zeiträume betrachtet werden) und in der Gestaltung einer angemessenen Testsituation.

Ein Grundproblem von Tests besteht schließlich darin, daß sie für den Einzelfall (also für eine konkrete Person) nur sehr bedingt Voraussagen gestatten. Dies schon deswegen nicht, weil Tests nur einen ausgewählten Aspekt der Persönlichkeit eines Menschen erfassen. Berufserfolg und Leistung sind dagegen sehr komplexe Verhaltensergebnisse, deren Zustandekommen sich nicht aus einem Punkt heraus erklären läßt. Aus Sicht der Organisation, die viele Auswahlentscheidungen vornehmen muß, zählt dieses Argument aber nur bedingt. Schließlich stehen die Repräsentanten der Organisation vor der Frage, wie sie vermeiden können, viele Fehlentscheidungen zu treffen. Diesbezüglich sind Tests durchaus eine Hilfe, denn selbst solche Tests, die nur eine moderate Prognosequalität besitzen, können die Erfolgsquote deutlich verbessern (s.u.).

Zusammenfassend, wie ist der Einsatz von Tests zu beurteilen? Zunächst ist festzuhalten, daß in Deutschland Tests nur relativ selten und wenn überhaupt, dann nur bei speziellen Mitarbeitergruppen eingesetzt werden. Dies ist einigermaßen erstaunlich, wenn man sich die Vorzüge von Tests vor Augen hält. Was ihre Qualität angeht, so bringen Tests eigentlich die besten Voraussetzungen mit: Tests werden nach wissenschaftlichen Standards entwickelt, d.h. ihre Entwicklung wird dokumentiert, die Tests werden geprüft, jeder Test enthält eine Anleitung über seine sachgerechte Anwendung, die Auswertung wird präzise beschrieben, der Einsatz von Tests verlangt einen verhältnismäßig geringen Aufwand und die Ergebnisse sind eindeutig interpretierbar.

Allerdings liegt gerade in dem zuletzt genannten Punkt auch eine große Gefahr. Nämlich dann, wenn die Ergebnisse überinterpretiert werden. Wie bereits angemerkt, erfassen Tests nur einen sehr beschränkten Teilausschnitt der Persönlichkeit. Daraus ein generelles Urteil über eine Person abzuleiten, ist völlig verfehlt. Probleme bestehen auch zuletzt in der Rückmeldung negativer Testergebnisse an die Bewerber. Der vermeintlich objektive und wissenschaftliche Charakter von Tests verleiht Testergebnissen eine Autorität, die – bei negativem Abschneiden – durchaus eine Beeinträchtigung des eigenen Selbstbildes bewirken kann. Daß eine negative Selbstbewertung aufgrund eines schlechten Abschneidens bei einem Test völlig unangebracht ist, zeigen zwar schon einfache Überlegungen (das Testergebnis wird z.B. entscheidend von der Tagesform beeinflußt, Prüfungsängste machen die Ergebnisse völlig unbrauchbar, ungewohnte Testaufgaben werden nicht verstanden), dennoch können sich viele Personen, die schlecht abgeschnitten haben, nur schwer von dem Gefühl lösen, sie seien nicht nur einmal, sondern eigentlich für immer durchgefallen oder gebrandmarkt. Aus ethischer Sicht besonders fragwürdig ist, wenn der Test einen zwingt, sich zu offenbaren oder gar zu „entblößen", ohne daß man selbst durchschaut (z.B. bei manchen Persönlichkeitstests), worauf der Beobachter achtet und welchem Zweck der Test dient. Man kann aufgrund dieser Problematik den Schluß ziehen, daß nur solche Tests akzeptabel sind, die ein eindeutiges Ergebnis haben, die also nicht auf Selbstoffenbarung, sondern auf Leistung zielen. Dann kann man einen Test auch unter einem sportlichen Blickwinkel bestreiten.

d) Biographischer Fragebogen

Nach den in Abbildung 4.13 berichteten Ergebnissen haben biographische Fragebögen eine außerordentlich hohe Prognosequalität. Bei dieser Bewertung ist zu beachten, daß für die Entwicklung biographischer Fragebögen – ähnlich wie bei Tests – ein erheblicher Aufwand betrieben werden muß. Biographische Fragebögen sollten im übrigen nicht mit den Personalfragebögen verwechselt werden, die bei praktisch jeder Bewerbung ausgefüllt werden müssen. Es handelt sich bei biographischen Fragebögen vielmehr um Instrumente, die die Erfolgsfaktoren innerhalb einer Berufsgruppe oder für eine Tätigkeit abbilden sollen. Der biographische Fragebogen will das Leistungspotential von Personen aus ihrer Biographie erschließen. Ein Grundgedanke hierbei lautet: wer bisher in seinem Leben erfolgreich war, wird es auch zukünftig sein. Die theoretische Basis des biographischen Fragebogens ist damit so schlicht wie einleuchtend. Im wesentlichen gibt es hiervon nur zwei Varianten. Entweder wird unterstellt, daß der Erfolg weiteren Erfolg hervorruft:

Erfolg ⟶ Erfolgsstreben ⟶ Erfolg

oder aber man unterstellt die Wirksamkeit latenter Persönlichkeitseigenschaften, die für den vergangenen und den zukünftigen Erfolg gleichermaßen verantwortlich sind:

Erfolg, Vergangenheit ⟵ Eigenschaften ⟶ Erfolg, Zukunft

Der vergangene Erfolg ist – so diese Überlegung – sichtbarer Ausdruck der Eigenschaften einer Person, weshalb es nicht nötig sei, diese Eigenschaften direkt zu erfassen, um den zukünftigen Erfolg vorauszusagen (eine im übrigen logisch durchaus fehlerhafte Unterstellung). In der Praxis werden allerdings neben den strikt biographischen Daten weitere personenbezogene Informationen erhoben, die jenseits der „Biographie" angesiedelt sind (weshalb die Bezeichnung biographischer Fragebogen nicht immer besonders präzise ist), nämlich Informationen über ausgewählte Verhaltensweisen und Fähigkeiten (z.B. die Gesundheit), die persönliche Situation, d.h. die jeweiligen Lebensumstände und über bestimmte Einstellungen, Motive, Auffassungen, in denen sich erfolgreiche von nicht erfolgreichen Mitarbeitern unterscheiden. Bereits um die Jahrhundertwende wurden Vorläufer von biographischen Fragebögen für Verkaufstätigkeiten (insbesondere für Versicherungsagenten) entwickelt. Die Fragen dieser Erfassungsbögen richten sich z.B. auf die Höhe des bisherigen Einkommens, die Anzahl der vom Einkommen abhängigen Personen, die Häufigkeit des Wohnortwechsels, Lücken im Beschäftigungsnachweis, vor kurzem erfolgte Trennung bzw. Scheidung sowie auf die Höhe des Lebensstandards und ausstehende Zahlungsverpflichtungen. Wie man leicht sieht, zielen etliche dieser Items auf den persönlichen „Druck", hohe Umsätze machen zu müssen, andere sagen etwas über den bisherigen Erfolg. Biographische Fragebögen existieren mittlerweile für kaufmännische Angestellte, Tankstellenpächter, Saisonarbeiter, Soldaten, Wissenschaftler und auch für Führungskräfte. Bezüglich der beiden letztgenannten Gruppen ist es allerdings nicht besonders einfach, das richtige Leistungskriterium zu identifizieren. Für Führungskräfte wurden als Validierungskriterien u.a. der Karriereerfolg verwendet, die Leistungsbeurteilung durch deren Vorgesetzte oder aber auch das Persönlichkeitsprofil besonders erfolgreicher Führungskräfte. Bei den klassischen Verkäufern (den „Verkaufskanonen", deren Dienste angesichts veränderter Vertriebsstrukturen immer weniger benötigt werden) ist es dagegen wesentlich einfacher, Erfolgskriterien auszumachen, weil sich der Verkaufserfolg meist unmittelbar in einer quantitativen Größe ausdrücken läßt.

Aus methodischer Sicht folgt die Bio-Daten-Forschung einem bedenklichen Kurs. Die erfolgversprechenden Items werden strikt empirisch gewonnen, theoretische Überlegungen spielen allenfalls am Rande eine Rolle. Zwei Beispiele: Welche Überlegung steckt hinter einer Frage, die sich nach der Aufgabenteilung im Haushalt erkundigt? Oder was hat die Häufigkeit des Duschens mit der Fluktuationsneigung zu tun? Letztlich zählt für die Verfechter biographischer Fragebögen nur die Korrelation mit dem Erfolgskriterium (vgl. z.B. Mitchell/Klimoski 1982). Die Frage nach der Begründung des Prognoseerfolgs, also die Frage, warum bestimmte Fragen brauchbar sind, wird zurückgestellt. Ein solches Vorgehen ist zumindest dann mißlich, wenn sich die Bedeutung der „empirisch" bewährten Items verschiebt. So mag die oben angeführte Aufgabenteilung in der Ehe für bestimmte Zeitperioden und innerhalb von bestimmten sozialen Schichten tatsächlich prognostische Relevanz für das Arbeitsverhalten besitzen. Wenn sich aber die gesellschaftlichen Verhältnisse ändern, verliert dieser Sachverhalt jede Bedeutung. Inhaltlich ist es ja gerade interessant, warum die Art der ehelichen Partnerschaft mit der Arbeitsleistung korreliert. Dieses „theoretische" Wissen liefert wesentlich bessere Einsichten über das Arbeitsverhalten und seine kausale Verursachung als die Kenntnis der augenblicklich geltenden empirischen Korrelation und diese allgemeine Betrachtung liefert auch eine fundiertere Basis für die Konstruktion von Auswahlinstrumenten. So macht es beispielsweise einen erheblichen Unterschied, ob für die Arbeitsverteilung schichtspezifische Verhaltensmuster, die Berufstätigkeit des Ehepartners oder eine starke berufsbezogene Orientierung verantwortlich ist. Man kann davon ausgehen, daß für den Arbeitgeber allenfalls der letztgenannte Grund einige Bedeutung hat.

Gegen die empiristische Methode sprechen aber nicht nur inhaltliche Bedenken, sondern eben auch statistische Probleme. Wenn man „wahllos" nach empirischen Items sucht, die mit Erfolgsgrößen korrelieren, dann wird man – schon allein aus wahrscheinlichkeitstheoretischen Gründen – auch etliche signifikante Korrelationen entdecken. Welchen Wert diese Korrelationen aber – über die Stichprobe hinaus – besitzen, bleibt oft völlig ungeklärt oder anders ausgedrückt: ein empiristisches Vorgehen steht in der unmittelbaren Gefahr, zahlreiche Scheinkorrelationen zu erzeugen. Dabei ließen sich die theoretische und empirische Vorgehensweise auch im biographischen Fragebogen ohne weiteres miteinander verbinden. Abbildung 4.16 zeigt als Beispiel die Zuordnung von empirisch prognosekräftigen Variablen zu theoretisch sinnvollen Kategorien (vgl. die Studie von Mael/Hirsch 1993).

Offiziersschüler mit hoher emotionaler Stabilität
    schauen weniger Fernsehen,
    arbeiten oder gehen spazieren, wenn sie ärgerlich sind und prügeln sich nicht, und sie „kochen" nicht innerlich.

Offiziersschüler mit konservativen Werten
    beten häufiger,
    sind abends öfters zu Hause,

Offiziersschüler mit einem hohen Arbeitsethos
    hatten gute Schulnoten,
    kümmerten sich intensiver um ihre Anstellung.

Offiziersschüler mit hoher Dominanz
    sind mit höherer Wahrscheinlichkeit Mitglieder von Sportmannschaften,
    hatten mit höherer Wahrscheinlichkeit Vorgesetztenpositionen.

Offiziersschüler mit hoher Energie
    arbeiten häufiger und mehr in Teilzeitjobs,
    brauchen weniger Schlaf.

    Abb.. 4.16: Empirisch bedeutsame „biographische" Variable

Ein weiteres Problem bei der Entwicklung eines brauchbaren biographischen Fragebogens ist die Sicherstellung der Repräsentativität. Um den Einfluß biographischer Besonderheiten nachzuweisen, muß man beispielsweise lange Zeiträume betrachten. Je länger die betrachteten Zeiträume aber sind, desto größer ist die Stichprobenmortalität (s.o.), also der Anteil der Personen, über die man keine Aussagen machen kann.

Schließlich ist der biographische Fragebogen auch aus ethischer Sicht fragwürdig, weil er dazu verführt, gänzlich von der Person des Bewerbers abzusehen und ihn zum bloßen Eigenschaftsträger zu reduzieren. Oft werden auch – wie erwähnt – Eigenschaften betrachtet, die mit dem Beruf oder der konkreten Tätigkeit überhaupt nichts zu tun haben. Die bereits oben bei der Beurteilung von Tests genannten Gefahren treten beim biographischen Fragebogen also noch erheblich verschärft in Erscheinung. Auch hier gilt, daß sich die genannten ethischen Bedenken aus Sicht der Entscheider, also aus Sicht der für die Personalauswahl Verantwortlichen, nur bedingt stellen, denn ihnen geht es ja schließlich „nur" darum, die mögliche Fehlerquote zu reduzieren. Ein Beispiel soll diese Überlegung illustrieren. McDaniel/Jones (1991) berichten über die Konstruktion der EBIS-Skala (Educational and Biographical Information Survey). Validiert wurde diese Skala anhand der Entlassungen aus der Armee aufgrund von Delikten während der ersten 30 Dienstmonate (Alkohol- und Drogenprobleme, Disziplinarmaßnahmen, Fahnenflucht und Gefängnisstrafen). Die erfaßten „Bio-Daten" (die Prädiktorvariablen) korrelierten z.T. nur sehr gering mit dem Kriterium (den vorzeitigen Entlassungen). Praktisch keine Korrelation mit diesem Kriterium ergab sich hinsichtlich des sozioökonomischen Status ($r=-0,01$), am stärksten erwiesen sich die Korrelationen mit dem freiwilligen ($r=0,15$) oder unfreiwilligen ($r=0,14$) vorzeitigen Verlassen der Schule. Korrelationen in der Größenordnung $r<0,10$ erzielten die Variablen Drogengebrauch, unregelmäßige Beschäftigung, Schulnoten und Probleme mit der Polizei. Der multiple Korrelationskoeffizient für die Beziehung zwischen der Kriteriumsvariablen und der EBIS-Skala betrug $R=0,19$. Bei Berücksichtigung des in der U.S.-Armee üblichen Eignungstests (Korrelation mit dem Kriterium $r=-0,06$) verbesserte sich die Korrelation auf $R=0,20$ (die Studie umfaßte im übrigen $N=9.336$ Fälle (bei dieser Fallzahl ist sogar die Korrelation von $r=0,01$ „signifikant")).

Welche praktischen Folgerungen ergeben sich aus diesem Ergebnis? Nun, man könnte sich entschließen, alle Personen, die mehr als drei der sieben Risikofaktoren besitzen, nicht einzustellen. Dadurch vermeidet man eine ganze Reihe von Fehlentscheidungen: Personen, bei denen die Gefahr besteht, daß sie auffällig werden und vorzeitig entlassen werden müssen, werden nicht eingestellt. Allerdings werden nicht alle Personen „richtig" erkannt, schließlich erreicht der Validitätskoeffizient, wie gesagt, nur den Wert von $r=0,20$. Dennoch: angenommen 50% der Bewerber seien tatsächlich geeignet und die

Armee stelle jeden zweiten Bewerber ein, dann verbessert der Einsatz der EBIS-Skala die „Erfolgsrate" auf 57%. Anders ausgedrückt: obwohl nur 50% der Bewerber geeignet sind, erweisen sich von den tatsächlich eingestellten Bewerbern 57% als geeignet. Bei großen Einstellungszahlen ist dies schon ein erheblicher Effekt. Angenommen, es werden 100.000 Personen eingestellt, dann wären es immerhin 7.000 „Problemfälle", die man sich „erspart", wenn man die Bio-Daten als Entscheidungsgrundlage wählt. Allerdings sind die Annahmen des geschilderten Falls nicht sehr plausibel.

Denn kein vernünftiger Mensch wird die Auswahl allein aufgrund der angeführten biographischen Daten vornehmen. Die unterstellte Eignungsrate von 50% ist daher unrealistisch. Die „Eignungsrate" bezieht sich daher eigentlich nicht auf die Bewerber, denn diejenigen, die von vornherein für die Stelle nicht in Frage kommen, sollten bei der Berechnung der Erfolgsrate nicht berücksichtigt werden. Angenommen also, die Eignungsrate betrüge z.B. 90%, wie sehr verbessert sich in diesem Fall die Erfolgsrate durch den Einsatz der EBIS-Skala? Dann ist die relative Verbesserung nicht ganz so groß, die Erfolgsrate steigt von 90% (richtige Entscheidungen ohne Berücksichtigung der biographischen Daten) auf etwa 92,5%. Die Verbesserung betrifft dann nur noch (oder immerhin?) 2.500 Auswahlfälle. Allerdings, diese Betrachtungsweise hat auch eine andere Seite, die meist nicht betrachtet wird: durch dieses Vorgehen werden nicht nur Fehler vermieden, sondern auch Fehler hervorgerufen, denn man stellt dann ja auch eine ganze Reihe von Personen nicht ein, die zwar bezüglich ihrer biographischen Daten schlecht abschneiden, aber deswegen dennoch geeignet wären (die sogenannten „false positives", vgl. Cronbach/Gleser 1965). Dieser Punkt interessiert natürlich insbesondere die Bewerber, und er macht deutlich, daß man im Einzelfall diesem Vorgehen nicht gerecht wird, ein Aspekt, den der potentielle Arbeitgeber aber in Kauf nehmen dürfte, zumal er – wie gesagt – nicht nur schematisch nach dem angegebenen Kriterium urteilen wird. Insofern entsteht offenbar auch kein Problem, da die biographischen Daten ja nur ergänzend verwendet werden und damit einen Informationsgewinn darstellen. Leider steckt aber auch in dieser Betrachtungsweise ein Haken: die Nutzung der biographischen Daten führt leicht zu ihrer Überbewertung und zwar deswegen, weil sie sich in operationaler, leicht faßlicher und konkreter Gestalt präsentieren. Derartige Informationen erhalten aber in der Urteilsfindung – so die einschlägige entscheidungstheoretische Forschung – ein unangemessenes Gewicht, zumal dann, wenn die übrigen Informationen eher vage und vieldeutig sind. Im übrigen gibt es verschiedene Modelle, mit deren Hilfe der Nutzen des Einsatzes von Auswahlinstrumenten bestimmt werden soll, diese Modelle werden fast ausschließlich aus dem Blickwinkel des Arbeitgebers formuliert. Außerdem arbeiten sie meist mit empirischen Annahmen, die sich nur schwer nachvollziehen lassen, weshalb hierauf nicht weiter eingegangen werden soll (zu einem kurzen Überblick vgl. Schmitt/Klimoski 1991, S. 315 ff.).

e) Assessment Center

Das wichtigste Kennzeichen von Assessment Center Verfahren ist deren Vielfalt. Im Assessment Center werden mehrere Kandidaten an mehreren Tagen anhand von mehreren Aufgaben hinsichtlich mehrerer Kriterien von mehreren Beobachtern bewertet. Assessment Center Verfahren werden des Aufwands wegen, den sie mit sich bringen, nicht unternehmensweit und nicht für alle Mitarbeitergruppen eingesetzt. Die wichtigste Zielgruppe sind Führungsnachwuchskräfte. Da von einer (potentiellen) Führungskraft besondere Fähigkeiten, Loyalität und verschiedentlich gar eine „abgerundete Persönlichkeit" verlangt wird, ist es nicht verwunderlich, wenn die Personengruppe, die sich um Führungspositionen bewirbt, besonders intensiv in Augenschein genommen wird.

Der Kern von Assessment Center Verfahren besteht aus sogenannten situativen Übungen. Situative Übungen sind Simulationen von Echtsituationen. Man erhofft sich durch eine möglichst realistische Gestaltung der Aufgaben, auch ein möglichst „echtes" Verhalten der Kandidaten. Man möchte die Kandidaten so erleben, als handelten sie innerhalb einer konkreten Praxissituation. Beispiele für Assessment Center Übungen sind in Abbildung 4.17 aufgeführt. Es gibt einen großen Variantenreichtum von Assessment Center Verfahren. Sie unterscheiden sich in ihrem Stellenwert für die endgültige Auswahlentscheidung, in Art und Inhalt der verwendeten Übungen, in ihren Zielen, dem Klima, in dem die Veranstaltungen abgehalten werden und darin, wie lange das AC dauert und wer daran teilnimmt. Viele Firmen verwenden mittlerweile mehrstufige Auswahl-Assessments. Dabei ist zu beachten, daß Assessment Center von vornherein schon relativ exklusive Veranstaltungen sind, denn nicht alle Bewerber werden zu einem Assessment Center eingeladen, zugelassen ist nur eine ausgewählte Schar von Personen, die nach einer bereits erfolgten Vorentscheidung als grundsätzlich geeignet erscheinen. In einer ersten Runde müssen sich die Kandidaten verschiedenen Tests (s.o.) unterziehen. Außerdem erfolgt ein erstes Auswahlgespräch. Nicht selten scheiden Bewerber schon in dieser Phase aus. Danach beginnt ein eintägiges Assessment, das ebenfalls nicht alle Bewerber „überstehen". Für die übrigen Bewerber wird das Assessment fortgesetzt. Vor der endgültigen Entscheidung wird ein weiteres Gespräch durchgeführt. Die Hürden sind also sehr hoch. Wie fundiert ist aber das nach Abschluß der Assessment Center Tagung gefällte Urteil? Im Kern ist das Assessement Center ein Beobachtungsverfahren. Entsprechend wichtig ist die Auswahl und Schulung der Beobachter. Empfehlenswert ist, daß die Beobachter eine genaue Kenntnis der zu besetzenden Stellen besitzen. Sinnvoll erscheint auch die Einbeziehung höherrangiger Manager.

Übung	Thema	Verhaltenskategorien
Gruppen-diskussion	Besprechung eines wirtschaftspolitischen Themas	Teamfähigkeit, Durchsetzungskraft, Kommunikationsfähigkeit
Rollenspiel	Der Vorstand in der Unternehmenskrise	Kommunikationsfähigkeit, emotionale Stabilität, Konfliktfähigkeit
Planspiel	Entscheidungen im Zuge des Unternehmenswachstums	Analysefähigkeit, Aktivität, Motivation, analytisches Denken
Präsentation	Besprechung eines Buches, das einen besonders beeindruckt hat	Ausdruck, Rhetorik, analytisches und synthetisches Denken
Problembearbeitung	Bearbeiten von Geschäftsvorfällen (Postkorb) unter Zeitdruck	Streßresistenz, Planmäßigkeit, Sachverstand, komplexes Denken

Abb. 4.17 Beispiele für Assessment Center Übungen

Überhaupt sollten die Beobachter aus verschiedenen Bereichen des Unternehmens und nicht etwa nur aus der Personalabteilung stammen. Hinter diesen Forderungen steckt das Ziel, die Legitimität des Assessment Center Verfahrens zu stärken und das Management in die Verantwortung für die Personalauswahl mit einzubeziehen.

Eine Kernaufgabe bei der Entwicklung eines Assessment Centers besteht in der Ausgestaltung der Übungen. Regeln darüber, wie eine Übung zu gestalten ist, lassen sich nur bedingt angeben. Erforderlich ist ein reichliches Maß an Kreativität, das sich kaum reglementieren läßt. Um so wichtiger ist es, daß die zur Verwendung vorgesehenen Übungen kritisch geprüft, erprobt und verbessert werden.

Die Kandidaten können beispielsweise nur dann sinnvoll beurteilt werden, wenn die Übungen so konzipiert sind, daß sie die jeweils zu beurteilende Fähigkeit auch ansprechen. Wenn z.B. in einer Aufgabe das „soziale Geschick" des Kandidaten geprüft werden soll, dann darf es nicht möglich sein, daß der Kandidat zu einer befriedigenden Lösung der Aufgabe kommt, ohne daß er hierzu auch soziales Geschick braucht.

Ein Schwachpunkt vieler Assessment Center Übungen ist, daß die verwendeten Beobachtungskategorien nicht stringent aus einer Anforderungsanalyse der in Frage stehenden Stellen abgeleitet werden. Die Methodenlehre fordert zu Recht einen engen Bezug, denn schließlich verlangt eine valide Messung auch eine inhaltlich plausible Entsprechung von „Beobachtungssituation" und „Echtsituation". Assessment Center Übungen sollen – so ein Grundgedanke – Simulationsübungen sein, wenn aber der Bezug der Übungen zu konkreten Arbeitsanforderungen sehr lose ist, liegt auch keine Simulation realer Herausforderungen vor.

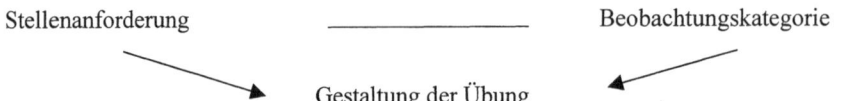

Tatsächlich wird in den meisten Assessment Center Verfahren der Forderung nach größtmöglicher Entsprechung von Stellen- und Übungsanforderung nur bedingt nachgegangen. Begründet wird dieses Versäumnis häufig damit, daß es in dem jeweiligen Assessment Center nicht um die Eignung für eine konkrete Stelle gehe, sondern daß ganz allgemein das Potential einer Person untersucht werden soll.

Doch unabhängig von derartigen Ausweichmanövern: ähnlich wie bei der Beschreibung konkreter Stellen, Tätigkeiten und Aufgaben, stellt sich natürlich auch bei der Konzipierung von Assessment Center Übungen die Frage, welche Verhaltensweisen überhaupt relevant sind und wie sich diese Verhaltensweisen zu allgemeinen Kategorien zusammenfassen lassen. Wie die Beispiele in Abbildung 4.16 zeigen, werden diesbezüglich nicht immer psychometrisch sinnvolle Kategorien gewählt. Viele Beobachtungskategorien fußen also eher auf einem intuitiven als einem psychologisch fundierten Verständnis.

Insoweit stößt die Schulung der Beobachter (die auf jeden Fall zu fordern ist!) oft an konzeptionelle Grenzen. In Beobachterschulungen werden vor allem typische Beobachtungsfehler (vgl. die Ausführungen in Abschnitt 3a) behandelt. Darüber hinaus wird – mit Hilfe von Verhaltensvorführungen, Videoaufnahmen und Übungen – versucht, den verwendeten Beobachtungskategorien einen konkreten Gehalt zu geben und ihre Anwendung zu erproben. Während der eigentlichen Assessment Center Übungen werden Beobachtungsschemata verwendet, in denen die Beobachtungskategorien nochmals schriftlich erläutert und mit Fallbeispielen veranschaulicht werden. Die Beobachter sollen nicht nur ihr jeweiliges Gesamturteil aufschreiben, festzuhalten sind vielmehr auch alle auffälligen oder besonders typischen Beobachtungen. Die Beobachtungsvalidität soll schließlich dadurch gesichert werden, daß jeder Bewerber von mehreren Beobachtern beurteilt wird. Die Beobachtungen werden in einer Beobachterkonferenz zusammengetragen. Über das richtige Verfahren zur Abstimmung der Beobachtungen gibt es allerdings unterschiedliche Auffassungen: soll die Abstimmung offen erfolgen, sollen die Einzelbeurteilungen nur zusammengetragen und rein arithmetisch zu einem Gesamturteil zusammengefügt werden, sollen Vergleiche zwischen den Kandidaten angestellt werden oder soll jeder „für sich" beurteilt werden? Jede Vorgehensweise enthält Vor- und Nachteile. Dies gilt auch für die zahlreichen „unterstützenden" Maßnahmen, die notwendig sind, damit ein Assessment Center gelingt: die Gestaltung des angemessenen „Ambiente", die Sicherung von Akzeptanz bei Veranstaltern und Teilnehmern, das Wecken realistischer Erwartungen und die Durchführung angemessener Feedback-Gespräche.

Es gibt eifrige Verfechter von Assessment Center Verfahren, aber ebenso vehemente Kritiker. Die Befürworter stellen die vielen Vorzüge von Assessment Center Verfahren heraus. Ein Assessment Center gestattet z.B. eine sehr umfassende Informationsgewinnung. Die Auswahl der Bewerber erfolgt also beispielsweise nicht ausschließlich auf der Grundlage von einseitigen Tests und sie hängt nicht von der Fähigkeit bzw. Tagesform eines einzelnen Interviewers ab. Im Idealfall kommen vielmehr vielfach geprüfte und sich wechselseitig ergänzende Verfahren zum Einsatz, deren sachgemäße Anwendung durch Experten sichergestellt wird. Andererseits wird aber (zurecht) eine ganze Reihe von Kritikpunkten vorgebracht. Dies ist angesichts der Komplexität des Assessment Center Verfahrens auch wenig erstaunlich. Verschiedene Schwachpunkte wurden bereits in der Darstellung des Verfahrens genannt. Diese rechtfertigen allerdings nur Detailkritik. Daneben wird aber auch Kritik geäußert, die sich auf das Fundament des Assessment Center Verfahrens bezieht. Auf drei wichtige Einwände sei abschließend eingegangen (vgl. Kompa 1999).

Die erste Gruppe von Kritikpunkten richtet sich auf die Methodik der vorliegenden Validierungsstudien und hierbei insbesondere auf die gewählten Validierungskriterien. Statt die tatsächliche Leistung der erfolgreichen bzw. nicht erfolgreichen Assessment Center Teilnehmer zu erfassen, wird in den einschlägigen Studien auf Leistungsindikatoren zurückgegriffen, also z.B. auf das nach einiger Zeit (welches ist der richtige Betrachtungszeitraum?) erreichte Einkommen, die erreichte Hierarchiestufe und – besonders häufig – auf die Vorgesetztenbeurteilung. Diese Kriterien sind aber durchaus mehrdeutig. Insbesondere bezüglich des letzteren besteht außerdem die Gefahr einer „Kriteriumskontamination", d.h. die Gefahr, daß das Urteil im Assessment Center und die Messung des Kriteriums auf eine „unsaubere" Art miteinander vermengt werden. Ein Beispiel: Wenn der Vorgesetzte das Abschneiden des Kandidaten im Assessment Center kennt, wird dies seine Leistungsbeurteilung unter Umständen über Gebühr beeinflussen, vor allem dann, wenn diese Beurteilung nicht einfach ist (z.B. weil er den Mitarbeiter nur selten beobachten kann oder wenn dieser eine hochspezialisierte Tätigkeit ausübt). Warum sollte der Vorgesetzte in diesem Fall jemanden schlecht beurteilen, der im Assessment Center sehr gute Noten erhalten hat? Eine Urteilsbeeinflussung ist aber auch in umgekehrter Richtung denkbar und zwar dadurch, daß die Beobachter im Assessment Center die Beurteilung des Vorgesetzten vorwegnehmen. Diese Gefahr besteht insbesondere dann, wenn der Vorgesetzte im Unternehmen eine dominierende Stellung einnimmt oder auch dann, wenn er gleichzeitig der Vorgesetzte der Beobachter ist. Schließlich mag sich der Erfolg eines guten Kandidaten auch einfach aufgrund des

Phänomens sich selbst erfüllender Prophezeiungen einstellen: das gute Abschneiden führt zu einer besonders starken Motivation des neuen Mitarbeiters oder aber der gute Ruf, der ihm vorauseilt, öffnet ihm manche Tür, die für andere verschlossen bleibt.

Eine zweite Gruppe von Kritikpunkten richtet sich auf Grundprobleme in der Durchführung von Assessment Center Verfahren. Diese Kritik knüpft an das bereits genannte Problem an, wonach es für die Beteiligten nicht immer leicht ist, eine unvoreingenommene Position einzunehmen. Die Kandidaten im Assessment Center sind in der Regel keine unbeschriebenen Blätter, ihre Bewerbungsunterlagen beispielsweise sind den Veranstaltern i.d.R. bekannt. Außerdem entsteht bereits in den Vorgesprächen ein persönlicher Eindruck, was dazu führen kann, daß zumindest einige Beobachter schon mit Vorurteilen ins Assessment Center kommen. Oft verfolgen die Beurteiler auch eigenständige Interessen. So mögen sie bestimmte Personen besonders kritisch bewerten, weil die „Gefahr" droht, daß diese später ihre Mitarbeiter sein werden und sie sich das nicht vorstellen können oder wollen. Ein großes Problem ergibt sich außerdem aus den Verhaltensweisen des „guten Bewerbers". Aus der Praxis der empirischen Sozialforschung kennt man das Phänomen der „guten Versuchsperson". Die gute Versuchsperson macht keine Schwierigkeiten, sie antizipiert die Wünsche des Versuchsleiters und stellt sich auf dessen Erwartungen ein – nicht selten der Hauptgrund dafür, daß die jeweils „geprüften" Hypothesen bestätigt werden. Ähnliche Probleme entstehen aus den Vorstellungen der Beobachter über das angemessene Verhalten im Assessment Center. Bestimmte Bewerbertypen kommen diesen Vorstellungen besonders nahe (bzw. können sich darauf besonders gut einstellen) und haben damit auch bessere Chancen, gut beurteilt zu werden. Ein valides Urteil ist dann natürlich nicht mehr möglich.

Das Hauptproblem von Assessment Center Verfahren liegt in dem unvermeidlich beschränkten Differenzierungsvermögen der Beobachter. Besonders eindrücklich zeigt sich dies in der immer wieder bestätigten Beobachtung, daß sich Menschen in ihrer Wahrnehmung stets von ihrem Gesamteindruck leiten lassen. Es fällt uns offenbar sehr schwer, die „Gemengelage" der oft widersprüchlich erscheinenden Eigenschaften anderer Menschen zu entwirren. Bei der Zusammenstellung der Übungen im Assessment Center wird daher bewußt darauf geachtet, daß eine bestimmte Fähigkeit in verschiedenen Übungen abgefordert wird: die verschiedenen Fähigkeiten sollen sich in unterschiedlichen Kontexten bewähren. Tatsächlich gelingt es den Beobachtern aber nicht, unterschiedliche Fähigkeiten eindeutig voneinander abzugrenzen. Dies zeigt sich recht deutlich in der „Mehr-Methoden-Mehr-Eigenschaften-Matrix". Abbildung 4.17 zeigt ein Beispiel (das angegebene Beispiel beruht auf einer Analyse des Verfassers. Die Daten stammen aus mehr als 100 Assessment Center Veranstaltungen eines großen deutschen Unternehmens).

		Planspiel			Diskussion		
		Analyse (1)	Entscheidung (2)	Einfluß (3)	Analyse (1)	Entscheidung (2)	Einfluß (3)
Planspiel	(1)	–					
	(2)	**0,84**	–				
	(3)	**0,79**	**0,80**	–			
Diskussion	(1)	*0,33*	0,27	0,27	–		
	(2)	0,28	*0,31*	0,24	**0,55**	–	
	(3)	0,24	0,25	*0,26*	**0,65**	**0,61**	–

Abb. 4.18: Korrelation zwischen Eigenschaften in verschiedenen Übungen

In Abbildung 4.18 sind zwei Übungen angeführt, ein Planspiel und eine Gruppendiskussion. In beiden Übungen wurden die drei Eigenschaften „Analysefähigkeiten" (1), „Entscheidungsfähigkeiten" (2) und „Einfluß auf die Entscheidung" (3) erfaßt. Die Abbildung zeigt die Korrelationen der Beurteilungen. Die kursiven Ziffern zeigen, inwieweit die Eigenschaften der Kandidaten in unterschiedlichen Übungen ähnlich beurteilt wurden. Die Zusammenhänge sind – gemessen an den üblichen Standards – sehr gering. So korrelieren beispielsweise die Urteile über den Einfluß, den ein Teilnehmer auf die Entscheidung genommen hat mit r=0,26. Eine Person, der beim Planspiel ein hoher Einfluß zugemessen wurde, schneidet bei der Gruppendiskussion also nur bedingt ebenfalls gut ab. Dies ist wenig plausibel. Angesichts der Ziele eines Assessment Center ist es geradezu ein niederschmetterndes Resultat. Wenn die vermeintliche Grundfähigkeit eines Menschen bereits im Assessment Center variiert, weshalb sollte sie dann in der Alltagspraxis stabil sein? Oder noch schlimmer: wenn die betrachtete Fähigkeit tatsächlich stabil sein sollte, dann gelingt es dem Assessment Center offenbar nicht, sie zu erkennen. Es gibt im übrigen ernstzunehmende Studien, die die Ergebnisse im Assessment Center auf im wesentlichen zwei Faktoren zurückführen: die interpersonellen Fähigkeiten und einen „Performance-Faktor", der die allgemeine Leistungsfähigkeit der Bewerber zum Ausdruck bringt. Die fetten nicht kursiv gedruckten Koeffizienten zeigen, wie die unterschiedlichen Eigenschaften einer Person in ein und derselben Übung beurteilt wurden. Wie man sieht, sind die Werte sehr hoch. So beträgt in der Planspielübung die Korrelation zwischen dem Urteil über den Einfluß und dem Urteil über die Analysefähigkeit r=0,79. Bei derartig hohen Korrelationen stellt sich die Frage, ob die beiden Variablen überhaupt etwas Unterschiedliches messen. Die naheliegende Antwort lautet: es erfolgt – wie oben ausgeführt – gar keine trennscharfe Einschätzung der einzelnen Eigenschaften, die Beobachter bilden sich vielmehr ein Gesamturteil über das Abschneiden eines Kandidaten in der Übung, dieses Gesamturteil bestimmt letztlich auch ihre Einschätzung der einzelnen doch sehr verschiedenen Eigenschaften.

Schließlich seien einige Kritikpunkte genannt, die das ethisch-moralische Fundament des Assessment Center Verfahrens betreffen. Zum einen droht auch hier – ähnlich wie bei den Tests – dem „Verlierer" besonderes Ungemach, insbesondere, wenn er schon mehrfach durch Assessment Center durchgefallen ist. Es dürfte alles andere als leicht sein, diesen „Makel" einfach abzuschütteln, zumal das Assessment Center nicht selten als besonders bewährtes Verfahren gelobt wird (vgl. dagegen die Ergebnisse der Validierungsstudien in Abbildung 4.13). Eine weitere Kritik setzt an den latenten Funktionen des Assessment Center an. Beabsichtigt ist die Prüfung von Fähigkeiten. Tatsächlich – so der Einwand – geht es im Assessment Center aber um die Errichtung von Einstiegsbarrieren. Demjenigen, dem es dann doch gelingt, die ersehnte Stelle zu erhalten, wird sich nicht wenig geschmeichelt fühlen, in den elitären Kreis der Auserwählten aufgenommen worden zu sein. Er wird dies dem Unternehmen durch Loyalität und besondere Leistungen danken. Eine Überlegung, die zeigt, wie eng die verschiedenen Funktionsbereiche des Personalwesens zusammenhängen, in diesem Fall also die Funktionen Selektion und Integration. Wie berechtigt die Kritik am Assessment Center Verfahren tatsächlich ist, entscheidet sich oft erst in der Phase der Durchführung. Zweifellos kann ein Assessment Center nicht besser sein als die Übungen, die ihm zugrundeliegen, die eigentlich entscheidenden Erfolgsfaktoren liegen jedoch in den Personen, die das Assessment Center konkret durchführen. Umgekehrt sollte man hieraus nicht den beliebten aber völlig falschen Schluß ziehen, letztlich käme es nur auf die „Macher" vor Ort an, die angeblich auch noch aus der schlechtesten Vorlage etwas machen. Der Grund für die Bedeutung der „Professionalität" dieses Verfahrens der Anwender des Assessment Center Verfahrens liegt im Charakter eines Assessment Center: es bleibt bei allen Regeln und Vorschriften, die bei seiner Durchführung beachtet werden sollten, ein semi-strukturiertes (oder „offenes") Verfahren, das sich nicht vollständig standardisieren läßt. Damit ein Assessment Center gelingen kann, muß die jeweilige Anwendungssituation immer wieder neu als einzigartig begriffen werden – aus dem schlichten Grund, weil sie einzigartig ist, und zwar nicht zuletzt wegen der stets einzigartigen Menschen, die sich in einem Assessment Center beggenen. Man kann diesen Sachverhalt natürlich auch prosaischer formulieren. Der Übungsleiter und die Beobachter übernehmen im Verlauf eines Assessment Center eine ganze Reihe von Aufgaben. In etlichen Übungen müssen sie beispielsweise als Interviewpartner oder Rollenspieler fungieren, sie müssen auf die Fragen der Teilnehmer eingehen, sie müssen den Zweck und den Ablauf des Assessment Center erläutern, sie müssen als Gesprächspartner zur Verfügung stehen, moderieren, Sicherheit geben, Ansprüche formulieren usw., alles situationsspezifische Aufgaben, die – wenn sie schlecht erfüllt werden – die Qualität des Assessment Center nachhaltig beeinträchtigen.

f) Sonstige Auswahlmethoden

Es gibt eine ganze Reihe weiterer Auswahlmethoden. Auf die wichtigste – das Einstellungsinterview – wollen wir im folgenden Abschnitt vertiefend eingehen. In Abbildung 4.19 sind einige weitere Methoden genannt. Brauchbar sind vor allem tätigkeitsnahe Arbeitsproben und Simulationen. Es gibt sehr fragwürdige Methoden. Aber auch sehr originelle Ideen. Hierzu zählt die Videobewerbung. Sie spricht insbesondere die Kreativität der Bewerber an, hat aber wie jede Methode auch Nachteile, denn sie kann u.a. dazu verführen, sich selbst zu prostituieren.

Arbeitsprobe	Durchführung einer konkreten Arbeitsaufgabe (z.B. Bearbeiten eines Werkstücks, Erstellen einer Konstruktionszeichnung).
Simulation	Nachbildung einer komplexen Aufgabe: Arbeitsprobe, die oft durch technische Hilfsmittel unterstützt wird (z.B. Flugsimulator, Funkgerät).
Computer-Planspiel	Bearbeitung komplexer Probleme über mehrere Zeitperioden. Der Proband muß die simulierten Zusammenhänge erkennen und angemessene Problemlösestrategien entwickeln.
Computer-Diagnostik	Versuch, Papier- und Bleistifttests auf dem Computer abzubilden. Kein eigenständiges Verfahren, Computer ist nur das Werkzeug.
Wissens-Test	Für spezielle Tätigkeiten entwickelte Prüfungsaufgaben. Bei Auszubildenden z.B. Prüfung der Schulkenntnisse.
Videobewerbung	Personen, die nicht eingeladen werden, erhalten die Möglichkeit, sich in einem selbsterstellten Video selbst zu präsentieren.
Gentest	Untersuchung des Genoms, um (verborgene) Krankheiten oder konstitutionelle Schwächen zu entdecken.
Lügendetektor	Apparatives Verfahren zur Prüfung der Vertrauenswürdigkeit einer Person. Rechtlich und ethisch fragwürdig.
Graphologiegutachten	Versuch, aus der Handschrift auf den Charakter zu schließen. Wissenschaftlich fragwürdig.

Abb. 4.19: Beispiele für weitere Auswahlmethoden

6 VERTIEFUNG: DAS EINSTELLUNGSINTERVIEW

Das wichtigste Element der Personalauswahl ist das Einstellungsinterview. Dessen ungeachtet wird der Durchführung des Einstellungsinterviews häufig nicht die ihr gebührende Aufmerksamkeit geschenkt, dabei wird gerade bezüglich des Einstellungsinterviews besonders deutlich, wie sehr die Qualität eines Instrumentes von seiner Handhabung abhängt. Validierungsstudien belegen jedenfalls die zentrale Bedeutung der von den Interviewern verfolgten Verhaltensstrategien. Über die beste Art, ein Bewerbergespräch (die Begriffe „Einstellungsinterview" und „Bewerbergespräch" werden im folgenden synonym verwendet) zu führen, sind zahlreiche Regeln im Umlauf. Die Interviewer selbst schwören oft auf die eigenen Erfahrungen und die von ihnen erarbeiteten Tips und Kniffe. Regeln zur Gesprächsführung kursieren aber nicht nur auf privater Ebene, auch Personalabteilungen nehmen sich des Auswahlgesprächs an und formulieren entsprechende Verhaltensanweisungen. Einige Beispiele seien angeführt:

- Führen Sie ein Gespräch und kein Verhör!
- Vermeiden Sie es, den Bewerber persönlich zurückzusetzen!
- Lassen sie den Bewerber sprechen und nehmen Sie sich selbst zurück!
- Informieren Sie den Bewerber über besondere Schwierigkeiten der Stelle!
- Seien Sie fair!

In diesen Beispielen wird ein erheblicher Vorbehalt gegenüber dem spontanen Verhalten der Interviewer deutlich. Weshalb mahnt man selbstverständliche Formen des sozialen Umgangs an? Offenbar werden diese im Bewerbergespräch häufig vergessen.
Nicht nur Praktiker (Interviewer, Personalabteilung, Berater) propagieren Verhaltensregeln zur Durchführung von Einstellungsinterviews, auch die wissenschaftliche Forschung hat sich mit der Frage beschäftigt, wie ein Einstellungsgespräch geführt werden soll. Bei der folgenden Darstellung des Einstellungsinterviews orientiere ich mich an dem Schema, das zur Analyse von praktischen Instrumenten im Kapitel 3 vorgeschlagen wurde.

a) Ziele und Anliegen

Zu einem Vorstellungsgespräch werden normalerweise nur aussichtsreiche Kandidaten eingeladen. Von dieser Regel gibt es aber auch Ausnahmen. Wenn z.B. der Bewerberstrom nicht so üppig fließt, wie man sich das wünscht, werden auch „Grenzkandidaten" eingeladen, also Kandidaten, die man sonst eher schon in der Vorauswahl aussondert. Hin und wieder werden auch Bewerber eingeladen, obwohl gar keine konkrete Stelle zu besetzen ist. Die Motivlage für ein derartiges Verhalten ist nicht immer ganz durchsichtig. Meist geht es um „provisorische" Sondierungen, in denen geprüft wird, ob die anvisierte Stelle angesichts der Bewerberlage überhaupt eingerichtet werden soll. Bewerbergespräche ohne Einstellungsabsicht dienen aber auch der Überprüfung der eigenen Stellung auf dem Arbeitsmarkt. Manchmal handelt es sich aber auch nur um Goodwill-Aktionen.

Üblicherweise dient das Einstellungsinterview dazu, den Bewerber näher kennenzulernen und sich einen persönlichen Eindruck von seinen Fähigkeiten und seinem Auftreten zu verschaffen. Man prüft, ob der Bewerber für die Stelle geeignet ist:

- ob er also die Voraussetzungen für die Ausübung der Stelle mitbringt,
- ob er mit Kollegen und Vorgesetzten klar kommen wird und
- ob er ganz allgemein in das Unternehmen „paßt".

Rein formal geht es außerdem um die Vervollständigung der Bewerbungsunterlagen und um zusätzliche Informationen, die aus den schriftlichen Unterlagen nicht zu ersehen sind. Außerdem sollen im Einstellungsgespräch die wechselseitigen Erwartungen abgeglichen werden. Gegebenenfalls werden auch bereits Vertragsmodalitäten besprochen. Und schließlich soll natürlich auch der Bewerber informiert werden: über die Stelle, das Arbeitsumfeld und das Unternehmen.

b) Vorgehen

Sowohl für den Interviewer als auch für den Bewerber beginnt ein gutes Einstellungsinterview bereits vor dem eigentlichen Vorstellungstermin. Der Bewerber sollte seine Unterlagen vervollständigen, sich über seinen künftigen Arbeitgeber informieren und sich auf mögliche Fragen gut vorbereiten. Beim Vorstellungsgespräch gilt dasselbe wie bei jedem sozialen Anlaß: man schneidet gut ab, wenn man die Regeln der Situation kennt (möglichst beherrscht) und dabei nicht vergißt, dem Geschehen auch eine persönliche Note zu geben. Im Einstellungsinterview wird von dem Kandidaten erwartet, daß er die Rolle des „guten Bewerbers" spielt. Außerdem wird der Interviewer versuchen, zur „Persönlichkeit" des Kandidaten vorzudringen – und dieser wird dann gut bestehen, wenn er in beiden Partien (dem sozialen Rollenspiel und in der persönlichen Selbstpräsentation) eine gute Vorstellung gibt.

Zur Rolle des guten Bewerbers gehört, daß er sich informiert und interessiert zeigt, aktiv am Gespräch teilnimmt, eine klare Zielvorstellung besitzt, die Regeln der Höflichkeit beachtet, Freundlichkeit und Optimismus ausstrahlt, den Fragen des Interviewers nicht ausweicht, Unklarheiten ausräumt und nicht hervorruft und auch selbst Fragen stellt, dabei aber den notwendigen Takt und das erforderliche Verhandlungsgeschick beweist. Die persönliche Note wirkt am besten im Hintergrund. Persönliche Auffassungen, Interessen und charakterliche Eigenarten können zwar im Zuge des Gesprächs anklingen, sie von sich aus ins Spiel zu bringen oder gar explizit zu thematisieren, führt normalerweise nur zu Peinlichkeiten. Überhaupt sollte man prahlerisches und egozentrisches Verhalten vermeiden, dabei aber durchaus selbstbewußt und vor allem authentisch auftreten. Nicht nur für den Bewerber empfiehlt es sich, gut gerüstet aufzutreten, der Interviewer sollte sich nicht minder auf das Gespräch vorbereiten. Er sollte sich vor dem Gespräch über die Stelle und ihre Anforderungen ein klares Bild verschaffen, die Bewerbungsunterlagen sichten, den Ablauf des Gespräches planen und sich die Fragen, die er stellen will, zurechtlegen. Außerdem sollte er sich für das Gespräch hinreichend Zeit nehmen, Unterbrechungen vermeiden und überhaupt für eine angenehme Gesprächsumgebung und -atmosphäre sorgen.

Auch zum zeitlichen und inhaltlichen Ablauf gibt es eine ganze Reihe beachtenswerter Vorschläge. Man sollte das Gespräch zügig und ohne Längen führen. Andererseits ist, wie gesagt, jeder Zeitdruck zu vermeiden. Inhaltlich sollte man zwar konzentriert arbeiten, andererseits auch für persönliche Themen Raum lassen. Jedes Gespräch braucht eine Einführungs- und eine Ausklingphase. Fallen sie weg, dann wirkt das Gespräch unnatürlich. Jede soziale Begegnung braucht unthematische Rahmenaktivitäten. Sie dienen der emotionalen Einstimmung, sie sollen Sicherheit geben, Vertrauen schaffen, Kooperation signalisieren.

Abbildung 4.19 zeigt ein Beispiel für den Ablauf eines Einstellungsinterviews (vgl. Schuler 1996). Es enthält, wie erwähnt, eine „Warming up" Phase und eine Beendigungsphase. Außerdem werden verschiedene Arbeitsphasen unterschieden. Sinnvoll ist es, zunächst den Bewerber selbst sprechen zu lassen. Dies gibt ihm die Möglichkeit, sich vorzustellen, seine Stärken herauszustellen und die eigenen Erwartungen zu entwickeln. Außerdem liefert die Vorstellungsphase Anhaltspunkte für gezielte Nachfragen, die dann in der Vertiefungsphase gestellt werden können. In dieser Phase geht es vor allem um die Qualifikationen, die der Bewerber mitbringt, um seinen bisherigen Berufsweg und seine Berufserfahrungen. Genannt wird in Abbildung 4.20 außerdem die realistische Tätigkeitsinformation. Nicht nur der Arbeitgeber hat Fragen, gleiches gilt für den Bewerber. Er soll ein deutliches Bild von der Stelle, den damit verknüpften Aufgaben, Tätigkeiten und Anforderungen erhalten. Gefordert wird ganz allgemein, daß er auch über „unangenehme" Aspekte der Tätigkeit informiert wird. Der Kandidat soll seine Stelle nicht mit falschen Erwartungen antreten. Dies kann nach einer Anstellung zu Enttäuschungen mit den damit verbundenen negativen Verhaltenskonsequenzen führen. Der Kandidat fühlt sich unter Umständen gar „übers Ohr gehauen" – eine schlechte Basis für Identifikation und Loyalität. Aber auch für das unmittelbare Auswahlgespräch selbst ist eine realistische Tätigkeitsinformation bedeutsam, denn nur wenn die realen Anforderungen auch tatsächlich angesprochen werden, kann geklärt werden, in welcher Weise der Bewerber damit umzugehen gedenkt.

Warming up	3 Minuten
Vorstellung des Bewerbers	5 Minuten
Vertiefungsphase	15–20 Minuten
Realistische Tätigkeitsinformation	10 Minuten
Situative Fragen	10 Minuten
Fragen des Bewerbers	5–7 Minuten
Gesprächsabschluss	5 Minuten
Gesamtdauer	ca. 60 Minuten

Abbildung 4.20: Typischer Verlauf eines Einstellungsinterviews

Der Information über die Tätigkeit folgt eine weitere Arbeitsphase. Dem Bewerber werden konkrete Problemsituationen geschildert, und er soll eine Lösungsmöglichkeit entwickeln. Dem Bewerber werden also „situative Fragen" gestellt. Ein Beispiel soll die Vorgehensweise veranschaulichen:

„Sie sind der verantwortliche Leiter für Einkauf, Marketing und Vertrieb. Eines Tages kommt Ihr Vertriebsleiter, Herr Meier, zu Ihnen und beschwert sich über einen seiner Mitarbeiter, Herrn Schmidt. Dieser weigere sich, die Arbeit eines kranken Kollegen (Herrn Müller) zu übernehmen und die anstehenden Kundenbesuche zu machen. Als Begründung diene diesem die Behauptung, man könne es seinem Kollegen sowieso nicht recht machen. Der Kollege Müller werde sich nach seiner Rückkehr aus der Krankheit bestimmt wahnsinnig aufspielen. Außerdem seien die Unterlagen von Herrn Müller in einem für Dritte undurchschaubaren Zustand. Ihr Vertriebsleiter, Herr Müller fordert Sie auf, Herrn Schmidt ordentlich die Meinung zu sagen. Wie verhalten Sie sich?"

Die Antwort auf diese Frage kann einiges über das Einfühlungsvermögen und das Führungswissen des Bewerbers verraten. Jedenfalls kann man durch diese und ähnliche Fragen einiges über die Vorstellungswelt und die Erfahrungen des Bewerbers erkunden. Andererseits sollte man sich davor hüten, allzu weitgehende Schlüsse zu ziehen. Denn schließlich gibt es auf situative Fragen kaum eindeutig richtige und falsche Antworten. Um einen möglichst umfassenden Eindruck zu gewinnen, sollten daher auch vertiefende und ergänzende Fragen gestellt werden.

Überhaupt kann keine Antwort besser sein, als die Frage, die sie veranlaßt. Der Formulierung von Fragen wird daher in der Technologie des Bewerbergesprächs besondere Beachtung geschenkt. So sollen z.B. direkte Fragen vermieden werden, besser seien indirekte Fragen. Statt beispielsweise den Bewerber danach zu fragen, ob er bereit ist, auch Überstunden zu machen, kann man beispielsweise danach fragen, welche Erfahrungen er mit Überstunden gemacht hat. Aus seiner Antwort kann man dann normalerweise auch seine Einstellung zu Überstunden erkennen. Ob es allerdings tatsächlich immer notwendig und sinnvoll ist „um die Ecke" zu denken, kann bezweifelt werden. Direkte Fragen vermitteln den Eindruck von Ehrlichkeit, eine Haltung, die einen eigenen Wert hat, auch wenn man davon ausgehen muß, daß ihr nicht immer gleichfalls mit Ehrlichkeit begegnet wird.

Erwähnt sei schließlich noch eine Fragekategorie, die darauf abzielt, Persönlichkeitseigenschaften zu erschließen. Die berühmte Frage nach den eigenen Schwächen beispielsweise zielt darauf ab, die Glaubwürdigkeit einzuschätzen. Viele Fragen richten sich auf die Belastbarkeit (z.B. Schilderung von Situationen, die durch besonderen Streß gekennzeichnet waren) und auf die Arbeitshaltung (z.B. Umgang mit unerledigten Aufgaben). Natürlich wäre es kühn zu glauben, aus den Antworten auf derartige Fragen könne man tatsächlich die Persönlichkeit des Bewerbers erschließen. Das sollte auch nicht das Ziel des Einstellungsinterviews sein. Das Bewerbergespräch bietet die Möglichkeit, sich gegenseitig kennenzulernen. Warum sollte man den Bewerber „durchleuchten" oder „durchschauen" wollen? Der Arbeitnehmer möchte ja nicht seine Seele verkaufen, sondern lediglich seine Arbeitskraft. Und daher sollte es in einem Bewerbergespräch auch nur um die Frage gehen, ob sich beide Seiten vorstellen können, ein Arbeitsverhältnis einzugehen. Dazu muß natürlich geklärt werden, welche Aufgaben und Anforderungen auf den Stelleninhaber zukommen und inwieweit der Bewerber bereit und in der Lage ist, diese in beiderseitigem Interesse anzunehmen. Eine Persönlichkeitserforschung ist zu diesem Zweck aber nur im Ausnahmefall notwendig.

Nach Abschluß der Arbeitsphasen des Einstellungsinterviews sollte dem Bewerber nochmals die Gelegenheit gegeben werden, selbst Fragen zu stellen. Und ganz zum Schluß muß der Bewerber über das weitere Vorgehen unterrichtet werden, darüber, welche Unterlagen er noch nachreichen soll, welche weiteren Schritte vorgesehen sind, wann er Bescheid erhält usw. Unter Umständen kann aber auch bereits über die Modalitäten des Arbeitsvertrags gesprochen werden, über den Einstellungstermin und das Gehalt.

c) Varianten

In Abbildung 4.20 ist das empfohlene Vorgehen für das klassische Einstellungsinterview angegeben. Einstellungsinterviews unterscheiden sich aber in vielerlei Hinsicht, z.B. in der Art des Vorgehens, nach dem Inhalt, den verwendeten Fragetechniken, dem Teilnehmerkreis und nach dem Informationszweck. Demnach lassen sich auch viele Formen bzw. Varianten des Einstellungsinterviews unterscheiden. Besonders herausgestellt seien

- das telefonische Bewerbergespräch,
- das Fachgespräch (mit dem Vorgesetzten),
- das Streßinterview und
- das Gruppeninterview.

Telefoninterviews gewinnen zunehmend an Beliebtheit. Sie dienen hauptsächlich der Vorklärung, immer häufiger aber auch der unmittelbaren Vorauswahl. Naturgemäß erlaubt das Telefoninterview keine weitergehenden Schlüsse. Es kann allenfalls einen allgemeinen Eindruck über die Person vermitteln. Es eignet sich vor allem dazu, Informationen zur Ergänzung der Bewerberunterlagen einzuholen. Außerdem können nähere Auskünfte über die in Frage stehende Stelle gegeben werden. Man kann es außerdem dazu verwenden, das Interesse des Bewerbers an der Stelle zu erkunden und man kann prüfen, ob bestimmte Voraussetzungen (z.B. Führerschein, Qualifikationszertifikate) vorliegen, die bei der Besetzung der Stelle zu beachten sind. Schließlich können aber auch bestimmte Grundqualifikationen geprüft werden. So liegt es z.B. nahe, bei einer Bewerbung um eine Stelle im Call Center mit den Bewerbern auch ein Telefonat zu führen – eine einfache aber wirksame Methode um herauszubekommen, ob der Bewerber über hinreichende kommunikative Voraussetzungen verfügt.

Ein *Fachgespräch* ist immer zu empfehlen. Üblicherweise wird es vom Vorgesetzten geführt. Es können aber auch Spezialisten hinzugezogen werden. Die besondere Problematik des Fachgesprächs liegt in der oft nicht vorhandenen Gesprächsschulung der Fachleute. Leicht können daher auch die oben beschriebenen Beobachtereffekte auftreten. Zu achten ist insbesondere auf eine umfassende Prüfung der Kenntnisse und des Sachverstandes des Kandidaten. Das Fachgespräch sollte also hinreichend repräsentativ sein und eine einseitige Informationsgewinnung vermeiden. Ergänzend empfiehlt sich die Durchführung einer Arbeitsprobe. Dadurch erhält der Bewerber die Gelegenheit, in einer konkreten Anwendungssituation seine Fertigkeiten zu beweisen. Die bei der Arbeitsprobe erbrachte Leistung – so aufschlußreich sie sein mag – ist aber auch nur eines von mehreren Auswahlkriterien, denn schließlich wird das im Arbeitsalltag erbrachte

Arbeitsverhalten von einer ganzen Reihe von Faktoren bestimmt, die bei der Erstellung der Arbeitsprobe überhaupt keine Relevanz besitzen.

Streßinterviews zielen auf die emotionalen Reaktionen des Bewerbers. Zwei oder mehrere Interviewer setzen den Bewerber (verbal) unter Druck. Intensive Leistungsforderungen im Gespräch sollen die Grenzen der Belastbarkeit erproben. Verschiedentlich dient das Streßinterview auch dazu, die Leistungsfähigkeit des Bewerbers unter erschwerten Bedingungen auszuloten. Nicht selten geht es auch darum, das Selbstbewußtsein des Bewerbers zu erschüttern oder auch darum, sein Selbstverständnis in Frage zu stellen. Der Bewerber wird mit ungewöhnlichen und belastenden Situationen (Äußerungen) konfrontiert, auf die man kaum mit vorgefertigten Verhaltensstrategien reagieren kann. Der Sinn und Zweck von Streßinterviews ist umstritten. Eigentlich ist die Durchführung eines Streßinterviews völlig inakzeptabel. Es ist allenfalls gerechtfertigt, wenn mit ihm tätigkeitsnahe Anforderungen simuliert werden. Wenn jemand beispielsweise in seiner Tätigkeit mit vielen Anfeindungen rechnen muß, wenn er bei seiner Arbeit starken emotionalen Belastungen ausgesetzt ist, wenn der Stelleninhaber also einen unerschütterlichen Charakter braucht, dann mag auch eine Simulation emotionsgeladener Situationen angemessen sein. Selbstverständlich ist aber vor Durchführung des Interviews die Zustimmung der Person einzuholen. Völlig ungeeignet ist das Streßinterview um eine unspezifische „Streßresistenz" zu erfassen. Die manchmal geäußerte Auffassung, mit einem Streßinterview ließe sich die „wahre Person" eines Bewerbers „entlarven" ist bestenfalls albern. Schließlich bedarf es auch keiner großartigen moralischen Überlegung um zu erkennen, daß es sich von vornherein verbietet, die Machtposition des Arbeitgebers zu nutzen, um Stellensuchende zu demütigen.

Das Gruppeninterview ist ein Bewerbergespräch, an dem mehrere Bewerber gleichzeitig teilnehmen. Ein derartiges Interview hat einen gewissen ökonomischen Reiz. Sein Informationswert hält sich aber in engen Grenzen. Fragen zum persönlichen Hintergrund beispielsweise unterliegen dem Datenschutz und können nur beschränkt in der Öffentlichkeit diskutiert werden. Auch bleibt wenig Raum, weitergehende Fragen zu stellen und die dazu gehörigen Antworten tiefer auszuloten. Außerdem ist es schwierig, die gleichmäßige Gesprächsbeteiligung der Bewerber sicherzustellen. Andererseits kann die Gruppensituation genutzt werden, um Aufschluß über bestimmte Verhaltensweisen der Bewerber zu erhalten, die in einem Einzelinterview nicht auftreten. In dieser Funktion nähert sich das Gruppengespräch einer Assessment Center Übung. Es ist damit auch den für derartige Übungen geltenden Anforderungen ausgesetzt, erfordert also eine klare Zwecksetzung, ein erprobtes Beobachtungsschema, mehrere geschulte Beobachter und einen gut durchdachten Ablaufplan. Interessant ist das Gruppeninterview vor allem für das sogenannte „Group Employment". Hierbei wird nicht ein einzelner Arbeitnehmer, sondern ein ganzes Team (meist für eine genau spezifizierte, zeitlich befristete Tätigkeit) eingestellt. Gegenstand der Beobachtung ist dann nicht der einzelne Bewerber, sondern die Gruppe als ganzes.

d) Gestaltungsparameter

Einstellungsinterviews können auf die eine oder andere Art geführt werden. Und es ist nicht von vornherein klar, welche Gesprächsstrategie sich am ehesten empfiehlt. Dieser Tatbestand wird in der Literatur oft ignoriert. Üblicherweise findet man nämlich nur die Beschreibung der „optimalen" oder „richtigen" Vorgehensweise (vgl. unsere eigenen obigen Ausführungen). Wir wollen ausdrücklich herausstellen, daß sich praktisches Handeln immer an Alternativen orientieren sollte, daß es nie nur einen Weg gibt, sein Ziel zu erreichen. Dessen ungeachtet gibt es allgemeine Regeln, deren Beachtung dringend geboten ist. So sollte man seine Beobachtungen festhalten, man sollte sich auf den jeweiligen Bewerber individuell einstellen, man sollte nicht einzig auf sein eigenes Urteil (oder gar „Gespür") vertrauen usw. Es empfiehlt sich außerdem, insbesondere die folgenden Regeln zu beachten:

- Bitte zusätzliche Interviewer (oder Beobachter) zum Gespräch!
- Strukturiere das Gespräch!
- Verwende Kategorisierungshilfen!
- Mache dich mit den Aufgaben der in Frage stehenden Stelle vertraut!
- Stelle vor allem Fragen mit einem konkreten Arbeitsplatzbezug!
- Schule Dich als Beobachter!
- Berücksichtige positive Informationen im selben Maße wie negative!
- Löse Dich von Deinem ersten Eindruck!
- Hinterfrage Deine implizite Persönlichkeitstheorie!

Vergleichsstudien zeigen, daß Interviews, in denen diese Regeln zum Einsatz kommen, eine erhebliche Qualität (im Sinne der Prognosevalidität) erreichen können und oft besser als aufwendige Assessment Center Verfahren abschneiden. Im wesentlichen laufen die genannten Regeln auf eine Eindämmung von Beurteilungsfehlern hinaus (s.o.). Befolgt man die Regeln, dann wird damit eine umfassende Datenerhebung gewährleistet, die Informationsgewinnung ist sachbezogen, abgewogen und sie richtet sich auf die wirklich relevanten Informationen. Die Beherzigung dieser Regeln verhindert, daß man sich unreflektierten persönlichen Eindrücken ausliefert. Wie groß die Versuchung ist, sich die Urteilsfindung zu erleichtern, zeigt die Macht des ersten Eindrucks. Binnen kürzester Zeit entsteht bei der Begegnung mit einem Fremden ein kaum noch korrigierbares Bild vom Gegenüber. Eigentlich könnte man sich eine Fortsetzung des Gesprächs sparen, denn die restliche Zeit ist man im wesentlichen damit beschäftigt, sein Urteil zu bestätigen und vor sich selbst zu rechtfertigen.

Es empfiehlt sich, wie gesagt, den genannten Ratschlägen zu folgen. Dennoch sollte man ihnen nicht blind vertrauen, denn sie heben jeweils nur einen ausgewählten Gestaltungsaspekt hervor, das konkrete Handeln erfordert aber eine Würdigung der Gesamtsituation. Ein Beispiel: Eine der genannten Regeln unterstellt, daß es besser ist, seine Beobachtungen zu protokollieren, als sie lediglich im Gedächtnis aufzubewahren. Sollte man dieser Regel aber in jedem Fall folgen? Nein, denn es können immer wieder Situationen auftreten, in denen diese Regel (oder die anderen Regeln) unangebracht sind. So ist es beispielsweise wenig sinnvoll ein Beobachtungsprotokoll zu erstellen, wenn sich schon nach kurzer Zeit herausstellt, daß eine bestimmte Person für die Stelle keinesfalls in Frage kommt (z.B. weil sie bestimmte Grundanforderungen nicht erfüllt). Die oben genannten Regeln gelten zwar „in aller Regel", dennoch ist stets zu fragen, ob nicht doch eine situative Relativierung der jeweils verwendeten Regel angebracht ist. Und anders als für die oben genannten Beispiele, für viele Gestaltungsparameter läßt sich nicht von vornherein sagen, welche Alternative sich besonders empfiehlt. Die folgende Aufzählung ist daher ganz bewußt als eine Gegenüberstellung von Handlungsalternativen zu verstehen. Einstellungsinterviews können

- sich auf die konkrete Tätigkeit und die hierbei geforderten Fähigkeiten konzentrieren oder aber sich auf ein breites Tätigkeitsfeld beziehen und die gesamte Persönlichkeit zum Thema haben,
- sich auf tätigkeitsbezogene Anforderungen beschränken oder auch Werte und Einstellungen einbeziehen,
- aktiv oder passiv geführt werden (also sich unterscheiden in der Verwendung gezielter Fragen und Nachfragen; im Tempo; in der Rolle des Interviewers als Initiator, Zuhörer usw.),
- sehr persönlich oder eher sachbezogen gestaltet werden,
- nach einem festen Fragemuster vorgehen oder sich am Gesprächsverlauf ausrichten,
- vor allem direkte Fragen verwenden oder aber auf indirekte Fragen bauen,
- situative Fragen benutzen oder nicht benutzen,
- als Informations-, Arbeits- oder Prüfungssituation gestaltet werden,
- Beobachtungshilfen (z.B. Strichlisten, Auswertungsschemata) verwenden oder nicht verwenden,
- künftige Kollegen am Gespräch teilhaben lassen oder nicht,
- Arbeitnehmervertreter einbeziehen oder nicht einbeziehen,

- mit einem unmittelbaren Feedback beendet werden oder nicht,
- durch mehrere Interviewer oder durch nur einen Interviewer geführt werden usw.

Welche Handlungsalternative soll man nun aber wählen? Gut entscheidungstheoretisch argumentiert: dies hängt vom Zweck des Interviews ab und davon, welche Konsequenzen mit einer Handlungsalternative verbunden sind. Die Konsequenzen wiederum sind abhängig von der Handlungssituation. Ein Interviewer sollte sich über diese Zusammenhänge Klarheit verschaffen, denn ob er sich nun darüber Rechenschaft gibt oder nicht, er folgt immer irgendeiner Vorstellung über die Wirkungsweise seiner Handlungen.

e) Wirkungshypothesen

Es gibt – wie oben schon angesprochen wurde – mindestens zwei Formen von Wirkungshypothesen: unbedingte und bedingte. Unbedingte Wirkungshypothesen sind letztlich immer falsch. Dennoch können sie unter Umständen als gute Orientierungshilfe dienen, wenn man die möglichen Ausnahmen ihrer Gültigkeit nicht aus den Augen verliert. Ein Beispiel für eine unbedingte Wirkungshypothese wäre: „Eine Warming up Phase fördert die Offenheit und vermindert Reibungswiderstände." Ob tatsächlich eine unbedingte Wirkungshypothese vorliegt, läßt sich relativ leicht beantworten. Man muß nur nach der Begründung für die Hypothese fragen (ein Verfahren, daß sich eigentlich immer empfiehlt). Warum sollte die Warming up Phase die behauptete Wirkung haben? Die naheliegende Antwort ist, daß es selten gut ankommt, wenn man „mit der Tür ins Haus" fällt. Ein derartiges Verhalten ist unerwartet, es „verblüfft" und weckt Abwehr. Selbst gute Freunde kommen, wenn sie einander begegnen, nicht gleich zur Sache. Jede soziale Begegnung braucht einen „Türöffner", ein Begrüßungsritual, eine Einstimmung auf die Situation. Wie sollte man auch sonst mit der Situation zurechtkommen? Wie wird man reagieren, wenn man keine Gelegenheit erhält, sich auf die andere Person einzustellen und sich auf das angemessene Verhalten zu besinnen? Die vorhandene Unklarheit weckt Unsicherheit und wird damit auch zu einem abwartenden und zurückhaltenden Verhalten führen.

Die Begründung einer Wirkungshypothese liefert den Schlüssel für das angemessene Verhalten. Wenn die Begründung schlecht ist, dann sollte man das empfohlene Verhalten überdenken. Wenn die Begründung überzeugt, dann kann man sein Verhalten auch danach ausrichten. Allerdings folgt aus der Akzeptanz der Wirkungshypothese noch keine klare Handlungsanweisung. Auf die damit verbundene Problematik wurde bereits in Kapitel 3 eingegangen. Danach ist u.a. zu klären, ob man überhaupt dazu in der Lage ist, die in der Wirkungshypothese angesprochenen Maßnahmen auch erfolgreich durchzuführen. Außerdem sollte man die unterstellte Wirkung wollen und schließlich sollte man auch bereit sein, die mit den Maßnahmen verknüpften Nebenwirkungen in Kauf zu nehmen.

Auf unser Beispiel mit der Warming up Phase bezogen, fällt die Antwort auf alle drei Fragen nicht schwer: es ist weder besonders schwer, das Bewerberinterview höflich und freundlich zu beginnen, noch wird man sich gegen den Abbau von Unsicherheiten aussprechen und die Gefahr, daß allzu große Nebenwirkungen auftreten (z.B. daß die Kandidaten die Bewerbersituation wegen einer zu „lockeren" Atmosphäre nicht ernst nehmen), ist nicht allzu groß.

Doch unabhängig von den Problemen der konkreten Umsetzung von Maßnahmen, auch schon auf der Ebene der Wirkungsanalyse kommt man nicht immer zu eindeutigen Ergebnissen, denn die Wirkungen, die mit einer Maßnahme verbunden sind, sind nicht immer alle gleichermaßen wünschenswert. Dieser Tatbestand sei nochmals explizit herausgestellt. Selbst auf einer sehr abstrakten Ebene muß die Wirkungsvielfalt des personalwirtschaftlichen Handelns beachtet werden. So ist zum Beispiel zu fragen, in welcher Weise die Gestaltungsparameter des Bewerbergesprächs mit den drei Funktionsanforderungen Leistung, Kooperation und Lernen verknüpft sind. Wir wollen zur Illustration ein Element des Bewerbergesprächs näher betrachten, eine Forderung, die in der Literatur große Aufmerksamkeit gefunden hat und deren Befolgung ungeteilt empfohlen wird: die realistische Tätigkeitsinformation. Zu ihrer Begründung wird insbesondere darauf verwiesen, daß unrealistische Tätigkeitsbeschreibungen falsche Erwartungen wecken, ein Fehler, der sich spätestens im konkreten Arbeitseinsatz rächen dürfte: der neue Mitarbeiter wird frustriert, er zieht sein Engagement zurück und spielt mit dem Gedanken, das Unternehmen bei nächstbester Gelegenheit wieder zu verlassen. Aus dem Blickwinkel der Funktionalanalyse ist diese Betrachtungsweise allerdings zu einseitig, denn sie beachtet nur einen der drei Funktionsanforderungen, nämlich die Kooperation, die Beziehung zwischen Arbeitnehmer und Arbeitgeber.

Wie ist die realistische Tätigkeitsinformation aus dem Blickwinkel der beiden anderen Funktionsanforderungen zu beurteilen? In Abbildung 4.21 sind einige Wirkungszusammenhänge dargestellt. Wie man sieht, ist es durchaus möglich, daß der positive Effekt der realistischen Tätigkeitsinformation auch umkippt. Möglicherweise ist es sinnvoll, eine gewisse Frustration des Neulings in Kauf zu nehmen (schließlich wird ein gewisser „Praxisschock" fast schon erwartet). Wenn ich gute Kandidaten durch eine Schilderung gravierender Nachteile der Arbeitsstelle „abschrecke", dann habe ich das eigentliche Ziel der Personalauswahl verfehlt, nämlich ambitionierte neue Mitarbeiter zu gewinnen. Negative Wirkungen können von der realistischen Tätigkeitsinformation auch auf die Lernfähigkeit der Organisation ausgehen.

Auswirkung der realistischen Tätigkeitsinformation	
Wirkung	Begründung
Leistung NEGATIV	Abschreckung hoch ambitionierter Kandidaten.
Kooperation POSITIV	Vermeidung von Unzufriedenheit und Fluktuationsneigung.
Lernen NEGATIV	Keine Notwendigkeit zur Veränderung der Stellenanforderungen.

Abb. 4.21: Wirkungsvielfalt von Gestaltungsalternativen

Wenn ich nur Mitarbeiter einstelle, die sich von vornherein „bescheiden", also die Stellenaufgaben klaglos annehmen, dann verschwindet (vermeintlich) die Notwendigkeit, über eine Neugestaltung der Arbeit und der Arbeitsorganisation nachzudenken.

Unter Umständen ist es aber besser, Unruhe ins Unternehmen zu bringen (Bewegung, die man sich von „Neuen" ja auch verspricht), als einen glatten und reibungslosen Einstieg zu gewährleisten.

Welche Wirkungen nun tatsächlich (und in welcher Stärke) auftreten, hängt von einer ganzen Reihe von Faktoren ab, deren Bedeutung nur in der konkreten Situation beurteilt werden kann. Wir wollen bei unserem Beispiel bleiben und es noch etwas ausbauen: unter welchen Umständen verschwindet auch der positive Kooperationseffekt der realistischen Tätigkeitsinformation? Das Beispiel läßt sich natürlich auch in die andere Richtung wenden: unter welchen Umständen kommt es zu einem positiven Zusammenhang zwischen realistischer Tätigkeitsinformation und Leistung und Lernen?

Der positive Effekt der realistischen Tätigkeitsinformation entfällt beispielsweise, wenn der Bewerber gezwungen ist (z.B. wegen sonst drohender Arbeitslosigkeit), die Tätigkeit anzunehmen. Stellt der Arbeitgeber während des Einstellungsinterviews die geringe Attraktivität besonders heraus, dann kann dies leicht als Geringschätzung gegenüber der Stelle und damit auch gegenüber dem Stelleninhaber verstanden werden. Unter Umständen tritt der neue Mitarbeiter die neue Stelle dann schon mit Bedenken an. Dies insbesondere dann, wenn die „negativen" Anforderungen der Stelle als unveränderbar hingestellt werden. Die Anstellung wird dann nicht als Chance begriffen, sondern als notwendiges Übel, denn im Realismus der Tätigkeitsbeschreibung schwingt dann vor allem die Aufforderung mit, sich anzupassen. Erzwungene Anpassung verbessert aber kaum das Verhältnis zum Arbeitgeber. Zweifellos ist es meistens kaum sinnvoll oder auch nur anständig, den Bewerber über die Attraktivität und die Anforderungen einer Stelle im Unklaren zu lassen. Wie unsere Beispiele zeigen, kann „Realismus" unter

Umständen aber auch als Ausdruck einer wenig kooperativen Haltung des Arbeitgebers verstanden werden und entsprechende Vorbehalte auslösen. Jedenfalls ist bei der Gestaltung einer Gesprächsstrategie immer zu bedenken, welche Wirkungen das Interviewerverhalten in der gegebenen Bedingungskonstellation hervorruft und ob eine erfolgversprechende Maßnahme immer alle wichtigen Ziele gleichermaßen bedient.

f) Anwendungsvoraussetzungen

Die Begründung der Wirkungshypothese sagt nicht nur etwas über mögliche Verhaltenskonsequenzen, sie beantwortet auch die Frage nach den grundsätzlich zu beachtenden Anwendungsvoraussetzungen für die intendierte Maßnahme (oder das einzusetzende Instrument). Wie lautet beispielsweise die Begründung für die folgende Wirkungshypothese: „Der Einsatz von mehreren Interviewern verbessert das Urteil über die Eignung des Bewerbers"? Nun, man wird darauf verweisen, daß „vier Augen mehr als zwei Augen sehen" und darauf, daß die zusätzlich gewonnenen Informationen die Entscheidung verbessern. Zumindest bezüglich der zuletzt genannten Begründung kann man aber Zweifel haben. Nicht alle Informationen werden in einer Entscheidung berücksichtigt und nicht wenige werden bewußt zurückgehalten. Schließlich und grundlegend: schon die Art und Weise, wie (und damit welche) Informationen gewonnen werden, verändert sich durch einen zusätzlichen Interviewer. Wenn beispielsweise ein hoher Statusunterschied zwischen den Interviewern besteht, dann kann es leicht passieren, daß der Statusunterlegene seine Meinung unterdrückt, weil er den Dissens mit dem Statushöheren vermeiden oder weil er einen guten Eindruck auf ihn machen will. Widersprüchliche Beobachtungen werden dann ignoriert oder umgedeutet, und es entsteht der Eindruck einer hohen Übereinstimmung. Stille Zweifel, die der Statushöhere evtl. selbst gehabt hat, kommen ebenfalls nicht zur Geltung, sie verlieren angesichts der Zustimmung vielmehr ihr Gewicht. Problematisch ist die gemeinsame Urteilsfindung auch dann, wenn ein hoher Entscheidungsdruck herrscht. Ein Aufschub der Entscheidung erscheint unter Umständen undenkbar, und man gibt leicht der entschlosseneren Person nach. Wenig hilfreich ist ein Mehrpersoneninterview auch, wenn sich die Interviewpartner nicht leiden mögen, weil sie sich dann nur schwer auf eine einheitliche Gesprächsstrategie einigen und einander auch im Gesprächsverlauf und beim Gedankenaustausch im Wege stehen. Zu beachten ist ferner, daß Personalentscheidungen häufig interessengeladen sind. Personen mit einem bestimmten beruflichen Hintergrund, fremden Werthaltungen und unerwünschten unternehmenspolitischen Auffassungen wird der Zutritt zum Unternehmen erschwert. Ihre Beschäftigung könnte zu einer Verschiebung der Machtverhältnisse führen. Bereits die Besetzung von Auswahlgremien ist daher häufig ein mikropolitischer Akt. Werden Personalentscheidungen aber primär unter taktischen Gesichtspunkten getroffen, dann leidet auch die Qualität der Informationssammlung und Kommunikation. Und gerade die Kommunikation ist der entscheidende Erfolgsfaktor für eine konsensuale Auswahlentscheidung. Kommunikationsstörungen machen die eigentliche Stärke des Mehrpersoneninterviews – die verbesserte Information – zunichte. Kommunikationsstörungen beeinträchtigen den offenen Informationsaustausch, es kommt zu keiner Verständigung auf gemeinsame Auswahlkriterien und die Meinungen über die Eignung der Bewerber klaffen weit auseinander.

Wie man sieht, gibt es eine ganze Reihe von Anwendungsvoraussetzungen für ein multipersonelles Einstellungsinterview. Mehrpersoneninterviews sind nur angebracht

- wenn sich die Interviewer sympathisch finden,
- wenn sie offen miteinander kommunizieren,
- wenn alle Interviewer hohe Qualifikationen besitzen,
- wenn kein Konformitätsdruck vorhanden ist,
- wenn ein evtl. vorhandenes Statusgefälle nicht zur Geltung kommt.

Zusammenfassend sei nochmals herausgestellt: Gestaltung ist die Festlegung und die Verfolgung von Alternativen. Es gibt keine Maßnahme, die immer und überall angebracht ist. Stets ist zu prüfen, ob die intendierten Wirkungen in der gegebenen Anwendungssituation überhaupt zur Geltung kommen können – oder gar konterkariert werden.

g) *Bewertung*

Wie ist das Instrument „Einstellungsinterview" zu bewerten? Es sollte deutlich geworden sein, daß eine pauschale Bewertung nicht angebracht ist. Beurteilt werden kann nur die konkrete Ausgestaltung in einer gegebenen Situation. Im übrigen sollten die im Kapitel 3 beschriebenen Beurteilungskriterien der formalen, der materialen und der wissensbasierten Rationalität berücksichtigt werden. Beispielhaft seien jeweils zwei dieser Kriterien betrachtet.

Der *formalen Rationalität* geht es um die Eignung und die Zweckmäßigkeit der ergriffenen Maßnahmen. Studien messen dem Einstellungsinterview nur geringe Prognosekraft zu, wenn es unsystematisch, willkürlich und nach persönlichen Vorlieben geführt wird. Dagegen verbessert sich die Validität des Einstellungsinterviews erheblich, wenn sich der Interviewer an den Regeln eines guten Bewerbergesprächs orientiert. Die wesentlichen Erfolgsfaktoren für das Gelingen des Einstellungsinterviews sind die Fähigkeiten des Interviewers. Ein Bewerbergespräch fordert vom Interviewer einiges an Einsicht, Erfahrung und Beweglichkeit – und von der Unternehmensleitung die Bereitschaft, die Aufgabe der Personalauswahl ernst zu nehmen. Wenn die Führungskräfte die

Personalauswahl nur als Nebensache betrachten, wenn die Personalverantwortlichen nicht das notwendige Know how einbringen und wenn Einstellungsaktionen ohne Konzept erfolgen, dann leidet auch die Qualität von Einstellungsinterviews.

Hieran knüpft eine zweite Frage der formalen Rationalität an: welches ist der angemessene Aufwand für ein Einstellungsinterview? Zunächst kann man feststellen, daß es – verglichen mit anderen Auswahlverfahren – sehr kostengünstig ist. Allerdings hängt die Qualität des Einstellungsinterviews, wie gesagt, ganz erheblich davon ab, ob es sorgfältig und sachgemäß durchgeführt wird. Die Qualitätssicherung des Einstellungsinterviews erfordert daher auch Investitionen in „Human-" und „Organisationskapital". Die Interviewer sollten eine professionelle Ausbildung erhalten, die Führungskräfte sollten über Grundkenntnisse der Gesprächsführung verfügen und schließlich sollte dem konkreten Einstellungsinterview genügend Zeit und Raum gegeben werden. Die dadurch bedingten (relativ geringen) Zusatzkosten zahlen sich aus.

Welche Informationen darf der Arbeitgeber vom Bewerber überhaupt verlangen? Welche Rechtsnormen existieren und werden sie eingehalten? Diese und ähnliche Fragen thematisieren die *materiale Rationalität*, das Problem des „richtigen", des rechtlich und moralisch gebotenen Verhaltens im Bewerbergespräch. Wenn man bedenkt, wie wenig sich das gesprochene Wort reglementieren läßt, wie unterschiedlich ein und dieselben Aussagen interpretiert werden können und wie wenig man sich daher auf konkrete Äußerungen berufen kann, dann fällt es schwer, einen einheitlichen Verhaltenskodex für das Bewerbergespräch zu bestimmen oder gar durchzusetzen. Juristische Betrachtungen knüpfen daher an konkreten Problemen an. Besondere Aufmerksamkeit findet häufig das Fragerecht des Arbeitgebers. Zwar muß sich der Bewerber die Fragen des Arbeitgebers gefallen lassen – schließlich geht dieser mit dem Arbeitsvertrag eine Verpflichtung ein (dies gilt auch umgekehrt) – aber der Bewerber besitzt keine unbeschränkte Auskunftspflicht. Bei der Entscheidung darüber, welche Fragen zulässig sind, stellt die Rechtsprechung insbesondere auf die Relevanz der Fragen für die jeweilige Tätigkeit – auf das „berechtigte Interesse" des Arbeitgebers – ab. So muß der Bewerber beispielsweise keine Angaben über eventuelle Vorstrafen machen, es sei denn, die Vorstrafen sind „einschlägig", haben also einen unmittelbaren Bezug zur Tätigkeit (z.B. Unterschlagung in einem kaufmännischen Beruf). Ähnliches gilt für die Vermögensverhältnisse, die Religions-, Partei- und Gewerkschaftszugehörigkeit – oder auch die Schwangerschaft. Leitende Angestellte dürfen nach ihren Vermögensverhältnissen gefragt werden. In Tendenzbetrieben muß der Bewerber die Zugehörigkeit zu bestimmten Organisationen angeben (es sei denn, er wird nicht danach gefragt), wenn diese für die Beschäftigung von Belang ist (z.B. die Mitgliedschaft in einer Gewerkschaft, wenn der Arbeitgeber ein Arbeitgeberverband ist). Und nach der Schwangerschaft (ein notorisch arbeitsrechtlicher Streitpunkt) darf sich der Arbeitgeber erkundigen, wenn die Tätigkeit mit Gesundheitsrisiken für die Schwangere und ihr Kind verbunden ist. Im übrigen muß der Bewerber auf rechtlich zulässige Fragen auch korrekt antworten. Unberechtigte Fragen braucht er nicht zu beantworten. Eine Antwortverweigerung hinterläßt allerdings keinen guten Eindruck – besser ist es im Zweifelsfalle zu lügen (vgl. Heilmann 1994).

Ein primär moralisches – rechtlich nur schwer faßbares – Problem ergibt sich aus der Gefahr psychischer Beeinträchtigung durch die Gesprächsführung. Der Interviewer kann den Bewerber frustrieren, ängstigen und verächtlich behandeln. Letzteres zielt auf das Selbstwertgefühl des Bewerbers, das allein schon durch die „Prüfungssituation" des Einstellungsinterviews einigen Belastungen ausgesetzt ist. Wird die Prüfungssituation sehr stark hervorgekehrt, wird der Bewerber auf „Herz und Nieren" untersucht, wird ihm die Beweislast aufgebürdet, muß er also zeigen, ob er überhaupt mündig und reif genug für die Stelle ist, dann ist dies sicher fragwürdig. Tatsächlich gibt es Interviewer, die primär nach den dunklen Stellen der Persönlichkeit suchen, nach verborgenen Schwächen oder irgendeinem Makel – ein Verhalten, das den Zweck des Einstellungsinterviews (die Ermittlung der Eignung) völlig aus dem Auge verliert. Wenn es dem Interviewer darüber hinaus Freude macht, den Bewerber in Widersprüche zu verwickeln, zu provozieren, ihm fehlerhaftes Denken nachzuweisen, dann kann dies – zumindest bei weniger selbstbewußten Personen – zu nachhaltigen Selbstzweifeln Anlaß geben.

Neben bzw. „hinter" den Problemen der formalen und materialen Rationalität steht das Problem der *wissensbasierten Rationalität*. Hiervon handelte das vorliegende Kapitel. Die Personalauswahl wurde primär als Entscheidungsproblem gesehen. Rational ist aus dieser Sicht ein Bewerbergespräch, das die Regeln der guten Gesprächsführung beachtet. Die Verhaltensregeln sollen dazu beitragen, Wahrnehmungs- und Urteilsfehler zu vermeiden, es sollen zweck- d.h. tätigkeitsbezogen vielfältige Informationen gewonnen werden, diese Informationen sollen angemessen gewürdigt und gewichtet werden und schließlich soll ein ausgewogenes Urteil gefällt werden. Hinter dieser Betrachtungsweise steht das Ideal einer leidenschaftslosen Analyse durch unbestechliche Experten. Diese Perspektive ist allerdings viel zu eng, um den Besonderheiten eines Bewerbergesprächs gerecht zu werden. Im Bewerbergespräch produziert sich der Kandidat nicht nur als Rollenträger auf einer Schaubühne vor einem teilnahmslosen Publikum. Ein Bewerbergespräch ist vielmehr ein sozialer Vorgang, bei dem der Interviewer nicht die bequeme Rolle des unbeteiligten Beobachters einnehmen kann; er ist unweigerlich Mitspieler und damit in die Dynamik des Geschehens eng eingebunden. Dieser Aspekt sei abschließend noch herausgestellt und beispielhaft erläutert.

Untersuchungen (z.B. Philips/Dipboye 1989) zeigen, daß die Wahrnehmung des Interviewers und die Wahrnehmung des Bewerbers hoch korrelieren. Bewertet der Interviewer den Bewerber positiv (negativ), dann bewertet normalerweise auch der Bewerber den Interviewer positiv (negativ). Die Erklärung ist naheliegend: Die Interaktionspartner nehmen die positive/negative Haltung des anderen wahr und richten ihr Verhalten darauf ein. Es kommt zu Reziprozität und Synchronisierung (ein schönes Beispiel für eine Synchronisierung ist die Anpassung der Länge der eigenen kommunikativen Akte an die Länge der kommunikativen Akte des Interaktionspartners). In Abbildung 4.22 ist dieses Schema in allgemeiner Form wiedergegeben.

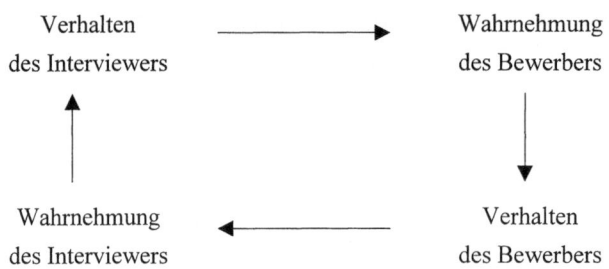

Abbildung 4.22: Allgemeines Interaktionsschema

Mit diesem Interaktionsschema läßt sich z.B. recht gut erklären, warum sich ein bestimmtes Gesprächsklima herausbildet. Sendet der Interviewer positive Verhaltenssignale (Freundlichkeit, Entgegenkommen), dann wird dies vom Bewerber als Ausdruck von Wertschätzung und Wohlwollen interpretiert. Er wird selbstsicher auftreten und seinerseits positive Verhaltenssignale (Freundlichkeit, Respekt) zurücksenden. Der Interviewer wird diese Signale selbst wieder positiv aufnehmen und mit einem komplementären Verhalten beantworten. Derartige sich selbst verstärkende Zirkel gibt es nicht nur auf der Gefühls- sondern auch auf der Denk- und Handlungsebene. Für beide Bereiche sei jeweils ein weiteres Beispiel angeführt. Angenommen der Interviewer spricht ein theoretisches Thema an. Wenn nun der Bewerber daraus schließt, daß theoretische Themen das besondere Interesse des Interviewers finden, wird er vielleicht versuchen, seine theoretischen Stärken herauszustellen. Falls ihm das zu gut gelingt, kann der Interviewer den Eindruck gewinnen, er habe einen fanatischen Theoretiker vor sich. Er wird dann leicht dazu verführt, auch weitere im Gesprächsverlauf durch den Bewerber geäußerten Bemerkungen in diesem Sinne zu interpretieren. Dieses „Wiedererkennungserlebnis" findet (nonverbal) in einer gewissen Genugtuung des Interviewers Ausdruck, die vom Bewerber wahrgenommen – aber höchstwahrscheinlich falsch (z.B.

als wohlwollendes Interesse) interpretiert wird. Nebenbei bemerkt erklärt sich aus derartigen Verhaltensverkettungen auch die Macht des ersten Eindrucks. Ein abschließendes Beispiel, das sich häufig auch in Prüfungssituationen findet: Angenommen der Interviewer ist mit einer Antwort des Bewerbers nicht zufrieden und „hakt nach". Da die unbefriedigende Antwort vielleicht schon aus einer Unsicherheit des Bewerbers resultiert, fühlt dieser sich in die Enge getrieben. Da er aber einen positiven Eindruck machen will, fängt er – in typischer Prüfungsmanier an – „Geschichten zu erzählen", auszuweichen und „drum herum" zu reden. Auf diese Weise werden sehr leicht weitere Widersprüche produziert, was den Interviewer nur dazu bringt, weiter nachzuhaken, Rechtfertigungen zu verlangen und an unklaren Stellen vermehrt herumzubohren – das Spiel kann von vorn beginnen.

An derartigen Kommunikationszirkeln läßt sich eine schlichte Lebensweisheit ablesen: es wird manches zerredet. Um einen besseren Eindruck zu gewinnen, muß man manchmal ganz neu ansetzen und ein Gespräch, das in die Sackgasse zu führen droht, von einem anderen Ende her neu beginnen. Auf die entscheidungstheoretische Betrachtung gemünzt: Interviewer und Bewerber sollten beide nicht vergessen, die Entscheidungssituation auch aus Sicht des Gegenübers zu betrachten.

Kapitel 5: Aufgabengestaltung

„Die Arbeitsteilung dürfte die produktiven Kräfte der Arbeit mehr als alles andere fördern und verbessern. Das gleiche gilt wohl für die Geschicklichkeit, Sachkenntnis und Erfahrung, mit der sie überall eingesetzt oder verrichtet wird." Mit diesen Sätzen beginnt der Klassiker der Wirtschaftstheorie, das Buch „The Wealth of Nations" von Adam Smith (Smith 1978/1789). Die Arbeitsteilung und die Gestaltung der Arbeit sind nach Smith die wesentlichen Produktivkräfte, der eigentliche Grund für das Gedeihen des Gewerbes und die Entwicklung von Wohlstand. Wie aber soll die Arbeit konkret gestaltet werden, damit sie die diesbezüglich segensreichen Wirkungen entfalten kann? Auf diese Frage geht Adam Smith nur bedingt ein. Im wesentlichen beschränkt er sich auf die Beschreibung der Vorteile der Arbeitsteilung und der damit verbundenen Spezialisierung. Diesbezüglich ist der Ansatz von Frederick Winslow Taylor – dem „Erfinder" der wissenschaftlichen Betriebsführung – schon wesentlich differenzierter (wir gehen hierauf weiter unten noch ausführlich ein). Ähnlich wie Smith setzt allerdings auch Taylor zu eng primär auf das Ausmaß der Arbeitsteilung. Vom Ansatz her operiert die „klassische" betriebswirtschaftliche Organisationslehre wesentlich überzeugender. Neben der Analyse der Arbeit (der Zerlegung einer Gesamtaufgabe in elementare Teilaufgaben) geht es ihr nämlich auch um die Synthese, also um die Zusammenfügung elementarer Teilaufgaben zu einer Gesamtaufgabe (vgl. Kosiol 1962). Leider bleiben die dort entwickelten Prinzipien der Aufgabengestaltung ebenfalls sehr abstrakt, sie werden allenfalls rudimentär theoretisch begründet und sie sind auch nur bedingt praktikabel (vgl. die Ausführungen in Abschnitt 2). Nun ist der wirtschaftliche Aspekt die eine, der menschliche die andere Seite derselben Medaille. Auch diese Doppelgesichtigkeit wird bereits von Adam Smith herausgestellt. Smith befürwortet die Arbeitsteilung nicht vorbehaltlos. Er sieht durchaus auch die Nachteile für den arbeitenden Menschen. Eine zu weit getriebene Arbeitsteilung könne die Psyche und die Intelligenz des arbeitenden Menschen nachhaltig beeinträchtigen. Daneben stellt Smith heraus, daß exzessive wirtschaftliche Anreize nicht selten kontraproduktiv sind, „... gut bezahlte Akkordarbeiter neigen häufig sehr dazu, sich zu überanstrengen und ruinieren dadurch ihre Gesundheit in wenigen Jahren. So soll ein Zimmermann in London ... seine anstrengende Tätigkeit höchstens etwa acht Jahre voll durchhalten können." (Smith 1978, S. 71) Arbeit, die der Natur des Menschen Gewalt antut, ist schädlich sowohl für den einzelnen als auch für die Gemeinschaft. Darin sind sich alle bedeutsamen Sozialtheoretiker von Karl Marx bis Pierre Bourdieu – aber auch Arbeitsmediziner und -psychologen einig. Doch ganz unabhängig von der wissenschaftlichen Forschung, die enge Wechselwirkung zwischen Leib und Seele mit Beruf und Tätigkeit ist wohl jedem aus seiner alltäglichen Erfahrung vertraut. Leicht übersehen wird dabei, daß auch der „Geist" nicht über den Wassern schwebt, sondern stark in der Arbeit verwurzelt ist. Deutlichen Ausdruck findet dieser Tatbestand im Phänomen der „déformation professionelle", der berufsbedingten Einseitigkeit, die das gesamte Weltbild einer Person prägen und beschränken kann.

1 GESELLSCHAFTLICHE UND BETRIEBLICHE ARBEITSTEILUNG

Die Arbeitsteilung spielt für Adam Smith die Schlüsselrolle für den Wohlstand der Nationen. Berühmt ist seine Beschreibung einer fiktiven „pin factory", in der 10 Personen 48.000 Nadeln oder Stifte pro Tag herstellen, wenn sie sich jeweils auf bestimmte Tätigkeiten spezialisieren, also sich ausschließlich z.B. mit dem Weißglühen der Nadel oder dem Ansetzen des Nadelkopfes beschäftigen. Ein einzelner, der allein mit der kompletten Fertigstellung betraut wäre, würde dagegen – wenn überhaupt – nur sehr wenige „Pins" fertigbringen. Die pin factory liefert ein Beispiel für die betriebliche Arbeitsteilung. Diese steht für Adam Smith aber eigentlich nicht im Mittelpunkt seiner Überlegungen. Statt dessen geht es ihm im wesentlichen um die gesellschaftliche Arbeitsteilung, also um die Arbeitsteilung zwischen verschiedenen Berufen und Wirtschaftszweigen. Sowohl aus theoretischer als auch aus praktischer Sicht lassen sich die beiden Formen der Arbeitsteilung aber nicht sinnvoll miteinander vergleichen. Bei der gesellschaftlichen Arbeitsteilung geht es um den Warenverkehr z.B. zwischen Hirten, Jägern, Schmieden, Bauleuten usw. Hierauf bezieht sich auch der berühmte Satz: „Nicht vom Wohlwollen des Metzgers, Brauers und Bäckers erwarten wir das, was wir zum Essen brauchen, sondern davon, daß sie ihre eigenen Interessen wahrnehmen. Wir wenden uns nicht an ihre Menschen- sondern an ihre Eigenliebe, und wir erwähnen nicht die eigenen Bedürfnisse, sondern sprechen von ihrem Vorteil." (Smith 1978, S. 17). Smith geht es tatsächlich weniger um die Arbeitsteilung, im Vordergrund seines Interesses steht vielmehr der Tausch. Die eigentliche Triebfeder der Wirtschaft ist der Tausch. In der Verfolgung des Eigeninteresses entsteht – gelenkt durch die unsichtbare Hand des Marktes – Wohlstand für alle. Und tatsächlich sind Tausch und Arbeitsteilung auf dem Markt eng miteinander verquickt, dies gilt allerdings nicht für die Arbeitsteilung innerhalb des Betriebes. Die Koordination der Teilaktivitäten erfolgt hier nicht durch die Gesetze von Angebot und Nachfrage, sondern durch Planung und Anordnung. Für die gesellschaftliche (oder marktbezogene) Arbeitsteilung ist es gleichgültig, ob die Erstellung eines Produktes innerhalb eines Betriebes arbeitsteilig erfolgt oder nicht. Ein Bäcker kann seine Gesellen an spezialisierten Arbeitsplätzen (Teig machen, Brötchen formen usw.) arbeiten lassen oder ihnen ganzheitliche Aufgaben übertragen. Die betriebliche Arbeitsteilung ist eine „technische" Entscheidung, die vom Bäcker als Unternehmer getroffen wird. Bei der gesellschaftlichen oder marktmäßigen Arbeitsteilung gibt es keine übergeordnete Person, die über die Arbeitsteilung entscheidet. Verantwortlich sind hierfür vielmehr die Marktkräfte. Wieviel Backwaren produziert werden, entscheiden die Konsumenten aufgrund ihrer Präferenzen, ihres Einkommens und des ihnen zugänglichen Alternativangebotes. Unter Umständen tauchen überhaupt keine Backwaren auf dem Markt auf, z.B. dann, wenn jeder Haushalt die gewünschten Backwaren in Eigenproduktion erstellt. In diesem Fall gibt es also auch keine Bäcker, die sich an der gesellschaftlichen Arbeitsteilung beteiligen.

Gesellschaftliche und betriebliche Arbeitsteilung gründen also auf einem unterschiedlichen Koordinationsmechanismus. Die gesellschaftliche Arbeitsteilung ist ein *Resultat* von Marktkräften, die betriebliche Arbeitsteilung dagegen Gegenstand von bewußten *Entscheidungen*. Die beiden Formen der Arbeitsteilung unterscheiden sich aber nicht nur in ihrem „Wesen", sondern auch in weiteren, zwar nicht naturnotwendig gegebenen, faktisch aber höchst bedeutsamen Eigenschaften. Die gesellschaftliche Arbeitsteilung erfolgt – in einem gewissen Sinne – „basisdemokratisch" aufgrund von „freien" individuellen Konsumentscheidungen. Die betriebliche Arbeitsteilung braucht dagegen eine übergeordnete Koordination. Und eben die Ausgliederung der Koordinationsaufgabe erweist sich als äußerst folgenreich. Sie geht nämlich fast immer auch mit einer vertikalen Arbeitsteilung einher, mit der Trennung zwischen Planung und Ausführung und der Zuweisung dieser eigentlich eng aufeinander bezogenen Teilaspekte der Arbeit auf unterschiedliche Positionen und Personen. Wir werden bei der Darstellung des Taylorismus hierauf noch näher eingehen. An dieser Stelle sei noch auf eine Parallelität zwischen der gesellschaftlichen und der betrieblichen Arbeitsteilung hingewiesen, die sie miteinander verknüpft: ihr dynamisches Element. Märkte setzen Anbieter dem Konkurrenzdruck aus und zwingen sie – zumindest im Prinzip – zu besonderen Leistungen. Die Unternehmer können auf diese Herausforderung in unterschiedlicher Weise reagieren. Eine nicht geringe Versuchung besteht darin, den offenen Markt zu „schließen", z.B. mit Hilfe des Staates und durch dessen Möglichkeiten des Protektionismus oder durch den Erwerb unliebsamer Konkurrenten oder aber auch durch zwischenbetriebliche Absprachen. Eine weitere Möglichkeit, sich einen unternehmerischen Freiraum zu schaffen, besteht darin, die Transparenz von Märkten (z.B. durch verwirrende Konditionengestaltung) zu senken. Hierauf sei nicht näher eingegangen. Wenn wir davon ausgehen, daß der Markt funktioniert, bleiben eigentlich nur zwei Möglichkeiten, sich von der Konkurrenz abzuheben. Die eine Möglichkeit ist nach außen gerichtet und „innovativ", die zweite nach innen gerichtet und „defensiv". Die innovative Variante besteht in der Entwicklung neuartiger oder qualitativ besonders hochwertiger Produkte und Leistungen, wodurch es gelingen kann, sich einen monopolistischen Bereich zu erobern. Die defensive Variante besteht darin, die Prozesse der Leistungserstellung zu perfektionieren und sich dadurch einen Kostenvorteil zu verschaffen. Und es ist eben diese letzte Möglichkeit, die einen engen Bezug mit der betrieblichen Arbeitsteilung aufweist. Je reibungsloser und effizienter die Leistungen erstellt werden, desto größer ist der wirtschaftliche Vorteil. Und vor allem – hierauf hat Charles Babbage ein halbes Jahrhundert nach dem Erscheinen von Adam Smiths Klassiker hingewiesen – durch Arbeitsteilung entsteht ein höchst bedeutsamer relativer Lohnkostenvorteil. Eine ganzheitliche Tätigkeit setzt sich normalerweise aus verschieden schwierigen Teiltätigkeiten zusammen. Wird die Tätigkeit von nur einer Person ausgeführt, dann ist die schwierigste Tätigkeit gewissermaßen der Engpaßfaktor. Im Smithschen Beispiel der Pin-Fertigung ist das Verzinnen des Drahtes die anspruchsvollste Tätigkeit. Sie erfordert einiges Geschick und erhebliche Erfahrung. Dagegen ist das Geradebiegen des gezogenen Drahtes eine Tätigkeit, die keine besonderen Fertigkeiten erfordert. Ein qualifizierter Arbeiter vergeudet mit dieser Tätigkeit gewissermaßen seine Fähigkeiten, weil sie auch von unqualifizierten Arbeitern ausgeführt werden kann. Für den Unternehmer ist dies deswegen interessant, weil qualifizierte und unqualifizierte Arbeit einen unterschiedlichen Marktpreis haben. Wenn er den Pin „ganzheitlich" von einem Arbeiter herstellen läßt, dann muß er lauter qualifizierte Arbeiter einstellen und einen entsprechend hohen Lohn zahlen. Stellt er dagegen nur soviele qualifizierte Arbeiter ein wie er für die anspruchsvollen Teiltätigkeiten braucht, dann kann er die übrigen Teiltätigkeiten von minder bezahlten unqualifizierten Arbeitern ausführen lassen und erzielt damit einen erheblichen Kostenvorteil (Babbage-Prinzip).

Der Erwerbstrieb ist aber nur der halbe Antrieb der Arbeitsteilung. Die andere Hälfte entsteht aus der Eigendynamik der Rationalisierung. Einmal in Gang gesetzt verselbständigt sich das Mittel zum Ziel. Es geht dann nicht mehr nur um die möglichst wirtschaftliche Gestaltung, sondern um die vollständige Beherrschung der Arbeitsprozesse. Ingenieure, Arbeitswissenschaftler und Planer übernehmen das Regime. Deren Leitmotive sind Transparenz, Fehlerfreiheit, umfassende Steuerung und Kontrolle. Ihre Mittel sind standardisierte Vorgaben, ausgeklügelte Programme und eine zuverlässige Maschinerie. Für die Spontaneität und Eigenwilligkeit der menschlichen Arbeit bleibt da nur wenig Raum.

2 DIMENSIONEN DER AUFGABENGESTALTUNG

Wie soll die Arbeit gestaltet werden? Auf diese Frage gibt es natürlich keine einfache Antwort. Die Wissenschaften von der menschlichen Arbeit heben denn auch sehr unterschiedliche Aspekte heraus. Wir wollen beispielhaft auf einige Überlegungen eingehen, die bei der Aufgabengestaltung als Leitlinien dienen können.

In arbeitswissenschaftlichen Lehrbüchern wird häufig auf das Belastungs-Beanspruchungs-Konzept abgehoben (vgl. z.B. Antoni/Bungard 1989, Bokranz/Landau 1991). Damit verknüpft ist die Vorstellung, bestimmte Bedingungen (Belastungen, Streßfaktoren) führten zu bestimmten physischen und psychischen Beeinträchtigungen (Beanspruchungen, Streßwirkungen). Die wesentlichen Schwierigkeiten dieses Ansatzes liegen in der Ermittlung stabiler empirischer Zusammenhänge: welche Belastungen führen bei welchen Personen unter welchen Bedingungen zu welchen Beanspruchungen? Das Konzept der „Beanspruchung" bzw. der „Streßwirkung" ist dabei durchaus schillernd. Untersucht werden in gleicher Weise physiologische Reaktionen, die in der unmittelbaren Arbeitssituation auftreten (z.B. Ausschüttung von Streßhormonen) wie längerfristig entstehende Reaktionskomplexe (z.B. psychosomatische Beschwerden). Neben körperlichen Symptomen werden erlebens- und verhaltensbezogene Reaktionen betrachtet (z.B. Unzufriedenheit, Reizbarkeit, Drogenkonsum). Ebenso lang wie die Liste der Streßreaktionen ist die Liste der Streß- oder Belastungsfaktoren. Sie umfaßt Umgebungsbedingungen wie Lärm, Licht und Schmutz, organisatorische Faktoren (z.B. Schichtarbeit, Zeitdruck, Arbeitsstau) und soziale Faktoren (z.B. Ungerechtigkeit, Führungsverhalten, Mobbing). Wie kaum anders zu erwarten, wirken Stressoren nicht bei allen Personen und nicht in jeder Arbeitssituation gleich. Arbeitsstau kann beispielsweise zum „normalen" Alltag eines Berufes gehören (z.B. bei Journalisten oder Professoren) und als Statussymbol gelten. Der Berg unerledigter Arbeit wirkt dann nicht belastend, er kann im Gegenteil sogar als stimulierend empfunden werden. Aber natürlich ist die Wirkung auch von Persönlichkeitseigenschaften, von den Verhaltensstrategien, den verfügbaren Fähigkeiten und Möglichkeiten der arbeitenden Menschen abhängig. Auf melancholische Menschen wirkt Arbeitsstau bedrückend, auf Arbeitsbesessene anregend und Personen in einer gesicherten Position reagieren mit Gelassenheit. Aus praktischer Sicht ergeben sich aus dem Beanspruchungs-Belastungs-Konzept die folgenden Ansatzpunkte (vgl. Udris/Frese 1997): Um negative Belastungswirkungen zu vermeiden, kann man erstens an den Belastungen selbst ansetzen. Hierauf beziehen sich viele Maßnahmen der Arbeitsgestaltung (Lärmreduktion, Anordnung der Arbeitsgegenstände usw.). Man kann zweitens auch versuchen, die Reaktionsweisen der arbeitenden Person zu verändern. So kann man lernen, mit Streß besser umzugehen, man kann Entspannungsübungen durchführen und Sport treiben. Letztlich bleiben derartige Maßnahmen aber reaktiv. Sinnvoller ist es daher, drittens ganz allgemein die eigene Ausstattung mit psychischen Ressourcen zu verbessern. Hierzu gehört ganz banal die Verbesserung der eigenen Fähigkeiten, denn wer die Registrierkasse „blind" bedienen kann, kann auch mehr Kunden abfertigen. Wichtig sind aber auch bestimmte Haltungen oder Einstellungen. Wer glaubt, daß es ihm normalerweise gelingt, eine Situation zu beherrschen (positive Kontrollüberzeugung) entwickelt ein anderes Verhältnis zu Streß als jemand der glaubt, er werde von der Umwelt getrieben (negative Kontrollüberzeugung). Schließlich bleibt viertens die Möglichkeit, daß dem Arbeitnehmer vom Arbeitgeber Ressourcen bereitgestellt werden, mit deren Hilfe es möglich ist, den Arbeitsbelastungen besser zu begegnen. Die Möglichkeiten reichen von verbesserten Werkzeugen über die Erweiterung der Handlungsspielräume bis zur Mitbestimmung bei der Festlegung der eigenen Aufgaben.

Welche konkreten Maßnahmen jeweils angebracht sind, um die Arbeitsbelastungen zu reduzieren, läßt sich kaum allgemein bestimmen. Immerhin lassen sich aber einige Negativkriterien formulieren. So sollten gesundheitsgefährdende Arbeitsbedingungen nicht hingenommen werden. Auch ist eine medikamentöse Behandlung von Streßsymptomen prinzipiell abzulehnen. Sie beseitigt den Streß nicht, sondern wird ihn auf Dauer verstärken. Außerdem sollte man mentalen Praktiken zur Streßbewältigung mit Mißtrauen begegnen. Erstens beseitigen sie die materiellen Streßursachen nicht und zweitens wird durch die Etablierung von Streßtrainings ein sozialer Gewöhnungsprozeß in Gang gesetzt, den man kaum gutheißen kann. Wenn es normal ist, sich für den Arbeitsstreß fit zu machen, dann müssen die Betroffenen nicht nur den Streß erdulden, sie werden auch noch dafür verantwortlich gemacht, wenn sie unter ihm leiden. Im übrigen sollten sich die Dimensionen von Beanspruchungen und Maßnahmen zur Belastungsreduktion entsprechen. So können z.B. kurzfristige Belastungen (sofern sie nicht „schädigend" sind) auch einmal hingenommen werden. Andauernder und kontinuierlich auftretender „Ministreß" ist aber andererseits ebenso schädlich wie eine Serie von größeren Belastungen. Ganz generell sollten Belastungen abgebaut werden. Dabei sind Belastungen nicht mit Anstrengungen zu verwechseln. Die Rückenbeschwerden, die sich viele Schreibtischarbeiter zuziehen, sind nicht das Ergebnis von starker, sondern von fehlender oder falscher „Belastung". Sie entstünden nicht, wenn die Arbeit körperliche Leistung auch „beanspruchen" würde.

Ebenfalls aus der Arbeitswissenschaft stammt ein häufig zitiertes „Schichtenschema" zur Beurteilung der Arbeitsgestaltung (vgl. Rohmert/Landau 1983, S. 16 f., Hacker 1984, S. 30). Danach soll die jeweils in Frage stehende Arbeit ausführbar, erträglich bzw. „schädigungslos", zumutbar, zufriedenstellend und persönlichkeitsfördernd sein. Dies klingt alles sehr plausibel, dennoch gibt es sowohl prinzipielle als auch praktische Schwierigkeiten mit diesen Kriterien. So stößt die Einschätzung der *Schädigungslosigkeit* an Grenzen des Wissens. Es ist beispielsweise weitgehend ungeklärt, ob es wirklich berechtigt ist, von Elektrosmog zu sprechen und welche Auswirkungen dieser gegebenenfalls hat, wenn man ihm langfristig ausgesetzt ist. Auch ist zu fragen, ob sich „gefährliche" Arbeiten wirklich vollständig beseitigen lassen. Und schließlich gibt es Menschen, die nicht nur bereit sind, gefährliche Arbeiten auszuführen, sondern sie geradezu anstreben. Ehrenwert, aber etwas idealistisch ist die Betonung der *Persönlichkeitsförderung*. Nur wenige Studenten würden der Forderung vorbehaltlos zustimmen, das Studium diene auch ihrer Persönlichkeitsförderung. Wenn aber das Ziel der Persönlichkeitsförderung schon innerhalb von Bildungsinstitutionen umstritten ist, dann kann man sich leicht vorstellen, daß das letztlich pädagogische Ziel der Weiterentwicklung der Persönlichkeit in der Arbeitswelt auf wenig Gegenliebe stoßen dürfte. Einen größeren Konsens verspricht die negative Formulierung des Persönlichkeitsziels: die Arbeit sollte nicht zu einer Rückentwicklung der Persönlichkeit, also z.B. zur Verrohung oder Verdummung, beitragen. Ganz besondere Probleme stellen sich bei der Anwendung des Kriteriums der *Zumutbarkeit*. Hierbei geht es i.w. um eine soziale Kategorie, die einem erheblichen historischen Wandel unterworfen ist. Ist es beispielsweise einer Sekretärin zuzumuten, daß sie auch Kaffee kocht, dem Ordinarius, daß er seine Briefe selber schreibt, seinem Assistenten, daß er für den Professor die Tafel wischt, dem Arzt, daß er Pflegehandlungen auch selbst ausführt, der Krankenschwester, daß sie über eine Medikamentengabe selbständig entscheidet? Warum schließlich spricht man von einem Schichten- oder Stufenschema? Zweifellos ist es „logisch" oder schlicht trivial, daß man über die Erträglichkeit einer Arbeit nicht zu diskutieren braucht, wenn sie überhaupt nicht durchführbar ist. Und es ist wohl auch sinnvoll, die (gesundheitliche) Schädigungsfreiheit über die (soziale) Zumutbarkeit zu stellen. Insofern kann man die in der genannten Abfolge der Kriterien abgebildete Präferenzordnung nachvollziehen. Allerdings gibt es diesbezüglich Grauzonen. So werden beispielsweise Gesundheitsgefährdungen einer Tätigkeit nicht selten bewußt in Kauf genommen, wenn mit ihr ein hoher sozialer Status verbunden ist. Und daß Zufriedenheit und Persönlichkeitsförderung der sozial definierten Zumutbarkeit nachgelagert sein sollen, wird ebenfalls nicht bei jedermann Zustimmung hervorrufen. Ganz allgemein spricht wenig dagegen, allen Beurteilungskriterien zunächst das gleiche Gewicht zu geben und es den Betroffenen selbst zu überlassen, welche Präferenzen sie setzen wollen.

Dieser letzte Punkt wird von vielen Sozialwissenschaftlern hervorgehoben. Danach kommt es vor allem darauf an, daß die Betroffenen bei der Arbeitsgestaltung mitbestimmen, daß sichergestellt ist, daß sie in den *Prozeß* der Arbeitsgestaltung eingebunden sind. Daran knüpfen sich viele Fragen, insbesondere ist zu klären, wie die *Mitbestimmung* konkret aussehen soll. Wie in diesem Buch schon mehrfach betont, lassen sich in einem Arbeitsvertrag nicht alle Eventualitäten des Arbeitshandelns voraussehen und regeln. Folgt daraus, daß den Arbeitnehmern ein Widerspruchsrecht gegen unerwartet auftretende Arbeitszumutungen zugestanden werden sollte und wenn ja, welche arbeitsrechtlichen Konsequenzen wären damit zu verknüpfen? Wenn man zugesteht, daß es kaum praktikabel ist, mit jedem einzelnen Arbeitnehmer über die jeweiligen Arbeitszumutungen zu verhandeln, wer sollte dann über die Angemessenheit von Arbeitsbedingungen entscheiden? Arbeitsingenieure, die vom Arbeitgeber bezahlt werden? Betriebsräte, die auf ihre Wiederwahl angewiesen sind? Unabhängige Sachverständige, deren Dienste bezahlt werden müssen? Juristen, die technische Details der Alltagsarbeit nicht verstehen? Es gibt keine eindeutigen Antworten auf diese und auf die vielen weiteren Fragen, die mit der Partizipationsproblematik verknüpft sind. „Partizipation" kann daher allenfalls als Maxime gelten, die bei der Arbeitsgestaltung zu berücksichtigen ist, aus der sich aber nicht ableiten läßt, wie eine ganz konkrete Tätigkeit auszusehen hat. Dies gilt im übrigen auch für alle anderen der bislang genannten Kriterien der Arbeitsgestaltung. Welche Aussagen machen die Wirtschaftswissenschaften zur Beurteilung der Arbeitsgestaltung? Sie verhalten sich auffallend zurückhaltend. So geht Erich Kosiol in seinem grundlegenden Buch zur betriebswirtschaftlich orientierten Arbeitsgestaltung nur sehr knapp auf die Maßstäbe der von ihm entwickelten Organisationstechnik ein. Als wichtigstes Prinzip gilt ihm die „Zweckmäßigkeit", die durch die technische und die ökonomische „Ergiebigkeit" ergänzt wird (vgl. Kosiol 1962, S. 23 f.). Diese Kriterien haben einen sehr formalen Charakter und können letztlich mit beliebigem Inhalt gefüllt werden. Auf die menschliche Seite der Aufgabengestaltung geht Kosiol nicht näher ein, er weist lediglich vage darauf hin, daß diesbezüglich soziologische und anthropologische Gesichtspunkte sowie ethische Normen und religiöse Überzeugungen zu beachten seien (vgl. ebenda, S. 26).

Schließlich sei noch auf den Kriterienkatalog von Neuberger hingewiesen (vgl. Abbildung 5.1). Bei seiner Zusammenstellung von „Strategien" zur Verwirklichung humaner Arbeitsbedingungen orientiert sich Neuberger an normativen Argumenten und empirischen Einsichten (vgl. Neuberger 1980, S. 74 ff.). Letztlich lassen sich die von Neuberger herausgestellten Kriterien zwar nicht zweifelsfrei begründen, seine Überlegungen haben immerhin den Vorteil, daß sie versuchen, die auch bei ihm sehr abstrakt gehaltenen Kriterien mit konkreten Maßnahmen in Verbindung zu bringen. Wir können hier nicht auf alle Kriterienkataloge eingehen, die die Literatur bietet. Selten sind sie sozialwissenschaftlich begründet. Häufig spiegeln sie oft nur die politische oder philosophische Haltung der Autoren wieder. Fragen der Realisierbarkeit rücken meist aus dem Blickfeld (zu einem sehr „idealistischen" Katalog vgl. Schober 1991).

Kriterien	Gestaltungsansätze (Beispiele)
Einsicht in Zusammenhänge	Die Arbeit selbst soll Feedback gewähren. Persönliches Feedback ist besser als formalisiertes.
Autonomie	Die Arbeit soll Handlungsspielräume gewähren. Lose ist besser als starre Kopplung.
Identität der Person	Bei der Arbeit ist der „aufrechte Gang" gefragt. Ganzheitliche sind besser als zerstückelte Aufgaben.
Qualifikation	Die Aufgabe soll anspruchsvoll sein. Funktionale und extra-funktionale Fähigkeiten sind gleich wichtig.
Soziale Integration	Macht sollte beschränkt und kontrolliert werden. Arbeitsinhalte sind wichtiger als der Stellenstatus.

Abb. 5.1: Kriterien humaner Arbeit

Abschließend sei angemerkt, daß sich die Diskussion der Literatur über Kriterien der Arbeitsgestaltung fast ausschließlich mit dem einzelnen Arbeitsplatz und dem einzelnen Arbeitnehmer befaßt. Welchen besonderen normativen Kriterien beispielsweise die Gruppenarbeit genügen soll, wird dagegen bislang nur sehr kursorisch behandelt.

3 ÜBERBLICK ÜBER ANSÄTZE DER ARBEITSGESTALTUNG

Im folgenden werden vier Theorien skizziert, die sehr verschiedene Perspektiven einnehmen. Anschließend werden wiederum je vier Praxisansätze auf den drei von uns unterschiedenen Gestaltungsebenen betrachtet. Wir sprechen also ein recht weites Spektrum von Fragen an. Dennoch wird die Vielschichtigkeit der Arbeitsgestaltung damit aber in keiner Weise erschöpfend behandelt.

Theorie	Politik	Instrument	Maßnahme
Hackman/Oldham	Taylorismus	Tätigkeitsanalyse	Soziotechnik
Braverman	Human Relations	Ergonomiestudien	Job Enrichment
Lazarus	Flexi-Strategien	Schichtarbeit	Empowerment
Axelrod	L+TQM	Qualitätszirkel	OE

Abb. 5.2: Theorien, Politikmuster und Gestaltungsansätze im Bereich der Arbeitsgestaltung

a) Theorie

Die menschliche Arbeit prägt nicht nur unser Leben, sie beschäftigt auch sämtliche sozialwissenschaftliche Disziplinen. Entsprechend unterschiedlich sind die theoretischen Ansätze, die sich mit ihr befassen.

Hackman/Oldham und der Humanismus

Das wohl am häufigsten zitierte Verhaltensmodell menschlicher Arbeit – tatsächlich fehlt es praktisch in keinem einschlägigen Lehrbuch über „Organizational Behavior" und wird daher auch hier aufgeführt – stammt von zwei amerikanischen Forschern von den Universitäten von Illinois in Urbana Champain bzw. der Yale University. Hackman und Oldham geht es primär um die Reformulierung von Aufgaben (Job Redesign), um sie besser an die Bedürfnisse des Menschen anzupassen. Ihr Modell liefert die theoretische Grundlage für einen ebenfalls von den beiden Forschern entwickelten Fragebogen (das „Job Diagnostic Survey"), mit dessen Hilfe die fünf Kerndimensionen der Arbeit erfaßt werden sollen. In Abbildung 5.3 sind – etwas abweichend von der Darstellung von Hackman/Oldham – drei Dimensionen der Arbeit aufgeführt. Die Dimension „Bedeutsamkeit" umfaßt drei Teildimensionen. Die erste Teildimension der Bedeutsamkeit ist die Vielfalt der geforderten Fähigkeiten. Es zählt danach also nicht so sehr die Vielfalt der Tätigkeit an sich, bedeutsam ist vielmehr die Herausforderung, die von der Aufgabe ausgeht, das Ausmaß, in dem sie den Menschen als Problemlöser fordert. Die zweite Teildimension der Bedeutsamkeit ist die „Identität" der Aufgabe. Es geht hierbei um die Frage, ob nur unverbundene Teilstücke einer Arbeit verrichtet werden oder ob eine Aufgabe vorliegt, die von Anfang bis Ende durchgeführt wird und die im Ergebnis zu einem klar identifizierbaren Ergebnis führt. Schließlich gehört zur Bedeutung der Arbeit noch eine dritte Teildimension, die Signifikanz der Aufgabe. Abstrakt ist damit gemeint, ob die Aufgabe überhaupt eine große Bedeutung für das Leben anderer Menschen hat. Konkret ist es beispielsweise von größerer Signifikanz, an der Entwicklung neuer Medikamente beteiligt zu sein, als das Abdeckblech eines Rasenmähers zu lackieren.

Neben der Bedeutsamkeit gibt es zwei weitere Kerndimensionen der Arbeit. Das ist zum einen die Autonomie (d.h. der Grad der Selbstbestimmung) und das unmittelbare Feedback über die erzielten Leistungen, das die Aufgabe gewährt. Die Kerndimensionen der Arbeit, also die Bedeutsamkeit, die Autonomie und das Feedback werden multiplikativ verknüpft und bestimmen das „Motivationspotential". Ist die Arbeit bedeutsam, gibt sie dem Arbeitnehmer hohe Autonomie und liefert sie ein klares Feedback über die erbrachten Leistungen, dann sind die besten Voraussetzungen für eine hohe Motivation gegeben. Ist eines dieser drei Merkmale nur schwach ausgeprägt, dann schlägt sich dies aufgrund der multiplikativen Verknüpfung in einer deutlichen Reduzierung des Motivationspotentials nieder: fehlendes Leistungsfeedback läßt sich also z.B. nicht durch eine hohe Autonomie ausgleichen.

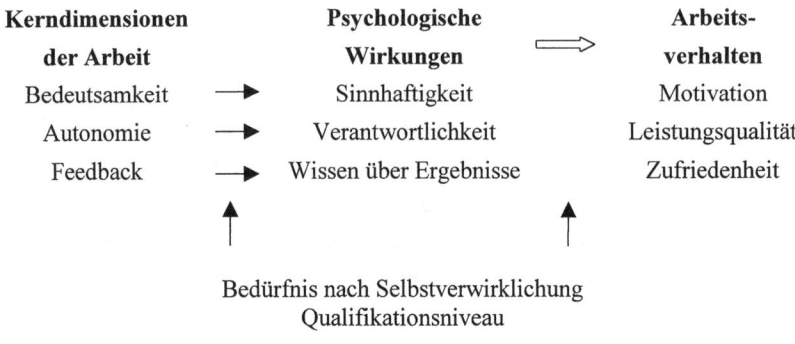

Abb. 5.3: Das „Job Characteristic Model"
nach Hackman/Oldham (vereinfacht)

In Abbildung 5.3 sind die von Hackman/Oldham unterstellten Wirkungszusammenhänge wiedergegeben. Die Kerndimensionen der Arbeit lösen ganz spezifische psychologische Wirkungen aus. Einer unbedeutenden Arbeit läßt sich wenig Sinn abgewinnen, hohe Autonomie führt zur Bereitschaft, Verantwortung zu übernehmen und aus Leistungsfeedback resultiert Wissen über die Wirkungen des eigenen Verhaltens. Die genannten psychologischen Wirkungen haben alle eine unmittelbare und gleichgerichtete Wirkung auf das Arbeitsverhalten. Sinn, Verantwortung und Wissen stärken die Arbeitsmotivation, fördern qualitätsorientiertes Verhalten und Zufriedenheit.

In Abbildung 5.3 sind zwei „Moderator-Variable" aufgeführt, also Variable, die die behaupteten Zusammenhänge „moderieren". Es gibt Menschen, die ein sehr starkes Lernbedürfnis, den Wunsch nach persönlicher Weiterentwicklung und Vervollkommnung, also ein starkes Bedürfnis nach Selbstverwirklichung, haben. Bei diesen Menschen müßten sich die im Hackman/Oldham-Modell angeführten Effekte besonders deutlich zeigen. Aber nicht nur Bedürfnisse, auch Fähigkeiten spielen im Hackman/Oldham-Modell eine Rolle. Die moderierende Wirkung des Qualifikationsniveaus ist jedoch etwas anderes als die des Bedürfnisses nach Selbstverwirklichung. Während bei letzterem – wie gesagt – generell eine Effektverstärkung zu erwarten ist, wirkt die Qualifikationskomponente in Abhängigkeit vom Motivationspotential der Arbeit. Ist das Motivationspotential hoch und liegt auch eine hohe Qualifikation vor, dann resultieren hieraus auch eine hohe Arbeitsmotivation und eine hohe Zufriedenheit. Ist das Motivationspotential hoch, die Qualifikation aber gering, dann bleibt die Motivationswirkung zwar erhalten, die unzureichenden Leistungsergebnisse, die aufgrund der geringen Qualifikation entstehen, führen aber zu großer Unzufriedenheit. Bei geringem Motivationspotential spielt die Qualifikation dagegen keine Rolle. Unzureichendes Motivationspotential der Arbeit führt immer zu geringer Motivation und zu Unzufriedenheit, gleichgültig wie die tatsächliche Leistung ausfällt (vgl. Hackman/Oldham 1980, S. 82 ff.).

Das Modell von Hackman/Oldham steht in der Forschungstradition der humanistischen Psychologie, setzt aber doch einen eigenen Akzent. Denn während die humanistische Psychologie eine eher „luftige" oder „idealistische" Fundierung besitzt, gründet das Hackman/Oldham-Modell auf eine solide empirische Basis. Die humanistische Psychologie (vgl. Quitmann 1996, Watson/Greenberg 1998) wendet sich gegen simplifizierende Menschenbilder und gegen eine Forschung, die nur Einzelaspekte menschlichen Verhaltens herausstellt und die damit in Versuchung gerät, das Teil für das Ganze zu nehmen. Da der Mensch eine Einheit von Körper, Seele und Geist sei, könne er – so die humanistische Psychologie – auch nur ganzheitlich begriffen werden. Ignoriert die Psychologie diese Tatsache, dann besteht die Gefahr, daß sie ihren eigentlichen Forschungsgegenstand – das eigentlich „Menschliche" – aus dem Auge verliert. Denn der Mensch ist – so die erkenntnistheoretische Prämisse der humanistischen Psychologie – kein Reiz-Reaktions-Bündel (eine Vorstellung, die der klassischen Lerntheorie zugrundeliegt), und er ist auch nicht der Gefangene seiner Sozialisationsgeschichte (wie Psychoanalytiker behaupten), sondern u.a. gekennzeichnet durch

- einen moralischen Willen,
- ein aktives und selbstbestimmtes Streben nach Wachstum
- und durch ein zuverlässiges emotionales Sensorium für Erlebnisse und Situationen.

Die Bedeutung der Gefühlsebene für das Verhalten und die Entwicklung des Menschen kann tatsächlich kaum überschätzt werden. Beeinträchtigungen der Persönlichkeit schlagen sich immer auch in der Befindlichkeit nieder. Die humanistische Psychologie befaßt sich aber kaum mit der Entwicklung von Erklärungsmodellen über die Gefühlswelt, sondern primär mit deren „Störung". Das ist wenig erstaunlich, weil die humanistische Psychologie ihre „Theorie" gewissermaßen schon als Prämisse für alle weiterführenden Überlegungen einführt. Sie unterstellt jedem Menschen einen „unverdorbenen" Persönlichkeitskern, der allerdings in der einen oder anderen Weise beschädigt sein kann. Unproduktive und unsoziale Verhaltensweisen (z.B. Egoismus, Geltungssucht, Perfektionismus) gelten als Ausdruck von Inauthentizität, als Zeichen für gestörte psychische Verarbeitungsprozesse. Vielen Personen fällt es beispielsweise schwer, ihre eigenen Bedürfnisse zu erkennen und die sie bewegenden Gefühle angemessen zu deuten. Das kann fatal sein und dazu führen, daß man seine eigentlichen Ziele verfehlt und gewissermaßen an sich selbst vorbei lebt. So kann man bei nicht wenigen Personen einen übertriebenen Durchsetzungswillen erkennen. Dahinter verbirgt sich aber nicht immer auch das Bedürfnis nach Einflußausübung, das Dominanzstreben ist vielmehr häufig der fehlgeleitete Ausfluß des Wunsches, bei seinen Mitmenschen Anerkennung und Zuwendung zu erhalten. Die Erfüllung dieses Wunsches wird nun durch rechthaberisches und unsensibles Verhalten nachgerade verhindert. Der humanistischen Psychologie geht es – wie angesprochen – aber nicht nur um die emotionale Sphäre (der allerdings als „Warnsystem" eine besondere Bedeutung zukommt), sondern um die Integration von *allen* seelischen Schichten, also auch um die innere Stimmigkeit von Werthaltungen, um die Beziehungen zwischen Selbstbild, Wahrnehmung, Denken und Handeln, d.h. kurz gesagt, um die Entwicklung einer reifen Persönlichkeit.

Um auf das Modell von Hackman/Oldham zurückzukommen; bemerkenswert ist hieran zweierlei: Zum einen, daß in empirischen Studien der Nachweis über die durchschlagende Wirkung der Arbeitsbedingungen (z.B. restriktiver Handlungsmöglichkeiten) auf das Erleben und Verhalten geführt werden konnte. Mindestens ebenso interessant ist zum zweiten, daß das Bedürfnis nach Selbstverwirklichung offenbar ohne größeren Belang ist. Dies spricht nun nicht etwa gegen, sondern erheblich für die Lesart der humanistischen Psychologie. Die Reaktion auf „inhumane" Arbeitsbedingungen hängt – wie oft behauptet wird – nicht von individuellen Bedürfnislagen ab, sondern ist bei allen Personen gleich. Kritisch einwenden läßt sich allerdings, daß es durchaus Personen gibt, die trotz sehr restriktiver Arbeitsbedingungen Zufriedenheit mit ihrer Arbeit äußern. Die humanistische Psychologie kann diesen Fall nur als „Störung" verbuchen.

Braverman und die Machtlogik

In diesem Punkt trifft sich die skizzierte psychologische Forschungstradition mit einem Ansatz, der ansonsten geradezu als ihr Gegenbild gelten kann – dem dezidiert materialistischen Ansatz von Harry Braverman (1974), dessen Buch über die Arbeit im Monopolkapitalismus mittlerweile – zurecht – als moderner Klassiker kritischer Sozialwissenschaft gilt. Für Bravermann ist die Betriebspsychologie ein Musterbeispiel affirmativer Wissenschaften, und er kann sich zur Stützung seiner Auffassung auf durchaus einfältige und borniete Äußerungen von Hugo Münsterberg, den „Gründervater" dieser Disziplin berufen. Münsterberg schrieb in seinem im Jahre 1912 veröffentlichten Buch zur Wirtschaftspsychologie: „Die angewandte Wirtschaftspsychologie ist vollkommen von der Vorstellung der wirtschaftlichen Ziele beherrscht. [Sie] stellt ... fest, was geschehen soll, aber doch nur in der Art, daß sie sagt: du mußt diese Wege beschreiten und diese Hilfsmittel benutzen, falls du dieses oder jenes bestimmte Ziel erreichen willst. Ob dieses Ziel das richtige ist, geht die technische Wissenschaft selbst nichts an." (Münsterberg 1912, S. 18, zitiert nach Braverman 1985, S. 112). Angesichts dieser Haltung kann es nicht verwundern, wenn er die Ziele der Wirtschaftspsychologie einseitig und eindimensional wie folgt beschreibt: „Wir fragen, wie können wir die Männer finden, die aufgrund ihrer geistigen Fähigkeiten für die Aufgaben, die sie zu erledigen haben, am besten geeignet sind; zweitens, unter welchen psychologischen Bedingungen können wir bei jedem Mann die größte und zufriedenstellendste Arbeitsleistung gewährleisten; und schließlich, wie können wir am vollständigsten den psychologischen Einfluß auf den menschlichen Geist erzielen, der im Interesse des Geschäfts erwünscht ist." (Münsterberg 1912, S. 23 f., zitiert nach Braverman 1985, S. 113). Braverman sieht in den Bemühungen der Betriebspsychologie nichts anderes als den Versuch, den Gewöhnungsprozeß der Arbeitnehmer an die kapitalistische Produktionsweise zu unterstützen und in den Psychologen und den Personalabteilungen die „Wartungsmannschaft für die menschliche Maschinerie". Braverman hat einen weiter greifenden Anspruch. Nach seiner Auffassung ist (auch) die Welt der Arbeit beherrscht von den Bewegungsgesetzen des Kapitalismus, und er möchte zeigen, wie sich die historischen Veränderungen in den Organisationsformen der Arbeit aus der Entfaltung des Kapitalismus ableiten. Seine Analyse verfolgt zwei Argumentationslinien: der „Dequalifizierungsthese" einerseits und der „Transformationsthese", wie ich sie nennen will, andererseits. Die Dequalifizierungsthese hat in der Literatur große Aufmerksamkeit gefunden, sie ist m.E. aber nur eine spezielle Variante der grundlegenderen Transformationsthese, aus der sie sich ableiten läßt.

Für Braverman folgen Arbeitsgestaltung und Arbeitsorganisation nicht technischen Neuerungen und Vorgaben, sondern umgekehrt: Technik ist ein Mittel, das Arbeitsgeschehen in gewünschte Bahnen zu lenken. Es gibt also keinen technischen und damit auch keinen effizienzbezogenen Imperativ. Was zählt ist ausschließlich die Ökonomie – aber nicht die Ökonomie im Sinne einer rationalen Gestaltung, sondern die Ökonomie im Interesse des Kapitalisten. Die Argumentationskette zur Dequalifizierungsthese von Braverman läßt sich wie folgt schematisch wiedergeben. Arbeitsorganisation und Arbeitsgestaltung entstehen nach Braverman aus dem Spannungsverhältnis von Mehrwertproduktion und Mehrwertaneignung. Verändern sich die Bedingungen der Mehrwertproduktion, dann werden damit zwangsläufig neue Fragen der Mehrwertaneignung virulent. Eine derartige Umbruchphase erlebten die westlichen Länder in den beiden letzten Jahrzehnten des 19. Jahrhunderts.

Entstehen des Monopolkapitalismus
Veränderung der Mehrwertproduktion
Komplexitätssteigerung der Produktionssphäre
Drohender Kontrollverlust
Enteignung des Wissens
Rückgewinnung der Kontrollmöglichkeiten
Beibehaltung der Mehrwertaneignung

Der Kapitalismus verwandelte sich in den Monopolkapitalismus, der sich durch eine enorme Kapitalkonzentration auszeichnet, durch international fließende Kapitalströme, eine wachsende internationale Arbeitsteilung, das Entstehen von Massenmärkten, durch Unternehmenswachstum und Unternehmenszusammenschlüsse. Im Gleichschritt verlor die Produktionssphäre ihre Übersichtlichkeit und erhielt eine neue Dimension. Nach Braverman entstand der Kapitalismus (historisch) dort, wo eine „bedeutende" Zahl von Arbeitern von einem einzigen Kapitalisten beschäftigt wurde. Damit verbunden entstand auch das „Management", also die Aufgabe, die Arbeiter zu koordinieren, den Produktionsprozeß zu planen und zu steuern. In der Frühzeit des Kapitalismus konnte der Eigentümer das Management noch weitgehend selbst wahrnehmen. Er wurde durch nur wenige Angestellte unterstützt. Braverman erwähnt das Beispiel einer englischen Textilfabrik zu Beginn des 19. Jahrhunderts, in der neben 1.063 Arbeitern nur 3 Büroangestellte beschäftigt wurden. Die Entwicklung zum Monopolkapitalismus erzwang – aus Sicht der Kapitalisten – diesbezüglich eine wesentliche Veränderung. Die Kapitalakkumulation führte den Produktionsprozeß rein mengenmäßig in eine neue Dimension. Außerdem bemächtigte sich der Kapitalismus der wissenschaftlichen Technikentwicklung und machte sie für seine Zwecke nutzbar. Technik wurde durchaus „strategisch" eingesetzt. Die Technikgestaltung folgte also nicht freischwebenden Effizienzkriterien, sondern orientierte sich immer auch am Ziel, den Produktionsprozeß unter Kontrolle des „Kapitals" zu halten. Dennoch führte der technologische Fortschritt im Ergebnis zu einer erheblichen Komplexitätssteigerung in der Produktion, die der Eigentümer nicht mehr allein auf sich gestellt bewältigen konnte. Den Produzenten vor Ort, also den fachlich versierten Arbeitern wuchs damit eine erhebliche Macht zu. Der Kapitalismus antwortete – so Braverman – mit einer kombinierten Strategie. Zum einen wurde das Management ausgebaut. Dieses übernahm im Auftrag des Eigentümers die Kontrolle des Unternehmens. Parallel hierzu wurde den Arbeitern die „Kompetenz" im Sinne von „Zuständigkeit" entzogen. Planung und Steuerung des Produktionsprozesses wurde in Arbeitsbüros verlagert. Die Arbeit selbst degenerierte zur Ausführung vorgegebener Prozeduren. Parallel hierzu wurden die technischen Prozesse so arrangiert, daß die unmittelbaren Arbeitstätigkeiten selbst keinerlei besonderen Fachkenntnisse mehr notwendig machten (wir gehen hierauf bei der Darstellung des Taylorsystems noch näher ein). Damit verfiel aber auch die Kompetenz im Sinne breiter fachlicher Qualifikationen. Die skizzierte Doppelstrategie sicherte dem Kapital die Herrschaft über die Produktion. Gewissermaßen als Nebeneffekt verbesserte sich hierdurch auch die wirtschaftliche Effizienz. Straffe Führung und detaillierte Planung steigerten die Zuverlässigkeit, führten zu Kostensenkungen und erzwangen eine steigende Arbeitsdisziplin. Kennzeichnend für Braverman ist, daß er diesbezüglich der Meinung entgegentritt, die Disziplinierung der Arbeiter und die Sicherstellung der Leistung sei Ergebnis einer zunehmenden Bürokratisierung. Herauszustellen sei vielmehr, so das Ergebnis seiner marxistischen Analyse, das Bemühen um Enteignung und Aneignung des Mehrwertes.

Die Bravermanschen Ausführungen ernteten neben Zustimmung auch erhebliche Kritik (vgl. u.a. Hildebrandt/Seltz 1987, Knights/Willmott 1990, Neuberger 1995, S. 226 ff.). So wurde darauf hingewiesen, daß die technische und arbeitsorganisatorische Entwicklung in unterschiedlichen Branchen nicht so eindimensional wie von Braverman dargestellt, sondern durchaus unterschiedlich verlaufen ist. Auch lösten sich verschiedene Kontrollformen nicht in der Weise ab, wie dies Braverman vorschwebt, vielmehr existierten persönliche, technische und bürokratische Kontrolle immer auch gleichzeitig und nebeneinander. Außerdem vermittle Braverman den Eindruck, als sei die Dequalifizierung die einzige Strategie zur Sicherstellung der Mehrwertaneignung, während doch beispielsweise die Segmentierung der Arbeiterklasse mindestens ebenso wichtig sei (was Braverman aber nicht wirklich in Abrede stellt. Streiten kann man sich über seine Behandlung der Angestellten, deren Bedeutungszuwachs für Braverman nur eine „Ausdehnung der Arbeiterklasse" ist). Undeutlich sei auch der Qualifikationsbegriff Bravermans, die Orientierung an handwerklichen Fertigkeiten würde den in der Industrie verbreiteten Fähigkeiten nicht gerecht.

Tatsächlich kann eine historische Betrachtung im Stile Bravermans nur eine holzschnittartige Skizze liefern, die auf Feinheiten verzichtet, also nur wenige markante Züge besonders herausstellt. Bravermans Schilderungen werden dem bunten Bild der historischen Wirklichkeit daher nicht gerecht. Sie sind darauf aber auch nicht angelegt. Sie arbeiten mit stilisierten Fakten, um eine bedeutsame Entwicklungslinie der Arbeit im Kapitalismus sichtbar zu machen. Sein Vorgehen vereinfacht die Wirklichkeit, entstellt sie aber nicht. Und – was mir wichtiger erscheint – die meisten Kritikpunkte an seiner Dequalifizierungsthese lassen sich innerhalb der allgemeineren Argumentation von Braverman auch auffangen. Es geht dem Kapitalismus um die Unterwerfung aller gesellschaftlichen Kräfte zum Zwecke der Mehrwertproduktion und der Kapitalakkumulation, also auch um die Verfügbarmachung des schwer regulierbaren und eigensinnigen Faktors Arbeit und seine Transformation in einen gefügigen Produktionsfaktor. Hierzu können sehr unterschiedliche Strategien zum Einsatz kommen und daher ist die Dequalifizierung in Wahrheit nur *ein Element* in dem Bestreben, Arbeit in Arbeitskraft zu verwandeln – oder in der Terminologie von Marx, „lebendige Arbeit" zur Ware zu verdinglichen. Diese Strategie erwies sich nun in dem von Braverman betrachteten Zeitraum in der Tat als sehr wirkungsvoll. In anderen Phasen des Kapitalismus mögen andere Strategien wirkungsvoller sein. Jedenfalls lassen sich für diese Meinung plausible Argumente ins Feld führen. In der von Braverman als Beginn des Monopolkapitalismus bezeichneten Zeit entstanden neue Massenmärkte, die mit der herkömmlichen Produktionstechnik nicht zu beherrschen waren. Durchsetzen konnten sich nur Unternehmen, die große Kapitalvermögen akkumuliert hatten, weil nur diese bei der technisch-wissenschaftlichen Revolution mithalten und in große Produktionsanlagen investieren konnten. Die Beherrschung der neu entstehenden Produktionskomplexe stellte eine erhebliche Herausforderung dar. Ihre Steuerung den Arbeitern vor Ort zu überlassen, war für die Unternehmer riskant. Und dies ist auch der zentrale Punkt: die Strategie zur Einführung tayloristischer Arbeitsstrukturen richtete sich nicht auf die Dequalifizierung, sondern auf die Kontrollsicherung. Die Dequalifizierung war in diesem Sinne nur ein Nebeneffekt der neuen Form der Arbeitsorganisation, ein Effekt, der die Bemühungen der Kapitalisten um die Sicherstellung der Kontrolle allerdings zusätzlich unterstützte. Im übrigen war die tayloristische Arbeitsorganisation nicht nur in dieser Hinsicht zielführend. Sie war gleichzeitig ein Instrument der Disziplinierung. In der geschilderten Umbruchzeit strömten viele Menschen aus ländlichen Bereichen in die Großstädte und suchten Arbeit in der aufstrebenden Industrie. An harte Arbeit gewöhnt und primär monetär orientiert fügten sie sich wohl oder übel der neuen Arbeitsdiziplin. Das städtische Industrieproletariat besaß demgegenüber eine stärker auf Selbstbehauptung gerichtete Arbeitsorientierung, deren Stoßkraft durch die anderweitige Arbeitshaltung ihrer Kollegen aber geschwächt wurde. Personen, die sich dem neuen Arbeitsregime nicht fügten, ließen sich angesichts des großen Arbeitsangebotes – an das keine großen Qualifikationsanforderungen zu stellen war – leicht austauschen. Zusammengefaßt: der Taylorismus unterstützt in mehrfacher Hinsicht die Bemühungen der Arbeitgeber zur Sicherstellung der Kontrolle. Durch die Ausdifferenzierung des Managements behielt das Eigentum den direkten Zugriff auf den Produktionsprozeß, durch die tayloristische Arbeitsgestaltung wurde die Arbeitsintelligenz aus dem unmittelbaren Arbeitsgeschehen herausgenommen und schließlich entfaltete das strikte Arbeitsregime eine erhebliche disziplinierende Wirkung.

Wie lassen sich diese Überlegungen auf neuere Entwicklungen beziehen, denn schließlich sind Unternehmen immer weniger an geringer als vielmehr an hoher Qualifikation ihrer Mitarbeiter interessiert? Tatsächlich stößt diesbezüglich die Analyse von Braverman an eine Grenze, sie läßt sich allerdings durch Einführung einer zusätzlichen Überlegung fortführen. Man kann die von Braverman beschriebene Epoche des Kapitalismus als Umbruchphase begreifen, in der die neuen Arbeiterschichten in die Industriegesellschaft erst noch hineingeführt werden mußten. Die Unternehmen bedienten sich hierbei noch unverhohlen harter Zwangsmittel. Diese sind heutzutage nicht mehr notwendig, denn im Verlauf dieses Jahrhunderts hat sich das Disziplinierungsproblem weitgehend aufgelöst. Die Generationen übergreifende Gewöhnung an den Kapitalismus und die Herausbildung von den wirtschaftlichen Verhältnissen angepaßten Institutionen (u.a. das verzweigte Bildungssystem, die Herausbildung der Kleinfamilie) verändern die Sozialisation und die Heranführung an die Arbeitswelt ganz fundamental. Die kapitalistische Arbeitsdisziplin geht der Gesellschaft gewissermaßen in Fleisch und Blut über. Sie entspricht der herrschenden Ideologie und gewinnt einen „natürlichen" Platz im Weltbild der Gesellschaft. Die externe Disziplinierung durch die Arbeitgeber wird also ersetzt durch die Selbstdisziplin der zunehmend sich ausdifferenzierenden Arbeitnehmerschaft.

So läßt sich auch erklären, warum personalpolitische Konzepte wie das Human Ressource Management (vgl. Kapitel 6) funktionieren. Unternehmen werden nicht mehr als Zwangsorganisationen angesehen, in denen man sich seinen Lebensunterhalt und sein gesellschaftliches Selbstverständnis erkämpfen muß. Sie sind „utilitaristische" Organisationen, also Zweckgemeinschaften mit einem doppelten Gesicht. Einerseits bieten sie ihren Mitgliedern attraktive Arbeitsplätze und gute Aufstiegsmöglichkeiten, andererseits verlangen sie als Gegenleistung hohe Leistungsbereitschaft und Loyalität. Aus materialistischer Sicht hat sich die Klassenlage damit nicht wirklich verändert. Die objektiven Verhältnisse werden durch die Leistungsideologie und die damit verknüpfte Aufstiegsillusion nur verschleiert, denn tatsächlich führt die kapitalistische Entwicklung zur Individualisierung beruflicher Fehlentwicklungen, zur Zersplitterung der Arbeitnehmerinteressen und zur Ausgrenzung breiter Arbeitnehmerschichten aus dem Mainstream der Wohlfahrtsentwicklung. In aller Schärfe zeigt sich die unveränderte Logik des Kapitalismus in Zeiten der ökonomischen Krise, die Qualifikationen und Verdienste völlig entwertet und auch scheinbar gut situierte Arbeitnehmer jeglicher Sicherheit beraubt. Auch die Aktualität der sogenannten Neuen Arbeitsformen (Leiharbeit, Befristung, Scheinselbständigkeit usw.) zeugt von dieser Entwicklung, denn die Leitmaxime der Stunde heißt Flexibilität und dieses Erfordernis wird – der Kapitalverwertungslogik entsprechend – nicht durch das verfügbare akkumulierte Kapital abgepuffert, sondern unmittelbar von den Arbeitnehmern eingefordert.

Lazarus und der Streß

Nach der makroskopischen Betrachtung gesellschaftlicher wollen wir uns der mikroskopischen Betrachtung psychologischer Dynamik zuwenden. Wir wollen hierzu nochmals ein Thema aufgreifen, auf das wir bereits weiter oben (vgl. Abschnitt 2) eingegangen sind, und auf das wir auch später nochmals zurückkommen wollen (vgl. Abschnitt 3c): den Streß am Arbeitsplatz. Streß umfaßt sehr unterschiedliche Phänomene. Streß kann ebenso aus einem belastenden Aufgabenzuschnitt (z.B. durch Überforderung), aus schädigenden Arbeitsbedingungen (z.B. Lärmbelastung) oder aus sozialen Unstimmigkeiten (z.B. durch „nervende" Kollegen) entstehen. Von Richard Lazarus stammt ein berühmtes theoretisches Modell zum Umgang mit Streß. Es ist einerseits zwar sehr (zu) einfach, andererseits enthält es aber eine wichtige Einsicht, um derentwillen es hier kurz vorgestellt wird. Stressoren wirken danach nicht immer in gleicher Weise, d.h. ihre Wirkungen „schlagen nicht immer durch", Streß ist vielmehr ein „vermitteltes" Phänomen, d.h. das Empfinden von Streß und der Umgang mit Streß hängen ganz wesentlich von einer Beurteilung der Streßsituation ab (vgl. Lazarus 1966, Lazarus/Folkman 1984).

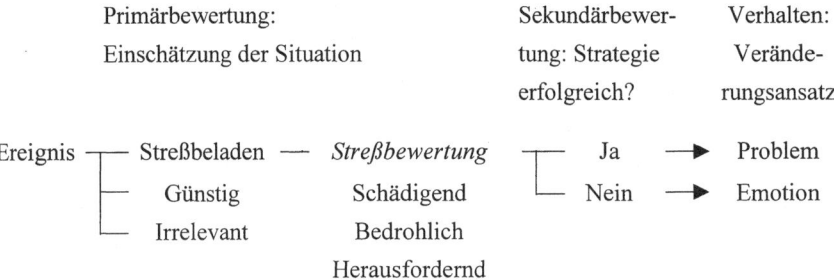

Abb. 5.4: Der Umgang mit Streß nach Richard Lazarus

In einer ersten (primären) Bewertung werden Ereignisse der Umwelt zunächst daraufhin bewertet, ob sie geeignet sind, das eigene Wohlbefinden zu beeinflussen. Ein Ereignis kann schlicht „irrelevant" sein, es kann sich „günstig" auswirken oder aber auch „ungünstig" sein. Nur der letztgenannte Fall kann Streß erzeugen. Allerdings kann man auch „ungünstige" Ereignisse sehr unterschiedlich bewerten: ein negatives Ereignis kann als schädigend empfunden werden, als bedrohlich oder aber als Herausforderung. Eine Herausforderung besitzt naturgemäß eine andere Empfindungsqualität als eine Bedrohung. Eine Herausforderung ist von einem positiven Grundton getragen, sie enthält das Zutrauen, die Situation meistern zu können, während Bedrohungen leicht zu einer Verhaltensblockade führen und einen – wie der Name schon sagt – zu überwältigen drohen. Im übrigen kann eine Situation gleichzeitig sowohl eine bedrohende als auch eine herausfordernde Wirkung entfalten. Dies ist sogar die Regel, denn eine konkrete Erlebnissituation ist normalerweise von durchaus ambivalenten Regungen und Einschätzungen durchmischt.

Die primäre Bewertung richtet sich also auf die Qualität des Ereignisses. Sie wird von einer sekundären Bewertung „begleitet", d.h. primär und sekundär meint nach Lazarus keine Reihenfolge, die sekundäre Bewertung kann zeitlich auch vor der primären auftreten. Außerdem sind die beiden Bewertungsprozesse nicht unabhängig voneinander. Die Begriffe „primär" und „sekundär" sind für Lazarus nur Etiketten, um zwei unterschiedliche Beurteilungsinhalte voneinander abzugrenzen. Die sekundäre Bewertung richtet sich auf die vorhandenen Möglichkeiten zur Streßbewältigung. Das streßbedrohte Individuum fragt also danach, welche Fähigkeiten es besitzt, um mit dem in Frage stehenden Ereignis umgehen zu können und welche Verhaltensmöglichkeiten ihm zur Verfügung stehen.

Auf der Verhaltensseite werden zwei idealtypische Bewältigungsstrategien unterschieden. Die „problemzentrierte" Strategie richtet sich, wie der Name schon sagt, unmittelbar auf das zugrundeliegende Problem, also auf die Möglichkeiten, den Stressor zu verändern oder auch durch indirekte Handlungen auf den Stressor einzuwirken. Eine Person, die vom Verhalten eines Kollegen eingeschüchtert wird, kann sich beispielsweise direkt an den Kollegen wenden und ihn auffordern, sein Verhalten zu ändern. Sie kann aber auch versuchen, den Kontakt zu meiden oder den Vorgesetzten um Unterstützung bitten.

Die „emotionszentrierte" Strategie richtet sich anders als die problemorientierte Strategie nicht nach außen, sondern nach innen. Es geht hierbei also nicht um die Beseitigung der Problemursache, sondern um psychologische Mechanismen des Ausweichens, um Ablenkung, Verdrängung, kognitive Manipulationen (Schönreden, Umdefinieren usw.). Insgesamt sind Lazarus/Folkman recht vorsichtig, was die Vorhersage konkreter Verhaltensweisen angeht. Zwar gehen sie davon aus, daß die Wahrscheinlichkeit für die Anwendung emotionszentrierter Strategien wächst, wenn eine Person keine Möglichkeiten sieht, die Situation durch eigenes Handeln zu verändern (vgl. Lazarus/Folkman 1984, S. 150), insgesamt müsse das Streßbewältigungsverhalten aber als komplexer Prozeß begriffen werden, der von ständigen Neubewertungen und sehr verschiedenartigen Emotionen und Erwägungen geprägt sei.

Das Streß-Modell von Lazarus zeigt, daß „Gefühle" sehr stark von „Gedanken" beeinflußt werden. Diese Überlegung wird von Lazarus in seinen späteren Arbeiten weiter ausgebaut. Schon das Entstehen von Gefühlen ist danach unweigerlich mit kognitiven, also gedanklichen Elementen verknüpft. Letztlich ließen sich Fühlen und Denken überhaupt nicht voneinander trennen. Hierauf geht Lazarus in seiner Abhandlung über Gefühle ein (vgl. Lazarus 1991). Welches Gefühl ein bestimmtes Ereignis hervorruft, hängt danach ganz zentral von dem Beurteilungsmuster ab, das zur Anwendung kommt. Wann beispielsweise wird eine Person neidisch (und nicht zum Beispiel ängstlich oder traurig)? Ähnlich wie bei seinem Streßmodell unterscheidet Lazarus zwischen primären und sekundären Bewertungen. Die primären Bewertungskriterien richten sich auf die persönliche Betroffenheit. Im einzelnen unterscheidet Lazarus Zielrelevanz, Zielkongruenz und die Art des Ego-Involvement. Die sekundären Bewertungskriterien sind die Verantwortlichkeit (positiv oder negativ: „credit" oder „blame"), das vorliegende Bewältigungspotential und die Zukunftserwartungen. Allerdings sind nicht für alle Gefühle auch alle Kriterien von Relevanz. Für das Entstehen von Freude ist es beispielsweise hinreichend, daß die beiden erstgenannten Primärkriterien und das zuletzt genannte Sekundärmerkmal eine „positive" Ausprägung aufweisen. Damit Ärger entsteht, sind dagegen alle drei primären Bewertungen relevant:

- Zielrelevanz: Ohne Zielrelevanz kommt es überhaupt zu keiner Emotion. Wenn ein Geschehen die eigenen Ziele nicht berührt, dann läßt dies einen im wörtlichen Sinne kalt.
- Zielkongruenz: Trägt das Ereignis zur Erreichung des eigenen Zieles bei, dann entstehen positive, widerspricht es der eigenen Zielerreichung, dann entstehen negative Gefühle.
- Ich-Beteiligung: Nur dann, wenn durch das negative Ereignis das Selbstbild bedroht wird, kann Ärger entstehen.

Bloße „Frustration" ist also – entgegen einer verbreiteten Vorstellung – nicht hinreichend zur Entstehung von Ärger. Notwendig ist auch eine Bedrohung des Selbstbildes. Bloße Frustration kann auch zu anderen negativen Gefühlen führen. Welche Gefühle entstehen (z.B. Angst, Scham, Neid) ist wiederum abhängig von bestimmten Bedingungen, auf die Lazarus näher eingeht. Damit Ärger entsteht muß zu den angeführten drei primären Bewertungen eine vierte „sekundäre" Bewertung hinzukommen: die Zuschreibung einer Verantwortlichkeit. Wenn es nicht möglich ist, ein Objekt (z.B. eine Organisation) oder eine Person für ein negatives Ereignis verantwortlich zu machen, dann wird man nicht ärgerlich, sondern traurig. Zur Verantwortlichkeit gehören zwei Dinge, zum einen, daß einem Objekt oder einer Person die Ursache für das Entstehen des negativen Ereignisses zugeschrieben werden kann (Zurechenbarkeit) und zum anderen, daß das Objekt oder die Person über das eigene Verhalten selbst bestimmen kann (Kontrolle). Man wird sich beispielsweise dann über einen bummelnden Kellner ärgern, wenn ansonsten kaum Gäste da sind und wenn man beobachtet, daß er lange Privatgespräche am Telefon führt, ohne sich auch nur einmal im Lokal umzusehen. Wenn er dagegen von Tisch zu Tisch hetzen muß, um den Andrang zu bewältigen, wird man eher Mitleid empfinden.

Nun kann man sich auch selbst für das Entstehen eines negativen Ereignisses verantwortlich machen. Dann wird man sich unter den angegebenen Bedingungen über sich selbst ärgern. Eine Selbstzuschreibung der Verantwortlichkeit kann aber auch Schuld oder Scham hervorrufen. Das hängt von der dritten primären Beurteilung ab: Schuld entsteht, wenn sich die Verletzung des Selbstbildes aus einer moralischen Verfehlung ergibt, Scham, wenn es einem nicht gelingt, sich entsprechend seinem Ich-Ideal zu verhalten.

Affektive und kognitive Aspekte sind bei der Gefühlsentstehung also eng miteinander verwoben. Und weil Gefühle keine bloßen Reflexe sind, kann man sie auch durch das Denken beeinflussen. Und in der Tat versuchen Menschen sehr häufig, unangenehme Gefühle durch weniger unangenehme Gefühle zu ersetzen. Ärger ist hierfür ein schönes Beispiel. Wie oben beschrieben, entscheidet darüber, ob ein „aversiver Stimulus" zu Schuldgefühlen oder zu Ärger führt, vor allem die wahrgenommene Verantwortlichkeit. Wer oder was für ein Ereignis aber verantwortlich ist, läßt sich oft nicht eindeutig feststellen. Daraus entstehen Deutungsspielräume, die man zu seinen Gunsten auslegen kann. Gelingt es einer Person, die Verantwortung für ein negatives Geschehen von sich zu weisen und einer anderen Person (z.B. dem Lieblingsfeind) oder einem übermächtigen Akteur (z.B. der Bürokratie) zuzuschreiben, dann braucht man sich nicht mit Depressionen und mit Selbstzweifeln herumschlagen. Statt nagenden Schuldgefühlen entsteht durch das Finden eines „Sündenbocks" ein nachgerade befreiender Ärger. Und in der Tat reagieren Menschen auf Mißgeschicke sehr häufig ärgerlich und nur selten mit Scham- oder Schuldgefühlen. Möglicherweise steckt dahinter die richtig kalkulierte Erwartung, daß Ärger (für den Betroffenen!) mit den vergleichsweise geringsten psychischen Belastungen verbunden ist.

Axelrod und die Grenzen von Tit for Tat

Organisation heißt Kooperation. Aber nicht alle Teilnehmer müssen im vollen Umfang kooperieren, damit eine Organisation funktioniert. Jeder weiß, daß sich einzelne (oder auch mehrere) mit ihrem Engagement gern zurückhalten und lieber von den Anstrengungen der anderen profitieren. Sozialwissenschaftler nennen dies „Faulenzer-" oder „Trittbrettfahrerverhalten". Die Frage nach den Bedingungen kooperativen Verhaltens gewinnt durch die zunehmende Etablierung von Gruppenarbeit (s.u.) neue Aktualität, ist aber natürlich ganz unabhängig hiervon von grundlegender Bedeutung. Wir können hierauf im folgenden nicht umfassend eingehen, und wollen uns daher statt dessen auf einen ausgewählten Ansatz zur Untersuchung kooperativen Verhaltens konzentrieren, nämlich den Simulationsstudien zum Kooperationsverhalten, die mit dem Namen Robert Axelrod verbunden sind. Sie sind aus verhaltenswissenschaftlicher Sicht von besonderem Interesse, weil sie sich zwar mit menschlichem Verhalten befassen, paradoxerweise aber ganz bewußt auf eine *empirische* Untersuchung des menschlichen Verhaltens verzichten.

Im Mittelpunkt der Studien von Axelrod steht das sogenannte „Gefangenen-Dilemma". Den Namen trägt das Dilemma, weil die Grundsituation ursprünglich anhand von zwei Gefangenen veranschaulicht wurde, die eine Straftat zugeben (und dann eine verminderte Strafe erhalten) oder aber leugnen können, womit – je nachdem wie sich der jeweils andere verhält – mit konfliktären Konsequenzen zu rechnen ist. Beim Gefangenendilemma handelt es sich um eine vertrackte soziale Situation, weil die beiden möglichen Verhaltensweisen gleichermaßen attraktiv wie unattraktiv sind, also tatsächlich ein *Dilemma* darstellen. Das Ergebnis des Verhaltens hängt nämlich nicht nur vom eigenen Verhalten, sondern ganz maßgeblich auch vom Verhalten des Partners ab. Die Grundstruktur des Dilemmas ist in Abbildung 5.5 wiedergegeben (eine allgemeine formale Analyse des Dilemmas findet sich bei Rapoport/Chammah 1965). Die Zahlenwerte geben die Ergebnisse an, die in den Simulationsstudien von Axelrod verwendet wurden (s.u.). Wenn beide Partner kooperieren, dann erhalten sie beide je 3 Punkte. Wenn beide Partner nicht kooperieren, dann erhalten sie beide je 1 Punkt. Wenn sie sich unterschiedlich verhalten, dann erhält der kooperierende Partner 0 Punkte, der nicht-kooperierende Partner dagegen 5 Punkte. Der Spieler steht also vor einem Dilemma. Er kann kooperativ spielen und damit ein ganz einträgliches Geschäft machen. Sein kooperatives Verhalten kann aber ausgenutzt werden und in diesem Fall geht er völlig leer aus. Andererseits kann er unkooperativ spielen. Dann besteht die Möglichkeit, das Maximum des Möglichen zu erreichen, aber ebenso kann sich ein sehr mäßiges Ergebnis ergeben.

Diese Spielsituation veranschaulicht – nebenbei bemerkt – recht eindrücklich das Auseinanderfallen von individueller und kollektiver Rationalität. Aus Sicht des einzelnen Spielers ist es zweckmäßig (so empfiehlt es jedenfalls die normative Entscheidungstheorie), die „dominante" Alternative zu wählen. Eine dominante Alternative liegt vor, wenn sie in allen Umweltsituationen immer die bessere ist. In der Prisoner's Dilemma Situation ist die Verweigerung der Kooperation immer die bessere Alternative. Dies sei an der Person A veranschaulicht. Für sie gibt es zwei Umweltsituationen: (1) Person B kooperiert, (2) Person B kooperiert nicht. Betrachten wir die erste Umweltsituation: Kooperiert Person A in dieser Situation, erhält sie 3 Punkte, verzichtet sie auf Kooperation, erhält sie aber 5 Punkte. Ganz analog ist es in der zweiten Situation (Person B kooperiert nicht): kooperatives Verhalten von Person A zahlt sich nicht aus, sie erhält nur 0 Punkte, verzichtet sie auf Kooperation, dann erhält sie auch in dieser Situation mehr (1 Punkt). In beiden Umweltsituationen ist nicht-kooperatives Verhalten die bessere und damit die dominante Alternative. Das ist aber nur die individuelle Sicht, denn wenn beide Personen nur ihrer Individuallogik folgen und sich „rational" verhalten, dann resultiert hieraus nur die drittbeste bzw. zweitschlechteste Lösung. Es wäre besser, beide Partner kooperierten.

		Spieler A	
		Kooperation	Keine Kooperation
Spieler B	Kooperation	B=3, A=3	B=0, A=5
	Keine Kooperation	B=5, A=0	A=1, B=1

Abb. 5.5: Die Prisoner's Dilemma Situation in den Axelrod Studien

Innerhalb der Sozialpsychologie wurden zahlreiche Studien durchgeführt, um herauszufinden, wie sich Menschen in dieser Situation tatsächlich verhalten. Wie kaum anders zu erwarten, stellte sich heraus, daß sie kooperativer sind, als es die logische Struktur der Situation nahelegt. Allerdings variiert das Verhalten in Abhängigkeit von bestimmten Bedingungen. Ein Beispiel ist die Möglichkeit zu kommunizieren. Wenn die Spielpartner sich nicht „blind" für oder gegen Kooperation entscheiden müssen, sondern miteinander sprechen können, dann verhalten sie sich häufiger kooperativ. Eine weitere Einflußgröße ist die Haltung der Person. Personen mit einer Wettbewerbsorientierung verhalten sich beispielsweise weniger kooperativ. Wichtig sind außerdem: die wechselseitige Vertrautheit, die Höhe der eigenen Gewinnmöglichkeiten und die Diskrepanz zwischen Eigen- und Fremdinteresse.

Das Turnier der Strategien
Doch zurück zu Axelrod. Ihm geht es nicht um sozialpsychologische Größen und deren Bedeutung für kooperatives Verhalten, sondern um die gewissermaßen „sachlogische" Analyse der Effizienz alternativer Verhaltensstrategien im Prisoner's Dilemma. Er interessiert sich dafür, welche Verhaltensstrategie zu den besten Lösungen führt. Weniger interessant ist eine einzelne Prisoner's Dilemma Situation, denn diese ist – wie oben ausgeführt – einigermaßen trivial. Da man sich nicht darauf verlassen kann, wie sich der Partner verhält, empfiehlt die individuelle Nutzenlogik, nicht zu kooperieren. Eine andere Situation ergibt sich, wenn die Partner das Prisoner's Dilemma mehrfach durch-

laufen, wenn sie sich also in einer dauerhaften Interaktionssituation befinden und sich daher immer wieder neu fragen müssen, wie sie sich verhalten sollen.

Man spricht in diesem Fall von einem „iterierten" Prisoner's Dilemma Spiel. Um eine Antwort auf die Frage nach einer effizienten Strategie zu erhalten, bat Axelrod Kollegen aus unterschiedlichen Disziplinen, ihm erfolgversprechende Strategien in Form eines Computerprogramms zuzusenden (vgl. Axelrod 1984, zu einer guten Einführung vgl. auch Hofstadter 1998). In dem Turnier traten 14 Computerprogramme gegeneinander und gegen sich selbst an. Sieger war das einfachste Programm. Es besteht aus nur vier Programmzeilen in Basic (das längste Programm dieses Turniers bestand aus 77 Fortranzeilen) und wurde von Anatol Rapoport geschrieben.

Strategie	Kurzbeschreibung
Immer C	Kooperiere immer.
Immer D	Kooperiere nie.
Tit for Tat	Sei kooperativ, es sei denn, der Partner ist nicht kooperativ.
Tit for Two Tats	Kooperiere, es sei denn der Gegner hat zweimal hintereinander nicht kooperiert.
Mißtrauen	Kooperiere nicht, danach spiele den Zug des Gegners.
Grimmig	Kooperiere solange der Gegner kooperiert, danach keine Kooperation mehr.
Soft Majo	Spiele den häufigsten Zug des Gegners, bei Gleichstand Kooperation.
Pawlow	(Win-stay/lose-shift) Kooperiere, wenn beide im vorigen Zug dieselbe Wahl getroffen haben, sonst nicht.
Joss	Spiele Tit for Tat mit Überraschungsfouls, d.h. beantworte eine Kooperation im Durchschnitt nur mit p=0,9 kooperativ.
Downing	Berücksichtige, wie dein Partner bislang auf deine Züge reagiert hat.
Zufall	Kooperiere mit der Wahrscheinlichkeit von p=0,5.

Abb. 5.6: Strategien für das „Iterated Prisoner's Dilemma Game"
(Beispiele)

Es trägt den Namen „Tit for Tat". Sein Name ist gewissermaßen schon das Programm („wie du mir, so ich dir"). Tit for Tat folgt immer der Vorgabe seines Gegners. Ist dieser kooperativ, dann ist auch Tit for Tat kooperativ und umgekehrt. Wichtig ist aber auch: beginnt Tit for Tat das Spiel, dann beginnt es mit einem kooperativen Zug.

Nun hängt der Erfolg einer Strategie natürlich von den „Gegnern" ab. Gegen schwache Gegner läßt sich leicht gewinnen. Um zu testen, wie „robust" die Tit for Tat Strategie tatsächlich ist, führte Axelrod ein zweites Turnier durch. Diesmal waren 63 Programme am Start und wiederum gewann Tit for Tat. Zu beachten ist hierbei: Tit for Tat gewann in der direkten Gegenüberstellung nicht gegen jedes andere Programm, in der Gesamtwertung schlug es aber wieder alle anderen „raffinierteren" Programme.

Das Spiel des Lebens

Der Hauptgrund hierfür kann aber nach wie vor im beschränkten Einfallsreichtum der menschlichen Denker zu suchen sein. In einer weiteren Zuspitzung wurde daher die Entwicklung von Strategien dem Zufall überlassen, d.h. genauer: in Simulationsläufen auf dem Computer wurde ein quasi-biologischer Evolutionsprozeß nachgestellt. Diejenigen Strategien, die im Kampf ums Dasein (d.h. im Spiel gegen die anderen Strategien) besser abschnitten, erhielten eine größere Chance sich zu vermehren. Schlechtangepaßte Strategien waren dagegen vom Aussterben bedroht. Außerdem wurde eine „Höherentwicklung" der Strategien induziert. Sie erfolgte ganz analog zum biologischen Vorbild durch „Crossover" (Kombination der „Gene", d.h. der Regeln von zwei Exemplaren derselben Strategie) und „Mutation" (Zufallsänderung der „Gene"). Die sich im Zuge der nachgestellten Evolution herausbildenden Strategien ähneln in ihrem Verhalten dem von Tit for Tat. Konfrontiert man sie mit den aus den vorangegangenen Turnieren bekannten Strategien, dann erweisen sie sich auch als ebenso überlegen. Im übrigen verändert sich im Evolutionsspiel durch die Selektion untüchtiger Strategien über die Generationen hinweg die Zusammensetzung der Population [zu verschiedenen Varianten des Untersuchungsdesigns vgl. Axelrod 1997 sowie die Axelrod-Website http://www.pscs.umich.edu/CSCS/Soft-ware/ComplexCoop.html. Ein benutzerfreundliches Windows-Programm („winpri"), das es erlaubt, das Evolutionsspiel selbständig nachzuspielen und zu ergänzen, findet man (zum kostenlosen Herunterladen) bei http://www.lifl.fr/IPD/ipd.frame.html]. Es zeigt sich diesbezüglich ein interessantes Muster. Zunächst vermehren sich die „unfreundlichen" Strategien. Im Laufe der Zeit kippt dieser Prozeß allerdings um. Die unfreundlichen, d.h. die tendenziell unkooperativen Strategien gehen an ihrem eigenen Erfolg zugrunde. Nachdem sie die freundlichen Strategien ausgebeutet und dezimiert haben, wenden sie sich gegen ihresgleichen, während die freundlichen Strategien Kooperationsinseln herausbilden, die immer größer werden.

Die Überlegenheit von Tit for Tat
Worauf läßt sich der Erfolg von Tit for Tat zurückführen? In einem Satz: Tit for Tat ist nett, provozierbar, versöhnlich und leicht zu erkennen. „Nett" oder „freundlich" ist Tit for Tat, weil es nie als erstes beginnt, unkooperativ zu spielen. Warum sind Programme, die nicht nett (unfreundlich) sind, weniger erfolgreich? Weil sie nur auf den kurzfristigen Vorteil sehen und langfristige Nachteile übersehen. Zwar berücksichtigen manche der unfreundlichen Programme die Gefahr, daß der Partner einen unfreundlichen Akt mit einem ebensolchen beantwortet. Es scheint so, als ließen sich die hieraus entstehenden Kosten aber minimieren. Man muß nur raffiniert genug operieren und z.B. nach einer Konfrontation eine Zeitlang wieder nett sein, um so den Eindruck zu erwecken, man sei im Grunde doch ganz freundlich. Dann kann man bei passender Gelegenheit die Kooperationsbereitschaft des Partners wieder ausnutzen. Allerdings besteht bei einem derartigen Verhalten die Gefahr – und hiergegen sind unfreundliche Programme grundsätzlich nicht gefeit – daß die ganze Beziehung in die Brüche geht und der Partner sich weigert, überhaupt noch ein einziges mal zu kooperieren. Ebenso wichtig wie die Freundlichkeit von Tit for Tat ist seine Provozierbarkeit. Tit for Tat ist nicht langmütig, sondern erwidert einen unfreundlichen Akt sofort. Damit unterbindet Tit for Tat die Gefahr, ausgenutzt zu werden. Andererseits ist Tit for Tat versöhnlich, man kann jederzeit wieder mit ihm auskommen, also wieder Kooperationspunkte sammeln. Und auch die vierte Eigenschaft ist wichtig: man weiß, woran man mit Tit for Tat ist; es ist leicht zu erkennen und es erfordert keinen großen Aufwand, sein Verhalten zu berechnen und sich hierauf einzustellen.

Erweiterungen: Die Entstehung von Normen
Axelrod nimmt verschiedene Erweiterungen seines Grundansatzes vor. Unter anderem beschreibt er auch ein Simulationsexperiment, das die Entstehung von Normen abbilden soll. Dieses Experiment ist deswegen von besonderem Interesse, weil Menschen nicht nur aus der unmittelbaren Interaktionssituation heraus leben, sondern auch „normengeleitet" sind, sich also in ihrem Verhalten an gesellschaftlich vorgegebenen Standards ausrichten. Wie ist aber die Entstehung (und die Stabilität!) von Normen zu erklären, wenn die interagierenden Personen ausschließlich an ihrem eigenen Nutzen interessiert sind? Das von Axelrod zur Untersuchung dieser Frage entwickelte Simulationsmodell besteht im wesentlichen aus zwei Parametern: Dreistigkeit (boldness) und Rachsucht (revengefulness). Da Normen immer eine Personenmehrheit betreffen, wird in diesem Spiel eine Mehrpersonen Prisoner's Dilemma Situation zugrundegelegt. Die Personen haben in diesem Spiel wiederum die Option zu kooperieren oder nicht zu kooperieren. Je größer ihre Bereitschaft ist, nicht zu kooperieren, desto größer ist ihre Dreistigkeit.

Der mögliche Gewinn ihrer Dreistigkeit besteht in einer relativ hohen Auszahlung (die anderen tragen die Kosten, man selbst schöpft nur die Gewinne ab). Nicht kooperatives Verhalten steht allerdings in der Gefahr, von einem oder mehreren anderen Teilnehmern (empfindlich) bestraft zu werden. Eine Bestrafung erfolgt jedoch nicht automatisch, denn sie verlangt von den Bestrafenden einen Verhaltensaufwand, der sich in Kosten niederschlägt. Je höher die Rachsucht, desto eher sind die Teilnehmer bereit, diese „enforcement costs" zu bezahlen. Die Simulation operiert mit einem einfachen evolutionären Mechanismus: sie gibt den erfolgreichen Strategien schlicht eine größere Chance, sich zu vermehren. Ausgangspunkt aller Simulationsläufe ist eine Dreistigkeitsrate von 2/7 und eine Rachsuchtsrate von 4/7.

Die Simulationsläufe erbringen ein instabiles Ergebnis. In einem Simulationslauf setzt sich die kooperative Norm durch: nach 100 Generationen liegt die Dreistigkeit bei Null, die Rachsucht ist dagegen extrem hoch. In anderen Fällen ist es dagegen genau umgekehrt: die Dreistigkeit erreicht ein Maximum und niemand schreitet gegen die Normverletzungen (gegen unkooperatives Verhalten) mehr ein. Zwar sinkt anfangs die Dreistigkeit, weil die entstehenden Kosten bei einer Normverletzung sehr hoch sind. Aufgrund der seltener werdenden Normverletzungen steigen aber die relativen Kosten für die Durchsetzung der Norm. Damit kehrt sich der Trend um: „Rachsüchtige" sterben aus und die Norm löst sich gewissermaßen von selbst auf, da sich keiner mehr an sie hält.

In einem weiteren Simulationsexperiment führt Axelrod nun eine Metanorm ein, also eine Norm, die sich auf die Norm bezieht. Sie lautet: bestrafe nicht nur die Normverletzer, sondern auch diejenigen, die dulden, daß die Norm verletzt wird. Jetzt ist das Ergebnis eindeutig. Schon nach kurzer Zeit gibt es nur noch normtreue Populationen, kein Akteur verspürt mehr irgendeine Dreistigkeit, jede Normverletzung wird von allen andern bestraft. Nun ist es sicher zu einfach, das Entstehen von Normen auf lediglich zwei Größen (die Dreistigkeit und die Rachsucht) zurückzuführen. Dies wird auch von Axelrod zugestanden. Er diskutiert daher weitere Einflußgrößen (vgl. Abbildung 5.7) und skizziert Möglichkeiten, diese in das von ihm beschriebene Grundmodell zu integrieren. Dies fällt manchmal leicht. So läßt sich die „Internalisation", also das Ausmaß, in dem Personen eine Norm bereits verinnerlicht haben (ihr also quasi-natürlich folgen), dadurch abbilden, daß man die Hemmung, gegen die Norm zu verstoßen, erhöht. Rein technisch geschieht dies dadurch, daß man innerhalb der Modellformulierung die Auszahlungen, die man für nicht kooperatives Handeln erhalten kann, senkt. Den gleichen Effekt erzielt man, wenn man keine Enforcement-Kosten unterstellt, sondern Enforcement-Gewinne zahlt: die Bestrafung von Normverletzern hat dann gewissermaßen einen intrinsischen Belohnungswert für die Normdurchsetzer. Nicht immer gelingt aber eine derartig elegante Integration der qualitativen Überlegungen in die Modellwelt. In den Worten von Axelrod: „A more drastic change in the modeling procedures would be necessary to study some of the other mechanisms in question." (Axelrod 1997, S. 65) Damit wären wir bei der Kritik.

Einflußgröße	Beschreibung
Metanormen	Normen, die sich auf die Einhaltung von Normen richten, bewirken ein Enforcement der Normen
Dominanz	Machtungleichgewichte zur Durchsetzung von Normen erzwingen die Normeinhaltung
Internalisierung	Die Verletzung einer internalisierten Norm ist belastend und wird daher vermieden
Abschreckung	Einsicht in langfristige negative Wirkungen von Normverletzungen bewirkt Normkonformität
Soziale Bestätigung	Das Verhalten von Personen mit einem ähnlichen sozialen Status wird für richtig und angemessen gehalten
Zugehörigkeit	Personen übernehmen die Vorstellungen und Normen von Gruppen, denen sie freiwillig beigetreten sind
Gesetze	Gesetze gelten als „legitim" und ihre Nichteinhaltung wird von der Staatsmacht sanktioniert
Reputation	Ein Normverletzer muß damit rechnen, daß sein negatives Verhalten seinem Charakter zugerechnet wird

Abb. 5.7: Determinanten der Normentstehung und –stabilisierung

Die Grenzen der Simulation

Der geschilderte Simulationsansatz eröffnet Möglichkeiten zur Nachbildung und zum Studium einer Vielzahl hoch interessanter Vorgänge. Dies ist sein Vorteil, aber gleichzeitig auch sein Nachteil. Denn wie jeder formale Ansatz lebt auch der Simulationsansatz von seinen Prämissen. Zu welchen Schlußfolgerungen man kommt, hängt ganz maßgeblich von den Variablen und von den unterstellten Variablenbeziehungen ab, die in die Modellwelt eingehen. Ebenso wichtig sind außerdem die Parameterwerte, die der Modellnutzer festlegt. Ein konkretes Ergebnis (z.B. „die unkooperativen Strategien sterben aus") ist daher immer nur das Resultat einer speziellen Modellspezifikation. Ändert man die Parameterwerte, dann ergeben sich unter Umständen ganz andere Ergebnisse. Dieser Tatbestand läßt sich allerdings nur bedingt kritisch gegen die Axelrod-

Modelle verwenden, denn er ist ganz grundsätzlicher Art und wendet sich eigentlich gegen jede Modellbetrachtung, so daß in ihm keine spezielle Schwäche des Simulationsansatzes gesehen werden kann.

Konkrete Zweifel kann man jedoch an einzelnen Modellspezifikationen haben. So wäre zu fragen, ob die oben beschriebene Metanorm immer diesen durchschlagenden Effekt hat. Möglicherweise resultieren die geschilderten Ergebnisse aus unplausiblen Startbedingungen (Axelrod unterstellt beispielsweise einen mittleren Grad an Rachsucht). Wenn man derartige Einwände vorbringt, dann kritisiert man „modellimmanent". Das Grundmodell wird akzeptiert, die Schlußfolgerungen werden jedoch in Zweifel gezogen, weil man bei der Wahl anderer Ausgangsbedingungen zu anderen Ergebnissen gelangt. Man könnte versuchen, dieser Kritik dadurch zu entgehen, daß man eine Art Metasimulation vornimmt. Man spielt alle Ausgangswerte durch und prüft, ob sich nicht doch allgemeine Schlußfolgerungen ableiten lassen. Letzteres ist aber kaum zu erwarten.

Aus diesem Grund wird man sich einer inhaltlichen Kritik zuwenden müssen. Es gibt zwei Formen einer derartigen Kritik. Die erste akzeptiert die Grundargumentation, präferiert aber andere Modellspezifikationen. Die zweite Form der inhaltlichen Kritik fragt nach den theoretischen Grundlagen der Modellformulierung. Einige Beispiele sollen den Unterschied deutlich machen. Das Prisoner's Dilemma Game in der Formulierung von Axelrod zwingt die Akteure dazu, mit ihren Partnern zu interagieren. In der Wirklichkeit haben Menschen aber oft die Möglichkeit zur Flucht. Das heißt, sie können die Beziehung beenden und sich andere Partner suchen. In diesem Fall ist es fraglich, ob freundliche Strategien immer besser abschneiden. Ausbeuterische Strategien könnten beispielsweise versuchen, freundliche Strategien nur eine Zeitlang auszunutzen. Beginnen die übertölpelten Partner, zurückzuschlagen, dann können die „Bösewichte" die Beziehungen aufkündigen und sich einen anderen „Dummen" suchen. Diese Kritik bereitet dem Axelrod-Ansatz keine grundsätzlichen Schwierigkeiten, denn es dürfte nicht allzu schwierig sein, ein Simulationsmodell zu formulieren, das die Möglichkeit zum Verlassen der Beziehungen berücksichtigt. Ähnliches gilt für eine weitere Detailkritik. Das ursprüngliche Modell von Axelrod geht davon aus, daß die Akteure die Absichten ihrer Mitspieler immer durchschauen und daß sie in ihrem Verhalten keinen Fehler machen. Ein unkooperativer Akt ist so gewollt und wird auch so verstanden. In Wirklichkeit ist man aber nicht immer sicher, wie das Verhalten eines Partners zu verstehen ist und man agiert daher auch nicht immer in eindeutiger Weise. Diese Kritik stammt im übrigen von Axelrod selbst, und er hat sie in einer Modellformulierung berücksichtigt, die sogenanntes „Rauschen" zuläßt. Technisch geschieht dies dadurch, daß ein bestimmter Prozentsatz von Verhaltensweisen „fehlerhaft" ist (statt kooperativ wird „aus Versehen" unkooperativ gespielt und umgekehrt). Ob man damit Mißverständnisse wirklich abbildet, ist allerdings die Frage.

Und damit kommen wir zu der zweiten Art inhaltlicher Kritik: der theoretischen Kritik. Letztlich folgt Axelrod dem Paradigma des rationalen Verhaltens. Und diesbezüglich ist seine Leistung auch kaum zu überschätzen, denn Axelrod demonstriert auf eine sehr überzeugende Art, daß es „rational" ist, zu kooperieren und daß auch Egoisten und Opportunisten gut daran tun, freundlich miteinander umzugehen. Ob seine verhaltenswissenschaftlichen Schlußfolgerungen richtig sind, kann man aber bezweifeln. Denn sie folgen eben dem egoistischen Menschenbild, dessen Grenzen er eigentlich aufzeigt. „Tit for Tat" ist eine defensive und mißtrauische Strategie. Und auch ihre versöhnliche Seite („vergib und vergiß vergangenes Ungemach durch den Partner") hat enge Grenzen, denn „... zu viel Vergebung verführt zur Ausbeutung." (Axelrod 1997, S. 31). Man stelle sich vor, Menschen verhielten sich tatsächlich so wie das Programm Tit for Tat. Damit würden sie genau die Welt hervorbringen, in denen Tit for Tat erfolgreich ist: eine Welt voller Opportunisten. Es ist nicht nur so, daß Einstellungen ein bestimmtes Verhalten hervorbringen (Nutzenmaximierung, also z.B. eine bestimmte Sanktionsstrategie), sondern umgekehrt beeinflußt auch das Verhalten die Einstellungen. Wenn jemand erlebt, daß jede Abweichung von kooperativen Verhaltensweisen bestraft wird, wird er dazu übergehen, ebenfalls jedes abweichende Verhalten zu bestrafen. Spielt sich diese gegenseitige Kontrolle ein, dann kann sich niemand mehr erlauben, „lässig" mit seinem Verhalten umzugehen. Niemand wird mit Nachsicht rechnen und jeder wird unnachsichtig sein – eine gnadenlose Aussicht. Eine Verhaltensstrategie wie Tit for Tat ist offenbar in einer feindseligen Welt erfolgreich, sie zerstört mit ihrem Erfolg aber ihren Ausgangspunkt, nämlich das Bemühen, die Welt freundlicher zu machen. Die entscheidende Kritik am Axelrodschen Ansatz richtet sich also auf seine Voraussetzung und damit auf seine theoretische Fundierung. Und diesbezüglich läßt sich schlicht feststellen, daß sich mit den von ihm benutzten Kategorien viele Fragen überhaupt nicht formulieren lassen, Fragen, die für das Verständnis von menschlicher Kooperation aber ganz zentral sind: aus welchen Gründen entschließt man sich überhaupt, mit jemandem eine Kooperationsverbindung einzugehen, mit anderen Personen aber zu vermeiden? Wie kommt eine Verständigung über die Ziele und die Aufgabenverteilung innerhalb einer Kooperationsbeziehung zustande? Worauf gründet sich Großzügigkeit, Einfühlung, Treue, Vertrauen, Opferbereitschaft und Geduld?

b) Politik

Im folgenden werden zwei klassische und zwei neuere Themen der Arbeitsgestaltung behandelt. Zunächst werden die Grundzüge des Taylorsystems skizziert. Anschließend wird auf die Human Relations Bewegung eingegangen, die als Überwindung des Taylorismus gilt, tatsächlich aber in mancher Hinsicht derselben Logik folgt und ihr lediglich einen anderen Anstrich gibt. Danach sollen einige Fragen angesprochen werden, die im Kontext der „Japanisierung" angesiedelt sind und in Konzepten wie Total Quality Management und Lean Production ihren Ausdruck finden. Schließlich wird auf Bemühungen eingegangen, die Beweglichkeit, die „Flexibilität" von Unternehmen zu verbessern.

Taylors Prinzipien der Effizienz

Der Taylorismus wird gern als historisches Phänomen betrachtet, das in der Expansionsphase der Industrialisierung betriebspolitische Geltung erlangte, diese aber im Zuge der weiteren Modernisierung wieder verlor. Tatsächlich wird man heutzutage niemanden mehr finden, der sich als Vertreter der „wissenschaftlichen Betriebsführung" im Sinne von Taylor versteht, und es gibt auch keine Schulen und Institutionen, die sich deutlich und mit Überzeugung zu seinen Lehren bekennen. Daraus aber den Schluß zu ziehen, der Taylorismus sei überwunden, wäre völlig falsch. Das Gegenteil ist der Fall. Der Taylorismus ist nur so wenig ein Thema, wie Selbstverständlichkeiten kein Thema sind. Man spricht nicht über sie, man praktiziert sie. Zwar werden die einzelnen Instrumente und Maßnahmen nicht in der Form eingesetzt, wie sie Taylor vorgeschlagen hat, sein Anliegen und seine Prinzipien liefern jedoch nach wie vor das unbestrittene Fundament der Arbeitsgestaltung in der Praxis (zum Taylorismus vgl. vor allem Taylor selbst, insbesondere Taylor 1919, aus der reichhaltigen Literatur vgl. u.a. Spitzley 1980, Waring 1991). Das Kernelement des Taylorismus ist die Trennung der Handarbeit von der Kopfarbeit, die Zuordnung von planenden und ausführenden Tätigkeiten auf unterschiedliche Positionen und Personen. Taylor ging es um eine maximale Rationalisierung des Produktionsprozesses. Als geeignetes Mittel gilt ihm die Übertragung der Arbeitsgestaltung an Experten. Diese nehmen eine genaue Analyse jedes einzelnen Arbeitsvorgangs vor und entwickeln möglichst exakte Vorgaben, ausgeklügelte Anreiz- und Kontrollmaßnahmen, um eine plangetreue Ausführung der Aufgaben sicherzustellen.

Frederick Winslow Taylor absolvierte eine Ingenieurausbildung und verschaffte sich fundierte Werkstattkenntnisse durch eine kombinierte Lehre als Dreher und Modelltischler. Anschließend arbeitete er in verschiedenen Stellungen u.a. als Meister in einer Dreherei. Aus dieser Zeit stammen viele seiner Beispiele über die Anwendung seiner Methoden. Taylor war ein durchaus realistischer Mensch. Es war ihm wohl bewußt, daß die Arbeiter kein Interesse an seinem Vorgehen hatten, und er äußerte Verständnis für ihre „Finten", mit denen sie die Einführung seiner Methoden verhindern wollten. Immerhin ging es Taylor darum, ihnen einen wertvollen Besitz zu entreißen, nämlich die Souveränität über ihre Arbeit, ihr Wissen über die Arbeitsvorgänge, ihre Kenntnis der

Tricks und Kniffe, sich die Arbeit einigermaßen passabel einzurichten. Trotz des hieraus resultierenden Interessengegensatzes zwischen den Betriebs- und Arbeitsingenieuren und den Arbeitern glaubte Taylor, daß seine Methoden letztlich allen zugute kämen. Schließlich ging es ihm ja um eine Steigerung der Effizienz und die damit mögliche Wohlstandsmehrung käme schließlich allen zugute. Diesbezüglich kann man Taylor vor dem Vorwurf einer gewissen Naivität nicht in Schutz nehmen. Im Ergebnis wurde sein System jedenfalls primär dazu genutzt, den durch die menschliche Arbeit erzielten Mehrwert abzuschöpfen und sich die Intelligenz der Arbeitenden zu eigen zu machen. Es ist kein Zufall, daß das Taylorsystem von der Kontrollproblematik durchzogen ist: „Arbeiter, die lediglich mit allgemeinen Anweisungen und genereller Disziplin kontrolliert werden, unterstehen keiner angemessenen Kontrolle, weil sie die Herrschaft über den tatsächlichen Arbeitsprozeß behalten. Solange sie den Arbeitsprozeß selbst kontrollieren, werden sie alle Bemühungen durchkreuzen, das in ihrer Arbeitskraft enthaltende Potential in vollem Umfang zu verwirklichen. Um diese Situation zu ändern, muß die Kontrolle über den Arbeitsprozeß in die Hände des Managements übergehen, nicht nur in einem formalen Sinn, sondern auch dadurch, daß jeder einzelne Arbeitsgang des Prozesses einschließlich seiner Ausführungsweise kontrolliert und diktiert wird." (Braverman 1985, S. 84)

In Abbildung 5.8 sind die wichtigsten Methoden angeführt, die Taylor zur Gestaltung des Arbeitsprozesses empfahl. Taylor ging es einerseits um die Anpassung des Menschen an die Arbeit (welche Arbeitsschritte soll ein Arbeiter befolgen?), andererseits aber auch um die Anpassung der Arbeit an den Menschen (wie muß die Form einer Schaufel beschaffen sein, damit bei ihrem Gebrauch möglichst wenig unnötiger Kraftaufwand entsteht?). Ebenso wichtig war ihm eine sorgfältige Personalauswahl, und er versuchte, mit monetären Anreizen das Leistungsverhalten der Arbeiter zu steigern. Seine Ideen wurden anfangs nur zögerlich aufgegriffen und zum Teil heftig bekämpft. Letztlich war ihr Siegeszug aber nicht aufzuhalten.

Die Taylorschen Methoden wurden verfeinert und weiterentwickelt. Es entstanden spezialisierte Berufe und überbetriebliche Institute für Arbeitsstudien. Aber nicht alle seine Ideen konnten sich durchsetzen. Ein Beispiel hierfür ist sein Funktionsmeisterprinzip. Danach sollen den Arbeitern kompetente Berater („Agenten des Arbeitsbüros") zur Seite gestellt werden. Ein bestimmter „Funktionsmeister" ist ausschließlich dafür zuständig, den Arbeitern die Bedeutung der Zeichnungen und den Inhalt der Instruktionskarten zu erläutern. Ein anderer zeigt den Arbeitern, wie das Arbeitsstück auf der Maschine zu befestigen ist und welche Bewegungen am effektivsten sind. Ein dritter (der „Speedboss") sorgt dafür, daß die Maschine mit der vorteilhaftesten Tourenzahl läuft und dafür, daß das geeignete Werkzeug benutzt wird. Insgesamt beschreibt Taylor acht verschiedene Funktionsmeistertypen.

Tatsächlich geriet der herkömmliche Meister durch das Taylorsystem dadurch in eine „erste Meisterkrise", daß viele seiner Aufgaben vom Arbeitsbüro übernommen wurden. Schließlich stellte sich aber heraus, daß die komplexe Rolle des Meisters nicht ersetzt werden konnte. In neuerer Zeit ist vielfach von einer „zweiten Meisterkrise" die Rede, die aus der Verbreitung von Gruppenarbeit entstanden sein soll. Auch diesbezüglich ist aber Skepsis angesagt. Erstens was die Verbreitung von Gruppenarbeit und zweitens was die Möglichkeit angeht, die Aufgaben des Meisters durch die Gruppen selbst erledigen zu lassen. Doch hierauf wollen wir erst weiter unten näher eingehen. Wie immer man jedenfalls das Scheitern des Funktionsmeisterprinzips interpretieren will, es paßt zum Taylorsystem, weil es – wie seine anderen Ideen auch – unverhohlen eine extreme Vernarrtheit in Effizienz zum Ausdruck bringt.

Element des Taylorsystems	Erläuterung
Zeit- und Bewegungsstudien	Ermitteln der grundlegenden Teilaktivitäten (Handgriffe, Körperhaltung) eines Arbeitsvollzugs, Zeitkalkulation, Entwickeln effizienter Bewegungsabläufe.
Anpassung der Werkzeuge	Entwicklung ergonomischer und produktivitätsfördernder Werkzeugformen. Standardisierung und Normierung.
Arbeitsbüro	Arbeitsvorbereitung, Prozeßsteuerung und -kontrolle durch Experten außerhalb der unmittelbaren Produktion.
Funktionsmeister	Abschaffung des Universalmeisters. Spezialisierung der Meisterfunktionen. Mehrfachunterstellung der Arbeiter.
Pensumlohn	Experimente mit stimulierenden variablen Lohnsätzen, die sich an der vorher zu bestimmenden Leistung ausrichten.
Auswahl und Einweisung	Sorgfältige Auswahl der Arbeiter nach Eignungskriterien, gewissenhafte Unterweisung zur Ausübung der Arbeit und zum angemessenen Gebrauch der Werkzeuge.

Abbildung 5.8: Bestandteile des Taylorsystems

Taylor selbst legte großen Wert auf die Feststellung, daß eine „mechanische" Übernahme und Verwendung seiner Methoden zum Mißerfolg verurteilt sei und zu „... ernsten Schwierigkeiten und ... Ausständen mit nachfolgendem Bankrott" (Taylor 1919, S. 140 f.) führen kann. Wichtig sei vor allen, daß die betroffenen Arbeiter selbst von dem System überzeugt seien und seine Vorteile zu schätzen wissen. Das durch genaue

Zeitstudien erworbene Wissen sei ein kraftvolles Werkzeug, das dazu gebraucht werden sollte, Eintracht und Harmonie zu fördern, weil die dadurch mögliche Leistungssteigerung allen Beteiligten zugute kommen kann. Leider bestünde die Gefahr, daß sein System entgegen seinem urprünglichen Zweck dazu verwendet würde, „... die Arbeiter rücksichtslos anzutreiben, für annähernd gleichen Lohn wie früher eine größere Tagesleistung zu vollbringen." (Taylor 1919, S. 144). Taylor selbst jedenfalls war von seinem System überzeugt. Man kann nur darüber spekulieren, worauf diese Überzeugung Taylors gründet. Höchstwahrscheinlich ist sie einfach der Ausfluß seiner ingenieurtechnischen Weltanschauung, eine Auffassung, die darauf baut, daß der Expertenverstand Höchstleistungen hervorbringt, die letztlich allen Beteiligten nützen. Hierzu paßt seine missionarische Haltung. Denn entgegen seiner erklärten Absicht nahm er die Überzeugungen der Arbeiter gar nicht ernst, vielmehr ging es ihm darum, diese zu ändern, sie also mit den eigenen Überzeugungen zu „beglücken".

Human Relations als affirmative Metapher

„Der Taylorismus beherrscht die Welt der Produktion; die Praktiker von „Human Relations" und „Betriebspsychologie" sind die Wartungsmannschaft für die menschliche Maschinerie." (Braverman 1978, S. 74 f.) Die Human Relations Bewegung gilt manchen als „Überwindung" des Taylorismus, anderen als seine Fortsetzung mit anderen Mitteln. Beide Auffassungen sind wahr und falsch. Anders als der Taylorismus setzt die Human Relations Bewegung auf den „inneren" Antrieb, um das menschliche Verhalten in Organisationen zu erklären. Ebenso wie dem Taylorismus geht es ihr aber auch um eine „technokratische" Beeinflussung des Leistungsverhaltens. Das Wissen über Motivationsprozesse soll genutzt werden, Motivationspotentiale aufzubauen und auszunutzen.

Als Ausgangspunkt der Human Relations Bewegung gelten die arbeitswissenschaftlichen Studien in den Hawthorne Werken der Firma General Electric in den zwanziger Jahren. Ganz im Geiste des Taylorismus wurde untersucht, wie Arbeitsbedingungen, Anreizsysteme und Führungsinstrumente gestaltet werden müssen, damit sie eine möglichst große Leistung stimulieren. Neben experimentellen Veränderungen der Arbeitsbedingungen wurden Beobachtungsstudien und umfangreiche (mehr als 10.000) Befragungen durchgeführt. Insgesamt erstreckten sich die Hawthorne Untersuchungen über mehrere Jahre.

Ein berühmtes Beispiel aus der Untersuchungsserie ist die Beobachtung des Arbeitsverhaltens im „Relay Assembly Room". In einem ersten Untersuchungsdesign wurden sechs Frauen aus ihrer üblichen Arbeitsumgebung ausgesondert und in einem gesonderten Raum zu einer Arbeitsgruppe zusammengefaßt, wo sie einfache Montagetätigkeiten auszuführen hatten. Gegenstand der Untersuchung war der Einfluß der Pausengestaltung, der Arbeitszeit und der Werkzeuge auf die Leistung. Tatsächlich stieg die Leistung kontinuierlich an. Die Arbeitsbedingungen konnten hierfür aber nur sehr bedingt verantwortlich gemacht werden. Die Forscher führten die Leistungssteigerung vor allem auf das soziale Zusammenwachsen der Gruppe und das verbesserte Gruppenklima (der Forscher, der im selben abgesonderten Raum wie die Arbeiterinnen ständig anwesend war, wurde als wesentlich freundlicher als der bisherige Vorgesetzte wahrgenommen) zurück. Ebenso wichtig war, daß sich innerhalb der Gruppe hohe Leistungsstandards herausbildeten, deren Einhaltung von einer leistungsbereiten und anerkannten Kollegin forciert wurde. Diese Studie gilt daher zurecht als klassischer Beleg für den Einfluß der „informellen" Gruppenstruktur.

In dem geschilderten und weiteren Experimenten stellte sich heraus, daß die Veränderung äußerer Bedingungen keine große Bedeutung für das Leistungsverhalten besitzt. Zwar stiegen die Arbeitsleistungen, wenn die Arbeitsbedingungen verbessert wurden, sie stiegen aber auch dann, wenn sich die Arbeitsbedingungen verschlechterten. Offensichtlich konnten für die beobachteten Leistungssteigerungen nicht die veränderten Arbeitsbedingungen verantwortlich gemacht werden. Die entscheidende Einflußgröße war schlicht die Anwesenheit der Forscher. Man bezeichnet dieses Phänomen seither als „Hawthorne-Effekt". Erklären läßt er sich u.a. durch die Erwartungshaltung der beobachteten Personen: Sie fühlen sich (zurecht) beobachtet und wollen sich daher von ihrer besten Seite zeigen, strengen sich also auch besonders an. Vielleicht wollen sie den Beobachtern aber auch nur einen Gefallen tun und deren Erwartungen nicht enttäuschen. Die Untersuchungsobjekte verhalten sich als „gute" Versuchspersonen und versuchen, die Forscher durch gute Leistung zu unterstützen. Es ist im übrigen durchaus umstritten, ob die in den Hawthorne-Werken durchgeführten Experimente wirklich einen gültigen Beleg für diesen Hawthorne-Effekt liefern (vgl. z.B. Jones 1992). Unabhängig davon hat sich dieser Begriff für das angeführte methodische Problem durchgesetzt. Die Hawthorne Studien wurden einer z.T. sehr heftigen Kritik unterzogen (vgl. u.a. Gillespie 1991). Bemängelt wurde z.B., daß die Forscher selbst nicht als neutrale Beobachter fungiert, sondern massiv Einfluß auf das Geschehen genommen haben. In der Tat wurde schon bei der Auswahl der Versuchsteilnehmerinnen darauf geachtet, daß sie „kooperativ" waren. Im Relay Assembly Room wurden beispielsweise zwei unproduktive und widerspenstige Mädchen durch zwei sehr ehrgeizige Frauen ersetzt.

Außerdem lassen sich viele der berichteten Daten sehr unterschiedlich interpretieren. So kann man beispielsweise viele Ergebnisse auch als Bestätigung für die große Bedeutung finanzieller Anreize sehen. Auch waren die Wissenschaftler von der Harvard Universität in ihrer Forscherfreude nicht immer zimperlich und bereit, unliebsame Daten wegzuinterpretieren. Damit lieferten sie vor allem einen weiteren Beleg für die nicht ganz neue Einsicht, daß Wissenschaftler ihre Hypothesen manchmal mehr lieben als die Wirklichkeit. Wie auch immer, die Hawthorne Untersuchungen haben viele weitere vergleichbare Studien angeregt.

Ansatzpunkt	Beispiel
Motivation	Theorie Y ist besser als Theorie X (McGregor 1960): Der Mensch wird nicht nur durch ökonomische Anreize motiviert, er ist ein aktives Wesen, dessen Arbeitshaltung nicht von vornherein den Organisationszielen entgegensteht
Führungsverhalten	Aufgaben- und mitarbeiterbezogene Verhaltensweisen des Führers sind unabhängige Dimensionen (Fleishman 1953)
Gruppenverhalten	Der Einfluß der informellen Gruppe ist wichtiger als die offiziellen Leistungsvorgaben (Roethlisberger/Dickson 1939)
Arbeitszufriedenheit	Die Arbeitszufriedenheit ist vom sozialen Status abhängig (Roethlisberger/Dickson 1939). Arbeitszufriedenheit läßt sich in standardisierter Weise messen (Hoppock 1935)
Betriebsklima	Das Betriebsklima fußt auf vier fundamentalen Dimensionen: dem Führungsverhalten, Rollenproblemen, der Aufgabenkomplexität, den sozioemotionalen Beziehungen (James/James 1989)
Organisationsgestaltung	Organisationen sind umfassend (gewissermaßen organisch) zu gestalten. Ein Beispiel ist das System 4 von Likert (1961)
Organisationsentwicklung	Entwicklung gruppendynamischer Konzepte wie T-Groups und Sensitivity Groups

Abb.: 5.9: Beispiele für Untersuchungsergebnisse in der Tradition der Human Relations Bewegung

Einige typische Beispiele sind in Abbildung 5.9 angeführt. Das Themenspektrum wurde erheblich erweitert. Auch das methodische Instrumentarium wurde erheblich erweitert und verfeinert.

Angesichts der Vielfalt in Inhalten, im Vorgehen und in der theoretischen Fundierung der durch die Hawthorne Experimente inspirierten Untersuchungen kann man bezweifeln, ob die vielen hieraus entsprungenen Studien überhaupt in einer gemeinsamen Tradition gründen, also ohne weiteres der Human Relations Bewegung zugeschlagen werden können. Verschiedentlich findet man beispielsweise auch die sehr vereinfachte (und damit auch falsche) Auffassung, wonach die gesamte Zufriedenheitsforschung der

Human Relations Bewegung zuzurechnen sei. Auch wird die Human Relations Bewegung gelegentlich als „Kuhsoziologie" denunziert, weil sie angeblich von der Prämisse ausgeht, das Leistungsverhalten ließe sich durch eine Verbesserung des Betriebsklimas steigern (etwa getreu dem Werbeslogan „Glückliche Milch von glücklichen Kühen"). Eine solche Auffassung nährt sich nicht selten aus einem totalen Ideologieverdacht, wonach angewandte Forschung immer korrumpiert und letztlich immer nur darauf bedacht sei, die Interessen des Auftrag- sprich Geldgebers zu bedienen. Einem unvoreingenommenen Beobachter dürfte es jedenfalls schwer fallen, in Untersuchungen z.B. über das Führungsverhalten von Vorgesetzten (und in entsprechenden Führungsseminaren) immer etwas Unanständiges zu sehen. Schließlich dürfte es auch und gerade im Interesse eines Mitarbeiters liegen, statt mit einem borierten und machtbesessenen mit einem aufgeklärten und sozial sensiblen Vorgesetzten zusammenzuarbeiten.

Total Lean und Qualität
Mit Beginn der siebziger Jahre gelang es japanischen Unternehmen, große Marktanteile in Bereichen zu erringen, die traditionell als Domäne westlicher Länder galten. Der hierdurch ausgelöste „Japan-Schock" lehrte vor allem eines, nämlich daß es möglich ist, auch innovative und qualitativ hochwertige Erzeugnisse kostengünstig herzustellen. Die westlichen Firmen stellten sich dieser Herausforderung mit dem Versuch, sich ebenfalls der erfolgreichen japanischen Managementkonzepte zu bedienen. Eine große Bedeutung erlangte vor allem die Idee der schlanken Produktion. Der beherrschende Grundgedanke dieser Konzeption ist es, unproduktive Tätigkeiten und Abläufe zu identifizieren, abzubauen und auszulagern. Außerdem sollen die Unternehmensprozesse möglichst zeitnah aufeinander bezogen werden. Im sogenannten Simultaneous Engineering beispielsweise werden Produkt-, Prozeß- und Potentialplanung parallelisiert und integriert. Unternehmensübergreifend erfolgt eine informatorische und organisatorische Vernetzung mit Zulieferern, Händlern und Spediteuren. Das Lean Management richtet sich also darauf, das Unternehmen zu „entschlacken", kostengünstiger und damit beweglicher zu machen. Dabei bedient es sich einer breiten Palette von Maßnahmen in allen Unternehmensbereichen von der Logistik und Lagerhaltung über die Produktionssteuerung bis hin zur Gestaltung der Kundenbeziehungen. Ein wichtiges Teilelement des Lean Managements ist das sogenannte Total Quality Management (TQM). Darüber, was Lean Management „wirklich" ist, herrscht in der Literatur keine Einigkeit. Auch darüber, ob das TQM ein essentieller Bestandteil des Lean Managements ist, finden sich unterschiedliche Auffassungen. Es gibt Autoren, die zwischen einer kostenorientierten Haltung, wie sie das Lean Management vertritt und einer kunden- und zukunftsorientierten Haltung, wie sie das TQM verkörpern soll, diametrale Gegensätze sehen (vgl. z.B.

Grant/Krishnan 1994). Doch unabhängig hiervon, das bemerkenswerteste Charakteristikum des TQM ist die Abkehr von der Vorstellung, Innovationen entstünden aus Innovationsprojekten, die von Produktentwicklern in Labors und Entwicklungsstätten entworfen, erprobt und deren Ergebnisse nach ihrer Ausreifung schließlich in der Produktion zu implementieren seien. Das TQM folgt einer gänzlich entgegengesetzten Leitlinie, denn es setzt auf eine kontinuierliche Verbesserung. Innovationen sollten aus dem alltäglichen Produktionsprozeß selbst entstehen. Neben dieser Idee muten weitere Maximen des TQM wie das Null-Fehler-Prinzip oder die Sicherstellung einer ständigen Qualitätsprüfung eher haushälterisch und der Vergleich mit anderen Unternehmen („benchmarking") als nicht sonderlich neu an.

Für das Konzept des Lean-Management werden erhebliche Erfolge reklamiert. Beispielsweise wird darüber berichtet, daß bei Volkswagen die Produktivität von 1993 bis 1996 um über 50% gestiegen sei. Während im Jahr 1993 ein Arbeiter im Durchschnitt „nur" 39 Autos gebaut hat, waren es im Jahr 1996 immerhin 57 (vgl. Holch 1996). Allerdings entstehen derartige Erfolge wohl kaum durch eine schlichte Befolgung von Managementkonzepten. Sie sind vielmehr Ergebnis einer Vielzahl von Maßnahmen, die nicht nur im Arbeitsorganisatorischen, sondern ebenso in der Technik (neue „Handhabungssysteme", Robotereinsatz, Computersteuerung), im Strategischen und in der Gestaltung der Außenbeziehungen (Trennung von unproduktiven Produktlinien, Auslagerung, Kooperationen usw.) angesiedelt sind. Und schließlich verlangen ein konsequentes Lean- und ein umfassendes Qualitätsmanagement erhebliche Anstrengungen im Personalbereich. So wurden in dem erwähnten VW-Beispiel im Zuge des Kontinuierlichen Verbesserungsprozesses („KVP2") allein 18.000 Workshops durchgeführt, in denen die Mitarbeiter auf das neue Produktionskonzept eingeschworen wurden. Die Lean- und Qualitätspolitik erfordert ein neues Selbstverständnis der Arbeitnehmer, sie setzt auf Gruppenarbeit, leistungsbezogene Bezahlung und vor allem auf die Transparenz aller Prozesse. Kritische Kommentare verweisen auf den durch das TQM hervorgebrachten gesteigerten Arbeitsdruck und darauf, daß die Einführung der neuen Produktionskonzepte häufig zum Anlaß genommen wird, „unter der Hand" eine erhebliche Leistungsverdichtung durchzusetzen. Die hieraus resultierenden neuen Anforderungen ließen sich nur von besonders leistungsbereiten und leistungsfähigen und damit nur von jüngeren Arbeitnehmern einlösen.

Der damit in Gang gesetzte Auslese- und Ausgrenzungsprozeß gehe aber nicht nur zu Lasten der älteren Arbeitnehmer. Ganz wesentlich ginge es bei der Durchsetzung der neuen Produktionskonzepte auch um Arbeitspolitik und damit um einen Verteilungskampf. Dies zeige sich z.B. auch darin, daß zunehmend „randständige", industrieunerfahrene und anspruchslose Arbeitnehmer mit befristeten Arbeitsverträgen und

Leiharbeiter eingesetzt würden. Im Verbund mit gezielten innerbetrieblichen Umsetzungen ginge es dem Management darum, gewachsene Betriebsstrukturen und Solidaritäten aufzubrechen und schlechtere Arbeitsbedingungen durchzusetzen (vgl. Bourdieu u.a. 1997, S. 307 ff.). Nicht jeder wird dieser Diagnose vorbehaltlos zustimmen.

Elemente schlanker Produktion	Erläuterung
Konzentration auf Kernkompetenzen	Auslagerung unproduktiver Bereiche. Kooperation und Risikoteilung in Entwicklung, Produktion und Vertrieb
Just in time Fertigung	Möglichst geringe Lagerkapazitäten. Abruf des Materials und Produktion der Teile zum letztmöglichen Zeitpunkt
Kanban	Materialbereitstellung nach dem Hol-Prinzip. Angefordert und bereitgestellt werden nur die wirklich benötigten Mengen.
Unterstützende Methoden	Ishikawa-Diagramm (Ursachenanalyse z.B. für Logistikkosten), Poka-Yoke (einfache Prozeßgestaltung, um Fehler sofort entdecken und beheben zu können), Taguchi-Methode (Versuchsplan zur Identifikation von Störgrößen)
Qualitätszirkel	Problemlösungsgruppen der in der Produktion befindlichen Arbeitnehmer zur Verbesserung von Qualität und Prozessen
Benchmarking	Kontinuierlicher Vergleich mit Produkten, Prozessen und Methoden anderer Unternehmen oder Bereiche
Kontinuierliche Verbesserung	Kaizen: Ständiger Wandel zum Besseren. Innovationen entstehen aus dem Produktionsprozeß selbst heraus

Abbildung 5.10: Bestandteile von Lean Production

Doch ganz unabhängig von der diesbezüglich unübersichtlichen Datenlage, eines zeigen empirische Studien auf jeden Fall: der Weg vom Entwurf eines idealen Lean- und Qualitätsmangements zu dessen tatsächlicher Umsetzung ist nicht geradlinig und die Mühen, die aufgewendet werden müssen, um es mit personalpolitisch überzeugenden Maßnahmen zu begleiten, sind nicht unerheblich (vgl. z.B. Reger u.a. 1994).

Flexibilität ohne Grenzen

Ein ständig bemühter Begriff der letzten Jahre ist die Flexibilität. Flexibilität gilt als die natürliche Antwort auf die Beschleunigung der Welt. „Flexibilität steht – abstrakt gesprochen – für die Möglichkeit eines Systems zu quantitativen oder qualitativen Anpassungen bei veränderten Umweltzuständen." (Semlinger 1991, S. 19) Von allen „Produktionsfaktoren" ist „der Mensch" der flexibelste. Das trifft aber nur bedingt auf

„das Personal" zu. Besitzstände, Machtinteressen, rechtliche Normierungen und soziale Gewohnheiten engen die Beweglichkeit in der Verfügung über den Faktor Arbeit ein. Insbesondere das Regelwerk des Arbeitsrechts gilt vielen als zu schwerfällig. Notwendig sei eine weitgehende Deregulierung, denn nur diese könne die vielfältigen „Verkrustungen" in Unternehmen aufbrechen. Bei Licht besehen geht es häufig natürlich nicht so sehr um die Deregulierung, als vielmehr um eine Machtverschiebung, also um mehr Verfügungsrechte über den sperrigen Faktor Arbeit (vgl. Martin/Scheffold 2000). Bei der Flexibilität im Bereich der Arbeitsgestaltung geht es im wesentlichen um eine offene Arbeitsgestaltung, um Möglichkeiten, die Arbeitsorganisation an wechselnde Anforderungen anzupassen, um einen flexiblen Personaleinsatz und um variable Arbeitszeiten (vgl. Abb. 5.11). Die jeweiligen Maßnahmen bedienen dabei nicht selten gleichzeitig Arbeitgeber- wie Arbeitnehmerinteressen. So eröffnet beispielsweise das Job Sharing den Mitarbeitern die Möglichkeit der Teilzeitbeschäftigung. Job Sharing stellt sicher, daß der Arbeitsplatz immer besetzt ist, zumindest dann, wenn der Arbeitgeber durchsetzen kann, daß bei Ausfall eines Mitarbeiters der Job Sharing Partner zusätzlich auch während dessen Arbeitszeit arbeitet. Ein willkommener Nebeneffekt ergibt sich aus der oft höheren Produktivität der Mitarbeiter auf Job Sharing Arbeitsplätzen. Erklärt werden kann dieser Effekt u.a. durch die geringere Ermüdung aufgrund der kürzeren Arbeitszeit.

Flexibilität ist ein Thema, das nicht nur den unmittelbaren Produktionsprozeß und damit die Arbeitsgestaltung betrifft, sondern sich in allen Funktionsbereichen des Personalwesens findet. Flexibilitätspotentiale im Selektionsbereich ergeben sich beispielsweise durch die Nutzung möglichst vieler Beschaffungswege, den Aufbau einer Bewerberkartei und durch den Abschluß befristeter Arbeitsverträge und der damit erweiterten Möglichkeit einer Beschäftigung auf Probe. Flexibilisierung in der Anreizpolitik versprechen die Einführung variabler Entgeltbestandteile, die Eröffnung unterschiedlicher Karrierepfade und das Cafeteria-Prinzip (vgl. Kapitel 6). Auch der Kontrollbereich kann flexibilisiert werden. Zu denken ist hier insbesondere an die Möglichkeit, die persönliche Führung durch Führungssubstitute zu ersetzen. Am heftigsten und sehr kontrovers diskutiert wird die beschäftigungspolitische Flexibilität, also die Möglichkeit des Unternehmers, Arbeits- oder Dienstverträge rasch und unkompliziert an den jeweiligen Bedarf anzupassen. Konkret geht es hierbei vor allem um die Erleichterung von „Änderungskündigungen" und um die Lockerung des Kündigungsschutzes.

Bereich	Beispiel	Erläuterung
Arbeitszeit	Gleitende Arbeitszeit	Individuelle Gestaltung von Arbeitsbeginn/-ende, u.a. zum Zwecke der Betriebszeitenausdehnung
	Jahresarbeitsvertrag	Vereinbarung eines festen Arbeitszeitkontingents, das je nach Bedarf abgerufen wird
Arbeitsorganisation	Verkettung	Entzerrung starrer Abläufe z.B. durch Ausdifferenzierung von Haupt- und Nebenlinien
	Überlappung	Überschneidungsbereiche in der Abfolge von Arbeitsplätzen: ermöglicht „gleitendes Abtakten"
Arbeitsinhalt	Geringe Spezifität	Eine möglichst breite oder offene Definition der Arbeitsaufgaben erhöht die Einsatzmöglichkeiten
	Überlappende Inhalte	Bewußte Überlappung von Aufgaben, um eine wechselseitige Vertretung zu ermöglichen
Personaleinsatz	Umsetzung	Erleichterung der Umsetzung z.B. durch Definition von Arbeitsbereichen
	Job Sharing	Aufteilen eines Arbeitsplatzes (meist 2 Personen), um ständige Präsenz zu gewährleisten
Personalplanung	Rollierende Planung	Feste Vereinbarungen über den Arbeitseinsatz innerhalb der Grobplanung. Innerhalb der Feinplanung erhält der Arbeitgeber Dispositionsrecht
	Alternativplanung	Die Vereinbarung von Alternativplänen vermehrt die Handlungsoptionen

Abb. 5.11: Arbeitsgestaltung und Flexibilisierung

Größere Flexibilität bieten auch die „neuen" Beschäftigungsformen, also der Einsatz von geringfügig Beschäftigten, Leiharbeitnehmern und Freien Mitarbeitern, aber auch die Auslagerung von Unternehmensbereichen (Outsourcing) bei gleichzeitiger Wahrung der faktischen Verfügungsgewalt (vgl. auch weiter unten).

Zusammenfassung
Die skizzierten arbeitsorganisatorischen Gestaltungsansätze folgen jeweils einer spezifischen Leitidee, die für sich durchaus plausibel ist, durch „Vereinseitigung", also durch Beanspruchung von Ausschließlichkeit, aber schädliche Wirkungen hervorruft. Letztlich geht es allen Ansätzen um die Steigerung der Produktivität. Sie wählen aber unterschiedliche Zugänge. Der Taylorismus setzt auf Planung und „technokratische" Steuerung, die Human Relations Bewegung auf den menschlichen Einsatzwillen, das

Lean Management auf Rationalisierungspotentiale und die Flexibilisierungsansätze vertrauen auf die intelligente Nutzung von Handlungsfreiräumen (vgl. Abbildung 5.12).

Ansatz	Leitprinzip
Taylorismus	Produktivität durch Planung
Human Relations	Produktivität durch Zufriedenheit
Lean Production	Produktivität durch Kostendruck
Flexibilität	Produktivität durch Handlungsoptionen

Abb. 5.12: Leitprinzipien unterschiedlicher Formen
der Arbeitsgestaltungspolitik

Diese Leitideen bilden gewissermaßen das Grundthema der Arbeitsgestaltung eines Betriebes. Darum herum gruppieren sich allerdings immer auch alle anderen Themen. So wird man bei der Durchführung konkreter Maßnahmen (also z.B. bei der Einrichtung einer neuen Fertigungsstraße) auch die Bedürfnisse der Mitarbeiter in Rechnung stellen. Ein tayloristischer Ansatz wird allerdings vor allem auf die Anpassung des Mitarbeiterverhaltens an vorgegebene Arbeitsabläufe setzen und diese z.B. durch Lohnanreize unterstützen. Der Flexibilitätsansatz dagegen muß die Anpassungsbereitschaft und Mitgestaltung der Mitarbeiter verbessern und wird daher Möglichkeiten der Partizipation eröffnen müssen. Lean Management setzt dagegen auf einen Enthusiasmus der Detailoptimierung, der kaum durch konkrete Leistungsanreize, sondern besser durch Indoktrinierung stimuliert werden kann. Zusammengefaßt: Die „Muster" der betrieblichen Arbeitsgestaltung lassen sich zwar selten in Reinform wiederfinden, sie lassen sich aber auch nicht ignorieren, sondern entwickeln eine Eigenlogik, die sich auch auf die anderen Funktionsbereiche des Personalwesens überträgt.

c) Instrumente und Maßnahmen
Im folgenden sei auf einige ausgewählte Instrumente und Maßnahmen im Bereich der Arbeitsgestaltung eingegangen, die sich in die oben geschilderten aktuellen personalpolitischen Trends einfügen. Zunächst behandeln wir ein eher „klassisches" Arbeitszeitthema: die Schichtarbeit. Sie wurde von der Forschung in den letzten Jahren eher stiefmütterlich behandelt, gewinnt aber angesichts der Flexibilisierungsbestrebungen von neuem an Bedeutung. Danach gehen wir auf ein Instrument ein, das im Zentrum des TQM steht: den Qualitätszirkel. Anschließend behandeln wir etwas ausführlicher das Job Enrichment, das man je nach Temperament als Mittel zur Abpufferung der negativen Auswirkungen des Taylorismus oder als Humanisierungsmaßnahme verste-

hen kann. Abschließend nehmen wir nochmals das Flexibilitätsthema auf und fragen, inwieweit es gelingen kann, dem Produktionsfaktor Arbeit seine Starrheit zu nehmen, ihn gewissermaßen „biegsamer" zu machen.

Schichtarbeit

Schichtarbeit ist nicht gesund. Dies gilt insbesondere für die Nachtschicht. Sie steht „quer" gegen die „Zeitgeber", an denen sich der Rhythmus des menschlichen Organismus orientiert. Fallen äußere Hinweisreize auf das Verfließen der Zeit weg, dann orientieren sich die physiologischen Prozesse an der sogenannten circadianen Periodik, also in etwa am 24 Stunden Rhythmus. In verschiedenen Beobachtungsstudien, die in von der Außenwelt abgeschirmten Räumen durchgeführt wurden, konnte gezeigt werden, daß durch Einführen künstlicher Zeitgeber, also z.B. durch die Benutzung „gezinkter" Uhren, dieser Rhythmus innerhalb der Grenzen von etwa 21 bis 27 Stunden verschoben werden kann. Die physiologischen Prozesse des Menschen lassen sich also extern anpassen. Allerdings gilt dies eben nur, wenn sich die Zeitgeber verändern. Bei Tieren ist der wesentliche Zeittakt normalerweise der Hell-Dunkel-Zyklus. Verschiebungen dieses Zyklus führen zu einer Anpassung der physiologischen Prozesse. Dieser Hell-Dunkel-Zyklus gilt nicht für den Menschen. Der entscheidende Zeitgeber beim Menschen ist die soziale Umwelt und deren Zeittakt. Da sich dieser nicht nach der wechselhaften Zeiteinteilung der Schichtarbeit richtet, fällt dem Menschen eine Umstellung des Bio-Rhythmus äußerst schwer. Dies gilt um so mehr, je wechselhafter sich die Schichteinteilung gestaltet. Insbesondere die Nachtarbeit erfordert eine lange Umstellungszeit. Eine gewisse Teilanpassung läßt sich nach ca. zwei bis drei Wochen feststellen. Innerhalb des üblichen Schichtbetriebes findet der Schichtwechsel aber meist schon nach einer Woche statt. Die Umstellung auf die Nachtarbeit wird also erst zu einem Zeitpunkt wirksam, zu dem ein Schichtarbeiter gar nicht mehr nachts, sondern bereits wieder tags arbeitet.

Als mögliche Beeinträchtigungen durch die Schicht- und Nachtarbeit gelten neben Schlafstörungen vor allem Appetitlosigkeit und Magen-Darm-Beschwerden, die nicht selten zu einer besonderen Anfälligkeit für Magengeschwüre führen (vgl. Rutenfranz/Knauth 1989). Bestimmte „Risikogruppen" sollten daher keine Schicht- und insbesondere keine Nachtarbeit leisten. Hierzu gehören u.a. Personen mit Erkrankungen im Magen-Darm-Trakt, Zuckerkranke und Personen, die an Depressionen leiden (vgl. ebenda).

Wie viele Personen sind überhaupt von der Schichtarbeit betroffen? Nach der Mikrozensuserhebung vom April 1998 arbeiten etwa 4,6 Millionen Erwerbstätige auch nachts. In Wechselschichten arbeiten etwa 4,3 Millionen Erwerbstätige. Nacht- und Schichtarbeit leisten also etwa 13 % bzw. 12 % der Erwerbstätigen (vgl. Statistisches Bundesamt 1998, S. 100 f.). Nach einer Studie des Instituts für Arbeitsmarkt- und Berufsforschung ist ungefähr jeder vierte Betrieb mit mehr als 20 Beschäftigten ein „Schichtbetrieb". Im Verarbeitenden Gewerbe liegt der diesbezügliche Anteil bei knapp 40%, und fast jeder zweite Mitarbeiter in diesen Betrieben ist auch selbst vom Schichtbetrieb betroffen (vgl. Düll/Ellgut 1999, S. 52 f.). Branchen mit traditionell hohen Schichtanteilen sind die metallverarbeitende Industrie, die Automobilindustrie und die chemische Industrie. Im Bereich der Dienstleistungsunternehmen sind Nacht- und Schichtarbeit eher selten (Ausnahmen: Versorgungsunternehmen, Krankenhäuser). Bedeutsamer ist hier die Arbeit am Abend, am Samstag und am Sonntag.

Nach dem Arbeitszeitgesetz ist die Nacht- und Schichtarbeit nach den „gesicherten arbeitswissenschaftlichen Erkenntnissen" festzulegen (§ 6,1 AZG). Das AZG selbst formuliert nur Mindestnormen. So soll eine Nachtschicht normalerweise acht Stunden nicht überschreiten. Die Details sind in Tarifverträgen, Betriebsvereinbarungen und individuell gestalteten Arbeitsverträgen festzulegen. Der Belastung bzw. Beeinträchtigung durch Schicht- und Nachtarbeit wird normalerweise durch zusätzliche Lohnzahlungen Rechnung getragen. Schichtarbeit wird mit Zuschlägen entgolten. Die Zulagen liegen beispielsweise im Bankgewerbe bei DM 220,--/Monat (Zweischichtbetrieb) bzw. DM 475,--/Monat (Dreischichtbetrieb). Ist auch der Samstag vom Schichtbetrieb betroffen, werden nochmals DM 175,-- bezahlt. Die Nachtzulage beträgt 25% des Gehalts. Bei der Deutschen Telekom beträgt die Schichtzulage zwischen DM 40,-- und DM 240,-- je nachdem, ob die Schicht beispielsweise vor oder nach 24.00 Uhr endet. Die Nachtzulage beträgt DM 1,-- pro Stunde bzw. DM 2,50 pro Stunde zu „ungünstigen Zeiten" (vgl. WSI-Tarifarchiv, Tarife 1999). Ist diese Entlohnung für Nacht- und Schichtarbeit angemessen? Aus anreiztheoretischer Sicht steht man vor einem Dilemma. Sind die Zuschläge für Nacht- und Schichtarbeit sehr hoch, dann steigt für den einzelnen Arbeitnehmer der Anreiz, sich den zusätzlichen Belastungen auszusetzen. Damit wächst aber auch die Gefahr gesundheitlicher Beeinträchtigung. Sind die Zuschläge andererseits zu gering, dann sind nur wenige Arbeitnehmer auch bereit, im Schicht- oder Nachtdienst zu arbeiten. Sofern sie aber aus wirtschaftlichen Gründen zu Nacht- und Schichtarbeit gezwungen werden, entsteht unter Umständen ein Gerechtigkeitsproblem, nämlich dann, wenn der zusätzliche Lohn nicht hinreicht, die kurz- und langfristigen Beeinträchtigungen durch die besonderen Arbeitsbelastungen zu kompensieren.

Allemal am besten ist es, „ungesunde" Arbeitszeiten möglichst zu vermeiden. Soweit dies nicht möglich ist, sollten bei der Erarbeitung von Schichtplänen zumindest die folgenden arbeitsmedizinischen Ratschläge beherzigt werden:

- es sollte keine Massierung der Arbeitszeiten erfolgen (man sollte also z.B. möglichst nicht mehr als an 10 Tagen hintereinander arbeiten), denn dies führt u.U. zu Erschöpfungszuständen und damit auch zu einer erhöhten Unfallgefahr,
- zwischen den Schichten sollten relativ lange Ruhezeiten eingehalten werden, damit die notwendige Erholung überhaupt wirksam werden kann,
- allzuviele Nachtschichten sind zu vermeiden, weil – wie oben angeführt – die physiologische Umstellung kaum gelingen kann und weil außerdem die Gefahr besteht, daß die betroffenen Arbeitnehmer vom sozialen Leben abgekoppelt werden.

Allerdings dürften diese Regeln nicht unbedingt den Beifall aller Arbeitnehmer finden. Diese wollen häufig eher „dicht" arbeiten, also viele Schichten in kurzer Zeit machen, weil sie sich so zum Ausgleich mehr Freizeit „am Stück" erarbeiten können. Und auch die Gefahren der Nachtarbeit werden leicht unterschätzt, weil die möglichen Vorteile stärker ins Auge springen. So gibt es beispielsweise Personen, die ausgesprochen gern nachts arbeiten. Als Motiv wird häufig angeführt, man könne nachts ungestörter und vor allem auch selbständiger arbeiten.

Im übrigen wurden zur Verminderung arbeitsmedizinischer Belastungen ausgeklügelte Schichtpläne für die Abfolge von Früh-, Spät- und Nachtschicht entwickelt, auf die wir nicht näher eingehen wollen. Festhalten läßt sich aber auch diesbezüglich, daß die Vorteile, die sie jeweils bieten, immer mit irgendwelchen Nachteilen verbunden sind (vgl. Beermann 1998, S. 19 ff.).

Qualitätszirkel

Qualitätszirkel werden oft als das Herzstück des Total Quality Management bezeichnet. In Qualitätszirkeln treffen sich die Mitarbeiter einer Arbeitsgruppe oder eines Arbeitsbereichs, um über ganz konkrete Möglichkeiten der Verbesserung der Arbeitsabläufe, der Arbeitsmittel und der Arbeitsleistung zu beraten. Es geht um Möglichkeiten, Fehler und Ausschuß zu vermeiden, Energie zu sparen und Abfälle wiederaufzubereiten, aber auch darum, nach Möglichkeiten zu suchen, die Bedürfnisse der internen und externen „Kunden" zu erkennen und zu bedienen. Qualitätszirkel wurden zunächst in der industriellen Produktion eingerichtet, sie sind aber inzwischen praktisch in allen Unternehmensbereichen anzutreffen, also auch im Büro- und im Dienstleistungsbereich. Gerade bei der Verbesserung von Dienstleistungen können Qualitätszirkel gute Dienste leisten, weil der Kunde dort ganz unmittelbar von den Prozeßverbesserungen profitiert. Ein Kunde einer Kfz-Werkstatt wird es z.B. schätzen, wenn ihm – aufgrund von Vorschlägen aus den Qualitätszirkeln – entgegen landläufiger Praxis beim Abholen seines Autos aus der Reparaturwerkstätte genau erklärt wird, was hinter den angeführten Rechnungsposten steht, wenn ihm ein konkreter Betreuer genannt wird, den er jederzeit ansprechen kann und wenn ihm sein Wagen in einem sauberen und geprüften Zustand übergeben wird.

Letztlich geht es in Qualitätszirkeln um zwei Dinge. Zum einen sollen die unmittelbar Betroffenen an Veränderungen und Verbesserungen ihrer Arbeit beteiligt werden. Und zum anderen geht es um die Nutzung der Kenntnisse der Mitarbeiter über verborgene Verbesserungspotentiale. In jedem dieser beiden an sich lobenswerten Zielen steckt eine gewisse Zweischneidigkeit. Was die Nutzung der Kenntnisse der Mitarbeiter angeht, so könnte das Management verführt sein, die Verbesserungen primär zu Rationalisierungszwecken zu gebrauchen, wodurch möglicherweise der Erhalt von Arbeitsplätzen gefährdet wird. Und was die Partizipation der Mitarbeiter angeht, so kann diese zu einer Schwächung der Betriebsratsposition führen. Dieser hat z.B. Beratungsrechte bei der Änderung der Betriebsorganisation, von Arbeitsmethoden und Fertigungsverfahren, bei der Ordnung des Betriebs und bei Weiterbildungsmaßnahmen (§§ 87, 106, 111 BetrVG). Wenn nun in Qualitätszirkeln gewissermaßen im Vorwege über einzelne Maßnahmen befunden wird, dann befindet sich der Betriebsrat von vornherein in einer defensiven Position, wenn die Entscheidung über diese Maßnahmen ansteht. Wie verschiedene Erfahrungen zeigen, ist es deswegen aber nicht sinnvoll, die Einführung von Qualitätszirkeln zu blockieren. Der Betriebsrat kann eine einseitige Instrumentalisierung von Qualitätszirkeln vielmehr am besten dadurch verhindern, daß er von Anfang an offensiv an der Ausgestaltung von Qualitätszirkeln mitwirkt. In der konkreten Arbeit von Qualitätszirkeln ergeben sich nach den Studien von Breisig immer wieder die folgenden Probleme (vgl. Breisig 1990, S. 93 ff.). Ein erster Problempunkt ergibt sich daraus, daß oft vergessen wird, daß die Gruppenarbeit eine nachhaltige Unterstützung und eine ständige Stimulation braucht. Viele Qualitätszirkel „schlafen ein", weil sie keine Promotoren haben, weil die Moderatoren für diese Aufgabe schlecht qualifiziert sind und weil sich nicht immer ein unmittelbarer Erfolg der Zirkelarbeit einstellt. Ein zweites, häufig zu beobachtendes Problem von Qualitätszirkeln ergibt sich aus einer Problemverschiebung, denn an die Stelle der (wohl eher brisanten) Themen der Effektivierung treten in vielen Qualitätszirkeln Fragen der Humanisierung also der Verbesserung der Arbeitsbedingungen und der Sozialleistungen. Ein drittes Problem steckt in den Teilnehmern selbst. Sind diese vom Konzept der Qualitätszirkelarbeit nicht überzeugt, dann kann er auch nicht erfolgreich sein. Breisig berichtet über Untersuchungsergebnisse, wonach Qualitätszirkel von Nichtteilnehmern eher skeptisch beurteilt werden. Anders sei dies bei den Mitarbeitern mit Qualitätszirkelerfahrung. Im Zuge der Zirkelarbeit entwickle sich meist eine sehr positive Einschätzung. Wichtig für den Erfolg von

Qualitätszirkeln ist schließlich viertens die Unterstützung durch das Management und insbesondere auch durch die unmittelbaren Vorgesetzten. Wenn die Ergebnisse der Qualitätszirkel keine Anerkennung finden und wenn die Zirkelarbeit äußerlich (Zeit- und Raumprobleme) und innerlich (unattraktive, enge Aufgaben und Zuständigkeiten) behindert wird, dann wird auch eine sehr robuste Motivation zermürbt werden.

Job Enrichment

Unter den vielen Gestaltungskonzepten von Arbeit hat das „Job Enrichment" – jedenfalls in der Literatur – besondere Aufmerksamkeit gefunden. Es wurde Anfang der fünfziger Jahre in den USA aus der Taufe gehoben (vgl. z.B. Drucker 1956) und wurde in Deutschland insbesondere in den siebziger Jahren im Zuge der Bemühungen um eine „Humanisierung des Arbeitslebens" besonders propagiert. Wie schon der Name sagt, geht es beim Job Enrichment um eine „Anreicherung" der Arbeit. Damit sollen die schädlichen Auswirkungen, die aus einer allzu restriktiven Festlegung der Arbeitsaufgaben resultieren, vermindert werden. Ansatzpunkte für eine Arbeitsbereicherung (in der angelsächsischen Literatur wird häufig auch von „Job Redesign" gesprochen) liefert das Konzept des „Tätigkeitsspielraums". Der Tätigkeitsspielraum hat sinnigerweise drei Dimensionen: Der *Handlungsspielraum* wird von Ulich nach Hacker (1978) bestimmt als „... die „Summe der Freiheitsgrade", d.h. der Möglichkeiten zum unterschiedlichen aufgabenbezogenen Handeln in bezug auf Verfahrenswahl, Mitteleinsatz und zeitliche Organisation ..." (Ulich 1992, S. 140 f.). Der *Gestaltungsspielraum* sei dagegen durch die Möglichkeit zur selbständigen Gestaltung des Vorgehens auch nach *eigenen* Zielsetzungen bestimmt. Während der Handlungsspielraum sich auf ein Wahlproblem (zwischen vorgegebenen Verfahren, Mitteln usw.) beziehe, eröffne ein großer Gestaltungsspielraum die Möglichkeit einer individuellen Ausgestaltung des Vorgehens. Als dritte Dimension eröffnet ein hoher *Entscheidungsspielraum* die Möglichkeit, auch über die Festlegung der eigentlichen Aufgabe mitzusprechen. Wie man sieht, gibt es zwischen den Dimensionen des Tätigkeitsspielraums nach Ulich und den Kernelementen von Tätigkeiten nach Hackman/Oldham zwar gewisse Ähnlichkeiten, sie folgen letztlich aber doch einer anderen Begriffslogik, dessen theoretische Fundierung diffus bleibt. Auch dürften die drei Dimensionen empirisch kaum voneinander unabhängig sein. So ist beispielsweise eine hohe Autonomie in der Regel mit größeren formalen „Zuständigkeiten" verknüpft, die auch ein erweitertes Aufgabenfeld umfassen. Ein Personalreferent hat z.B. nicht nur einen erweiterten Verantwortungsbereich und mehr Mitsprachemöglichkeiten, er kann und muß auch mehr Tätigkeiten ausführen als ein Sachbearbeiter in der Lohnabrechnung. Doch wie immer man die gewählte Begrifflichkeit bewerten will und wie wenig trennscharf die Dimensionen auch sein mögen, empirisch macht die Betrachtung des Tätigkeitsspielraums sicher Sinn. Dafür spricht die hohe intuitive Plausibilität, wonach es für das Arbeitsverhalten einen Unterschied machen dürfte, ob jemand den ganzen Arbeitstag lang immer nur die Handgriffe ausführt, die zur Montage einer Kühlschranktür notwendig sind oder ob er als Allround-Mechaniker Wartungsarbeiten an verschiedenen Maschinentypen vornimmt.

Abbildung 5.13 zeigt am Beispiel einer Studie zur Arbeit von 232 Pflegekräften Zusammenhänge zwischen dem Tätigkeitsspielraum und ausgewählten Variablen des Arbeitsverhaltens auf. Der Tätigkeitsspielraum wurde in dieser Studie durch Selbstbeobachtung und unter Zuhilfenahme einer vorgegebenen Skala erfaßt. Als Indikatoren zur Erfassung des Handlungsspielraums der Pflegekräfte dienten Items zum Arbeitstempo und zur Pausengestaltung sowie die Frage, inwieweit das Arbeitsgeschehen von fest vorgegebenen Ablaufschemata geprägt war. Der Entscheidungsspielraum wurde durch die Beurteilung der Möglichkeiten erfaßt, selbständige Entscheidungen bei der Aufgabenverteilung und bei der Erstellung des Tagesplans zu treffen. Der Gestaltungsspielraum ist nach Büssing/Glaser (1991) als „schöpferischer Raum" konzipiert, der die Möglichkeit beschreibt u.a. bei der Arbeitsplatzgestaltung und beim Mitteleinsatz mitzuwirken. Ob mit diesen Indikatoren das abstrakte Konstrukt „Tätigkeitsspielraum" befriedigend abgebildet wurde, sei dahingestellt. Jedenfalls korrelieren die drei Teildimensionen so hoch (r=0,49; 0,61; 0,61), daß man sie auch als Indikatoren eines eindimensionalen Konstruktes verstehen kann. Bei der Studie stellte sich heraus, daß der Tätigkeitsspielraum die aktuell erlebte Befindlichkeit nur in geringem Maße beeinflußt (vgl. Abbildung 5.13). Die Korrelationen des Tätigkeitsspielraums mit den Variablen Ermüdung, Gereiztheit usw. sind jedenfalls recht gering. Stärker ausgeprägt ist die Beziehung zwischen dem Tätigkeitsspielraum und dem sogenannten Burnout-Phänomen, einer besonderen psychischen Belastung, die man vor allem in helfenden Berufen findet. Burnout ist u.a. gekennzeichnet durch emotionale Erschöpfung und durch das Gefühl, nicht das persönliche Engagement erbringen und nicht die Erfüllung finden zu können, die man sich eigentlich von der Arbeit versprochen hat.

Variable	Beschreibung	r
Fehlbean-spruchung	Ermüdung, Monotonie und Sättigung. Fehlbeanspruchung läßt sich durch Pausengestaltung vermindern	-,11
Belastetheit	„Gereiztheit", Erschöpfungszustand, der durch die alltäglichen Belastungspausen nicht abgebaut wird	-,10
Psychosomatische Beschwerden	Ins Körperliche gewendete psychophysiologische Beanspruchungsfolgen	-,04
Burnout	Emotionale Erschöpfung, hohe Betroffenheit, Ausbleiben persönlicher Erfüllung	-,19
Kontroll-wahrnehmung	Gefühl, über die eigenen Geschicke selbst bestimmen zu können	,40
Kontroll-motivation	Bedürfnis, über die eigenen Geschicke selbst zu bestimmen	,23
Arbeits-zufriedenheit	Beurteilung der Arbeitssituation	,42
Organisationale Bindung	Fehlende Neigung zum Wechsel des Arbeitgebers, Identifikation mit der Organisation	,19

Abb. 5.13: Tätigkeitsspielraum und Arbeitsverhalten nach der Studie von Büssing/Glaser (modifizierte Darstellung)

Zwischen Tätigkeitsspielraum und Kontrolle besteht schon rein logisch ein enger Zusammenhang. Die hohe Korrelation zwischen Tätigkeitsspielraum und Kontroll*wahrnehmung* ist daher wenig erstaunlich und ist wohl ein Beleg für eine hohe Methodenvarianz (sowohl die abhängigen als auch die unabhängigen Variablen wurden durch die Befragung ein und derselben Person erfaßt). Bedenkenswert ist allerdings die Korrelation von Tätigkeitsspielraum und *Kontrollbedürfnis*. Vertilgt der Mangel an Freiheit auch das Bedürfnis nach Freiheit? Man kann das so lesen, möglicherweise ist aber auch ein Selektionseffekt wirksam: an Arbeitsplätzen mit einem geringen Tätigkeitsspielraum halten es längere Zeit nur Arbeitnehmer mit einer geringen Kontrollmotivation aus. Schließlich sind in Abbildung 5.13 noch die Korrelationen des Tätigkeitsspielraums mit der Arbeitszufriedenheit und der organisationalen Bindung ausgewiesen. Sie entsprechen den Ergebnissen von anderen Studien, die z.B. zur Prüfung des Hackman/Oldham-Modells durchgeführt wurden.

Und damit wollen wir wieder zum Job Enrichment zurückkommen. Dieses kann sich auf alle drei Dimensionen des Handlungsspielraums richten. Üblicherweise wird jedoch besonders auf die Autonomiedimension und hierbei auf einen besonderen Aspekt abgestellt: Job Enrichment wird meistens als Gestaltungsansatz zur stärkeren Integration von Planungs- und Ausführungstätigkeiten verstanden. Der Arbeitnehmer soll also nicht detailliert vorgegebene Aufgaben rein mechanisch ausführen, sondern in die Definition der Aufgabe selbst mit einbezogen werden. Dadurch wird die Arbeitsgestaltung allerdings nicht zu einem Akt reiner Selbstbestimmung, im Gegenteil, Job Enrichment ist in der Praxis vor allem der Ausdruck einer Politik sehr kleiner Schritte. Andererseits gibt es noch wesentlich ärmere Varianten der Aufgabenerweiterung: das sogenannte Job Enlargement und das Job Rotation. Beim Job Enlargement geht es um eine „horizontale" Anreicherung der Arbeit. Der Arbeitnehmer bekommt keine zusätzlichen dispositiven, sondern zusätzliche gleichrangige Aufgaben, die die Eintönigkeit der Arbeit auflockern sollen. Beim Job Rotation werden die Arbeitsplätze überhaupt nicht verändert. Der Arbeitnehmer erhält lediglich die Möglichkeit, in gewissen Zeitintervallen auch andere Arbeitsplätze zu besetzen. Die Aufgaben werden dadurch nicht anspruchsvoller, sondern lediglich abwechslungsreicher. Manchmal wird das Job Rotation mit der Formel „Null plus Null bleibt Null" beschrieben. In der Wahrnehmung vieler Arbeitnehmer ergibt sich in der Summe aber sogar ein Minus. Sie empfinden den Wechsel des Arbeitsplatzes als Belastung, weil sie sich in eine neue inhaltsleere Arbeit hineinfinden müssen und weil die räumliche Veränderung auch mit einem Wechsel des sozialen Umfelds (neue Kollegen, neue Chefs) nicht immer gewünscht ist.

Empowerment
In den letzten Jahren wurden die Begriffe Job Enrichment und Partizipation in den Managementbüchern durch den Begriff „Empowerment" verdrängt. Dies ist kein Zufall. Empowerment hat eine deutlich aktivere Komponente, es zielt darauf, die Kräfte des einzelnen Arbeitnehmers zu mobilisieren, um angesichts einer höheren Marktdynamik und gestiegener Anforderungen an die Unternehmensleistung im Wettbewerb bestehen zu können. Empowerment bedeutet in der Übersetzung in etwa „mit Macht ausstatten". Nicht gemeint ist damit allerdings – wie man vermuten könnte – die Vergrößerung der *sozialen Macht* etwa im Sinne von erweiterten Mitspracherechten. Empowerment zielt vielmehr auf eine Steigerung der *psychischen Energie* (vgl. Pinder 1997, S.203 ff.). Es geht

- um die Steigerung des „Job Involvement", d.h. um die Bereitschaft, sich für die jeweilige Aufgabe voll einzusetzen,
- um Extra-Rollenverhalten, d.h. um ein Verhalten, das sich nicht nur an der formal vorgegebenen Aufgabenbeschreibung, sondern primär an den Erfordernissen der

jeweiligen Handlungssituation und an den Bedürfnissen der „Kunden" der Arbeitsleistung orientiert und
- um Identifikation, d.h. darum, die Sache des Unternehmens zur eigenen zu machen.

Die genannten Arbeitshaltungen sind immer dann höchst wünschenswert, wenn sich eine Aufgabe nicht bis ins Detail vorgeben läßt, wenn die Leistung also ganz wesentlich vom Mitdenken, dem Engagement und der Flexibilität der Mitarbeiter bestimmt wird. Welche Voraussetzungen bedingen das gewünschte Arbeitsverhalten? In Abbildung 5.14 ist die Struktur eines Verhaltensmodells von Thomas/Velthouse (1990) wiedergegeben, das darauf abzielt, das psychologische Empowerment zu erklären.

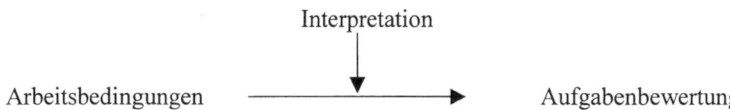

Abb. 5.14: Modellstruktur zur Erklärung des psychologischen Empowerment
(vereinfacht nach Thomas/Velthouse 1990)

Im Zentrum der Überlegung steht innerhalb dieses Modells die „Aufgabenbewertung", die der einzelne Arbeitnehmer vornimmt. Nur Aufgaben, bei deren Erledigung er „Wirkung" erzielen kann, Aufgaben, die ihm „Wahlmöglichkeiten" bieten und Aufgaben, die „Sinn" vermitteln, sind geeignet, Empowerment zu veranlassen. Das „Wirkungsgefühl" ist eng an die Überzeugung gebunden, daß man die Umwelt nachhaltig beeinflussen kann. Die Einschätzung der „Wahlmöglichkeiten" ergibt sich aus dem Ausmaß der empfundenen Selbstbestimmung. Und „Sinn" vermitteln nur solche Aufgaben, die den eigenen Standards (Normen, Werten, Überzeugungen) entsprechen.

Welche Arbeitsbedingungen fördern die geschilderte Aufgabenbewertung durch die Mitarbeiter? Thomas und Velthouse verweisen diesbezüglich auf etliche Studien (vgl. auch Spreitzer 1995). Sie fassen dabei den Begriff der Arbeitsbedingungen sehr weit und zählen hierzu ebenso den Führungsstil und das Ausmaß der Delegation wie den Handlungsspielraum. So soll ein charismatischer Führungsstil beispielsweise das Sinnbedürfnis, die Delegation von Verantwortung, das Selbstbestimmungsbedürfnis befriedigen. Der Aufgabenzuschnitt im Sinne von Hackman/Oldham (s.o.) spreche darüber hinaus das Wirkungsgefühl an. Allerdings treten diese Wirkungen – so Thomas/Velthouse – nicht „unvermittelt" auf. Ganz entscheidend sei die subjektive Interpretation der Arbeitssituation. Diese werde nicht unerheblich von bestimmten Hintergrundvorstellungen und allgemeinen Persönlichkeitsvariablen beeinflußt. Die

Bewertung einer Situation hängt beispielsweise von den Überzeugungssystemen und den Denkmustern einer Person ab. Und bestimmte Überzeugungen können die psychische „Energetisierung" in der Tat unmöglich machen. Ein Beispiel hierfür ist ein übertriebener Perfektionismus. Er setzt die Standards, die an die Lösung einer Aufgabe angelegt werden, derart hoch, daß letztlich keine Leistung befriedigen kann. Damit wird es sehr schwer, seine Arbeit wirklich sinnvoll zu finden, was – wie oben beschrieben – die Aktivierung nachdrücklich beschädigen dürfte. Als weiteres Beispiel für eine Einflußgröße, die das Empowerment mindern dürfte, nennen Thomas/Velthouse den Mangel an Vorstellungskraft über eine – positive – Zukunft („envisioning"). Zweifellos ist es viel leichter, Begeisterung und Empowerment bei jemandem zu wecken, der ein lebhaftes Vorstellungsvermögen besitzt, das vor allem die positiven Seiten herausstellt, als bei jemandem, der, wenn überhaupt, nur die negativen Seiten „kraftvoller Unternehmungen" sehen kann.

Kritisch einwenden läßt sich gegen die Sichtweise von Thomas/Velthouse, daß sie die Interpretation der Situation i.w. als von den Eigenschaften der Mitarbeiter bestimmt sehen. Danach sind es vor allem falsche oder defizitäre Vorstellungen, die dem Empowerment entgegenstehen. Es ist jedoch ebenso möglich, daß die Vorstellungen einer Person durchaus solide Ursachen außerhalb der Person haben. Die Weigerung, sich durch betriebliche Interventionen „mit psychischer Energie aufladen" zu lassen, kann also wohl begründet sein. Dies läßt sich auch an den beiden angeführten Beispielen sehr schön zeigen. Perfektionismus ist nämlich nicht notwendigerweise ein persönlicher Defekt, sie kann einem Menschen auch von außen (z.B. von einem peniblen Vorgesetzten) aufgedrängt werden. Und was den Eindruck angeht, den eine vorgestellte Zukunft machen kann: möglicherweise ist tatsächlich eher Skepsis als Euphorie angebracht. Zwar soll hier nicht bezweifelt werden, daß die Begeisterungsfähigkeit sehr stark auch von tiefverwurzelten Einstellungen einer Person abhängt. Es wäre allerdings völlig falsch, die Ursachen für ein Scheitern von Empowerment-Versuchen nur in den persönlichen Voraussetzungen zu suchen. Ebenso wichtig wie mentale Haltungen sind die materiellen Verhältnisse, auf die sich die Einstellungen beziehen (sollen).

4 THEORIE: BELOHNUNG DURCH DIE TÄTIGKEIT AN SICH?

In der Welt der Wirtschaft und damit auch in der Arbeitswelt herrscht der Tausch. Leistungen werden für Gegenleistungen erbracht. Arbeit geht nach Lohn. Innerhalb der Tauschlogik macht es keinen Sinn, sich mehr als unbedingt nötig anzustrengen. Wenn es genügt mit halbem Einsatz zu arbeiten, wird man sich nicht verausgaben. Wie jeder weiß, stimmt dies nur bedingt. Tatsächlich ist die Bereitschaft, mehr zu tun als verlangt wird, durchaus weit verbreitet. Wie ist aber zu erklären, daß man etwas tut, was gar nicht belohnt wird? Wenn der Lohn nicht von „außen" kommt, muß er offenbar von „innen" kommen. Wird ein Handeln nicht belohnt, muß es sich wohl selbst belohnen. Wenn der Lohn in der Tätigkeit selbst liegt, spricht man daher von „intrinsischer" Belohnung. Intrinsische Motivation ist dadurch gekennzeichnet, daß die Motivationskraft – anders als bei der extrinsischen Motivation – in der Tätigkeit selbst liegt und sich nicht aus den Folgen der Tätigkeit ergibt. In der konkreten Wirklichkeit lassen sich extrinsische und intrinsische Motivationen allerdings oft nur schwer klar auseinanderhalten. Was veranlaßt Menschen beispielsweise dazu, regelmäßig Sport zu treiben? Möglicherweise schätzen sie den sozialen Kontakt im Verein. Dann wäre der Sport nur Mittel zum Zweck, Sport zu treiben schüfe damit nur die Gelegenheit, den Wunsch nach Geselligkeit zu befriedigen. Ähnlich wäre die Angelegenheit zu beurteilen, wenn es dem Sportler primär um Ruhm und Ehre ginge oder wenn Sport nur als Gesundheitselixier verstanden würde, denn dann ginge es nicht um die sportliche Betätigung als solche, sondern nur um die Zwecke, die sie motivieren. Tatsächlich dürften sich bei jedem Sporttreibenden mehrere Motive durchmischen. Einerseits mag man sich wegen seiner Gesundheit quälen, andererseits geht es schlicht um „Spaß" oder „Bewegung". Vielschichtig ist die Motivlage normalerweise auch bei der Arbeit. Daher macht es wenig Sinn, extrinsische und intrinsische Motivationen gegeneinander auszuspielen, d.h. man ist normalerweise nicht nur entweder extrinsisch oder intrinsisch motiviert. Es ist wohl vielmehr davon auszugehen, daß der Sockel der Erwerbsarbeit primär extrinsisch motiviert ist, insgesamt der intrinsische Anteil aber auch ganz erhebliche Ausmaße erreichen kann. Woran erkennt man das Vorliegen intrinsischer Motivation? Einerseits im Verhalten, andererseits – und deutlicher – im Erleben. Wer intrinsisch motiviert ist, hat ein unmittelbares Interesse an seiner Tätigkeit, sucht jede Gelegenheit, sich mit ihr zu beschäftigen, ist also oft (also z.B. auch in seiner Freizeit) gedanklich mit seiner Aufgabe beschäftigt, zeigt sich bei der Aufgabenbewältigung engagiert, versucht, sie besser zu verstehen, ist bezüglich seiner Aufgabe geistig sehr beweglich, er geht den Dingen mehr auf den Grund, ist kreativ, strebt danach, seine Leistung zu verbessern, läßt sich von Schwierigkeiten und Mißerfolgen nicht so leicht entmutigen und sieht sich vor allem als Verursacher und nicht als Opfer des Geschehens. Intrinsische Motivation äußert sich nicht nur im Denken und Empfinden, sondern zeigt sich auch im äußeren Verhalten. Intrinsisch motivierte Personen werden beispielsweise nicht auf eine peinliche Einhaltung der Arbeitszeiten achten, sie werden sich nicht mit vorläufigen Lösungen zufrieden geben, bereit sein, zusätzliche Anstrengungen zu erbringen, und sie werden ihre Tätigkeit mit besonderer Gewissenhaftigkeit und Sorgfalt ausführen. Ob hinter diesen Verhaltensweisen aber tatsächlich eine intrinsische Motivation steckt, ist nicht immer einfach zu entscheiden. Das konkret beobachtbare Verhalten ist immer mehrdeutig, ein und dasselbe Verhalten kann von sehr unterschiedlichen Gründen getragen sein, also z.B. ebenso von Ehrgeiz, von Angst oder von Berechnung.

Wie läßt sich intrinsische Motivation erklären? Motivationstheorien erklären das menschliche Verhalten meistens durch einen Rekurs auf bestimmte Motive, die in grundlegenden Bedürfnissen verankert sind. So gründet Hunger beispielsweise im Bedürfnis nach Nahrung, Hilfeverhalten im Bedürfnis nach Zugehörigkeit oder in einem Bedürfnis nach Anerkennung. Bezüglich der intrinsischen Motivation scheint dieses Erklärungsmuster zu versagen. Schließlich geht es hierbei ja um ein Verhalten, das sich selbst genügt, also „Selbstzweck" ist. Aber kein Verhalten ist motivationsfrei. Auch intrinsisch motiviertes (!) Verhalten kann daher erklärt werden. Besonders häufig wird bei der Erklärung von intrinsisch motiviertem Verhalten auf zwei Grundbedürfnisse verwiesen: auf das Bedürfnis nach Selbstbestimmung (auf den Wunsch, der Verursacher der eigenen Handlungen und nicht Spielball eines fremden Willens zu sein) und auf das Kompetenzbedürfnis (auf den Wunsch, seine Handlungssituation auch selbst beeinflussen zu können). Daneben wird zur Erklärung der intrinsischen Motivation manchmal auch auf das Bedürfnis nach Wirksamkeit oder Einflußnahme und auf das Bedürfnis nach Leistung Bezug genommen. Äußere Bedingungen können diese Bedürfnisse stimulieren und veranlassen dann die für die intrinsische Motivation typischen Empfindungen und Verhaltensweisen. Situationen, in denen diese Bedürfnisse unterdrückt werden, blockieren die intrinsische Motivation. Das ist unmittelbar einleuchtend: wenn jemandem die Möglichkeit genommen wird, seine Kompetenz zu beweisen und zu erproben, warum sollte er dann mehr tun, als unbedingt von ihm verlangt wird und woraus sollte dann ein *besonderes* Interesse an seiner Aufgabe erwachsen? Bedürfnisorientierte Erklärungsmuster sind – wie auch unser Beispiel zeigt – oft sehr „direkt" und stehen in der Gefahr, nicht wirklich informativ zu sein, weil sie das, was zu erklären wäre, eigentlich nur nochmals in anderen Worten ausdrücken. Für Müdigkeit wird das Schlafbedürfnis, für Strebertum das Geltungsbedürfnis und für engagiertes Arbeitsverhalten wird dann eben die intrinsische Motivation bzw. eben das dahinter steckende Kompetenzbedürfnis verantwortlich gemacht (es entstehen also leicht tautologische Erklärungsmuster, vgl. die Kritik von Kristjansson 1993).

Etwas komplexer argumentieren kognitive Ansätze, also Ansätze, die auch die Denkprozesse des Handelnden in ihre Erklärungen mit einbeziehen. Intrinsische Motivation resultiert danach vor allem aus Erwartungen und Attributionen. Wer beispielsweise eine besonders schwierige Aufgabe zu erledigen hat, wird dann besonders motiviert sein, wenn er erwartet, daß es ihm gelingen wird, diese Aufgabe allen Hindernissen zum Trotz dennoch bewältigen zu können. Die Motivation entsteht gewissermaßen aus der geistigen Vorwegnahme der Befriedigung, die aus der Überwindung der Schwierigkeiten resultiert. Positive Erwartungen können aus einer Vielzahl von Quellen fließen. Zum Beispiel auch aus der Übertragung von Verantwortung: wer sich für die Erledigung eines (wichtigen) Problems zuständig fühlt und glaubt, dieser Verantwortung gerecht werden zu können, der zieht – in Antizipation seiner Aufgabenerfüllung – bereits aus der verantwortungsvollen Erfüllung seiner Aufgabe eine erhebliche Befriedigung und entwickelt eine sich selbst erhaltende Motivation. In ähnlicher Weise tragen auch Größen wie die Wichtigkeit und die Einzigartigkeit der Aufgabe zu positiven Erwartungen und damit zur Förderung der intrinsischen Motivation bei (vgl. Staw 1976).

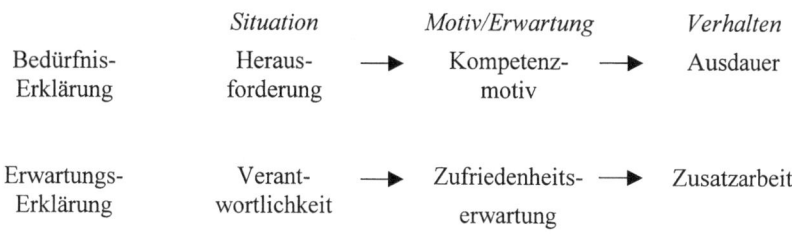

Abb. 5.15: Erklärungsmuster für das Entstehen intrinsischer Motivation

Attributionstheoretische Erklärungen der intrinsischen Motivation fragen anders als erwartungstheoretische Erklärungen nicht nach dem Ergebnis einer Handlung, sondern nach der Rechtfertigung, die eine Person für ihr Verhalten hat. Wie erklärt man sich sein eigenes Verhalten? Wenn ich etwas tue, wofür ich keine „externen" Gründe geltend machen kann (wenn ich für meine Überstunden also kein Geld oder keine Anerkennung erhalte), müssen die Verhaltensursachen wohl in mir selbst liegen. Was man aber von sich aus tut, kann kaum minderwertig sein (jedenfalls sehen dies Personen mit einem einigermaßen stabilen Selbstbewußtsein so) und man tut es deshalb mit Überzeugung und Engagement. Menschliches Verhalten kann also auch vom Ergebnis her erklärt werden. Menschen sind sich oft unsicher, wie sie etwas (und damit auch das eigene Verhalten) bewerten sollen. Sie versuchen dann, zur Erklärung der eigenen Motivlage äußere Hinweisreize und selbstwertschützende Rechtfertigungsstrategien heranzuziehen.

Neben den erwähnten Erklärungsansätzen, die sich mit psychischen Prozessen auseinandersetzen, gibt es im übrigen auch Versuche, intrinsische Motivation ganz auf die jeweils gegebenen Stimulusbedingungen und damit auf äußere „Verstärker" zurückzuführen. Intrinsisches Verhalten (längere Arbeitszeiten, besondere Sorgfalt usw.) haben danach ihre Ursache einfach darin, daß sie belohnt werden. Bei Wegfall der es tragenden Belohnungen, verschwindet auch das intrinsische Arbeitsverhalten. Innerhalb dieses „behavioristischen" Ansatzes verliert die Unterscheidung zwischen extrinsischer und intrinsischer Motivation letztlich jede Plausibilität (vgl. z.B. Mawhinney 1979, Dickinson 1989). Abschließend sei noch ein einfacher physiologischer Erklärungsversuch angeführt. Danach streben Menschen nach einer optimalen Stimulation. Reizüberfluß wird als Belastung, Reizmangel dagegen als Langeweile empfunden. Intrinsische Motivation erklärt sich aus dieser Perspektive aus dem Bestreben, das für das eigene Empfinden optimale Stimulationsniveau zu erreichen (zu weiteren Erklärungsansätzen vgl. de Charms 1968).

a) Intrinsische Motivation und extrinsische Belohnung

Läßt sich die intrinsische Motivation durch personalwirtschaftliche Maßnahmen steigern? Die Einordnung unserer Behandlung in den Themenkomplex „Arbeitsgestaltung" ist nicht zufällig. Die intrinsische Motivation setzt an der Tätigkeit an, und entsprechend wichtig ist die Ausgestaltung der Arbeitsinhalte. Extrinsische Anreize (insbesondere Geld) liefern diesbezüglich keine direkten Anknüpfungspunkte. Sie sind der intrinsischen Motivation gewissermaßen „wesensfremd". Tatsächlich gibt es etliche Studien, die zeigen, daß extrinsische Anreize im Hinblick auf die intrinsische Motivation nicht nur wirkungslos sind, sondern nachgerade das Gegenteil der beabsichtigten Wirkung hervorrufen. Extrinsische Belohnung intrinsisch motivierten Verhaltens zerstört die intrinsische Motivation. In der wissenschaftlichen Forschung hat sich insbesondere Edward Deci mit dieser Frage beschäftigt, weshalb die Verdrängung intrinsischer durch extrinsische Motivation verschiedentlich auch Deci-Effekt bezeichnet wird (vgl. Deci 1975, Deci/Ryan 1985). Die zahlreichen empirischen Studien zu diesem Effekt erbrachten – wie auch kaum anders zu erwarten war – keine durchgängige Bestätigung des behaupteten Verdrängungseffektes (vgl. u.a. Wiersma 1992, Eisenberger/Cameron 1996). Es wird eigentlich von niemandem bestritten, daß intrinsische Motivation zerstört werden kann. Strittig ist, ob und warum – d.h. unter welchen Umständen – extrinsische Belohnungen (dauerhaft) in der Lage sein sollten, die intrinsische Motivation zu beeinträchtigen.

Eine der wichtigsten Erklärungen des Verdrängungseffektes bedient sich der oben angeführten attributionstheoretischen Argumentation. Wer etwas aus eigenem Antrieb tut und dafür extern belohnt wird, empfindet einen inneren Widerspruch, der nach Auflösung verlangt („overjustification"). Da man die extrinsische Belohnung selten zurückweist (zurückweisen kann), bleibt nur die Möglichkeit einer „kognitiven" Korrektur: man paßt die eigene Motivationslage der gegebenen extrinsischen Belohnungssituation an.

Eine andere Erklärung bezieht sich auf das Bedürfnis nach Einfluß. Wer belohnt, der demonstriert damit – bewußt oder unbewußt – immer auch Macht. Wer extrinsische Belohnungen akzeptiert, fügt sich dieser Macht. Damit verschwindet aber auch die Grundlage für die intrinsische Motivation – zumindest insoweit sie sich aus dem Einflußbedürfnis nährt. Die größte Aufmerksamkeit hat der Erklärungsansatz gefunden, der sich auf das Selbstbestimmungsbedürfnis stützt. Nach der sogenannten „Social Evaluation Theory" (vgl. Deci/Ryan 1985) gehen von Belohnungen zwei funktionell sehr unterschiedliche Wirkungen aus. Einerseits geben sie nämlich Feedback, sagen also etwas darüber aus, inwieweit die Arbeitsleistung zufriedenstellend ist oder nicht. Andererseits haben sie auch eine „Kontrollwirkung", sie vermitteln eine Botschaft über die Gründe, warum man etwas tut (z.B. eben wegen der Belohnungen). Je nachdem, welcher der beiden Aspekte überwiegt, werden andere psychologische Prozesse ausgelöst. Überwiegt die Feedback-Botschaft, dann wird eine Belohnung die intrinsische Motivation verstärken; ist die Belohnung dagegen geringer als erwartet, wird die intrinsische Motivation reduziert. Überwiegt die Kontroll-Botschaft, dann kann es leicht geschehen, daß sich in der Wahrnehmung des Betroffenen die Lokalisierung der Verhaltensursache verschiebt: der Bestimmungsgrund des Verhaltens liegt dann nicht mehr in der eigenen Person, sondern im externen Anreiz. Fällt aber die Selbstbestimmung weg, dann entschwindet auch die intrinsische Motivation. Zusammengefaßt: eine Belohnung intrinsischen Verhaltens kann die intrinsische Motivation verstärken (positives Feedback) oder schwächen (wahrgenommene externe Steuerung).

Etwas einfacher ist der Erklärungsansatz von Frey (1997). Er bezeichnet die Beeinträchtigung der intrinsischen Motivation durch externe Eingriffe als „Verdrängungseffekt". Externe Eingriffe – gleichgültig ob sie aus Belohnungen oder aus Vorschriften bestehen – wirken als Beeinträchtigungen, wenn sie als „kontrollierend" und als Verstärkungen (also die intrinsische Motivation steigernd), wenn sie als „unterstützend" empfunden werden. Die beeinträchtigende Wirkung ist nach Frey um so stärker, je höher das Ausgangsniveau der intrinsischen Motivation ist. Außerdem weist Frey auf einige Bedingungen hin, die das Ausmaß der empfundenen Kontrolle steigern dürften. Hierzu zählen z.B. die „Härte" der Regulierung, die Mitbestimmungsmöglichkeiten und die Enge der Verknüpfung zwischen der Intervention und der in Frage stehenden Arbeitsleistung.

Festgehalten sei, daß extrinsische Belohnungen (oder allgemeiner: äußere Eingriffe) nicht notwendigerweise einen Verdrängungseffekt bewirken, sie können die intrinsische Motivation auch stärken. Welcher Effekt überwiegt, hängt von den jeweils gegebenen situativen Bedingungen ab. Der Forschung zur intrinsischen Motivation geht es genau um diese Bedingungen. Die in der Literatur vorfindlichen Argumentationsmuster folgen dabei ganz allgemein dem in Abbildung 5.16 angeführten Schema. Liegt in einer gegebenen Situation eine „positive" Ausprägung der Bestimmungsgrößen der intrinsischen Motivation vor (z.B. eine klar abgegrenzte und umfangreiche Verantwortlichkeit), dann resultiert hieraus eine Verbesserung der intrinsischen Motivation, liegt eine negative Ausprägung vor (z.B. eine ungeklärte und allenfalls belanglose Verantwortlichkeit), dann wird die intrinsische Motivation beeinträchtigt. Extrinsische Belohnungen sind nun immer dann von Relevanz, wenn sie mit den Determinanten der intrinsischen Motivation verknüpft sind. So kann man einer Person beispielsweise durch Lob auch Verantwortlichkeit „abkaufen" – und ihr damit seine ursprüngliche „intrinsische" Motivation nehmen.

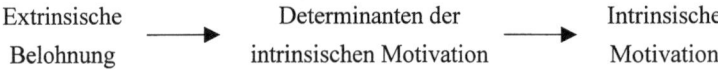

Abb. 5.16: Kausalmechanismus der Wirkung extrinsischer Belohnung

Angenommen, ein Mitarbeiter hat neben seiner üblichen Arbeit ein Projekt zur Veränderung bestimmter Geschäftsprozesse übernommen und in mühevoller und zeitraubender Arbeit ein nach seiner Auffassung unmittelbar umsetzbares Konzept entwickelt. Wenn der Vorgesetzte diesem Mitarbeiter nun ausdrücklich und vielleicht sogar öffentlich für dessen „Hilfe" dankt, und ankündigt, sich nun selbst um den weiteren Fortgang dieses Projekts zu kümmern, dann wird sich der Mitarbeiter wohl kaum über die Belohnung freuen. Er wird wie alle anderen auch begreifen, daß ihm die vermeintliche Verantwortung nicht wirklich übertragen wurde. Extrinsische Belohnungen (das Lob, der Dank, die Anerkennung, die Prämie) vermitteln also nicht immer motivierende Botschaften.

Umgekehrt zeigt unser einfaches Schema in Abbildung 5.16 aber auch, daß extrinsische Belohnungen die intrinsische Motivation auch stärken können und zwar dann, wenn die Belohnung mit einer Determinante der intrinsischen Belohnung positiv verbunden ist. In unserem Beispiel wäre dies dann der Fall, wenn der Vorgesetzte den Mitarbeiter auch mit der Umsetzung des Konzepts beauftragen würde.

Besonders problematisch ist es, wenn der Deci-Effekt gewissermaßen strukturell verankert wird. Auch hierzu nochmals ein Beispiel zur Thematik „Verantwortlichkeit" (nebenbei bemerkt: auch für die anderen der oben genannten Determinanten der intrinsischen Motivation lassen sich zahlreiche Beispiele anführen): die Gewährung von Prämienzahlungen für Verbesserungsvorschläge. Daß mit dieser Maßnahme die intrinsische Motivation „ausgerottet" wird, versteht sich eigentlich von selbst, denn wer für

Verbesserungsvorschläge bezahlt, macht diese zur Ware. Das Nachdenken über Verbesserungsvorschläge gehört dann offenbar nicht zu den normalen Aufgaben eines Stelleninhabers, sie werden zu Zusatzleistungen (die man sich entsprechend belohnen läßt) und verschwinden damit auch aus dem Bereich der normalen Arbeitsmotivation.

Abschließend sei noch erwähnt, daß der Deci-Effekt auch in der populärwissenschaftlichen Literatur einige Aufmerksamkeit gefunden hat. Die einschlägigen Publikationen (vgl. Sprenger 1991, Kohn 1993) zeichnen sich zwar nicht durch eine differenzierte Argumentationsführung aus, sie sind dessen ungeachtet sehr instruktiv, weil sie sehr plastisch verschiedene Auswüchse im Einsatz von Motivierungstechniken beschreiben.

b) Interne Kontrolle und intrinsische Motivation

Auch die praktischen Bemühungen um die Gestaltung des Arbeitsplatzes orientieren sich an dem in Abbildung 5.16 skizzierten Schema. Die wissenschaftliche Arbeitsplatzgestaltung bemüht sich darum, möglichst motivationsadäquate Arbeitsbedingungen herzustellen (vgl. Abschnitt 3c). Der zentrale Ansatzpunkt ist also auch hier die „externe" Situationsgestaltung. Diese Sichtweise ist allerdings zu ergänzen, weil neben Situationsvariablen immer auch Personvariablen das Verhalten eines Menschen bestimmen. Auf das Problem der intrinsischen Motivation bezogen heißt das, daß es nicht nur eine „externe", sondern eben auch eine „interne" Kontrolle gibt, also eine Kontrolle, der sich Menschen selbst aussetzen. Entsprechend kann eine Beeinträchtigung der intrinsischen Motivation nicht nur durch äußeren, sondern auch durch inneren Druck erfolgen. Dies scheint eine kuriose Sicht der Dinge zu sein, denn was sollte Menschen veranlassen, sich nicht nur durch selbstgesetzte Kontrollmaßnahmen zu „quälen", sondern sich dadurch auch noch die Motivation zu verderben? Man kann dieses scheinbar paradoxe Verhalten nur verstehen, wenn man die Hauptursache für die Entwicklung intrinsischer Motivation – das menschliche Streben nach Autonomie – näher in Augenschein nimmt. Hierzu ist es notwendig, das Selbstkonzept einzuführen. Das „Selbst" ist gewissermaßen das Aktivitätszentrum einer Person, das die psychischen Teilsysteme integriert und auf das sich neu erworbene psychische Funktionen, Werthaltungen und Handlungstendenzen hin ausrichten. Zu beachten ist, daß Selbst und Psyche nicht identisch sind, das Selbst sich aber um diese Identität bemüht. Es gibt also durchaus Strebungen in einer Person, die nicht unter der „Herrschaft" des Selbst stehen, um deren Integration, sich das Selbst aber gleichwohl bemühen muß. Diese Strebungen sind insoweit authentisch, als sie sich mit den „Organisationsprinzipien" des Selbst in Einklang bringen lassen (vgl. Ryan 1992). Unter Umständen entwickeln sie jedoch ein vom eigentlichen Selbst abgetrenntes Eigenleben. Daraus folgt, daß Menschen nicht selten zwar absichtsvoll (also durch „innere" Bestimmungsgründe veranlaßt) aber gleichzeitig unauthentisch –

also nicht wirklich „Selbst"-bestimmt – handeln. Rigby u.a. (1992) brechen aus diesem Grund die kategoriale Gegenüberstellung von extrinsischer und intrinsischer Motivierung auf. Intrinsische Motivation als autonome Motivierung, die voll im Einklang mit dem Selbst steht, ist demnach nur der Endpunkt eines Kontinuums motivationaler Zustände. Dem stehen in mehreren Abstufungen Formen extrinsischer Motivation gegenüber.

Am weitesten von der intrinsischen Motivation entfernt ist die „externe Regulierung". Diese umfaßt Motive, die sich auf Belohnungen und Bestrafungen gründen. Nun ist jemand, der sich von Belohnungen ansprechen und/oder sich von Bestrafungen abschrecken läßt, diesen extrinsischen Anreizen nur im Ausnahmefall willenlos ausgeliefert. Insoweit ist die Inanspruchnahme der Belohnungen (z.B. Geld) oder das Nachgeben angesichts von Bestrafungen (z.B. Drohungen) immer auch eine bewußte Entscheidung und hat damit auch etwas mit der Person selbst zu tun. Das Verhalten ist jedoch nicht notwendigerweise authentisch, d.h. es kann in einem Widerspruch zum Selbst befangen sein. Die Entgegennahme einer (unverdienten) Belohnung kann z.B. als Charakterschwäche ausgelegt, das Nachgeben angesichts einer Strafdrohung kann z.B. als Feigheit empfunden werden.

Die nächste und für das tägliche Handeln höchst bedeutsame extrinsische Motivationsstufe ist die der „Introjektionsregulierung". Diese richtet sich nicht wie die extrinsische Regulierung auf unmittelbare und „handfeste" Belohnungen und Bestrafungen, sondern umfaßt interne Antriebe und Zwänge, die sich um das Selbstwertgefühl ranken. Ihnen nicht zu genügen, erzeugt Schuldgefühle oder gilt als Beweis der Unfähigkeit und Minderwertigkeit. Die Introjektionsregulierung wird von Normierungen der Gesellschaft gesteuert, die die Person zwar akzeptiert, sich ihnen also fügt und sich ihnen auch verbunden fühlt, die sie aber nicht wirklich – als dem eigenen Wesen gemäß – übernommen hat.

Näher am Selbst, aber immer noch „extrinsisch", ist die „Identifikationsregulierung". Die hier in Frage stehenden Motive werden als zum eigenen Selbstbild gehörig akzeptiert. Man folgt ihnen, nicht weil sie – wie z.B. Belohnungen – angenehm, sondern weil sie einem „wichtig" sind. Aber auch Identifikationen müssen nicht in das Selbst integriert sein. Sich von ihnen in seinem Verhalten bestimmen zu lassen, kann daher ebenfalls inauthentisch sein. Zusammengefaßt: Nicht alles, was man bewußt und zielgerichtet tut, ist dem eigenen Wesen gemäß. Zwangsfreiheit – und noch mehr: Autonomie – erfährt man nur unter der „Schirmherrschaft" des Selbst. Strebungen, die dem Selbst widersprechen, geraten notwendigerweise in Konflikt mit dem Autonomiebedürfnis und können daher auch die intrinsische Motivation beschädigen.

Mit Hilfe der beschriebenen Ausdifferenzierung läßt sich eine ganze Reihe interessanter Phänomene erklären, die an dieser Stelle nicht näher behandelt werden können. Wir wollen lediglich auf einen ausgewählten Zusammenhang eingehen, der auf den ersten Blick unverständlich erscheint, nämlich auf die Beobachtung, wonach nicht nur ein externer Eingriff, sondern auch das Ego-Involvement einer Person deren intrinsische Motivation beeinträchtigen kann. Wie schon die Bezeichnung sagt, geht es beim Ego-Involvement um das Ausmaß, in dem eine Person ihre Handlungen als Ausdruck der eigenen Person versteht. Hohes Ego-Involvement scheint damit durchaus wünschenswert – oder zumindest „ehrlich". Tatsächlich geraten Personen mit einem hohen Ego-Involvement jedoch leicht in eine Verhaltensfalle, denn sie verbauen sich durch das Geltendmachen ihres Ego die Möglichkeit, eventuelle Mißerfolge von der eigenen Person „wegzuhalten". Personen mit einem hohen Ego-Involvement stehen daher oft unter einem erheblichen Druck, weil jede Handlung innerhalb der dem Ego-Involvement innewohnenden Befindlichkeit zu einer Bewährungsprobe wird. Der Druck, keinen Fehler machen zu dürfen, äußert sich nicht nur auf der Gefühlsebene, er stimuliert auch ein wenig spontanes und „unechtes" Verhalten, also ein Verhalten, das das Selbst gerade nicht zum Ausdruck bringt. Dieses „unglückliche" Verhalten trägt nun leider nicht dazu bei, daß die Kontrollhaltung zurückgenommen wird, sie wird hierdurch vielmehr noch verstärkt, was die Natürlichkeit des Verhaltens weiter beeinträchtigt usw. Schließlich zerstört die übertriebene (Selbst-) Kontrolle, wie oben beschrieben wurde, jede intrinsische Motivation.

Das Ausmaß des üblichen Ego-Involvements wird nicht unwesentlich von gesellschaftlichen Kräften bestimmt. In unserer sehr stark von narzißtischen Einschlägen geprägten Kultur beispielsweise wird Selbstverwirklichung leicht mit Selbstbespiegelung und Egozentrik verwechselt. Das Kreisen um die eigene Person ist aber der sicherste Weg an ihr vorbei. Philosophen aus allen Zeiten und Kulturkreisen lehren nicht zu unrecht, daß man sich nur findet, wenn man auch in der Lage ist, sich von sich selbst zu distanzieren. Entsprechend gilt für die intrinsische Motivation, daß sie nur von Personen aufgebracht werden kann, die im Umgang mit sich selbst gelassen sind. Und der Lohn der intrinsischen Motivation steckt denn auch in dem, was ihr Wesen ausmacht, nämlich in der Hinwendung zu einer Aufgabe und in der damit verbundenen Selbstvergessenheit.

c) Nachteile intrinsischer Motivation?

Offenbar ist es äußerst wünschenswert, wenn man seine Arbeit aus intrinsischem Interesse heraus tut. Gibt es nicht aber auch Nachteile intrinsischer Motivation? Auch diese zweifellos interessante Frage kann an dieser Stelle leider nicht ausführlich behandelt werden. Dennoch sei im folgenden auf eine ausgewählte Überlegung eingegangen. Sie zeigt exemplarisch, daß die Folgerungen, die man aus der Betrachtung der intrinsischen Motivation zieht, fast vollständig von den Vorannahmen abhängen, die man seiner Analyse zugrunde legt. Die Überlegung stammt von Bruno Frey. Er vertritt die Auffassung, die intrinsische Motivation könne von erheblichem Nachteil sein, weil sich intrinsisch motivierte Arbeitnehmer schwerer lenken ließen als extrinsisch motivierte Arbeitnehmer (vgl. Frey 1997, S. 97). Man kann dem sachlichen Gehalt dieser Aussage zustimmen. In der schwereren Lenkbarkeit einen Nachteil zu sehen, ist allerdings erstaunlich. Verstehen läßt sich diese Auffassung nur, wenn man die spezielle Perspektive berücksichtigt, die Frey einnimmt. Er betrachtet die Arbeitgeber-Arbeitnehmer-Beziehung nämlich als ein von Egoismus geprägtes Prinzipal-Agenten-Verhältnis. Der Agent ist gewissermaßen der Erfüllungsgehilfe des Prinzipals. Weil der Agent innerhalb dieses Verhältnisses die Interessen des Prinzipals nur notgedrungen – d.h. ausschließlich aufgrund der Verpflichtung aus dem Vertragsverhältnis – im Auge hat, wird er immer versucht sein, seine Eigeninteressen vor die des Prinzipals zu stellen, er wird danach streben, sich dem Einfluß des Prinzipals zu entziehen, sich also die Arbeit so einzurichten, wie dies *seinen eigenen* Zielen am besten entspricht. Diese natürliche Tendenz wird weiter verstärkt, wenn sich zur extrinsischen Motivation aus dem Arbeitsvertragsverhältnis noch eine intrinsische Motivation hinzugesellt, weil sie noch weiter von den Interessen des Prinzipals wegführen kann. So gesehen ist die intrinsische Motivation eigentlich nichts anderes als ein Opportunismus-Verstärker. Und das wäre wohl „nachteilig". Ist es aber nicht eigentlich die Perspektive, die Frey einnimmt, die nachteilig – verkehrt – ist? Denn was könnte positiver sein, als wenn sich jemand um einer Sache willen engagiert (das ist ja mit intrinsischer Motivation gemeint)? Nur dann ist es überhaupt möglich, aus der betrieblichen Aufgabe eine *gemeinsame* Sache zu machen. Was wäre besser, als wenn sich sowohl „Prinzipale" (Eigentümer, Management, Vorgesetzte) als auch „Agenten" (Mitarbeiter) um die Ausgestaltung und die Erfüllung der Arbeitsaufgaben bemühten? Und wo wären die Voraussetzungen hierfür günstiger als zwischen intrinsisch motivierten Prinzipalen und Agenten? Nachteilig ist die intrinsische Arbeitsmotivation also nur dann, wenn man eine gegenseitige motivationale Anstiftung eben nicht will, wenn man vielmehr von vornherein die Perspektive eines Prinzipals einnimmt, dem es einzig darum zu tun ist, einen einzigen, nämlich seinen eigenen Willen durchzusetzen.

5 POLITIK: JOB AUFLÖSUNG

Im Interesse einer möglichst optimalen Steuerung liegt es, das Personal immer gerade dort einzusetzen, wo der aktuell größte Bedarf besteht. Dabei ist eine feste Zuordnung von Arbeitnehmern zu bestimmten Arbeitsplätzen bzw. Stellen nur hinderlich. Aber nicht nur diese Zuordnung, selbst schon die Einrichtung von festen Stellen erscheint aus dem Blickwinkel maximaler Steuerungsfähigkeit fragwürdig, denn die Einrichtung von Stellen bedeutet ja eine Festschreibung von Aufgaben und damit eine Einengung der Bewegungsfreiheit. Sinnvoller wäre es, die konkreten (ständig wechselnden) Arbeitstätigkeiten würden von (ständig wechselnden!) Personen ausgeführt, die ihre spezifischen Fähigkeiten jeweils genau dort einsetzen, wo sie gerade gebraucht werden. Die größte Effizienz ließe sich erreichen, wenn sich der sperrige Produktionsfaktor Arbeit gewissermaßen verflüssigen ließe. Dann könnte man ihn immer paßgenau in jede kleinste Ritze füllen, die das wirtschaftliche Kalkül entdeckt. Die reale Welt setzt derartigen virtuellen Wunschphantasien allerdings Grenzen. Eine Begrenzung ergibt sich aus der Natur der menschlichen Arbeit, eine andere aus der Problematik der Organisierbarkeit von Arbeit. Beide Faktoren sind allerdings keine fest vorgegebenen Größen, sondern variieren in Abhängigkeit von den jeweiligen gesellschaftlichen Gegebenheiten.

Warum läßt sich menschliche Arbeitskraft nicht beliebig verflüssigen? Ein Grund hierfür liegt darin, daß Arbeit an spezifische Qualifikationen gebunden ist. Qualifikationen sind nicht beliebig austauschbar und damit auch nicht beliebig teilbar. Wenn das Knowhow eines Biologen gebraucht wird, dann nützt es beispielsweise wenig, wenn stattdessen zehn Kaufleute zur Verfügung stehen. Außerdem bilden sich Qualifikationen nicht von selbst, sondern sie müssen „entwickelt" werden, kosten also Zeit und sind daher auch nicht immer verfügbar. Wirtschaftlich gesehen bedeutet Qualifizieren ohnehin immer auch Investieren. Und der Arbeitnehmer, der in seine Qualifikation investiert hat, besitzt ein erhebliches Interesse daran, daß sich seine Investitionen auch lohnen. Er wird also versuchen, nur solche Verträge zu schließen, die ihm die Sicherheit der Amortisierung bieten. Ein Mittel hierfür ist ein sicherer Arbeitsplatz, also der Schutz vor Kündigung. Arbeitsplatzsicherheit ist daher schon aus rein wirtschaftlichen Gründen ein wichtiges Ziel vieler Arbeitnehmer. Sie sind häufig sogar bereit, für die Sicherung der Rendite ihres Humankapitals (also für eine höhere Arbeitsplatzsicherheit) eine „Prämie" in Gestalt von Einkommenseinbußen zu zahlen.

Doch auch unabhängig von solchen wirtschaftlichen Erwägungen haben nur wenige Menschen ein Interesse daran, ständig auf der Lauer zu liegen, um ihre Qualifikationen auf dem Arbeitsmarkt feilzubieten. Kaum jemand wünscht sich einen beständigen Wechsel von Aufgaben, Einsatzorten und Arbeitszeiten. Menschen suchen neben wirtschaftlichem Erfolg auch Zugehörigkeit, Identifikationsmöglichkeiten und eine gesicherte soziale Stellung. Außerdem paßt der Habitus des „Freelancers" nicht zu jeder Persönlichkeit. Und das hängt nicht nur von der Höhe der Qualifikation ab. Zwar erleichtert eine hohe Qualifikation die Mobilität, aber nicht wenige „Hochqualifizierte" tun sich äußerst schwer, ihre Qualifikation zu „verkaufen". Insbesondere die gering oder „falsch" qualifizierten Arbeitnehmer sind die Verlierer einer Auflösung fester Arbeitsverhältnisse. Für sie erwächst daraus die reale Gefahr der sozialen und wirtschaftlichen Entwurzelung. Aber natürlich – und dies sei nochmals herausgestellt – gibt es trotz dieser Gründe keine ein für alle mal feststehenden Grenzen für die Verflüssigung von Arbeitsverhältnissen. Diese werden vielmehr bewegt vom wirtschaftlichen Druck, der sich den Interessen und den Wünschen der Arbeitnehmer entgegenstellt. Andererseits entscheidet nicht der ökonomische Druck allein über die Arbeitsverhältnisse. Ebenso wichtig sind die gesellschaftlichen Verhältnisse. Pointiert formuliert: Tagelöhner passen vielleicht in eine Feudalgesellschaft, aber kaum in eine lebendige Republik.

Zusammengefaßt, es gibt einige Gründe gegen die Verflüssigung der Arbeit, die in der Natur der menschlichen Arbeit liegen. Aber auch die Problematik der Organisierbarkeit der Arbeitskooperation setzt der Verflüssigung der Arbeit Grenzen. Dies wird klar, wenn man sich eine auf das absolute Minimum reduzierte Unternehmung vorstellt, eine Agentur, deren Aufgabe sich in der Koordination der Arbeitsbeiträge von selbständigen Arbeitsanbietern erschöpft. Selbst in diesem Extremfall liegt keine völlige Verflüssigung der Arbeit vor, denn in diesem Fall nimmt ja zumindest die Arbeit der Agenturmitglieder feste Formen an. Auf einem relativ abstrakten Niveau beschäftigt sich mit diesem Problem die Transaktionskostentheorie. Sie fragt u.a. danach, unter welchen Umständen die Koordinationsform „Markt" (als Beispiel für eine weitgehende Verflüssigung der Arbeit) zugunsten der Koordinationsform „Organisation" (als Form verfestigter Arbeit) aufgegeben wird. Die naheliegende Anwort lautet: es setzt sich die Koordinationsform durch, die ökonomisch die größeren Vorteile bietet. Die ökonomischen Vorteile ergeben sich neben der Leistungsfähigkeit nicht zuletzt aus Kostenvorteilen. Und kostenwirksam sind nun nicht nur die Preise für die Produktionsfaktoren (also beim Faktor Arbeit: die Löhne), sondern auch die Kosten, die durch das Aushandeln, den Einsatz und die Kontrolle der Produktionsfaktoren entstehen. Und dies ist auch der entscheidende Punkt, denn für sehr viele Tätigkeiten entstünden bei einem rein marktmäßigen Einsatz sehr hohe Transaktionskosten, weshalb sich die Koordinationsform Organisation häufig als die ökonomisch günstigere Alternative erweist. Bezüglich einzelner Tätigkeiten gibt es allerdings erhebliche Unterschiede. Es ist z.B. kein Zufall, daß sich kleinere Unternehmen keinen Bilanzbuchhalter leisten. Solange der Steuerberater die günstigere Alternative darstellt, wird man auf die Einrichtung einer diesbezüglich spezialisierten Stelle verzichten. Aber nicht nur ökonomische, sondern auch soziale Faktoren entscheiden über den Grad der organisationalen Verfestigung der Arbeit. Ein Beispiel: Weshalb haben manche Unternehmen, was den Personalbereich betrifft, nur eine Rumpfausstattung, andere dagegen eine „üppige" Ausstattung mit Betriebskrankenkasse, Kantinenbewirtschaftung, Bildungsabteilung, Werkswohnungen, Betriebskindergarten usw.? Kosten- und Ertragsgründe geben hierfür nur selten den Ausschlag, wichtiger sind die sozialpolitischen Orientierungen der Unternehmer und die darauf aufbauenden Traditionen, aber auch die Durchsetzungskraft der Arbeitnehmervertreter. Man kann jedenfalls davon ausgehen, daß die Abschaffung oder Auslagerung der sozialen Dienste das Selbstverständnis eines sozialpolitisch engagierten Unternehmens erheblich verändern würde. Die Externalisierung bzw. Internalisierung von Tätigkeiten kann also erhebliche Auswirkungen besitzen. Dies gilt nicht nur für den angeführten Personal- oder Sozialbereich, sondern ebenso für die anderen betriebswirtschaftlichen Funktionsfelder. Man stelle sich z.B. vor, ein High-Tech-Unternehmen würde die Entwicklung seiner innovativen Produkte komplett an Drittfirmen vergeben. Ein derartiger Schritt wird den Charakter des Unternehmens auf einen Schlag verändern.

Letztlich ist es eine empirische Frage, welche Grenzen sich dem Streben nach Verflüssigung der Arbeit entgegenstellen. In den letzten Jahren jedenfalls ist ein deutlicher Trend zu erkennen, den Personalbestand zu „verschlanken" und ihn auf die „Kernfunktionen" des Unternehmens zu begrenzen. Entsprechend differenziert sich das Personal in eine Kern- und eine Randbelegschaft aus. Die Kernbelegschaft sichert den Bestand und den normalen Geschäftsablauf, die Randbelegschaft wird bedarfsweise angeworben und eingesetzt. Die Kernbelegschaft erhält einen „normalen" Arbeitsvertrag, die Randbelegschaft wird über unterschiedliche Vertragsformen an das Unternehmen gebunden. Zur Randbelegschaft gehören Saisonarbeiter, Leiharbeitnehmer, Freie Mitarbeiter, Teilzeitbeschäftigte, befristet Beschäftigte, Personen, deren Beschäftigung im Rahmen von Arbeitsbeschaffungsmaßnahmen durch das Arbeitsamt unterstützt wird sowie Mitarbeiter von Subunternehmern bzw. Mitarbeiter von Unternehmen, die rechtlich und/oder wirtschaftlich vom Hauptunternehmen abhängig sind. Für die Zukunft ist zu erwarten, daß die Kernbelegschaften kleiner werden und der Gürtel der Randbelegschaft um diesen Kern größer. Außerdem ist zu erwarten, daß sich die Grenzen zwischen Kern- und Randbelegschaften weniger scharf ziehen lassen und daß sich auch die Randbelegschaften noch mehr ausdifferenzieren werden und sich in Schichten mit unterschiedlicher Nähe zum Zentrum um den Kern anlagern (vgl. Martin/Nienhüser 2001).

Auslagerung	Job Design	Flexibilisierung	Job Auflösung
Lieferung spezifizierter Leistungen	Bereitstellung von Arbeitspaketen	Verflüssigung der Arbeitsleistung	Virtualisierung der Arbeitsleistung
←		Arbeit versus Arbeitskraft	→

Abb. 5.17: Job Auflösung als Extremform der Flexibilisierung

Abbildung 5.17 zeigt das Kontinuum der Möglichkeiten der Bereitstellung von Arbeit. An einem Ende liegt der bedarfsweise Einkauf von Arbeitsleistungen am Markt („Auslagerung"). Diese Form des Personaleinsatzes ist mit einer genauen Spezifizierung der Arbeit verbunden, denn nur durch Klarheit über das gewünschte Arbeitsergebnis kann überprüft werden, ob die Vertragsleistungen auch tatsächlich erbracht werden. Die Variante des „Job Design" bedient sich des klassischen Arbeitsvertrags. Hier bleibt offen, welche Arbeitsleistung jeweils genau zu erbringen ist. Der Arbeitnehmer wird in der täglichen Arbeit mit „Arbeitspaketen" konfrontiert, die sich in ihrer jeweiligen Zusammensetzung ändern können. Der Arbeitsvertrag verschafft dem Arbeitgeber einen höheren Dispositionsspielraum als der Einkauf konkreter Leistungen. Der Dispositionsspielraum ist eng oder weit, je nachdem wie klar abgegrenzt die Aufgaben und wie groß das Qualifikationsspektrum der Arbeitnehmer ist. In manchen Unternehmen gibt es Betriebsvereinbarungen, in denen festgelegt ist, auf welchen Arbeitsplätzen und in welchem Arbeitsbereich der Einsatz und die Umsetzung von Arbeitnehmern möglich ist. Mit derartigen Vereinbarungen verbunden sind normalerweise auch Regelungen über Qualifizierungsnotwendigkeiten (eine Umsetzung ist nur möglich, wenn die Arbeitnehmer auch die entsprechenden Fähigkeiten haben) und nicht selten auch über Zuschläge für Umsetzungen. Sowohl die Qualifizierungsnotwendigkeiten, als auch die Zuschlagszahlungen für die Umsetzungen zeigen im übrigen, daß Flexibilisierung ihren Preis hat.

Schließlich befindet sich am anderen Ende des Verwendungskontinuums von Arbeit die beschriebene Auflösung von Jobs. Unternehmen und Arbeitsgruppen existieren nur noch virtuell, die konkrete Arbeit wird immer wieder neu und nur für kurze Dauer organisiert. Salopp formuliert: es gibt keine Personalarbeit mehr, sie wird ersetzt durch einen punktgenau erfolgenden Personaleinsatz (durch eine „Beschäftigungspolitik by Mouse-Click"). Wie weit sich dies treiben läßt, ist – wie oben ausgeführt wurde – nicht exakt bestimmbar.

6 INSTRUMENTE: TEILAUTONOME ARBEITSGRUPPEN

Welche Formen von Arbeitsorganisation gibt es? Eine gebräuchliche Typisierung unterscheidet zwischen Werkstattfertigung, Baustellenfertigung und Fließfertigung. Im ersten Fall gruppieren sich die Arbeitsgänge um die technische Ausstattung, im zweiten Fall ist es umgekehrt. Bei der Fließfertigung werden die Arbeitsgänge so synchronisiert, daß ein kontinuierlicher Fertigungsfluß entsteht. Andere Typisierungen der Arbeitsorganisation setzen am Grad der Technisierung an. Bright beispielsweise differenziert nach unterschiedlichen „Entwicklungsstufen der Mechanisierung". Danach zeichnet sich die zunehmende Mechanisierung dadurch aus, daß nicht der Mensch, sondern die Maschine die Energie für den Arbeitsvorgang bereitstellt, daß die Kontrolle des Arbeitsprozesses vom Menschen auf die Maschine übergeht und dadurch, daß die Maschinerie nicht nur stereotyp auf externe Signale reagiert, sondern intelligente Handlungsprogramme auslöst (vgl. Bright 1958). An einer etwas anderen Einteilung zur Charakterisierung des Mechanisierungsgrades ansetzend, unterscheiden Kern und Schuhmann mehr als ein Dutzend verschiedene Typen industrieller Arbeit, von der handwerklichen Arbeit über die einfache Handarbeit, die Maschinenbedienung und die Anlagenführung bis zur „Meßwartentätigkeit" und zur Systemregulierung (vgl. Kern/Schumann 1970, 1984).
Durch den Einzug des Computers in die Produktionshallen hat sich das Tätigkeitsspektrum im Industriebetrieb weiter aufgefächert. Versuche, die Vielfalt der einzelnen Tätigkeiten einigermaßen klar abgrenzbaren Typen zuzuordnen, gibt es nicht nur für den Produktionsbereich, sondern auch für den Angestelltenbereich (vgl. z.B. Baethge/Oberbeck 1986). Hierauf können wir an dieser Stelle nicht im einzelnen eingehen. Bezogen auf unser Thema läßt sich jedenfalls feststellen, daß Gruppenarbeit mit jeder Form der Arbeitsorganisation verträglich ist. So findet man teilautonome Gruppen selbst dort, wo reine Fließbandarbeit verrichtet wird. Zwar sind dies nur Rumpfformen von „echten" Gruppen, immerhin sind sie aber – verglichen mit der herkömmlichen Fließfertigung – mit erweiterten Rechten und Pflichten ausgestattet. Das Beispiel der Fließbandgruppen zeigt aber auch, daß das Gruppenkonzept mehr oder weniger konsequent umgesetzt werden kann. Auch bezogen auf die Gesamtorganisation kann das Gruppenkonzept mehr oder weniger ernsthaft umgesetzt werden: Teilautonome Gruppen können ein Inseldasein führen, sie können aber auch „flächendeckend" eingeführt werden. Letzteres führt dann zwangsläufig zu einer Änderung der gesamten Arbeitsorganisation. Zugespitzt ist dieser Tatbestand in Abbildung 5.18 wiedergegeben.

Elemente des Arbeitssystems	Konventionelle Arbeitsorganisation	Integrierte Arbeitsorganisation
Fertigungsstruktur	Verrichtungsorientierung Auslagerung v. Umfeldaufgaben	Ergebnisorientierung Integration von Umfeldaufgaben
Personal	Spezialistentum Starke Arbeitsteilung Fachqualifikation Akkordlohn	Autonomie der Arbeitsgruppe Entkoppelung Mensch-Maschine Sozialqualifikation Lohn nach Leistungskennzahlen
Steuerung	Zentrale Detailplanung Lagerfertigung Auslastung der Ressourcen	Zentrale Rahmenplanung Selbststeuernde Regelkreise Flexible Nutzung der Ressourcen
Qualitätswesen	Zentrale Qualitätskontrolle Trennung von Ausführung und Kontrolle	Dezentrale Selbstkontrolle Integration Ausführung und Kontrolle
Materialwesen	Zentrale Versorgung Lager ohne Bezug zur Fertigung	Gruppe versorgt sich selbst Lager gehört zur Gruppe
Arbeitsplanung	Zentrale Arbeitsvorbereitung Programmierspezialisten	Dezentrale Arbeitsverteilung Maschinennahes Programmieren

Abb. 5.18 Konventionelle und integrierte Arbeitsorganisation
(leicht modifiziert nach Bullinger 1995, S. 21)

Das wesentliche Merkmal einer Gruppenorganisation ergibt sich aus dem Bemühen, die zentrale Steuerung der Experten durch die Selbststeuerung der unmittelbar im Arbeitsprozeß stehenden Personen zu ersetzen. Gruppenarbeit verändert daher nicht nur die Arbeitsorganisation, sondern ganz allgemein die Betriebsstruktur, den Kommunikationsfluß, die Beziehungen zwischen den Kollegen und zwischen den einzelnen Abteilungen, den Stellenwert des einzelnen Arbeitnehmers und damit auch die Beziehungen zwischen der gesamten Arbeitnehmerschaft, ihren arbeitspolitischen Repräsentanten und dem Arbeitgeber.

Wir wollen an dieser Stelle nicht auf alle damit verbundenen Fragen eingehen. Ein Beispiel soll zur Illustration genügen. Verschiedentlich wird Gruppenarbeit zum Anlaß genommen, die Funktion des Meisters in Frage zu stellen. Sich selbst steuernde Gruppen brauchen ja auch offensichtlich keinen Vorgesetzten mehr, der ihre Arbeitsabläufe regelt. Etliche Unternehmen haben die Meisterposition denn auch „konsequent" abgeschafft. Die Erfahrungen mit dieser radikalen Lösung sind aber alles andere als ermutigend. Das hat vielfältige Gründe. Ein Problem, das sich aus der Abschaffung des Meisters ergibt, hat schlicht mit Statusfragen zu tun. Dem Meister kommt nicht zuletzt die Aufgabe zu, zwischen der Produktionsleitung und den Mitarbeitern im unmittelbaren Arbeitsprozeß zu „vermitteln". Dies ist eine durchaus schwierige und widersprüchliche Aufgabe, weil sich die Vorstellungen der Produktionsleitung nicht unbedingt mit den Einschätzungen der Arbeiter decken. Wenn nun in der Gruppenfertigung diese Aufgabe von den jeweiligen Gruppensprechern übernommen wird, dann stoßen diese in doppelter Hinsicht auf große Probleme. In Richtung auf die Produktionsleitung ist der Statusabstand der Gruppensprecher zu groß. Die Gruppensprecher werden nicht als hinreichend kompetente Gesprächspartner, sondern eher als Anweisungsempfänger betrachtet. Sie können daher den Interessen der Arbeiter keine Geltung verschaffen. In Richtung auf die eigenen Kollegen ist der Statusabstand des Gruppensprechers andererseits zu gering. Ein Gruppensprecher ist keine Autoritätsfigur wie der Meister, und er kann daher unliebsame Entscheidungen auch nicht entsprechend nachdrücklich durchsetzen. Das Beispiel zeigt (ausschnitthaft), wie Gruppenarbeit die Meisterposition und damit das hierarchische Gefüge verändert. Es gibt diesbezüglich keine einfachen Lösungen. Als wenig sinnvoll hat sich die Abschaffung des Meisters erwiesen, unausweichlich ist aber eine Veränderung der Meisterrolle (vgl. Bartscher-Finzer 2001).

a) Hauptmerkmale

Was sind die Besonderheiten teilautonomer Arbeitsgruppen? Das zentrale Merkmal teilautonomer Arbeitsgruppen steckt schon in der Bezeichnung. Es geht um die Übertragung nicht nur der ausführenden, sondern auch der planenden und steuernden Aufgaben auf Arbeitsgruppen, die eine abgeschlossene Teilaufgabe zu erledigen haben. Die Gruppen folgen nicht nur externen Vorgaben, sie sind vielmehr selbst Herren der Arbeitsinhalte und der Arbeitsverfahren. Allerdings hat die Autonomie Grenzen. Zwar gibt es Entscheidungstatbestände, über die teilautonome Gruppen ohne unmittelbare Beteiligung von Dritten entscheiden dürfen, bezüglich vieler Entscheidungen stehen ihnen aber lediglich Informations-, Anhörungs-, Beratungs- oder Vetorechte zu.

Das inhaltliche Spektrum der Entscheidungsautonomie ist recht groß. Es gibt einerseits Gruppen, in denen sich die Autonomie auf die Möglichkeit beschränkt, hin und wieder den Arbeitsplatz mit einem Gruppenkollegen zu tauschen, und es gibt andererseits (selten) Gruppen, die als selbständige Profit-Center agieren. Manche Gruppen dürfen Personalentscheidungen treffen, andere nicht. Personalentscheidungen richten sich auf eher nachrangige Fragen wie die selbständige Urlaubsregelung oder aber auch auf wichtigere Fragen, z.B. auf den Personaleinsatz, die Qualifizierung oder gar die Personalauswahl. Ähnlich umfangreich oder bescheiden sind die Handlungsspielräume bei anderen Entscheidungstatbeständen, also z.B. bei der Planung der maschinellen Ausstattung, der Auftragsannahme und –abwicklung und bei der Gestaltung des Aufgabenzuschnitts und der Arbeitsprozesse (zur Kennzeichnung von teilautonomen Gruppen vgl. u.a. Susman 1976, Antoni 1996).

Welches sind nun die wichtigsten Merkmale von teilautonomen Gruppen? Ein erstes Kernmerkmal ist die *Komplexität* der Aufgabe. Sind die Rechte und Pflichten der Gruppe allzu beschränkt oder sind die Arbeitsinhalte allzu mager, dann sollte man nicht von teilautonomen Gruppen sprechen, denn wenn die Aufgabe allzu einfach ist oder wenn sie sich leicht routinisieren läßt, dann bedarf es keiner allzu großen Selbstbestimmung der Gruppe nach außen, und es ist auch keine Abstimmung innerhalb der Gruppe notwendig. Ein weiteres Kernmerkmal von teilautonomen Gruppen ist die *Interdependenz* der Aufgaben der einzelnen Gruppenmitglieder. Ließen sich die Aufgaben der Gruppe in voneinander unabhängige Teilaufgaben aufspalten, bräuchte man überhaupt keine Gruppenarbeit, sondern könnte die Aufgaben an Einzelarbeitsplätzen erledigen lassen. Schließlich sollten Gruppenaufgaben drittens *ganzheitlich* sein, denn die Motivationskraft der Eigenverantwortung erschließt sich eigentlich nur dann, wenn die Gruppe an einem Produkt arbeitet, mit dem sie sich identifizieren kann und mit dem sie identifiziert wird. Eine Gruppe, die mit der Montage eines kompletten Motors betraut ist, gewinnt ein anderes Selbstverständnis als eine Gruppe, die lediglich Teile einer Leiterplatte mit Transistoren und Kondensatoren bestückt.

b) Ziele

Im Zusammenhang mit der Einführung von teilautonomen Gruppen werden immer zwei durchaus gegensätzliche Ziele in einem Atemzug genannt. Einerseits geht es um die Ausnutzung von Leistungsvorteilen von Gruppen, insbesondere um Flexibilität, um Kreativität (Qualitätsverbesserung) und um Produktivitätssteigerungen. Andererseits soll Gruppenarbeit zur Humanisierung des Arbeitslebens beitragen. Gruppenarbeit eröffnet Handlungsspielräume, erweitert die Zeitsouveränität und fördert die Mitbestimmung. Daß Effizienz- und Humanitätsziele nicht immer harmonieren, braucht wohl kaum besonders betont werden. Doch ganz unabhängig von der Schwierigkeit, diese Oberziele in befriedigender Weise auszubalancieren, schon die Erreichung der Teilziele ist alles andere als gesichert. Die Leistungssteigerung beispielsweise soll durch Synergieeffekte entstehen, die sich aus der Zusammenarbeit von Personen mit unterschiedlichen Fähigkeiten ergeben können, durch wechselseitige Vertretungen und durch eine verbesserte Koordination. Häufig werden die Schwierigkeiten der Selbstregulation aber unterschätzt. Die Gruppenteilnehmer werden mit dieser Aufgabe allein gelassen. Dies kann leicht zu Überforderungen führen, zumal bei der Einführung von Gruppenarbeit bestimmte unpersönliche Koordinationsmechanismen der traditionellen Arbeitsorganisation wegfallen. Ein Beispiel ist die Abgrenzung von Zuständigkeiten und Verantwortlichkeiten, ein Mittel, das die Zusammenarbeit erheblich vereinfacht. Dieses organisatorische Hilfsmittel ist bei der Gruppenarbeit aber gerade nicht gewollt. Damit entstehen neuartige Unsicherheiten und ungewohnte Konflikte. Auch gibt es in einer sich selbst steuernden Gruppe keinen echten Vorgesetzten mehr, der bei Schwierigkeiten vermittelnd und steuernd eingreift. Dies führt dazu, daß man sich selbst um die eigene Sache kümmern muß und dazu, daß es sich in den engen Arbeitsbeziehungen der Gruppe eigentlich niemand erlauben kann, seinen Kollegen indifferent gegenüber zu stehen. Damit ist man aber auch den Eigenheiten dieser Kollegen ausgesetzt. Das Persönliche rückt einem gewissermaßen auf den Leib (vgl. Minssen 1996). Entsprechend wichtig ist die richtige Gruppenzusammensetzung, um die Verträglichkeit zwischen den Kollegen sicherzustellen. Außerdem werden Kommunikationsfähigkeiten zu entscheidenden Erfolgsfaktoren (zur empirischen Bedeutung entsprechender Defizite vgl. Martin/Purwin 1999). Die Gruppen müssen Regeln der Zusammenarbeit und der Konfliktregulierung entwickeln. Und zwar um so mehr, je größer der externe Handlungsdruck ist. Arbeitet jeder Kollege nur für sich, dann ist jeder auch nur für sich verantwortlich. Disziplin ist bei Einzelarbeit im wesentlichen Selbstdisziplin. In der Gruppe wird die Selbstkontrolle dagegen durch die Kontrolle der Kollegen ersetzt. Wer die qualitativen und quantitativen Leistungsanforderungen nicht erbringt, wer sich gegen die herrschenden Arbeitsvorstellungen wendet, steht daher in der Gefahr, ausgegrenzt zu werden.

Welche Bedeutung haben diese Überlegungen für die Erreichung der Hauptziele von teilautonomen Gruppen, also für die Produktivitätsverbesserung und für die Humanisierung? Sie illustrieren, daß sie sich nur dann erreichen lassen, wenn eine ganze Reihe von Subzielen eingelöst wird.

c) Varianten

Auch schon vor der Erfindung der teilautonomen Gruppe gab es Gruppenarbeit. Und es gibt neben der teilautonomen Gruppe viele weitere Formen von Arbeitsgruppen: Projektgruppen mit zeitlich begrenzten Aufgaben, dauerhafte Gruppen mit Spezialaufgaben (Kommissionen, Task Forces, Gremien), Management Teams, Servicegruppen z.B. im Bereich der Logistik und der Instandhaltung, Funktionsgruppen (z.B. die Vertriebsmannschaft), Verhandlungsgruppen usw. Alle diese Gruppen haben Gemeinsamkeiten, die aus der Natur jeder Gruppenarbeit erwachsen, sie weisen aber auch ganz typische Besonderheiten auf. Und auch teilautonome Arbeitsgruppen gleichen sich und gleichen sich nicht. Idealtypisch lassen sich zwei konzeptionell sehr verschiedene Formen teilautonomer Gruppen unterscheiden.

Merkmale der Gruppenarbeit	Gruppenarbeit im Toyotismus	Gruppenarbeit als „Humanisierung"
Arbeitstakte	Kurz (2 Minuten oder weniger)	Länger (mehrere Minuten bis mehrere Stunden)
Aufgabenumfang	Breite Einsetzbarkeit auf nicht immer hohem Niveau	Möglichst breite Aufgabenzuschnitte inklusive Planungsaufgaben
Taktbindung	Keine Zeitsouveränität	Entkopplung (Boxenfertigung, Fertigungsinseln usw.)
Entscheidungsspielräume	In enggekoppelter Fertigung minimal (nur über Verbesserungsvorschläge)	Auftragsreihenfolge, Arbeitszeiten, Urlaubsplanung, Schichteinteilung ....
Motivation für Gruppenarbeit	Positive Personalbewertung und Aufstiegschancen	Facharbeiterähnliche Arbeitsinhalte und Befugnisse, Höherstufung

Abb. 5.19: Varianten teilautonomer Gruppen
(leicht modifiziert nach Heidenreich 1993)

Auf der einen Seite findet man, wenn man so will, die *europäische Variante*, die im Zuge der Bemühungen um die Humanisierung der Arbeitswelt entstanden ist. Als Gegenmodell kann die *japanische Variante* gelten, die primär auf „Effektivierung" zielt. In der Literatur findet man unterschiedliche Bezeichnungen für diese beiden Varianten. Auf der einen Seite spricht man auch von humanitätsbezogener oder strukturinnovativer Gruppenarbeit, auf der anderen Seite von effizienzbezogener, strukturkonservativer, tayloristischer oder standardisierter Gruppenarbeit. Die japanische Form der Gruppenarbeit wurde vor allem durch Beschreibungen der Firma Toyota bekannt. Die dahinter stehende arbeitspolitische Konzeption wird daher auch häufig als „Toyotismus" bezeichnet. Toyota gilt als Musterbeispiel für das oben beschriebene Lean Management, in das sich auch die bei Toyota praktizierte Gruppenarbeit einfügt. Die Arbeitsprozesse sind strikt und eng aufeinander bezogen. Sie sind ausgeplant und standardisiert. Die Arbeitstakte sind sehr kurzzyklisch und die Arbeitnehmer sind gehalten, jeden Arbeitsprozeß weiter zu verbessern. Außerdem sollen sie alle Tätigkeiten ihres Arbeitsbereiches vollständig beherrschen. Qualität, Schnelligkeit und Genauigkeit sind die Leitlinien der Produktion. Die europäische Variante entstand in den sechziger Jahren und nahm Ausgang in arbeitsorganisatorischen Konzepten der Firmen Saab und Volvo (vgl. Sandberg 1982). In Deutschland wurde in den siebziger Jahren – gefördert durch staatlich finanzierte Forschungsprojekte – mit Humanisierungsmaßnahmen und damit auch mit teilautonomen Arbeitsgruppen experimentiert. Eine nachhaltige Wirkung ging von diesen Anstößen nicht aus. Mit Beginn der neunziger Jahre erlebten teilautonome Gruppen aber eine Renaissance – paradoxerweise durch den Erfolg der „reduzierten" japanischen Variante. Über die Effektivität der unterschiedlichen Varianten herrscht Uneinigkeit. Illustrativ ist der Vergleich zwischen dem ehemaligen Volvo-Standort Uddevalla und der kalifornischen Firma New United Motor Manufacturing (NUMMI), einem Gemeinschaftsunternehmen von Toyota und General Motors. Adler/Cole sehen Vorteile in der japanisch-amerikanischen Variante insbesondere im Hinblick auf den Lernerfolg (vgl. Adler/Cole 1993, zu einer Entgegnung vgl. Berggren 1994). Das schwedische Modell gebe zwar dem individuellen Lernen viel Raum, vernachlässigt werde aber das organisationale Lernen. Die Mitarbeiter gewännen bei der Neueinführung und der Weiterentwicklung eines Arbeitssystems ein umfangreiches Wissen, dieses Wissen bleibe aber „privat". Da es nicht systematisch dokumentiert und abverlangt werde, ginge es der Organisation in ihrer Gesamtheit letztlich verloren. Im NUMMI-Werk dagegen werden alle Verbesserungen erfaßt, standardisiert und in den Arbeitsablauf eingebaut. Die Mitarbeiter arbeiten ständig an der Perfektionierung ihrer Arbeitsprozesse. Die Verbesserungen werden als Arbeitsnorm festgeschrieben und gehen damit in das Wissen der Gesamtorganisation ein.

Angesichts des hohen Standardisierungsgrades ist das NUMMI-Modell eigentlich nicht besonders revolutionär, zumindest nicht, was die unmittelbare Arbeit und die Arbeitsorganisation anbetrifft (zur für amerikanische Verhältnisse fortschrittlichen Personalpolitik bei NUMMI vgl. Pfeffer 1994). Es bleibt im Gegenteil in hohem Maße dem Gedankengut des Taylorismus verhaftet. Der Unterschied liegt pointiert formuliert darin, daß beim Taylorsystem die Stoppuhr von einem Arbeitsingenieur, bei NUMMI dagegen von den Arbeitern selbst bedient wird. Etwas paradox bezeichnen Adler/Cole daher das NUMMI-Modell daher auch als „demokratischen Taylorismus" (Adler/Cole 1993, S. 90).

d) Gestaltungsparameter

Die bisherigen Ausführungen zum Konzept der „Teilautonomen Arbeitsgruppe" dürften schon deutlich gemacht haben, daß Gruppen, die alle das gleiche Etikett besitzen, in der Realität große Unterschiede aufweisen können.

Gestaltungsparameter	Beschreibung
Autonomiegrad	Unterschiedliche Rechte in unterschiedlichen Bereichen (Arbeitsablauf, Planung, Investition usw.)
Aufgabenumfang	Arbeitsvorbereitung, Programmierung, Maschinenbedienung, Wartung, Instandhaltung usw.
Gruppensprecher	Kein Gruppensprecher, gewählter Gruppensprecher, eingesetzter Gruppensprecher, Rotation
Aufgabenteilung	Strikte Zuordnung, teilweise Überlappung, vollständige Überlappung
Stellung des Meisters	Wegfall, Koordinator, Rationalisierer, Manager, Experte, Generalist
Gruppengespräche	Innerhalb oder außerhalb der Arbeitszeit, unregelmäßig/regelmäßig; Abstimmung/Mitwirkung (z.B. bei Veränderungen)
Personalauswahl	Stukturentscheidungen/Einzelentscheidungen; Umsetzung/Versetzung
Trainingsmaßnahmen	Bedarfsermittlung, Methodeneinsatz, Curriculum, arbeitsbegleitend, vorbereitend;
Hilfsmittel	Informationstafeln, Kontrollinformationen, organisatorische Unterstützung (z.B. Austauschgruppen)
Entlohnung	Prämien, Bonus, Verteilungsmodus, Höhe des variablen Anteils, verwendeter Leistungsmaßstab
Einführungsprozeß	Partizipativ, autokratisch; bottom up, top down; in einem Zug, abgestuft; systemisch, partikulär
Gruppenzusammensetzung und -größe	Erfahrene, unerfahrene Mitglieder; gleiche, unterschiedliche Fähigkeiten; gleiches, ungleiches Alter

Abb. 5.20: Gestaltungsparameter teilautonomer Gruppen

In Abbildung 5.20 sind die wichtigsten Gestaltungsparameter der Gruppenarbeit aufgeführt. Es gibt teilautonome Gruppen, in denen die Gruppenmitglieder alle Teiltätigkeiten beherrschen, es gibt Gruppen, in denen die Überlappung der Qualifikationen groß und in denen sie klein sind. Es gibt Gruppen mit hohem und geringem Autonomiegrad, mit und ohne leistungsbezogene Gruppenentlohnung usw. (zur empirischen Bedeutung einiger Gestaltungsparameter vgl. Bungard/Jöns 1997, Meyer/Sautter/Westkämper 1998). Die Gestaltungsmerkmale können im übrigen in fast jeder Kombination auftreten, ein Tatbestand, der die Übersichtlichkeit nicht eben steigert.

e) Wirkungshypothesen vom Typ T

Wirkungshypothesen, die direkt an Gestaltungsparametern ansetzen, wollen wir Wirkungshypothesen vom Typ G nennen. Sie beschreiben die Konsequenzen, die sich einstellen, wenn man einen bestimmten Gestaltungsparameter verändert. Die wissenschaftliche Forschung setzt nur selten unmittelbar an den Gestaltungsparametern an. Sie interessiert sich für allgemeinere Zusammenhänge, für Wirkungshypothesen vom Typ T. Wir wollen zunächst auf T-Hypothesen (T steht für „theorieorientiert") und anschließend auf einige G-Hypothesen (G steht für „gestaltungsorientiert") eingehen.

Empirische Studien über die Effizienz von teilautonomen Gruppen kommen nicht immer zu einheitlichen Ergebnissen (vgl. z.B. Wall u.a. 1986, Cordery u.a. 1991, Cohen/Bailey 1997). Angesichts der Breite der möglichen Gestaltungsalternativen ist dies auch kaum verwunderlich. Schließlich kommt es auch bei diesem personalwirtschaftlichen Instrument nicht so sehr darauf an, ob man es einsetzt, sondern wie man es ausgestaltet. Aufschlüsse über die Effizienz erhält man daher nur durch die Untersuchung der Funktionsweise der Arbeitsgruppen. Hierzu existiert mittlerweile eine ganze Reihe von empirisch gestützten Modellen (einen Überblick über zehn derartige Modelle, inklusive eines eigenen „integrierenden" Modells, liefern beispielsweise Yeatts/Hyten 1998).

Wir wollen die Grundüberlegungen von zwei Gruppenmodellen etwas näher betrachten. Das erste Modell stammt vom Verfasser und gründet auf einer Experimentalstudie über das Entscheidungsverhalten in problemlösenden Gruppen (vgl. Martin 1998). Die ermittelten Ergebnisse zeigen, daß in Gruppen die Festlegung der Ziele und die Wahl des Weges unterschiedlichen Prozessen folgen (vgl. Abbildung 5.21).

Die linke Seite der Abbildung befaßt sich mit der Zielfindung. Das Anspruchsniveau beschreibt das Zielausmaß, also die Höhe der Meßlatte, auf die sich die Anstrengung der Gruppe richtet. Das Anspruchsniveau wird sehr stark beeinflußt vom Kommunikationsstil. Der Kommunikationsstil ist Ausdruck der Art und Weise des Umgangs mit Argumenten der anderen Gruppenmitglieder: geht man überhaupt auf den anderen ein, will man ihn überzeugen oder geht es darum, ihn zu überreden, äußert man konstruktive oder destruktive Kritik? Je „vermittelnder" der Kommunikationsstil, desto höhere Ziele setzt sich die Gruppe. Dies ist leicht zu verstehen. Gewinnen die Gruppenmitglieder den Eindruck, daß es den andern um eine gemeinsame Sache geht und daß alle Gruppenmitglieder gleichermaßen ihre Interessen und Vorstellungen einbringen können, dann sind sie auch eher bereit, sich für die Gruppe einzusetzen.

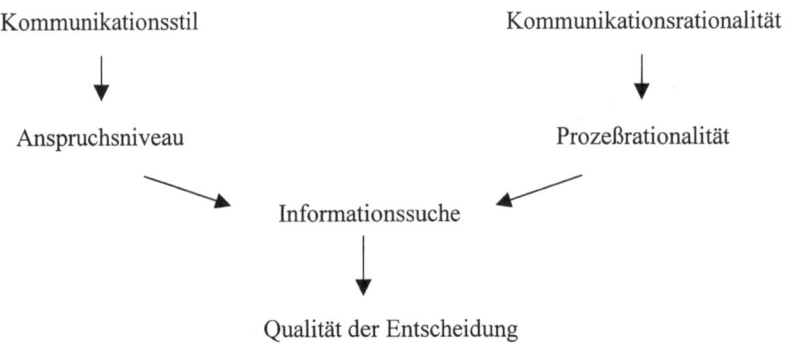

Abb. 5.21: Entscheidungsprozeß in problemlösenden Gruppen

Die rechte Seite in Abbildung 5.21 befaßt sich mit dem Weg zum Ziel. Die „Prozeßrationalität" richtet sich auf die Frage, wie stark der Entscheidungsprozeß den Vorstellungen der normativen Entscheidungstheorie folgt, in welchem Umfang also beispielsweise Alternativen formuliert und systematisch miteinander verglichen werden. Die Prozeßrationalität wird sehr stark von der Kommunikationsrationalität beeinflußt. Die Kommunikationsrationalität drückt die Problemorientierung aus: ist die Kommunikation oberflächlich oder um Verständnis bemüht, konzentriert sie sich an den zentralen Merkmalen des Problems oder schweift sie oft ab? Je höher die Kommunikationsrationalität desto höher ist auch die Prozeßrationalität. Auch das läßt sich leicht nachvollziehen. Der Kommunikationsrationalität geht es um die kommunikative Seite bei der Erarbeitung von Lösungen, der Prozeßorientierung geht es um die Strukturierung des Problemlösungsprozesses. Daß beide Größen miteinander korrespondieren, ist kaum überraschend. Auch die Tatsache, daß das Soziale (die Kommunikation) der inhaltlichen Arbeit (der Entwicklung einer Lösung) kausal vorausgeht, dürfte plausibel sein. Im Ergebnis zeigt sich, daß sich Rationalität auszahlt: je höher die Prozeßrationalität desto engagierter bemühen sich die Gruppenmitglieder auch um Informationen, die zu einer (verbesserten) Lösung beitragen können. Woraus folgt, daß das Modell nicht nur deskriptive Einsichten vermittelt, sondern auch von praktischer Relevanz ist. Wobei sich natürlich die Frage stellt, wie die angeführten Variablen durch konkrete Maßnahmen beeinflußt werden können. Denn wenn es gelänge, beispielsweise die Kommunikationsrationalität zu erhöhen (z.B. durch Schulungsmaßnahmen oder durch eine geeignete Personalauswahl), dann verbesserten sich auch der Entscheidungsprozeß und die Qualität der Entscheidungen.

Das skizzierte Modell konzentriert sich auf den kollektiven Problemlösungsprozeß bei der Gruppenarbeit. Andere Modelle befassen sich mit anderen Aspekten. Eine Zusammenstellung von Erfolgsfaktoren der Gruppenarbeit findet man beispielsweise im Modell von Cohen/Bailey (1997). Es umfaßt vier Variablengruppen mit insgesamt 25 Variablen. Besonderes Interesse verdienen innerhalb dieses Modells die Variablen, die sich auf die Gruppenführung und damit auf einen Aspekt beziehen, der im Hinblick auf sich selbst steuernde Gruppen paradox anmutet, da Selbststeuerung ja gerade durch die Abwesenheit von Führung definiert ist. Tatsächlich meint Selbststeuerung aber nicht Führungslosigkeit, sondern lediglich den Verzicht auf eine konkrete Führungsperson. Bei autonomen Gruppen wird die Führungsaufgabe nicht einem Vorgesetzten übertragen, sondern von der Gruppe selbst übernommen. Gruppen können also – so die Annahme – auf Führer verzichten, nicht jedoch auf Führung. Welches sind nun aber die entscheidenden Führungsaufgaben? Cohen/Bailey stützen sich bei ihrer Antwort auf diese Frage auf eine Studie von Manz und Sims (1989), in der es zwar – wie üblich – um Verhaltensweisen von Führungspersonen geht, deren Kategorien aber auch problemlos benutzt werden können, um das Selbststeuerungsverhalten von Gruppen zu beschreiben. Eine gute Selbststeuerung zeichnet sich – so Cohen/Bailey – dadurch aus, daß die Gruppenmitglieder das sogenannte „Self Leadership Behavior" internalisieren. In diesem Fall produziert die Gruppe selbständig („von innen heraus") ein Verhalten, das normalerweise von einem guten Führer verlangt wird. Die einzelnen Verhaltensbestandteile sind in Abbildung 5.22 angeführt.

Beobachtung	Die Gruppe beobachtet und bewertet das eigene Leistungsverhalten
Verstärkung	Die Gruppe belohnt gute Leistungen
Selbstkritik	Die Gruppe kritisiert schlechte Leistungen
Zielsetzung	Die Gruppe setzt sich hohe Leistungsziele
Erwartung	Die Gruppe entwickelt Zuversicht bezüglich der Zielerreichung
Beratung	Die Gruppe berät über den besten Weg zur Erreichung eines Ziels

Abb. 5.22: Bestandteile des Self Leadership Behavior

Selbststeuerung fordert einer „führerlosen" Gruppe einiges ab. Bekanntlich ist z.B. der Umgang mit Kritik schon für den einzelnen eher heikel, entsprechend schwierig gestaltet sich die Selbstkritik in einer Gruppe. Große Schwierigkeiten bereitet auch die Einigung auf gemeinsame Ziele oder gar eine wirkungsvolle und als gerecht empfundene Selbstverstärkung. Angesichts dieser Schwierigkeiten drängt sich die Frage auf, ob und wie Selbststeuerung überhaupt erreicht werden kann. Einen Anknüpfungspunkt zur Beantwortung dieser Frage liefert eine nähere Betrachtung der übrigen im Cohenschen Modell genannten Variablen. Was sind dies für Variablen? Eine erste Variablengruppe richtet sich auf allgemeine Gruppencharakteristika. Hierzu gehören die *Gruppenzusammensetzung* (Qualifikation, Größe, Dauer der Mitgliedschaft), die in der Gruppe herrschenden *Überzeugungen* (Leistungsnormen, Zuversicht) und verschiedene *Prozeßvariable* (Ausmaß der wechselseitigen Koordination und Hilfeleistung, Austausch von Erfahrungen, Innovationsverhalten). Eine zweite Variablengruppe umfaßt die Einbindung der Gruppe in die Organisation (Macht, Information, Training, Ressourcen, Belohnungen). Eine dritte Variablengruppe beschreibt die Art und Qualität der Aufgaben. Es ist plausibel anzunehmen, daß alle genannten Variablen für die Entwicklung der Selbststeuerungsfähigkeit von Bedeutung sind. Ein Beispiel für eine mögliche Wirkungskette findet sich in Abbildung 5.23.

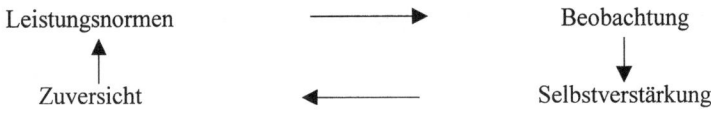

Abb. 5.23: Determinanten der Selbststeuerung

Gruppen mit hohen Leistungsnormen neigen stärker als Gruppen mit schwachen Leistungsnormen dazu, ihr Leistungsverhalten auch zu kontrollieren. Eine systematische Beobachtung der Leistungserbringung wiederum sorgt für „Feedback" und fördert damit das Leistungsbewußtsein. Positives Feedback hat eine verhaltensstärkende Wirkung. Der (unterstellte) Erfolg fördert außerdem die „Motivation" und die Zuversicht, also die Überzeugung, auch zukünftig erfolgreich zu sein. Die daraus resultierende positive Haltung wird schließlich die bestehenden Leistungsnormen festigen oder gar verstärken.

Die Modelle von Martin und Cohen liefern Beispiele für eine theoriegestützte Ableitung von Wirkungshypothesen. Sie operieren mit verhaltensbezogenen Variablen (Kommunikationsstil, Zuversicht usw.) und nicht unmittelbar mit Gestaltungsparametern. Die Wirkungshypothesen vom Typ T sind von einem praktischen Standpunkt aus damit aber nicht uninteressanter, sondern im Gegenteil oft von erheblich größerem Interesse als Wirkungshypothesen vom Typ G. Denn sie liefern die Kriterien für die Beurteilung, ob ein Gestaltungsansatz als gelungen bezeichnet werden kann. Wie oben angeführt kann beispielsweise die Gruppenzusammensetzung in gewissen Grenzen frei gestaltet werden. Ist es besser, Gruppen aus Personen mit unterschiedlichen Fähigkeiten zu bilden oder sollten alle Gruppenmitglieder ähnliche Fähigkeiten besitzen? Das hängt sicher von einigen Faktoren ab, z.B. von der Gruppenaufgabe. Doch unabhängig von der situativen Bedingtheit der richtigen Gestaltungsmaßnahme, man kann leicht Fehler machen, wenn man falschen Wirkungshypothesen anhängt. So zeigt die empirische Forschung, daß Gruppen, deren Mitglieder einen unterschiedlichen fachlichen Hintergrund besitzen, oft qualitativ bessere, insbesondere innovativere Lösungen entwickeln als homogene Gruppen. Aber Heterogenität ist nicht grundsätzlich gut. Besitzen die Gruppenmitglieder beispielsweise eine sehr unterschiedliche Intelligenz, dann kommt es häufig zu einer Beeinträchtigung des Kommunikationsstils, d.h. an die Stelle von Beratung und Überzeugung treten Überredungsversuche und destruktive Kritik (vgl. Martin 1998, S. 108). Man sollte also darauf achten die Gruppen aus Personen zu bilden, die alle ein ähnliches Fähigkeitsniveau haben. Allerdings gilt auch dies nicht uneingeschränkt. Zwar wird die Kooperation schwieriger, wenn sich die Fähigkeiten sehr unterscheiden, die Leistung muß aber nicht leiden, wenn es gelingt „flankierende Maßnahmen" zu ergreifen, die mögliche negative Effekte auffangen. Im angeführten Beispiel kann z.B. eine Aufteilung der Aufgaben, die auf die jeweiligen Fähigkeiten Rücksicht nimmt, hilfreich sein. Und wenn nicht die Leistung, sondern das Lernen im Vordergrund steht, dann ist ein unterschiedliches Leistungsniveau nicht schädlich, sondern nützlich, weil die Personen mit einem geringeren Leistungsniveau von ihren qualifizierteren Kollegen profitieren können.

f) *Wirkungshypothesen von Typ G*

Nach so vielen allgemeinen Aussagen sei nochmals daran erinnert, daß jede konkrete Handlungssituation immer von komplexen Wirkungszusammenhängen durchdrungen ist. Die empirisch fundierten Hypothesen der wissenschaftlichen Forschung können daher nicht im Verhältnis von 1:1 umgesetzt werden. Kann man deswegen gleich ganz auf sie verzichten? Ja, wenn man bessere Hypothesen hat. Aber ohne Hypothesen geht es nicht. Jede Handlung beruht – soweit sie in irgendeiner Weise den Anspruch auf Vernunft erhebt – auf Wirkungshypothesen, ob man sie nun bewußt ausformuliert oder ob man ihnen vor- und unbewußt folgt. Und normalerweise lohnt sich die Mühe, sich Rechenschaft über seine Hypothesen zu machen.

Noch ein Beispiel: Was ist z.B. von der Auffassung zu halten, die Gewährung von Gruppenautonomie fördere die Bereitschaft, auch die Verantwortung für die übertragenen Aufgaben zu übernehmen („Verantwortungsthese")? Sie trifft sicher häufiger zu als nicht. Aber nicht immer. Deshalb sollte man ihr auch nicht immer folgen. Ob man Grund hat, der Verantwortungsthese zu trauen, hängt vom Gesamtkontext ab. Zum Beispiel von den Erfahrungen der Gruppenmitglieder, von ihren Qualifikationen, von den Arbeitsbeziehungen, vom Verhalten des Vorgesetzten, der Transparenz der Aufgabe usw. Und diese Einflußgrößen wirken nicht alle in die gleiche Richtung, sie widersprechen einander oder verstärken sich. Wie die Gesamtwirkung ist, dazu sagen einzelne Hypothesen aus der Gruppenforschung nichts, denn es ist gar nicht möglich, zu jeder denkbaren Situation die passende wissenschaftliche Hypothese zu finden. Die wissenschaftliche Forschung liefert keine Rezepte für alle möglichen Standard- und Nichtstandardsituationen. Sie liefert, wie oben angeführt, „Wirkungshypothesen vom Typ T", also allgemeingültige Aussagen, die dazu genutzt werden können (und sollten), Hypothesen für den konkreten Anwendungskontext („Wirkungshypothesen vom Typ P", wobei „P" für praxisbezogen steht) zu entwickeln. Wir haben damit einen dritten Hypothesentyp: Hypothesen vom Typ T arbeiten mit wissenschaftlichen Konzepten, Hypothesen vom Typ G richten sich auf die einzelnen Gestaltungsparameter und Hypothesen vom Typ P befassen sich mit dem Gesamtdesign einer Gestaltungsalternative und mit dem konkreten Handlungskontext. Bei Hypothesen vom Typ P geht es um die Abschätzung der Konsequenzen an einem gegebenen Ort, zu einer gegebenen Zeit und unter gegebenen Umständen, also z.B. um die Frage, ob eine Gruppe aus konkret angebbaren Personen als teilautonome Gruppe Erfolg haben wird und zwar bei einem bestimmten Produktionsprogramm in einem bestimmten Unternehmen mit gegebener Personalpolitik (die sich u.a. aus der Anreizstruktur, dem Bildungsprogramm usw. bestimmt) und den jeweils vorhandenen Vorgesetzten. Hypothesen vom Typ P befassen sich also mit der Gesamtsituation und sind – angesichts der damit gegebenen Komplexität – am schwersten „abzuleiten" und zu bewerten. Mit den damit gegebenen Schwierigkeiten wollen wir uns hier aber nicht näher befassen (vgl. hierzu die Erklärungsskizzen in Kapitel 3). Statt dessen wollen wir noch einige Hypothesen vom Typ G betrachten, also Hypothesen, die sich mit den Gestaltungsparametern befassen. Hierzu sei ein Gestaltungsparameter herausgegriffen: der Gruppensprecher. Soll der Gruppensprecher gewählt werden oder soll er vom Management eingesetzt werden? Welche Auswirkungen hat die Wahl des Gruppensprechers für die Handlungssituation des Gruppensprechers? Stärkt oder schwächt die Wahl seine Position? Wie für die meisten praktischen Maßnahmen, so gilt auch hier: es gibt keine eindimensionale und eindeutig nur positive Wirkung (vgl. Bass 1992, S. 299 ff.). Die Widersprüchlichkeiten der Sprecherwahl sind in Abbildung 5.24 schematisch wiedergegeben.

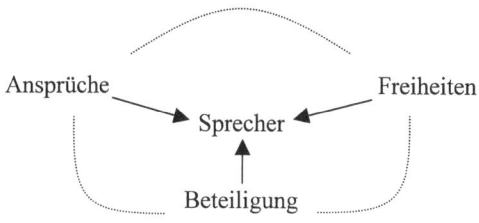

Abb. 5.24: Widersprüche des gewählten Gruppensprechers

Die Wahl des Gruppensprechers ist mit einem dreifachen Widerspruch verknüpft. Ein erster „Trade-off" ergibt sich aus der Entgegensetzung von Freiheiten und Ansprüchen. Einerseits kann sich ein gewählter Gruppensprecher auf die Akzeptanz der Gruppenmitglieder stützen (warum sollten sie ihn gewählt haben, wenn sie ihn nicht akzeptieren?). Er kann also mit einem gewissen Wohlwollen rechnen, was ihm größere Verhaltensfreiheiten verschafft. Andererseits verknüpfen die Gruppenmitglieder mit seiner Wahl bestimmte Verhaltenserwartungen. Sie haben ihn gewählt, damit er ihren Wünschen entgegenkommt, was seine Freiheiten wiederum einschränkt. Ein extern vorgegebener Vorgesetzter braucht auf die Erwartungen der Gruppenmitglieder dagegen weniger Rücksicht nehmen, da er im Zweifel auf die Unterstützung der Hierarchie rechnen kann. Ein zweiter Widerspruch zu den Freiheiten des Gruppensprechers ergibt sich aus den Ansprüchen der Gruppenmitglieder. Die Möglichkeit, den Vorgesetzten selber zu wählen, weckt besondere Beteiligungswünsche bei den Gruppenmitgliedern. Die Gruppenmitglieder wollen nicht nur ihre inhaltlichen Interessen berücksichtigt sehen, das Recht den Gruppensprecher zu wählen weckt auch den Wunsch nach einer unmittelbaren Beteiligung bei der Entscheidungsfindung. Schließlich entsteht noch ein dritter Widerspruch für den gewählten Gruppenführer. Das Wahlrecht erhöht, wie angeführt, die Ansprüche und verstärkt gleichzeitig den Wunsch nach Beteiligung. Je höher aber die Ansprüche sind, desto weniger einfach ist die Willensbildung. Schließlich möchte ja jedes Gruppenmitglied seine Interessen verwirklicht sehen. Die aus den Schwierigkeiten der Willensbildung entstehenden Schwierigkeiten werden nun aber – so die Erfahrung – nicht den Interessengegensätzen, sondern vor allem dem Vorgesetzten angelastet. Zusammengefaßt: die „demokratische" Variante in der Bestimmung des Gruppenführers ist nicht unproblematisch. Einerseits erleichtert, andererseits erschwert sie seine Rolle.

Wenn wir nun von der Person und den besonderen Problemen des Gruppensprechers absehen, welche Gesamtwirkungen hat die Wahl des Gruppensprechers, d.h. wie wirkt sie sich auf unsere drei Funktionsanforderungen Leistung, Kooperation und Lernen aus? Auch diesbezüglich lassen sich keine eindeutigen Schlußfolgerungen ziehen. In Abbildung 5.25 ist eine Reihe von sich widersprechenden Hypothesen angeführt. Beispielsweise fördert die Wahl des Vorgesetzten durch die Gruppenmitglieder – wie schon beschrieben – seine Akzeptanz und schafft damit gute Ausgangsbedingungen für die Kooperation. Andererseits entsteht aufgrund der Wahl allenfalls ein geringer Statusabstand zu dem „Kollegen", der nun als „Vorgesetzter" fungiert, was es diesem schwer macht, eine richtige Führerrolle zu spielen.

Parameter	Auswirkung auf die Leistung		Auswirkung auf das Lernen		Auswirkung auf die Kooperation	
	positiv	negativ	positiv	negativ	positiv	negativ
Wahl	Sprecher ist Vorbild	Wunsch beliebt zu sein	Vorgesetzter ist ähnlich	Gruppendruck	Akzeptanz	Geringer Statusabstand
Vorgabe	Gute Führungsfähigkeit	Außengesteuerte Normen	Entlastung der Gruppe	Statusbarrieren	Rückhalt in der Hierarchie	Vertreter der Hierarchie

Abb. 5.25: Wirkungshypothesen Gruppensprecher

Aber auch die Vorgabe (die externe Bestimmung des Vorgesetzten) hat zwiespältige Wirkungen auf die Kooperation. Einerseits kann ein traditionell eingesetzter Vorgesetzter auf den Rückhalt der Hierarchie rechnen (was seine Rolle vereinfacht), andererseits kann eben dieser Rückhalt zur Belastung werden, dann nämlich, wenn der Vorgesetzte als Vertreter der (ungeliebten) Hierarchie gilt. Welche Wirkung durchschlägt, hängt offenbar von zusätzlichen Bedingungen ab. Dies gilt für alle in Abbildung 5.25 angeführten Wirkungszusammenhänge. In einer konkreten Situation sind immer viele Einflüsse wirksam, die bei der Entscheidung für die eine oder andere Gestaltungsalternative berücksichtigt werden müssen.

g) Anwendungsvoraussetzungen

Worin liegt eigentlich der Unterschied zwischen Wirkungshypothesen und Anwendungsvoraussetzungen? Anhand eines weiteren Beispiels soll auf diese Frage eingegangen werden. Ganz entscheidend für die Gruppenarbeit ist die Interdependenz, also die wechselseitige Abhängigkeit der Gruppenmitglieder. Doch Interdependenz in bezug worauf? Es gibt eine ganze Reihe von Interdependenzbeziehungen. So kann ein Gruppenmitglied deswegen von den übrigen Gruppenmitgliedern abhängig sein, weil es seine Aufgaben nur dann sinnvoll erfüllen kann, wenn auch die anderen Gruppenmitglieder ihren Aufgaben nachkommen. Man spricht dann von einer Aufgabeninterdependenz. Ein andere Interdependenzbeziehung ist die Belohnungsinterdependenz. Sie ist groß, wenn die Gruppenmitglieder immer gemeinsam belohnt (oder bestraft) werden. Welche dieser beiden Interdependenzen trägt mehr zur Zufriedenheit der Gruppenmitglieder bei? Empirisch zeigt sich, daß die Aufgabeninterdependenz deutlich weniger wichtig ist als die Belohnungsinterdependenz (vgl. Campion u.a. 1993). Praktisch bedeutet dies, daß es wenig zweckmäßig ist, die Aufgabeninterdependenz zu erhöhen, um die Zufriedenheit der Gruppenmitglieder zu steigern. Ist die Aufgabeninterdependenz deswegen irrelevant? Keineswegs. Gruppenarbeit macht überhaupt nur Sinn, wenn die Aufgaben der einzelnen Gruppenmitglieder eng miteinander zusammenhängen, weil man ansonsten die Aufgaben auch in Einzelarbeit erledigen lassen könnte (und sollte). Als Anwendungsvoraussetzung und nicht als Wirkungshypothese ist die Aufgabeninterdependenz aber nicht nur deswegen zu betrachten, weil sie nicht besonders wirksam ist, sondern vor allem deswegen, weil es andere Gestaltungsparameter gibt, die wesentlich wirksamer sind. Da bei fehlender Aufgabeninterdependenz die Einzelarbeit wirksamer als die Gruppenarbeit ist, ist ein bestimmtes Mindestmaß an Aufgabeninterdependenz auch eine Anwendungsvoraussetzung für die Gruppenarbeit. Das Beispiel zeigt, daß Aussagen über Anwendungsvoraussetzungen letztlich immer auch auf Hypothesen beruhen. Anwendungshypothesen gehen davon aus, daß die gewünschte Gestaltungswirkung nur unter bestimmten Bedingungen eintritt.

Welche weiteren Anwendungsvoraussetzungen für teilautonome Gruppen gibt es neben einem engen Zusammenhang der Tätigkeiten der Gruppenmitglieder? In der Literatur wird diese Frage meist unter dem Stichwort „Erfolgsbedingungen" behandelt. Eine wichtige derartige Erfolgsbedingung ist die Einbindung der Gruppen in die Gesamtorganisation. Wenn es z.B. laufend Schwierigkeiten in der Materialversorgung, in der Kommunikation und in der Aufgabenabstimmung mit anderen Gruppen oder Abteilungen gibt, dann führt dies fast zwangsläufig zu Beeinträchtigungen der Gruppenarbeit. Ebenso wichtig wie die „externen" Beziehungen zwischen der Gruppe und der übrigen Organisation sind die „internen" Beziehungen der Gruppenmitglieder. Die Gruppenmitglieder müssen einen befriedigenden Modus der Zusammenarbeit finden, sie müssen miteinander kommunizieren, sie müssen bereit sein, sich gegenseitig zu helfen und sie müssen lernen, mit Konflikten angemessen umzugehen. Auf weitere Erfolgsbedingungen der Gruppenarbeit sind wir im übrigen schon bei der Betrachtung von Qualitätszirkeln eingegangen. Sie gelten ganz allgemein für fast jede Form der Gruppenarbeit (s.o.).

h) Bewertung

Angesichts der vielfältigen Erscheinungsformen von teilautonomen Gruppen ist eine summarische Beurteilung kaum angebracht. Entscheidend ist – wie stets – die konkrete Verwirklichung des Konzepts. Bei der Bewertung der Wirksamkeit bietet es sich wie üblich an, die Funktionsvoraussetzungen Leistung, Kooperation und Lernen als Beurteilungskriterien zu verwenden. Bei der ethischen Bewertung können die zu Beginn des Kapitels angeführten Maßstäbe für eine Humanisierung der Arbeitswelt Verwendung finden. Dabei ist zu beachten, daß sich das Instrument der teilautonomen Gruppe anders als die meisten anderen personalwirtschaftlichen Instrumente nicht nur auf den einzelnen Mitarbeiter richtet, sondern gleichzeitig mehrere Personen betrifft und insbesondere deren Beziehungen untereinander verändert. So kann die Einführung der selbstbestimmten Gruppenarbeit für eine Person eine Bereicherung, für eine andere Person eine Belastung sein. Und auch die Sozialstruktur verändert sich durch die Einführung teilautonomer Gruppen. Exemplarisch zeigt sich dies in der Veränderung der Meisterrolle. Zu bedenken ist schließlich auch, daß selbstbestimmte Gruppenarbeit über den unmittelbaren Arbeitskontext hinaus auch eine gesellschaftspolitische Dimension besitzt. Mehr Autonomie bedeutet weniger Hierarchie und bietet damit die Chance für mehr Demokratie im Arbeitsleben.

Kapitel 6: Anreize

Welche Gründe bewegen einen Menschen dazu, sich um eine Stelle in einem ganz bestimmten Unternehmen zu bemühen und welche Gründe sollten ihn als Mitglied des Unternehmens dazu veranlassen, sich anzustrengen und die größtmögliche Leistung zu zeigen? Diese und ähnliche Fragen werden in der Personalwirtschaftslehre normalerweise unter dem Stichwort „Anreizgestaltung" behandelt. Die Wahl der richtigen Anreizpolitik und die Ausgestaltung des richtigen Anreizsystems gelten als Kernaufgaben des Personalwesens. Ein Unternehmen sollte sich demnach darum bemühen, die „richtigen" Anreize zu setzen. Anreize, die die Arbeitnehmer dazu veranlassen, sich leistungsgerecht zu verhalten. Allerdings drückt sich in dieser Formulierung eine gewisse Voreingenommenheit aus und wenn man sie sehr kritisch betrachtet, geradezu eine Geringschätzung des arbeitenden Menschen. Schließlich steckt schon einiger Hochmut in der Vorstellung, man müsse nur die richtigen Anreize setzen, um „das Personal" zu dem Verhalten zu veranlassen, das man sich von ihm wünscht.

Läßt man diese sprachliche Ungereimtheit einmal beiseite und betrachtet man nur die inhaltliche Behandlung der „Anreizproblematik" in der wissenschaftlichen Literatur, dann kommt man zu einem etwas differenzierteren Bild. Im einleitenden Abschnitt soll hierauf eingegangen werden. Ansonsten folgt das vorliegende Kapitel unserem üblichen Schema. Zunächst wird ein Überblick über verschiedene Ansatzpunkte zur Behandlung der Anreizthematik gegeben, es wird eine ausgewählte Theorie dargestellt, wir gehen auf eine ausgewählte Anreizpolitik ein und wir erläutern die wichtigsten Instrumente der Lohnfindung. Abschließend wird ein ausgewählter Gestaltungsansatz vertiefend behandelt.

1 ANREIZE, BEITRÄGE UND ORGANISATION

Wieviel Lohn sollten Arbeitnehmer – in unterschiedlichen Tätigkeitsbereichen – erhalten? Welche Gegenleistung kann der Arbeitgeber billigerweise für seine Lohnzahlung von seinen Arbeitnehmern erwarten? Gibt es einen gerechten Lohn? Die Antworten auf diese und ähnliche Fragen sind äußerst umstritten. Die Wissenschaft tut sich naturgemäß schwer, in einem Thema, das hohe gesellschaftspolitische Brisanz besitzt, einen unvoreingenommenen Standpunkt einzunehmen. In Abbildung 6.1 ist das Spannungsfeld angedeutet, in dem sich die betriebliche Anreizpolitik unvermeidlicherweise befindet.

Die Anreizpolitik und insbesondere auch die Lohnfindung im engeren Sinne sind keine wertfreien Tatbestände. Im Gegenteil sind sie durchtränkt von Vorstellungen über eine

„gerechte" Sozialordnung, über die „effiziente" Betriebsorganisation und die Möglichkeiten, über die Lohngestaltung eine „leistungsorientierte" Arbeitshaltung zu stimulieren. Die Werturteile sind also auf durchaus unterschiedlichen Ebenen angesiedelt: sowohl über die Ausgestaltung der Wirtschaftsverfassung, die Anreizverteilung im einzelnen Unternehmen als auch über das angemessene Verhalten des einzelnen Arbeitnehmers kann man sehr unterschiedlicher Meinung sein. In der personalwirtschaftlichen Diskussion werden diesbezüglich vor allem zwei Fragen behandelt: in welchem Umfang und in welchem Sinne ist das Personal kollektiv an der betrieblichen Wertschöpfung zu beteiligen, und wie läßt sich sicherstellen, daß der einzelne Arbeitnehmer im Verhältnis zu den übrigen Arbeitnehmern nicht ungerecht behandelt wird? Wir gehen hierauf weiter unten noch etwas ausführlicher ein.

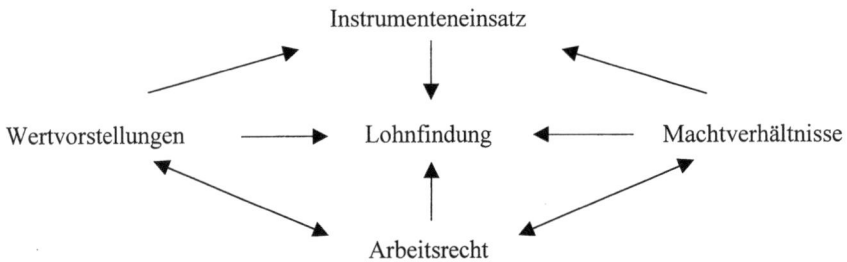

Abb. 6.1: Das Spannungsfeld der Anreizpolitik

Dort, wo es um die Verteilung von Geld und Ressourcen geht, geht es aber nicht nur um Wertvorstellungen, sondern vor allem auch um Macht. Wenn man will, kann man in der Einkommensverteilung ein getreues Abbild der Machtverhältnisse sehen. Worin zeigt sich nun aber die Macht im Arbeitsverhältnis und bei der Lohnfindung? Unter anderem in den Institutionen, die die Lohnfindung regulieren und in der Art und Weise wie die Löhne ausgehandelt werden.

Eine die deutschen Arbeitsbeziehungen prägende Institution ist beispielsweise die Tarifautonomie. Sie erlaubt es den Tarifpartnern (normalerweise Gewerkschaften und Unternehmensverbänden), eigenständig – also ohne staatliche Bevormundung – Arbeitsnormen zu vereinbaren und damit auch die Art der Löhne und die Höhe der Lohnsätze festzusetzen. Die Tarifpartner sind verpflichtet, für die Einhaltung der ausgehandelten Verträge bei ihren Mitgliedern zu sorgen. Die Tarifautonomie dient beiden Tarifparteien, sie stabilisiert die Arbeitspreise, bietet rechtlichen Schutz und macht die Arbeitsbeziehungen berechenbar. Insbesondere der einzelne Arbeitnehmer profitiert von diesem System, denn auf sich allein gestellt befindet er sich normalerweise in einer schwachen

Verhandlungsposition. Allerdings gibt es in diesem harmonischen Bild der Arbeitsbeziehungen seit einiger Zeit etliche Risse durch die sogenannte *Krise des Flächentarifvertrags*. Viele Tarifverträge enthalten Öffnungsklauseln, die die Regelungskompetenz auf die betriebliche Ebene verlagern und damit den starken Gewerkschaften aus der Hand nimmt und den jeweils vor Ort agierenden mehr oder weniger starken Betriebsräten überträgt. Kritiker sehen in dieser Entwicklung das Problem, daß Betriebsräte oft nicht über die notwendige Kompetenz verfügen und auch nicht das Stehvermögen besitzen, sich gegen Vertragsverschlechterungen zu behaupten. Zunehmend werden außerdem von vornherein Firmentarifverträge geschlossen, getroffene Vereinbarungen werden vielfach (insbesondere in Ostdeutschland) auch einfach nicht eingehalten und schließlich treten nicht wenige Unternehmen aus den Arbeitgeberverbänden aus. Das bislang gut funktionierende Tarifsystem befindet sich in einem tiefgreifenden Wandel.

Beschäftigungsform	Westdeutschland	Ostdeutschland
Normalarbeitsverhältnis	58 %	70 %
Temporäre Vollzeitarbeit	3 %	9 %
Teilzeitarbeit	26 %	13 %
Selbständige	11 %	8 %
Insgesamt	100 %	100 %

Abb. 6.2: „Normalarbeit" und neue Beschäftigungsformen
(Zahlen für 1996, vgl. Hoffmann/Walwei 1998)

Eine für das deutsche Arbeitssystem noch gravierendere Entwicklung entsteht aus der *Erosion des Normalarbeitsverhältnisses*. Der Anteil der unbefristeten Vollzeitstellen an allen regulären Beschäftigungsverhältnissen ist in den letzten Jahrzehnten erheblich zurückgegangen. Befristete und geringfügige Beschäftigung und vor allem auch die sogenannte Scheinselbständigkeit haben ein erhebliches Ausmaß erreicht. An Bedeutung gewonnen haben auch Teilzeitarbeit, Leiharbeit, Heimarbeit, Telearbeit; eine Entwicklung, die in der amtlichen Statistik nur verzögert erfaßt und die normalerweise auch unterschätzt wird (vgl. Abbildung 6.2). Probleme der präzisen Abschätzung der Zahlen hat aber nicht nur die amtliche Statistik, sie belasten auch die Interpretation empirischer Sondererhebungen. Aufgrund von Abgrenzungsschwierigkeiten und Erhebungsproblemen schwanken die ermittelten Daten z.T. erheblich. Doch abgesehen davon, immerhin bewegen sich die Schätzungen für die Scheinselbständigen zwischen 200 und 400 Tausend und die Zahl der geringfügig Beschäftigten bewegte sich im Jahr 1998 in der Größenordnung von 5 Millionen. Diese Entwicklung ist für Arbeitgeber durchaus angenehm, gibt sie ihnen doch die Möglichkeit, die aus dem (faktisch auch für Scheinselbständige gegebenen) Arbeitnehmerverhältnis resultierenden Vorteile zu nutzen, ohne dessen Nachteile tragen zu müssen (vgl. Martin 2001).

Kann sich der Arbeitnehmer dagegen nicht zur Wehr setzen? In Abbildung 6.1 ist die Beziehung zwischen dem Arbeitsrecht und den Machtverhältnissen ganz bewußt mit einem Doppelpfeil gekennzeichnet. Einerseits bietet das Arbeitsrecht in der Tat einen Schutz, dies ist auch sein wesentlicher Zweck. Aus der „Obhut" kollektiver (nicht selten als „anonym" empfundener) Interessenvertretungen entlassen, ist die Durchsetzung der eigenen Rechte aber erheblich erschwert. Außerdem geht Macht nicht selten vor Recht: wenn ein Arbeitnehmer durch die Inanspruchnahme seiner Rechte seine Weiterbeschäftigung gefährdet, dann wird er wohl oder übel auf die unbedingte Durchsetzung seines Rechtsanspruchs verzichten. Und schließlich ist zu beachten, daß das Arbeitsrecht nur Personen innerhalb von Beschäftigungsverhältnissen schützt.

Aber nicht nur die Anreizpolitik selbst und unmittelbar, auch der Einsatz der anreizpolitischen Instrumente wird von (sich wandelnden) Wertvorstellungen und Machtverhältnissen geprägt. Personalwirtschaftliche Instrumente sind weder wert- noch interessenneutral. Wir gehen hierauf weiter unten anhand des Beispiels der Arbeitsbewertung näher ein. Betrachtet man die wissenschaftliche Diskussion, dann findet man in ihr die Widerspiegelungen der realen Widersprüchlichkeiten der Lohnproblematik. Zwar treten die Meinungsunterschiede in der Fachliteratur und in Lehrbüchern eher subtil und daher nicht ohne weiteres erkennbar in Erscheinung, sie sind aber dessen ungeachtet erheblich. Die unterschiedlichen Auffassungen über die Lohngestaltung gründen nicht zuletzt in den jeweiligen Vorstellungen über die Natur von Organisationen und Unternehmen, weshalb diese im folgenden besonders herausgestellt werden sollen.

a) Arbeit als Produktionsfaktor

Im einfachsten Fall ist das Arbeitsverhältnis ein Tauschverhältnis. Leistung und Gegenleistung werden vertraglich fixiert. Erbringt eine Seite nicht die vereinbarte Leistung, dann ist sie – im Schadensfall – zu Ersatzleistungen verpflichtet. Versprechen sich die Partner aus einer weiteren Zusammenarbeit keine Vorteile, dann lösen sie das Vertragsverhältnis auf. Die Festsetzung des Lohns ist demnach eine Angelegenheit von Verhandlungen.

Kompliziert wird diese einfache Formel durch den Tatbestand, daß es zwar möglich ist, den Lohn präzise festzulegen (schließlich ist Geld eine unzweideutige Größe), die Gegenleistung sich dagegen aber häufig nur schwer exakt spezifizieren läßt. Dies ist ja auch der Hauptgrund dafür, daß der Arbeitgeber überhaupt ein Interesse daran hat,

Arbeitsverhältnisse einzugehen. Ließe sich vorher genau festlegen, welche Leistung der Arbeitnehmer erbringen sollte, dann könnte diese Leistung auch je nach Bedarf immer neu eingekauft werden. In einem Arbeitsvertrag stellt der Arbeitnehmer aber nicht konkrete Leistungen, sondern ganz allgemein seine Arbeitskraft zur Verfügung. Dies hat für den Arbeitgeber den Vorteil, über die Arbeitskraft flexibel verfügen zu können. Nachteilig daran ist allerdings, daß er nicht sicher sein kann, daß der Arbeitnehmer seine Arbeitskraft auch hinreichend einsetzt. Prinzipiell kann er natürlich die Leistung seiner Arbeitnehmer überwachen und in immer neue Verhandlungen über die Angemessenheit der Leistungserbringung eintreten. Ein derartiges Verhalten würde aber bei vielen Tätigkeiten (nicht bei allen!) hohe Transaktionskosten verursachen und den Vorteil von dauerhaften Arbeitsverträgen zunichte machen. Die hieraus resultierende Problematik wird insbesondere in der Effizienzlohntheorie behandelt, auf die wir weiter unten noch eingehen werden. Nach dieser Theorie vermindert der Arbeitgeber gewissermaßen durch eine Prämienzahlung das Risiko der Leistungsvorenthaltung durch den Arbeitnehmer. Dies ist eine sehr direkte Art der Leistungssicherung. In der Unternehmenspraxis läßt sie sich nur schwer nachweisen, man findet aber zahlreiche indirekte Formen der Verhaltensbeeinflussung. Viele personalwirtschaftliche Instrumente sind nachgerade dafür geschaffen worden, um den Arbeitnehmer zu einer Leistungssteigerung zu veranlassen.

Motivationstechnik	Zahl der Studien	Durchschnittliche Leistungssteigerung	Leistungssteigerung um mehr als 10%
Variables Entgelt	10	30 %	90 %
Zielvereinbarung	17	16 %	94 %
Job Enrichment	10	9 %	50 %
Partizipation	16	1 %	25 %

Abb. 6.3: Erfolg unterschiedlicher Motivationstechniken
(nach Locke u.a. 1980)

Von besonderem Interesse (aus Sicht des Arbeitgebers) ist es nun natürlich, welche Instrumente besonders erfolgreich sind, und welche Rolle hierbei monetäre Anreize spielen. Diese Frage ist Gegenstand einer Vielzahl von empirischen Studien. In einer Metaanalyse (einer Analyse der Ergebnisse von 53 Studien) aus dem Jahr 1980 kommen Locke u.a. (1980) zu dem Ergebnis, daß eine leistungsbezogene monetäre Anreizgestaltung die größte Wirkung entfaltet (vgl. Abbildung 6.3). Auch Zielvereinbarungen schneiden gut ab. Sie erfolgen in Gesprächen zwischen Vorgesetzten und Mitarbeitern und legen konkrete Leistungsziele für einen bestimmten Zeitraum fest. Die Zielerreichung wird in der Regel monetär honoriert. Die eher „weichen" Methoden der Motivationsförderung „Partizipation" und die Erweiterung des Verantwortungsbereiches (Job Enrichment) der Arbeitnehmer schneiden dagegen eher schlecht ab. Dies ist einigermaßen erstaunlich, da moderne Managementkonzepte primär auf „Empowerment" der Mitarbeiter, also auf eine Erweiterung der Handlungsspielräume, setzen (vgl. Kapitel 5). Man muß diese Ergebnisse allerdings relativieren. Empirische Studien sind vielfältigen methodischen Problemen ausgesetzt. Ein besonderes Problem ist die Leistungsmessung, in der nicht selten die indirekten Motivationseffekte (auf die die weichen Motivationsmethoden setzen) unter den Tisch fallen. Aber immerhin, die Wirksamkeit monetärer Anreize wird in einer später durchgeführten weiteren Metaanalyse bestätigt (vgl. Guzzo/Jette/Katzell 1985). Die Autoren berichten allerdings über eine erhebliche Streubreite. Neben Studien, die einen großen Erfolg von monetären Anreizen erbringen, gibt es nicht wenige Studien, die keine oder sogar negative Effekte belegen. Offenbar kommt es auch bezüglich der Anreizgestaltung nicht nur darauf an, was man macht, sondern vor allem auch darauf, wie man es macht. Wir kommen darauf zurück.

Festgehalten sei, daß die strikt auf Austausch gerichtete Betrachtungsweise der Lohngestaltung einem instrumentellen Verständnis der Beziehung zwischen Arbeitgeber und Arbeitnehmer Vorschub leistet. Jede der Parteien versucht, den größtmöglichen Nutzen aus dem Vertragsverhältnis zu ziehen. Im Zweifelsfall ist der Arbeitgeber in der besseren Position, da er über mehr Möglichkeiten verfügt, den Vertragspartner in seinem Sinne zu beeinflussen. Denn neben der Möglichkeit, Motivationstechniken (und weitere Führungsinstrumente) einzusetzen, verfügt der Arbeitgeber ja auch über das scharfe Sanktionsinstrument der Entlassung. Demgegenüber ist die Kündigungsdrohung durch den Arbeitnehmer normalerweise von weitaus geringerem Gewicht.

b) Das Arbeitsverhältnis als Konfliktverhältnis

Viele Theoretiker sehen im Verhältnis zwischen Arbeitgeber und Arbeitnehmer einen unaufhebbaren Gegensatz. Den Arbeitgeber interessiert am Arbeitnehmer lediglich dessen Arbeitskraft. Diese möchte er produktiv verwerten und zwar – nach dem ökonomischen Prinzip – mit dem geringstmöglichen Einsatz von Geldmitteln, denn schließlich mindern die Kosten, die er für die Beschäftigung von Arbeitnehmern verausgabt, seinen Gewinn. Der Arbeitnehmer kann der Kapitalmacht des Arbeitgebers nur wenig entgegensetzen. Er besitzt in der Regel nichts als seine Arbeitskraft, seine Lebenssicherung ist also ganz an die Erhaltung und Entwicklung seiner Gesundheit und seiner Fähigkeiten gebunden. Er hat daher ein größtmögliches Interesse an einer eingeschränkten Verausgabung und Abnutzung seiner Arbeitskraft – und natürlich an einem hohen Lohn.

Diese Betrachtung ist etwas stilisiert, sie ist aber im Kern nicht falsch. Allerdings geht sie – wie die im vorigen Abschnitt beschriebene Betrachtungsweise auch – von einem strikt instrumentellen Verhältnis zwischen Arbeitgebern und Arbeitnehmern aus. Der Arbeitgeber setzt seine Arbeitnehmer zum Zwecke der Kapitalvermehrung ein. Die Ansprüche der Arbeitnehmer auf einen Anteil an der (nicht zuletzt von ihnen geschaffenen) Gütervermehrung werden durch die Lohnzahlung abgegolten. Diese Sichtweise geht von dem „natürlichen" Recht des Eigentümers über die Verfügung der in „seinem" Unternehmen geschaffenen Werte aus. Man muß diesem Bild aber nicht folgen. Schließlich ist die Schaffung von Mehrwert eine Gemeinschaftsaufgabe. Die Ergebnisse der Leistungsanstrengungen stehen also auch allen Beteiligten gleichermaßen zu. Der ausgezahlte Lohn ist demnach gewissermaßen nur ein „Vorschuß", der in der Endabrechnung Berücksichtigung finden muß. Diese Betrachtung beseitigt nicht den Gegensatz zwischen Kapital und Arbeit, sie macht ihn im Gegenteil in aller Schärfe sichtbar: Welcher Anteil steht welcher Seite zu? Diese Frage ist natürlich alles andere als leicht und ein für allemal zu beantworten und sie wird in der Realität auch sehr unterschiedlich beantwortet. Dies sieht man beispielsweise an den z.T. beträchtlichen Unterschieden in der Einkommensverteilung.

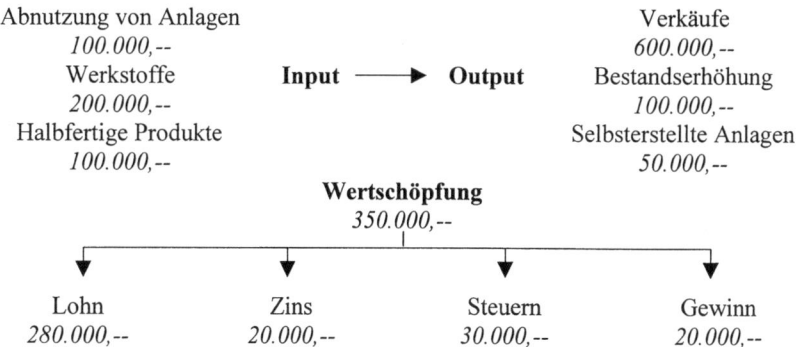

Abb. 6.4: Entstehung und Verteilung der betrieblichen Wertschöpfung

Kritiker an den jeweils gegebenen Verhältnissen argumentieren meist auf einer gesamtwirtschaftlichen Ebene. Wenn die Einkommens- und Vermögensverteilung sehr unausgewogen ist, wenn sich gar eine Polarisierung in der materiellen Versorgung der Bevölkerung ergibt, wenn die Gewinne ständig steigen, die Löhne dagegen kontinuierlich sinken (oder umgekehrt), dann werden die Diskussionen über die gerechte Lasten- und Ertragsverteilung lauter, man spricht je nach Standpunkt dann vom Ende der Bescheidenheit oder der Notwendigkeit zum Maßhalten. Auf einzelbetrieblicher Ebene ist die Konfrontation zwischen den gegensätzlichen Ansprüchen direkter, aber nicht unbedingt offener. Deutliche Ungleichgewichte werden sich aber in jedem Fall in Führungsproblemen, im Betriebsklima und in der Zufriedenheit der Betriebsmitglieder niederschlagen. In Abbildung 6.4 ist ein einfaches Schema zur Entstehung der Wertschöpfung und ihrer Verteilung wiedergegeben. Es zeigt, daß neben dem Eigenkapital- und Arbeitsinteresse weitere Anspruchsgruppen an der Wertschöpfung partizipieren. Hierauf sei im folgenden eingegangen.

c) Das Arbeitsverhältnis als mehrseitiges Tauschverhältnis

Einen Schritt weiter im Gebrauch des Tausch- und Konfliktgedankens geht die sogenannte Anreiz-Beitrags-Theorie. Und zwar aus zwei Gründen. Zum ersten hebt sie die dichotomische Betrachtung Arbeitgeber-Arbeitnehmer auf. Organisationen bestehen nach der Anreiz-Beitrags-Theorie aus „Teilnehmern", hierzu zählen alle, die ein (investiertes) Interesse an der Organisation besitzen, also sowohl die „normalen" Arbeitnehmer als auch die Manager, die Geschäftsführer, die Kunden und Lieferanten, Fremd- und schließlich auch die Eigenkapitalgeber. Jede dieser Teilnehmergruppen verbindet mit ihrer Teilnahme am Organisationsgeschehen andere Interessen. Organisationen dienen nicht zuletzt der *Vermittlung* dieser Interessen, sie definieren Aufgaben, gestalten die Arbeitsteilung und regeln die Zusammenarbeit und die Konfliktaustragung. Verhalten in Organisationen läßt sich schon aus diesem Grund nicht auf reines Austauschhandeln reduzieren. Die Tauschbeziehung ist vielmehr eingebettet in eine Vielfalt institutioneller Regeln, die der Kooperation der Teilnehmer Halt geben. Damit ist die zweite weiterführende Überlegung der Anreiz-Beitrags-Theorie benannt. Eine ihrer Kernaussagen besagt, daß Organisationen nur dann bestehen können, wenn die Beitragsleistungen ihrer Teilnehmer einen genügend großen Pool an Ressourcen entstehen lassen, ein Reservoir, aus dem die Organisation ihre Anreize schöpft um wiederum die Teilnehmer dazu zu veranlassen, die notwendigen Beitragsleistungen zu erbringen. Sind die Anreize zu gering oder beansprucht eine der beteiligten Gruppen unverhältnismäßig viele Anreize, dann ist das organisationale Gleichgewicht gefährdet. Der gemeinsam zu bedienende Pool trocknet gewissermaßen aus. Organisationshandeln ist also Gemeinschaftshandeln, d.h. ebenso wichtig wie die Verteilung der Aufgaben (die Gestaltung der Beitragsleistungen) ist die Verteilung der Anreize.

Welche Anspruchsgruppen sind nun aber bei der Anreizgestaltung zu berücksichtigen? Kann man die Arbeitnehmer als homogene Gruppe betrachten, haben Führungskräfte und Manager die gleichen Interessen wie Sachbearbeiter und Produktionsarbeiter? Sind die Beiträge von Teilzeit-, Aushilfs- und Leiharbeitskräften miteinander vergleichbar?

Welchen Anspruch hat der Staat für die Bereitstellung der Infrastruktur und für die von ihm erbrachten Dienstleistungen? Welche Kapitalverzinsung ist für Fremd- und Eigenkapitalgeber angemessen? Welchen Preis kann man der Allgemeinheit z.B. in Form von Umweltbelastungen aufbürden? Keine der genannten Fragen läßt sich mit einer einfachen Antwort abtun.

In der Realität jedenfalls gibt es eine große Variation in der Wertschöpfungsverteilung. Personen auf dem selben Berufsniveau verdienen beispielsweise in der Automobilindustrie erheblich mehr als in der Textilindustrie. Moderne Wirtschaftszweige (z.B. die Computerbranche) zahlen besser als traditionelle Wirtschaftszweige (z.B. die Lebensmittelindustrie), im Handel sind die Löhne niedriger als im Bankgewerbe. Erhebliche Unterschiede gibt es aber nicht nur zwischen den Branchen (und je nach Unternehmensgröße: große Unternehmen bieten z.B. umfangreichere Sozialleistungen als kleine Betriebe), sondern auch zwischen den Berufsgruppen (Banksachbearbeiter vs. Krankenschwestern, Manager vs. Lehrer usw.), den Statusgruppen (Arbeiter, Beamte, Angestellte, Selbständige) und natürlich zwischen den vielen einzelnen Erwerbstätigen selbst. Von besonderem Interesse für die personalwirtschaftliche Gestaltung sind die innerbetrieblichen Lohnunterschiede. Die Lohnspanne ist oft gewaltig. Ein leitender Angestellter verdient unter Umständen einhundert mal soviel wie eine Akkordarbeiterin. Sehr große Lohn- und Gehaltsdifferenzen innerhalb eines Unternehmens findet man in den USA, in Japan sind die Unterschiede dagegen sehr gering, Deutschland nimmt eine mittlere Position ein. Auch innerhalb der Gruppe der tariflich bezahlten Arbeitnehmer gibt es Unterschiede, diese sind allerdings eher bescheiden; Personen in der höchsten Lohngruppe erhalten ein Grundgehalt, das etwa 2,5 mal höher ist als das der Personen in der niedrigsten Lohngruppe. Wie läßt sich das begründen? Warum darf bzw. soll ein Manager zehn bis zwanzig mal mehr verdienen als ein Meister, warum ein gelernter Schlosser an einer CNC-Maschine doppelt soviel wie sein angelernter Kollege, der ihm zuarbeitet?

Entscheidet darüber die Macht, die die verschiedenen Personengruppen mobilisieren können? Sicherlich in einem nicht unbedeutenden Maße. Andererseits stützen Institutionen (das Arbeitsrecht, Tarifverträge, Betriebsvereinbarungen, der Betriebsrat usw.) den Prozeß der Aushandlung und Durchsetzung von Löhnen ab und nehmen ihm die Willkür reinen Machthandelns. In diesem Zusammenhang kommen auch die Hilfsmittel der Personalwirtschaft ins Spiel. Sie tragen dazu bei, die Auseinandersetzung zu versachlichen, und sie eröffnen den Konfliktparteien die Möglichkeit, sich auf ein befriedigendes Vorgehen bei der Lohnfindung zu verständigen, insbesondere zwingen sie auch die beteiligten Parteien, sich auf verbindliche Kriterien für die Lohnfestsetzung zu einigen.

Auf einer sehr allgemeinen Ebene kommen hierbei die herrschenden Gerechtigkeitsvorstellungen zum Zuge. Sie werden allerdings nicht nur in der Argumentation der Vertragsparteien ins Spiel gebracht, sie „verdinglichen" sich auch in der Verwendung des personalwirtschaftlichen Instrumentariums. So geht es beispielsweise bei der Arbeitsbewertung (s.u.) darum, Lohngruppen zu definieren und darum, die verschiedenen Stellen in einem Betrieb diesen Lohngruppen zuzuordnen. Arbeitsbewertungsverfahren beanspruchen ganz explizit, der sogenannten Anforderungsgerechtigkeit zu ihrem Recht zu verhelfen. In Abbildung 6.5 sind die wichtigsten Gerechtigkeitsvorstellungen aufgeführt. Alle Gerechtigkeitsvorstellungen sind gleichermaßen plausibel. Einen gewissen Fixpunkt liefern die Anforderungen, die sich bei der Arbeit stellen, die Schwere der Arbeit, die Qualifikationen, die ein Arbeitnehmer mitbringen muß, um seine Arbeit auszuführen. Die Anforderungen einer Tätigkeit werden daher normalerweise dazu herangezogen, den Grundlohn zu fixieren. Verschiedene Personen werden allerdings in ein und derselben Position unterschiedliche Leistungen erbringen. Es entspricht unseren mitteleuropäischen Gerechtigkeitsvorstellungen, daß man denjenigen besser bezahlt, der die größere Leistung erbringt. Unterschiedliche Auffassungen existieren allerdings darüber, ob jemand für seine Anstrengungen bezahlt werden muß oder nur für den Erfolg der Anstrengungen.

Form der Gerechtigkeit	Erläuterung
Anforderungs-gerechtigkeit	Bezahlung nach der Schwere der Arbeit, ihren Belastungen und den zu ihrer Ausführung erforderlichen Qualifikationen.
Leistungs-gerechtigkeit	Bezahlung nach dem Wertschöpfungsbeitrag, den Personen in einer bestimmten Position erbringen.
Soziale Gerechtigkeit	Bezahlung des sozialen Nutzens, den eine Person bzw. eine bestimmte Tätigkeit stiftet.
Markt-gerechtigkeit	Bezahlung des Arbeitsmarktwertes. Übersteigt die Nachfrage nach einer Qualifikation das Angebot, dann wird sie besser bezahlt.

Abb. 6.5: Formen der Lohngerechtigkeit

Die Sozialgerechtigkeit in dem Sinne, wie sie in Abbildung 6.5 beschrieben wird, spielt in der praktischen Lohnfindung kaum eine Rolle. Die Sozialgerechtigkeit fordert, solche Leistungen zu honorieren, denen im üblichen Belohnungssystem keine Beachtung geschenkt wird, die aber von großem allgemeinen Nutzen sind. Auf gesellschaftlicher Ebene findet beispielsweise die Kindererziehung nicht die Beachtung, die sie eigentlich verdient. Kindergeld und Kinderfreibeträge sollen diesbezüglich einen gewissen Ausgleich schaffen. Ein Beispiel aus dem Unternehmensbereich ist die gesetzlich vorgeschriebene Bezahlung von Betriebsräten, die von ihrer Arbeit frei gestellt werden und damit zwar keinen unmittelbar produktiven Beitrag bei der Leistungserstellung erbringen, durch ihre Tätigkeit aber doch einen erheblichen allgemeinen Nutzen stiften können. Die freiwilligen „Sozialleistungen", die ein Unternehmen erbringt, dienen dagegen nur selten der Honorierung besonderen sozialen Engagements. Auch die übrigen Lohnbestandteile, denen das Etikett „soziale Leistungen" umgehängt wird (Lohnfortzahlung im Krankheitsfall, Fahrtkostenzuschüsse, Alterszulagen usw.) sind nur in einem eingeschränkten Sinne sozial, sie dienen dem Nachteilsausgleich, der personalpolitischen Profilierung, der Einbindung der Mitarbeiter oder sind auch einfach als Leistungsanreize und Belohnung von Betriebstreue gedacht. Oft sollen betriebliche Sozialleistungen auch der *Gemeinschaft* zukommen, insoweit ist dann auch der Ausdruck „sozial" berechtigt. Beispiele für derartige Sozialleistungen sind der Betriebskindergarten, Freizeiteinrichtungen, Werkswohnungen und Betriebsfeste. Sie dienen dann vor allem dazu, das Betriebsklima zu verbessern und die emotionale aber auch die materielle Bindung an das Unternehmen zu stärken.

Abbildung 6.5 nennt als weitere Form der Gerechtigkeit die Marktgerechtigkeit. Marktvorteile entstehen vor allem für Personen, die in Zeiten struktureller Veränderungen auf den richtigen Beruf gesetzt haben, in den siebziger Jahren z.B. Programmierer. Nachteilig sind Zeiten der Veränderung für aussterbende Berufsgruppen – in dem genannten Zeitraum z.B. für die Schriftsetzer. Diese Beispiele zeigen, wie problematisch es ist, den Marktgesetzen das Etikett „gerecht" zu verpassen. Schließlich sind die betroffenen Personen kaum für die gesamtwirtschaftliche Entwertung oder Aufwertung ihrer Berufe verantwortlich zu machen. Insoweit der Markt Veränderungs- und Lernbereitschaft honoriert, sollte man besser von Leistungsgerechtigkeit sprechen. Wenn er benachteiligten Mitarbeitergruppen (lernbehinderten, leistungsgeminderten oder auch älteren Arbeitnehmern) weitere Lasten aufbürdet, sollte hierfür nicht der Begriff Gerechtigkeit herhalten.

Zusammengefaßt: die Betrachtung der Anreiz-Beitrags-Theorie berücksichtigt die Doppelnatur von Arbeitsverhältnissen, das Wechselspiel von Kooperation und Konflikt. Außerdem weist sie zurecht darauf hin, daß man dem Arbeitsverhältnis nicht gerecht wird, wenn man es dichotomisch nur als Arbeitgeber-Arbeitnehmer-Beziehung auffasst. Sie nähert sich damit einer organisationstheoretischen Betrachtung an, ohne allerdings der Natur von Organisationen hinreichend gerecht zu werden.

d) Das Arbeitsverhältnis als Organisationsverhältnis

Alle bisherig beschriebenen Ansätze betrachten das Arbeitsverhältnis als Tauschverhältnis. Diese Sichtweise hat einen erheblichen Vorteil, sie suggeriert nämlich die Existenz einfacher und durchsichtiger Verhältnisse. In der Wirklichkeit sind die Arbeitspartner aber alles andere als homogene, eindeutig identifizierbare, autonome und gleichberechtigte Akteure, die in freien Vereinbarungen die Bedingungen des Arbeitsverhältnisses aushandeln.

Zwar ist das Arbeitsverhältnis auch ein Tauschverhältnis, aber es ist mehr als das, es ist ein Organisationsverhältnis. Arbeitnehmer arbeiten nicht nach Gutdünken und auf eigene Rechnung, sie arbeiten in Organisationen. Organisationen sind keine Märkte, die man ohne weiteres aufsuchen und auch wieder verlassen kann. Organisationen haben eine eigene „institutionelle" Ordnung. Institutionen sind aber dem Handeln, den Motiven, Auffassungen und Verhaltensweisen des einzelnen Menschen „vorgelagert". Sie regulieren das soziale Geschehen auf eine nicht immer durchschaubare – und vor allem – auf eine nicht ohne weiteres aufkündbare Weise. Und auf unser Thema bezogen: der Zugang zu den Ressourcen ist in Organisationen „reguliert": niemand kann in einer Organisation ohne weiteres über sie verfügen. Lohn- und Gehaltszahlungen müssen angewiesen und abgerechnet werden, der Gewinn muß festgestellt, das Rechenwerk testiert werden, Auszahlungen sind zu belegen, Lohnvereinbarungen müssen ausgehandelt, beraten, dokumentiert und genehmigt werden. Dabei sind strenge Regeln zu beachten. Mißbrauch und Willkür stehen unter starken Sanktionsdrohungen. Das Anreizsystem einer Organisation ist – anders ausgedrückt – „institutionalisiert". Will man die Verteilung der Anreize verändern, dann muß man auch die Institutionen der Organisationen verändern. Unmittelbar deutlich wird dies am Beispiel des Karrieresystems. Wenn eine Person an ihrem Arbeitsplatz außerordentliche Leistungen zeigt, dann wird sie deswegen noch nicht ohne weiteres auf eine verantwortungsvollere Stelle befördert. Innerhalb von Organisationen existieren bestimmte Karrierepfade, die man nur schwer verlassen kann und die sich manchmal als Sackgassen entpuppen. Ähnliches gilt auch für andere Anreize – sie haben ihren lokalen Bezugspunkt und ihre Zuteilung folgt einem manchmal rigiden organisationalen Regelwerk. Selbst das prinzipiell sehr fungible Geld ist hiervon nicht ausgenommen: ein Mitarbeiter mag sich noch so anstrengen, Lohnzuschläge erhält er allenfalls innerhalb des für seine Lohn- oder Gehaltsgruppe vorgesehenen Umfangs, Prämien werden nach einem vorgegebenen Schlüssel verteilt, Provisionen sind an bestimmte Formeln gebunden usw.

Grundauffassung	Anreiztheoretische Frage	Arbeitnehmertypische Frage
Unternehmen sind Instrumente des Unternehmers.	Wie läßt sich die größtmögliche Produktivität erreichen?	Weshalb sollte ich mich für die versprochene Prämie verausgaben?
Unternehmen sind Zentren der ökonomischen Wertschöpfung.	Wem gehört die Wertschöpfung?	Warum steigen die Dividenden und stagnieren die Löhne?
Unternehmen sind kooperative Tauschsysteme.	Wer „verdient" was?	Weshalb ist mein Kollege in einer besseren Gehaltsgruppe?
Unternehmen sind Institutionen.	Welches ist die gerechte Unternehmensverfassung?	Weshalb trägt meine Tüchtigkeit nur bescheidene Früchte?

Abb. 6.6: Die Anreizproblematik aus dem Blickwinkel unterschiedlicher Ansätze

Zusammengefaßt, das Arbeitsverhältnis ist ein Organisationsverhältnis. Anreize werden nach einem Regelwerk gewährt, das nicht ohne weiteres den individuellen Bedürfnissen angepaßt werden kann. Die Wurzeln einer „ungerechten" Bezahlung liegen daher oft nicht in der Willkür oder im bösen Willen von Vorgesetzten (oder Arbeitgebern), sondern in der institutionellen Grundstruktur der jeweiligen Organisation. Was also ist der richtige Lohn? Nicht nur die Antwort auf diese Frage, auch die Formulierung der Frage selbst fällt sehr unterschiedlich aus, je nachdem, welche Vorstellung man über die Natur des Arbeitsverhältnisses entwickelt. In Abbildung 6.6 sind die skizzierten Perspektiven nochmals zusammengestellt.

2 ÜBERBLICK ÜBER ANSÄTZE DER ANREIZGESTALTUNG

Nach diesen allgemeinen Bemerkungen zur Einordnung der Anreizproblematik erfolgt nun ein Überblick über verschiedene Ansätze der Anreizgestaltung. Zunächst werden die Grundgedanken von einigermaßen unterschiedlichen Theorien skizziert, eine Gelegenheit, die Vielschichtigkeit der Anreizpolitik zu demonstrieren. Der sich anschließende Überblick über die Anreizpolitik soll deutlich machen, daß Unternehmen vielfältige Möglichkeiten besitzen, sich ein eigenes anreizpolitisches Profil zu geben. Nach der kurzen Darstellung ausgewählter Instrumente und Maßnahmen erfolgen in den folgenden Abschnitten jeweils vertiefende Betrachtungen.

Theorie	Politik	Instrument	Maßnahme
Zweifaktoren Theorie	Lohnführerschaft	Sabbaticals	Delegation
Werte + Erwartungen	Sozialpolitik	Cafeteria-System	Incentives
Sozialer Einfluß	Karrieremuster	Erfolgsbeteiligung	OBMod
Effizienzlohntheorie	Arbeitsgarantie	Lohnformen	Auszeichnung

Abb. 6.7: Theorien, Politikmuster und Gestaltungsansätze im Bereich der Anreizgestaltung

a) Theorie

Wir wollen im folgenden vier theoretische Ansätze skizzieren, die die Anreizproblematik aus sehr unterschiedlichen Perspektiven betrachten.

Zwei-Faktoren-Theorie

Ein motivationstheoretischer Klassiker ist die Zwei-Faktoren-Theorie von Frederick Herzberg. Sie verdankt ihre Popularität nicht so sehr empirischer Beweiskraft als vielmehr ihrer intuitiv hohen Plausibilität. Im Kern basiert die Zwei-Faktoren-Theorie auf einer unmittelbar nachvollziehbaren Überlegung über „Lust und Frust" bei der Arbeit. Wann arbeitet man gern und engagiert? Wenn die Arbeit als solche Spaß macht, wenn man in seiner Arbeit aufgeht und man deswegen beim Arbeiten die Welt um sich herum vergißt. Wann verliert man jede Freude an der Arbeit? Wenn die äußeren Umstände nicht stimmen, wenn Vorgesetzte und Kollegen Ärger machen und wenn die Arbeitsbedingungen schlecht sind. Dies ist – pointiert formuliert – was Herzberg und seine Mitarbeiter in ihrer Originalstudie aus dem Jahr 1959 herausfanden. Sie bedienten sich bei ihrer Forschung der „Methode der kritischen Ereignisse". Die Arbeitnehmer wurden aufgefordert, jeweils besonders angenehme und besonders unangenehme konkrete Erlebnisse während ihrer Arbeit zu schildern. Es stellte sich heraus, daß die angenehmen Erlebnisse vor allem mit folgenden Ereignissen verknüpft waren:

- einer vollbrachten Leistung,
- einem interessanten Arbeitsinhalt,
- der Übertragung von Verantwortung und
- dem Gefühl, Anerkennung zu finden.

Positive Stimulierung ergibt sich demnach durch Faktoren, die ihre Belohnung in sich selbst tragen („intrinsische Faktoren"). Herzberg/Mausner/Snyderman (1959) nennen diese Faktoren denn auch „Motivatoren". Die unangenehmen Erlebnisse waren dage-

vor allem mit dem Fehlen „extrinsischer" Faktoren verknüpft, das sind Faktoren, die man nicht um ihrer selbst willen schätzt, die gewissermaßen nur Mittel zum Zweck sind:

- angenehme Arbeitsbedingungen,
- ein verständnisvoller Vorgesetzter,
- nette Kollegen,
- eine arbeitnehmerfreundliche Personalpolitik.

Herzberg/Mausner/Snyderman nennen diese Rahmenbedingungen der eigentlichen Tätigkeit „Hygiene-Faktoren". Fehlende Hygiene macht krank, noch so viel Hygiene aber gibt keine Kraft. Ähnlich wecken die genannten arbeitsbezogenen Hygiene-Faktoren keine besondere Motivation, ihr Fehlen ist jedoch in jedem Fall nachteilig. In Abbildung 6.8 sind diese Überlegungen nochmals dargestellt.

Motivatoren und Hygienefaktoren setzen danach an unterschiedlichen Aspekten des Arbeitsverhaltens an. Hygienefaktoren haben keine Motivationskraft, ihr Fehlen veranlaßt jedoch Unzufriedenheit. Bietet die Arbeit keine Motivatoren, dann entsteht daraus nicht notwendigerweise Unzufriedenheit, dennoch sind Motivatoren hoch erwünscht, denn nur sie liefern die Energie für leistungsorientiertes Verhalten.

		Faktoren liegen nicht vor:	Faktoren liegen vor:
Extrinsische Motivation	——— Hygiene-Faktoren	*Hohe Unzufriedenheit*	*Keine Motivationskraft*
Intrinsische Motivation	——— Motivatoren	*Keine Unzufriedenheit*	*Hohe Motivation*

Abb. 6.8: Kerngedanken der Zwei-Faktoren-Theorie

Die Theorie wurde nicht vor Kritik verschont. So lassen sich die empirischen Ergebnisse nur reproduzieren, wenn man auch die Herzbergsche Forschungs-Methodik verwendet (vgl. Neuberger 1974, Nerdinger 1995). Auch inhaltlich gibt es einige Widersprüchlichkeiten. So ist *das* extrinsische Motivationsmittel Nr. 1, das Geld, nach den Herzbergschen Ergebnissen durchaus ambivalent: es findet ebenso häufig in angenehmen wie in unangenehmen Situationen Erwähnung. Ähnliches gilt im übrigen für den Status. Und die Karriere zählt Herzberg zu den Motivatoren, was nicht unplausibel ist, aber mit unserem Schema in Kollision gerät, das intrinsische Faktoren und Motivator-Faktoren gleichsetzt. Tatsächlich ist Karriere zwar auch an sich belohnend, oft ist sie jedoch auch nur Mittel zum Zweck (zu mehr Einkommen, höherem Status, zur Stärkung des Selbstwertgefühls).

Werte und Erwartungen

Viele, wenn nicht die meisten, Theorien über das Verhalten in Organisationen sind sogenannte Wert-Erwartungs-Theorien. Im Kern sind diese Theorien Entscheidungstheorien. Die einzelne Person „wählt" die Handlungsalternative, die ihr den höchsten Nutzen verspricht. Ihr Verhalten läßt sich demnach relativ einfach erklären. Wenn ich ihre Ziele (bzw. die hinter den Zielen stehenden *Werte*) kenne und wenn ich weiß, wie sie denkt, bzw. genauer: welche *Handlungsfolgen* sie erwartet, dann kann ich auch leicht voraussagen, wie die Person in einer bestimmten Situation handeln wird. In Abbildung 6.9 ist ein einfaches Beispiel angeführt. Es geht in diesem Beispiel darum, ob sich ein Mitarbeiter (z.B. ein Hochschulabsolvent in seiner ersten Stelle) dazu entschließt, freiwillig Überstunden zu machen oder aber dazu, jeweils zu einer bürgerlichen Zeit das Büro zu verlassen. Unser Mitarbeiter bewertet die beiden Alternativen an den vier in Abbildung 6.9 aufgeführten Werten, die zusammen mit ihren Gewichten angegeben sind. Offenbar ist ihm einerseits die Karriere sehr wichtig, andererseits schätzt er aber auch seine Hobbies. Eine andere Person mag eine gänzlich andere Wertstruktur besitzen und wird daher auch zu anderen Erwägungen veranlaßt. In jedem Fall prüfen Menschen aber – so die Annahme der Wert-Erwartungs-Theorie – in welcher Weise ihre Handlungen der Werterfüllung entgegenkommen bzw. ihr im Wege stehen. Sie haben also *Erwartungen* über das instrumentelle Verhältnis zwischen ihrem Handeln und dem Erfolg ihrer Handlungen. Diese Erwartungen können als Wahrscheinlichkeitsurteile ausgedrückt werden. In dem in Abbildung 6.9 angeführten Beispiel erwartet unser Jungakademiker, daß sich die Überstunden in seinem Lohn niederschlagen ($p=1,0$), er also die Überstunden bezahlt bekommt (eine für die von uns betrachtete Personengruppe nicht immer realistische Annahme). Auch glaubt er, die Überstunden könnten seine Karriereaussichten verbessern, er ist sich diesbezüglich aber nicht sicher ($p=0,3$). Seine Arbeitsfreude wird in den Überstunden dagegen kaum steigen ($p=0,1$) und für sein Hobby hat er keine Zeit mehr, wenn er Überstunden macht ($p=0,0$). Insgesamt betrachtet wird er sich aber dennoch zu Überstunden entschließen, denn die Alternative, Überstunden zu verweigern, ist noch weniger attraktiv.

Wert-Erwartungs-Theorien sind in vielerlei Hinsicht problematisch, und dennoch besitzen sie ein hohes Maß an Plausibilität. Problematisch ist z.B. das Menschenbild, das hinter Wert-Erwartungs-Theorien aufscheint: das Bild einer kühl berechnenden Person, die unbeeindruckt von Emotionen oder sozialer Beeinflussung ihre Ziele verfolgt. Problematisch sind auch die Details der Theorie, etwa die Frage, wie die Nutzenfunktion eines Menschen verläuft (linear, stufenförmig usw.), wie eine Person ihre Teilnutzen miteinander verrechnet, wann und wann nicht jemand wirklich klare und präzise Erwartungen besitzt und wie stabil die Präferenzstruktur eines Menschen ist. Plausibel ist die Wert-Erwartungs-Theorie insofern, als Menschen durchaus bedenken, welche Handlungen ihnen am meisten nützen. Strittig mag sein, in welchem Maße Wert-Erwartungs-Theorien diesen Denkprozeß wirklich abbilden. Wir werden weiter unten bei der Darstellung einer ausgewählten Motivationstheorie auf die Logik der Wert-Erwartungs-Theorien nochmals zurückkommen.

Alternative	Wert	Bewertung	Erwartung	Produkt
Überstunden	Lohn	6	1,0	6,0
	Karriere	8	0,3	2,4
	Arbeitsfreude	5	0,1	0,5
	Hobby	10	0,0	0,0
Gesamtnutzen				**8,9**

Alternative	Wert	Bewertung	Erwartung	Produkt
Keine Überstunden	Lohn	6	0,0	0,0
	Karriere	8	0,1	0,8
	Arbeitsfreude	5	0,0	0,0
	Hobby	10	0,6	6,0
Gesamtnutzen				**6,8**

Abb. 6.9: Das Grundkonzept von Wert-Erwartungs-Theorien

Effizienzlohn

Ökonomische Theorien sind Wert-Erwartungs-Theorien. Die Effizienzlohntheorie ist eine ökonomische Theorie aus dem Bereich der Mikroökonomie. Also stellt auch die Effizienzlohntheorie auf die Nutzenerwägungen der „Wirtschaftssubjekte" ab. Die

Ausgangsüberlegung der Effizienzlohntheorie besteht in der Frage, warum ein Arbeitnehmer überhaupt bereit sein sollte, den von ihm verlangten Arbeitseinsatz zu zeigen. Ein Arbeitsverhältnis ist kein unmittelbares Tauschverhältnis, in dem Leistung und Gegenleistung sichtbar auf einem Tisch liegen. In vielen Fällen hat der Arbeitgeber überhaupt nicht die Möglichkeit, genau und immer zu überprüfen, ob seine Arbeitnehmer auch tatsächlich ihr Leistungsversprechen einhalten, schließlich können sie ja auch bummeln, unachtsam sein, Kunden verärgern, unerlaubte Pausen machen usw. Und: „Sogar bei den ehrlichsten Leuten werden wiederholte und substantielle Versuchungen zum Betrug (kombiniert mit Mehrdeutigkeiten über das angemessene Verhalten), letztlich dazu führen, daß sie gelegentlich betrügen." (Milgrom/Roberts 1992, S. 251)
Unter welchen Umständen werden Menschen nicht betrügen? Wenn die Gefahr „erwischt" zu werden sehr groß ist und vor allem wenn die daraus resultierenden Konsequenzen schlimmer sind als der mögliche Gewinn aus dem Betrug. Ein Lehrbuchbeispiel für eine Wert-Erwartungs-Theorie! Oder anders ausgedrückt:

Ein Mitarbeiter wird betrügen, wenn

$g > p(w - w^*)N$, wobei

- g erreichbarer Betrugsvorteil,
- p Wahrscheinlichkeit der Entdeckung,
- w Lohn im gegebenen Arbeitsverhältnis,
- w^* Lohn im alternativen Arbeitsverhältnis,
- N Zahl der betrachteten Perioden.

Die Konsequenzen des Betruges werden in dieser Formel am Lohnunterschied festgemacht: dem Verlust, den jemand erleidet, wenn er – des Betrugs überführt – den Arbeitgeber verlassen und sich einen alternativen Arbeitgeber suchen muß. In dieser Formulierung steckt auch schon die Lösung des Lohnproblems. Was kann ein Arbeitgeber tun, um die Betrugsgefahr (und hierzu zählt wie gesagt nicht in erster Linie stehlen und veruntreuen, sondern vor allem auch das Zurückhalten der Arbeitskraft) zu bannen? Er muß einen Lohn zahlen, der den Betrug schlicht als die schlechtere Alternative erscheinen läßt. Der Betrug ist dann die schlechtere Alternative, wenn der Arbeitgeber einen höheren Lohn als der alternative Arbeitgeber zahlt, denn dann droht – bei Aufdeckung des Betrugs und Entlassung – Lohnverlust. Der Lohn, der Betrugsverhalten verhindert, ist der sogenannte „Effizienzlohn". Er errechnet sich entsprechend der oben genannten Formel nach

$$w = w^* + g / (N\,p).$$

Angenommen, ein Arbeitnehmer erhielte in einem alternativen Beschäftigungsverhältnis einen Jahreslohn von DM 50.000,--. Weiter angenommen, der Gewinn aus dem Betrug (wie gesagt, der Gewinn kann sich aus vielen unterschiedlichen Quellen speisen, z.B. aus zu vielen und zu langen Pausen, aus unerlaubten Telefongesprächen, aus qualitativ schlechter Arbeit usw.) belaufe sich für den Arbeitnehmer auf DM 2.000,-- und die Wahrscheinlichkeit, daß das Fehlverhalten entdeckt und durch Entlassung bestraft würde, betrüge $p = 0{,}05$; dann lohnt sich der Betrug dann nicht mehr (wenn wir weiter annehmen, daß der Arbeitnehmer noch zehn weitere Jahre arbeiten will), wenn der Arbeitgeber einen Lohn von DM 54.000,-- bezahlt. Anders ausgedrückt: der Arbeitgeber zahlt dem Arbeitnehmer eine „Prämie" und verhindert damit eigensüchtiges Verhalten. Alternativ oder in Ergänzung bleibt dem Arbeitgeber die Möglichkeit, den Wert „p" zu erhöhen oder ökonomisch ausgedrückt: er kann in Kontrollmaßnahmen investieren. Was günstiger ist, bliebe ein reines Rechenexempel. Es besteht eine dritte Möglichkeit: die externe Kontrolle durch den Arbeitsmarkt. Eine hohe Arbeitslosigkeit ist günstig für ein Unternehmen, denn es vermindert die Notwendigkeit zu internen Kontrollen, weil die drohende Arbeitslosigkeit das Verlustrisiko der Arbeitnehmer erhöht.

Ob man mit der Effizienzlohn-Theorie der Arbeitnehmer-Arbeitgeber-Beziehung gerecht wird, sei dahingestellt (wir haben nur eine bestimmte Variante von Effizienzlohntheorien betrachtet – das sogenannte „Shirking-Modell" – zu einer Würdigung und zu weiteren Anwendungsfällen der Effizienzlohntheorien vgl. z.B. Kubon-Gilke 1990). Immerhin erkennen auch die Vertreter der Effizienzlohn-Theorie, daß deren Brauchbarkeit an bestimmte Voraussetzungen gebunden ist. So besteht normalerweise für den Arbeitnehmer überhaupt kein Grund zum Betrügen, es sei denn, sein Lohn sei derartig niedrig, daß die Versuchung zum Betrug übermächtig wird. Ob gerade in diesem Fall ein Arbeitnehmer veranlaßt wird, seine Gewinn- und Verlustchancen rational zu kalkulieren, kann wiederum bezweifelt werden.

Sozialer Einfluß

Abschließend sei ein Motivationsmodell vorgestellt, das neben der Nutzenbetrachtung auch andere sozialwissenschaftliche Konzepte zu ihrem Recht kommen läßt. Sussmann/Vecchio (1982) stellen sich die Frage, welche Möglichkeiten einer Organisation (oder einem Vorgesetzten) zur Verfügung stehen, seine Mitglieder (seine Mitarbeiter) zu beeinflussen. Sie rekurrieren damit auf die Machtgrundlagen oder allgemeiner auf Determinanten des sozialen Einflusses. In Abbildung 6.10 ist die Argumentationslinie wiedergegeben.

Wie man sieht, haben im Modell von Sussmann/Vecchio auch ökonomische Überlegungen einen Platz. Eine Organisation kann das Verhalten eines Menschen beeinflussen, wenn sie Mittel bereitstellt, die er zur Verfolgung seiner Ziele benutzen kann. Der Prozeß der sozialen Beeinflussung geschieht dabei über die Belohnung. Das Verhalten des Menschen beruht auf einem Nutzen-Kalkül, etwa so, wie es von Wert-Erwartungs-Theorien beschrieben wird. Zweck-Mittel-Überlegungen stellen positive Anreize heraus. Ebenso wichtig und manchmal wichtiger sind aber auch negative Anreize. Organisationen, die ihre Ziele mit Zwang durchsetzen, erzeugen Entfremdung. Die Ziele der Organisation werden nicht akzeptiert, gleichwohl aber befolgt, entweder aus Angst oder aus Abstumpfung.

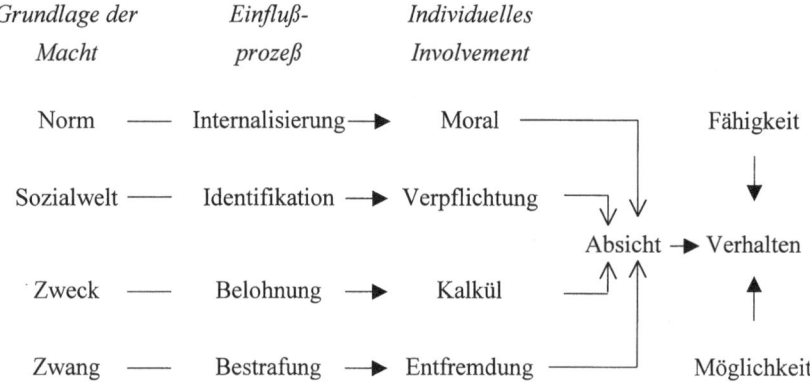

Abb. 6.10: Motivationaler Bezugsrahmen nach Sussmann/Vecchio

Menschliches Verhalten beruht aber nicht allein auf kühler Berechnung oder nackter Angst. Menschen verfolgen nicht selten auch Ziele, die ihnen „objektiv" gesehen eher Nachteile einbringen. Berühmt ist der Satz Luthers: „Hier stehe ich, ich kann nicht anders." Menschen handeln (auch) gemäß ihren inneren Überzeugungen und Wertvorstellungen. Eine Organisation, die Ziele verfolgt, die den Werten einer Person Rechnung trägt, hat mehr Einfluß auf diese Person, als eine Organisation, deren Ziele und Methoden ihr eher fragwürdig erscheinen. Organisationen nehmen die Werthaltungen ihrer Mitglieder aber auch nicht einfach hin, sondern versuchen, diese mit zu beeinflussen. Der Prozeß der Einflußnahme gelingt, wenn die Mitglieder die anvisierten Werthaltungen „internalisieren", wenn sie ihnen also gewissermaßen in Fleisch und Blut übergehen. Dies ist natürlich ein sehr weitgehender Zugriff und manche Mittel, die von Organisationskultur-Gurus propagiert werden (das Absingen von Firmenhymnen, die Verlesung von Unternehmensleitlinien, das gemeinsame Frühstück), erscheinen vor diesem Anspruch eher lächerlich. Die Bejahung und Unterstützung organisationsbezogener Werte läßt sich nachhaltiger beeinflussen, wenn die Organisation ihren Mitgliedern Möglichkeiten zur Selbstbestätigung gibt, wenn sie intrinsische Belohnungen (s.o.) bereithält und wenn sie das Engagement ihrer Mitglieder anerkennt.

Aber nicht nur die inneren Werthaltungen, auch äußere soziale Einflüsse prägen das Verhalten in Organisationen. Diese wirken nicht zuletzt über soziale Normen. Man übernimmt die herrschenden Normen einer Arbeitsgruppe oder einer Organisation am ehesten, wenn man sich mit der Arbeitsgruppe bzw. der Organisation identifiziert, also nicht mehr zwischen den fremden und den eigenen Zielen unterscheidet. Die Identifikation gelingt um so eher, je mehr die Aufgaben und Rollen, die man übernimmt, mit dem eigenen Selbstbild harmonieren. Dies mag ein wenig nach Sozialromantik klingen, was aber nicht beabsichtigt ist. Das Selbstbild eines Menschen ist nicht an sich edel. Ein „Macho" beispielsweise wird sich in einer Macho-Kultur wohl fühlen, in der andere Personen mit einem anderen Selbstbild eher Probleme haben.

Abschließend sei noch auf den rechten Teil der Abbildung 6.10 hingewiesen. Er soll deutlich machen, daß sich die Anreizpolitik primär auf die Motivation, die Verhaltensabsichten richtet. Ob aus Absichten auch konkretes Verhalten folgt, ist aber zu einem nicht geringen Teil auch von den Fähigkeiten der Handelnden abhängig und von den Möglichkeiten, die die Handlungssituation eröffnet und läßt. Personalwirtschaftliche Gestaltungsansätze sollten sich daher nicht in der Anreizpolitik erschöpfen, sondern auch diese Einflußbereiche ernst nehmen.

b) Politik

Mit seiner Lohnzahlung kann sich ein Unternehmen profilieren. Oder auch mit seinen Sozialleistungen, die ihm ein besonderes Renommee verschaffen können. Manche Unternehmen werben (bei bestimmten Zielgruppen) auch mit ihrer besonderen Karrierepolitik. Und es lassen sich auch einige Pionierunternehmen benennen, die – zumindest vom Grundsatz her – danach streben, ihren Mitarbeitern eine weitgehende Beschäftigungssicherheit zu geben. Anreizpolitische Maßnahmen sind unmittelbar greifbar und damit auch besonders sichtbar. Schon aus diesem Grund verdienen sie die besondere Aufmerksamkeit. Wir wollen im folgenden einige Ansatzpunkte für die anreizpolitische Profilierung ansprechen.

Lohnführerschaft

Was veranlaßt ein Unternehmen, die am Ort besten Löhne zu zahlen? Ein Grund könnte sein, daß dieses Verhalten der Unternehmensstrategie dient. Befindet sich ein Unternehmen beispielsweise in einer starken Wachstumsphase, dann ist es darauf angewiesen, seinen Mitarbeiterstamm nachhaltig zu erweitern und gleichzeitig zu verhindern, daß wichtige Mitarbeiter das Unternehmen ohne weiteres verlassen. Man muß neue Mitarbeiter anwerben und dafür sorgen, daß die Mitarbeiter, die das Wachstum tragen, im Unternehmen bleiben. Der hohe Lohn ist in diesem Fall eine Prämie, die Fluktuationsneigungen eindämmen soll.

Aber auch originär personalpolitische Gründe können hohe Löhne veranlassen. So kann es durchaus sinnvoll sein, eine „Abschöpfungsstrategie" zu verfolgen, also zu versuchen, durch eine entsprechende Lohnkonkurrenz die zuverlässigsten und qualifiziertesten Mitarbeiter für sich zu gewinnen. Hohe Löhne können aber auch ganz einfach zum Kern einer Personalpolitik gehören, z.B. dann, wenn sich das Unternehmen vor allem durch seine monetären Leistungen profilieren will, andere Bereiche des Personalwesens (Ausbildung, Führung, Sozialleistungen) dagegen eher vernachlässigt. Andererseits können hohe Löhne auch eine Personalpolitik materiell absichern, die es primär eben gerade nicht so sehr auf finanzielle Vorteile abgesehen hat, sondern z.B. eher auf Einbindung setzt. Wir werden im übernächsten Abschnitt ein Beispiel hierfür kennenlernen.

Schließlich kann ein Unternehmen aber auch ganz einfach gezwungen sein, die Lohnführerschaft zu übernehmen. So wird es ein auf dem Arbeitsmarkt dominierendes Unternehmen kaum vermeiden können, zum Zielpunkt von Gewerkschaftsambitionen zu werden und macht das Unternehmen darüberhinaus hohe Gewinne, dann wird es ihm kaum möglich sein, die Arbeitnehmer vom Wohlergehen des Unternehmens auszuschließen.

So attraktiv eine Hochlohnpolitik ist, so problematisch kann sie auch sein. Nicht nur, daß sie eine starke Beanspruchung der Ressourcen mit sich bringt, einmal etabliert, kann sie auch nur schwer zurückgenommen werden. Außerdem kann sie den Unmut anderer Arbeitgeber hervorrufen, was aus mikroökonomischer Sicht gleichgültig, innerhalb einer überschaubaren Region und angesichts der dort üblichen Verflechtungen aber bedenklich sein kann. Schließlich ist zu fragen, ob eine Strategie, die ausschließlich auf finanzielle Anreize setzt, langfristig tragfähig ist. Diesbezüglich ist Skepsis angebracht, denn die Vernachlässigung „indirekter" Investitionen in das Personalwesen, seien sie materieller (z.B. Finanzierung sauberer, sicherer, angenehmer Arbeitsplätze) oder immaterieller (z.B. Betriebsklima, Führungskultur) Art, zahlt sich selten wirklich aus.

Sozialpolitik

Womit wir bei einem weiteren Thema der Anreizproblematik, der Sozialpolitik eines Unternehmens wären. Die wichtigste Form von Sozialleistungen ist zweifellos die betriebliche Altersvorsorge. Sie sichert dem Arbeitnehmer ein manchmal nicht unerhebliches Zusatzeinkommen im Alter. Dem Arbeitgeber geht es mit der Gewährung von Altersruhegeldern primär um eine stärkere Bindung seiner Mitarbeiter ans Unternehmen. Nachteilig ist allerdings, daß die Bedeutung der Altersvorsorge von den Mitarbeitern oft nicht hinreichend gewürdigt wird und damit ihre Anreizwirkung eher gering ist. So lange die Altersrenten nicht ausgezahlt werden müssen, verbleiben die Vorsorgebeiträge im Unternehmen, was betriebswirtschaftlich natürlich von Vorteil ist. Pensionsrückstellungen sind eine Art Fremdkapital (zu günstigen Zinsen). Eine weitere interessante Sozialleistung ist die Unterstützung der Vermögensbildung. Sie wird zwar nur in geringem Umfang staatlich gefördert, es bleibt einem Unternehmen aber natürlich unbenommen, sich diesbezüglich stärker zu engagieren, insbesondere die Beteiligung am Kapital des eigenen Unternehmens (s.u.) wird viel zu wenig genutzt.

Sozialleistungen umfassen Zuschüsse aller Art (Fahrtkosten, Aus- und Weiterbildung, Zuwendungen für Familienanlässe), die Vermittlung von – für das Unternehmen oft günstigen – Versicherungsangeboten, Sachleistungen (Belegschaftshandel, Kraftstoff, Werkzeug), Kreditvermittlung, Betreuungsleistungen (Seniorenabende, Jubiläen, Werksfeste, Betriebsausflüge), Beratung in finanziellen und beruflichen Angelegenheiten. Und nicht zu vergessen: Werksverpflegung, Werkswohnungen, Kindertagesstätten, Sport- und Freizeiteinrichtungen.

Sozialleistungen haben manchmal rein *ökonomische Funktionen*. Sie belohnen gute Leistungen, sie sollen die Bindung an das Unternehmen stärken, zur Verbesserung des Betriebsklimas beitragen, und sie lassen sich als Personalmarketing-Argument benutzen. Daneben haben Sozialleistungen (wie der Name sagt) *soziale Funktionen*, sie dienen also beispielsweise der Fürsorge und Vorsorge. Und schließlich sind sie auch ein Instrument zur Gestaltung der allgemeinen *Arbeitsbeziehungen*. Sie können einerseits dazu beitragen, den Interessengegensatz zwischen den Arbeitsparteien zu überbrücken, sie können aber auch als taktisches Mittel genutzt werden, um Gewerkschaften und Betriebsräte zu schwächen. In diesem Fall sollte man nicht wie bei der Effizienzlohntheorie von „Prämien" im ökonomischen, sondern von „Bestechung" im machtpolitischen Sinne sprechen.

Karrieremuster

Viele Menschen wollen „Karriere" machen. Sie verstehen darunter meist einen „Aufstieg", eine sichere Stellung, ein gutes Gehalt, einen hohen Status, eine interessante Aufgabe und möglichst alles gleichermaßen. Karriere gemacht haben – nach dieser Vorstellung – Geschäftsführer, Vorstandsmitglieder oder generell ranghohe Manager, also vor allem Personen, die in der „Linie" eine hohe Stellung einnehmen. Allerdings sind die entsprechenden Stellen selten. Außerdem sind im Zuge des Lean-Managements viele Karrierestellen ausgedünnt worden. Gleichzeitig steigt die Zahl der Personen mit hohen formalen Qualifikationen (Personen mit hohen Aufstiegsambitionen) seit etlichen Jahren kontinuierlich an, ein Trend, der sich noch beträchtlich verstärken wird. Karriere muß angesichts der Verknappung der Karrieremöglichkeiten neu definiert werden, wenn sie weiter ein attraktives Ziel bleiben soll. Diskutiert wird daher seit einiger Zeit, ob es nicht möglich ist, neben der sogenannten Führungskarriere weitere Karriereleitern zu etablieren. So soll die sogenannte Fachkarriere forciert werden, eine Form der Karriere, die – z.B. im Stabsbereich – auch schon bislang eine große Rolle gespielt hat, aber im Bewußtsein der Nachwuchskräfte eher von untergeordneter Bedeutung ist. Neben der Linienhierarchie wäre also eine Fachhierarchie (für unterschiedliche Fachgebiete) zu etablieren. Daneben sollen „Projektkarrieren" möglich werden. Bewährte Mitarbeiter erhalten hierbei die Möglichkeit, die Leitung von Projekten unterschiedlicher Dimensionierung zu übernehmen, also z.B. die Einführung neuer Produkte betreuen, Firmen fusionieren usw. Schließlich bleibt als Möglichkeit, die Metapher der Karriereleiter durch die Metapher der Karrierelinie zu ersetzen: im Zuge des Berufslebens können den Mitarbeitern immer anspruchsvollere Aufgaben zugewiesen werden, ohne daß damit „Führungsverantwortung" verbunden sein muß.

Wie immer auch Karriere konkret definiert wird, der Zugang zur Karriere und auch die Karrierewege selbst können sehr unterschiedlich angelegt sein. Sonnenfeld/Peiperl (1988) stellen verschiedene idealtypische Karrieremuster vor. Sie unterscheiden u.a. den „Klub", das „Sportteam" und die „Akademie". Der „Klub" ist eine geschlossene Gesellschaft. Dies drückt sich u.a. darin aus, daß höhere Stellen immer nur intern besetzt werden, daß also Quereinstiege vermieden werden. Außerdem muß man sich innerhalb der Organisation „hochdienen" und nur bewährte und verdiente Mitarbeiter erhalten die Chance zur Karriere. Beim Einstieg ins Unternehmen und am Beginn eines Karrierewegs stehen intensive Prüfungen, die sich zwar einerseits auf die Eignung richten, aber vor allem auch die Zuverlässigkeit und die Integrationsbereitschaft im Auge haben. Die Entwicklung erfolgt entlang vorgegebener Karrierestufen eher gemächlich und die Nachwuchsförderung hat einen generalistischen Zuschnitt. Einen Klub wechselt man nicht (oder nur im Ausnahmefall), man verläßt ihn nach treuen Diensten und erst am Ende des Berufsweges.

Im Karrieresystem „Sportmannschaft" geht es dynamischer zu. Der Einstieg von außen ist auf allen Karrierestufen möglich. Man kann schnell Karriere machen (oder sie verspielen), es gibt daher auch nur eine rudimentäre Karriereplanung, jeder ist für sein Vorankommen und seine Weiterbildung selbst verantwortlich. Wer in einem Unternehmen Karriere gemacht hat, kann diese gewissermaßen auch exportieren, wichtig für das einstellende Unternehmen sind Erfahrungen, Empfehlungen und ein passendes Auftreten. Im „Akademie"-Stil findet man Elemente von beiden bereits beschriebenen Karrieretypen. Mit dem Sportmannschaft-Typ verbindet ihn der Individualismus. Ob jemand Karriere macht, entscheidet sich primär an seinen Leistungen. Dabei wird sehr früh und streng geprüft, welches Potential jemand mitbringt. Wer sich nicht gleich am Anfang bewährt, wird in einer Akademie keine Karriere machen. Ist man aber aufgenommen, dann befindet man sich (ähnlich wie beim Klub) in einem geschützten sozialen Raum, man erhält die Möglichkeit, die eigenen Fähigkeiten weiterzuentwickeln und sich auch persönlich zu entfalten. Die Karrierepfade sind relativ klar vorgegeben, man ist ständig in Personalentwicklungsmaßnahmen eingebunden, wird die Organisation kaum freiwillig verlassen, muß aber bei schlechten Leistungen durchaus damit rechnen, keine Vertragsverlängerung zu erhalten.

In jedem Fall stellen die Beschreitung oder die Verfolgung des Karrierepfades hohe Ansprüche an die Kandidaten, sie werden durch die verschiedenen Karrieresysteme nur unterschiedlich akzentuiert: im ersten Fall dominiert die Anpassung an soziale Standards, im zweiten Fall werden ständig Höchstleistungen gefordert und im dritten Fall wird eine nachhaltige Weiterentwicklung der eigenen Fähigkeiten erwartet.

Beschäftigungsgarantie

Abschließend sei auf eine Möglichkeit der Anreizgestaltung hingewiesen, die in besonderem Maße die Ganzheitlichkeit personalpolitischer Gestaltung heraushebt, die sogenannte lebenslange Beschäftigung. Sie ist im Zuge der Japan-Diskussion besonders herausgestellt worden. Mitarbeiter in japanischen Großunternehmen (und damit nur ein Teil der japanischen Erwerbstätigen) brauchen sich über ihre Arbeitsplatzsicherheit keine Gedanken zu machen. Sie gehören gewissermaßen zur Betriebsfamilie und bekanntlich wird man aus Familien nur in extremen Ausnahmefällen verstoßen. Dabei ist zu beachten, daß die „Betriebsfamilien" eine bemerkenswerte Arbeitsmoral besitzen. Japanische Unternehmen sind proaktiv, produktiv und innovativ. Können Beschäftigungsgarantien nicht auch in westlichen Unternehmen erhebliche Leistungsanreize setzen? Nun, auch in Deutschland gibt es faktische Beschäftigungsgarantien. Das beste Beispiel liefert der öffentliche Dienst (und rechtlich verbrieft: das Beamtentum). Ist der öffentliche Dienst ähnlich proaktiv und kundenorientiert wie die japanische Wirtschaft? Dieser Vergleich hinkt natürlich gewaltig, schließlich hat der öffentliche Dienst viele hoheitliche Aufgaben, die nicht der Marktlogik gehorchen und daher nicht den dort geltenden Leistungsmaßstäben unterworfen sind (und ihr auch nicht unterworfen werden sollten). Aber ließe sich die Beschäftigungsgarantie nicht auch in erwerbswirtschaftlichen Unternehmen etablieren, also in Organisationen, die dem Stachel des Wettbewerbs unterworfen und daher auch gezwungen sind, eine leistungsstimulierende

Personalpolitik zu betreiben? Auch in privatwirtschaftlichen Unternehmen westlicher Prägung findet man faktische Beschäftigungsgarantien. Dennoch besitzen die in diesen Unternehmen gegebenen Beschäftigungsverhältnisse einen gänzlich anderen Charakter als die japanischen (in Japan) und zwar aus mindestens zwei Gründen. Erstens ist die Beschäftigungsgarantie nur ein einzelnes (wenn auch wichtiges) Element der Personalpolitik und kann daher auch nur vor dem Hintergrund der gesamten personalpolitischen Ausrichtung japanischer bzw. westlicher Unternehmen angemessen gewürdigt werden. Und zweitens gewinnt eine personalpolitische Grundorientierung innerhalb des jeweiligen kulturellen Milieus eine ganz eigene Färbung. Auch in westlichen Ländern gibt es in manchen Unternehmen eine Tradition, die sich dadurch auszeichnet, die Arbeitnehmer in die „Betriebsgemeinschaft" einbinden zu wollen. Die tragende „Ideologie" wurzelt meistens in einer paternalistischen Grundhaltung. Auch zur Beschreibung mancher westlicher Unternehmen läßt sich also die Familienmetapher bemühen. Allerdings mit einer führerzentrierten Ausrichtung: in einem paternalistischen Unternehmen sorgt der Unternehmer gewissermaßen als „Vater" für seine „Kinder". Er verlangt dafür Gehorsam und duldet keine Abweichler. Dies zeigt, daß die Paternalismus-Metapher eigentlich schief ist, denn ein „richtiger" Vater wünscht sich keine Kinder, die von ihm abhängig sind. Seine Aufgabe besteht ja gerade darin, diese bei der Entwicklung ihrer Selbständigkeit zu unterstützen (eine beispielhafte Schilderung der falschen Liebe paternalistischer Führung findet man bei Sennett 1980). Doch, um nochmals auf die japanischen Verhältnisse zurückzukommen: das Modell Japan kennt – konsequenterweise und systemkonform – keinen Arbeitsmarkt für mittlere Führungskräfte. Ist dies auch in einer individualistischen Gesellschaft vorstellbar? Sind die Arbeitnehmer in westlichen Ländern bereit, sich dauerhaft an ein bestimmtes Unternehmen zu binden? Der Paternalismus und die japanischen Personalpraktiken (also auch die lebenslange Beschäftigung) schweben nicht im freien Raum, sondern basieren auf einer bestimmten kulturellen Basis.

c) Instrumente und Maßnahmen

Im folgenden seien kurz einige typische anreizbezogenen Instrumente und Maßnahmen angesprochen. Letztlich enthält fast jedes personalwirtschaftliche Instrument (positive oder negative) Anreizelemente: das Vorgesetztenverhalten ebenso wie die Ausstattung des Arbeitsplatzes oder z.B. auch die Gestaltung der Arbeitszeit. Die Zuordnung einzelner Instrumente zu den verschiedenen personalwirtschaftlichen Funktionsbereichen ist – wie sich gerade bei der Anreizproblematik zeigt – also nur als Schwerpunktsetzung zu verstehen.

Sabbaticals

In zeitgenössischen Kulturbetrachtungen findet man nicht selten die Behauptung, wir lebten in einer Freizeitgesellschaft. Auch der Wertewandel hin zu größerer Selbstverwirklichung wird fleißig bemüht. Stellt sich die betriebliche Personalpolitik darauf ein? In Ansätzen. Ein derartiger Ansatz besteht darin, dem Wunsch nach vermehrter Freizeit und Selbstverwirklichung durch individuelle (also über die Tarifregelungen hinausgehende) Urlaubsregelungen entgegenzukommen. Die „Sabbaticals", die in unserer Übersicht in Abbildung 6.7 als erstes genannt sind, zielen genau hierauf ab. Sabbaticals sind eine spezifische Form des Langzeiturlaubs, „Auszeiten", die dem Arbeitnehmer die Möglichkeit geben, für eine bestimmte Zeit (z.B. ein Jahr) Arbeit und Beruf zu vergessen und sich ganz persönlichen Zielen hinzugeben. Der Anreiz besteht darin, daß der Arbeitnehmer die Garantie erhält, nach dieser Zeit wieder die alte Tätigkeit aufnehmen zu können. Die Urlaubszeit kann z.B. durch Weiterzahlung von Versicherungsleistungen finanziell unterfüttert werden. Für das Unternehmen können Sabbaticals durchaus attraktiv sein. Neben der unmittelbaren Belohnungswirkung für verdiente Mitarbeiter, sind auch langfristige Anreizwirkungen zu erwarten, denn die Mitarbeiter dürften nach dem „Sabbatjahr" mit frischer Motivation und neuen Erfahrungen versehen, an die Arbeit gehen. Allerdings verlangt der Einsatz des Sabbaticals vom Unternehmen eine entsprechende organisatorische Flexibilität, denn schließlich muß der Ausfall des Arbeitnehmers ja ersetzt werden, seine Arbeit muß von anderen übernommen werden, diese müssen sich einarbeiten usw. Außerdem darf dem Arbeitnehmer selbst die lange Abwesenheit nicht zum Nachteil gereichen. Wenn nicht sichergestellt ist, daß er eine ähnlich attraktive Arbeit wie vor dem Sabbatjahr erhält, wenn sich seine Karrieremöglichkeiten zwischenzeitlich verschlechtern usw., dann mindert dies ohne Zweifel die Attraktivität dieses personalwirtschaftlichen Instruments. Tatsächlich werden Sabbaticals sehr selten gewährt (normalerweise nur Personen in gehobenen Positionen) und angenommen. Das wirft nicht nur ein bezeichnendes Licht auf das Vorliegen der gerade angesprochenen organisatorischen Voraussetzungen, sondern ist auch bedauerlich, weil die Idee des Sabbaticals – angewandt auf breite Arbeitnehmerschichten – die Möglichkeit böte, arbeitslose Personen für die Laufzeit des Sabbaticals zu beschäftigen, was den Arbeitsmarkt nachhaltig entlasten könnte.

Cafeteria-Entlohnung

Ein weiteres anreizpolitisches Instrument, das eigentlich im Trend der Zeit liegen sollte, ist das sogenannte Cafeteria-System. Die Grundidee besteht darin, daß die Mitarbeiter – wie der Name sagt – die Bestandteile ihres Entgeltes wie ein Menü selbst zusammenstellen können. Das Budget, über das sie verfügen können, ist natürlich vorgegeben.

Außerdem beziehen sich die Menübestandteile in der Praxis nur auf Zusatzleistungen, die über das Grundentgelt hinausgehen. Dies ist angesichts des hohen Regulierungsgrades, dem der Arbeitslohn in Deutschland unterliegt, nicht überraschend. Wenig überraschend ist aus diesem Grund auch, daß das Instrument primär bei außertariflich bezahlten Angestellten Verwendung findet.

Häufig verwendete Bestandteile des Menüs sind zusätzliche Barleistungen, Belegschaftsaktien, Freizeitmöglichkeiten, Darlehen, Versicherungsleistungen und auch bestimmte Sachleistungen (z.B. ein Dienstwagen). Wie man an dieser Aufzählung erkennt, kommen sowohl „geldwerte" als auch symbolische Leistungen zum Einsatz. Ersteres deswegen, weil das Unternehmen Leistungen in Anspruch nehmen und weitergeben kann (z.B. bieten Versicherungen einem Unternehmen oft besondere Rabatte) die günstiger sind, als wenn sie der einzelne Mitarbeiter erwerben müßte. Und symbolische Leistungen werden geboten, weil sie nicht durch Geld erworben werden können, den Mitarbeitern aber dennoch wichtig sind.

Cafeteria-Systeme haben schon aus dem einfachen Grund eine größere Anreizwirkung als pauschale Zuschläge, weil sie einen individuellen Gestaltungsspielraum lassen. Sie sorgen außerdem für Transparenz, denn viele Leistungen des Arbeitgebers werden zwar mit- aber kaum wahrgenommen, ihre explizite Bewertung im Cafeteria-System macht ihren Wert deutlich. Eine Funktionsvoraussetzung für ein Cafeteria-System ist die angemessene Gewichtung der Entgeltbestandteile, eine nicht ganz einfache Aufgabe, die keine allgemeine Lösung hat: Wie viele Budgetpunkte sollten für einen Tag zusätzlichen Urlaubs angesetzt werden? Wie viele für eine zusätzliche Barleistung (inklusive der fälligen Versicherungsleistungen) usw. Außerdem müssen vor Einführung des Cafeteria-Systems die Präferenzen der Arbeitnehmer erhoben werden – wie sich überhaupt eine sorgfältige und partizipative Einführung empfiehlt. Ebenso wünschenswert ist eine regelmäßige Aktualisierung des Angebotes, um einerseits Präferenzänderungen und andererseits die Veränderung der relativen Preise zu berücksichtigen. Schließlich sollte das System auch nicht allzu kompliziert gestaltet werden, weil sonst die oben herausgestellte Transparenz wieder zunichte gemacht wird.

Erfolgsbeteiligung

Besondere Erwähnung als Anreizinstrument verdient die Erfolgsbeteiligung. Eigentlich gebührt ihrer Behandlung ein eigenes Kapitel. Wir wollen uns hier aber auf einige wenige Grundüberlegungen beschränken. Die üblichen Lohnformen (s.u.) setzen direkt bei der Leistungserbringung des einzelnen Mitarbeiters an. Sie werden daher auch der „kausalen" Lohnfindung zugerechnet. Die Erfolgsbeteiligung wird dagegen oft auch als „finale" Lohnfindung bezeichnet. Die finale Lohnfindung versucht, die Lohnbestimmung vom Ergebnis und zwar vom Gesamtergebnis des Unternehmens her zu bestimmen. Es soll also die Gesamtleistung aller Mitarbeiter gewürdigt werden, die mehr ist als die Summe der Einzelleistungen. Darin steckt aber eine erhebliche Problematik, denn wie sollte es möglich sein, den Unternehmenserfolg in angemessener Weise auf die Mitarbeiter zu verteilen? Schwirig ist schon die Bestimmung der Basis, aufgrund derer eine Ausschüttung an die Mitarbeiter erfolgen soll.

Am ehesten entspricht es dem Gedanken der finalen Lohnbestimmung, den Gewinn zur Verteilung heranzuziehen. Problematisch daran ist allerdings, daß die Gewinnberechnung oft unternehmensstrategischen Zielen folgt. Aus anreizpolitischer Sicht geht es bei der Erfolgsbestimmung um die Wertschöpfung, aus betriebswirtschaftlicher Sicht aber auch um finanzpolitische Überlegungen. Man muß die Erfolgsbeteiligung aber auch nicht unbedingt auf den Gewinn, man kann sie auch auf bestimmte vorgelagerte Leistungsgrößen (z.B. den Produktionswert) beziehen. Dies ist deswegen plausibel, weil sich die Arbeit der Mitarbeiter zwar in starkem Maße unmittelbar in den Ergebnissen der Leistungserstellung niederschlägt, die Gewinnsituation dagegen eher Ergebnis strategischer Entscheidungen ist, die von der Unternehmensführung zu verantworten sind. Häufig beziehen sich Erfolgsbeteiligungen auch auf die Außenleistung, also den Ertrag z.B. in Form des Umsatzes, eine Größe, die weniger aufgrund ihrer Logik als wegen ihrer leichten Meßbarkeit überzeugt.

Neben der Bestimmung der Bezugsgröße liegt ein Hauptproblem der Erfolgsbeteiligung im Verteilungsschlüssel: welcher Anteil am Gewinn beispielsweise steht den Eigentümern zu, welcher soll auf die Arbeitnehmer entfallen? Sollen alle Arbeitnehmer den gleichen Anteil bekommen, soll der Gewinn nach dem betrieblichen Status oder einfach nach dem jeweiligen Lohn verteilt werden? Wie ist bei Verlusten vorzugehen? Und schließlich, in welcher Form soll die Gewinnausschüttung erfolgen? Die einfachste Möglichkeit ist die Barzahlung. Damit wird aber eine wichtige Chance verschenkt, die Möglichkeit nämlich, den Mitarbeitern eine weitere Rolle neben der des Arbeitnehmers zu geben und sie dadurch enger an das Unternehmen zu binden. Die Arbeitnehmer könnten als Kapitalanleger auftreten und ihre Gewinnanteile (oder Teile davon) investiv ins eigene Unternehmen einbringen. Zwar ist Kapitalbeteiligung keine notwendige Konsequenz einer Gewinnbeteiligung, von der Sache her gehören die beiden Beteiligungsformen aber eigentlich zusammen.

Es gibt verschiedene Möglichkeiten, den Gewinn im Unternehmen anzulegen. Der Arbeitnehmer kann seinen Gewinnanteil dem Unternehmen z.B. als Fremdkapital überlassen (Darlehen, Schuldverschreibung), oder er kann Miteigentum erwerben z.B. als Stiller Gesellschafter, als Inhaber von Belegschaftsaktien oder als Teilhaber einer Beteiligungsgesellschaft. Relativ häufig werden in der Praxis auch Genußscheine ausgegeben (eine Art stimmrechtsloser Vorzugsaktien). Eine derartige Anlage hat den Nachteil, daß sie auf der Ebene der Kapitalanlage verbleibt, Mitspracherechte – alos die wesentlichen Elemente der Eigentümer-Rolle – dagegen ausblendet.

Die Gewinn- und Kapitalbeteiligung wird insgesamt noch viel zu wenig praktiziert. Dies mag daran liegen, daß sich Auswirkungen auf das Arbeitsverhalten (Interesse am Wohlergehen des Unternehmens, Identifikation, Partizipation) erst bei einer sehr umfassenden Anwendung zeigen dürften. Viele Firmen nutzen die Kapitalbeteiligung daher primär als Instrument der Kapitalbeschaffung bzw. als Mittel zur Verbesserung des Arbeitgeberimages. Und auch viele Arbeitnehmer sind an der Kapitalbeteiligung wenig interessiert und begreifen sie rein instrumentell als mehr oder weniger attraktive Form der Kapitalanlage.

Delegation

In Abbildung 6.7 sind neben den beschriebenen Instrumenten auch einige ausgewählte Maßnahmen angeführt, die darauf abzielen, die Motivation von Arbeitnehmern zu steigern. Sie spiegeln jeweils für sich, aber auch im wechselseitigen Vergleich, die ganze Widersprüchlichkeit der in der Praxis vorfindlichen personalwirtschaftlichen Gestaltungsansätze. So wird aus anreiztheoretischer Sicht – eigentlich schon immer – gefordert, die Entscheidungskompetenzen unmittelbar an den Ort des Geschehens, also im Zweifelsfall immer beim einzelnen Mitarbeiter, anzusiedeln. Der organisationstheoretische Terminus für dieses Prinzip heißt „Delegation". Als Begründung für die neuerliche Forderung nach Delegation wird z.B. auf die zunehmende Bedeutung der Serviceorientierung und die beschleunigte Dynamik der Wirtschaft verwiesen, die einen neuen Arbeitnehmertypus erforderlich machten: Menschen mit großen Fähigkeiten, die ihrer Arbeit einen Sinn zu geben wissen, mit Nachdruck und selbstbewußt handeln und auf das Arbeitsgeschehen proaktiv Einfluß nehmen. Was ist davon zu halten? Man ist geneigt, das Sprichwort „the proof of the pudding is in the eating" zu bemühen. Tatsächlich sind (und waren) die Umsetzungsbemühungen der Unternehmen trotz der hochgestimmten Reden eher zahm. Ihren eigenen Mitarbeitern große Eigenverantwortung zuzuweisen fällt vielen Vorgesetzten schwer. Jedenfalls ist das Thema nicht neu, neu sind allenfalls die Begriffe, die auf den aktuellen Stand gebracht wurden. Statt von Delegation, Partizipation und Autonomie spricht man nun eben von Selbstverantwortung, Selbststeuerung und „Empowerment" (vgl. Kapitel 5, Abschnitt 3c). Allerdings – man kann dies schon am Klang der Worte erkennen – eine gewisse Wendung nehmen die Dinge doch. Steht hinter den älteren Diskussionen vor allem der Wunsch, dem einzelnen Mitarbeiter mehr Mitsprache zu geben (ein „emanzipatorischer" Anspruch), so ist heute vor allem beabsichtigt, den einzelnen stärker „in die Verantwortung" zu nehmen (eine eher affirmative Finte). Die Gretchenfrage ist, in welchem Maße Unternehmen bereit sind, die notwendigen Voraussetzungen für mehr Autonomie und Verantwortung der Arbeitnehmer zu schaffen, also z.B. Hierarchien wirklich zu beseitigen, den Arbeitnehmern Zugang zu strategischen Informationen und vor allem zu Ressourcen zu eröffnen. Wer will – um den Begriff „Empowerment" ernst zu nehmen – Machtstrukturen verändern? Die Mächtigen? Der Verdacht liegt nahe, daß diese allenfalls Strukturkosmetik betreiben. Dann dienten Maßnahmen zur „Delegation von Verantwortung" aber nicht dazu, um Verantwortung tatsächlich zu teilen, sondern dazu, sie abzuschieben. Einen nachhaltigen Anreizeffekt sollte man sich davon aber nicht versprechen. Spätestens dann, wenn das Manöver als solches kenntlich wird, tritt das genaue Gegenteil der erwünschten Wirkung ein. Delegation – ernst genommen – verlangt echte Mitbestimmung.

Organizational Behavior Modification
Die Propagierung von mehr Eigenverantwortung geht zwar von einem erfreulichen Menschenbild aus, nicht selten entpuppt sie sich aber als eine etwas hohle Phrase. Da ist der „OB-Mod-Ansatz" ehrlicher, er verbrämt seine Ambitionen keinesfalls, sondern bekennt sich zum Wunsch nach einer schnörkellosen Verhaltenssteuerung. Und er beruht auch auf einem völlig anderen Menschenbild. Die Techniken des OB-Mod gründen nämlich in der Rattenpsychologie Skinners. Lernen und ganz allgemein menschliches Verhalten läßt sich danach durch operantes Konditionieren forcieren: wird ein bestimmtes Verhalten im Moment seines Auftretens verstärkt, dann steigt die Wahrscheinlichkeit auch für das zukünftige Auftreten des Verhaltens – vorausgesetzt, es liegen dieselben Situationsbedingungen vor. Ein vorher unkonditionierter Reiz wird durch die Belohnung zum konditionierten Reiz. Umgekehrt verliert sich ein Verhalten, wenn es nicht mehr (und sei es versteckt) verstärkt wird. Unerwünschtes Verhalten läßt sich also ganz einfach dadurch beseitigen, daß man ihm die positive Verstärkung entzieht. Noch erfolgreicher kann man ein Verhalten beseitigen, wenn man es durch anderes Verhalten ersetzt („Gegenkonditionieren"). Verhaltensbeeinflussung ist in diesem Sinne nichts anderes als Anreizmanagement oder in der Sprache der positivistischen Lerntheorie ausgedrückt: um Verhalten erfolgreich zu steuern, muß man nur die richtigen Verstärkerpläne einsetzen (zu einer differenzierten Darstellung unterschiedlicher Lerntheorien vgl. Hilgard/Bower 1973).
Tatsächlich haben Forscher eine ganze Reihe von Verstärkungsmechanismen untersucht. Dabei stellte sich u.a. heraus, daß eine kontinuierliche Verstärkung zwar in der Regel erfolgreich ist, daß das Lernen aber beschleunigt und vertieft wird, wenn die Belohnungen gelegentlich ausbleiben, wenn man das Verhalten also „intermittierend"

verstärkt. Der „Lehrer" (der eigentlich den Namen „Konditionierer" verdient) kann diesen Tatbestand nutzen, um seine Ressourcen zu schonen.

In der Praxis funktioniert der OB-Mod-Ansatz erstaunlich gut. Das Feldexperiment von Pedalino/Gamboa (1974) liefert ein schönes Beispiel für den Einsatz von OB-Mod-Techniken. Das Ziel der Maßnahme bestand darin, den Absentismus zu senken. An jedem Arbeitstag der Woche konnte ein Arbeitnehmer eine Poker-Karte ziehen. Wer am Ende der Woche das beste Blatt in der Abteilung hatte, erhielt eine Prämie von $ 20,--. Die Absentismusquote sank. Sie blieb auch dann auf einem reduzierten Niveau, als das Spiel nur noch jede zweite Woche gespielt wurde. Nach Beendigung des Experimentes stieg die Absentismusquote allerdings recht rasch wieder auf den ursprünglichen Ausgangswert. Letzteres widerspricht eigentlich lerntheoretischen Einsichten, wonach das Ausbleiben von Verstärkern das Verhalten nur allmählich abklingen läßt. Bemerkenswert ist jedenfalls die Tatsache, daß eine unregelmäßige Verstärkung (nur eine Person wurde pro Woche verstärkt) ausreichte, um das Absentismusverhalten zu verändern (zur Erarbeitung von OB-Mod-Interventionen vgl. Luthans/Kreitner 1985, Stajkovic/Luthans 1997).

Incentives

Auch die beiden restlichen in Abbildung 6.7 genannten Anreizmaßnahmen folgen einer schlichten, eindimensionalen Logik. Die Beziehung zwischen dem gewünschten Verhalten und der dafür bereitgestellten Anreize bedarf keiner näheren Erläuterung. *Incentives* (das englische Wort für „Anreize") werden vor allem im Außendienst eingesetzt. Sie finden beständig oder aber im Zuge bestimmter Sonderaktionen („Verkaufsoffensive") Verwendung. Als Incentives kommen alle möglichen Belohnungen in Frage: Sachpreise, Reisen, Sonderprämien, Bildungs- oder Vergnügungsveranstaltungen und Auszeichnungen („Der Mitarbeiter des Monats"). Nicht selten werden „Wettbewerbe" zwischen den Mitarbeitern oder zwischen verschiedenen Mitarbeitergruppen veranstaltet. Für Außenstehende hat der hierbei entfachte Enthusiasmus leicht etwas Befremdliches (wie generell Rituale für außenstehende Dritte oft befremdlich wirken). Aber hiervon ganz abgesehen, wäre es schon ein Armutszeugnis einer betrieblichen Anreizpolitik, wenn sie darauf angewiesen wäre, sich ständig neue Motivationsimpulse auszudenken. Andererseits werden Incentives und Wettbewerbe von den Betroffenen nicht unbedingt als bedrohlich erlebt. Sie können auch ganz sportlich genommen werden, womit eine wichtige Voraussetzung verknüpft ist. Wenn es in einem Wettbewerb nicht fair zugeht, wenn also die Gewinnchancen ungleich verteilt sind, wenn insbesondere die Mitarbeiter den Eindruck gewinnen müssen, daß vor allem der Veranstalter von einem Wettbewerb profitiert, dann sollten sie auf eine Teilnahme verzichten dürfen.

Auszeichnungen

Eine interessante Sorte von Anreizen sind schließlich Auszeichnungen. Aus den ehemaligen Ostblockländern kennt man die Ehrentitel des Helden der Arbeit sowie Kultfiguren wie den russischen Grubenarbeiter Alexei Stachanow. Dieser brach im Jahr 1935 im Don Basko-Revier sämtliche Arbeitsnormen. Statt der in einer Schicht üblichen sieben Tonnen Kohle brach er sage und schreibe einhundertundzwei Tonnen. Diese Tat wurde der Ausgangspunkt für die staatlich forcierte Stachanow-Bewegung. Auch im Gebiet der ehemaligen DDR gab es eine Aktivistenbewegung. Am 23. Oktober 1948 übertraf Adolf Hennecke die Tagesnorm in der Grube „Karl Liebknecht" in Lugau um mehr als das Doppelte. Seine Kollegen waren allerdings wenig begeistert: „Ich existierte mit einemmal nicht mehr. Meine Kumpel sahen mich nicht. Ich war für sie Luft ... Es kamen Briefe, anonyme Briefe, mit Morddrohungen. Der Strick läge schon bereit ... Drei Tage wußte ich nicht, was ich bin. War ich nun ein schlechter Genosse oder ein guter?" (Franke 1990). Auch in den heutigen deutschen Unternehmen werden (in eher moderater Form) Auszeichnungen in Form von Prämien, Ehrungen, Stipendien, Titeln und Preisen verliehen. Untergründiger und schwerer zu beurteilen als die eben genannten Anreize sind Auszeichnungen, die die Form von exklusiven Mitgliedschaften annehmen, also die Aufnahme in „Klubs" oder in verschiedene „Führungskreise". Derartige Einrichtungen bedienen vor allem das Statusbedürfnis. Zwar spotten alle gern über Statusgehabe, aber kaum jemand ist dagegen völlig gefeit. Nur wenige Personen können sich dem Statusdenken entziehen und zwar nicht so sehr wegen der Eitelkeit, die den Menschen zu eigen ist, sondern vor allem deswegen, weil Status das Gefühl vermittelt, etwas geleistet, ein Ziel erreicht zu haben, dazu zu gehören und abgesichert zu sein. Aus personalpolitischer Sicht ist Statusverleihung allerdings ein Balancierungsproblem. Sie kann starke motivationale Energie freisetzen, sie kann aber umgekehrt bei denen, denen sie verweigert wird, nachhaltige Motivationsstörungen auslösen.

3 THEORIE: MOTIVATION ALS BASIS DES ARBEITNEHMERVERHALTENS

Die Anreizpolitik zielt auf die Beeinflussung des Arbeitnehmerverhaltens. Die Beschreibung und Erklärung des Arbeitnehmerverhaltens ist Gegenstand von Motivationstheorien. Eine intelligente Anreizpolitik orientiert sich daher sinnvollerweise an den von diesen Theorien bereitgestellten Einsichten. Unsere Ausführungen im vorangegangenen Abschnitt sollten zeigen, daß es sehr unterschiedliche motivationstheoretische Ansätze gibt. Welcher dieser Ansätze bietet eine gute Grundlage für die Ableitung von Gestaltungsmaßnahmen? Diese Frage läßt sich nicht eindeutig beantworten. Jeder der theoretischen Ansätze hebt einen besonderen Aspekt der Motivationsproblematik heraus, der nicht vernachlässigt werden sollte. Andererseits sind die verschiedenen Ansätze oft sehr einseitig. Wir werden daher im folgenden ein ausgewähltes motivationstheoretisches Modell näher betrachten, das den Vorteil hat, eine Vielzahl von unterschiedlichen Überlegungen zu berücksichtigen.

Bevor auf das Modell näher eingegangen wird, sei ein kurzer Überblick über die wichtigsten Anreize gegeben, die ein Unternehmen einsetzen kann. In Abbildung 6.10 ist eine doppelte Differenzierung vorgenommen. Zum einen werden materielle und immaterielle Anreize gegenübergestellt. Zum anderen werden die Anreize danach unterschieden, ob sie sich auf die Teilnahmeentscheidung oder die Leistungsentscheidung richten. Beide Abgrenzungen sind nur mehr oder weniger scharf. Dennoch sind sie sinnvoll. Immaterielle und materielle Anreize richten sich auf unterschiedliche Motive. Immaterielle Anreize richten sich auf die intrinsische Motivation, also darauf, welchen unmittelbaren und persönlichen Gewinn jemand aus seiner Tätigkeit ziehen kann (vgl. Kapitel 5, Abschnitt 4). Materielle Anreize bedienen instrumentelle Überlegungen; Geld beispielsweise ist ein Mittel für viele Zwecke. Um es zu erhalten, nimmt man manches in Kauf. Besonderes Interesse hat in der Forschung die Frage gefunden, wovon die Zufriedenheit mit der Höhe der Lohnzahlung abhängt (vgl. Micelli/Lane 1991).

Die zweite Unterscheidung unterstellt spezifische Wirkungszusammenhänge. Die Überlegung, ob jemand in ein bestimmtes Unternehmen eintritt (bzw. ob er seinen bisherigen Arbeitgeber verläßt), hat demnach eine andere Bedeutung (sie ist weitreichender, grundsätzlicher usw.), als die Entscheidung, welches Engagement er an seinem konkreten Arbeitsplatz zeigt – und zwar aus dem (in diesem Buch immer wieder bemühten) Grund, weil das Arbeitsverhältnis kein Marktverhältnis ist. Entsprechend unterschiedlich sind die Motive für die Anreiz- und die Leistungsentscheidung und entsprechend wirkungsvoll bzw. wirkungslos sind die jeweils eingesetzten Anreize.

Teilnahmeentscheidung	**Entscheidung zur Rollenerfüllung**
Materielle Anreize	*Materielle Anreize*
(Relatives) Lohnniveau	Leistungsbezogene Lohnbestandteile
Karrieremöglichkeiten	Aufgabenerweiterung
Sozialleistungen	Zuweisung angenehmer Aufgaben
Sicherheit des Arbeitsverhältnisses	Bildungsangebote
Mitarbeiterbeteiligung (materiell)	Arbeitszeitregelungen
Immaterielle Anreize	*Immaterielle Anreize*
Betriebsklima	Anerkennung
Prestige der Firma	Ämter, Titel, Kreise
Status der Stelle	Feedback
Kultur der Firma	Intrinsisch belohnende Aufgaben
Mitarbeiterbeteiligung (immateriell)	Partizipation

Abb. 6.11: Arten betrieblicher Anreize

a) Das Modell von Katzell/Thompson

In Abbildung 6.12 ist das integrative Motivationsmodell von Katzell/Thompson schematisch dargestellt. Die durchgezogenen Pfeile bringen die unterstellte Kausalrichtung zum Ausdruck. So behauptet das Modell beispielsweise, daß sich Menschen bei ihrer Arbeit nur anstrengen, um bestimmte konkrete Ziele zu erreichen. Eine positive Arbeitshaltung sei dagegen nicht ausreichend, um besondere Anstrengungen auszulösen. In der graphischen Darstellung ist dies daran erkennbar, daß zwischen Einstellungen und Anstrengungen keine Beziehung angenommen ist. Fehlende Pfeile symbolisieren also ebenso wie aufgeführte Pfeile inhaltliche Hypothesen. Die gestrichelten Pfeile bezeichnen Moderationswirkungen. Beispielsweise wird eine Anstrengung nur dann zu einem Erfolg führen, wenn die Person über die notwendigen Ressourcen verfügt.

Auf die Bedeutung der einzelnen Variablen wird in Abbildung 6.13 eingegangen (vgl. Katzell/Thompson 1990, unsere Beschreibung weicht in Details von den Ausführungen der Autoren ab). Wie hieraus deutlich wird, ist das Modell inhaltlich „unterbestimmt". Es sagt beispielsweise nichts darüber aus, welche konkreten Normen oder Ziele betrachtet werden sollen. Die Modellvariablen sind gewissermaßen nur Platzhalter, die mit konkreten Inhalten aufzufüllen sind. Hierbei ist insbesondere auch die jeweilige Anwendungssituation zu beachten. Wenn das Modell benutzt werden soll, die Arbeitssituation von Krankenschwestern zu erklären, dann sind andere Variablen zu bestimmen, als wenn es um die Beschreibung des Arbeitsverhaltens von Maurern geht.

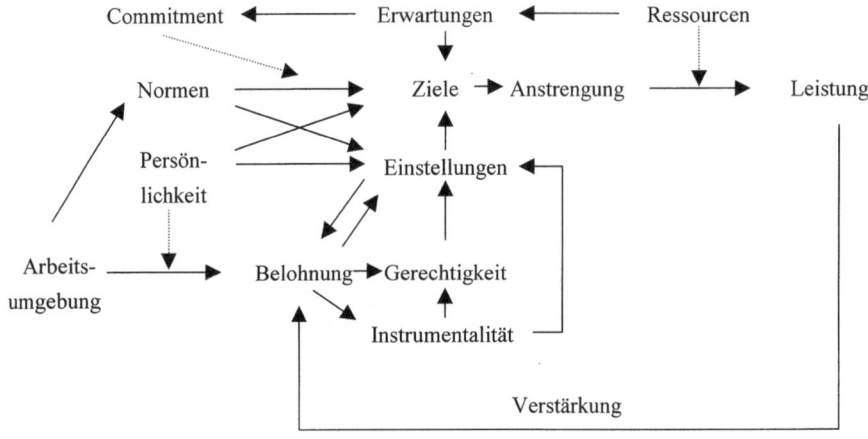

Abb. 6.12: Das integrative Motivationsmodell von Katzell/Thompson

In Abbildung 6.13 sind zwei Beispiele für eine eigentlich noch näher zu beschreibende Situation (für den Verkauf von Schuhen im Billigmarktsektor) angegeben. Durch die Berücksichtigung der Besonderheiten der jeweiligen Arbeitssituation wird man gezwungen, die angeführten Zusammenhänge des Katzell/Thompson-Modells in konkrete Hypothesen zu überführen. In unserem Beispiel gehen wir von der Hypothese aus, daß die Arbeitsnorm, möglichst viel Umsatz bei der Laufkundschaft zu erzielen, die Herausbildung einer negativen Einstellung gegenüber Kunden fördert. Dies läßt sich damit begründen, daß der herrschende Leistungsdruck Ungeduld gegenüber Rat suchenden oder anspruchsvollen Kunden entstehen läßt und diese daher als lästig und wenig attraktiv wahrgenommen werden. Alle Variablen des Modells können und müssen auf diese Weise situationsspezifisch mit Inhalt gefüllt werden. Die Anwendung des Modells ist gewissermaßen eine Konstruktionsaufgabe, die die Besonderheiten der jeweiligen Anwendungssituation berücksichtigen muß.

b) Kernaussagen des Modells von Katzell/Thompson
Im Kern gehört das Modell von Katzell/Thompson zur Klasse der Wert-Erwartungs-Theorien, deren Grundgedanken bereits weiter oben im Abschnitt 2 erläutert wurden. Man erkennt dies, wenn man sich klar macht, was mit den Konstrukten „Erwartung", „Ziel" und „Belohnung" gemeint ist. Inhaltlich sind diese Konstrukte nämlich eng

aufeinander bezogen. Eine Erwartung richtet sich auf ein bestimmtes Ereignis und damit überhaupt theoretisch konsistent argumentiert werden kann, muß das betrachtete Ereignis in einer bestimmten Art und Weise beschrieben werden. Die Aussage „der Vorgesetzte tobt" beispielsweise ist zunächst völlig zusammenhanglos.

Sie gewinnt nur einen Sinn, wenn sie denselben Referenzpunkt wie die für den Arbeitnehmer relevanten Ziele und die möglichen Belohnungen hat. Wenn es dem Arbeitnehmer z.B. wichtig ist (d.h. wenn er das Ziel hat) ernst genommen zu werden, dann werden die drei Variablen Erwartung, Ziel und Belohnung anders zu beschreiben sein, als wenn es dem Arbeitnehmer darum geht, sein Gesicht zu wahren.

Das möglicherweise eintretende Ereignis („der Vorgesetzte tobt") gewinnt im Lichte der genannten Ziele eine jeweils unterschiedliche Bedeutung. Im ersten Fall (der Mitarbeiter möchte ernst genommen werden) richtet sich die Erwartung darauf, ob der Vorgesetzte den Mitarbeiter richtig verstanden hat. Im zweiten Fall (der Mitarbeiter möchte nicht bloßgestellt werden) richtet sich die Erwartung darauf, ob das Ereignis von Dritten beobachtet wird. Um die enge Verknüpfung der drei Kernkonstrukte herauszustellen, stammen die gewählten Beispiele für die Kernkonstrukte in Abbildung 6.12 jeweils aus denselben Bereichen (Beispiel: Einkommensmaximierung – Gehaltserwartung – Prämienzahlung).

Im übrigen ist die geschilderte logische Struktur auch der Grund dafür, warum Wert-Erwartungs-Modelle als „Anreiz-Modelle" gelten können. Sie gehen nämlich davon aus, daß Menschen etwas tun, weil sie sich etwas davon versprechen oder weil ihnen etwas versprochen wird. Der Mitarbeiter soll ein bestimmtes Verhalten zeigen, z.B. seine Berichte fristgerecht vorlegen. Er wird die Berichte fristgerecht vorlegen, wenn er damit seine Ziele erreicht, wenn dieses Verhalten beispielsweise seine Karrierechancen verbessert. Ob zwischen seinen Anstrengungen und der Karriere tatsächlich eine Beziehung besteht, ist nicht sicher, je eher unser Mitarbeiter eine solche Verbindung sieht (d.h. je mehr er erwartet, sein Ziel erreichen zu können), desto mehr wird er sich anstrengen und pünktlich arbeiten. Die ganze Wirkungskette bricht zusammen, wenn eine der beteiligten Variablen nicht „mitspielt": wenn die Firma die falsche Stelle in Aussicht stellt, wenn dem Mitarbeiter die Karriere gleichgültig ist oder wenn er zwischen Arbeitsverhalten und Karriere keine Verbindung sieht. Umgekehrt führt die Anreizgewährung (die Belohnung) dann zu dem gewünschten Arbeitsverhalten, wenn sie mit den Zielen des Mitarbeiters korrespondiert und wenn der Mitarbeiter erwartet, daß sein Verhalten auch zum erwünschten Ergebnis führt. Anreizpolitik setzt also im Kern an diesen Bestimmungsgrößen an: an den Zielen, den Erwartungen und an den Belohnungen und an ihrem wechselseitigen Bezug.

Begriff	Allgemeine Beispiele	Spezielles Beispiel: Billigschuhsektor
Arbeitsumgebung: Merkmale der Arbeitssituation und -bedingungen	Arbeitsbelastung Führungsstil Personalpolitik	
Norm: Geltende soziale Regel/Standard mit formeller oder informeller Sanktionsdrohung	Sorgfalt Ehrlichkeit Verschwiegenheit	Umsatzmaximierung bei der Laufkundschaft
Einstellung: Beurteilung und Bewertung eines sozialen Objektes	Arbeitszufriedenheit Arbeitshaltung Vorurteile	Beratung suchende Kunden sind lästig
Persönlichkeitseigenschaft: Stabile Verhaltensdisposition	Gewissenhaftigkeit Emotionale Stabilität Offenheit	
Ziel: (Operationale) Verhaltensleitlinie und Verhaltensmaßstab	*Einkommensmaximierung* Professionelle Arbeit Schnelle Karriere	
Belohnung/Bestrafung: positive/negative Stimuli, bezogen auf die persönlichen Ziele	*Prämie* Arbeitsergebnis Tadel	
Erwartung: Subjektive Prognose über mögliche Verhaltensergebnisse	*Gehaltserwartung* Erfolgserwartung Straferwartung	
Ressourcen: Materielle und immaterielle Hilfsmittel und Fähigkeiten	Schlüsselqualifikationen Unterstützung Zeit	
Commitment: Innere Verpflichtung, ein bestimmtes Verhalten zu zeigen	Identifikation mit der Organisation/der Aufgabe Internalisierte Werte	
Leistung: Ergebnis eines ziel-orientierten Verhaltens	Menge Qualität Pünktlichkeit	
Anstrengung: Aufgewandte Energie und Zeit	Intensität Ausdauer Stetigkeit	
Gerechtigkeit: Subjektive Bewertung der Angemessenheit von Belohnungen	Verfahrensgerechtigkeit Leistungsgerechtigkeit Sozialgerechtigkeit	
Verstärkung: Beziehung zwischen Leistung und Belohnung	Kontingente Verstärkung Intermittierende oder Intervallverstärkung	
Instrumentalität: Erwartung, daß eine bestimmte Leistung belohnt wird	Sicherheit Unsicherheit Wahrscheinlichkeit	

Abb. 6.13: Die Variablen im Motivationsmodell von Katzell/Thompson

Es gibt eine ganze Reihe von Wert-Erwartungs-Modellen (vgl. z.B. Porter/Lawler 1968, Hollenbeck/Klein 1987). Sie gleichen sich in der Kernargumentation. Die wesentlichen Unterschiede stecken in den Variablen, die sich gewissermaßen wie Satelliten um den theoretischen Kern gruppieren. Im einzelnen setzen die verschiedenen Modelle also nur unterschiedliche Akzente. Hierauf sei an dieser Stelle nicht weiter eingegangen. Wir wollen statt dessen noch einige Zusammenhänge herausstellen, die für das Modell von Katzell/Thompson besonders charakteristisch sind.

Wert-Erwartungs-Theorien sind kognitive Ansätze. Sie messen den bewußten Überlegungen der Akteure große Bedeutung zu. Im Katzell/Thompson-Modell erkennt man dies z.B. daran, daß es keine direkte Beziehung zwischen der Arbeitsumgebung und dem Arbeitsverhalten annimmt. So hat beispielsweise ein autoritärer Führungsstil (als Bestandteil der Arbeitsumgebung) – entgegen den Behauptungen vieler Führungsmodelle – keinen direkten Einfluß auf die Leistung der Mitarbeiter. Das Katzell/Thompson-Modell mißt den Einstellungen und Zielen der Mitarbeiter eine wesentliche Bedeutung zu. Da Mitarbeiter sehr unterschiedliche Ziele und Einstellungen besitzen können, ist auch ihre Reaktion auf das Führungsverhalten sehr unterschiedlich.

Die Aussagen des Katzell/Thompson-Modells bewegen sich auf unterschiedlichen Ebenen. In Anbetracht seines integrativen Charakters und wegen der Verwendung von „offenen" theoretischen Konstrukten ist dies auch kaum anders möglich. Daher taugt das Modell eigentlich auch nur als „Schablone" zur Identifikation konkreter situationsspezifischer Zusammenhänge. Die Autoren selbst zielen aber auch auf allgemeinere Aussagen. Ein Beispiel betrifft die Beziehung zwischen den Einstellungen und den Zielen. Nach Katzell/Thompson streben Personen mit einer positiven Arbeitshaltung normalerweise auch nach höheren Zielen. Ähnlich allgemeine Kausalitäten fänden sich auch für die Beziehung zwischen Persönlichkeitseigenschaften und Einstellungen. So gelte: je höher die Leistungsmotivation (eine Persönlichkeitseigenschaft), desto größer ist die Arbeitszufriedenheit (eine Einstellung).

Eine wichtige „intervenierende" Variable ist das sogenannte Commitment. Personen mit hohem Commitment fühlen sich zu einem bestimmten Verhalten verpflichtet und werden ihre Entschlossenheit nicht ohne weiteres durch Zweckmäßigkeitserwägungen schwächen. Im Katzell/Thompson-Modell moderiert das Commitment die Beziehung zwischen den Normen und den Zielen. Normen sind soziale Tatbestände. Man fügt sich den sozialen Normen, weil man sie verinnerlicht hat, weil sich alle anderen auch den Normen fügen oder – und vor allem – deswegen, weil sie durch Sanktionsdrohungen abgestützt werden. Auch die Arbeitspsychologie betont, daß die Bedeutsamkeit sozialer Normen kaum überschätzt werden kann. Katzell/Thompson schränken ihre Bedeutung allerdings stark ein. Soziale Normen sind demnach nur dann verhaltenswirksam, wenn sie nicht von einem gegenläufigen Commitment konterkariert werden. Dies ist unmittelbar einleuchtend. Wenn sich die Mitglieder einer Arbeitsgruppe beispielsweise gegenseitig darin bestärken, die Einhaltung von Plänen nicht allzu genau zu nehmen, dann wird sich ein Gruppenmitglied diesen Verhaltenserwartungen dann nicht fügen, wenn an die Einhaltung des Planziels beispielsweise seine Weiterbeschäftigung geknüpft ist. Umgekehrt begünstigt beispielsweise die Identifikation mit einer Arbeitsgruppe die Einhaltung der in dieser Arbeitsgruppe geltenden Normen. Wenn beispielsweise in einer Gruppe eine hohe Qualitätsnorm herrscht, dann wird sich das einzelne Gruppenmitglied – sofern es sich mit der Gruppe identifiziert – um besondere Sorgfalt bei der Ausführung einer Aufgabe bemühen, also z.B. sich vornehmen, möglichst fehlerfrei zu arbeiten.

Natürlich ist das Modell von Katzell/Thompson nicht frei von Schwächen. Es überbetont die Bedeutung zielgerichteten Verhaltens, es vermengt bedenkenlos unvergleichbare Aussagen unterschiedlichster theoretischer Herkunft (Verstärkungslernen, soziale Normierung, Einstellungsforschung), die Aussagen des Modells sind alles andere als präzise, zu ihrer Stützung werden in undurchschaubarer und willkürlicher Weise Ergebnisse von empirischen Studien herangezogen, deren methodische Qualität nicht über jeden Zweifel erhaben ist. Diese und weitere Kritik ist zwar berechtigt, gleichzeitig wird man mit ihr dem Modell aber nur bedingt gerecht. Die fehlende Präzision beispielsweise ist eine Eigenschaft, die integrative Modelle fast naturnotwendig aufweisen. Wie sollte es auch sonst gelingen, Aussagen aus sehr unterschiedlichen Bedeutungszusammenhängen „unter einen Hut" zu bringen? Auch ist das Präzisionsargument im gegebenen Zusammenhang nicht allzu bedeutsam, schließlich beansprucht das Modell ja nicht, exakte Voraussagen zu liefern, es dient vielmehr einem bescheideneren Zweck. Es soll primär eine „ganzheitliche" Orientierung liefern. Und es soll das Zusammenwirken von Determinanten beschreiben, die in der bisherigen empirischen Forschung besondere Beachtung gefunden haben. Und für diesen Zweck ist es ganz passabel. Darüberhinaus bewährt sich der Katalog der Modellvariablen sehr gut bei der Analyse einer gegebenen Handlungssituation und zur Abschätzung der von ihr ausgehenden Motivationswirkungen.

c) *Die praktische Relevanz des Modells von Katzell/Thompson*
Die wichtigste Lehre des Modells von Katzell/Thompson ist, daß isolierte Gestaltungsmaßnahmen meist wenig ertragreich sind. Praktische Maßnahmen sollten immer das gesamte Wirkungsgefüge des Handlungsfeldes im Auge haben. Daraus folgt unmittelbar, daß es selten hilfreich ist, einen unbefriedigenden Zustand nur „aus einem Punkte zu kurieren". Das Modell zeigt, warum „Verbesserungen" bei einer Variablen „verpuf-

fen" können. Außerdem zeigt es, daß eine bestimmte Wirkungskette durch eine andere gleichzeitig gegebene Wirkungskette konterkariert werden kann. Große Lohnunterschiede beispielsweise können die Arbeitseinstellung positiv beeinflussen, aber gleichzeitig Ungerechtigkeitsgefühle hervorrufen und damit wieder negativ auf die Arbeitseinstellung wirken. Und schließlich gelten die unterstellten Wirkungen nicht in allen Situationen/für alle Personengruppen in gleicher Weise. So fördert eine Belohnung beispielsweise nur dann eine positive Einstellung, wenn hinter der Belohnungsgewährung keine schlechten Absichten vermutet werden. Inhaltlich zeigt das Modell vor allem, daß die Wahrnehmung von Belohnungen wichtiger ist als das objektive Ausmaß von Anreizen.

Die größte Stärke des Modells liegt jedoch in seinem integrativen Charakter. Die Variablen des Modells können gewissermaßen als „Checkliste" bei der Beurteilung einer konkreten Arbeitssituation dienen. Für unmittelbar praktische Zwecke müssen die abstrakten Modellvariablen allerdings noch konkretisiert werden. So ist beispielsweise zu prüfen, welche Normen in der konkreten Anwendungssituation überhaupt vorliegen und das Handeln prägen. Das können sehr verschiedene Normen sein, z.B. Zuverlässigkeit bei der Programmierung, Schnelligkeit bei Verkaufsfahrern, Kreativität in Werbeagenturen usw. Außerdem sind in der praktischen Anwendung – wie gesagt – konkrete Hypothesen zu formulieren, die sich an den Zusammenhängen des Modells orientieren. Außerdem sollten die Hypothesen natürlich geprüft werden. Schließlich ist zu überlegen, wie man die Modellvariablen konkret beeinflussen kann. Wie läßt sich eine bestimmte Norm „durchsetzen"? Was kann man tun, damit die Mitarbeiter bestimmte Instrumentalitäten wahrnehmen? usw. Bei der Beantwortung dieser Fragen können theoretische Anschlußüberlegungen helfen, die sich jedoch im Modell von Katzell/Thompson allenfalls ansatzweise finden.

Wie man sieht, löst die theoretische Betrachtung keine praktischen Probleme. Theorie kann Praxis nur unterstützen, nicht ersetzen. Dennoch sollten Theorien ernst genommen werden und zwar aus dem einfachsten Grund, den man sich denken kann: Theorie ist unvermeidlich. Praktisches Handeln basiert immer auf irgendwelchen theoretischen Annahmen (also auf Vorstellungen über Zusammenhänge). Sind es keine wissenschaftlichen Theorien, die man heranzieht, dann folgt man eben seinen Alltagstheorien. Die Orientierung am Modell von Katzell/Thompson eröffnet die Möglichkeit, sich über die eigenen handlungsleitenden Überlegungen Rechenschaft zu geben.

4 POLITIK: HUMAN RESOURCES MANAGEMENT

Der Begriff Human Resources Management (HRM) ist durchaus vieldeutig. In seiner harmlosesten Variante bezeichnet er lediglich das englischsprachige Pendant zum deutschen Personalwesen. Vielfach wird mit dem Begriffsgebrauch jedoch auch ein programmatischer Anspruch formuliert: HRM ist danach nicht einfach Personalwesen, sondern „gutes" Personalwesen, eine Personalarbeit, die gewissermaßen auf der Höhe der Zeit ist. Eine dritte und vierte Verwendungsweise des Begriffs akzentuieren die beiden Leitbegriffe. Im einen Fall liegt die Betonung eher auf dem Wort „human" und im anderen Fall wird die Betonung auf das Wort „Ressource" gelegt. Im ersten Fall spricht man auch von einem „weichen" im zweiten Fall von einem „harten" HRM. Der harte Ansatz ist auf unmittelbare Effizienz gerichtet, die Personalpolitik hat sich strikt an der Unternehmensstrategie auszurichten, Planungs- und Kontrollverfahren sollen die Bündelung und Ausrichtung der „Human-Kräfte" sicherstellen. Der Bezug zu dem berühmten 7-S-Managementmodell nach McKinsey liegt nahe. Offenbar betont das harte HRM-Konzept auch die harten „S": Strategy, Systems, Structure. Das Kontrast-Konzept stellt entsprechend auf die weichen „S" (Skills, Staff, Style) ab: es setzt auf die Qualifizierung der Mitarbeiter, einen partizipativen Führungsstil und Investitionen in das Humankapital. Das „weiche" HRM-Konzept wird manchmal auch „Commitment-System" genannt, weil es die größtmögliche Einbindung der Mitarbeiter anstrebt. Erreicht werden soll dies nicht zuletzt durch die Entwicklung einer einheitlichen Unternehmenskultur. Im wesentlichen setzt das „weiche" HRM auf die folgenden Maßnahmenbündel:

- der Stammbelegschaft wird ein sicherer Arbeitsplatz geboten, betriebsbedingte Kündigungen werden vermieden,
- die Mitarbeiter werden bei der Gestaltung ihrer Aufgaben und – innerhalb ihres Arbeitsbereiches – auch in die Entscheidungsfindung eingebunden,
- es erfolgt eine weitgehende Verantwortungsdelegation,
- bei der Bezahlung und Förderung werden Senioritätsregeln beachtet,
- außerdem soll womöglich nach Leistung bezahlt werden.

Dem HRM (als Commitment-System) geht es gleichrangig um Identifikation, Einsatzbereitschaft und Kosteneffizienz. Bundesmann-Jansen/Pekruhl (1992) haben am Beispiel eines konkreten Falles gezeigt, daß auch in Unternehmen, die als Commitment-System gelten können – und damit auf „weiche" Verhaltenssteuerung setzen –, materielle Anreize eine wesentliche Rolle spielen können. Man kann in dem von ihnen beschriebenen Fall geradezu von einer Doppelstrategie der materiellen und immateriellen Einbindung sprechen. Die materielle Einbindung drückt sich u.a. in folgenden Elementen aus:

- Überdurchschnittliche Bezahlung,
- Etablierung einer betrieblichen Altersversorgung,
- Existenz einer Betriebskrankenkasse,
- Vermögensbildung durch Ausgabe von Genußscheinen (mit einem durchschnittlichen Nominalwert von mehreren zehntausend DM),
- Gewinnbeteiligung (relativ hohe Verzinsung des Nominalkapitals der ausgegebenen Genußscheine),
- Zahlreiche Sozialleistungen,
- Einrichtung eines Fonds für soziale Notfälle.

Die materielle Rundumversorgung wird durch zahlreiche Anstrengungen zur immateriellen Einbindung ergänzt. Grundlage der Personalführung sind „Zehn Gebote der Führung". Zum Führungskonzept gehören außerdem Mitarbeiterbefragungen, regelmäßige Mitarbeiterbesprechungen und eine Vorgesetztenbeurteilung. Unterstützt wird die Führungsarbeit durch flexible Organisationsstrukturen, insbesondere durch Elemente einer Projektorganisation und durch zahlreiche Qualitätszirkel. Last not least pflegt das Unternehmen eine intensive Kommunikations- und Medienpolitik.
Worin liegt das Problem mit einer derartigen – geradezu vorbildlichen – Personalpolitik? Bundesmann-Jensen/Pekruhl bleiben skeptisch. Die vorgestellte Personalpolitik ersetze lediglich harte Kontrollmaßnahmen durch eine subtilere Methodik. Letztlich könne es heutzutage nicht mehr darum gehen, einfach die Arbeitskraft auszubeuten. Letztere stecke außerdem nicht mehr so sehr in den Muskeln als vielmehr im Gehirn. Und um an das Gold im Gehirn der Mitarbeiter heranzukommen, seien eben neue Methoden notwendig. Daß auch dahinter Berechnung liege, werde spätestens immer dann deutlich, wenn es darum geht, ökonomische Interessen durchzusetzen. Bundesmann-Jensen/Pekruhl veranschaulichen ihre Vermutung am Beispiel der Arbeitszeit-Flexibilisierung. Viele Unternehmen stehen vor dem Problem, die Arbeitszeitregelungen anzupassen, um den veränderten ökonomischen Anforderungen gerecht werden zu können. In dem in Frage stehenden Unternehmen wurde dies Problem in der bekannten fortschrittlichen Weise angegangen. Es wurde ein Gleitzeitmodell eingeführt, das maximale Freiheiten gestattet. Es können beliebig viele Plus- oder Minus-Stunden angesammelt werden, die ganz nach den Bedürfnissen der Arbeitnehmer in einem beliebigen Zeitraum ausgeglichen werden können. Notwendig hierzu ist lediglich die Absprache

mit Kollegen und Vorgesetzten. Die gefundene Lösung hat lediglich einen einzigen – dafür aber einen großen – Haken: es gibt keine Überstundenvergütung. Aus unternehmerischer Sicht ist damit das Flexibilitätsproblem in idealer Weise gelöst, ein Problem, das vielen anderen Unternehmen große Schwierigkeiten bereitet. Die Commitment-Strategie zahlt sich also aus. Dies illustrieren Bundesmann-Jansen/Pekruhl an einer Reihe weiterer Konfliktfelder, die meistens zu Gunsten der Arbeitgeberseite entschieden werden. Letztlich bleiben Bundesmann-Jansen/Pekruhl in ihrer Einschätzung aber ambivalent: führt das „moderne" HRM nun zu einer Einverleibung der Arbeitnehmer oder ist die neue Form der Vergemeinschaftung eher Ausdruck eines etwas verdrehten Managementsozialismus? In kritischen Untersuchungen wie der angeführten wird oft die Frage gestellt, ob sich hinter den Praktiken der HRM nicht letztlich vor allem eine arbeitspolitische Strategie verberge. Durch optimale Versorgung der Mitarbeiter solle der Eindruck erweckt werden, es gebe überhaupt keinen Interessengegensatz zwischen Arbeitgebern und Arbeitnehmern, letztlich vergeude man in betrieblichen Auseinandersetzungen lediglich anderweitig nutzbare Energien. Letztlich verliere damit die Arbeitnehmervertretung ihre politische Funktion. Sollte sich diese Vorstellung durchsetzen, dann wäre dies in der Tat bedenklich. Dies zeigt nicht zuletzt das Beispiel unserer Firma mit der smarten Personalpolitik. Als in den letzten Jahren in Teilbereichen des großen Konzerns wirtschaftliche Probleme auftauchten, entschloß sich auch die grundsätzlich auf Einbindung hin orientierte Geschäftsführung zu nicht unerheblichen Freisetzungen. Zusammengefaßt: Man kann bezweifeln, ob das Commitment-System wirklich derart „weich" ist, wie es sich darstellt. Man sollte das „weiche" HRM jedenfalls nicht verwechseln mit einer geradlinigen Mitarbeiter-Orientierung. Die Ziele der Formen des HRM sind jedenfalls die gleichen, sie sind beim Commitment-System eher noch ambitionierter als beim harten HRM. Die eiserne Faust verbirgt sich allerdings hinter einem samtenen Handschuh.

5 INSTRUMENTE DER ANREIZGESTALTUNG

Die Anreizgestaltung ist dem Arbeitgeber nicht völlig freigestellt. Insbesondere im Bereich der Lohnfestsetzung findet sich eine starke Verrechtlichung, die den einzelnen Arbeitnehmer vor Willkür schützen soll. Das wichtigste Regulierungsmittel ist der Tarifvertrag, der zwischen den Arbeitgeberverbänden und den Gewerkschaften abgeschlossen wird. In den sogenannten Lohntarifverträgen wird insbesondere die Höhe des Arbeitslohns (aber auch die Urlaubsgewährung, das Weihnachtsgeld usw.) vereinbart. Daneben befassen sich (Rahmen-) Tarifverträge auch mit der Festsetzung von Lohngruppen, mit der Art und Weise der Lohnberechnung und mit den weiter unten zu behandelnden Hilfsmitteln der Lohnfindung. Die Vereinbarungen in den Tarifverträgen werden häufig durch Betriebsvereinbarungen (die zwischen dem Arbeitgeber und dem Betriebsrat abgeschlossen werden) ergänzt und verfeinert. Auch Unternehmen, die keinem Arbeitgeberverband angehören, orientieren sich normalerweise an den ausgehandelten Tarifen und Lohnstrukturen ihrer Branche. Im übrigen zahlen sehr viele Unternehmen übertarifliche Löhne (zu Beginn der 90er Jahre über 60%), und sie gewähren freiwillige Leistungen (Jahresprämien, Zuschüsse, Zulagen). Trotz der hohen Regulierungsdichte verfügen Unternehmen also über einige Spielräume für eine eigenständige lohnpolitische Gestaltung.

Wir können im folgenden nicht die ganze Breite anreizpolitischer Fragen behandeln. So werden wir beispielsweise das hoch interessante Thema der tarifpolitischen Auseinandersetzungen ausblenden, obwohl es angesichts der beschäftigungspolitischen Entwicklungen (s.o.) in den nächsten Jahren einiges an Brisanz gewinnen wird. Auch auf die Besonderheiten der Entlohnung spezieller Mitarbeitergruppen (außertarifliche Angestellte, Geschäftsführer, Leiharbeiter, Aushilfs- und Saisonarbeiter, Beamte) können wir nicht eingehen. Wie in jedem anderen personalwirtschaftlichen Bereich auch, gibt es auch bezüglich der Anreizgestaltung und Lohnfindung eine lange Liste interessanter Fragen, auf die in einem einführenden Lehrbuch nur verwiesen, die aber nicht näher behandelt werden können. Zu denken ist nur an die aufschlußreichen geschichtlichen Hintergründe in der Entwicklung der Lohnsysteme, an die Besonderheiten der Lohnfestsetzung in bestimmten Branchen (z.B. in der Medienindustrie, bei den persönlichen Dienstleistungen), die Abrechnungspraktiken von Subunternehmern in der deutschen Bauindustrie, Fragen der geschlechtsspezifischen Lohndiskriminierung usw. Wir wollen uns im folgenden auf die Darstellung der wichtigsten Lohnformen beschränken. Vertiefend wollen wir Fragen der variablen Entgeltgestaltung und der Gruppenentlohnung behandeln.

Zunächst sollen jedoch die wichtigsten Hilfsmittel angesprochen werden, die bei der Lohnfindung angewendet werden. Abbildung 6.14 gibt einen Überblick und zeigt gleichzeitig die Grundproblematik einer rationalen Gestaltung auf. Die Lohnfindung mündet in eine Festsetzung. Festsetzungen beruhen auf Bewertungen. Die einer *Bewertung* zugrundeliegenden *Werte* lassen sich nicht „beweisen", sie bringen den Willen der Akteure zum Ausdruck, und sie sind damit auch – bei gegenläufigen Interessen – strittig. Wie oben schon bemerkt, ist damit der Willkür aber nicht Tür und Tor geöffnet, denn man kann sich schließlich auf ein Vorgehen einigen, das den Beteiligten gleichermaßen plausibel erscheint und man kann Erkenntnisse über die Wirksamkeit anreizpolitischer Gestaltung berücksichtigen (wann wirken Anreize leistungsstimulierend?

Wann schlägt Ungleichheit in Leistungszurückhaltung um? usw.) und damit zu einer Versachlichung und Befriedung der arbeitspolitischen Auseinandersetzungen beitragen.

Aufgabe	Instrument	Zweck
Beschreibung	Stellenbeschreibung	Beschreibung der Aufgaben und Anforderungen
	Arbeitsanalyse	Ermittlung von Anforderungen und Belastungen
Bewertung	Arbeitsbewertung	Bewertung der Anforderungen und Belastungen
	Leistungsbewertung	Bewertung der erbrachten Leistungen
Organisation	Zielvereinbarung	Festlegung von konkreten Leistungszielen
	Informationssystem	Administration, Unterstützung der Lohnpolitik
Forschung	Befragung	Ermittlung von Einstellungen und Erwartungen
	Wirkungsanalyse	Prüfung der Wirksamkeit von Maßnahmen

Abb. 6.14: Hilfsmittel der Entgeltgestaltung

Dennoch: schon die scheinbar unproblematische Beschreibung der Aufgabe kann erhebliche Probleme aufwerfen. „Logisch" steht sie am Anfang der Lohnfindung, denn schließlich sollen die Mitarbeiter dafür entlohnt werden, daß sie ihrer jeweiligen Aufgabe angemessen nachkommen. Letztlich fließen aber auch schon an dieser Stelle Bewertungen ein, was man spätestens dann einsehen muß, wenn man die in Frage stehende Aufgabe von unterschiedlichen Personen, also z.B. vom Stelleninhaber, von seinem Vorgesetzten und von einem Arbeitswissenschaftler, beschreiben läßt. Wobei keinesfalls gesichert ist, daß der Wissenschaftler die „beste" Beschreibung liefert. Auch der Wissenschaftler geht von ganz bestimmten (nicht objektiven) Wertmaßstäben aus (dies zeigt sehr anschaulich die Studie von Bartölke u.a. 1981). Trotz der Schwierigkeit, Beschreibung und Bewertung klinisch sauber voneinander abzugrenzen, macht diese Differenzierung Sinn, weil sie unterschiedliche Arenen eröffnet, in denen man sich treffen, also auch einigen, kann. Auf die beiden wichtigsten Bewertungsverfahren werden wir unten noch näher eingehen. Zu den übrigen in Abbildung 6.14 genannten Verfahren sollen einige grundsätzliche Anmerkungen genügen.

Ausgangspunkt der Lohnbestimmung ist – wie gesagt – die Beschreibung der Aufgabe. Schon aus diesem Grunde empfiehlt sich für jedes Unternehmen die Einführung von sogenannten Stellenbeschreibungen. In Stellenbeschreibungen wird die organisatorische Einbettung der Stelle festgelegt, es werden die Kompetenzen abgegrenzt, die Zusammenarbeit mit anderen Stellen geregelt und vor allem werden auch die wichtigsten Aufgaben, Tätigkeiten und die Anforderungen an den Stelleninhaber beschrieben. Wesentlich anspruchsvoller als Stellenbeschreibungen sind Arbeitsanalysen. Sie bedienen sich meist standardisierter Verfahren zur systematischen und detaillierten Analyse des Arbeitsplatzes. Beispiele für derartige Verfahren sind der FAA (Fragebogen zur Arbeitsanalyse) und das AET (Arbeitswissenschaftliches Erhebungsverfahren zur Tätigkeitsanalyse). Die aufwendigen Erhebungen bedienen sich in der Regel einer Kombination von Beobachtung, Befragung und Messung z.B. von physikalisch bestimmbaren Arbeitsbedingungen. Erfaßt werden die einzelnen Verrichtungen und Umgebungseinflüsse, Anforderungen an Wahrnehmung, Denken, Reaktionen und Handeln. Hauptzweck von Arbeitsanalyseverfahren ist die Erfassung der jeweils gegebenen Arbeitsbelastung. Die Arbeitsanalyse dient nicht zuletzt als Grundlage für die (Neu-) Gestaltung der Aufgaben und zur Ableitung von Bildungsmaßnahmen. Arbeitsanalysen liefern aber natürlich auch eine gute Grundlage für die *Bewertung* der Arbeit, sie können also auch unmittelbar die Lohnfindung unterstützen. Tatsächlich werden standardisierte Verfahren der Arbeitsanalyse aber relativ selten – und wenn, dann eher projektbezogen und nicht umfassend – eingesetzt.

Der Einsatz der Instrumente der Lohnfindung und die Umsetzung der getroffenen Entscheidungen benötigen einen organisatorischen Rahmen. Hierzu gehört nicht zuletzt ein brauchbares Informationssystem. Zur Abschätzung der Auswirkungen möglicher Lohnänderungen muß beispielsweise ein (dynamischer) Stellenplan vorliegen und: um die Anspruchsberechtigung auf einzelne Entgeltleistungen feststellen zu können, ist eine differenzierte Erfassung der persönlichen Voraussetzungen notwendig. Hilfreich sind außerdem Statistiken und Plandaten über Anwesenheitszeiten, die differenzierte Erfassung der anfallenden Kosten und die Ermittlung von Leistungskennziffern. Ein ausgebautes Informationssystem muß außerdem die reibungslose Abwicklung der notwendigen Überweisungen an die Sozialversicherungsträger, das Finanzamt und sonstige staatlichen Stellen unterstützen. Außerdem fordern zahlreiche statistische Dienste Daten über die Beschäftigung und Lohnzahlung ab.

Die Organisation der Anreizgewährung richtet sich also primär auf administrative und planerische Zwecke. Unsere Aufzählung hat lediglich exemplarischen Charakter. Organisatorische Aktivitäten sind zentral z.B. auch bei der Gestaltung des Abrechnungssystems (vor allem bei Akkord- und Prämienarbeit), bei der Installierung eines betrieblichen Vorschlagswesens, der Leistungsabwicklung innerhalb von Cafeteria-Systemen und bei vielen anderen Einzeltätigkeiten, die bei der Verwaltung von Lohndaten anfallen. Daneben hat sie aber auch Bedeutung für den unmittelbaren Einsatz des anreizpolitischen Instrumentariums. Eine besondere Rolle fällt – wie bei anderen personalwirtschaftlichen Aufgaben auch – dem Vorgesetzten zu. Er entscheidet über die Vergabe von Prämien, weist Aufgaben zu, verteilt Lob und Tadel, schickt seine Mitarbeiter auf Seminare, entscheidet über die Vergabe von Sonderprämien, er beurteilt seine Mitarbeiter, gibt Karriereempfehlungen ab und bindet sie in seine eigenen Entscheidungen ein (oder auch nicht). Ein wichtiges anreizpolitisches Instrument des Vorgesetzten, das ganz elementar von seiner richtigen Handhabung lebt, ist das Zielvereinbarungsgespräch. Wie schon der Name sagt, geht es beim Zielvereinbarungsgespräch um die Festlegung von Leistungsgrößen. Werden die Leistungsgrößen erreicht, dann werden auch die vereinbarten Entgeltbeträge ausgezahlt. Für Über- und Unterschreiten gibt es Zu- und Abschläge. Das Zielvereinbarungsgespräch ist aber auch ganz unabhängig von seiner anreizpolitischen Bedeutung ganz allgemein ein wichtiges Instrument der Personalführung.

Schließlich sind in Abbildung 6.14 noch Maßnahmen der Personalforschung angeführt. Forschung liefert Hintergrundwissen. Um den anreizpolitischen Maßnahmen ein solides Fundament zu geben, sind insbesondere Wirkungsanalysen zu empfehlen. Leider gehören derartige Untersuchungen nicht zu den Stärken der deutschen Unternehmen, Wirkungsforschung findet schlichtweg so gut wie nicht statt. Etwas besser ist es diesbezüglich mit Mitarbeiterbefragungen bestellt. Von ihrer Anlage her eignen sich die verwendeten Erhebungskonzepte allerdings meist nur als Stimmungstest. Konkrete Schlüsse über die Schwachpunkte der Personalpolitik oder gar über die Eignung einzelner Instrumente lassen sich daraus nicht gewinnen.

a) Arbeitsbewertung

Das „klassische" Verfahren zur Bestimmung des Grundlohnes ist die Arbeitsbewertung. Mit der Arbeitsbewertung sollen die wichtigsten Anforderungen an den Stelleninhaber erfaßt und bewertet werden. Die Erfassung der Anforderungen dient der Gewährleistung der sogenannten Anforderungsgerechtigkeit (s.o.): die bestehende Belastung und Schwere der Aufgabe liefern die Kriterien für die Festlegung des *Grundlohns*. Der Grundlohn ist nicht der Endlohn, er kann insbesondere durch Leistungszulagen aufgestockt werden (vgl. Abbildung 6.18). Die Bestimmung der Leistungszulagen geschieht allerdings nicht mit Hilfe der Arbeitsbewertung, sondern durch eine Leistungsbewertung. Die meisten Arbeitsbewertungssysteme begnügen sich mit einer relativ groben Einschätzung der jeweils vorliegenden Anforderungen, obwohl natürlich einer akribischen und detaillierten Anforderungserfassung prinzipiell nichts im Wege steht und auch in manchen Tarifverträgen vorgesehen ist. Die „klassischen" Anforderungskategorien der Arbeitsbewertung liefert das sogenannte Genfer Schema. In unserem unten aufgeführten Beispiel gehen wir hierauf näher ein. Erwähnt sei an dieser Stelle lediglich, daß sich das Genfer Schema primär auf die Bewertung körperlicher Arbeit bezieht, denn zwei der vier Kategorien haben für viele Angestelltentätigkeiten kaum eine größere Bedeutung. Um tätigkeitsspezifische Besonderheiten zu erfassen, gibt es eine Vielzahl von Weiterentwicklungen und Ausdifferenzierungen von Anforderungskriterien. Allerdings gefährdet die Anwendung unterschiedlicher Verfahren die Vergleichbarkeit. Schließlich soll die Arbeitsbewertung ja darüber befinden, ob die Tätigkeit in einer Stelle A besser entlohnt werden soll als die Tätigkeit in Stelle B. Wenn die unterschiedlichen Stellen mit unterschiedlichen Kriterien bewertet werden, dann wird man schon formal nicht zu einem gerechten Urteil kommen können.

Die Anforderungen werden explizit und systematisch allerdings nur bei der sogenannten *analytischen* Arbeitsbewertung verwendet. Hierauf gehen wir gleich nochmals näher ein. Empirisch bedeutsamer ist die wesentlich einfachere *summarische* Arbeitsbewertung. Es gibt sie in zwei Varianten. Das sogenannte *Rangreihenverfahren* sieht vor, daß die betrachteten Stellen (z.B. alle Stellen in einem Produktionsbetrieb) in eine „Rangreihe" gebracht werden. Die Reihung erfolgt meist intuitiv und nach Plausibilitätsüberlegungen. So wird man den „Fotokopisten" eher am unteren Ende der Reihe ansiedeln, Facharbeiter- und Meisterstellen eher in die Mitte plazieren und Ingenieurstellen im oberen Segment eingruppieren. In einem nächsten Schritt werden „benachbarte" Stellen zu Lohngruppen zusammengefaßt. An dieser Stelle ist natürlich ein gewisses Maß an Willkür nicht zu vermeiden, weil sich immer auch Grenzfälle finden werden (warum wird die Tätigkeit an Maschine A in Lohngruppe 4, die Tätigkeit an Maschine B dagegen in Lohngruppe 5 eingruppiert?). Aber die Einfachheit des Verfahrens hat eben ihren Preis. Dies gilt auch für die zweite Variante des summarischen Verfahrens, für das sogenannte *Lohngruppenverfahren*. Bei diesem Verfahren wird der umgekehrte Weg wie beim Rangreihenverfahren beschritten. Am Anfang steht nicht die Auflistung der Stellen, sondern die relativ abstrakte Definition von Lohngruppen. Anschließend wird geprüft, inwieweit die einzelnen Stellen den verschiedenen Lohngruppen zugeordnet werden müssen. So findet man in einem Tarifvertrag beispielsweise die folgenden Formulierungen:

„Lohngruppe 4: Arbeiten, die Sach- und Arbeitskenntnis und Fertigkeiten mit zusätzlicher Erfahrung voraussetzen, die über die Anforderungen der vorhergehenden Lohngruppe (Lohngruppe 3) hinausgehen.

Lohngruppe 6: Arbeiten, die ein Spezialkönnen voraussetzen, das entweder durch eine abgeschlossene zweijährige Ausbildung oder eine Ausbildung wie in der vorhergehenden Lohngruppe (Lohngruppe 5) mit zusätzlicher längerer Erfahrung erreicht wird."

Bei beiden Formen der summarischen Arbeitsbewertung werden sogenannte Richtbeispiele zur Veranschaulichung benutzt. Sie liefern gewissermaßen Ankerpunkte für die Urteilsfindung. Ein Beispiel: Es wird empfohlen, einen Elektriker für Steuer- und Regelungsanlagen in die Tarifgruppe 9 einzugruppieren (und damit auch Tätigkeiten, die ähnlich anspruchslos sind), einen Boten (und vergleichbar anspruchsvolle Tätigkeiten) dagegen in Tarifgruppe 2. Zu beachten ist dabei, daß unterschiedliche Tarifverträge unterschiedlich viele Lohngruppen vorsehen. Eine Eingruppierung ist demnach immer nur relativ zu verstehen.

Die analytischen Verfahren sollen eine differenziertere Erfassung der Anforderungen erlauben. Allerdings gibt es diesbezüglich im Einzelfall große Unterschiede. Es gibt Systeme mit mehr als 30 Anforderungskategorien und sehr einfache Systeme. Das Vorgehen ist im Prinzip immer das gleiche, weswegen wir es an einem einfachen Beispiel beschreiben wollen (Das Beispiel ist entnommen aus Wilke 1998). Dargestellt wird das sogenannte Stufenwertzahlverfahren. Es verdankt seinen Namen dem Tatbestand, daß für die einzelnen Anforderungen jeweils abgestufte Werte angegeben werden. Davon unterschieden wird das Rangreihenverfahren. Hier werden keine gestuften Werte (z.B. von 0 bis 4 wie in unserem Beispiel), sondern Rangziffern (gemäß der Reihung ähnlich der summarischen Analyse) vergeben.

In einem Unternehmen der Fischverarbeitung wurde die Arbeitsanalyse für vier Tätigkeitsbereiche eingeführt: Köpfen, Filetieren, Packen und Bandarbeit. Als Bewertungskriterien dienten die Kategorien des Genfer Schemas. Jeder Tätigkeit wurde (bezüglich jedes Bewertungskriteriums) ein konkreter Wert im Wertebereich von 0 (= Anforderung liegt nicht vor) und 4 (= Anforderung liegt im höchsten Maße vor) zugeordnet. So wurde das Kriterium „Geistige Anforderungen-Können" bei der Tätigkeit „Filetieren" mit dem Wert 1 beurteilt, weil prinzipiell nur geringe geistige Voraussetzungen für diese Tätigkeit anzusetzen sind: der Mitarbeiter muß vor allem in der Lage sein, die Qualität des jeweiligen Fisches zu beurteilen, damit er ihn gegebenenfalls aussortieren kann. Immerhin sind die geistigen Anforderungen höher als bei der Tätigkeit „Köpfen", weshalb für das Köpfen auch nur der Wert 0 vergeben wurde. Bei der Verpackungstätigkeit liegen vergleichsweise hohe geistige Anforderungen vor, denn zu dieser Tätigkeit gehört z.B. auch die Kontrolle über die Auftragsbearbeitung. Einen sehr hohen Wert erhält die Verpackungstätigkeit, weil die Verpacker die Aufgabe haben, die Liefermengen korrekt zu ermitteln, Fristen beachten und korrekte Auszeichnungen vornehmen müssen. In Abbildung 6.15 sind beispielhaft die Arbeitswerte für die beiden Tätigkeiten Packen und Köpfen angegeben. Sie errechnen sich ganz einfach durch Multiplikation der Anforderungsgewichte mit den Einzelbewertungen und der anschließenden Summierung dieser Teilwerte. Notwendig ist für diese Berechnung also nicht nur eine Beurteilung der jeweiligen Teilanforderungen, sondern auch eine Festlegung auf die Bedeutsamkeit der einzelnen Arbeitsanforderungen. So muß begründet werden, warum die körperlichen Belastungen nur mit einem Gewicht von 0,2, die geistigen Anforderungen dagegen mit einem Gewicht von 0,3 versehen sind. Im Ergebnis errechnet sich für die Tätigkeit „Verpacken" ein mehr als doppelt so hoher *Arbeitswert* wie für die Tätigkeit „Köpfen". Erhält der Verpacker deswegen einen mehr als doppelt so hohen Grundlohn wie sein Kollege auf dem schlechter bewerteten Arbeitsplatz?

	Gewicht	Wert Köpfen	Summe Köpfen	Wert Packen	Summe Packen
Geistige Anforderungen – Können	30%	0	0,3	3	1,8
Geistige Anforderungen – Belastung		1		3	
Körperliche Anforderungen – Können	20%	2	1	1	0,6
Körperliche Anforderungen – Belastung		3		2	
Verantwortung – Belastung	30%	1	0,3	4	1,2
Arbeitsbedingungen – Belastung	20%	1	0,2	3	0,6
Gesamtsumme			1,8		4,2

Abb. 6.15: Beispiel Analytische Arbeitsbewertung (Ausschnitt)

Nein, dies wäre sicher nicht „gerecht". Ebenso wie beim summarischen Verfahren werden Stellen mit einer ähnlichen Anforderungshöhe zu einer Arbeitswertgruppe zusammengefaßt. Wenn beispielsweise die Arbeitswertzahl maximal 60 beträgt, dann bietet es sich an, 12 Arbeitswertgruppen in einem Abstand von je 5 Punkten zu bilden. Man erhält hierdurch einen guten Überblick über die Verteilung der Arbeitswerte für die betrachteten Stellen. Gibt es beispielsweise eine extreme Ballung der Stellenhäufigkeit innerhalb der mittleren drei oder vier Arbeitswertgruppen, dann wäre dies Anlaß, über eine Neubewertung nachzudenken.

Die (z.B. 12) Arbeitswertgruppen werden in einem weiteren Schritt zu (z.B. 7) Lohngruppen zusammengefaßt. Außerdem ist eine Ecklohngruppe zu definieren. Bei 7 Lohngruppen bietet es sich an, die mittlere Lohngruppe 4 als Ecklohngruppe festzusetzen. Die Ecklohngruppe erhält den *Lohnfaktor* $f_4=1$. Alle anderen Lohngruppen werden an diesem Maßstab ausgerichtet. So kann man sich z.B. dazu entschließen, den Lohnfaktor der Lohngruppe 2 auf $f_2=0,85$, den Lohnfaktor der Lohngruppe 6 auf $f_6=1,35$ usw. festzusetzen. Anders ausgedrückt: der Grundlohn in Lohngruppe 6 beträgt das 1,35-fache des Grundlohns der Ecklohngruppe (Lohngruppe 4), der Grundlohn in Lohngruppe 2 dagegen das 0,85-fache der Ecklohngruppe usw. Die Fixierung dieser Verhältniszahlen hat den großen Vorteil, daß bei Lohnverhandlungen nicht immer wieder neu über die Löhne in den einzelnen Lohngruppen verhandelt werden muß. Gegenstand der Vereinbarungen ist lediglich der Lohn in der Ecklohngruppe. Die anderen Löhne ergeben sich dann von selbst.

Durch das beschriebene Vorgehen schlagen sich große Arbeitswertdifferenzen nicht proportional in Lohnunterschieden nieder. Ein Mitarbeiter, für dessen Tätigkeit ein Arbeitswert von $w_A=48$ ermittelt wurde, erhält nicht 4-mal soviel Lohn wie sein Kollege B, dessen Tätigkeit mit dem Arbeitswert $w_B=12$ bewertet wurde. Angenommen der Arbeitsplatz von B wird in Lohngruppe 2 eingestuft und der Arbeitsplatz von A in Lohngruppe 6, dann erhält A nach unserem Zahlenbeispiel lediglich das $1,35/0,8\approx1,7$-fache des Grundlohns von B.

Wie deutlich geworden sein dürfte, werden im Zuge der Durchführung von Arbeitsbewertungen eine ganze Reihe von Entscheidungen getroffen. Damit wächst natürlich auch die Wahrscheinlichkeit dafür, daß subjektive und machtpolitische Erwägungen ein übergroßes Gewicht erhalten und die Sachdiskussion in den Hintergrund drängen. Wertungen kommen unter anderem bei den folgenden Fragen ins Spiel:

- Welche Anforderungsarten werden überhaupt berücksichtigt? Werden bestimmte Anforderungen ausgeblendet, dann werden die Arbeitsplätze benachteiligt, die diese Anforderungen in besonderem Maße aufweisen.
- Welches Gewicht kommt den einzelnen Anforderungsarten zu? In den meisten Arbeitsbewertungen werden geistige Fähigkeiten und berufliche Grundqualifikationen besonders stark gewichtet. In unserem Beispiel (vgl. Abbildung 6.15) werden die beiden ersten Kategorien dadurch doppelt gewichtet, daß einerseits die Belastungen und andererseits das Können summativ in die Berechnung eingehen.
- Welche Wertebereiche sind für die einzelnen Anforderungsarten vorgesehen? Damit keine Gewichtsverschiebung eintritt, sollten alle Anforderungskategorien den gleichen Wertebereich umfassen. Die normative Vorgabe (in unserem Beispiel die

Werte zwischen 0 und 4) kann jedoch leicht dadurch unterlaufen werden, daß faktisch für manche Anforderungen der Wertebereich gar nicht ausgenutzt wird – sondern z.B. nur der obere oder nur der untere Wertebereich verwendet wird.
- Welche Arbeitsplätze dienen als Bewertungsanker? Mit der Auswahl von Richtbeispielen beschränkt man die Betrachtung auf wenige als typisch geltenden Arbeitsplätze. Die übrigen Arbeitsplätze müssen diesen Arbeitsplätzen zugeordnet werden. Dies kann leicht dazu führen, daß deren Besonderheiten unter den Tisch fallen, in diesem Fall kann auch die Variationsbreite der tatsächlich gegebenen Anforderungen nicht zum Zuge kommen.
- Wer bestimmt über die letztendliche Wertzuordnung? Wird die Zuordnung von Arbeitswissenschaftlern vorgenommen oder von einer Kommission, in welcher Weise wird der Betriebsrat eingebunden, in welcher Weise der betroffene Arbeitnehmer?

In einer empirischen Studie konnten Bartölke u.a. (1982) zeigen, daß die Einführung eines Arbeitsbewertungssystems durchaus nicht dem Ideal „rationaler" Planung entspricht: die Arbeitsbewertung schuf keine neuen Strukturen, sondern schmiegte sich eng an die alten Strukturen an. Die Einführung glich auch kaum einem rationalen Diskurs, sondern war durchsetzt von Verhandlungsprozessen. Und schließlich verstanden sich die für die Einführung Verantwortlichen primär als Sachwalter der eigenen Interessen, die zunächst propagierte Offenheit schwand dahin und Kritik der betroffenen Arbeitnehmer fand kein Gehör.

Trotz all dieser Probleme empfiehlt sich die Durchführung einer Arbeitsbewertung. Allerdings sollte man die Erwartungen nicht zu hoch schrauben. Die Arbeitsanalyse ist kein Verfahren mit einer perfekten Lösungsgarantie. Es lebt – wie alle anderen personalwirtschaftlichen Instrumente auch – von der Art ihrer Handhabung. Wünschenswert ist vor allem eine weitgehende Partizipation aller unmittelbar Betroffenen. Dadurch entsteht Transparenz und – soweit es fair zugeht – auch Akzeptanz. Daß die Arbeitsbewertung auch ein politischer Prozeß ist, ist nicht von vornherein ein Nachteil. Er liefert die Möglichkeit zur Kommunikation, zur Interessenberücksichtigung und zum Einbringen von Verbesserungsvorschlägen. Besser aufgeklärte Verhandlungen als verschleierte Besserwisserei.

b) Leistungsbewertung

Die Arbeitsbewertung ist ein Versuch, der Anforderungsgerechtigkeit zu ihrem Recht zu verhelfen. Die Leistungsbewertung soll entsprechend die Leistungsgerechtigkeit zum Zuge bringen. In manchen Lohnformen, insbesondere im Akkordlohn, im Prämienlohn bei der Provisionsgestaltung im Außendienst, ist die Leistungskomponente schon im Berechnungssystem „eingebaut". Die Leistungsbewertung kommt daher – wenn sie überhaupt angewendet wird – üblicherweise nur beim Zeitlohn zum Einsatz.

Auch die Leistung läßt sich summarisch beurteilen. In diesem Fall nimmt der Vorgesetzte eine pauschale Einstufung vor; er ordnet also die Leistung eines Mitarbeiters einer bestimmten Leistungsstufe zu, für die ein bestimmter Lohnzuschlag vorgesehen ist. Ähnlich wie die Arbeitsbewertung läßt sich auch die Leistungsbewertung als Rangreihenverfahren durchführen. Gruppiert werden in diesem Fall allerdings nicht die Arbeitsplätze, sondern die Mitarbeiter. Relativ unproblematisch mag dies sein, wenn die Mitarbeiter alle ähnliche Aufgaben ausführen. Sind die Tätigkeiten jedoch sehr verschieden, dann ist der Leistungsvergleich sehr erschwert, weil die Schwierigkeit seiner Aufgabe in die Beurteilung der Leistung meist implizit und kaum auflösbar mit einfließt.

Abbildung 6.17 zeigt das Schema einer analytischen Leistungsbeurteilung für gewerbliche Arbeitnehmer aus dem Manteltarifvertrag der bayerischen Metallindustrie (leicht modifiziert entnommen aus Paasche 1981, S. 127). Es enthält fünf Beurteilungskriterien. In den Zellen der Tabelle sind die Punktwerte angeführt, die je nach Leistungsgrad vergeben werden. Wie man sieht, ist mit diesen Festlegungen auch eine Gewichtung verbunden. Die Arbeitsqualität und die Arbeitsquantität erhalten das höchste (maximale Punktzahl jeweils 28), das betriebliche Zusammenwirken das geringste Gewicht (maximale Punktzahl 12). Jeder Punkt bedeutet einen Leistungszuschlag von 0,2%. Maximal sind 100 Punkte erreichbar, ein Mitarbeiter mit dieser Bewertung verbessert sein Grundentgelt also um 20%.

Prinzipiell scheint die Leistungsbeurteilung durchaus geeignet, eine verbesserte Leistungsgerechtigkeit herbeizuführen. Aber ihre Anwendung hat natürlich auch ihre Tükken. Schwierigkeiten stecken sowohl im Verfahren selbst, als auch in der Anwendung des Verfahrens. So besteht beispielsweise ein großes Problem darin, ob die angemessenen Leistungskriterien verwendet werden. In unserem Beispiel fehlen Merkmale wie Kreativität und Flexibilität. Gerade der letztgenannte Punkt hat aber in den letzten Jahren an Bedeutung gewonnen. Außerdem stellt sich, wie bei allen Bewertungsverfahren, die Gewichtungsproblematik. In unserem Schema wird der Arbeitseinsatz eher gering veranschlagt. Bei bestimmten Tätigkeiten ist aber gerade das Engagement (man denke nur an die Forderung nach Kundenorientierung) der entscheidende Erfolgsfaktor. Probleme entstehen natürlich auch in der Durchführung der Leistungsbeurteilung.

Beurteilungs-merkmal:	Beurteilungs-hilfen:	A Die Leistung ist für eine Leistungszulage nicht ausreichend	B Die Leistung entspricht im allgemeinen den Anforderungen	C Die Leistung entspricht in vollem Umfang d. Anforderungen	D Die Leistung übertrifft die Anforderungen erheblich	E Die Leistung übertrifft die Anforderungen in hohem Maße
I Arbeitsquantität	Ergebnis, Arbeitsintensität, Zeitnutzung	0	7	14	21	28
II Arbeitsqualität	Fehlerquote, Güte	0	7	14	21	28
III Arbeitseinsatz	Initiative, Belastbarkeit, Vielseitigkeit	0	4	8	12	16
IV Arbeitssorgfalt	Verbrauch, Behandlung von Arbeitsmitteln, Zuverlässigkeit	0	4	8	12	16
V Betriebliches Zusammenwirken	Gemeinsame Erledigung von Aufgaben, Informationsaustausch	0	3	6	9	12

Abb. 6.17: Schema einer Leistungsbeurteilung

So fordert die Leistungsbeurteilung vom Vorgesetzten, daß er die Mitarbeiter systematisch beobachtet und daß er mit den Besonderheiten ihrer Arbeit gut vertraut ist. Man wird einer Leistung nur dann gerecht, wenn man ihre besonderen (oft situativ bedingten) Schwierigkeiten kennt. Besonders gravierend ist vor allem auch die psychologische bzw. sozialpsychologische Herausforderung, die in der Leistungsbeurteilung steckt.

Schlechte Beurteilungen werden die Mitarbeiter nicht klaglos hinnehmen. Außerdem kann durch eine ungleiche Beurteilung leicht Unfriede unter den Kollegen entstehen. Um dem entgegenzutreten, muß der Vorgesetzte in der Lage sein, seine Beurteilungen offen und selbstbewußt zu vertreten. Wie die Praxis zeigt, steckt darin durchaus ein Problem. Vorgesetzte wählen nicht unbedingt die angemessene (anspruchsvolle) Verhaltensstrategie. Vielfach machen sie aus den Beurteilungen ein Geheimnis und reagieren auf geäußerte Unzufriedenheit mit autoritärem Unwillen oder aber sie tendieren dazu, mögliche Konflikte zu meiden und beurteilen alle Mitarbeiter gleichermaßen gut. Jedenfalls zeigen empirische Untersuchungen, daß Durchschnittsbeurteilungen selten sind. Daß aber alle Mitarbeiter besser als der Durchschnitt sind, ist schon allein aus rein logischen Gründen nicht möglich.

6 LOHNFORMEN

Lohnformen werden oft auch als Entlohnungsgrundsätze bezeichnet. Die Bezeichnung „Grundsätze" ist insofern berechtigt, als sich die Lohnformen in der näheren Ausgestaltung durchaus noch unterscheiden können. So gibt es beispielsweise den Einzel- und den Gruppenakkord, der Prämienlohn unterscheidet sich in der Bezugsgrundlage, in der Lohnlinie usw. Für die konkrete Ausgestaltung der Lohnform wird daher oft der Begriff der Entlohnungsmethode verwendet.

Entgeltbestandteil	Erläuterung
Gesetzlich vorgeschriebene Entgeltbestandteile	Kranken-, Pflege-, Arbeitslosen-, Rentenversicherung (Arbeitgeberanteile), Unfallversicherung
Außertarifliche Zulagen	Freiwillige Zulagen (oft Betriebsvereinbarungen, z.B. Essenszuschuß, Jahresendprämie, zusätzliches Weihnachtsgeld)
Weitere tarifliche Leistungen aufgrund von Tarifverträgen	U.a. Überstundenzuschläge, 13. Monatslohn, Urlaubsgeld, Erschwerniszulagen, Schicht- und Feiertagszuschläge
Leistungszulagen	Zulagen und Ermittlung je nach Lohnform aufgrund tariflicher und betrieblicher Vereinbarungen
Grundentgelt	Entgeltgruppen, festgelegt durch Tarifvereinbarungen, möglichst aufgrund einer Arbeitsbewertung

Abb. 6.18: Die wichtigsten Entgeltbestandteile

Wir wollen im folgenden die wichtigsten Lohnformen (oder Entlohnungsgrundsätze) behandeln. Zuvor seien jedoch die wichtigsten Bestandteile des Entgelts angeführt (vgl. Abbildung 6.18). Die Basis der Entlohnung bildet der Grundlohn, der in den jährlichen Tarifverhandlungen immer wieder neu vereinbart wird. Der Grundlohn unterscheidet sich je nach Lohngruppe. Er ist auch die Basis, auf die sich die leistungsabhängigen Zuschläge beziehen. Tarifvertraglich vereinbart sind aber nicht nur die regelmäßig auszuzahlenden Löhne, sondern eine ganze Reihe weiterer Leistungen, die je nach vorliegendem Anlaß (z.B. zusätzliches Urlaubsgeld) oder je nach Arbeitseinsatz (z.B. Feiertagszuschläge) bezahlt werden. Daneben gewähren viele Firmen weitere „freiwillige" Leistungen, die oft in Betriebsvereinbarungen festgeschrieben werden. Schließlich gehören zur Lohnzahlung auch die Arbeitgeberbeiträge zu den Sozialversicherungssystemen.

a) Zeitlohn

Der Zeitlohn wird oft als Anwesenheitslohn bezeichnet. Diese Bezeichnung führt in die Irre. Kein Arbeitgeber wird die bloße Anwesenheit entlohnen. Auch der Zeitlohn ist ein Leistungslohn. Zwar zahlt der Arbeitgeber beim Zeitlohn stets den gleichen festen Satz (z.B. ein Monatsgehalt oder den Stundenlohn mulitpliziert mit der Arbeitszeit), er erwartet dafür aber auch eine angemessene Arbeitsleistung. Sinkt die Arbeitsleistung unter das gewünschte Niveau, dann wird der Arbeitgeber dem nicht tatenlos zusehen. Unter Umständen gelingt es dem Arbeitgeber mit dem Zeitlohn sogar besser als mit den unmittelbar leistungsgebundenen Lohnformen, ein bestimmtes Leistungsniveau zu „erzwingen". Mittlerweile empfehlen beispielsweise sogar die Gewerkschaften, ein einmal etabliertes Akkordsystem nicht durch ein Zeitlohnsystem zu ersetzen. Der vielgeschmähte Akkordlohn hat nämlich den großen Vorteil, daß er Verhaltenssicherheit schafft. Der Arbeitnehmer kann sich auf die einmal ausgehandelten Leistungsbedingungen einstellen, die Auswüchse der Akkordhetze sind durch die Verwendung arbeitswissenschaftlicher Methoden gebändigt und der Betriebsrat hat aufgrund seiner Mitbestimmungsrechte die Möglichkeit, Mißständen entgegenzutreten.

Der Leistungsmaßstab beim Zeitlohn ist demgegenüber eher in der Schwebe. In Zeiten angespannter Arbeitsmärkte gibt dies dem Arbeitgeber die Möglichkeit zu erheblicher Leistungsverdichtung. Die Mittel hierzu sind vielfältig und umfassen sämtliche personalwirtschaftlichen Funktionsfelder. In Abbildung 6.19 findet sich eine Auswahl von Maßnahmen zur Verschärfung des Leistungsdrucks (gekürzt und leicht modifiziert entnommen aus Lang/Meine/Ohl 1997, S. 239).

Leistungs- und Terminkontrolle	*Organisatorische Maßnahmen*
Nutzungsschreiber	Erweiterung der Aufgaben
Kontrollprogramme (EDV-Arbeit)	Maschinenlaufzeiten
Betriebsdatenerfassung	Gemeinkostenwertanalyse
Auftragszeitenvorgabe	Kennzahlensteuerung
Just in Time Konzepte	Verzicht auf Neueinstellungen
Personalführung	
Ausnutzung ungesicherter Beschäftigung	
Ausnutzung von Karrierehoffnungen	
Psychologische Beeinflussung	

Abb. 6.19: Möglichkeiten der Leistungsverdichtung

Wie bereits oben beschrieben, wird der Zeitlohn verschiedentlich auch ganz explizit durch eine Leistungsbeurteilung ergänzt. Eine Leistungsbeurteilung durch den Vorgesetzten ist zwar ungenauer und subjektiver als die unmittelbare Leistungsmessung bei den anderen Lohnformen. Sie hat aber den großen Vorteil, daß sie wesentlich flexibler ist. Sie erlaubt es dem Vorgesetzten, sich auf die jeweils gegebene Situation einzustellen und zum Beispiel auch Leistungsschwankungen zu tolerieren. Dies ist z.B. dann angebracht, wenn die Leistungsmöglichkeiten des Mitarbeiters aufgrund äußerer Ereignisse (z.B. Auftragsmangel, Krankheit) beschränkt werden oder wenn der Arbeitnehmer (noch) nicht die volle Leistung erbringen kann, weil er sich vielleicht in seine Aufgaben erst einarbeiten muß. Ungeachtet dessen hat eine Leistungsbeurteilung natürlich auch erhebliche Schwächen. Wir sind bereits oben darauf eingegangen. Für die Leistungsverdichtung haben wir die Unbestimmtheit der zu fordernden Leistung verantwortlich gemacht. Sie kann auch zum gegenteiligen Effekt führen: zu einer schleichenden Leistungsverminderung. In jedem Fall kommt dem Vorgesetzten die nicht immer leichte Aufgabe zu, das angemessene Leistungsniveau im Auge zu behalten.

b) Akkordlohn

Beim Akkordlohn erfolgt eine unmittelbare Kopplung zwischen Mengenleistung und Lohn. In Abbildung 6.20 sind die Zusammenhänge zur Bestimmung des Akkordlohns graphisch veranschaulicht. Wie man daran erkennt, gibt es eine Mindestleistung, ab deren Überschreiten ein linearer Lohnzuwachs vorgesehen ist: jede zusätzlich produzierte Mengeneinheit erbringt also einen proportional wachsenden Lohn. Nach oben ist die Lohngewährung offen, nach unten allerdings begrenzt. Wer die Mindestleistung unterschreitet, bekommt immer auch den Mindestlohn.

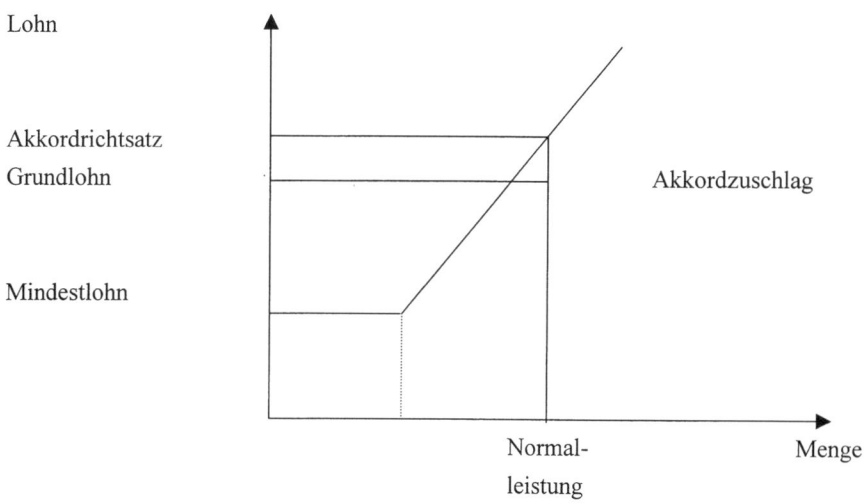

Abb. 6.20: Der Aufbau des Akkordlohns

Die zentrale Größe der Akkordbestimmung ist die „Normalleistung". Als 100%-Leistung korrespondiert sie mit dem Grundlohn. Allerdings wird bei der Berechnung des Lohns vorab ein Akkordzuschlag gewährt. Dieser Zuschlag soll dem Tatbestand Rechnung tragen, daß Akkordarbeit einem kontinuierlichen Leistungsdruck ausgesetzt ist. Grundlohn und Akkordzuschlag ergeben zusammen den Akkordrichtsatz. Wie wird die Normalleistung bestimmt? Als Normalleistung gilt eine Durchschnittsleistung, die von einem geeigneten, geübten und voll eingearbeiteten Arbeiter dauerhaft erbracht werden kann. Der Leistungsmaßstab richtet sich also nicht an den Spitzenkönnern aus. Außerdem sind keine Höchstleistungen, sondern auf Dauer angelegte (also Gesundheitsstörungen vermeidende) Durchschnittsleistungen gefragt. Insgesamt besitzt die Definition aber trotz dieser Spezifikationen eine erhebliche Ungenauigkeit. Letztlich läßt sie sich auch nur durch Handeln „wegdefinieren". Konkret erfolgt die Festlegung anhand von Zeitstudien. Die Zeitaufnahme wird von einem Fachmann (meist eine Person mit einer entsprechenden REFA-Ausbildung) vorgenommen. Sie muß entsprechend vorbereitet werden. So dürfen bei der Zeitaufnahme keine Störungen auftreten. Außerdem muß dem Mitarbeiter Gelegenheit gegeben werden, das richtige Arbeitstempo zu finden, damit ein sicheres und kontinuierliches Arbeiten möglich wird. Ob die beobachtete Leistung dann tatsächlich einer 100%-Durchschnittsleistung entspricht, bleibt der Abschätzung des Zeitstudien-Mannes überlassen. Die endgültige Bestimmung der Vorgabezeit wird im übrigen nicht allein von der unmittelbar notwendigen Arbeitszeit bestimmt. Berücksichtigt werden außerdem Rüstzeiten, Erholungszeiten und Verteilzeiten, die zusätzlich zu ermitteln sind. Rüstzeiten sind Zeiten, die zur Vorbereitung der unmittelbaren Produktionsarbeit notwendig sind (Materialbereitstellung, Einrichtung von Maschinen), Verteilzeiten entstehen aufgrund unregelmäßiger und unvorhersehbarer Störungen im Produktionsablauf, mit Erholzeiten sind Pausen zur Kurzzeiterholung gemeint. Wie man dieser kurzen Schilderung bereits entnehmen kann, stecken viele Probleme der Akkordentlohnung im Detail. Entsprechend vielfältig sind die Versuche der Beteiligten, die Regelungstatbestände zu ihren Gunsten auszunutzen bzw. umgekehrt, die „Vorteilsnahme" der anderen Seite zu begrenzen. Einige Hauptprobleme seien kurz angesprochen (vgl. zu gegensätzlichen Positionen Paasche 1981, S. 98 ff. und Lang/Meine/Ohl 1997, S. 256 ff.).

Was tun, wenn die Akkordlöhne davonlaufen, wenn also in einem Betrieb beispielsweise Leistungsgrade von durchgängig über 160% erreicht werden? Auf der überbetrieblichen Ebene spricht man angesichts derartiger Entwicklungen von einer Lohndrift. Aus Arbeitgebersicht liegt es nahe, in einer derartigen Entwicklung ein Indiz für eine fehlerhafte, arbeitnehmerfreundliche Einschätzung der Normalleistung zu sehen. Und ebenso groß ist die Versuchung, die Vorgabezeiten pauschal zu kürzen und auf ein „angemessenes Niveau" zurückzuführen. Letzteres ist dem Arbeitgeber aber verwehrt. Die einschlägigen Tarifverträge sehen normalerweise vor, daß Änderungen der Vorgabezeiten nur bei technisch-organisatorischen Veränderungen erlaubt sind. Und im Zweifelsfall ist das Vorliegen dieser Voraussetzung für jede einzelne Vorgabezeit zu prüfen. Eine schnelle und unbürokratische Anpassung kann daher vom Betriebsrat wirkungsvoll blockiert werden.

Was ist umgekehrt zu tun, wenn die Verdienstgrade durchgängig niedrig sind? Im Lohnrahmentarifvertrag II der Metallindustrie im Tarifbezirk Nordwürttemberg-Nordbaden ist geregelt, daß im Betriebsdurchschnitt ein Durchschnittslohn zu zahlen ist, der mindestens einem Leistungsgrad von 130% entspricht. In den Betrieben, die von diesem Tarifvertrag betroffen sind, kann der Betriebsrat daher die Einhaltung dieses Durchschnittswertes und gegebenenfalls eine Heraufsetzung der ausgezahlten Akkordlöhne verlangen. Der Anspruch, als allgemein verbindliche Richtschnur gelten zu können, wird sich aber für eine derartige Regelung kaum aufrecht erhalten lassen.

Akkordentlohnung setzt störungsfreies Arbeiten voraus. Maschinenstillstand, mangelhafte Logistik, Materialprobleme usw. hindern den Arbeitnehmer an der Leistungserbringung. Welchen Lohn soll er für die anfallenden Ausfallzeiten erhalten? Jedenfalls soll die akkordfreie Zeit nicht im Zeitlohn unter Verlust des Akkordzuschlags bezahlt werden. Grundsätzlich gilt, daß Ausfallzeiten entsprechend der sonst üblichen Durchschnittsleistung entgolten werden sollen. Welcher Zeitraum und für welche Tätigkeiten diese Durchschnittsbildung in Frage kommt, dies kann wiederum strittig sein. Aus Sicht des Arbeitgebers ist es jedenfalls mißlich, wenn er akkordfreie Zeiten nach Akkord bezahlen muß („Stundenschieben"). Doch ganz unabhängig von derartigen Meinungsunterschieden stellen sich bei der Bestimmung der Ausfallzeiten auch ganz praktische Probleme. Wer soll darüber entscheiden, wie lange die Behinderung bzw. Störung der Akkordarbeit angedauert hat? Üblicherweise hat der Vorgesetzte die Ausfallzeit zu bescheinigen. Allerdings kann er eine andere Einschätzung vornehmen als der betroffene Mitarbeiter. Unter Umständen ist er auch abwesend und kann die unmittelbare Störungsmeldung gar nicht entgegennehmen, muß sich also auf die Angaben seiner Mitarbeiter verlassen.

Behinderungen der Akkordarbeit entstehen auch durch technologische Vorgaben. So verhindern beispielsweise feste Maschinenlaufzeiten eine Leistungsvariation und machen damit auch den Sinn des Akkordlohns hinfällig. Die Einführung neuer Maschinen kann daher auch das Akkordsystem aushöhlen. In der Praxis führt das aber nicht immer zu einer Veränderung des Lohnsystems. Die Mitarbeiter werden häufig weiter nach dem Akkordtarif bezahlt (Grundlohn plus Akkordzuschlag plus (fiktiver) Leistungszuschlag), auch wenn sie eigentlich keine Akkordarbeit ausführen. Fortschritt gibt es auch in anderer Hinsicht, nämlich als „schleichende Rationalisierung". Die Verbesserung von Arbeitsmethoden, Betriebsmitteln und Arbeitsgegenständen kann dazu führen, daß die Arbeitsausführung reibungsloser und kräftesparender vonstatten geht. Erfolgt in diesem Fall keine Neujustierung der Leistungsanforderungen, dann profitiert hiervon natürlich in erster Linie der Arbeitnehmer. Beklagt wird häufig das „Akkordschieben": Die Arbeitnehmer erhalten als Nachweis für die Abwicklung eines Akkordauftrags einen Leistungsschein. Leistungsscheine liefern die Grundlage für die Lohnberechnung. Vielfach werden die Scheine aber nicht sofort im Lohnbüro eingereicht. Läuft die Arbeit gut, dann sammeln die Mitarbeiter fleißig ihre Leistungsscheine. Abgerechnet werden sie in schlechten Zeiten, also z.B. dann, wenn der Mitarbeiter keine hohen Leistungen erbringen kann oder will. Aus Sicht der Arbeitnehmer bietet es sich vor allem an, bei Verrichtungen, die „leicht von der Hand gehen" Höchstleistungen zu zeigen, ansonsten aber eher zurückhaltend zu arbeiten. Der Arbeitnehmer kann durch dieses Verhalten Leistungsspitzen abschöpfen, er sichert sich außerdem ein kontinuierliches Einkommensniveau. Aus Sicht der Arbeitgeber ist die schwankende Arbeitsintensität nachteilig. Außerdem kann sich hinter dem unterschiedlichen Leistungsverhalten eine ungenaue Normgrößenbestimmung verbergen. Einschränken läßt sich das Akkordschieben durch Vereinbarungen über Abgabefristen. Eine interessante Frage richtet sich auf die Ausschußregelung. Wer haftet, wenn durch den hohen Leistungsdruck beim Akkord größere Schäden entstehen, beispielsweise ein ganzes Los verdorben wird? Nach dem allgemeinen Rechtsverständnis haftet immer die Person, die für den Schaden verantwortlich ist. Entsprechend kann man auch von einem Arbeitnehmer Sorgfalt bei der Arbeitsausführung verlangen. Sofern er schuldhaft handelt, haftet er auch. Allerdings wird man ihn bei leichter Fahrlässigkeit nicht zur Rechenschaft ziehen können (weil diese unter Umständen dem Arbeitsdruck zuzurechnen ist), je nach Verschuldensgrad wird man eine anteilige Schadensregulierung anstreben. Im übrigen empfiehlt sich diesbezüglich eine verbindliche Regelung im Tarifvertrag oder innerhalb von Betriebsvereinbarungen.

Bei der Festlegung des Akkords stoßen die Interessen von Arbeitgebern und Arbeitnehmern in ganz unmittelbarer und „unverhüllter" Weise aufeinander. Der Vorteil der einen Seite ist der Nachteil der anderen Seite. Es ist daher wenig verwunderlich, wenn jeder der Beteiligten versucht, die Gestaltungsmöglichkeiten, die ihm zur Verfügung stehen, auch auszuschöpfen. Die Zeitaufnahme liefert daher auch ein Schulbeispiel für Mikropolitik. Die Beteiligten spielen ein Spiel, das der gewinnt, der das Spiel am besten beherrscht – wobei allerdings zu beachten ist, daß dieses Spiel über mehrere Runden geht und auch nicht immer mit ganz sauberen Mitteln gearbeitet wird.

c) *Lohnvergleich*

Welche Lohnform ist nun besser? Unter welchen Umständen empfiehlt es sich, den Zeitlohn einzusetzen, wann sollte Akkordlohn gezahlt werden? In Abbildung 6.21 sind die Voraussetzungen sowie die Vor- und Nachteile der beiden Lohnformen gegenübergestellt. Das Akkordsystem sollte nur eingeführt werden, wenn das Arbeitssystem die notwendige „Akkordreife" besitzt. Notwendig ist hierzu, daß der Arbeitnehmer die Arbeitsleistung maßgeblich beeinflussen kann. Das Leistungsergebnis muß meßbar und einem konkreten Arbeitnehmer (oder einer konkreten Gruppe beim Gruppenakkord) zuzuordnen sein, die Arbeitsgänge sollten sich wiederholen (weil sonst immer neue Akkordfestsetzungen notwendig werden), und die Arbeitshandlung sollte von externen Störungen freigehalten werden können. Umgekehrt empfiehlt sich der Zeitlohn für Tätigkeiten, die Kreativität und Beweglichkeit erfordern. Wenn ein bestimmter Arbeitstakt (z.B. bei der Fließfertigung) extern vorgegeben ist, ist eine Entlohnung, die sich auf die Ausbringungsmenge richtet, sinnlos, weshalb sich für diese Tätigkeiten ebenfalls nur der Zeitlohn anbietet. Außerdem wird man den Zeitlohn überall dort einsetzen, wo es auf besonders sorgfältige Verrichtungen ankommt.

Offenbar gibt es also Arbeitstätigkeiten, in denen nur der Zeitlohn in Frage kommt. Es gibt jedoch auch konkurrierende Bereiche. Welche Lohnform bietet sich dann an? Bei dieser Entscheidung sind die Vor- und Nachteile der beiden Lohnformen zu beachten.

Beurteilung	Akkordlohn	Zeitlohn
Voraus-setzungen	Leistung beeinflußbar
Leistung meßbar
Leistung ist zuzuordnen
Arbeit wiederkehrend
Priorität der Mengenleistung	Arbeitstakt
Kreative Aufgaben
Verkauf, Beratung
Reparatur, Überwachung
Qualität, Schonung
Vorteile/Nachteile	„Objektive" Leistung
Unmittelbarer Leistungsanreiz
Verfahrensoptimierung
Differenzierte Kalkulation
Gerechtigkeit	Geringer Verwaltungsaufwand
Einkommensstabilität
Kein permanenter Leistungsdruck
Flexibler Personaleinsatz
Individuelle Gestaltungsfreiheit

Abb. 6.21: Lohnvergleich Zeit- und Akkordlohn

Als motivationstheoretischer Vorteil des Akkordlohns kann gelten, daß er einen deutlichen Leistungsanreiz setzt. Die erbrachte Leistung wird unmittelbar belohnt und über das Ausmaß der Leistung kann es keinen Zweifel geben, es ist zähl- und meßbar. In diesem Sinne vermittelt der Akkordlohn auch den Eindruck einer hohen Leistungsgerechtigkeit. Allerdings ist hierbei zu beachten, daß beim Akkordlohn ein sehr spezialisierter Gerechtigkeitsmaßstab zur Geltung kommt. Er unterstellt das oben in Abschnitt 1 kritisierte rein instrumentelle Verhältnis von Arbeitgeber und Arbeitnehmer. Was als Leistung gilt (eine bestimmte Stückzahl in einer bestimmten Zeit) ist praktisch vorentschieden und blendet die Ganzheitlichkeit der Arbeitsbeziehung aus. Nachteilig ist auch der permanente Leistungsdruck des Akkordsystems. Jedenfalls kann er zu nachhaltigen physischen und psychischen Beeinträchtigungen führen. Zwar sollen bei der Bestimmung der Normalleistung langfristige Schädigungen ausgeschlossen werden, wenn jemand allerdings jahrzehntelang Akkordarbeit verrichtet (die sich, nebenbei bemerkt, nur sehr selten durch Vielseitigkeit auszeichnet), dann wird dies nicht ohne Auswirkungen bleiben.

Neben unmittelbar anreizbezogenen kommen beim Akkordlohn auch organisatorische Überlegungen ins Spiel. Ein Akkordsystem funktioniert nur, wenn die Arbeitsabläufe transparent sind, wenn die Arbeitsorganisation die Arbeit an den Akkordarbeitsplätzen unterstützt. Die Einführung eines Akkordsystems ist daher immer auch eine Gelegenheit, Rationalisierungslücken zu entdecken und zu beseitigen. Nachteilig beim Akkordlohn (und umgekehrt vorteilhaft beim Zeitlohn) ist die Kostenbelastung. Akkordsysteme müssen „gepflegt" werden, und sie funktionieren nur, wenn die entsprechenden Fachleute verfügbar sind. Außerdem vermindern sie die Flexibilität des Personaleinsatzes, denn es erweist sich meist als schwierig, einen Akkordarbeiter dazu zu bewegen, immer wieder neue Arbeitstätigkeiten zu übernehmen, denn schließlich profitiert er ja davon, daß er die Handgriffe an seinem Arbeitsplatz gewissermaßen im Schlaf beherrscht.

d) Prämienlohn

Ebenso wie der Akkordlohn setzt auch der Prämienlohn an „objektiven" Leistungsergebnissen an. Allerdings steht beim Prämienlohn nicht notwendigerweise die Mengenleistung im Vordergrund. Bezugsgrundlage kann auch die Qualität sein, die Ersparnis, die Maschinennutzung oder ein sonst sinnvolles Leistungskriterium (vgl. zum Prämienlohn Femmer/Voigtländer/Weil 1989).

Mengenprämien werden meist dann eingeführt, wenn sich die Leistungsmenge klar bestimmen läßt, wenn aber ansonsten die Anforderungen an den Akkordlohn nicht vorliegen. Im Unterschied zum Akkordlohn ist die Bezahlung nach oben begrenzt. Ab einer bestimmten Mehrleistung wird also keine zusätzliche Prämie gezahlt. Dadurch kann der Versuchung zur Selbstausbeutung entgegengewirkt werden. Auch nach unten wird eine Begrenzung vorgenommen. Die Prämienentlohnung beginnt erst ab einem bestimmten Leistungsergebnis. Bevor dieses erreicht wird, wird der übliche Grundlohn bezahlt. Der wichtigste Gestaltungsparameter bei der Prämienentlohnung ist die Lohnlinie. Wir werden hierauf in einem allgemeineren Sinne im nächsten Abschnitt über die variable Entlohnung eingehen. Prämienlohnsysteme erfordern meist eine ganz spezifische Ausgestaltung. Aus diesem Grund wird diese normalerweise auch nicht in einem Tarifvertrag geregelt. Tarifverträge enthalten aber oft Öffnungsklauseln, die die Einführung von Prämiensystemen erlauben, die konkrete Umsetzung aber den Verhandlungen zwischen Arbeitgeber und Betriebsrat überlassen.

f) Qualifikationslohn

Der Qualifikationslohn folgt einer gänzlich anderen Logik als die bisher behandelten Lohnformen. Belohnt wird nicht die unmittelbare und möglichst meßbare Leistung, sondern das Potential, das der Arbeitnehmer zur Verfügung stellt. Es gibt verschiedene Varianten des Qualifikationslohns (vgl. v. Eckardstein 1988). Am ehesten kommt der Grundgedanke des Qualifikationslohns beim sogenannten „Skill-Based-Pay" zum Ausdruck. Der Grundlohn wird in diesem System danach bestimmt, welche Qualifikation für die Beherrschung einer Aufgabe vorhanden sein muß. Der Arbeitnehmer hat nun die Möglichkeit (und er wird auch dazu angehalten), sich zusätzliche Qualifikations- „Module" anzueignen. Die Beherrschung dieser Qualifikationsbausteine wird zusätzlich bezahlt. Die Anwendung des Qualifikationslohns setzt also die Bereitstellung von Qualifizierungsmaßnahmen durch das Unternehmen voraus. Die Bildungsmaßnahmen müssen sich auf die konkret abgeforderten Qualifikationen beziehen. Welche Qualifikationen bzw. Qualifikationsmodule aber erforderlich sind, wird letztlich von der Arbeitsgestaltung bestimmt. Dort wo der Qualifikationslohn eingeführt wird, werden daher normalerweise die „Arbeitssysteme" neu definiert, so daß sie mit den Qualifikationsmodulen harmonieren. Wenn dies gelingt, dann kann man auch davon ausgehen, daß jemand, der bestimmte Qualifikationsmodule beherrscht, auch in ganz bestimmten Arbeitssystemen (also abgegrenzten Arbeitsbereichen) zurechtkommt. Zusammenfassend: der Qualifikationslohn liefert ein schönes Beispiel für die Verschränkung unterschiedlicher personalwirtschaftlicher Funktionsbereiche.

Wie man unschwer erkennt, dient der Qualifikationslohn primär der Förderung der Flexibilität. Die Arbeitnehmer sollen an unterschiedlichen Arbeitsplätzen gleichermaßen einsetzbar sein. Dies erleichtert die Personaleinsatzplanung und die Umstellung auf neue Arbeitssysteme. Verschiedene Praxismodelle sehen daher auch Flexibilitätszuschläge vor, wenn ein Arbeitnehmer kurzfristig an einem anderen Arbeitsplatz (oder gar in einem anderen Arbeitsbereich) eingesetzt wird.

Reine Qualifikationslöhne sind im übrigen selten. Meist wird der Grundlohn ganz traditionell anforderungsbezogen bezahlt. Außerdem ist die Qualifikationsprämie oft nur ein Element neben anderen und materiell bedeutsameren Lohnbestandteilen. Der größte Nachteil des Qualifikationslohnes sei nicht verheimlicht. Er ist das Negativbild seines größten Vorteils, nämlich der Investition in das Potential der Arbeitnehmer. Wenn die Investitionen in das Humankapital nun aber nicht gebraucht, d.h. gar nicht abgefordert werden, dann entstehen dem Arbeitgeber „Leerkosten". In diesem Fall ist die konventionelle anforderungsbezogene Bezahlung günstiger.

g) Pensumlöhne

Seit einiger Zeit wird der Einsatz sogenannter „Pensumlöhne" diskutiert (vgl. Schettgen 1996, S. 319 ff.). Wie der Name sagt, geht es dabei um die Festlegung eines Arbeitspensums, dessen Erfüllung nach einer festgesetzten Zeit überprüft und abgerechnet wird. Der Pensumlohn hat drei Funktionen. Zum einen stellt er sicher, daß der Arbeitnehmer für die vereinbarte Zeit ein gleichmäßig hohes Einkommen erhält. Insoweit hat der Pensumlohn zunächst einen rein abrechnungstechnischen Charakter. Der Lohn des Arbeitnehmers ist gewissermaßen ein Vorschuß, der in längeren Zeitintervallen abzurechnen ist. Dabei können Abweichungen von der Sollleistung zum Anlaß genommen werden, die Pensumvereinbarungen anzupassen. Damit besitzt der Pensumlohn auch einen ausgeprägten Kontrollcharakter. Schließlich zeigt der Pensumlohn aber auch die Möglichkeit auf, das Arbeitnehmerverhältnis gänzlich neu zu definieren.

Der eigentlich auf Dauer angelegte Arbeitsvertrag wird zerstückelt und über die zu erbringende Leistung muß immer wieder neu verhandelt werden. Dies kann für die schwächere Seite ein erheblicher Nachteil sein. Allerdings muß dieser Nachteil nicht eintreten, Pensumlöhne können in die üblichen Tarifvertragsregelungen eingebunden und damit gegen Lohnverschlechterungen abgesichert werden.

h) Variable Lohnfindung

Die aktuelle Lohndiskussion wird von der Forderung nach einer strikt leistungsorientierten Vergütung bestimmt. Durch unsere Ausführungen sollte deutlich gemacht werden, daß damit eigentlich kein neues Element ins Spiel kommt. Alle Löhne sind leistungsbezogen. Neu ist eigentlich nur die Forderung, konkrete Leistungsanforderungen für möglichst viele Tätigkeiten möglichst genau zu bestimmen. Hierbei geht es – wie ebenfalls schon herausgestellt wurde – nicht nur um Anreize, sondern auch um Kontrolle. Eine präzise Leistungserfassung gestattet nicht nur eine größere „Leistungsgerechtigkeit", sie ermöglicht auch eine engere Überwachung des Arbeitsverhaltens.

Auf die Problematik einer exakten und ständig aktualisierten Leistungsbestimmung für alle möglichen Tätigkeitsgruppen kann an dieser Stelle nicht näher eingegangen werden. Erfahrungen haben die Unternehmen mit der variablen Entgeltgestaltung vor allem im Vertriebsbereich. Unsere Auflistung in Abbildung 6.22 orientiert sich daher an den in diesem Bereich häufig diskutierten Fragen. Sie werden in der einen oder anderen Form bei jeder Form der variablen Entgeltfindung auftreten. Als erstes stellt sich allerdings die Frage, ob eine variable Vergütung überhaupt sinnvoll ist. Nicht für jede Tätigkeit empfiehlt sich die Einführung eines variablen Anreizsystems; der Einführungszeitpunkt kann denkbar ungünstig sein; die Anforderungen einer Tätigkeit können sich im Zeitablauf häufig verändern (und es stellt sich dann die Frage, ob sich die Mühen einer ständigen Überarbeitung des Anreizsystems auszahlen); die möglichen Leistungsvariationen sind evtl. viel zu gering, als daß sich ihre Ausschöpfung lohnt usw.

Wie man aus der Auflistung in Abbildung 6.22 erkennen kann, liegt es nicht auf der Hand, wie man ein variables Entgeltsystem konkret gestalten sollte. Die Schwierigkeiten vermehren sich, wenn man bedenkt, daß sich die genannten Fragen in zahlreiche weitere Teilfragen aufspalten. So muß beispielsweise bei der Bestimmung der Leistungsziele geklärt werden, mit welchem Verfahren die Leistungen festgestellt werden, zu welchem Zeitpunkt und für welchen Zeitraum die Leistung bestimmt wird und wer die Leistungsvorgaben festlegt. Entschließt man sich dazu, die Leistungssteuerung mit Hilfe von Zielvereinbarungen durchzuführen, dann schließen sich hieran all die Fragen an, die sich bei der Verwendung dieses Instrumentes stellen: sollen die Leistungsvorgaben partizipativ erarbeitet oder einseitig vorgegeben werden, was ist zu tun, wenn sich abzeichnet, daß die vereinbarten Leistungsziele nicht eingehalten werden können, welche Informationen braucht der Vorgesetzte, um realistische Leistungsvorgaben machen zu können, was muß getan werden, damit die Gespräche konstruktiv verlaufen?

Fragen	Beispielhafte Alternativen
Soll überhaupt ein variables Anreizsystem implementiert werden?	Vorübergehend, dauerhaft, ergänzend
Welche Personen bzw. Tätigkeiten sollten durch das Anreizsystem erfaßt werden?	Produktion, Vertrieb, Innendienst, Außendienst
Welche Anreizarten sollten verwendet werden?	Geld, Incentives, Freizeit, Club, Budgetzuweisung
Welche Bezugsgrundlagen sollen als Leistungsmaßstab verwendet werden?	Umsatz, Deckungsbeitrag, Neukunden
Wie sind unterschiedliche Leistungsmaßstäbe zu gewichten?	Gleich, gestuft, variabel
Wie werden die Leistungsziele bestimmt?	Vorgabe, Vereinbarung, Rechenformel
Wie hoch sollte der variable Anteil sein?	Über 50%, bis 30%, maximal 5 bis 10%
Gibt es Abzüge für Minderleistungen?	Nein, bis zu einem bestimmten Mindestniveau
Welchen Verlauf sollte die Lohnlinie aufweisen?	Linear, progressiv, degressiv, gestuft
Wer sollte mit der Erarbeitung des Anreizkonzepts beauftragt werden?	Berater, Mitarbeiter, paritätische Kommission
Welche Einführungsstrategie sollte gewählt werden?	Pilotprojekte, Einführung auf breiter Front

Abb. 6.22: Gestaltungsparameter von variablen Anreizsystemen

Auch bezüglich des variablen Anreizsystems stellt sich also die Frage, in welcher Weise die Gestaltungsparameter zu nutzen und welche situativen Bedingungen zu bedenken sind. Ein Beispiel möge zur Illustration genügen. Die variable Lohnspanne sollte sich am Nachhaltigkeitsprinzip orientieren. Wenn man den Leistungsanreiz zu gering bemißt, dann besteht leicht die Gefahr, daß er verpufft. Welche Größenordnung der Leistungsanreiz konkret annehmen sollte – damit er einerseits zusätzliche Leistungen motiviert, andererseits aber die daraus entstehenden Lohnkosten diesen Effekt nicht wieder kompensieren –, läßt sich kaum allgemein feststellen. Die Nachhaltigkeit von Leistungsanreizen hängt beispielsweise ab von den Usancen einer Branche, den betrieblichen Gewohnheiten und natürlich auch von der Nachhaltigkeit, mit der die *Mitarbeiter* die Ergebnisse ihrer Arbeit durch eigene Anstrengungen bestimmen können.

Eine ganz zentrale Frage ist auch, welchen Verlauf die Lohnlinie im Bereich des variablen Anteils haben soll. Ein progressiver Verlauf „verführt" den Mitarbeiter zu Höchstleistungen, eignet sich also insbesondere dann, wenn ein Ziel nur durch große Leistungsanstrengungen erreicht werden kann. Nachteilig ist eine möglicherweise eintretende Überforderung. Ein zunächst schwach, später stark steigender Verlauf kann zu einer Polarisierung führen, wenn nicht alle Mitarbeiter das hohe Leistungsniveau erreichen können. Ein linearer Verlauf (wie beim Akkordlohn) gibt starke Leistungsanreize, erlaubt dem Mitarbeiter aber i.w. sein eigenes Leistungsniveau zu finden. Dies gilt auch für einen degressiven Verlauf, der dazu den Vorteil hat, Selbstausbeutungstendenzen zu begrenzen (vgl. Klimecki/Gmür 1998, S. 286 ff.).

7 ZUSAMMENFASSUNG:

Unsere Darstellung der Anreizproblematik beruht auf drei Grundüberlegungen:

- Gestalter sollten immer in Alternativen denken.
- Hinter jeder Gestaltung stecken explizit oder (meist) implizit bestimmte Wirkungshypothesen.
- Personalwirtschaftliche Gestaltung wirkt immer nur im Kontext der gesamten Personalpolitik, eine isolierte Betrachtung von Instrumenten oder Gestaltungsmaßnahmen ist daher wenig hilfreich.

a) Alternativen

Man kann ein Instrument immer in der einen oder anderen Weise entwerfen: jedes Instrument/jede Maßnahme enthält mehrere Gestaltungsparameter. Ein „Kritikgespräch" beispielsweise kann mit mehr *oder* weniger „Nachdruck" (oder „Schärfe") geführt werden, es kann sich auf die Zielerreichung *oder* das Arbeitsverhalten *oder* auf beides beziehen. Ein Anreizsystem kann sich orientieren an den Anforderungen der Tätigkeit *oder* an der Qualifikation der Personen *oder* an beidem usw. Allgemeine Aussagen darüber, welche Gestaltungsalternative zu wählen ist, können kaum überzeugen, weil bei der praktischen Gestaltung immer die Besonderheiten der jeweiligen Handlungssituation zu berücksichtigen sind. Die Gestaltung sollte sich orientieren an:

- den Zielen, die mit der Gestaltungsmaßnahme erreicht werden sollen,
- den Nebenbedingungen, die eingehalten werden sollten,
- den verfügbaren Ressourcen,
- den beteiligten Personen,
- dem gegebenen sozialen Kontext,
- der Arbeitsaufgabe und an den jeweiligen
- situativen Besonderheiten.

Bei der Konzipierung einer personalwirtschaftlichen Gestaltungsmaßnahme/eines personalwirtschaftlichen Instrumentes sollte man sich daher immer zunächst klarmachen, welche Handlungsalternativen überhaupt zur Verfügung stehen oder – anders ausgedrückt – welche Gestaltungsparameter existieren. Erst in einem zweiten Schritt sollte der Gestalter klären, ob ihm die Handlungsalternativen überhaupt zur Verfügung stehen - ob er also zwischen Alternativen wählen kann oder ob er sich den gegebenen Verhältnissen beugen muß. Schränkt man seine Betrachtung von vornherein auf das „Machbare" ein, dann beschneidet man die Gestaltungsphantasie oft auf ein wenig attraktives Maß.

b) Hypothesen
Die Wahl einer Gestaltungsalternative gründet bewußt oder unbewußt immer auf Vermutungen über die durch die Gestaltungsmaßnahme ausgelöste Wirkung. Wenn man eine Umsatzprovision einführt, dann wird man dies (normalerweise) nur tun, wenn man davon ausgeht, daß sich hierdurch der Umsatz steigern läßt; wenn man auf große Lohnunterschiede zwischen den Mitarbeitern setzt, dann verspricht man sich hierdurch eine Stimulierung des Wettbewerbs und des Leistungsstrebens oder aber auch eine Verbesserung der Lohngerechtigkeit. Die Gültigkeit der Wirkungsvermutungen bestimmt letztlich die Qualität der Gestaltungsmaßnahme. Wenn man von unzureichenden oder fehlerhaften Wirkungsvermutungen ausgeht, dann wird das Gestaltungskonzept nicht die Erfolge erbringen können, die man sich von ihm erhofft.

c) Ganzheitlichkeit
Menschen handeln nicht isoliert und autonom, sie sind den vielfältigen Einflüssen ihres Handlungs*feldes* ausgesetzt. Sie reagieren also nicht wie Maschinen auf Knopfdruck. Es

ist im Gegenteil ein den Menschen eigentümliches Verhaltensmuster, sich allzu gezielter Beeinflussung zu entziehen oder sich ihr gar zu widersetzen. Auch gut gemeinte Beeinflussungsversuche können daher leicht das Gegenteil dessen bewirken, was man beabsichtigt. Auch sind Beeinflussungsversuche oft nur kurzfristig wirksam. Dies gilt insbesondere für einmalige und aus dem Kontext fallende Handlungen. So kann ein Vorgesetzter durch einen Wutausbruch vielleicht erreichen, daß seine Mitarbeiter die nächsten fälligen Termine besser einhalten; wenn die Beziehung zwischen dem Vorgesetzten und seinen Mitarbeitern aber grundlegend gestört ist, dann wird sich das wenig „erfreuliche" Mitarbeiterverhalten schon nach kurzer Zeit wieder einstellen – unter Umständen bei anderen Anlässen und bezüglich anderer Themen. Oder, auf unser Thema angewendet: ein neues Anreizsystem, das der üblichen Personalpolitik nicht entspricht, wirkt „aufgesetzt" und wird kaum erfolgreich sein. Dasselbe gilt, wenn das Anreizsystem zur Mentalität und Kultur des Unternehmens nicht paßt. Zu fordern ist daher bei der Gestaltung eines Anreizsystems die „Stimmigkeit" mit der allgemeinen Personalpolitik. Man kann leistungsorientierte Vergütungssysteme nicht durchsetzen, wenn die Vorgesetzten nicht dahinterstehen, wenn die Aufgabengestaltung Leistungsverhalten bestraft, wenn die Mitarbeiter die vorgegebenen Leistungskriterien nicht überzeugend finden usw. Eine funktionale – auf das Ganze gerichtete – Betrachtung der Personalarbeit verbietet es, die Personalarbeit zu zerstückeln und sie ohne inneren Zusammenhang zu betreiben.

Eine ganzheitliche Personalarbeit erfüllt aber nicht nur das Postulat der Stimmigkeit, sie dient auch und vor allem der Ergänzung und Stützung der jeweiligen Gestaltungsmaßnahmen. Unter Umständen schafft sie auch erst die Voraussetzung für ihre Wirksamkeit. Eine Entlohnung, die sich an der Erreichung von Leistungszielen ausrichtet, verspricht beispielsweise nur dann Erfolg, wenn die Beziehung zwischen den Mitarbeitern und dem Vorgesetzten einigermaßen „stimmt", denn letztlich ist es der Vorgesetzte, der dieses Anreizsystem in der täglichen Praxis umsetzen muß. Der Vorgesetzte muß beispielsweise die dem System zugrundeliegenden Zielvereinbarungsgespräche führen, eine Aufgabe, die recht heikel sein kann und sich daher bei Vorliegen von größeren Mißhelligkeiten eigentlich nicht sinnvoll erfüllen läßt.

d) Ansatzpunkte zur Gestaltung von Anreizsystemen

Nachdem bislang über die „Erkenntnislogik" der Gestaltung gesprochen wurde, seien im folgenden nochmals inhaltliche Ansatzpunkte der Anreizgestaltung zusammengestellt (vgl. u.a. Lawler 1990). Zu unterscheiden sind Gestaltungsparameter und Gestaltungsprinzipien. Gestaltungsparameter sind die veränderlichen Größen eines Anreizsystems, die seine Funktionsfähigkeit und Effizienz maßgeblich beeinflussen.

Gestaltungsprinzipien sind die Orientierungsgrößen, auf die hin die Gestaltungsparameter auszurichten sind. Die Gestaltung eines Anreizsystems kann an vier Punkten ansetzen (vgl. Abbildung 6.22):

- an der Basis der Anreizgewährung, also an der Frage, welche Aspekte der Arbeitstätigkeit belohnt werden sollen,
- an den Zielen, den Strategien, die mit der Anreizgestaltung verfolgt werden,
- an den Mitteln, die bei der Anreizgestaltung zum Einsatz kommen,
- am organisatorischen und verwaltungstechnischen Rahmen.

Wir wollen auf diese Gestaltungsparameter nicht nochmals vertiefend eingehen. Wir wollen nur an einigen ausgesuchten Beispielen nochmals veranschaulichen, daß es auf die jeweilige Entscheidungssituation ankommt: die Wahl der Gestaltungsparameter sollte sich also an gut begründeten Wirkungshypothesen ausrichten, die die Besonderheiten der Situation berücksichtigen.

Ziele	*Mittel*
Risikoförderung vs. Risikovermeidung	Monetäre vs. nichtmonetäre Anreize
Lohnführerschaft vs. Lohnanpassung	Fixe vs. variable Entlohnung
Gleichheit vs. Differenzierung	Häufige vs. seltene Belohnung
Kurzfristigkeit vs. Langfristigkeit	Qualität vs. Quantität
Entgeltbasis	*Organisation*
Tätigkeit vs. Fähigkeit	Zentralisierung vs. Dezentralisierung
Leistung vs. Mitgliedschaft	Offenheit vs. Geheimhaltung
Individuum vs. Kollektiv	Partizipation vs. Anordnung
Geschäftsbereich vs. Unternehmen	Allgemeinheit vs. Besonderheit

Abb. 6.22: Gestaltungsparameter von Anreizsystemen

e) Tätigkeit vs. Fähigkeit

Die „klassische" Lohnfindung orientiert sich an den Arbeitsanforderungen. Die Aufgabe, d.h. die Anforderungen, die sich aus der Aufgabe ergeben, bilden die Basis für den „Grundlohn". Der Grundlohn soll eine „anforderungsgerechte" Entlohnung gewährleisten. Ein völlig entgegengesetztes Prinzip verfolgt die Lohnfindung, die sich an der Qualifikation des Arbeitnehmers ausrichtet. Entgolten werden soll in diesem Fall nicht die „Schwere" der Arbeit, sondern das Leistungspotential, das ein Arbeitnehmer zur Verfügung stellt. Jeder der beiden Ansatzpunkte der Entgeltfindung hat Vor- und Nachteile. Ein ins Auge springender Nachteil der Qualifikationsentlohnung ist, wie weiter oben beschrieben wurde, daß unter Umständen das Leistungspotential in der Arbeitstätigkeit gar nicht abgerufen wird, denn dann erfolgt eine Entlohnung von Leistungsmöglichkeiten, die nicht erbracht werden. Ein Vorteil der Qualifikationsentlohnung ist ihre flexibilitätsfördernde Wirkung. Je umfassender die Qualifikation eines Arbeitnehmers ist, desto größer ist das Tätigkeitsspektrum, für das er herangezogen werden kann. Die Stimulierung der Qualifizierung durch einen Qualifikationslohn fördert also die Einsatzbreite der Arbeitnehmer. Wann empfiehlt sich nun eine Entlohnung der Tätigkeitsanforderungen, wann eine Entlohnung der Fähigkeiten? Eine Antwort ergibt sich u.a. aus den beiden genannten Vor- und Nachteilen. Da eine Qualifikationsentlohnung vor allem Flexibilisierungsvorteile besitzt, sollte sie dort zum Zuge kommen, wo Flexibilität besonders erwünscht ist, also z.B. in Betrieben, in denen die Arbeitsaufgaben ständig wechseln, in denen häufig technische Umstellungen vorzunehmen sind und in denen ein häufiger Personalaustausch (wegen wechselnder Einsatzorte oder hoher Fluktuation) stattfindet. Außerdem empfiehlt sich eine Qualifikationsentlohnung immer dann, wenn die Arbeitstätigkeit eine ständige Weiterentwicklung der Qualifikation erfordert. Die dahinter stehenden Wirkungshypothesen dürften unmittelbar einleuchten: entlohnt werden sollten die Verhaltensweisen, die für eine effiziente Erfüllung der Aufgabe von zentraler Bedeutung sind. Zu berücksichtigen sind hierbei allerdings auch die Anwendungs*voraussetzungen* einer entsprechenden Entgeltgestaltung: Wenn das Organisationsklima nicht stimmt, dann kann eine Qualifikationsentlohnung nicht funktionieren. Auch dann, wenn die Führung den Mitarbeitern mit Mißtrauen begegnet (und diesen beispielsweise unterstellt, daß sie ihre Fähigkeiten nicht voll einsetzen), dann sollte man auch keinen qualifikationsorientierten Lohn bezahlen. Die Belohnung der Fähigkeiten stünde in einem solchen Fall unter einem mentalen Vorbehalt, und es liegt dann für die Vorgesetzten nahe, die Leistungssicherung auf indirektem Wege zu erreichen (z.B. durch eine enge Verhaltenskontrolle) – ein Vorgehen, das der Grundidee einer qualifikationsbezogenen Entlohnung widerspricht. Eine weitere Voraussetzung für einen sinnvollen Einsatz der Qualifikationsentlohnung ist die Akzeptanz durch die Mitarbeiter. Wenn diese ein „übersteigertes" Gerechtigkeitsempfinden besitzen, dann kann es leicht zu Schwierigkeiten kommen, weil Fähigkeiten nicht so leicht zu beobachten sind wie Handlungen. Arbeitnehmer, die dem äußeren Anschein nach anspruchslose Tätigkeiten ausführen, gelten dann in den Augen der Kollegen als

„überbezahlt", ein Vorwurf, der die Zusammenarbeit nicht eben erleichtert. In der Praxis zeigt sich, wie ebenfalls schon dargestellt wurde, unsere strenge Gegenüberstellung nur bedingt. Beliebt ist eine Kompromißlösung, in der sowohl die Tätigkeit als auch die Qualifikation berücksichtigt wird. Die Festlegung des Basisentgelts erfolgt häufig nach den allgemeinen Tätigkeitsanforderungen, und das Qualifikationselement wird in Lohnzuschlägen berücksichtigt. Bei der Gestaltung einer derartigen Kombinationslösung löst sich unsere Fragestellung allerdings nicht auf, sie verschiebt sich lediglich. Zu klären ist dann nicht mehr, welches der beiden Entlohnungselemente (Tätigkeit bzw. Qualifikation) der Entgeltfindung zugrundegelegt werden sollte, sondern welches Gewicht den beiden Elementen zugemessen werden soll.

f) Kurz- vs. langfristige Orientierung

Die Fristigkeit der Belohnungsgrundlagen stellt den Gestalter vor ein Entscheidungsdilemma. Bei den meisten Menschen haben aufgeschobene Belohnungen nur eine geringe Wirkung. Ein nachhaltiger Erfolg erfordert aber häufig eine längerfristige Orientierung. Besondere Brisanz gewinnt dieses Dilemma in der Entlohnung des Top Managements. Empirisch zeigt sich denn auch, daß vielen „strategisch" gemeinten Anreizsystemen letztlich doch eine kurzfristige Orientierung zugrunde liegt. Bemerkenswert ist außerdem, daß zwar die meisten großen Unternehmen strategische Anreizsysteme für ihre Führungskräfte besitzen, die Einführung aber lediglich auf dem Papier erfolgt – gewissermaßen zur Beschwichtigung des modischen Interesses der Eigentümer an einer leistungsbezogenen Entlohnung der Geschäftsführung (vgl. Westphal/Zajac 1994). Versuche, den langfristigen Erfolg zu belohnen, werden vom Management aber nicht nur von Anfang an blockiert, sie werden vor allem auch systemimmanent „unterlaufen". Wenn die Erfolgsprämie beispielsweise an die Gewinnentwicklung in einem bestimmten Zeitraum geknüpft wird, dann liegt es nahe, den in der Bilanz ausgewiesenen Gewinn auf den eigenen Abgangszeitpunkt hin zu optimieren – die Langfristigkeit bemißt sich bei einem solchen Vorgehen also nicht am Unternehmensinteresse, sondern nach der jeweiligen Karrierestrategie. Die Kunst, das langfristige Leistungsinteresse des Unternehmens mit dem kurzfristigen Belohnungsinteresse der Mitarbeiter zu verbinden, besteht darin, die Belohnungshöhe und die Belohnungsschritte auf die sich unter Umständen häufig wandelnden Leistungsvoraussetzungen hin abzustimmen. Je komplexer eine Aufgabe ist, und je schneller sich die Arbeitsvoraussetzungen ändern, desto schwieriger wird es, mit einem „starren" Anreizsystem die geforderte Abstimmungsleistung vorzunehmen.

g) Monetäre vs. nichtmonetäre Anreize

Wird monetären Anreizen ein zu hohes Gewicht gegeben? In Unternehmen, die auf ein hohes „Commitment" ihrer Mitglieder angewiesen sind, kann eine Überbetonung der monetären Belohnung schädlich sein. Commitment-Systeme leben von der intrinsischen Motivation. Ein sicherer Arbeitsplatz, ein gutes Sozialklima, Professionalität und Selbständigkeit sowie die Anerkennung der Person und der Leistung werden mehr geschätzt als Spitzenverdienste. Es ist sicherlich eine hoch bedeutsame personalpolitische Grundsatzfrage, welches Gewicht man welchen Arbeitskosten geben will: den direkten Löhnen, indirekten „Sozial"-Leistungen, Investitionen in die Arbeitsplatzausstattung, der Aus- und Weiterbildung oder Maßnahmen zur Sicherung von Arbeitsplätzen. Auf zwei Aspekte, die bei dieser Entscheidung eine ausschlaggebende Rolle spielen dürften, wurde bereits hingewiesen: auf die Art der Aufgabe und auf das berufliche Selbstverständnis der Mitarbeiter. Weitere Gesichtspunkte sind: die Qualität der Beziehungen zwischen dem Arbeitgeber und seinen Arbeitnehmern (also die „Sozialverfassung"), die Unternehmenskultur und die Notwendigkeit intensiver Kooperation.

h) Zentralisierung vs. Dezentralisierung

Wer soll den Lohn festsetzen bzw. aushandeln, die Zentrale oder die Betriebseinheiten? Für eine Zentralisierung sprechen u.a. die „economies of scale": in einer Zentralabteilung können Spezialisten für die Lohnfindung beschäftigt werden, Personen, die sich mit der Arbeitsbewertung, der Leistungsmessung und Kontrolle beschäftigen. Dies wirkt sich auch indirekt aus: wenn es um Einsparmöglichkeiten beim Lohn geht, dann gehen Spezialisten „rigoroser" vor, sie sind nicht darauf angewiesen, die zahllosen Besonderheiten in den Betriebsteilen zu berücksichtigen und sich mit den Mitarbeitern im einzelnen auseinanderzusetzen. Außerdem eröffnet sich bei einer zentralisierten Lohnfindung für die Vorgesetzten die Möglichkeit, bei Gehaltsstreitigkeiten auf die Sachlogik und die Verantwortung der Zentrale zu verweisen. Es gelingt ihnen damit, ihre eigenen Arbeitsbeziehungen zu den Mitarbeitern zu entlasten. Natürlich hat eine Zentralisierung auch Nachteile. Insbesondere bei sehr heterogenen Berufsgruppen, Aufgaben und Technologien dürften die allgemeinen Nachteile zentraler Lösungen offenkundig werden: Bürokratisierung, die Gefahr, standardisierter und unfairer Lösungen sowie diffundierender Verantwortlichkeit.

i) Gestaltungsprinzipien

Prinzipien sind Leitlinien des Handelns. Sie unterscheiden sich von Zielen z.B. darin, daß man sie nicht direkt anstreben kann. Man kann sich nicht vornehmen, ein Prinzip wie die „Gerechtigkeit" zu verwirklichen, man kann nur versuchen, diesem Prinzip in seinen Handlungen möglichst gut zu entsprechen. Außerdem widerspricht es einem Prinzip, es bedingungslos auszureizen. Prinzipienreiterei zerstört ein einvernehmliches Zusammenleben. Prinzipien taugen nicht als Lebensrezepte, sie leisten als Richtgrößen des Handelns aber wertvolle Beiträge zur Bewältigung der Lebenspraxis. Ähnliches gilt auch für Gestaltungsprinzipien zur Verbesserung der Personalpraxis. Aus Gestaltungsprinzipien lassen sich keine eindeutigen Handlungsempfehlungen ableiten, sie können aber bei der Erkundung und Festlegung des Alternativenraums nutzbringend verwendet werden. Die folgenden sechs Prinzipien sollten bei der Gestaltung von Anreizsystemen besonders beachtet werden:

(1) Das Anreizsystem soll eine gerechte Entlohnung gewährleisten.
(2) Das Anreizsystem soll zweckdienlich und ökonomisch sein.
(3) Das Anreizsystem muß akzeptiert werden.
(4) Das Anreizsystem sollte transparent sein.
(5) Das Anreizsystem soll in sich stimmig und auf das übrige personalpolitische Instrumentarium abgestimmt sein (Ganzheitlichkeit).
(6) Das Anreizsystem sollte die Möglichkeit eröffnen, ohne große Friktionen auf neue Anforderungen zu reagieren (Flexibilität).

Die aufgeführten Prinzipien besitzen eine recht große Plausibilität. So werden beispielsweise mit den Prinzipien 3 und 4 ganz allgemeine Funktionsvoraussetzungen von Anreizsystemen zum Ausdruck gebracht. Wenn ein Anreizsystem nicht akzeptiert wird, dann dürfte es auch nur sehr unzureichende Ergebnisse hervorbringen. Das Gerechtigkeitsprinzip ist zunächst rein normativ zu verstehen. Daneben ist natürlich auch die Verletzung des Gerechtigkeits*empfindens* (ganz unabhängig von der ethischen Fundierung der subjektiv empfundenen Gerechtigkeit) nicht eben förderlich. Sie vermindert nicht nur die bereits angeführte Akzeptanz des Anreizsystems, sie dürfte auch die grundlegende Beziehung zwischen dem Arbeitgeber und seinen Arbeitnehmern sowie die Kollegenbeziehungen nachhaltig beeinträchtigen. Das Ökonomiepostulat sollte nicht im Sinne einer einseitigen Kapitalrentabilität mißverstanden werden. Ein ökonomisches, d.h. zweckrationales Anreizsystem dient sowohl den Kapitaleignern als auch den Arbeitnehmern. Das Ökonomiepostulat verlangt einen sparsamen und ziel-orientierten Ressourceneinsatz. Eine Belohnung des „falschen" Verhaltens dient – langfristig betrachtet – weder dem Unternehmen noch den Arbeitnehmern. Auf das Prinzip der Ganzheitlichkeit wurde bereits weiter oben eingegangen. Es sei nochmals herausgestellt, weil es in der Praxis oft mißachtet wird. Das Prinzip der Flexibilität dagegen hat in den letzten Jahren große Aufmerksamkeit gewonnen. Es mangelt diesbezüglich weniger an Bekenntnissen als an intelligenten und konsensfähigen Konzepten zu seiner Umsetzung.

In der Literatur werden etliche weitere Prinzipien der Entgeltfindung und Anreizgestaltung diskutiert. Diese gehören häufig zur Gruppe der Leistungsprinzipien, formulieren also Regeln, die sich auf eine möglichst große Leistungsstimulation richten. Ein Beispiel ist das bereits oben erwähnte Postulat, Leistungszulagen nur auf der Grundlage einer mehrperiodigen Betrachtung zu gewähren. Ein weiteres Beispiel ist die Forderung, nicht nur zwischen, sondern auch innerhalb von Gehaltsgruppen große Lohnunterschiede zu machen. Motiviert wird diese Überlegung vor allem von dem Wunsch, mehr Raum für variable Belohnungen zu schaffen. Ob sich die Beachtung dieses Prinzips aber immer empfiehlt, sei dahingestellt.

Literaturverzeichnis

Adler, P.S./Cole, R.E. 1993: Designed for Learning: A Tale of Two Auto Plants, in: Sloan Management Review, Spring, S. 85-94

Aldrich, H.E. 1999: Organizations Evolving, London u.a.

Antoni, C./Bungard, W. 1989: Beanspruchung und Belastung, in: Roth, E. (Hrsg.): Organisationspsychologie, Göttingen, S. 431-458

Antoni, C.H. 1996: Teilautonome Arbeitsgruppen: Ein Königsweg zu mehr Produktivität und einer menschengerechten Arbeit? Weinheim

Axelrod, R. 1984: The Evolution of Cooperation, New York

Axelrod, R. 1997: The Complexity of Cooperation, Princeton

Baethge, M./Oberbeck, H. 1986: Zukunft der Angestellten, Frankfurt a.M.

Bartölke, K. u.a. 1981: Konfliktfeld Arbeitsbewertung, Frankfurt a.M.

Bartscher, S. 1994: Die Akademisierung der Wirtschaft und ihre Implikationen für das betriebliche Personalwesen, Stuttgart

Bartscher-Finzer, S. 2001: Gruppenfertigung und Meisterrolle, in: Personal, im Druck

Bass, B.M. 1992: Bass & Stogdill's Handbook of Leadership, 4. Auflage, New York

Becker, B./Gerhart, B. 1996: The Impact of Human Resource Management on Organizational Performance, in: Academy of Management Journal, 39, S. 779-801

Bee, A. 1994: Die Beschäftigungs- und Arbeitssituation junger spanischer, türkischer und deutscher Arbeitnehmer in der Bundesrepublik Deutschland, München/Mering

Beermann, B. 1998: Leitfaden zur Einführung und Gestaltung von Nacht- und Schichtarbeit, Dortmund

Behrends, T. 2001: Innovativität von Organisationen in kulturtheoretischer Perspektive, München/Mering

Berggren, C. 1994: NUMMI vs. Uddevalla, in: Sloan Management Review, Winter, S. 37-45

Berthel, J. 2000: Personalmanagement, 6. Auflage, Stuttgart

Bokranz, R./Landau, K. 1991: Einführung in die Arbeitswissenschaft, Stuttgart

Bourdieu, P. u.a. 1997: Das Elend der Welt, Konstanz

Brandstätter, H. 1983: Sozialpsychologie, Stuttgart u.a.

Braverman, H. 1974: Labor and Monopoly Capital, New York/London (deutsche Studienausgabe: Die Arbeit im modernen Produktionsprozeß, Frankfurt a.M. 1985)

Breisig, T. 1990: It's Team Time, Köln

Brennan, G./Hamlin, A. 1995: Economizing on Virtue, in: Constitutional Political Economy, 6, S.35-36

Bright, J.R. 1958: Automation and Management, Boston

Bullinger, H.J. 1995: Arbeitsgestaltung, Stuttgart

Bungard, W./Jöns, I. 1997: Gruppenarbeit in Deutschland. Eine Zwischenbilanz, in: Zeitschrift für Arbeits- und Organisationspsychologie, 15, S. 104-119

Bunge, M. 1967: Scientific Research, 2 Bände, New York u.a.

Büssing, A./Glaser, J. 1991: Zusammenhänge zwischen Tätigkeitsspielräumen und Persönlichkeitsförderung in der Arbeitstätigkeit, in: Zeitschrift für Arbeits- und Organisationspsychologie, 9, S. 122-136

Campion, M.A., Medsker, G.J./Higgs, A.C. 1993: Relations between Work Group Characteristics and Effectiveness: Implications for Designing Effective Work Groups, in: Personnel Psychology, 46, S. 823-850.

Cattell, R.B. 1973: Die empirische Erforschung der Persönlichkeit, Weinheim/Basel

Checkland, P. 1989: Soft Systems Methodology, in: Rosenhead, J. (Hrsg.): Rational Analysis for a Problematic World, Chichester u.a., S. 71-100

Cohen, S.G./Bailey, D.E. 1997: What Makes Teams Work: Group Effectiveness Research form the Shop Floor to the Executive Suite, in: Journal of Management, 23, S. 239-290

Cordery, J.L./Mueller, W.S./Smith, L.M. 1991: Attitudinal and Behavioral Effects of Autonomous Group Working: A Longitudinal Field Study, in: Academy of Management Journal, 34, S. 464-476

Cronbach, L.J./Gleser, G.C. 1965: Psychological Tests and Personal Decisions, 2. Auflage, Urbana

De Charms, R. 1968: Personal Causation, New York/London

Deci, E.L. 1975: Intrinsic Motivation, New York

Deci, E.L./Ryan, R.M. 1985: Intrinsic Motivation and Self-Determination in Human Behavior, New York

Delbridge, R./Turnbull, P. 1992: Human Resource Maximization, in: Blyton, P./Turnbull, P. (Hrsg.): Reassessing Human Resource Management, London, S. 56-73

Dickinson, A.M. 1989: The Detrimental Effects of Extrinsic Reinforcemant on „Intrinsic Motivation", in: The Behavior Analyst, 12, S. 1-15

Digman, J.M. 1990: Personality Structure: Emergence of The Five-Factor Model, in: Annual Review of Psychology, 41, S. 417-440

Dipboye, R.L. 1994: Structured And Unstructured Selection Interviews, in: Research in Personnel and Human Research Management, 12, S. 79-123

Domsch, M./Siemers, S. 1994 (Hrsg.): Fachlaufbahnen, Heidelberg

Drucker, F. 1956: Praxis des Managements, Düsseldorf

Drumm, J. 2000: Personalwirtschaft, 4. Auflage, Berlin u.a.

Eckardstein, D. v. 1988: Die Qualifikation der Arbeitnehmer in neuen Entlohnungsmodellen, Frankfurt a.M.

Eisenberger, R./Cameron, J. 1996: Detrimental Effects of Reward: Reality or Myth? in: American Psychologist, 51, S. 1153-1166

Festinger, L. 1957: A Theory of Cognitive Dissonance, Stanford

Fleishman, E.A. 1953: Leadership Climate, Human Relations Training, and Supervisory Behavior, in: Personnel Psychology, 6, S. 205-222

Franke, K. 1990: Geburtstag des Begründers der DDR-Aktivisten-Bewegung Adolf Hennecke am 25. März 1905, Sendung Zeitzeichen des WDR am 25.3.1990

Fremmer, H./Voigtländer, H./Weil, R. 1989: Handbuch des Prämienlohnes, Köln

Frey, B.S. 1997: Markt und Motivation, München

Frey, D./Gaska, A. 1993: Die Theorie der kognitiven Dissonanz. In: Frey, D./Irle, M. (Hrsg.): Theorien der Sozialpsychologie, Band 1: Kognitive Theorien, Bern u.a., 2. Auflage, S. 275-324

Galtung, J. 1978: Methodologie und Ideologie, Frankfurt a.M.

Gaugler, E./Weber, W. 1992 (Hrsg.): Handwörterbuch des Personalwesens, Stuttgart

Gillespie, R. 1991: Manufacturing Knowledge. A History of the Hawthorne Experiments, New York

Grant, R.M./Krishnan, R. 1994: TQM's Challenge of Theory and Practice, in: Sloan Management Review, Winter, S. 25-35

Graves, L.M./Karren, R.J. 1992: Interviewer Decision Processes and Effectiveness, in: Personnel Psychology, 45, S. 313-339

Gutenberg, E. 1958: Einführung in die Betriebswirtschaftslehre, Wiesbaden

Guzzo, R.A./Jette, R.D./Katzell, R.A. 1985: The Effects of Psychologically Based Intervention Programs on Worker Productivity, in: Personnel Psychology, 38, S. 275-291

Hacker, W. 1978: Allgemeine Arbeits- und Ingenieurpsychologie, 2. Auflage, Bern u.a.

Hacker, W. 1984: Psychologie der Bewertung von Arbeitsgestaltungsmaßnahmen, 2. Auflage, Berlin u.a.

Hackman, J.R./Oldham, G.R. 1980: Work Redesign, Reading u.a.

Heidenreich, M. 1993: Gruppenarbeit zwischen Toyotismus und Humanisierung, in: Soziale Welt, 44, S. 60-82

Heilmann, J. 1994: Vorstellungsgespräch: Fragerecht des Arbeitgebers und Einstellungsuntersuchung, in: Universität Lüneburg, Heft 16, S. 22-25

Hentze, J. 1995: Personalwirtschaftslehre, 2 Bände, 6. Auflage, Basel u.a.

Herzberg, F./Mausner, B./Snyderman, B.B. 1959: The Motivation to Work, New York

Hildebrandt, E./Seltz, R. 1987 (Hrsg.): Managementstrategien und Kontrolle, Berlin

Hilgard, E.R./Bower, G.H. 1973: Theorien des Lernens, 2 Bände, Stuttgart

Hoffmann, E./Walwei, U. 1998: Normalarbeitsverhältnis: ein Auslaufmodell? in: Mitteilungen aus der Arbeitsmarkt- und Berufsforschung, 31, S. 409-425

Hofstadter, D.R. 1998: Tit for Tat, in: Spektrum der Wissenschaft, Digest: Kooperation und Konkurrenz, Heidelberg, S. 60-67

Hofstede, G. 1996: An American in Paris: The Influence of Nationality on Organization Theories, in: Organization Studies, 17, S. 525-537

Holch, C. 1996: Wie eine fette Ente das Fliegen lernt, in: Die Zeit, Nr. 50, S. 19

Holland, J.L. 1966: The Psychology of Vocational Choice, Waltham

Hollenbeck, J.R./Klein, H.J. 1987: Goal Commitment and the Goal-Setting Process, in: Journal of Applied Psychology, 72, S. 212-220

Hoppock, R. 1935: Job Satisfaction, New York

Hossiep, R. 1996: Psychologische Tests – die vernachlässigte Dimension in Assessment Centern, in: Sarges, W. (Hrsg.): Weiterentwicklungen der Assessment-Center-Methode, Göttingen, S. 53-68

Hunter, J.E. 1986: Cognitive Ability, Cognitive Aptitudes, Job Knowledge, and Job Performance, in: Journal of Vocational Behavior, 29, S. 340-362

Irle, M. 1971: Macht und Entscheidungen in Organisationen, Frankfurt a.M.

Irle, M. 1975: Lehrbuch der Sozialpsychologie, Göttingen u.a.

Isen, A./Shalker, T.E. 1982: The Influence of Mood State on Evaluation of Positive, Neutral, and Negative Stimuli, in: Social Psychology Quarterly, 45, S. 58-63

James, L.A./James, L.R. 1989: Integrating Work Environment Perceptions, in: Journal of Applied Psychology, 74, S. 739-751

Jones, S.R.G. 1992: Was There a Hawthorne Effect? in: American Journal of Sociology, 98, S. 451-468

Katz, D./Kahn, R.L. 1978: The Social Psychology of Organizations, 2. Auflage, New York u.a.

Kern, H./Schumann, M. 1970: Industriearbeit und Arbeiterbewußtsein, Frankfurt a./M./Köln

Kern, H./Schumann, M. 1984: Das Ende der Arbeitsteilung, München

Kirsch, W. 1971: Entscheidungsprozesse, 3 Bände, Wiesbaden

Klimecki, R.G./Gmür, M. 1998: Personalmanagement, Stuttgart

Knights, D./Willmott, H. 1990 (Hrsg.): Labour Process Theory, Houndmills u.a.

Kohn, A. 1993: Punished by Rewards, Boston

Kompa, A. 1999: Assessment Center. Bestandsaufnahme und Kritik, 6. Auflage, München/Mering

Kosiol, E. 1962: Organisation der Unternehmung, Wiesbaden

Kossbiel, H. 1997: Personalwirtschaft, in: Bea, F.X./Dichtl, E./Schweitzer, M. (Hrsg.): Allgemeine Betriebswirtschaftslehre, Band 3: Leistungsprozeß, 7. Auflage, Stuttgart, S. 401-488

Kristjansson, M. 1993: Deci and Ryan's Cognitive Evaluation Theory of Intrinsic Motivation. A Set of Common Sense Theorems, in: Scandinavian Journal of Psychology, 34, S. 338-352

Krohn, W./Weyer, J. 1990: Gesellschaft als Labor, in: Soziale Welt, 41, S. 349-373

Kubon-Gilke, G. 1990: Motivation und Beschäftigung, Frankfurt a. M.

Lang, K./Meine, H./Ohl, K. 1997: Arbeit, Entgelt, Leistung, 2. Auflage, Köln

Lawler, E.E. 1990: Strategic Pay, San Francisco

Lazarus, R.S. 1966: Psychological Stress and Coping Process, New York

Lazarus, R.S. 1991: Emotion and Adaption, New York/Oxford

Lazarus, R.S./Folkman, S. 1984: Stress, Appraisal and Coping, New York

Likert, R. 1972: Neue Ansätze der Unternehmungsführung, Bern u.a.

Locke, E.A. u.a. 1980: The Relative Effectiveness of Four Methods of Motivating Employee Performance, in: Duncan, K.D./Gruneberg, M.M./Wallis, D. (Hrsg.): Chances in Working Life, New York, S. 363-388

Locke, E.A. u.a. 1997: Participation on Decision Making: An Information Exchange Perspective, in: Research in Personnel and Human Resources Management, 15, S. 293-331

Luthans, F./Kreitner, R. 1985: Organizational Behavior Modification and Beyond, Glenview, u.a.

Mael, F.A./Hirsch, A.C. 1993: Rainforest Empiricism and Quasi-Rationality: Two Approaches to Objective Biodata, in: Personnel Psychology, 46, S. 719-738

Manz, C.C./Sims, H.P. 1989: SuperLeadership: Leading Others to Lead Themselves, New York

March, J.G. 1990: Entscheidung und Organisation, Wiesbaden

March, J.G./Olsen, J.P. 1976: Ambiguity and Choice in Organizations, Bergen/Oslo/Tromso

March, J.G./Simon, H.A. 1958: Organizations, New York

Martin, A. 1989a: Die empirische Forschung in der Betriebswirtschaftslehre, Stuttgart

Martin, A. 1989b: Personalforschung in der Praxis, Schriften aus dem Arbeitskreis Verhaltensorientierte Betriebswirtschaftslehre, Paderborn

Martin, A. 1993: Die Beurteilung der Personalarbeit, in: Becker, F./Martin, A. (Hrsg.): Empirische Personalforschung, München/Mering, S. 147-172

Martin, A. 1998: Affekt, Kommunikation und Rationalität, München/Mering

Martin, A. 2001: Selbständige Arbeitnehmer oder abhängige Selbständige? in: Martin, A./Nienhüser, W. (Hrsg.): Neue Beschäftigungsverhältnisse, Sonderband der Zeitschrift für Personalforschung, im Druck

Martin, A./Drees, V. 1999: Vertrackte Beziehungen, Darmstadt

Martin, A./Purwin, J. 1999: Soziale Fähigkeiten in der Gruppenarbeit, Schriften aus dem Institut für Mittelstandsforschung, Heft 8, Universität Lüneburg

Martin, A./Scheffold, B. 1999: Personalpolitik und neue Formen der Beschäftigung, in: Fischer, A. (Hrsg.): Arbeit und Bildung im wirtschaftlichen und sozialen Wandel, Lüneburg, S. 21-44

Mawhinney, T.C. 1979: Intrinsic × Extrinsic Work Motivation: Perspectives from Behaviorism, in: Organizational Behavior and Human Performance, 24, S. 411-440

Mayrhofer, W. 1998: Alt, aber gut? Personalpolitik aus der Sicht der Organisationsentwicklung, in: Martin, A./Nienhüser, W. (Hrsg.): Personalpolitik, München/Mering, S. 435-461

McDaniel, M.A./Jones, J.W. 1991: Honesty Testing for Personnel Selection: A Quantitative Review, in: Jones, J.W. (Hrsg.): Preemployment Honesty Testing, New York u.a. S. 99-106

McGregor, D. 1960: The Human Side of Enterprise, New York

Merton, R. 1967: Social Theory and Social Structure, 11. Auflage, New York/London

Meyer, R./Sautter, K./Westkämper, E. 1998: Mehr Erfolg durch professionellen Methodeneinsatz, Stuttgart/Darmstadt

Micelli, M.P./Lane, M.C. 1991: Antecedents of Pay Satisfaction, in: Research in Personnel and Human Resources Management, 9, S. 235-309

Michels, R. 1911: Zur Soziologie des Parteiwesens in der modernen Demokratie. Untersuchungen über die oligarchischen Tendenzen des Gruppenlebens, Leipzig

Milgrom, P./Roberts, J: 1992: Economics, Organization and Management, Englewood Cliffs

Minssen, H. 1995: Spannungen in teilautonomen Gruppen, in: Kölner Zeitschrift für Soziologie und Sozialpsychologie, 47, S. 339-353

Mitchell, T.R./Klimoski, R.J. 1982: Is It Rational to Be Empirical? in: Journal of Applied Psychology, 67, S. 411-418

Müller, B./Funke, J. 1997: Das Paradigma „Komplexes Problemlösen", in: Strauß, B./Kleinmann, M. (Hrsg.): Computersimulierte Szenarien in der Personalarbeit, Göttingen, S. 57-104

Münsterberg, H. 1912: Psychologie und Wirtschaftsleben, Leipzig

Nerdinger, F.W. 1995: Motivation und Handeln in Organisationen, Stuttgart u.a.

Neuberger, O. 1974: Theorien der Arbeitszufriedenheit, Stuttgart u.a.

Neuberger, O. 1980: Arbeit, Stuttgart

Neuberger, O. 1995: Mikropolitik, Stuttgart

Neuberger, O. 1997: Personalwesen 1, Stuttgart

Nienhüser, W. 1989: Die praktische Nutzung theoretischer Erkenntnisse in der Betriebswirtschaftslehre, Stuttgart

Nienhüser, W./Baumhus, W. 2001: Der Einsatz von Fremdfirmenpersonal, in: Martin, A./Nienhüser, W. (Hrsg.): Neue Beschäftigungsverhältnisse, Sonderband der Zeitschrift für Personalforschung, im Druck

Oechsler, W.A. 2000: Personal und Arbeit, 7. Auflage, München/Wien

Omdahl, B.L. 1995: Cognitive Appraisal, Emotion, and Empathy, Mahwah

Osterman, P. 1984 (Hrsg.): Internal Labor Markets, Cambridge u.a.

Paasche, J. 1981: Zeitgemäße Lohngestaltung, Essen

Parsons, T. 1951: The Social System, New York

Pedalino, E./Gamboa, V.U. 1974: Behavior Modification and Absenteeism, in: Journal of Applied Psychology, 59, S. 694-698

Pfeffer, J. 1992: Power Management, Wien

Pfeffer, J. 1994: Competitive Advantage through People, Boston

Philips, A./Dipboye, R.L. 1989: Correlational Test of Predictions from a Process Model of the Interview, in: Journal of Applied Psychology, 74, S. 41-52

Pinder, C.G. 1997: Work Motivation in Organizational Behavior, Upper Saddle River

Porter, L.W./Lawler, E.E. 1968: Managerial Attitudes and Performance, Homewood

Quinn, R.E./Rohrbaugh, J. 1983: A Spatial Model of Effectiveness Criteria: Towards a Competing Values Approach to Organizational Analyses, in: Management Science, 29, S. 363-377

Quitmann, H. 1996: Humanistische Psychologie, 3. Auflage, Göttingen u.a.

Rapoport, A./Chammah, A.W. 1965: Prisoner's Dilemma, Ann Arbor

Reger, R.K. 1994: Reframing the Organization: Why Implementing Total Quality is Easier Said Than Done, in: Academy of Management Review, 19, S. 565-584

Ridder, H.G. 1999: Personalwirtschaftslehre, Stuttgart

Rigby, C.S./Deci, E.L./Patrick, B.C./Ryan, R.M: 1992: Beyond the Intrinsic-Extrinsic Dicotomy: Self-Determination in Motivation and Learning, in: Motivation and Emotion, 16, S. 165-185

Robertson, D.H. 1956: What does the Economist Economize? in: Economic Commentaries, London

Roethlisberger, F.J./Dickson, W.J. 1939: Management and the Worker, Cambridge

Rohmert, W./Landau, K. 1983: Das Arbeitswissenschaftliche Erhebungsverfahren zur Tätigkeitsanalyse (AET), Bern u.a.

Rutenfranz, J./Knauth, P. 1989: Schichtarbeit und Nachtarbeit, 3. Auflage, München

Ryan, R.M. 1992: Agency and Organization: Intrinsic Motivation, Autonomy, and the Self in Psychological Development, in: Nebraska Symposium on Motivation, 40, Lincoln, S. 1-55

Sarges, W. 1996 (Hrsg.): Weiterentwicklungen der Assessment-Center-Methode, Göttingen u.a.

Schanz, G. 2000: Personalwirtschaftslehre, 3. Auflage, München

Schettgen, P. 1996: Arbeit, Leistung, Lohn, Stuttgart

Schlenker, B.R. 1980: Impression Management, Belmont

Schmied, V. 1982: Alternativen der Arbeitsgestaltung und ihre Bewertung, Wiesbaden

Schmitt, N./Klimoski, R. 1991: Research Methods in Human Resources Management, Cincinnati

Schober, W. 1991: Neue Werte und Technologien in der Personalwirtschaft, Wiesbaden

Scholz, C. 2000: Personalmanagement, 5. Auflage, München

Schuler, H. 1996: Psychologische Personalauswahl, Göttingen u.a.

Semlinger, K. 1991 (Hrsg.): Flexibilisierung des Arbeitsmarktes, Frankfurt a.M. u.a.

Sennett, R. 1980: Autorität, Frankfurt a.M.

Simon, H. 1995: Effektives Personalmarketing, Wiesbaden

Smith, A. 1978: Der Wohlstand der Nationen, München (London 1789)

Söderberg, S. 1983: Auswirkungen von Änderungen der Arbeitsstruktur auf die Kommunikation innerhalb der Organisation, in: Institut für Management-Entwicklung (Hrsg.): Leistungsreserven aktivieren, Essen, S. 186-221

Sonnenfeld, J.A./Peiperl, M.A. 1988: Staffing Policy as a Strategic Response, in: Academy of Management Review, 13, S. 588-600

Spitzley, H. 1980: Wissenschaftliche Betriebsführung, REFA-Methodenlehre und Neuorientierung der Arbeitswissenschaft, Köln

Spreitzer, G.M. 1995: Psychological Empowerment in the Workplace, in: Academy of Management Journal, 38, S. 1442-1465

Sprenger, R.K. 1991: Mythos Motivation, Frankfurt a.M. u.a.

Stajkovic, A.D./Luthans, F. 1997: A Meta-Analysis of the Effects of Organizational Behavior Modification on Task Performance, 1975-95, in: Academy of Management Journal, 40, S. 1122-1149

Statistisches Bundesamt 1998: Fachserie 1, A 4.1.2, Wiesbaden

Staufenbiel, J.E. 1998: Berufsplanung für den Managementnachwuchs, 19. Auflage, Köln

Staw, B.M. 1976: Intrinsic and Extrinsic Motivation, Morristown

Susman, G.I. 1976: Autonomy at Work, New York u.a.

Taylor, F.W. 1919: Die Grundsätze wissenschaftlicher Betriebsführung, München/Berlin

Tett, R./Jackson, D./Rothstein, M. 1991: Personality Measures as Predictors of Job Performance, in: Personnel Psychology, 44, S.703-735

Tett, R./Jackson, D./Rothstein, M./Reddon, J. 1999: Meta-Analysis of Bidirectional Relations in Personality - Job Performance Research, in: Human Performance, 12, S. 1-30

Thomas, K.W./Velthouse, B.A. 1990: Cognitive Elements of Empowerment, in: Academy of Management Review, 15, S. 666-681

Udris, I./Frese, M. 1997: Belastung und Beanspruchung, in: Hoyos, C.G./Frey, D. (Hrsg.): Arbeits- und Organisationspsychologie, Weinheim, S. 429-445

Ulich, E. 1992: Arbeitspsychologie, 2. Auflage, Stuttgart

Vroom, V.H./Jago, A.G. 1988: The New Leadership, Englewood Cliffs

Wall, T.D. u.a. 1986: Outcomes of Autonomous Work Groups: A Long-Term Field Experiment, in: Academy of Management Journal, 29, S. 280-304

Waring, S.P. 1991: Taylorism Transformed : Scientific Management Theory since 1945, Chapel Hill u.a.

Watson, J.C./Greenberg, L.S. 1998: Humanistic and Experiential Theories of Personality, in: Baron, D.F./Hersen, M./van Hasselt, V.B. (Hrsg.): Advanced Personality, New York/London, S. 81-102

Weick, K.E. 1985: Der Prozeß des Organisierens, Frankfurt a.M.

Westphal, J.D./Zajac, E.J. 1994: Substance and Symbolism in CEO's Long-Term Incentive Plans, in: Administrative Science Quarterly, 39, S. 367-390

Wiersma, U.J. 1992: The Effects of Extrinsic Rewards on Intrinsic Motivation, in: Journal of Occupational and Organizational Psychology, 65, S. 101-114

Wilke, C. 1998: Zur Anwendung von Entlohnungssystemen als Mittel zur Produktivitätssteigerung, Diplomarbeit Universität Lüneburg

Wimmer, P./Neuberger, O. 1998: Personalplanung, Beschäftigungssysteme, Personalkosten, Personalcontrolling, Stuttgart

Windolf, P. 1983: Betriebliche Rekrutierungsstrategien, in: Mitteilungen aus der Arbeitsmarkt- und Berufsforschung, S. 109-121

Wuketits, F.M. 1995: Evolutionstheorien, Darmstadt

Yeatts, D.E./Hyten, C. 1998: High-Performing Self-Managed Work Teams, Thousand Oaks/London/New Dehli

Stichwortverzeichnis

Akkordlohn, 343 ff., 348
Anforderungen, 146, 149 ff., 333 ff.
Anreiz-Beitrags-Theorie, 293 ff.
Anreize, 286 ff., 320
Anreizgestaltung, 34 ff., 42 ff.
Anstrengung, 323
Anwendungsmodell, 90
Anwendungsvoraussetzungen 111 ff., 117, 194 ff., 283 ff.
Arbeit, Besonderheiten, 19
Arbeitsanalyse, 201, 331 f.
Arbeitsbewertung, 331 ff.
Arbeitsmarktforschung, 133
Arbeitsprobe, 182
Arbeitsteilung, 201 ff.
Arbeitsumgebung, 323
Arbeitswert, 336 f.
ASA-Modell, 126 ff.
Assessment Center Verfahren, 101 ff., 123, 164 f., 174 ff.
Aufgabengestaltung 25, 34 ff., 42 ff., 150, 201 ff.
Auswahlgespräch, s. Einstellungsinterview
Auswahlkriterien, 129
Auszeichnungen, 318
Babbage-Prinzip, 204
Basisprogramme, organisationale, 119 ff.
Belastungs-Beanspruchungs-Konzept, 205 f.
Belohnung, 316, 323
Beschaffungswege, 146
Beschäftigungsgarantie, 310 f.

Beschäftigungsverhältnisse, 264 ff., 288 ff.
Best Practice, 11
Beurteilung von Gestaltungsansätzen, 50, 98 ff., 115 ff., 196 ff., 206 f., 209, 285
Beurteilungsfehler, s. Urteilsbildung
Bewerbergespräch, s. Einstellungsinterview
Bezugsrahmen, 78, 90, 94
Biographischer Fragebogen, 164 f., 169 ff.
Blaupause, 90, 94
Cafeteria-Prinzip, 313
Catwoe-Analyse, 67 ff.
Chancengleichheit, 132
Commitment, 323 ff.
Computer-Diagnostik, 182
Computer-Planspiel, 182
Deci-Effekt, 257 ff.
Delegation, 315 f.
Dequalifizierungsthese, 214 f.
Diagnose, 48 ff.
Diskurs, 109 ff.
Durchwursteln, 146
Effizienzlohn, 303 f.
Einstellung (Attitude), 323
Einstellungsinterview, 141 ff., 182 ff.
Emotionen, 156, 220 ff.
Empathie, 155
Empirische Verallgemeinerung, 78
Empirischer Effekt, 78
Empirismus, 170 ff.
Empowerment, 251 ff.
Entlohnungsgrundsätze, s. Lohnformen

Entscheidungsprozeß, 135 ff.
Erfolgsbeteiligung, 314 f.
Erklärungsmodell, 78
Erklärungsskizze, 92
Erprobung, 107
Erwartung, 323
Ethik, 13, 104 ff. (s.a. Beurteilung von Gestaltungsansätzen)
Evolution, 118 ff., 226 f.
Fachgespräch, 188
Fakten, 79, 86 ff.
Faktoransatz, 18 ff., 289 ff.
Flexibilisierung, 241 f., 264 ff., 329
Funktionale Äquivalente, 44
Funktionsanalyse als Methode, 60 ff.
Funktionsanforderung, 34 ff., 40 ff., 50, 283 (s.a. Beurteilung von Gestaltungsansätzen)
Funktionsansatz, 25, 27, 44 ff.
Ganzheitlichkeit, 14, 44, 325 f., 354 f.
Genfer Schema, 335 f.
Genpool, organisationaler, 120
Gerechtigkeit, 294 ff., 323
Gesetzesaussage, 76 ff., 78
Gestaltungsansatz, 52 ff.
Gestaltungsparameter, 116 ff., 189 ff., 274 ff., 352 f., 355 ff.
Gestaltungsprinzipien, 359 ff. (s.a. Beurteilung von Gestaltungsansätzen)
Graphologie, 164 f., 182
Grundlagentheorie, 78
Gruppe, 31 (s. auch Teilautonome Arbeitsgruppen)
Gruppenentlohnung, 59
Gültigkeit, s. Validität
Gütekriterien, 157 ff.
Guter Bewerber, 184

Hackman-Oldham-Modell, 210 ff.
Handlungsskizze, 90, 92 f.
Human Relations, 235 ff.
Human Ressource Management, 327 ff.
Humanistische Psychologie, 210 ff.
Humankapital, 22, 129
Idealmodell, 78
Idealvorstellungen, 72 ff.
Identifikation, 303
Ideologie, 11 f., 16 ff., 72, 87 f., 213 f., 238
Impression Management, 141
Incentives, 317 f.
Indikatoren, 50 ff.
Induktion, 138
Institution, 297 f.
Instrumentalität, 323
Instrumente, 54 ff.
Integration, 34 ff., 42 ff.
Intelligenz, 156, 162
Interaktionsprobleme, 141 ff., 198 ff., 281 ff.
Interessen, 14 ff., 207 f., 291 ff.
Internalisierung, 305
Interne Rekrutierung, 131
Intrinsische Motivation, 253 ff., 300
Involvement, 305
Job Auflösung, s. Beschäftigungsverhältnisse
Job Enrichment, 248 ff., 290
Karriere, 131, 308 ff.
Kausalgesetz, 78
Kennzahlen, 78, 90
Kognitive Komplexität, 156
Kognitive Prozesse, 48, 76, 210 ff., 251 ff., 260 ff., 320 ff.
Kompetenzen, 154

Kontrolle, 34 ff., 42 ff., 343
Kontrollierbarkeit, 107
Kontrollüberzeugung, 260 ff.
Kooperation, 35, 43, 222 ff., 283, 276 ff.
Lean Management, 238 ff., 243
Leistung 35, 41 f., 283, 289 ff., 323
Leistungsbewertung, 331, 338 ff.
Leistungsideologie, 17
Leistungsmotivation, 155
Leistungsverdichtung, 343
Lernen, 35, 43 f., 283
Lohndrift, 345
Lohnfindung, s. Anreize
Lohnformen, 341 ff.
Lohnführerschaft, 307
Lohngruppen, 334 ff.
Marktideologie, 72
Maßnahmen, 55
Maxime, 90, 91
Mittelbewertung 105 f.
Modell, 72 f., 78, 90
Moderator-Variable, 211
Motivationale Orientierung, 155
Motivationstechniken, 289 ff.
Nebenwirkungen, 60, 63 ff., 103 f.
Nomopragmatische Aussage, 88, 90
Norm, 323
Normalleistung, 344
Normative Aussagen, 72 ff., 86 ff.
Normierung, 158, 162
Nützlichkeit, 158, 163
Objektivität, 158, 162
Ökonomiepostulat, 102
Organizational Behavior Modification, 316 f.
Parteilichkeit, 9 ff.

Partizipation, 46 f., 107, 290
Pensumlohn, 350 f.
Personalauswahl, s. Selektion
Personalbeurteilung, 115 ff.
Personalcontrolling, 51
Personalplanung, 133
Personalpolitik, s. Politik
Personalwesen, Aufgaben, 11 ff., 33 ff.
Persönlichkeit, 153, 166 ff., 207, 323
Politik, 55, 130 f., 146 ff., 263 ff., 327 ff.
Prämienlohn, 349
Prisoners' Dilemma 222 ff.
Problemhandhabung, 219 ff.
Prototyp, 90, 95
Qualifikationslohn, 349 f.
Qualitätszirkel, 246 ff.
Rationalität, 101
Realisierbarkeit, 103
Realistische Tätigkeitsinformation, 185
Reliabilität, 158, 161 f.
Ressourcen, 112, 323
Risikoakzentuierung, 106
Rollenerfüllung, 320
Reversibilität, 106
Sabbaticals, 312
Sachzwang, 13
Scheinkorrelation, 171
Schichtarbeit, 244 ff.
Screening Theorie, s. Signalling Theorie
Selbststeuerung, 278 ff.
Selbstverpflichtung, 48
Selbstverwirklichung, 210 ff.
Selektion, 34 ff., 42 ff., 118 ff.
Selektionsstrategien, 146 ff.
Signalling Theorie, 128 ff.
Signifikanzaussage, 78

Simulation, 182, 226 ff.
Singuläre Aussage, 78
Situationsadäquanz, 103
Situative Fragen, 185 f.
Soft Systems Methodology, 65 ff.
Soziale Einbettung, 112
Soziale Kompetenz, 155
Sozialer Einfluß, 304 ff.
Sozialisation, 34 ff., 42 ff.
Sozialleistungen, 308
Stellenanzeige, 133 f.
Stellenbeschreibung, 331 f.
Steuerungsprobleme, 112
Störpotentiale, 112
Strategie, s. Politik
Streß, 205 f., 219 ff.
Streßinterview, 188
Struktur, 53 ff., 61 f.
Strukturanalyse, 60
Struktur-Funktions-Matrix, 63
Systemanalyse, 61
Systembedürfnisse, s. Funktions-
anforderung
Systemebenen, 58 f.
Tarifautonomie, 287 f.
Tätigkeitsspielraum, 248 ff.
Tausch, 293 ff.
Taylorismus, 213 ff., 232 ff.
Teamfähigkeit, 152
Technische Regel, 89, 90
Teilautonome Arbeitsgruppen, 268 ff.
Teilnahmeentscheidung, 320
Test, 157, 165 ff.
Theoretischer Ansatz, 78
Theorie mittlerer Reichweite, 78
Theorie, 47 f., 76 ff., 97 f.

Theorie-Praxis-Verhältnis, 9, 71 ff., 86
ff. 114 ff. 213 f.
Tit for Tat, 222 ff.
Total Quality Management, 238 ff.
Toyotismus, 272 ff.
Transaktionskostentheorie, 87
Transformationsthese, 214 ff.
Transparenz, 109
Urteilsbildung, 137 ff., 178
Validität, 158 ff.
Variables Entgelt, 290, 351 ff.
Varianten, 115 f., 122 ff., 187 ff. 172 ff.
Verfügbarkeitsproblem, 21
Verhaltensnormen, 227 ff.
Verstärkung, 323
Verwertungslogik, 18 ff.
Vorgabezeiten, 345
Wahrscheinlichkeitsaussage, 76, 78
Wert-Erwartungs-Theorie, 301 ff.,
320 ff.
Wertfreiheit, 12 f., 86 ff., 287
Wertschöpfung, 292
Wirksamkeitsproblem, 21
Wirkungshypothesen, 117, 191 ff.,
276 ff., 354
Wirkungsvielfalt, 193
Wirtschaftlichkeit, 158
Wissenschaft, 9 ff., 24, 71 ff., 81 ff., 96
Wissenschaftliche Fundierung, 108 ff.
Zeitlohn, 342 ff., 348
Ziel, 26, 39 f., 323
Zielbewertung, 98 ff., 105
Zielvereinbarung, 290, 331
Zuverlässigkeit, s. Reliabilität
Zweckeignung, 101
Zwei-Faktoren-Theorie, 299 ff.

Alfred Kieser

Organisations-theorien

4., unv. Auflage 2001
XVII, 423 Seiten. Kart.
DM 44,–
ISBN 3-17-016998-X

Dieses Buch bietet eine Einführung in die wichtigsten Organisationstheorien. Es stellt sowohl klassische Ansätze als auch neuere Entwicklungen dar und setzt sich kritisch mit ihnen auseinander.
Zu den erörterten Theorien gehören:

- die Bürokratietheorie Max Webers,
- das Scientific Management und neuere Managementlehren,
- der Human Relations-Ansatz und die hieran anknüpfende Organisationspsychologie,
- die Verhaltenswissenschaftliche Entscheidungstheorie,
- der Situative Ansatz,
- die Neue Institutionenökonomie (Theorie der Verfügungsrechte, Agentur- und Transaktionskostentheorie),
- die Evolutionstheorie,
- Konstruktivistische Ansätze,
- Institutionalistische Ansätze und
- Giddens' Theorie der Strukturierung.

Das Buch möchte mit den theoretischen Grundlagen des Faches Organisation vertraut machen und zu einem kritischen Umgang mit Organisationstheorien anregen.

Kohlhammer

W. Kohlhammer GmbH · 70549 Stuttgart · Tel. 0711/78 63 - 280

Wolfgang Fritz
Dietrich von der Oelsnitz

Marketing

*Elemente marktorientierter
Unternehmensführung*
3., überarb. und erw. Auflage
2001. 272 Seiten. Kart.
DM 41,95
ISBN 3-17-017000-7

Marktorientiertes Denken und Handeln bildet eine wesentliche Voraussetzung für den Unternehmenserfolg. In diesem Buch werden die wichtigsten Elemente der marktorientierten Unternehmensführung erläutert – von der Planung der Marketing-Konzeption bis zu ihrer Umsetzung im Unternehmen. Dabei kommen auch die neuesten Entwicklungen im Marketing zur Sprache, wie z.B. Internet und Electronic Commerce, Customer Relationship Management und Brand Parks. Zu diesem Buch werden begleitende Web-Seiten im Internet entwickelt, die sich Interessenten herunterladen können.

»Das Buch fasst sehr präzise die wichtigsten Elemente einer modernen Marketing-Konzeption zusammen und eignet sich deshalb ganz hervorragend für einen differenzierten Einblick in die Probleme des modernen Marketing.«
　　　　Prof. Dr. Klaus Backhaus, Universität Münster

»Ein schönes, kompaktes Buch.«
　　　Prof. Dr. Hermann Simon, London Business School
　　　sowie Simon, Kucher & Partners, Bonn - München -
　　　Cambridge (USA) - Paris - Wien - Zürich - Tokio

»Die Vorzüge des Buchs liegen zweifellos in seiner komprimierten Form, in seiner Aktualität und in seiner großen Prägnanz.«
　　　Prof. Dr. Michael Zerres, Hochschule für Wirtschaft
　　　　　　　　　　　　　　　　　　und Politik, Hamburg

Kohlhammer

W. Kohlhammer GmbH · 70549 Stuttgart · Tel. 0711/78 63 - 280